추천사

“너무 좋다. 솔직히 말해 지금까지 나온 달리기 책 중에 최고인 것 같다.”

- **밥 앤더슨**, 《러너스 월드》 창립자

“스포츠 분야에 새롭게 등장한, 그러나 필요했던 책. 평생 부상 없이 빠르고 즐겁게 달리려는 러너들에게 ‘꼭 맞는’ 책이다.”

- **빌 로저스**, 뉴욕 마라톤과 보스턴 마라톤 4회 우승자

“어떻게 하면 사는 내내 달리기를 즐길 수 있는지에 관한 책, 우리가 사랑하는 달리기만큼이나 재미난 책이 드디어 나왔다.”

- **캐스린 스위처**, 보스턴 마라톤 공식 첫 여성 주자, 《마라톤 우먼》 창립자

“여태껏 읽은 책 가운데 가장 유용하고 정보로 가득하고 이해하기 쉬운 훈련 교본. 코치라면 누구나 진가를 알아챌 이 책은, 어떤 수준의 러너에게나 목표 성취를 위한 완벽한 길잡이가 될 것이다.”

- **앰비 버풋**, 1968년 보스턴 마라톤 우승자, 《러너스 월드》 객원기자

“이 책 같은 달리기 백과사전이 있었으면 하고 예전부터 바라 왔다. 달리기를 시작조차 않은 초보자마저도 선명하게 이해할 수 있는 소중하고 적절한 지침으로 가득한 책.”

- **재클린 핸슨**, 여자 마라톤 세계 신기록 2회 보유자, 보스턴 마라톤 우승자, 첫 여성 서브 2:40 완주자

“요즘 러너들을 위해 달리기에 얽힌 과학적 사실과 현장의 지혜를 망라하여 내놓은 책. 똑똑한 러너라면 피트 매길의 말에 귀 기울일 테다.”

- **스콧 더글러스**, 《러너스 월드》 수석 콘텐츠 편집자

"훈련과 경주에 관해 톰 슈워츠 코치가 가진 지식은 가히 월드 클래스이다. 훈련에 대한 파격적 접근법을 활용하여 톰이 짜 놓은 프로그램을 통해 나는 지구력과 장기간의 진전도 얻었지만, 무엇보다도 소중한 자신감을 얻게 되었다. 나에게 우승을 안겨준 사람은 다름 아닌 톰이다."

- **케빈 밀러**, 전미 마스터즈 연령대 다회 우승자

"이 책은 달리기 계의 대통합 이론이나 다를 바 없다. 짜릿할 정도로 재미나게 읽히는 조언과 부연으로 가득한 이 책은, 한 세기 분량의 기술적 연구와 코칭의 지혜를 갈아 넣은 한 입 크기의 레슨들로 이루어져 있다. 기법, 훈련, 에너지 시스템, 식단, 경기 전략부터 부상 방지에 이르는 모든 것이 이 책에 들어있다."

- **켄 스톤**, MastersTrack.com 창립자 겸 편집자

"내가 지도하는 대학부 선수들 절반을 번번이 앞지르는 것을 보면, 피트 매길은 필시 젊음의 꿀단지를 가지고 있는 게 확실하다. 우리 중 대다수가 모르는 것을 알고 있다는 것도 확실하고."

- **스티브 스콧**, 전(前) 1마일 경기 미국 기록 보유자(3:47.69)

"이 책을 한 번 펴면 내려놓고 싶지 않을 테다. 피트 매길의 지식과 경험을 전수받을 수만 있다면 훈련은 하루쯤 빼먹어도 괜찮다. 나이와 수준에 관계없이, 수년에 걸친 경험과 결과로 얻어낸 고품질 고순도의 지식으로 가득한 이 책을 손에 쥐고 있는 것만으로도 모든 러너는 똑똑해질 것이다."

- **롭 딕슨**, 1983년 뉴욕 마라톤 우승자, 올림픽 메달리스트, 세계 크로스컨트리 챔피언십 메달리스트, KiDSMARATHON 창립자

"이 책은 달리기를 중심으로 한 훈련의 본질적 요소들을 낱낱이 분해하여 그 어느 때보다도 행복하고 건강하고 빠르게 달릴 경기의 출발선 앞으로 당신을 데려다 놓을 것이다. 거장 피트 매길의 지도법은 특정 연령대에 국한되지도 않는다! 이 책에 담긴 풍부한 지식은 참으로 괄목할 만한 것으로, 피트가 선수로 계속 성취를 거둘 수 있게 한 내용을 담고 있을 뿐만 아니라, 성장을 원하는 모든 러너들이 배워야 할 내용으로 가득하다. 꼭 가지고 있어야 할 책!"

- **윌 리어**, 2013 미국 실내 1마일 및 실내 3000미터 챔피언십 우승자

올 어바웃 러닝

BUILD YOUR RUNNING BODY

초보 러너부터 울트라 마라토너까지
더 멀리, 더 빨리, 부상 없이 달리기 위한
단 하나의 가이드북

**피트 매길, 토머스 슈워츠,
멜리사 브라이어** 지음
박현진 옮김

대성의학사

Contents

추천사

고백할 것이 있다. 처음 이 책의 서문을 써 달라는 청탁을 받았을 때, 나는 '아 제발, 또 훈련용 교본이야?'라고 생각했었다. 우리처럼 스포츠판에서 한참의 세월을 보내다 보면 이렇게 나왔다 사라지는 교본을 수없이 보게 된다. 이런 책들을 몇 권 읽어보기도 했지만, 의사이자 달리기 마니아이자 코치인 나조차도 책에 실린 복잡한 달리기의 생리학에 짓눌려 책장을 넘기기 힘들 정도였다. 훌륭한 의사와 코치라면 의사소통의 핵심이 메시지 전달에 있음을 누구나 알고 있다. 이 책은 과연 메시지를 제대로 전달할 수 있을까?

피트 매길은 나의 30년 지기 친구로, 우리의 인연은 서던 캘리포니아 러닝 클럽에서 같이 뛰던 시절까지 거슬러 올라간다. 그때 나는《러닝 타임스》에 피트가 기고한 칼럼을 수시로 읽었고, 그와 훈련에 관한 이야기도 많이 나누었다. 마스터즈 선수이자 코치로서 달리기에서 보인 그의 기량과 성취를 보면 감탄이 절로 나온다. 미션 칼리지 프레퍼레이토리 고등학교에서 불세출의 미국 고등부 장거리 선수인 조던 하세이Jordan Hasay를 지도하며 내 지도력을 검증해야 했던 시절, 피트는 자신의 달리기 웹사이트에 나의 지도 철학을 글로 풀어서 써 달라고 요청했다. 그때 나는 선수들에게 꼭 이야기하는 세 가지, "합리적으로 굴자. 욕심부리지 말자. 놀라운 일들이 우리에게 일어날 수 있다."를 정리해서 보내주었다. 우리가 젊었을 때 훈련과 경주에 임하는 방식은 우리가 나이 들어서 훈련과 경주에 임하는 방식으로 굳어질 때가 많다. 우리는 평생 우리 곁에 남을 습관을 키워나가는 것이다. 훈련은 장기적인 계획, 인내심, 부상이나 질병 따위의 예기치 못한 장애물을 마주했을 때의 회복탄력성 등에 좌우되며, 달리기를 하는 사람이라면 이러한 훈련에 대한 합리적 접근법을 가장 우선적인 습관으로 들여야 한다. 그것이 성공의 원천이다. 이 책이 러너들에게 그런 접근법을, 목표 성취와 평생의 건강으로 향한 길을 안내해줄까?

이해하기 너무나도 쉽게 쓰인 탓에 독자들이 처음에는 잘 모를 수도 있겠지만, 이 책에 담긴 정보의 깊이는 헤아리기 힘들 정도로 어마어마하다. (워크아웃 매뉴얼인) 2부에서 보게 될 달리기에서의 해부학과 생리학에 관한 정보는 그야말로 값을 매길 수 없을 정도이다. 대부분의 초보자와 베테랑 러너들이 당하는 자잘한 부상은 2부의 각 챕터에 나온 지식만 머리에 새기고 있어도 피할 수 있을 것이라 본다. 이 책은 여기서 그치지 않고 이 정보를 활용하여 자신만의 훈련 일정을 짜는 법도 전수하고, 필수적인 영양 지식과 함께 워크아웃의 연료로 쓰일 즉석 레시피도 함께 제공한다. 마지막으로, 이 책은 모든 러너들의 궁극적 목표인 경기력에 관한 실용적 접근법으로 가득한 선물 꾸러미나 다름없다. 이 책은 내가 보아 온 그 어떤 책과도 다르다. 러닝에서 가장 뛰어나고 가장 빛나는 부분을 가져온 것이다. 이 책에는 현재의 훈련 방식에 주된 공헌을 한 코치와 생리학자들을 다루는 챕터가 따로 있는데, 여기서도 인정하듯 이 책은 '거인의 어깨 위에 서 있는' 셈이다. 그러나 이 책에는 이들 내용이 수십 년의 개인적 경험을 통해 정보로 가득한 고유의 형태로 가지런히 묶여 있다. 따라가기 쉽게 쓰인 만큼 초보자가 됐든 나 같은 40년 이상의 베테랑이 됐든 간에 이 책의 내용을 이해하고 써먹기 좋을 것이다.

이 책이 전하고자 하는 메시지를 잘 전달할 수 있을까? 나아가, 모든 러너가 남녀노소를 가리지 않고 평생 더 빨리, 더 멀리, 부상 없이 달리는 길을 열어줄까?

나는 그렇다고 믿는다. 피트, 멜리사, 토머스에게 찬사를!

아르만도 시케이로스, 내과 전문의
캘 폴리 디스턴스 클럽 코치
2009년 미국 육상 올해의 성장 코치

서문

이 책을 열어본 이유는 무엇인가요?

어쩌면 당신은 이 책의 표지가 마음에 들어서 안에 있는 사진이 더 있는지 보고 싶었던 건지도 모르죠. 이 책은 약 400장의 사진을 통해 워크아웃, 운동, 드릴을 한 권짜리 달리기 책에서 가장 포괄적으로 망라했습니다. 의도적으로 그렇게 기획했어요. 세상에 나와 있는 웨이트 트레이닝, 에어로빅, 무술 등의 다른 스포츠 책처럼, 달리기의 세계에도 드릴과 플라이오메트릭과 저항 훈련과 스트레칭과 폼롤링과 달리기 그 자체에 대한 사진이 한껏 들어있는 매뉴얼이 있었으면 좋겠다고 생각했거든요. 이제 그런 책이 세상에 나온 셈입니다.

하지만 그저 사진이나 보려고 이 책을 펼쳐보지는 않았을 거라고 생각합니다.

새로운 달리기 프로그램을 원하거나 기존의 프로그램을 뜯어고치려는 마음으로, 이 책이 그 목적을 이루어줄 수 있을지 궁금해 했을 수도 있죠. 이 책이 다른 책과 어떤 차이가 있는지도 알고 싶었을 수도 있어요. 이 책의 훈련 프로그램을 믿을 수 있는지, 이 책이 그저 스치고 지나가는 유행이나 '만병통치약'에 지나지 않는지 확인하고 싶었을 수도 있겠죠.

저런 질문이 머릿속을 스치고 지나갔다면, 답은 모두 "그럼요"입니다.

이 책만의 훈련 방식은, 훈련이 처음인 초보자에게든 5K나 마라톤 PR을 경신하려는 경험 많은 러너에게든 목표 달성에 도움이 될 겁니다. 이 책을 쓴 저희 저자들은 모든 러너가 다르다는 사실을 알고 있습니다. 그래서 그 조금씩 다른 체형과 운동 경험과 경기력의 목표를 훈련에 전부 끌어왔어요. 따라서 (수많은 훈련 프로그램에서 일단 하라고 이야기하는) 마일리지나 스피드 워크 등의 일반적인 훈련법을 먼저 다루기 전에, 근육, 결합조직, 심혈관계, 신경계, 호르몬 등 러닝을 할 때 쓰이는 몸의 각 요소들을 어떻게 개선할 수 있는지를 배워볼 것이고, 이들 중 당신의 목표와 가장 연관이 깊은 요소에 어떻게 집중할 수 있는지도 배워볼 거예요. 대충 그렇겠거니 하는 식으로 가르치지 않을 겁니다. 믿어야 할지 말아야 할지 의문을 가지는 일이 없도록 할 거예요.

2012년 봄 이 책의 얼개를 짜기 시작했을 때 저는 21세기의 러너를 위한 훈련 매뉴얼을, 이 책의 독자를 우리 같은 피트니스 전문가로 만들어줄 책을 머릿속으로 그리고 있었습니다. 프랭크 쇼터가 뮌헨 올림픽 마라톤에서 결승 테이프를 끊고 달리기 붐을 일으킨 1972년 이전까지 러닝은 크로스컨트리나 트랙 경기에 출전하는 소수의 괴짜들이나 하는 일로 취급받았습니다. 그러나 2013년에는 5천만 명의 미국인이 운동화 끈을 매고 뛰러 나갔고, 그만큼의 인원이 피트니스 클럽에서 운동을 합니다. 그리고 요즘은 그냥 뛰기만 하지는 않아요. 웨이트 트레이닝, 에어로빅, 스피닝, 필라테스, 요가, 수영, 킥복싱을 하는 사람도 많고, 퍼스널 트레이너, 영양사, 물리치료사와 가까이 지내는 사람도 많습니다. 음식에 들어있는 콜레스테롤을 멀리하고, 탄수화물과 단백질 함량을 보고 스포츠음료를 선택하며, 연간 300억 달러 어치의 보충제를 구입합니다. 운동, 영양, 건강, 장수에 관한 연구 결과를 기꺼이 받아들이고, 스포츠의 혁신을 주도하는 최첨단 과학이 우리의 훈련 프로그램에 반영되어 있으리라 기대합니다. 그러나 동시에, 이러한 혁신을 검증하여 좋은 점을 취하고 나쁜 점을 버리는 코치와 선수의 경험을 통해 우리의 훈련 프로그램이 한층 진보하기를 기대하기도 합니다. 제가 훈련과 코칭에서 활용한 것은 바로 이러한 과학과 경험의 조화였어요. 이제 이 책에서 전하고 싶은 것이기도 하고요.

이 책을 통해 우리는 러닝과 몸에 관한 놀라운 여정을 함께 떠나볼 거예요. 달릴 때 쓰이는 근육을 구성하는 작디작은 근섬유에서 출발하여 96,000km에 달하는 우리 몸의 혈관을 따라 늘어서 있는 여러 가지 요소들을 샅샅이 살펴본 다음, 머릿속에 있지만 형체가 없는 임무 통제실까지 살펴보고 여정을 마무리할 겁니다. 그 과정에서 몸의 각 요소가 러닝에 어떻게 관여하는지 정확히 배우고, 이들 구성 요소를 어떻게 훈련해야 하는지 세 단계로 나누어 알아볼 거예요.

- 우선, 각각의 구성 요소를 (심혈관계는 심장과 혈관으로 나누는 식으로) 세부적으로 쪼갠 다음, 각 장마다 있는 '이렇게 훈련해 보아요' 섹션을 통해 각각의 파트에 대한 맞춤형 훈련에 무엇이 있는지 알아봅니다.
- 다음으로, 구성 요소별로 나뉜 각 장 마지막 부분의 '사진으로 보는 워크아웃' 섹션을 통해 해당 구성 요소로 이루어진 부분을 하나로 아우를 수 있는 훈련 방법을 알아봅니다.
- 마지막으로, 모든 구성 요소 전체에 대한 훈련을 12주짜리 프로그램으로 통합하는 방법을 알아볼 거예요. 15장에서 (초보자, 중급자, 상급자 등) 모든 수준의 러너에 대한 샘플 훈련 일정을 확인해 보세요.

당연한 말일 테지만, 이 책에 실린 내용은 워크아웃과 스케줄이 다가 아닙니다. 40년 동안 러너이자 코치로 살아온 저는, 달리기가 단순한 운동 그 이상의 라이프스타일이라는 것을 몸소 배워 왔습니다. 이러한 라이프스타일을 성공적으로 만들어나가려면, 러닝의 모든 측면에 걸친 실용적이고도 실질적인 조언이 필요합니다. 이 책의 1부가 동기 부여, 러닝의 역사(지난 세기 동안 이루어졌던 훈련의 혁신을 이해하고 받아들일 수 있다면 더 좋아요), 러닝 장비, 러닝 용어로 이루어진 것은 그 때문입니다(참고로 1부 마지막 장에 다룬 러닝 용어는 250개가 넘는 용어해설 부록에서 더 자세히 알아볼 수 있을 거예요). 부상 예방을 다룬 3부의 확장판 격으로 40가지 이상의 흔한 러닝 관련 부상에 대해 예방과 재활 지침을 안내하는 도표를 수록해 둔 것도 그 때문이죠. 4부에서 여섯 개의 장에 걸쳐 식단과 영양 이야기를 하는 것도, 5부에서 경주의 준비와 전술에 관한 핵심적인 내용을 소개한 것도 그 때문입니다. 이 책에는 모든 러너를 위한 페이스 차트, 대다수 워크아웃의 칼로리 소모 차트, 일시적인 유행부터 PED(수행능력 향상 약물)와 제조업체가 음식에 넣는 은밀한 설탕에 이르는 주제 전반에 걸친 전문가의 이야기 또한 수록되어 있습니다.

본격적으로 읽기 전에 먼저 훑어만 보세요. 사진을 훑어보고, 박스도 훑어보고, 표도 훑어보고, 영양과 식이 챕터의 조리법도 훑어보세요. 이 책은 21세기를 사는 러너가 훈련, 스포츠, 러닝 라이프스타일에 관해 알아야 할 모든 것을 한 방에 해결할 수 있도록 만들었습니다. 처음 러닝화를 사러 가는 순간부터 잠재력을 폭발시켜 성취를 이뤄내는 순간까지 이 책이 함께할 거예요.

러닝 수행능력과 전반적인 건강의 개선은 풀리지 않는 불가사의가 아닙니다. 수십 년 동안 수많은 코치와 선수와 과학자들이 두 가지 모두를 연구해 왔으며, 러닝을 하는 인구의 증가와 경주 기록의 개선과 건강에 대한 인식의 향상은 그 결과물이나 다를 바 없습니다. 이렇게 발전된 훈련을 활용하여 자신만의 목표를 달성하는 것이 핵심입니다. 몇 km 달리면 어떻게 된다느니, 분당 스트라이드가 얼마여야 한다느니, 식단을 어떻게 바꾸어야 한다느니 하는 만병통치약 식의 해결책을 받아들이고 싶은 순간도 있을 거예요. 그러나 당신의 몸은 수백 개의 부품으로 돌아가는 믿을 수 없을 정도로 복잡한 생물학적 기계이며, 이들 모두를 목표로 잡을 수 있어야 비로소 좋은 훈련이라고 할 수 있을 겁니다.

이 책에서 내세우는 원칙은 단순합니다. 더 잘 달리고 싶다면 더 좋은 몸을 만드세요. 그게 시작입니다.

열심히 해 봅시다!

피트 매길
2014년 1월 16일

PART 1

지식으로 시작하는 달리기

1

동기로 시작하는 달리기

당신은 왜 달리나요? 무엇이 운동화 끈을 동여맨 당신을 코스로 이끌고 있나요? 사람에게는 모름지기 이유가 필요한 법. 건강한 몸이나 체중감량처럼 단순한 동기가 있다면야 한두 번, 어쩌면 몇 주 정도는 달리기를 이어나갈 수 있을지도 모르죠. 그러나 비가 오든 눈이 오든 피곤하든 (어쩌면 운 좋게) 처음의 목표에 이미 도달한 다음에도 훈련 프로그램에서 멀어지지 않으려면, 단순한 목표만으로는 안 됩니다. 더 대단한 이유가 있어야 해요. 이 장에서는 그런 내용을 함께 나누어 볼 요량입니다. 우리는 먼저 심폐능력이 좋아진다거나 몸무게를 몇 킬로그램 빼는 정도가 아니라 전신의 모든 세포를 이전보다 나은 상태로 재구성하고 있음을 확인하게 될 것이고, 그 다음에는 매 워크아웃마다 육체와 정신에 평생토록 남을 긍정적 효과에 감탄하게 될 것이고, 마지막으로 지금까지 수백만의 러너들이 깨달은 사실인 '좋은 달리기 프로그램이 얼마나 즐거울 수 있는가'를 발견하게 될 겁니다.

당신에게 달리려는 의욕이 있다는 사실은 이미 압니다. 이 책을 펼친 것이 그 증거일 테죠. 건강을 위한 새 계획을 머릿속으로만 구상하다가 이제 막 실천으로 옮긴 것입니다. 원래 시작이 가장 어려운 법이에요. 시작이 반이라는 말처럼, 더 잘 달리기 위한 몸을 만드는 여정은 이미 절반을 끝낸 셈입니다.

동기가 뭔데?

달리기의 동기motivation는 훈련 프로그램에서 우리를 매일 앞으로 나아가게 하는 원동력입니다. 모든 러너에게 통하는 공통의 동기 같은 건 세상에 없어요. 동기는 흐르는 물처럼 형태가 늘 바뀝니다. 수많은 러너들은 그날그날 먹히는 동기를 찾아 써요. 내일은 내일의 동기를 또 찾아 쓰고요.

오늘 당신에게는 이 책을 펼칠 동기가 있었을 겁니다. 내일이 되면 이 페이지에서 본 내용에 자극을 받은 당신은 어쩌면 운동화 끈을 조이고 짧게나마 걷거나 조깅을 할 수도 있고, 아니면 십 분 정도 맨몸운동을 할 수도 있고, 아니면 좀 더 건강한 식사를 준비할 수도 있겠죠.

상급자 러너라면 이 책에서 지금까지 대충 넘겨짚었던 것들, 그러니까 신경계의 재구성이라든가 탄성 반동의 향상이라든가 심박출량의 증가라든가 하는 훈련의 여러 가지 측면들을 확인해 보며 앞으로 몇 주 동안 새로이 시도할 몇 가지 워크아웃workout에 관한 동기를 얻어갈 수도 있을 겁니다.

노자(老子)도 '천 리 길도 한 걸음부터'라고 했습니다. 이 책을 펼치려는 동기로 시작된 당신의 여정은 그렇게 다음 발걸음까지 이어져 나갈 테죠.

동기에도 이유가 있다

달리기의 동기에 관한 첫 번째 원칙은, 한 번에 하나의 워크아웃만 신경 써야 한다는 점입니다. 우수한 러너들은 다음과 같은 두 가지 사실을 이해하고 있어요.

1. 프로그램을 시작하기에 완벽한 타이밍은 절대 오지 않는다. 그러니 무슨 훈련을 시작하든 간에 장기적인 훈련에 대한 동기가 쌓일 때까지 기다리지 않아야 한다.
2. 꼭 해야만 하는 워크아웃은 다음 워크아웃뿐이다. 그러니 동기를 집중해야 하는 것도 다음 워크아웃뿐이다.

오늘은 당신이 세운 목표를 전부 달성하겠다는 동기를 만들어내지 않아도 괜찮습니다. 12주치 훈련 프로그램을 전부 끝마치지 않아도 돼요. 5kg을 빼거나 5km를 꼭 달려야만 하는 것도 아니고, 풀 코스 마라톤의 정복자가 될 필요도 없습니다. 오늘 해야 할 것이라고는 그저 오늘의 워크아웃뿐입니다. 내일의 워크아웃은 내일로 미뤄두고요.

한편, 장기적인 프로그램이 가져다줄 어마어마한 효용을 이해하고 나면 매일 퍼마실 수 있는 동기의 원천을 가질 수 있을 겁니다. 똘똘하게 잘 짜놓은 훈련 프로그램이 얼마나 대단한 효능을 지니고 있는지를 알고 나서 충격을 받는 예비 러너도 적지 않습니다. 더 잘 달리는 몸을 만드는 것이 아니라 더 나은 당신을 만드는 것이라 해도 과장은 아닐 테지요.

초보자 가이드

동기를 연료 삼아 훈련을 해 나가는 건 좋지만, 연료 역할만 하는 동기에 얽매이지는 마세요. 열정에 눈이 멀어 너무 고되게 훈련하거나 극단적인 다이어트를 하거나 비싼 장비를 사는 러너가 정말 많습니다. *쉬엄쉬엄 하세요.* 건강은 삶의 방식에서 오는 것이지, 단백질 보충제에서 오지 않습니다. 훈련에서 꾸준한 성공을 거두어나가는 것이야말로 장기간의 동기를 유지하는 최선의 방법입니다. 달나라까지 기껏해야 한 번 밖에 못 가는 로켓에 동기를 연료로 넣어 탕진하지 마세요.

육체적 건강

러너라면 누구나 "무릎 망가질까봐 걱정되지는 않아?" 하는 은근한 책망의 목소리를 들은 적이 있었을 겁니다. 걱정할 리가 있나요. 달리기가 무릎은 물론이고 다른 온갖 것에도 좋은데. 528명의 러너와 423명의 비(非) 러너를 1984년초부터 추적관찰하여 발표한 스탠포드 대학의 2008년 연구에서, 공동저자인 제임스 프라이스James Fries 박사는 "달리기는 혈압 개선에 좋다. 혈전이나 정맥류에 시달릴 가능성도 낮아진다. 뼈는 강하고 단단해진다. 골다공증의 치료제인 것이다. 고관절과 척추의 골절도 예방한다. 관절이 닳는 이유 중 하나는 관절이 헐거워져서인데, 커지고 강해진 인대는 관절이 헐거워지지 않게 한다. 폐 또한 강해진다. 우리 몸의 여력이 향상되는 것이다."고 했습니다. 스탠포드 연구에는 다음과 같은 결론들도 실려 있습니다.

- 러너는 장애를 겪을 확률이 더 낮다.
- 달리기는 노화와 연관된 장애를 약 20년 정도 늦춘다.
- 러너는 무릎 관절 교체 수술이 필요할 확률이 약 7배 낮다.
- 러너는 암에 걸릴 확률이 낮다.
- 러너는 신경학적 문제를 겪을 가능성이 낮다.
- 달리기는 고관절이나 등이나 무릎 문제를 겪을 가능성을 높이지 않는다.
- 러너는 비 러너들과 비교하여 일찍 죽을 확률이 절반 수준이다.

달리기는 그저 건강에만 좋은 것이 아니에요. 달리기는 당신이 가능하다고 생각해 오던 범주를 넘어서 당신의 몸을 긍정적으로 바꾸어놓는 신호탄이 될 겁니다.

체중감량

운동으로 살을 뺄 수 없다는 소리는 믿지 마세요. 달리기는 1마일(1.6km)당 약 100kcal를 소모합니다. 거리만 같다면 조깅이든 러닝이든 마라톤이든 마찬가지입니다. 일반적으로, 섭취량보다 3,500kcal를 더 태우면 1파운드(0.45kg)가 빠집니다(23장 참조). 하지만 여기 놀라운 사실이 숨어 있으니, 바로 달리기가 칼로리 예상치보다 더 큰 체중감량 효과가 있다는 점입니다. 달리기를 한 32,316명과 걷기만 한 15,237명의 체중감량 정도를 비교한 로렌스 버클리 국립연구소의 2012년 연구를 보면, 똑같은 칼로리를 소모했을 때 달리기를 한 사람들은 걷기만 한 사람보다 6년간 평균 90퍼센트 이상 체중을 줄였다고 합니다. 체중을 줄여서 얻는 것이 가볍고 늘씬한 몸만은 아닙니다. 몸이 가벼워지면 체력을 이루는 다른 요소의 개선 없이도 더 빨리 달릴 수 있습니다. 표 1.1을 보면 체중을 줄였을 때 5K와 풀코스 마라톤의 완주 시간이 얼마나 빨라지는지 확인할 수 있습니다.

스트레스 완화

스트레스로 죽을 수도 있다는 말을 들어 보셨을 겁니다. 하지만 죽음 이전의 과정에서 스트레스가 입히는 손상 또한 어마어마합니다. 스트레스는 면역력을 낮추고, 염증을 늘리고, 회복을 늦추고, 골밀도를 낮추고, 근육량을 줄이고, 혈압을 높이고, 지방을 쌓고, 혈당 불균형을 악화시켜요. 그러니 '스트레스 완화'는 그저 긴장을 푼다는 뜻으로 하는 말이 아니라, 전신 보호 차원에서 하는 말입니다. 말하자면 스트레스는 우리 몸의 해충이고, 달리기는 우리 몸의 해충 처리반인 셈이에요. 달리기는 또한 (러너스 하이runner's high의 원천인) 엔도르핀을 늘리고, 수면의 질을 개선시키며, 고요한 반성과 명상의 시간이 되어 주기도 합니다.

지능

달리기는 두뇌를 자극합니다. 조지아 대학교에서 주도한 2003년 연구에서는 (편한 장거리 달리기 같은) 최대하submaximal 유산소 운동이 사람들의 정보 처리 능력을 개선시킨다는 결론을 냈어요. UCLA에서 실시한 2004년 연구를 보면 꾸준한 운동이 두뇌의 신경 기능 재생에 도움이 되는 것으로 나타나 있고, 바르셀로나 의생명연구소의 2011년 논문에 따르면 유산소 운동이 신경 퇴행을 억제할 수 있다고 합니다. 2005년 스웨덴에서 나온 연구를 보면 기억력과 우

시작 체중	첫 5K 완주 시간 15:00			첫 풀코스 완주 시간 2:30:00		
파운드(kg)	−5lbs(2.3kg)	−10lbs(4.5kg)	−20lbs(9.1kg)	−5lbs(2.3kg)	−10lbs(4.5kg)	−20lbs(9.1kg)
120(54.5)	14:33	14:01	N/A	2:25:26	2:20:15	N/A
160(72.5)	14:41	14:17	13:31	2:26:46	2:22:49	2:15:14
200(90.9)	14:45	14:26	13:49	2:27:34	2:24:23	2:18:13
240(109.1)*	14:49	14:33	14:01	2:28:07	2:25:26	2:20:15
280(127.3)*	14:51	14:37	14:10	2:28:30	2:26:12	2:21:43
시작 체중	첫 5K 완주 시간 20:00			첫 풀코스 완주 시간 3:15:00		
파운드(kg)	−5lbs(2.3kg)	−10lbs(4.5kg)	−20lbs(9.1kg)	−5lbs(2.3kg)	−10lbs(4.5kg)	−20lbs(9.1kg)
120(54.5)	19:24	18:42	N/A	3:09:04	3:02:19	N/A
160(72.5)	19:34	19:03	18:02	3:10:48	3:05:40	2:55:48
200(90.9)	19:41	19:15	18:26	3:11:51	3:07:42	2:59:41
240(109.1)	19:45	19:24	18:42	3:12:32	3:09:04	3:02:19
280(127.3)	19:48	19:30	18:54	3:13:03	3:10:03	3:04:13
시작 체중	첫 5K 완주 시간 25:00			첫 풀코스 완주 시간 4:00:00		
파운드(kg)	−5lbs(2.3kg)	−10lbs(4.5kg)	−20lbs(9.1kg)	−5lbs(2.3kg)	−10lbs(4.5kg)	−20lbs(9.1kg)
120(54.5)	24:14	23:22	N/A	3:52:42	3:44:23	N/A
160(72.5)	24:28	23:48	22:32	3:54:50	3:48:31	3:36:23
200(90.9)	24:36	24:04	23:02	3:56:07	3:51:00	3:41:09
240(109.1)	24:41	24:14	23:22	3:56:58	3:52:42	3:44:23
280(127.3)	24:45	24:22	23:37	3:57:35	3:53:55	3:46:44
시작 체중	첫 5K 완주 시간 30:00			첫 풀코스 완주 시간 4:45:00		
파운드(kg)	−5lbs(2.3kg)	−10lbs(4.5kg)	−20lbs(9.1kg)	−5lbs(2.3kg)	−10lbs(4.5kg)	−20lbs(9.1kg)
120(54.5)	29:05	28:03	N/A	4:36:20	4:26:28	N/A
160(72.5)	29:21	28:34	27:03	4:38:52	4:31:21	4:16:57
200(90.9)	29:31	28:53	27:39	4:40:23	4:34:20	4:22:37
240(109.1)	29:37	29:05	28:03	4:41:24	4:36:20	4:26:28
280(127.3)	29:42	29:14	28:21	4:42:08	4:37:46	4:29:15
시작 체중	첫 5K 완주 시간 35:00			첫 풀코스 완주 시간 5:30:00		
파운드(kg)	−5lbs(2.3kg)	−10lbs(4.5kg)	−20lbs(9.1kg)	−5lbs(2.3kg)	−10lbs(4.5kg)	−20lbs(9.1kg)
120(54.5)	33:56	32:43	N/A	5:19:58	5:08:32	N/A
160(72.5)	34:15	33:19	31:33	5:22:53	5:14:12	4:57:31
200(90.9)	34:26	33:41	32:15	5:24:39	5:17:39	5:04:05
240(109.1)	34:34	33:56	32:43	5:25:50	5:19:58	5:08:32
280(127.3)	34:39	34:07	33:04	5:26:41	5:21:38	5:11:46

표 1.1 건강한 체중감량이 완주 시간에 미치는 영향.

이 표는 건강한 체중 감량을 통해 수행능력이 보통 얼마나 향상되는지에 관한 추정치를 나타냅니다(23장 참고). 가령 체중 120파운드(약 54kg)로 5K를 15:00에 주파하는 사람이 체중을 5파운드(약 2.3kg) 감량하면 14:33로 뛸 수 있을 것으로 예상된다는 뜻입니다.

참고: 표 작성 과정에서 VO_2max 계산을 위해 미 스포츠의학회ACSM(American College of Sports Medicine)의 공식을 활용했습니다.

*표시된 몸무게로 이 기록을 내기란 거의 불가능합니다.

울감 양쪽 모두에 큰 역할을 하는 해마hippocampus 내의 세포 생장 증가와 달리기에 연관이 있다고 해요. 나이가 많은 러너는 어떨까요? 빈 의과대학의 2010년 연구에서는 지구력 달리기가 인지능력을 황금기 수준으로 유지하는 데 도움을 준다는 것이 확인되었습니다. 똑똑해야 잘 달릴 수 있는 것도, 달리기가 우리를 똑똑하게 만들어 준다는 것도 확실해 보이네요.

쓰거나 잃거나

남자도 여자도 만 25세를 기점으로 매년 최대 1퍼센트씩의 골격근을 잃기 시작합니다(골격근은 이두근, 복근, 햄스트링처럼 몸을 움직이는 근육을 가리킵니다). 매년 복리로 없어지죠. 게다가 근육 세포는 한 번 사라지면 돌아오지 않습니다. (달릴 때 내딛는 한 발의 거리인) 주폭stride length에서도 같은 과정이 일어나서, 별도의 조치를 취하지 않는다면 70대가 되었을 때 주폭은 최대 40퍼센트까지 줄어들 수 있습니다. 올바른 훈련을 한다면 이러한 손실을 극적으로 만회할 수 있고요.

새로운 친구

미국 하나만 놓고 봐도 러닝 클럽이 수천 개는 되고, 그 구성원은 수십만 명쯤 됩니다. 매주 한두 번 정도만 모여 운동을 하고 친분을 나누는 수만 개의 지역 소규모 훈련 그룹을 제외하고서도 말이죠. 달리기를 한다는 것은 가장 건강하고 가장 사교적이고 가장 폭넓은 사교 모임으로 초대받는 것이나 다를 바 없습니다.

자연으로의 초대

미국만 해도 트레일 러닝을 규칙적으로 하는 사람이 600만 명을 넘습니다. 포장되지 않은 길은 하체에 가해지는 충격을 줄여줄 뿐만 아니라, 단순한 세상으로 잠시나마 떠나는 동안 자연과 교감할 기회를, 어디론가 떠나고 싶은 본능을 마음껏 채울 기회를 제공해 준답니다.

경쟁

2012년 한 해 동안 미국에서 열린 달리기 대회에서 완주한 사람은 1,500만 명이 넘습니다. 대부분의 러너에게 대회는 집중할 목표가 되어 줍니다. 당신의 목표가 대회 코스를 완주하는 것이든, 아니면 다른 러너와 경쟁하는 것이든 간에, 오랜 기간 러닝을 하는 대부분의 러너들에게 대회라는 목표는 훈련 과제의 일부가 되지요.

기부

기부 목적으로 러닝을 하는 것이 훈련에 들인 노력과 시간에 대한 보상이라고 생각하는 러너들도 있습니다. 미국 암 협회American Cancer Society의 '생명을 위한 릴레이' 단독으로만 400만 달러 이상을 모금했으며, 이처럼 성금 모금을 위한 러닝에는 매년 20억 달러에 달하는 기금이 모이고 있습니다.

식사

지구력 종목의 선수들이 먹고 싶은 것을 다 먹을 수 있다는 주장은 사실이 아닙니다. 이들은 음식에 주의를 기울였기 때문에 늘씬한 몸을 가지게 된 것입니다. 하지만 훈련을 꾸준히 한다면 가끔씩 고칼로리의 음식을 먹을 때 허리나 엉덩이나 허벅지에 미칠 영향을 두려워하거나 죄책감에 시달리지 않을 수 있습니다.

재미와 동기

지금까지 러너가 되어 훈련 프로그램을 시작해야 하는 온갖 좋은 이유들을 나열했지만, 러너가 훈련 지속 여부를 결정할 때 가장 중요한 요인은 다음 두 가지입니다.

- **재미**
- **결과**

훈련이 재미있어야 한다는 사실을 잊는 러너들이 세상에는 너무나도 많습니다(깨닫지조차 못한 러너도 많고요). 재미가 없으면 그만두게 마련입니다. 40년은 된 스탠포드 대학의 연구에서 오랫동안 러닝을 지속해 온 러너들이 그 열정을 어떻게 유지하는가에 대해, 제임스 프라이스 박사는 "재미가 있어야 하겠죠."라고 운을 띄웁니다. "오늘 저녁이나 내일 저녁을 그대로 갖다 바쳐야 하는 일입니다. 정말로 즐기고 있어야 그럴 수 있죠. 크로스트레이닝이나 그밖에 다른 걸 하고 싶다고요? 재미있으면 하십시오. 달리기는 고통을 즐기는 변태들의 운동이 아닙니다."라고요.

자, 그럼 어떻게 재미를 유지할 수 있을까요? 열 가지 방법을 생각해 볼 수 있습니다.

1. 친구들과 함께 달린다.
2. 러닝 클럽에 가입한다.
3. 훈련의 구성 요소를 다양하게 변화시킨다.
4. 다른 운동을 섞어서 한다.
5. 러닝을 쉬어야 한다면 (자전거처럼) 종목을 바꾼다.
6. 특정 대회를 목표로 골라 그에 맞게 훈련한다.
7. 지역 대회에 자원봉사자로 참여한다.
8. 꼬마들이나 중고등학생 선수들의 지도에 자원봉사자로 참여한다.
9. 러닝 일지를 꾸준히 쓴다.
10. 무엇보다도, 훈련 볼륨과 강도를 적절한 수준으로 유지한다.

재미도 재미지만, 러닝 프로그램도 궁극적으로는 성장으로 이어져야 합니다. (빠를수록 좋을 테지만,) 어떤 시점에 다다르면 당신은 분명히 지금보다 건강하고, 빠르고, 강하고, 탄력 있고, 날씬하고, 건강하고, 행복해져야 합니다.

장기적으로 보면 재미와 결과가 합쳐져야 동기가 꺾이지 않고 유지됩니다. 목표를 달성하면서도 즐거운 시간을 보낸다면 꾸준히 나아갈 확률은 높아진답니다.

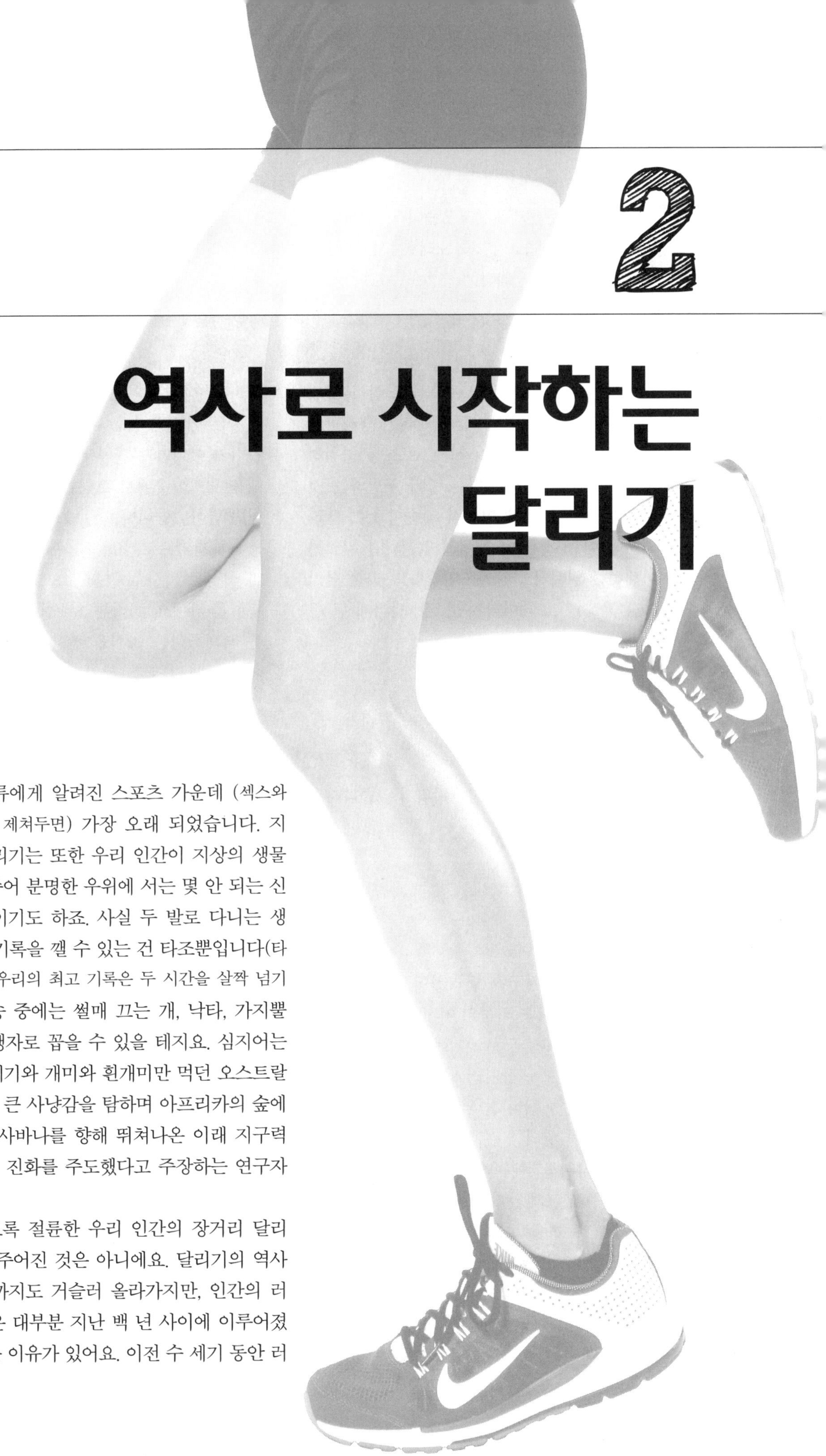

2

역사로 시작하는 달리기

러닝은 인류에게 알려진 스포츠 가운데 (섹스와 주먹질을 제쳐두면) 가장 오래 되었습니다. 지구력 달리기는 또한 우리 인간이 지상의 생물종 대부분과 견주어 분명한 우위에 서는 몇 안 되는 신체활동 중 하나이기도 하죠. 사실 두 발로 다니는 생물 중에 마라톤 기록을 깰 수 있는 건 타조뿐입니다(타조는 45분이지만 우리의 최고 기록은 두 시간을 살짝 넘기거든요). 네발짐승 중에는 썰매 끄는 개, 낙타, 가지뿔영양 정도만 경쟁자로 꼽을 수 있을 테지요. 심지어는 400만 년 전 풀떼기와 개미와 흰개미만 먹던 오스트랄로피테쿠스가 더 큰 사냥감을 탐하며 아프리카의 숲에서 신발도 없이 사바나를 향해 뛰쳐나온 이래 지구력 달리기가 인류의 진화를 주도했다고 주장하는 연구자도 있습니다.

그러나 이토록 절륜한 우리 인간의 장거리 달리기 능력이 그냥 주어진 것은 아니에요. 달리기의 역사는 고대 이집트까지도 거슬러 올라가지만, 인간의 러닝 경기력 향상은 대부분 지난 백 년 사이에 이루어졌습니다. 여기에는 이유가 있어요. 이전 수 세기 동안 러

초보자 가이드

역사를 아는 것은 중요합니다. 러닝에서 '빨리 건강해지기'를 표방하는 프로그램 대다수는 예전에 그런 것이 없었다는 전제를 깔고 있습니다. 당연하겠지만 그런 프로그램 중 새로운 것은 거의 없어요. 러닝의 역사는 무엇이 새롭고 무엇이 오래됐는지, 무엇이 유익하고 무엇이 쓸모없는지를 가리는 과정에 믿을 수 있는 표지가 되어 준답니다.

너들은 걷기와 조깅을 훈련의 주춧돌로 삼아 왔거든요. 그러다 20세기의 과학자들이 달리기 생리학에 매달려 찾아낸 것들이 러닝이라는 스포츠를 영원히 바꾸어 놓았답니다. 우리를 다른 종과 구별하는 것은 인류의 진화가 아니라 혁신적 기술이므로, 달리기의 역사를 아는 것은 이 책에서 익혀나갈 워크아웃을 이해하는 열쇠나 마찬가지입니다. 우리는 달릴 수 있는 몸을 가지고 태어났지만, '잘' 달리게 된 건 후천적인 학습 덕택이에요.

달리기의 역사가 뭔데?

달리기의 역사는 다음 세 요소로 이뤄져 있습니다.

- **진화**
- **혁신**
- **영감**

인류의 진화가 지구력 달리기에 유리한 적응을 만들어냈다는 점에는 의문의 여지가 없습니다(관련된 주요 내용은 뒤에서 곧 보실 거예요). 하지만 이러한 적응이 인류를 모두 장거리 달리기 선수로 만들어 주었다는 뜻은 아닙니다. 인류의 대다수는 훌륭한 지도와 엄청난 양의 훈련 없이도 마라톤의 길에서 많은 것을 성취하기에는 너무 크거나, 너무 근육질이거나, 너무 쪼그려 앉거나, 뼈대가 너무 굵거나, 너무 뚱뚱하거나, 협응력이 너무 떨어집니다.

혁신은 바로 이 지점에서 눈을 뜹니다. 달리기 경주는 기원전 3800년 전까지도 거슬러 올라갈 수 있지만 수행능력의 향상은 대부분 역사적으로 최근, 그중에서도 1마일 기록과 풀코스 마라톤의 세계기록이 각기 20%와 30%씩 눈부시게 개선된 20세기에 이루어졌습니다. 이러한 개선을 만들어낸 것은 진화가 아니라 훈련에서의 혁신이었으며, 이 책에서 배울 워크아웃에도 그러한 혁신의 대다수가 메아리처럼 남아있습니다.

마지막으로, 영감을 주는 여러 성취가 없었다면 러닝은 역사로 엮을 정도로 충분한 관심을 받지 못했을 거예요. 마라톤 전투에서 그리스가 페르시아를 격퇴했다는 소식을 전달하려고 페이디피데스가 죽을 때까지 뛰지 않았더라면 누가 마라톤을 뛰었겠어요? 로저 배니스터Roger Bannister가 1954년에 1마일 4분의 벽을 깨지 않았더라면 1,300명 이상의 러너들이 그 뒤를 이었을까요? 영감이 없었다면 올림픽도, 보스턴 마라톤도, 동네 5K 대회도 없었을 거예요. 이제는 미국 한 곳에만 러너가 오천만 명 있고, 그 중 오십만 명은 페이디피데스가 해낼 수 없었던 것, 마라톤이 끝나고 살아남는 일을 해내고 맙니다.

달리기와 진화

대강 400만 년 전쯤, 진화 계보상 우리의 직계 조상인 오스트랄로피테쿠스는 나무에서 내려와 두 발로 걷기 시작했습니다. 왜 그랬는지는 아직 몰라요. 그 뒤로 몇백만 년이 흐른 뒤 호모 하빌리스Homo habilis와 호모 에렉투스Homo erectus는 걷기부터 조깅까지의 페이스를 골라잡을 수 있게끔 하는 여러 가지 형질을 진화시킵니다. 하버드 대학교에서 인간 진화생물학을 가르치는 대니얼 E. 리버먼Daniel E. Lieberman 교수와 유타 대학교의 생물학자인 드니스 M. 브램블Dennis M. Bramble 2004년 연구에 따르면 이들 형질

BUILD YOUR RUNNING BODY

달리기 이야기

"달리기와 유행"

지름길을 찾는 것은 인간의 본능이죠. 러너들이라고 다를 리가요. 온갖 노력과 힘을 기울이지 않고도 더 잘 될 방법이 있다면 누구나 해 볼 겁니다. 아래의 열 가지 유행은 과거와 현재 사람들의 인기를 끈 녀석들입니다. 이 중에는 괜찮은 훈련 프로그램의 *일부*로 자리잡은 것도 있지만, 하나만 택했을 경우 우리가 원하는 결말은 얻지 못할 겁니다.

1. **LSD**long slow distance, 느리게 오래달리기: 《러너스 월드》의 전 편집장인 조 헨더슨Joe Henderson은 전통적인 워크아웃에서 '고통과 괴로움과 번민'을 덜어내고 대화가 가능한 페이스로 긴 거리를 뛰는 것을 골자로 한 '느리게 오래달리기'를 1969년에 제안했습니다. 그러나 시원찮은 기록을 낳은 탓에 LSD는 얼마 지나지 않아 '느리게 오래 달리는 러너'를 만들 뿐임이 밝혀졌습니다.
2. **맨발과 미니멀화**: 2009년에 나온 크리스토퍼 맥두걸Christopher McDougall의 책 『본투런Born to Run』은 미니멀화와 맨발을 21세기 첫 번째 대유행으로 만들었습니다. 그러나 미니멀화와 맨발로 인해 부상이 지속되거나 늘어나는 동시에 러닝 효율running economy이 낮아진다는 근거가 2013년에 밝혀진 뒤로 미니멀화의 시장 점유율은 30%나 추락했습니다.
3. **타바타 인터벌**Tabata interval: 타바타 인터벌은 HIIThigh-intensity interval training(고강도 인터벌 훈련)의 극단적인 버전으로, 전력을 다해 짧은 시간 동안 운동을 하고 그보다 더 짧은 시간만 쉬어야 합니다(144쪽 참조). 이 방식을 지지하는 사람들은 VO_2max에 향상이 있다고 합니다. 노련한 러너들은 지난 수십 년 동안 이와 같은 종류의 인터벌을 '스피드 워크speed work' 형태로 해 왔는데, 6주 동안은 수행능력이 빠르게 향상되었지만 수행능력의 저하도 그만큼 빠르게 이루어졌습니다.
4. **코어 훈련**: 또 하나의 21세기판 만병통치약이죠. 코어 훈련은 신체 코어(복근, 골반, 등허리처럼 팔다리와 무관한 기타 근육계)의 안정화를 통해 더 나은 러닝을 보장합니다. 물론 코어를 위한 최고의 워크아웃은 지금까지 그래왔듯 러닝입니다(1마일당 반복수가 1,000번이라는 관점에서 보면요). 근육 균형을 위해 코어 운동을 약간 더 하는 것 정도는 훌륭한 발상입니다. '약간'이 '약간'에 그치기만 한다면요.
5. **포즈 주법**Pose Method**과 치러닝**ChiRunning: 포즈 주법에서는 주법을 완벽한 자세pose의 연속으로 가르칩니다. 치러닝에서는 코어 근력, 동세posture, 이완, 미드풋 스트라이크, 중력의 활용에 방점을 찍고요. 두 가지 주법 모두 러닝 효율(34쪽)을 낮추는 데다가 수행능력과 부상 예방 관점에서 가장 좋은 주법은 '스스로 선택한 주법'이라는 연구자들의 결론을 무시하고 있습니다.
6. **고강도 단거리 훈련법**: 이 유행의 장본인은 올림픽 1500미터에서 두 번 우승한 서배스천 코Sebastian Coe입니다. 코는 기나긴 거리가 아니라 강도가 자기 성공의 열쇠라고 주장했거든요. 코가 자기 훈련일지에 웜업과 쿨다운과 조깅을 기록하지 않았다는 것은 나중에서야 밝혀졌습니다. 그가 실제로 달렸으리라 추정되는 거리는 주당 70~100마일(110~160km)입니다. 이 정도면 단거리가 아니라 장거리겠죠.
7. **얼음 목욕**: 에드윈 모지스Edwin Moses는 1976년과 1984년 올림픽에 딴 금메달을 포함해 122번의 400미터 허들 세계 대회에서 연속으로 우승한 사람입니다. 이런 모지스가 염증을 줄이기 위해 하루 세 번씩 얼음 목욕을 하라고 권한 뒤로 냉탕은 30년 동안 이를 딱딱 부딪치는 사람들로 붐비게 되었죠. 그러나 불행히도 운동 후에 생긴 염증을 제거하면 회복이 느려질 수 있으며, 건강상의 이득도 제한됩니다.
8. **탄수화물 로딩**: 탄수화물 로딩은 체내의 (저장형 탄수화물인) 글리코겐이 거의 바닥을 보이는 시점인 90

BUILD YOUR RUNNING BODY

분 이상의 러닝에 매우 유용합니다. 하지만 사람들은 마라톤에 좋다고 하니까 5K에도 좋을 것이고 심지어는 1500m에도 좋을 거라 생각했죠. 당연한 말이겠지만, 단거리 경기 직전에 먹는 파스타는 그저 몸무게만 늘릴 뿐입니다. 잠재적으로는 완주 시간을 늦출 수도 있고요.

9. **코밴드**nasal strips: 이 작은 밴드는 콧구멍을 벌려 주어 운동 중 기도 폐쇄를 줄여 줍니다. 여기에도 두 가지 문제가 있습니다. 첫째, 사람은 운동을 할 때 입으로 숨을 쉽니다. 둘째, 공기를 많이 들이마셔도 수행능력에는 영향이 없습니다. 우리는 이미 충분한 공기를 마시고 있으니까요. 마신 공기에서 산소를 뽑아내고, 이를 피에 녹여 근육으로 운반한 다음, 에너지로 바꾸는 것이 진짜 문제랍니다.
10. **나체 달리기**streaking: 수행능력을 높여준다는 유행은 아니었지만, 어쨌건 유행은 유행이었어요! 1973년에는 선수와 아마추어 모두가 벗은 채 달리기로 결정했습니다. 'streaking'이라는 용어는 메릴랜드 대학교 학생 533명이 나체로 달린 다음에 만들어졌습니다. 레이 스티븐스의 노래 'The Streak'은 1974년에 500만 장이 팔리면서 빌보드 100위 차트에서 3주간 1위를 차지하기도 했죠.

이 밖의 다른 유행도 저마다 이목을 끌던 시기가 있었습니다. 발목 모래주머니, 동작제어화, DMSOdimethyl sulfoxide(디메틸 설폭사이드), 마사지, 소금 알약, 뒤로 달리기, 인터벌간 숨 참기 등이 그랬죠. 달리기 자체가 유행이라는 주장도 있습니다. 300만 년 동안 이어져 온 유행이긴 하지만요.

과 그 특성은 다음과 같습니다.

- **힘줄의 개선:** 용수철처럼 작동함으로써 에너지 요구량을 줄임
- **발의 아치:** 용수철처럼 에너지를 흡수했다가 방출함
- **길어진 보폭:** 스피드를 높임
- **둔부의 비대:** 운동 중 몸통을 안정화함
- **어깨, 팔, 고관절 회선**rotation**의 개선:** 러닝 도중에 균형을 잡아 줌
- **더 많은 땀:** 땀의 증발을 통해 열 발산을 증대시킴
- **더 적은 체모:** (몸에서의 열 발산 등) 대류 속도 증가

리버먼과 브램블은 이어 "인류가 걷고 뛰면서 긴 거리를 여행하도록 진화했다고 보는 것이 합리적이다."라는 결론을 내립니다.

그 말이 사실일 수도 있겠죠. 하지만 먼 거리를 뛰던 우리 선조들의 이동 속도를 정확히 파악하려 했던 위스콘신-매디슨 대학교의 동물학자인 캐런 L. 슈토이델-넘버스Karen L. Steudel-Numbers와 시애틀 퍼시픽 대학교의 생물학자인 카라 M. 월-셰플러Cara M. Wall-Scheffler의 2008년 연구에서는, 인류가 아마도 오랫동안 걷다가 이따금 느리게 뛴 것에 불과했을 가능성이 크다고 결론지었습니다. 여기서 질문이 튀어나올 겁니다. 걷다가 느리게 뛰거나 하던 종(種)이 어떻게 마라톤에서 다섯 번째로 빠른 종이 되었을까요?

달리기와 혁신

최근 역사에서 달리기 수행능력이 얼마나 빨리 향상되었는지 알고 싶다면 1마일 경기만 봐도 충분합니다. 1855년 영국의 찰스 웨스트홀Charles Westhall이 세운 첫 번째 1마일 공식 세계 기록은 4:28이었습니다. 99년 뒤에는 영국의 로저 배니스터가 3:59.4로 4분의 벽을 깼습니다. 그로부터 35년이 지나 모로코의 히샴 엘 게루주Hicham El Guerrouj가 현재의 세계 기록인 3:43.12를 달성했지요. 기록이 급격히 좋아진 종목은 1마일 경기만이 아닙니다. 1900년 이래 남자 5,000미터 세계기록은 15:29.8에서 12:37.35까지 줄었습니다. 1908년 2:55:18이던 마라톤 남자 세계기

록은 이제 2:01:39가 되었습니다. 여자 세계기록은 훨씬 극적으로 좋아졌지만, 20세기 후반까지 여성의 참가가 제한되어 있었기에 단순 비교는 타당성이 떨어집니다.

우리는 어떻게 이토록 빨라질 수 있었을까요?

1900년 이전의 러너들이 고볼륨 훈련이나 스프린트 훈련이나 맨발 러닝이나 하다 못해 온갖 다이어트를 하지 않아서는 아닐 겁니다. 그 시절에 결과를 그리 중요치 않게 여겼던 것도 아니에요. 고대 이집트의 헤브 세드 제전Heb Sed Festival에서 파라오는 자신에게 계속 통치할 만한 적합성이 있는지 증명하고자 의식용 경계 표석을 빙 돌아서 뛰었거든요. 고대 그리스의 경우, (200미터 정도의 고대 올림픽의 단식 달리기 종목인) 스타드stade 우승자는 4년간의 (올림피아드) 기간에 자신의 이름을 내걸었고요. 17세기 영국에서는 귀족들이 자기네 마차꾼들 간의 경주에 큰 돈을 걸기도 했어요. 파라오의 시대부터 발로 뛰는 경기의 결과는 중요했지만, 오늘날에는 괜찮은 고등부 육상 선수들이 백 년 전의 세계 기록을 수시로 넘기곤 합니다.

왜 그런지 알고 싶다면 20세기에 태동한 운동생리학과 그 방법론 정도만 봐도 됩니다. 한 세기가 지나는 동안 줄곧 이어진 훈련에서의 혁신들 덕분에 우리 인류는 단순히 느적거리며 걷는 포유류에서 벗어나 두 발 달린 지구력 기계로 변모한 거죠.

아치볼드 힐, 젖산과 VO_2max

아치볼드 힐Archibald V. Hill은 유산소와 무산소 훈련의 시대를 예고한 20세기 초의 실험을 이끈 러너 출신 생리학자였습니다. 힐의 실험은 젖산과 무산소 에너지 생산의 연관을 밝혔고, 수행능력에서 VO_2max의 중요성을 보여주었으며, 선수들이 과거에 알려졌던 것보다 더 많은 훈련 스트레스를 받아들일 수 있고, 이를 통해 더 성장할 수 있음을 증명했습니다.

파보 누르미, 이븐 페이스와 계단식 훈련

'날아다니는 핀란드인'으로 알려진 파보 누르미Paavo Nurmi는 1920년 혜성처럼 세계 달리기 무대에 등장하여 결국 (1500미터부터 20K에 걸쳐) 22개의 세계 기록을 세웠고, 올림픽 금메달을 9개나 땄으며, 121개의 경주에서 연속으로 우승했습니다. 누르미는 이븐 페이스even pace(고른 페이스) 달리기의 효용을 직감하여 훈련과 경기에서 같은 페이스를 유지하려고 스톱워치를 들고 다녔습니다. 그는 또한 휴식 시간을 바꿔 가며 (스프린트를 포함한) 다양한 거리로 달리는 '계단식 훈련'terraced training도 연습했습니다.

예스타 홀메르, 파틀렉

1930년대 예스타 홀메르Gösta Holmér는 하나의 워크아웃에 구조화되지 않은 전력 달리기와 스프린트를 상대적으로 낮은 강도의 지속적 러닝과 뒤섞어 놓은 ('스피드 플레이'라고도 하는) '파틀렉'fartlek을 창안합니다. 파틀렉은 훈련의 유산소 요소와 무산소 요소 모두를 강조했어요. 스웨덴 크로스컨트리 팀의 코치였던 홀메르는 1920년대에 누르미의 핀란드 선수단에 일방적으로 패배한 다음에 이 새로운 훈련법을 고안했습니다.

게르슐러와 라인델, 인터벌 트레이닝

1930년대 후반, 심장 전문의인 한스 라인델Hans Reindell의 영향을 받은 독일 코치 볼데마르 게르슐러Woldemar Gerschler는 휴식 '인터벌(간격)'을 두고 (심박수를 분당 180회까지 끌어올릴 수 있도록) 짧은 거리를 반복적으로 여러 번 오가는 워크아웃을 선보였습니다. 휴식 인터벌 동안 심장으로 되돌아오는 혈액으로 인해 심장 내부의 압력은 일시적으로 늘어나 심실을 늘렸습니다. 피험자 3,000명을 대상으로 한 3주간의 실험 결과 심장 용적(부피)은 평균 20% 늘었고, 심박출량(심장에서 뿜어져 나오는 혈액량)도 따라서 늘어났습니다. 인터벌 트레이닝은 400미터와 800미터 세계 기록에서 즉각적으로 큰 단축을 가져왔습니다. 그 뒤로 수십 년 동안 (400미터를 최대 60번까지 반복하는 워크아웃의) 에밀 자토페크Emil Zátopek와 (짧은 휴식 인터벌을 둔 여러 세트의 강도 높은 반복을 선보인) 미하이 이글로이Mihaly Igloi는 인터벌 트레이닝을 변형하여 수많은 세계 기록과 그 보유자들을 만들어냈습니다.

아서 리디아드, 주기화

아서 리디아드Arthur Lydiard는 스스로를 실험체 삼아 유명한 '1호 실험'을 수행하여 유산소 '바탕 훈련'과 주기화periodization에 초점을 둔 훈련 시스템을 창안했습니다. 주기화는 모든 선수가 주당 100마일을 달리는 바탕 구간, (오르막을 타는) 근력 구간, 4주간의 무산소 구간, 경기 구간 등의 여러 구간으로 훈련을 나눴습니다. 리디아드의 지도를 받은 뉴질랜드 선수들은 1960년대와 1970년대를 휩쓸고 다녔죠.

빌 보워먼과 강-약 훈련법

케니 무어Kenny Moore의 책 『Bowerman and the Men of Oregon』에도 나와있듯, 빌 보워먼Bill Bowerman은 "원시적인 생명체가 한 마리 있다고 칩시다. 약하고 불쌍한, 그러니까 예를 들자면 대학 신입생요. 이 녀석에게 쇠질이든 점프든 러닝이든 시켜 보자구요. 그리고 쉬게 둡니다. 그러면 어떻게 될까요? 작은 기적이 일어나요. 조금씩 좋아지는 겁니다."라고 했습니다. "스트레스. 회복. 성장. 세상 어떤 멍청이라도 할 수 있다고 생각할 거요."라고도 했지만, 러너들만은 하지 않았었지요. 보워먼은 자신의 강-약 훈련법을 통해 올림픽 선수 31명과 NCAA(전미 대학 체육 협회) 챔피언 24명을 만들어냈을 뿐만 아니라 NCAA 육상 챔피언십 우승을 네 번이나 했으며, 조깅을 미국에 가져왔습니다. 그는 또한 수제 신발을 만들어서(아내의 와플용 빵틀로 밑창을 만들었답니다) 나이키의 공동 설립자인 필 나이트Phil Knight와 함께 판매하기도 했습니다.

잭 대니얼스, 템포 트레이닝

템포 런을 발명한 건 잭 대니얼스Jack Daniels가 아니지만 그에 관한 책, 아무리 낮잡아도 템포 런을 대중화한 책을 썼다는 사실은 부정할 수 없을 거예요. 1998년에 나온 『Daniels' Running Formula』에서는 (무산소 에너지 생산이 수행능력에 부정적인 영향을 미치기 시작하는 수준의 강도인) 젖산 역치lactate threshold를 높일 수 있게 '역치(T) 페이스'에서의 훈련을 권고합니다. 그는 '편한 듯 힘든', 그러니까 대강 한 시간 정도 끌고 갈 수 있는 페이스의 훈련으로 템포 런과 크루즈 인터벌을 제안하기도 했습니다(수영 챔피언인 딕 바워Dick Bower에게서 이름을 빌려오긴 했지만, 크루즈 인터벌을 소개한 것도 그의 공입니다).

달리기와 영감

혁신은 더 나은 수행능력을 가능케 하는 훈련의 돌파구를 마련해 주었습니다. 허나 그러한 혁신의 결실을 나누어 가지려던 젊고 굶주리고 재능 있는 한 무더기의 러너들을 끌어당긴 것은 영감(靈感)이었어요. 누르미, 자토페크, 배니스터, 호주의 론 클라크Ron Clarke, 뉴질랜드의 피터 스넬Peter Snell, 에티오피아의 아베베 비킬라Abebe Bikila, 케냐의 킵 케이노Kip Keino, 미국의 짐 륜Jim Ryun 같은 러너들의 영향력과 스타로서의 힘은 전세계 구석구석에서 솟아날 미래의 스타들이 끊이지 않게 만들었습니다.

1972년 뮌헨 올림픽 마라톤에서 우승했을 때 프랭크 쇼터Frank Shorter는 달리기 붐을 일으켜, 하는 사람이 거의 없던 틈새 시장 속의 운동을 수백만의 참가자가 인류 역사상 전례 없는 수준의 건강을 경험하기를 열망하는 스포츠로 바꾸어 놓았습니다. 1984년 조앤 브누아Joan Benoit가 처음으로 일궈낸 여성의 올림픽 마라톤 우승은 (1967년 캐스린 스위처Kathrine Switzer가 보스턴 마라톤에서 처음으로 공식 완주를 해낸 뒤 비로소 시작된 '여성의 지구력 달리기 능력이 남성과 같은가'에 대한 도발적 질문에의 해답을 20년 만에 성공적으로 얻으며) 여성이 피트니스 혁명에 뒤처지지 않을 것임을 확인시켜 주었습니다.

물론 영감만으로 우리가 하루아침에 올림픽 전사가 되지는 않겠지만, 역사에서 교훈을 얻는 한편 인류의 형태를 만들어 준 진화와 함께 그 잠재력을 해방한 혁신을 모두 받아들일 자세가 되어 있다면 지금보다 나은 러너가 될 수 있을 거예요. 더 나은 달리기는 추측이 아닙니다. 속임수도 아니에요. 유행이나 속성 완성 계획도 아닙니다. 아이작 뉴턴 경의 말을 빌리자면, 더 잘 달리는 것은 '거인의 어깨 위에 서는 것'의 문제입니다. 지구력 경기에서의 성공을 향한 길은 이미 닦여 있습니다. 지금 우리가 할 일은 그 위를 달리는 것이고요.

3

장비로 시작하는 달리기

《러너스 월드》는 최근 웹사이트를 약간 개편하면서 온도와 훈련 강도를 비롯한 여러 가지 요인에 따른 러닝 의상에 대한 조언을 오랫동안 제공해 오던 도구인 '뭘 입을까'What to Wear를 없앴습니다. 반응은 즉각적이었죠. 러너들은 도구를 돌려달라고 했습니다. 따뜻할 때 달리던 러너들은 추운 날씨에 무엇을 입어야 할지 갈팡질팡했습니다. 달리기를 이제 막 시작한 러너들도 경기에 필요한 장비 추천이 필요했죠. 나이 든 러너들은 새로 나온 의류용 섬유를 보고 혼란에 빠졌습니다. 얼마 지나지 않아 웹사이트에 돌아온 도구 덕에(runnersworld.com/what-to-wear) 1970년대식 나체 달리기는 재현되지 않았답니다.

2013년 러닝용 장비는 미국에서만 도합 45억 달러어치가 팔렸습니다. 엄청나게 많이 팔린 거죠. 스포츠용품점과 러닝 전문 매장과 온라인 쇼핑몰에 들어갈 때마다 러너들은 뷔페처럼 깔린 수많은 의류와 장비를 마주하게 됩니다. '내게 필요한 게 뭐지?'라는 의문이 드는 게 당연하죠. 이 질문에 대한

답은, '그때그때 달라요'입니다. 당신이 어디에 사는지, 워크아웃을 위해 무엇을 하는지, 얼마나 투자할 의향이 있는지, 그리고 당신이 멋진 첨단 장비를 얼마나 사랑하는지에 따라 달라지는 겁니다.

러닝용 장비가 뭔데?

러닝용 장비는 훈련과 연관된 모든 소품을 포괄적으로 가리키는 말입니다. 하지만 이 장에서는 '장비'의 뜻을 달리는 동안 사람이 착용할 수 있는 소품으로 한정지을 거예요. 이를 염두한 상태로 장비를 분류하면 다음의 다섯 가지로 나눌 수 있습니다.

1. **기본 장비**
2. **신발**
3. **환경 맞춤형 장비**
4. **기계장치**
5. **신데렐라 장비**

여기서 브랜드 이름을 추천하지는 않을 거예요. 러닝용 장비의 스타일과 모델은 이 책이 따라잡지 못할 정도로 너무 빠르게 바뀌니까요. 그걸 원한다면 《러너스 월드》에서 제프 댄게이트Jeff Dangate의 1분 짜리 리뷰를 참고하시면 좋습니다.

기본 장비

러너가 가장 먼저 내릴 결정은 '무엇을 입을 것인가'여야 합니다. 그런고로 첫 러닝을 시작하기 전에 최소한 다음과 같은 기본 러닝 꾸러미를 구해 두어야 합니다.

- **러닝화 한 켤레**
- **러닝용 반바지 두 장**
- **러닝용 셔츠 두 장**(면 소재나 기능성 소재로)
- **스포츠 브라**(여성의 경우)

달리기가 처음이거나 안 뛴 지 오래 된 러너라면 이 기본 꾸러미로도 한동안은 충분할 겁니다. 지갑에 신경 쓰기 전에 당신과 당신의 몸이 훈련에 전념하고 있는지 확인하고 싶어질 테니까요. "세상에는 고를 수 있는 장비가 너무 많고, 비싸지는 속도도 진짜 빨라질 수 있어요." 평생 러너로 사는 장비 매니아, 마라톤을 스무 번 넘게 완주한 베테랑이자 산악달리기와 눈신[雪靴]을 사랑하는《러너스 월드》의 신발 · 장비 분야 에디터 덴게이트는 이렇게 이야기합니다. "신발은 시간을 들여서 골라야 하는 필수 장비예요. 우리를 보호해 주는 장비니까요. 미식축구 선수의 패드가 우리에게는 신발입니다."

장비를 많이 사야 훈련에 더 강하게 전념할 것 같다는 러너들에게 덴게이트는 이렇게 충고합니다. "장비가 많다고 더 자주 뛰지는 않을 거잖아요."

신발

러닝화는 2013년에만 거의 5천만 켤레가 팔렸습니다. 브랜드도 가지각색에 모델은 수백 가지나 되죠. 그렇다면 당신에게 맞는 신발을 어떻게 골라야 할까요? 많은 러너가 러닝화를 고르는 기준은 '착용감'입니다. 느낌이 좋으면 사는 거죠. 하지만 착용감이 늘 기능으로 이어지지는 않고, 모든 매장이 시착을 하고 매장 밖으로 나가 뛰게 해 주지도 않을 겁니다. 다른 러너와 이야기를 하고, 온라인과 잡지의 리뷰를 읽고, 경험에서 배우는 것은 그래서 중요합

초보자 가이드

초보자라면 달리기 자체에 집중하세요. 흥청망청 쇼핑하는 데 열정을 소진하지 마십시오. 신발 한 켤레에 단순한 러닝용 복장인 반바지와 셔츠(면이나 드라이핏Dri-FIT 소재) 한 벌로 시작하면 됩니다. 장비를 더 추가할 타이밍은 러닝이 당신에게 맞는 스포츠라는 확신이 생기고 나서여야 합니다.

니다. 당신이 가장 좋아하는 신발 모델에 어떠한 구조적 변화가 있었는지도 알고 싶을 거예요. 당신이 지난번에 산 (아끼는) 모델이 새로 살 때쯤에는 완전히 달라졌을 수도 있으니까요.

몇 켤레가 필요할까?

덴게이트는 "러닝을 많이 하지 않는 분은 두 켤레면 충분합니다. 그렇게 하면 비바람이 몰아치는 날에 뛴다 해도 다른 한 켤레는 말라 있을 테니까요."라고 전합니다.

운동화(바로 다음 섹션 참조)를 두 켤레 산다면 번갈아 신으세요. 그러면 더 오래 신을 수 있습니다. 브랜드도 각기 다른 것을 고르세요. 브랜드마다 디자인이 다르기에 날마다 조금씩 다른 착지foot strike가 만들어집니다. 그 과정에서 근육의 균형이 개선되는 한편 특정 신발의 단점으로 인한 부정적 효과를 상쇄할 수 있습니다.

포부가 더 큰 러너라면 신발이 더 필요할 거예요. 템포 런이나 반복 훈련이나 파틀렉 훈련에는 경량화lightweight trainers나 레이싱화racing flats가 필요할 겁니다. 보호력을 원한다면 경량화를, 빠른 속도를 원한다면 레이싱화를 고르세요. 거친 산길(트레일)을 좋아한다면 트레일화trail shoes를 사세요. 만일 대회에 나간다면 도로용으로는 레이싱화가, 트랙용으로는 스파이크화가 필요할 겁니다.

훈련화(운동화)

훈련화는 장거리 러닝에 (항상은 아니지만) 가장 많이 신게 될 신발일 거예요. 훈련화는 지면에 발이 닿을 때 생기는 과도한 충격을 막아 주는 튼튼한 신발입니다. 이 특성은 달리기 후반부에 근육이 너무 지쳐 착지의 충격을 흡수하지 못하는 상황에 특히 중요합니다. 경량화를 신고 대부분의 러닝을 소화하는 러너들도 더러 있지만, 회복주recovery running에는 더 무거운 신발이 낫다는 분들도 있어요. 관절과 근육에 심각한 기계적 문제가 있어서 더 무겁고 안정적인 러닝화가 필요한 러너도 있습니다. 편하게 달릴 수 있는 선에서 가장 가벼운 신발을 신고 훈련하는 것이 아마도 최선일 겁니다. 굳이 무게를 더 달고 뛸 필요는 없으니까요.

미니멀화

미니멀 러닝은 지난 몇 년 동안 러닝에서 뜨거운 주제였지만, 그 존재가 시작된 것은 고무 밑창에 천으로 된 갑피를 올린 경량화가 처음 출시된 19세기 후반부터였습니다. 근래의 미니멀화minimalist shoes는 무게도 가볍고, 뒤꿈치와 발볼의 높이 차도 적고, 토박스toe box(발가락이 들어가는 앞코)도 넓습니다. 미니멀화의 지지자들은 이런 신발이 더 자연스러운 달리기를 만들어 준다고 주장합니다. 덴게이트는 이렇게 말합니다. "미니멀화는 발을 지면과 더 가깝게 붙여 놓아요. 그러면 발에 무슨 일이 벌어지고 있는지 제대로 느낄 수 있죠. 폼 쿠션이나 안정 기능이 없는 신발을 원하신다구요? 바닥의 자잘한 부스러기로부터 발바닥을 단단히 보호해주는 게 그 녀석들인걸요."

트레일화

미국에만 트레일 러너의 인구가 600만이 넘는 만큼, 가파른 산악 지형에 맞게 디자인된 신발의 판매량이 치솟은 것은 놀랄 일도 아닙니다. 트레일화는 밑창의 홈이 깊고 공격적인 트레드tread(접지면) 패턴을 가지고 있어요. 둘 다 접지력traction을 높이기 위한 디자인입니다. 덴게이트는 "무엇보다도 미끄러지지 않는 게 먼저죠. 나뭇가지나 바위를 밟았을 때 신발이 찢어져 발을 다치지 않으려면 신발의 앞면과 옆면에 보강재가 있어야 하겠고요."라고 이야기합니다. 그 밖의 특성으로는 (진흙탕 달리기를 상정할 경우) 방수 안감이 있을 수 있겠고, 날카로운 바위나 줄기를 밟았을 때의 충격을 받아낼 보호판protective plates이나 단순한 디자인도 꼽을 수 있습니다.

레이싱화와 스파이크화

레이싱화 중에는 100g 정도에 불과할 정도로 극도로 가벼운 모델도 있습니다(대부분의 운동화가 300~500g인 것과 대조적이죠). 레이싱화는 발에 꼭 맞고 쿠션은 최소한으로만 있습니다. 모두 속도 때문이죠. 신발 무게가 1온스(28g) 줄어들 때마다 1마일(1.6km) 기록이 1초씩 단축되는 것으로 추정됩니다. 또한 여러 연구를 통해 몸무게를 100g 줄이면 풀코스 마라톤 기록이 약 3분 단축된다는 결론을 확인할 수 있습니다.

스파이크화는 트랙 달리기에서 가장 빈번히 쓰이는 특수화입니다. 이 신발은 가볍고, 굽이 낮거나 없으며, 앞꿈치 밑에 스파이크 판이 붙어 있어요. 스파이크 판에는 접지력을 높여 주는 '징'pin(스파이크화의 뾰족한 부분)이 달려 있습니다. 적게는 세 개, 많게는 여덟 개까지 징의 개수가 달라질 수 있습니다. 장거리 러너는 일반적으로 타이트하게 붙는 타입이면서, 뒤축에 쿠션이 적당히 있고(반복주 훈련을 하면 거리 볼륨이 늘어날 수 있으니까요), 징이 네 개짜리인 스파이크화를 선호합니다. 스프린터(단거리 러너)는 뒤축 쿠션이 없고 징이 더 많은 신발을 선호하는 편입니다. 대부분의 올웨더 트랙all-weather track(전천후 트랙)에는 5mm 이하의 징을 사용해야 합니다. 크로스컨트리 러닝에서는 진흙탕과 굵은 수풀과 맞서야 하므로 좀 더 긴 (1~1.5cm 정도의) 징이 자주 쓰입니다.

반바지

신발 다음으로 빼놓을 수 없는 러닝용 복장으로 반바지가 있습니다. 어지간한 도시라면 아랫도리를 벗고 달리면 안 된다는 조례가 있으니까요. 반바지는 가볍고 습기를 잘 제거해 주는 (나이키 드라이핏 등의) 기능성 소재가 좋습니다. 오늘날의 패션은 긴 바지 쪽으로 흘러가고 있지만, 바지가 길면 다리에 붙고 땀이 나면 방해가 되기에 많은 러너들은 훈련과 경기에서의 속도를 위해 (숏팬츠처럼) 길이가 짧은 쪽을 선호합니다. 살집이 있는 러너의 경우 허벅지 안쪽이 쓸리지 않게 하려고 약간 긴 반바지를 찾는 일이 많고, 때로는 짧은 타이츠를 입기도 합니다. 여성들은 ('번 허거'bun hugger라고도 하는) 팬티 형태의 바지나 아주 짧은 숏 타이츠를 고르는 경우도 있는데, 이런 옷은 편할 뿐만 아니라 대류(열을 몸에서 대기로 분산시키는 것)를 더 원활하게 하고, 더 빠른 것 같은 느낌을 주기도 해요(이런 심리적 이점은 절대 과소평가하면 안 됩니다). 주머니가 있는 바지의 경우 팔을 앞뒤로 움직일 때 엄지손가락이 걸릴 수 있으니 주의해야 합니다. 바지에 열쇠용 주머니가 있는지도 확인하세요(경기나 장거리 러닝 중에 섭취할 스포츠 젤이 중요한 분들은 그걸 넣을 주머니가 있는지도 체크하시고요). 마지막으로, 반바지 안에 속옷을 입는 러너도 있고 안 입는 러너도 있습니다. 뭐가 됐든 본인에게 맞는 방식을 택하세요.

셔츠

셔츠는 대개 기후에 따라 고르게 됩니다. 남부 캘리포니아에 사는 러너라면야 일 년 내내 면 티셔츠를 입어도 되겠지만, 대부분의 러너는 피부의 습기를 제거하는 한편 추울 때 열을 보존하고 더울 때 열을 방출하여 체온 조절을 도와주는 기능성 소재를 택할 겁니다.

스포츠 브라(여성 한정)

여성이라면 스포츠 브라가 필요할 거예요. 스포츠 브라는 모든 여성의 체형과 사이즈를 커버할 수 있도록 출시됩니다. 타이트하고 신축성 있는 재질의 단단한 밴드를 활용해 달리는 동안 가슴이 움직이지 않게 붙잡아 주는 컴프레션 브라도 있고, 양쪽 유방을 밑에서 받쳐주는 컵이 달린 전통적 브라 형태의 캡슐형 브라도 있습니다. 가슴이 큰 여성들은 캡슐형 브라를 선호하는 것 같긴 하지만, 둘 다 착용해 보는 것이 좋습니다. 입을 때 부끄러워 하지 마세요. 위아래도 점프도 해 보고, 양옆으로 몸을 돌려도 보고, 달리는 것처럼 움직여도 보면서, 고르려는 브라가 원하는 만큼의 지지력을 주는지 확인해 보세요. 마지막으로, 브라가 내장된 탑은 모양과 컵 지지력과 보강력이 스포츠 브라만 못한 녀석이 많으므로 고를 때 매우 주의해야 합니다.

환경 맞춤형 장비

기본 장비를 다 고르고 나면 자신의 특수한 상황에 알맞은 장비를 더 구비하고 싶게 마련입니다. 무엇을 착용할지는 주로 기후, 훈련 시간대, 목표 속도에 따라 갈릴 거예요.

따뜻한 날의 러닝

따뜻한 날씨에는 땀을 흡수하는 재질의 옷과 더불어 태양으로부터 당신을 보호해 줄 장비와 수분 보충을 도와줄 장비가 필요할 겁니다. 처음이라면 아래와 같은 녀석들을 구비해 볼 수 있습니다.

- **폴리에스테르 셔츠**
- **헐렁한 반바지**
- **챙 달린 모자**
- **선글라스**
- **선크림**
- **휴대용 물병**

선크림을 쓰는 분이나 머리카락이 풍성한 분은 (모자 대신) 선바이저를 쓰고 나가도 됩니다. 물병을 손에 들기 싫다면 300ml짜리 물병 두 개가 붙은 하이드레이션 벨트를 써 보는 방법도 있습니다.

비 오는 날의 러닝

비가 올 때의 적합한 장비 선택은 온도가 관건입니다.

- **챙 달린 모자:** 비가 얼굴로 흘러내리지 않게 해 편안함을 유지할 수 있게 합니다.
- **재킷이나 조끼:** 앞을 지퍼로 내릴 수 있는 것을 고르면 비가 그쳤을 때 지퍼를 내려 몸의 열을 조절할 수 있습니다. 지퍼를 온도 조절 장치로 사용하는 거죠.

날이 추우면 몇 가지 아이템이 더 필요할 수도 있습니다.

- **타이츠나 긴 바지:** 비를 막을 수 있도록 앞면이 방수 재질로 덧대어져 있는(뒷면은 아마 아닐) 녀석이 필요합니다.
- **기능성 러닝용 양말:** 언제나 써먹을 수 있지만, 비가 올 때는 특히 유용합니다. 면 소재의 양말은 물집의 원흉입니다. 메리노 양모로 짠 양말은 발의 온기를 유지해 주고 냄새를 막아 줍니다.

제대로 갖춰 입기만 했다면 비 오는 날에도 달리려는 마음이 식지 않을 거예요.

춥고 눈 오는 날의 러닝

눈이 오고 추운 날에 사람들이 가장 흔히 하는 실수는 바로 옷을 너무 두껍게 입는 것입니다. 그렇게 해봐야 열만 너무 오를 뿐입니다. 그보다는 얇은 옷을 세 겹 정도 껴입는 편이 좋습니다.

- **첫째 겹:** 피부에 바로 닿는 옷은 습기를 날려줄 수 있도록 (폴리에스터 같은) 합성섬유 소재의 옷을 입습니다.
- **둘째 겹:** 단열재 기능을 합니다. 일반적인 드라이핏 셔츠보다 조금은 무거워야 해요. 스판덱스가 들어간 하프 집업 디자인의 옷이면 훌륭합니다.
- **셋째 겹:** 가장 바깥에 덧입는 옷은 (그 밑에 입은 옷들을 전부 덮어줄 수 있는) 바람막이 재킷입니다. 체온 조절을 위해 양팔 밑이나 옷길이 전체에 해당하는 지퍼가 달려 있어야 해요.

아랫도리에는 다음과 같은 구성의 세 겹을 입을 수 있습니다.

- **속옷:** 남성의 경우 면이 아닌 재질의 바람막이 패널이 들어간 속옷을 입습니다(입어 보면 왜 그런지 알 겁니다).
- **타이츠:** 폴리에스터와 스판덱스를 배합한 고전적 타이츠를 입습니다.
- **러닝용 긴 바지:** 타이츠보다는 덜 달라붙는 옷을 고릅니다. 둘째 겹으로 입어도 되고, 너무 추운 날에는 타이츠 위에 셋째 겹으로 입을 수도 있습니다.

모자(메리노 양모 재질이면 좋아요)나 장갑도 필요할 겁니다. 너무 추운 날에는 손모아장갑(벙어리장갑)이 좋을 수도 있겠지만, 그보다는 접이식 손모아장갑이 내장된 손가락장갑이 더 나을 거예요. 눈 오는 날에는 발을 따뜻하고 건조하게 유지할 수 있도록 고어텍스Gore-Tex 재질 갑피가 있는 하이브리드

트레일화를 신습니다.

고지대에서의 러닝

고도가 높은 곳에서 훈련을 할 때 절대 잊지 말고 챙겨야 할 것을 하나 고르라면 물병이나 하이드레이션 벨트일 겁니다. 고지대에서는 탈수가 더 빨리 일어나거든요. 덴게이트 말마따나, '물은 아래로 흐르는 법이라 고원에서는 물을 찾기 힘들거든요.'

기계장치

기계를 좋아하는 분들은 더 나은 러닝의 핵심이 기술이라고 믿을 겁니다. 판단은 여러분께 맡길게요. 여기서는 인기 있는 기계 세 가지와 함께 구식 장비도 하나 같이 살펴보겠습니다.

GPS 시계

주행 거리, 거리당 페이스, 전체 평균 페이스, 소모한 칼로리를 알려 주고 달린 곳의 지도도 그려주는 데다가 페이스 알림까지 해 준다는데 싫을 사람이 있겠어요? GPS 시계는 매 러닝 세션으로 데이터를 구성하기 때문에, 피드백 용도가 아니라 마치 게임처럼 지난번 기록을 뛰어넘을 용도로 GPS를 사용하는 러너들에게는 위험할 수 있습니다. 그런 분이 아니라면 GPS 시계는 굉장히 훌륭한 도구가 될 수 있습니다.

심박계

심박계는 당신의 심박수를 기준으로 운동의 강도를 측정합니다. 일단 훈련 심박수 영역을 설정해 두면 심박계는 당신이 유산소 훈련 영역에 있는지, 젖산 역치 근방에 있는지, 무산소 훈련 영역에 있는지 알려줍니다. 실험실 테스트를 거친 엘리트 러너라면 심박계는 자신의 훈련 영역에 안정적으로 머물 수 있도록 보조합니다. 그러나 초보자나 숙련도가 떨어지는 러너에게는 과유불급일 수도 있어요. "심박계가 필요한 러너는 많지 않아요." 덴게이트는 이렇게 덧붙입니다. "훌륭한 도구임에는 틀림없지만, 대부분의 러너는 데이터의 늪에 빠진 채 자기가 뭘 보고 있는 건지도 모를 테니까요."

MP3 플레이어

단일 이슈 중에 MP3 플레이어만큼 러닝 커뮤니티에서 논쟁이 뜨거운 녀석도 없을 겁니다. 좋다는 사람들은 음악이 동기를 부여하고, 피로에 대한 자각 정도를 낮추고, 지루함과 싸울 수 있게 한다고 하죠. 나쁘다는 사람들은 페이스와 생리적 피드백을 방해할 뿐만 아니라 (다른 러너들을 비롯한) 주변환경을 알아채지 못하게 하는 위험성이 있다고 하고요. 음악을 좋아하는 분이라면 주머니나 암밴드에 넣을 수 있거나 옷깃에 끼울 수 만큼 작은 MP3 플레이어를 고르고, 방수 기능이 있는 고품질의 헤드폰이나 이어폰을 구입하시기 바랍니다.

하이드레이션 벨트(수분 공급 벨트)

첨단 기술은 아니지만 유용하게 쓰이는 물건입니다. 위로 말려 올라가거나 배에 압력을 가하지 않는 녀석으로 고르세요. 그 때문에 구역질을 하는 러너들도 더러 있으니까요. 엉덩이에 착 붙어서 덜렁거리지 않는 벨트가 좋습니다.

신데렐라 장비

동화 속 신데렐라는 요정 대모에게 자정이 되기 전까지 궁전에서 나가라는 경고를 듣습니다. 늦었다가는 그녀의 마차가 호박으로 변하고 마부가 쥐로 변하는 꼴을 왕자가 볼 테니까요. 장비를 사랑하는 러너들도 이 경고에 귀를 기울여야 합니다. 미드솔이 위험할 정도로 압축된 신발이나 무릎까지 벗겨져 내려오는 반바지는 시곗바늘이 자정을 가리키기 전에 버릴 수 있어야 합니다. 오래 된 장비를 놓아보내야 하는 순간은 언젠가 옵니다. 언제 버려야 하는지 아는 것이 관건이겠지요.

신발

마모가 심하거나 밑창이 다 닳았다면 헤어질 시간이 온 겁니다. 갑피가 찢어진 경우도 그렇고요. 신발은 300~500마일(480~800km)정도를 쓸 수 있도록 만들어집니다. 제조에서의 개선이 신발 내구력의 개선으로 이어져 왔으니, 평가는 신발별로 해야 합니다. 다리에 어떤 느낌이 드는지도 관찰해야 합니다. 덴게이트는 "이유를 알 수 없는 근육 뭉침이나 통증이 있다면 신발 교체를 고려할 때가 된 것일 수도 있어요."라고 이야기합니다. 전에 신던 신발은 쓰레기통이나 재활용 센터에 넘겨야 합니다. 신발은 신발일 뿐, 트로피가 아니니까요.

바지와 스포츠 브라

탄력이 떨어지고 있다면 은퇴 시기가 다 된 걸지도 모릅니다. 봉제선이 벌어졌다는 말은 옷의 장례식이 순리대로 진행되고 있다는 뜻이고요. 수명이 몇 달밖에 안 되던 예전과 달리, 요새 반바지는 몇 년씩도 거뜬하긴 합니다. 그걸 영원히 입을 수 있다는 뜻으로 받아들이면 안 돼요.

셔츠

셔츠도 반바지처럼 예전보다 내구력이 좋아졌습니다. 괜찮은 드라이핏 셔츠는 계절이 몇 번씩 바뀌어도 버텨내 줘요. 그러나 어느 시점이 되면 '흠, 이걸 어떻게 입지?'할 정도로 옷에서 냄새가 나기 시작합니다. 덴게이트에 따르면 제조사들이 셔츠에 항균(抗菌) 효과를 넣으려고 여러 가지 시도를 하고 있다고 해요. 셔츠에서 나는 냄새가 빨기 전이나 후나 똑같다면, 완벽한 항균 셔츠가 나오기 전이라도 버리고 새 걸 사세요.

러닝용 장비를 모으는 재미는 꽤나 쏠쏠합니다. 하지만 당신을 더 나은 러너로 만드는 것은 쇼핑이 아니라 똑똑한 훈련입니다. 요약하면 몇 줄로 끝나요. 반바지와 셔츠가 필요할 거고, 여성이라면 스포츠 브라가 필요할 겁니다. 장비가 많으면 보너스는 되겠지만, 그렇다고 더 나은 러너가 되지는 않습니다.

4

낱말로 시작하는 달리기

스피드 퀴즈를 하나 풀어봅시다. 어떤 러너가 "나 VO_2max를 높일 수 있는 코어 운동을 좀 할까봐."라고 했을 때 올바른 대답은 무엇일까요?

A. "VO_2max가 뭐야?"
B. "그러든가."
C. "수행능력 지표라는 점에서 VO_2max가 러닝 효율만큼 중요하지는 않다고 봐."

정답은 C입니다. 이 대답에서는 두 가지 러닝 용어를 구사하고 있으며, 코어 훈련이 왜 실질적으로 VO_2max 향상에 쓸모없는지 설명하지도 않습니다. A를 골랐다면 정직하다는 면에서는 부분 점수를 드릴 수도 있겠군요. B를 골랐다면 전문용어를 모른다고 인정한 꼴이나 다름없으니 나중에 달리기와 관련된 대화에서 따돌

림을 당할 수도 있겠네요.

위의 설명은 반쯤 농담이었습니다만, 그럼에도 러닝 용어를 그저 유행어 말장난 뭉치로 보면 안 됩니다. 한 스포츠의 세계에서 노닐고 싶다면 그 세계의 언어를 쓸 줄 알아야겠죠.

러닝 용어가 뭔데?

러닝 용어는 러닝과 관련된 주제로 말을 하거나 이야기를 들을 때 튀어나오게 될 전문용어나 문구, 나아가 특수한 낱말까지 포함합니다. 세간에 쓰이는 러닝 용어를 모두 설명하자면 책으로도 쓸 만한 분량이 되겠지만, 여기서는 가장 많이 쓰이는 열두 가지 용어로 속성 교육을 시작해 보겠습니다.

유산소

'유산소 스타일'의 달리기를 한다는 말은, 러닝 중에 공급되는 연료의 거의 대부분을 유산소 에너지에서 받는 강도 (또는 페이스) 수준으로 달리고 있다는 뜻입니다. 유산소 에너지는 세포 안에서 만들어지며 산소 없이 생성될 수 없습니다. 당연한 말이겠지만 유산소 에너지는 단지 운동만을 위해 만들어지지 않아요. 우리는 끊임없이 유산소 에너지를 생산합니다. 앉아 있을 때 생성되는 에너지는 거의 전부가 이 방식으로 만들어집니다. 하지만 마라톤을 뛸 때 만들어지는 에너지 또한 99%가 유산소예요. 심지어는 스프린트를 할 때도 유산소 에너지를 쓰는데, 100미터 달리기의 경우 유산소 에너지가 최대 20%까지 쓰입니다. 자세한 내용은 10장을 참조해 주세요.

무산소

무산소 에너지는 세포 안에서 산소 없이 만들어집니다. 그렇다고 세포에 산소가 없다는 뜻은 아닙니다. 세포 안에는 산소가 항상 있어요. 무산소 에너지는 유산소 시스템이 만들어내는 속도보다 인체가 더 빨리 에너지를 요구할 때 생성됩니다. 얼마나 오랫동안 쓰이는가에 따라 우리 몸의 무산소 시스템은 유산소 시스템보다 100~200배 빠르게 에너지를 만들어낼 수 있습니다. 무산소 에너지 생산의 문제는 수명이 짧다는 점인데, 최대 용량에서 1분 정도가 지나면 시들해집니다. 점프나 쇠질이나 스프린트 같은 활동에는 더할 나위 없겠지만, 오래달리기나 축구, 자전거, 수영 같은 스포츠에는 그리 좋지 않아요. 자세한 내용은 10장을 참조해 주세요.

VO_2max

VO_2max는 우리 몸이 1분 안에 '소모'할 수 있는 최대 산소량을 뜻합니다. 즉, 우리 몸의 유산소 시스템이 에너지를 만들어내기 위해 사용할 수 있는 최대 산소량을 가리킵니다. 에너지 생성에 쓰이지 않는 혈액 속의 산소는 VO_2max 계산에 포함되지 않습니다. VO_2max는 산소를 운반하는 (심혈관계의) 능력과 세포 수준에서 산소를 사용하는 능력을 개선함으로써 늘릴 수 있습니다. 자세한 내용은 8장을 참조해 주세요.

러닝 효율

러닝 효율running economy은 특정 속도로 달릴 때 산소를 얼마나 효율적으로 사용하는가를 가리킵니다. 같은 페이스로 달리는 러너 A의 산소 요구량이 러너 B의 산소 요구량보다 작다면, A의 러닝 효율이 더 좋

초보자 가이드

러닝 용어에 익숙해져야 합니다. 복잡한 과학 얘기처럼 들릴 수 있겠지만, 이는 그저 낱말과 용어가 낯설어서 그런 거예요. 일단 러닝 용어를 스스로 활용할 수 있게 된다면, 러닝에서의 워크아웃과 개념과 전략을 이보다 적절히 설명하는 단어가 없음을 깨닫게 될 겁니다. 러닝 용어는 달리기의 세계를 받아들이는 열쇠랍니다.

다고 말할 수 있습니다. 연비 좋은 차와 마찬가지인 셈이죠. 러닝 커뮤니티에서는 VO_2max와 러닝 효율 중에 수행능력에 더 중요한 것이 무엇인지에 관한 갑론을박이 벌어지는데, 정답은 '둘 다 중요하다'입니다. 자세한 내용은 11장을 참조해 주세요.

젖산

젖산lactic acid은 거의 한 세기 동안이나 달리기에서 망태 할아버지나 다를 바 없는 취급을 받아 왔습니다. 오랜 세월 무산소 에너지 생산의 부산물로 여겨져 온 젖산은 고된 달리기 중에 발생하는 근육 피로와 통증의 주범으로 지목받았습니다. 그러나 이제는 젖산이 근육에서 형성되지 않는다는 증거가 있습니다. 젖산이 아니라 젖산이온lactate과 수소이온hydrogen ion이라는 두 가지 물질이 생겨나는 것이죠. 젖산이온은 근육이 유산소 에너지를 만들 때 사용하는 연료입니다. 수소이온은 피로의 원인으로 추정되는 산증acidosis의 실질적인 원인이지만, 장거리 경주에서는 또 아닙니다. 자세한 내용은 9장을 참조해 주세요.

반복/인터벌

원리주의자들이야 두 단어의 뜻이 다르다고 하겠지만, 많은 러너들은 반복주repetition와 인터벌interval을 같은 것처럼 섞어 쓰고 있습니다. 대부분의 러너에게 반복주 훈련repetition training과 인터벌 트레이닝interval training은 모두 (8×200미터나 3×1마일처럼) 짧은 구간을 일정한 페이스로 달리되 그 사이사이에 걷거나 가볍게 뛰거나 그냥 서 있는 회복 구간recovery period을 넣어둔 워크아웃으로 통합니다. 그러나 엄밀히 말해 '반복주'는 힘들게 달리는 구간을, '인터벌'은 각각의 반복이 끝나고 쉬는 시간을 가리킵니다. 인터벌 트레이닝은 (심장이 한 번의 박동으로 방출하는 혈액의 양인) 일회박출량stroke volume을 늘리는 방법으로서 (1920년대 유사한 워크아웃에서 파생되어) 1930년대에 시작되었습니다. 자세한 내용은 7장을 참조해 주세요.

스플릿(분할)

스플릿split에는 두 가지 뜻이 있을 수 있습니다. 먼저 러닝 도중에 기록된 시간을 가리킬 수 있습니다. 보통은 일정한 거리 단위로 나누어 쓰죠. 가령 5K 러닝 중에 첫 1km에서의 페이스를 알고 싶다면 '1km 스플릿'을 보는 식으로요. '이븐 스플릿'even splits(고른 스플릿)으로 뛰고 있다면 각 스플릿에 대해 같은 페이스를 유지하고 있다는 뜻입니다. '네거티브 스플릿'negative split은 경기 종반부에 페이스를 올렸다는 뜻이고요. 러너들이 워크아웃을 여러 부분으로 쪼갤 때도 '스플릿'이라는 말이 쓰입니다. 장거리 달리기에서 매 km마다 GPS 시계를 활용해 스플릿을 확인하거나 인터벌 워크아웃에서 매 반복주마다 스플릿을 기록하는 식으로요. 다가올 대회에서 전체 거리에 걸쳐 같은 스플릿 타임을 찍을 수 있도록 반복주 훈련 중에 목표 스플릿을 잡아놓는 러너도 더러 있습니다. 목표 스플릿의 예시가 궁금하다면 7장의 '사진으로 보는 워크아웃' 항목의 표를 참조하세요.

템포

템포 런tempo run은 아마 러닝에서 가장 오해가 많은 워크아웃일 겁니다. 템포 런은 최소 한 시간은 유지할 수 있는 페이스로 10분에서 40분 정도 쭉 뛰는 것입니다(상급 장거리 러너는 간혹 더 오래 뛸 수도 있습니다). 잭 대니얼스가 쓴 『Daniels' Running Formula』을 통해 이 워크아웃이 널리 퍼졌는데, 여기서 대니얼스는 템포 런을 '편한 듯 힘든' 것으로 표현했어요. 유산소 에너지 생산에 득이 되는 훈련 적응과 무산소 에너지 생산에서 생겨난 유해 부산물 제거를 모두 촉진하는 까닭에, 템포는 장거리 러너들이 가장 좋아하는 워크아웃 중 하나이기도 합니다. 그러나 불운하게도 템포 런을 (연습 경주처럼) 최단시간 돌파쯤으로 여기는 바람에 효용은 못 보고 다음 워크아웃까지 이어지는 피로감만을 얻는 러너가 많습니다. 자세한 내용은 7, 8, 9장을 참조해 주세요.

파틀렉

파틀렉fartlek은 스웨덴어로 '스피드 플레이'를 뜻합니다. 워크아웃의 관점에서 보면 유산소와 무산소 능력 모두의 단련을 목표로 하여 여러 가지 페이스를 특정한 구조 없이 섞어 달리는 것이 파틀렉입니다.

파틀렉에서는 초반에 웜업을 마친 뒤에 질주와 회복주를 번갈아 실시합니다. 여기서 질주는 몇 초에서 몇 분까지 이어질 수 있습니다. 초기의 파틀렉에는 긴 반복주, 스프린트, 오르막 달리기가 포함되어 있었고, 각각에는 편한 페이스의 회복주가 뒤따랐습니다. 하지만 파틀렉에도 혁신이 찾아왔죠. 가령 아식스 애지스ASICS Aggies의 코치 조 루비오Joe Rubio는 전봇대를 지날 때마다 질주와 회복주를 번갈아 하라고 했죠. 언덕, 비포장로, 잔디밭, 포장도로 등이 뒤섞여 고르지 못한 지형에서 정해진 시간만큼 반복주를 실시하되 느낌에 따라 즉흥적으로 회복주를 하는 쪽을 선호하는 러너도 있습니다. 자세한 내용은 5장의 '사진으로 보는 워크아웃' 항목을 참조해 주세요.

연령 등급

마흔 살이 넘었다면 연령 등급age grading에 대해 알아두어야 합니다. 연령 등급에서 각 러너의 완주 시간은 해당 러너의 연령대에서 기대되는 최고 기록을 100%로 하여 이에 대한 퍼센티지로 측정합니다. 각 연령대에서의 최고 기록은 경주 거리에 대한 연령별 세계 기록 곡선을 바탕으로 결정됩니다. 가령 5K를 16분에 뛰는 40세 남성은 연령 등급상 85%에 해당하지만, 50세 남성이 같은 기록을 가지고 있다면 연령 등급상 92%에 해당합니다. 50세 여성이 똑같이 92%를 달성하려면 18:10에 완주해야 하고요. 연령 등급 체계에서는 완주 등수가 연령 등급 퍼센트에 따라 결정되므로 다른 연령대의 러너들이 서로 경쟁할 수 있게 됩니다.

미토콘드리아

과학 느낌의 용어 중에 꼭 알아야 할 것을 하나만 꼽자면 바로 미토콘드리아mitochondria일 겁니다. 미토콘드리아는 현미경으로나 볼 수 있는 세포 속 구조물로 유산소 에너지 생성을 전부 담당하며, 매일 쓰는 에너지의 90% 정도가 미토콘드리아에서 생성됩니다. 우리가 마시는 산소를 쓰는 것이 바로 미토콘드리아인 것이죠. 훈련을 하면 근육 세포 속 미토콘드리아의 개수와 크기가 모두 늘어납니다. 미토콘드리아가 많을수록 생산할 수 있는 유산소 에너지도 많아지므로 더 빠르고 멀리 뛸 수 있게 되죠. 자세한 내용은 8장을 참조해 주세요.

고유감각

고유감각proprioception은 비교적 최근에 러닝 용어 사전에 들어왔습니다. 고유감각은 공간 속에서 몸의 위치를 파악하고 그에 따라 몸의 움직임을 조절하는 우리 뇌의 능력을 가리킵니다. 근육, 인대, 내장, 내이inner ear 안에 있는 신경 네트워크에서 오는 감각 피드백을 받으면, 우리 뇌는 고유감각의 의사결정을 거쳐 똑바르게 걷는 것부터 어둠 속의 알람시계를 끄는 것에 이르는 여러 활동을 할 수 있게끔 우리 몸을 인도합니다. 러너라면 발목이 삘 가능성을 최대한 줄이는 방향으로 고유감각을 활용하여 울퉁불퉁한 땅을 건너고, 푹신한 모래 위를 달리고, 바닥에 발을 착지할 테죠. 고유감각 훈련은 러닝과 관련된 여러 가지 특성 중 자세, 주폭, 착지와 같은 것들을 개선합니다. 자세한 내용은 11장을 참조해 주세요.

보너스 용어: 탄성 반동

탄성 반동elastic recoil은 러닝 커뮤니티에서 잘 쓰이지 않는 용어로, 그 정체를 모르는 러너가 대부분이지만, 성공적인 러닝에 기여하는 가장 중요한 요소일 가능성이 큽니다. 반동은 (힘줄이나 근막 같은) 결합조직connective tissue이 늘어나면서 에너지를 저장했다가 근육이 수축할 때 결합조직이 동시에 단축되며 에너지를 방출하는 능력을 뜻합니다. 가장 좋은 예로 발을 내디딜 때마다 확연히 늘어나는 아킬레스건을 들 수 있죠. 달리면서 발을 내디딜 때마다 발생하는 추진력의 최대 50%까지가 반동에서 나옵니다. 자세한 내용은 6장을 참조해 주세요.

여기 나온 간단한 러닝 용어로 무장했다면, 달리기와 관련된 대다수의 대화를 알아듣거나 여기에 낄 수 있게 될 겁니다. 더 많은 단어를 알고 싶다면 이 책 뒤쪽의 용어사전을 참조해도 되고, 아니면 남은 장을 쭉 읽어 보아도 됩니다.

PART 2

몸으로 설계하는 달리기: 구성요소와 워크아웃

러닝에 알맞은 몸을 설계할 때 가장 먼저 알아두어야 할 것이 있습니다. 바로 모든 것이 서로 이어져 있다는 점이에요.

근육과 힘줄tendon을 통해 뼈와 연결됩니다. 폐는 혈류를 통해 세포와 연결되고요. 뇌는 신경계를 통해 햄스트링, 종아리, 아킬레스건과 연결됩니다. 근막fascia은 끊어진 곳 없는 옷감처럼 우리 몸의 거의 모든 부분을 문자 그대로 감싸고 있습니다.

우리 몸에 섬처럼 외따로 떨어진 곳은 어디에도 없습니다.

우리 몸은 오히려 궁극의 팀에 가깝습니다. 그 팀에는 몸의 '구성요소'인 근육, 결합조직, 심혈관계, 발전소(미토콘드리아), pH 조절기관, 신경계, 호르몬, 뇌가 멤버로 있고요. 우리가 달리며 발을 내디딜 때마다 이들 구성요소가 제각각의 역할을 합니다. 최상의 러닝을 이끌어내려면 이들 각각이 최대 잠재력을 발휘할 수 있도록 훈련시켜야 하죠. 불행하게도 모든 구성요소에 공평하게 혜택을 가져다주는 단 하나의 워크아웃은 존재하지 않습니다(오래달리기도 예외는 아니에요). NFL에서 뛰는 라인맨과 쿼터백의 훈련이 서로 다르게 이루어지듯, 이들 구성요소 또한 러닝에서 맡은 역할에 특화된 훈련으로 가다듬어야 합니다.

워크아웃마다 겹치는 부분이 당연히 있을 겁니다. 우리의 목표는 이들 구성요소 각각을 완전히 분리하는 것이 아니라, 각 구성요소의 잠재력을 100%까지 끌어올려 몸이라는 하나의 총체 속에서 움직이도록 통합하는 것입니다. 제2부를 이루는 장들을 보면 각각의 구성요소가 생리학적인 세부 내용으로 나뉘어있음을 확인할 수 있을 거예요. 가령 근육의 경우 지근 섬유, 중간 섬유, 속근 섬유라는 근섬유(근육 세포)로 나뉩니다. 이 과정에서 각 요소가 달리기에서 어떠한 기능을 하는가를 포함한 생리학적 내용을 약간이나마 배우게 될 겁니다. 각각의 세부 내용에는 그에 해당하는 생리적 부위를 대상으로 한 특별 워크아웃을 소개하는 '이렇게 해 봅시다' 코너가 준비되어 있습니다. 이 코너에 해당하는 운동과 스트레칭과 연습 동작은 각 장마다 사진 설명과 함께 준비해 두었습니다(앞 장에 나온 동작은 사진을 새로 싣는 대신 나와 있는 페이지를 적어 두었답니다).

달리기 이야기

"5K 페이스"

이제부터 읽게 될 여러 장에서 '5K 페이스로 훈련하라'거나 (편한 장거리 페이스에서 보겠지만) '5K 페이스 기준으로 워크아웃 강도를 정하라'는 주문을 받게 될 겁니다. '5K 페이스'는 가장 최근의 5K 완주 시간을 가리킵니다. 5K 완주 시간이 현재의 체력 수준을 나타내는 가장 좋은 지표이기 때문에, 대부분의 러닝 워크아웃에서 페이스를 결정할 때 이 시간을 시작점으로 활용할 수 있습니다. 오래 된 기록에서 5K 완주 시간을 들고 오면 안 됩니다. 뛰어본 적 없는 목표 페이스로 잡아도 안 돼요. 최근의 5K 기록이 없어도 괜찮습니다. (5K를 뛰지 않고도) 페이스를 고를 때 쓸 수 있는 간단한 전략이 몇 가지 있으니까요.

장거리 달리기의 경우 책에서 제시한 거리당 페이스를 쓰는 대신 '대화가 가능한 페이스', 즉 사람과 대화를 나눌 수 있을 만큼의 페이스를 유지하십시오. 그래야 (감당 가능한) 유산소 강도를 유지할 만큼의 산소를 섭취할 수 있으니까요.

반복주/인터벌 워크아웃에서는 다음 두 가지 지침을 따르세요.

1. 제시된 페이스에 상응하는 강도를 '느낌적으로 추정'해 봅니다. 목표가 5K든 1마일이든 뭐든 간에 느낌상 맞을 것 같은 페이스를 고른 다음, 반복주 동안에 '이게 반복주가 아니라 실제 경주였다면 이 강도를 유지할 수 있을까?' 하고 스스로에게 물어보는 거죠. 유지할 수 있을 것 같다면 페이스를 유지하고, 아니면 페이스를 낮추십시오.
2. 반복주의 원칙을 활용하세요. 요컨대 반복주를 뛸 때 한 사이클이나 필요하다면 두 사이클 정도까지도 더 달릴 수 있을 것 같을 때 워크아웃을 끝내는 겁니다. 무리하지만 않으면 계속 성장할 수 있지만, (지칠 때까지 뛰는 식으로) 너무 힘들게 달리면 역효과를 낳을 뿐입니다.

분별력을 갖고 이 두 가지 지침을 활용한다면 얼마 지나지 않아 5K를 뛸 만큼 체력이 좋아진 자신을 발견하게 될 테고, 그때부터는 책에 나온 페이스 표를 활용할 수 있을 거예요.

5

근육으로 설계하는 달리기

자신이 근육질이라고 생각하는 러너는 거의 없습니다. 그런 묘사는 미식축구 선수나 보디빌더, 해변을 달리는 깡마른 러너의 눈에 모래를 차넣는 악당들에게나 어울릴 거예요. 그러나 인간의 몸에 약 650개의 근육이 있는 것도 현실이고, 우리가 그 근육의 대부분을 사용하는 것도 현실입니다.

물론 650개의 근육을 모두 쓰는 것이 새 차를 운전하는 것과 같을 수는 없습니다. 새 차야 시동을 걸고 운전만 하면 되겠지만, 근육은 어떨까요? 단련되지 않은 근육 위에 러닝용 반바지와 러닝화를 걸치고 힘겨운 트레일 러닝을 나갔다가는 며칠 동안 제대로 움직이지도 못한 채 눈물을 글썽이며 진통제를 찾아 집안 곳곳을 헤매게 될 겁니다.

하지만 근육이 새 차보다 나은 점도 분명 있습니다. 새 차의 부품은 살 때 정해집니다. 4기통 엔진이 갑자기 V8 엔진으로 변신할 일은 없어요. 훈련을 통해 좋아지는 근육과 다릅니다. 근육은 4기통 엔진이었다가 V8로 변모할 가능성이 있습니다. 그러나 그 변화가 그저 주어지지는 않아요. 훈련을 통해 개선되는 우리 몸의 능력은, 놀랍

긴 하지만 기적은 아닙니다. 다만 알맞은 근육에 올바른 훈련을 가한 결과일 뿐이죠.

그러나 러닝을 할 때는 섬유에 포커스를 맞춰야 합니다.

근육이 뭔데?

우리 몸에는 세 가지 유형의 근육이 있습니다. 심장에 있는 심근cardiac muscle(심장근육)이 있고, 소화나 혈압처럼 (의지를 따르지 않는) 불수의적 기능을 조절하는 평활근smooth muscle(민무늬근육)도 있고, 이두와 삼두와 복근과 흉근처럼 해변에서 뽐낼 만한 근육을 포함하여 우리 몸을 움직이는 골격근skeletal muscle(뼈대근육)이 있습니다. 러닝에 쓰이는 근육이 포함된 골격근은 체중의 1/3 이상을 차지합니다.

'러닝에 쓰이는 근육'은 달리는 동안 사용하는 모든 근육을 뜻합니다. 개수로만 봐도 아주 많아요. 각각을 따로 훈련한다면 끝도 없을 겁니다. 그러나 다행히도 러너인 우리는 다른 전략을 쓸 수 있어요. 달리는 동안 각각의 근육을 따로 훈련하는 것이 아니라, 세 종류의 근섬유muscle fiber를 훈련하는 겁니다. 지구력을 기르고 싶다면 지근 섬유slow-twitch muscle를 훈련하고, 속도를 높이고 싶다면 속근 섬유fast-twitch muscle를 훈련한다는 뜻이에요. 중간 섬유intermediate fiber는 어느 훈련이든 소화할 수 있습니다. 모든 골격근은 세 가지 종류의 섬유로 이루어져 있으므로, 각 섬유 유형에 맞는 훈련을 하면 결국은 러닝에 쓰이는 근육을 전부 훈련할 수 있게 됩니다.

그렇다고 러너가 '근육'과 관련된 용어를 세상 사람들과 다른 뜻으로 쓰고 있다는 뜻은 아닙니다. 햄스트링 좌상은 러너든 보디빌더든 에어로빅 강사든 NFL 라인맨이든 똑같은 뜻으로 쓰고 있습니다. 스트레칭을 하거나 저항 훈련을 할 때는 근육에 대해 이와 같은 일반론으로 돌아가게 돼요.

근섬유

근섬유는 근육 세포를 가리키는 과학 용어입니다(즉, 두 용어는 같은 뜻입니다). 근섬유는 원기둥 모양을 하고 있으며, 근섬유가 모여 기둥 형태의 근속fascicle(근섬유다발)을 형성합니다. 포장된 스파게티를 떠올리면 근섬유가 다발 안에 어떻게 묶여 있는지 알 수 있어요. 이러한 근속 여러 개가 묶여 골격근을 이룹니다.

모든 골격근에는 세 종류의 근섬유가 있습니다.

- **지근 섬유(I형 근섬유)**: 이 작은 근섬유는 다른 두 섬유보다 느리고 약하게 수축하지만, 장거리 러너가 이들을 좋아하는 까닭은 (산소를 쓰는) 유산소 지구력의 잠재력 때문입니다. 에너자이저 광고의 토끼처럼, 지근은 오래 갑니다.
- **중간 섬유(IIa형 근섬유)**: 이 섬유는 엄청난 유산소 잠재력이 내재되어 있을 뿐만 아니라, 지근 섬유보다 빠르게 수축하고 더 강한 힘을 냅니다. 준수한 지구력과 준수한 속도가 어우러진 중간 섬유는 중거리 경주에 알맞습니다.
- **속근 섬유(IIx형 근섬유)**: 이 큰 섬유는 속도의 제왕으로, 세 가지 섬유 중 가장 빠르고 강력하게 수축합니다. (예전에는 인간의 IIx형 근섬유가 IIb형으로 잘못 분류됐어요. 과학 실험 대상으로 자주 쓰이는 설치류에는 IIb형 근섬유가 존재하지만, 인간의 속근 섬유는 사실 IIx입니

초보자 가이드

러닝용 몸을 만들 때는 느린 것이 빠릅니다. 너무 빨리, 너무 멀리, 너무 고되게 달리는 일은 누구나 할 수 있어요. 그렇게 하면 보통은 부상과 고통과 피로가 결과로 찾아옵니다. 그보다는 내일과 모레와 글피에도 달릴 수 있도록 워크아웃을 조절해야 합니다. 인내와 장기 계획을 나침반 삼아서요. 느리게 가면 원하는 결과를 빨리 얻을 수 있지만, 빠르게 가면 대부분은 끝까지 갈 수 없습니다.

달리기 이야기

"DOMS란?"

DOMSdelayed onset muscle soreness(지연성 근육통)는 러너가 과도한 운동을 하고 며칠 동안 겪는 근육의 통증입니다. 노련한 러너가 겪는 DOMS의 원인은 대개 훈련 강도나 기간의 급격한 변화이고, 초보자가 겪는 DOMS의 원인은 프로그램 초반 며칠간의 과도한 훈련입니다. DOMS는 일반적으로 운동 후 24시간에서 72시간 이내에 최고조에 달하며, 그 증상은 경미한 근육 압통부터 움직일 수 없을 정도의 급성 통증에 이르기까지 다양합니다.

DOMS는 *편심성 근수축*eccentric muscle contraction에서 유발된 손상 때문인 것으로 여겨집니다. 결합조직 손상이나 근육의 높은 pH(산도)가 원인이라고 지목하는 이론도 있지만, 설득력은 상대적으로 떨어집니다. 2013년 덴마크에서 시행한 연구에서 확인된 것처럼 신경계가 차지하는 지분도 있을 수 있어요. 이 연구에서는 이전의 운동이 신경계의 과민반응을 일으킴으로써 이후의 운동이 '근육통 발병에 대항하는 척수의 고유 방어기전'을 유발한다고 했습니다.

편심성 근수축은 근육이 수축(짧아지는 것)과 신장(늘어나는 것)을 동시에 강요받을 때 발생합니다. 달리는 도중 발이 땅에 닿을 때 (허벅지 앞쪽의) 대퇴사두근이 수축하는 것을 예로 들 수 있겠네요. 대퇴사두가 수축하지 않으면 몸이 앞으로 고꾸라질 겁니다. 그러나 무릎을 굽히려면 대퇴사두근이 늘어나야 합니다. 수축과 신장이 동시에 일어나다 보니 근섬유 안에 엄청난 장력이 만들어집니다. 훈련을 통해 근섬유가 버틸 수 있는 것보다 장력이 커지면 DOMS가 생겨나게 돼요.

러닝을 마친 뒤 예방 조치를 취하면 DOMS의 중증도를 낮출 수 있습니다. 이러한 예방 조치에는 냉수마찰, 얼음찜질, 마사지, 전기 자극이 포함됩니다. 이부프로펜을 비롯한 소염제의 경우 단기적인 완화 능력이 있기는 하지만, 염증을 줄임으로써 신체의 정상적인 치유 과정을 방해하고 근육 조직의 복구와 회복을 늦출 수 있습니다. 적당한 강도의 운동으로 통증이 줄어드는 사람도 더러 있습니다. 위에 나열한 방법이 전부 실패했다면, 완전히 쉬어 보세요. 아니면 애초에 운동을 과하게 하지 말든가요. 증상은 5~7일 안에 사라지게 마련인데, 반복해서 겪다 보면 DOMS에 면역이 생기는 것 같습니다.

다.) 이 섬유는 유산소 잠재력이 제한되어 있다는 단점을 지니고 있지만, 스프린트와 점프 등에 요구되는 순간 폭발력은 훌륭하게 갖추고 있습니다.

달릴 때 쓰이는 근육에는 세 가지 유형의 섬유가 모두 들어가 있지만, 모든 러너의 섬유 비율이 같지는 않습니다. 마라톤 선수의 근육은 대부분(80% 이상) 지근 섬유인 반면, 단거리 선수는 그와 같은 비율의 풍부한 속근 섬유를 가지고 있습니다. 섬유 유형별 비율은 유전적으로 결정되지만, 이들 섬유가 쓰이는 방식은 훈련을 통해 바꾸어나갈 수 있습니다.

근육 훈련

러너의 생각과 달리, 대부분의 훈련 프로그램은 30일 넘게 지속하는 사람이 많지 않습니다. 일주일도 못 버티는 사람이 많은걸요. 가쁘게 숨을 쉬며 '심장을 벌렁거리게' 하는 것이 달리기 프로그램의 첫 단계라고 생각하는 러너가 세상에는 너무나도 많습니다. 땀 흘리고 싶고, 불타는 느낌을 받고 싶어해요. 그러나 너무 고되게 훈련하다 보면 금세 다리에 근육통이 찾아오고(43쪽 "DOMS란?" 참조), 체력이 아니라 피로를 얻을 뿐입니다.

근육을 강하게 만들기 전까지는, 약한 섬유를 튼튼하게 만들고 주법을 안정시키고 근육의 균형을 찾기 전까지는 고된 훈련을 할 준비가 되지 않은 거예요. 훈련 첫날에는 당연히 안 될 겁니다. 1주차나 2~3주차에도 안 될 거고요. 달리기에서 성장은 갑자기 이뤄지지 않습니다. 달리기는 한 단계씩 점진적으로 향상되는 스포츠예요. 그 첫 번째 단계는 기초를 다지는 것, 훈련에서 당신을 지탱해 줄 근육을 강화하는 것입니다.

이 장에서는 이 목표를 달성하는 다음 세 가지 방법을 살펴볼 거예요.

- **러닝**
- **저항 훈련**
- **스트레칭과 유연성**

적응에 쓸 에너지는 제한되어 있는 만큼, 가장 개선이 필요한 영역을 대상으로 현명하게 쓰는 것이 중요합니다. 초보자에게 그 대상은 근육이겠죠. '달리기 전에 걸으라'는 격언을 무시하는 초보자는 위험에 빠지게 마련입니다. 부상이나 휴식에서의 복귀를 앞둔 노련한 러너 또한 이들과 마찬가지로 기본적인 근육의 건강을 우선순위에 두어야 합니다. 아울러 모든 러너는 근육을 튼튼하게 유지하는 훈련을 실시해야 합니다.

러닝

달리기의 아름다움은 단순함에 있습니다. 러닝화를 신고 문을 나서면 스포츠가 시작되죠! 농구공도 7번 아이언도 필요 없고, 팀을 꾸릴 필요도 없고, 무술의 품세나 복잡한 댄스 루틴을 외울 필요도 없습니다. 다만 단순한 움직임의 끊임없는 반복이, 때로는 빠르고 때로는 느린, 때로는 많이 필요하지만 때로는

달리기 이야기

"근섬유는 어떻게 더 강해질까?"

물에 넣으면 여섯 배로 부풀어오르는 공룡 장난감과 달리, 근육은 마법처럼 커지거나 강해지지 않습니다. 근섬유 훈련은 섬유 내 요소의 분해와 수리와 교체를 포함하는 점진적 과정이에요. 각 섬유는 막대 모양의 *근원섬유*myofibril 집합으로 이루어져 있습니다. 근원섬유 안에는 *근절*sarcomere이 있고, 근절 안에는 단백질로 된 *근육미세섬유*myofilament(근육잔섬유)가 있는데, *액틴*actin과 *미오신*myosin도 여기 포함됩니다. 근섬유가 수축하는 동안 액틴과 미오신은 함께 작용하여 섬유를 (짧게) 단축시킵니다. 사용 빈도나 강도가 너무 높아지면 약한 액틴과 미오신 미세섬유는 손상을 입습니다. 훈련하다 보면 그런 일이 생기곤 하잖아요. 이러한 손상은 근섬유와 그 연관조직에 가해진 여러 스트레스와 맞물려 우리 몸에 근육미세섬유의 크기와 개수를 늘리라는 신호를 보냅니다. 속근 섬유에서는 대개 (새로운 단백질을 만드는) 단백 합성의 가속으로 이러한 증가가 일어나는 반면, 지근 섬유에서는 이 과정이 원래 있던 단백질의 분해 억제를 통해 일어납니다.

(근원섬유의 크기와 개수 증가로 인해) 너무 커진 근섬유는 곧 쪼개집니다. 요컨대 크고 새로운 근원섬유의 생성은 다시 크고 새로운 근원섬유의 생성으로 이어지며, 결과적으로 근섬유의 크기를 증가로 이어지는 것이죠. 근원섬유와 달리 근섬유는 쪼개지지 않고, 그냥 더 커집니다. 이렇게 커지고 강해진 근섬유가 모여서 결국 크고 강한 근육을 이루게 됩니다(이를 *근비대*hypertrophy라고 합니다).

지구력 훈련에 노출된 지근 섬유의 크기가 속근 섬유만큼 커지지 않는다는 사실은 잘 알려져 있습니다. 최고 수준의 장거리 러너들을 보면 알 겁니다. 지근 섬유의 크기가 증가해 봐야 같은 근육 내 속근 섬유의 근위축(찌그러듦)으로 상쇄되는 일이 많다 보니 이러한 차이는 더 분명해집니다. 결과적으로 전체 근육의 크기는 전혀 커지지 않습니다(자세한 내용은 48쪽의 "러닝을 하면 왜 근육이 작아질까?"를 참조해 주세요).

결론적으로 근섬유는 섬유 내의 근육미세섬유와 근원섬유를 단련하면서 강해집니다.

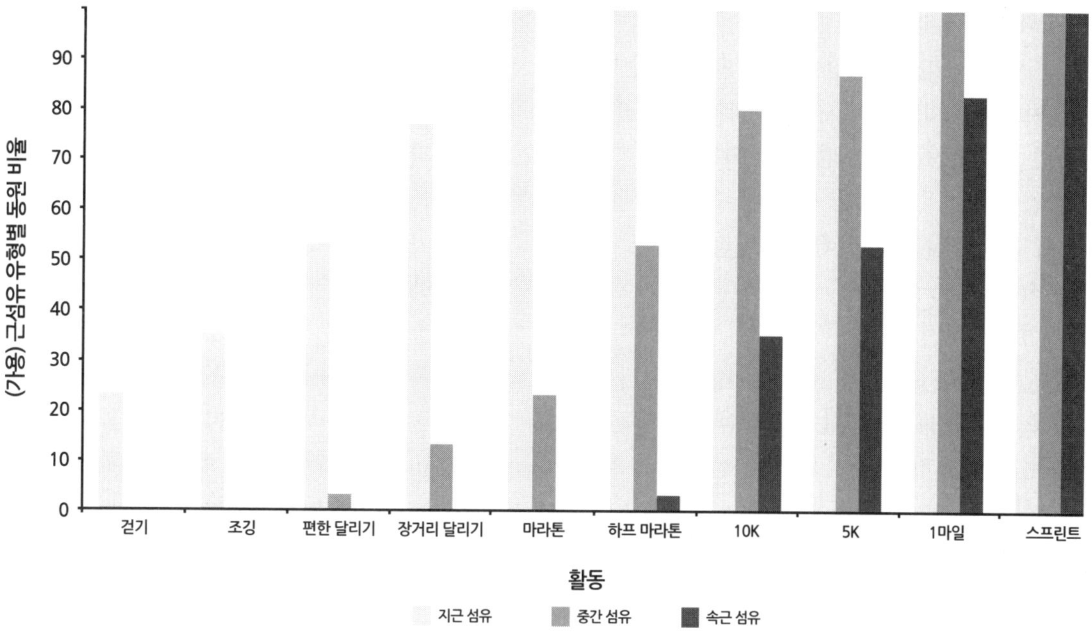

차트 5.1 근섬유 사다리.

가상의 장거리 주자를 한 명 상정해 봅시다(장거리 주자니까 지근 섬유가 많겠죠). 이 선수가 서로 다른 페이스에서 각각의 섬유를 어떻게 동원하는지 이 차트를 통해 알 수 있습니다. 걷기처럼 강도가 낮은 활동에서는 대부분 지근 섬유가 동원됩니다. 이보다 높은 강도에서는 더 많은 지근 섬유가 동원되고 중간 섬유도 일부 동원됩니다. 하프 마라톤 페이스에서는 쓸 수 있는 지근 섬유의 전부와 중간 섬유의 절반이 동원되고, 약간의 속근 섬유 또한 동원됩니다. 스프린트에서는 세 가지 유형의 섬유가 100% 동원되어야 합니다. 물론 러너마다 근섬유 구성이 다르다 보니 강도와 페이스에 따라 동원하는 근섬유도 가지각색일 테지만요.

그렇지 않은 노력이, 때로는 평탄한 지면과 함께하지만 때로는 울퉁불퉁한 지형이 함께 할 뿐입니다.

그러나 단순한 활동이라고 해서 훈련이 단순해질 수 있다는 뜻은 아닙니다.

특수성의 법칙rule of specificity이라는 말이 있습니다. 즉, 특정 스포츠에 사용하고자 하는 특정 근육을 정확한 방식으로 훈련해야 한다는 뜻입니다.

요컨대 수영은 러너로서의 훈련을 대신할 수 없습니다. 느린 속도의 장거리 달리기가 스프린트에 필요한 속근 섬유를 훈련을 대신할 수 없고, 심지어는 특정 스포츠에 쓰이는 지근 섬유의 훈련이 다른 스포츠에 쓰이는 지근 섬유의 훈련을 대신할 수도 없습니다. 보스턴 마라톤과 투르 드 프랑스에 출전하는 선수들은 모두 지근 섬유에 크게 의존하지만, 마라톤을 위한 훈련으로는 뛰어난 사이클 선수가 될 수 없고, 그 반대도 마찬가지입니다.

지구력 달리기에 맞게 성공적으로 근섬유를 훈련하는 유일한 방법은 지구력 달리기로 근섬유를 훈련하는 것뿐이에요!

여기서 문제가 더 복잡해집니다. 우리 몸은 어떤 활동을 수행할 때 요구되는 최소 개수의 근섬유를 동원recuit합니다. 예컨대 지근 섬유를 강화하려고 편하게 뛸 경우, 지근 섬유의 일부만 동원될 가능성이 큽니다. 나머지는 중간 섬유나 속근 섬유와 마찬가지로 굽니다. 마치 두 명이 바쁘게 일하는 와중에 멀찍이서 구경만 하는 인부 열 명처럼요.

근섬유를 올바르게 훈련하려면 달리는 동안 근섬유를 모두 동원해야 할 거예요. 이 목표를 달성하려면 근섬유 사다리를 이해해야 합니다.

근섬유 사다리

달릴 때 우리 몸은 근섬유를 순차적으로 동원합니다. (걷기 같은) 저강도 운동을 할 때는 적은 비율의 지근 섬유가 요구되는 힘의 전부를 감당합니다. 여기가 사다리의 가장 밑바닥이에요. 힘의 요구량이 증가하면 처음에는 지근 섬유가 더 동원되다가, (저속 조깅에서 편한 달리기로 넘어갈 때쯤) 중간 섬유가 섞여들기 시작합니다. 사다리에서 한 단계 올라가는 셈이죠. 여기서 (1마일 페이스의 달리기처럼) 지근 섬유와 중간 섬유만으로는 감당이 안 되는 상황이 오면 큰 손님이 찾아올 차례입니다. 바로 속근 섬유죠. 속근 섬유는 사다리의 맨 위에 있습니다.

사다리를 타고 오르며 근섬유를 동원한다고 해서 지근 섬유가 해방되지는 않습니다. 다만 이미 쓰이고 있는 섬유에 추가로 섬유를 더할 뿐입니다. 중간 섬유가 동원될 때 실제로는 중간 섬유와 지근 섬유가 모두 쓰이는 거죠. 여기에 속근 섬유가 추가되면 세 가지 유형의 근섬유를 모두 사용하게 됩니다. 차트 5.1에서 이 원칙이 서로 다른 달리기에 어떻게 적용되는지 확인할 수 있어요. 조깅처럼 힘들지 않은 운동에는 적은 비율의 지근 섬유만 필요하고, 하프 마라톤 같은 운동에는 쓸 수 있는 모든 지근 섬유와 함께 많은 비율의 중간 섬유가 필요해지고, 스프린트를 뛸 때는 세 가지 근섬유를 쓸 수 있는 한도 내에서 100%로 동원하게 됩니다.

여기서 어떤 섬유든 간에 전부 쓰지 않는다는 것에 유의해야 합니다. 근섬유를 전부 쓰는 것이 아니라 '쓸 수 있는' 섬유, 즉 뇌와 신경계가 접속할 수 있는 섬유를 동원하는 거예요. 이는 우리 몸에 내장된 안전 메커니즘 가운데 하나입니다. 근섬유를 전부 사용하면 힘이 너무 많이 발생하여 근육이 손상되거나 심하면 찢어질 수도 있습니다.

각기 다른 페이스에서 동원되는 근섬유에 대한 일반 원리를 깨달아야만 비로소 성공적으로 훈련할 수 있습니다. 가령 편하게 적당한 거리만을 달리며 5K 대회를 준비한 러너는 경주에 필요한 중간 섬유와 속근 섬유를 훈련하지 못하기 때문에 실망스러운 성과와 함께 며칠 동안 이어지는 DOMS를 얻어갈 수도 있습니다.

일반적으로 근섬유 사다리 위의 움직임은 다음 두 가지 요인의 영향을 받습니다.

- **힘**force: 다리가 더 많은 힘을 생성해야 하는 움직임일수록 사다리 위쪽에 놓입니다. 달리기 중 속도를 높이거나 평지에서 가파른 오르막으로 전환하는 경우를 예시로 들 수 있겠지요.
- **피로**fatigue: 특정 섬유의 에너지(저장 탄수화물) 고갈이 클수록 사다리 위쪽에 놓입니다. 가령 2~3시간 동안 달리다 보면 지근 섬유에 저장된 에너지가 고갈되기 시작하므로 중간 섬유가 보조를 강요당하고, 심지어는 속근 섬유마저 이 보조에 들락거립니다.

현실에서의 달리기가 차트 5.1에 보이는 선형 그래프를 엄격히 따르지 않는다는 사실은 알아두어야 합니다. 빠른 섬유일수록 전반적인 페이스와 무관하게 필요에 따라 동원됐다 말았다를 반복합니다(가장 빠른 섬유는 애당초 쉬이 피로해지기에 오랫동안 유지될 수도 없지만요). 러닝 중에 다음과 같은 상황이 오면 빠른 섬유의 개입이 필요해질 거예요.

1. 첫 발을 내디딜 때
2. 가속할 때
3. 오르막이나 내리막을 탈 때(시간과 무관)
4. 힘 요구량의 보조를 위해 빠른 섬유가 필요한 매 순간

물론 이들 예시는 규칙의 예외에 해당합니다. 각 유형의 섬유를 강화하는 최선의 방법은 해당 유형의 섬유를 지속적으로 동원하는 워크아웃을 설계하여 각 섬유 유형에 가해지는 훈련의 양을 극대화하는 것입니다. 지근 섬유에는 많은 양의 지구력 훈련이, 속근 섬유에는 단시간의 고강도 훈련이 필요하다는 뜻이에요. 하나의 방식으로 두 유형의 섬유를 동시에 훈련할 수는 없습니다. 러너들이 여러 가지 페이스로 훈련을 하는 큰 이유가 바로 여기에 있어요. 이러한 방식이야말로 다양한 유형의 섬유를 최대 잠재력까지 훈련시키는 유일하게 효과적인 방법입니다.

이렇게 훈련해 보아요

러닝으로 근섬유를 강화하려면 다양한 페이스로 훈련해야 합니다. 지근 섬유에는 장거리 달리기(55쪽)가 가장 좋습니다. 중간 섬유에는 스트라이드(56쪽)나 언덕(57쪽, 134쪽)이나 파틀렉(54쪽)을 넣은, 보다 강도 높은 러닝이 효과적입니다. 속근 섬유에는 짧은 힐 스트라이드만한 것도 없습니다(57쪽). 이어지는 장의 워크아웃을 병행하다 보면 근육을 계속 강화해 나갈 수 있겠지만, 그 전에 기본이 되는 근력을 키우는 것이 중요합니다.

저항 훈련

저항 훈련은 반대 방향에서 가해지는 힘에 맞서는 일을 통해 근력을 키우는 훈련법입니다. 프리 웨이트, 머신, 맨몸운동이 효과적인 저항 훈련법에 들어가죠. 저항 훈련은 다음의 다섯 가지 방식으로 몸을 만들어 줍니다.

1. **근육 균형 개선:** (대퇴사두근과 햄스트링처럼) 반대되는 근육을 강화하면 근육 균형을 키울 수 있으며, 이로 인해 부상 위험이 줄어듭니다.
2. **주폭 개선:** 향상된 근력은 더 길고 효율적인 주폭을 만들어냅니다. 초보 러너는 하나같이 근력이 부족하게 마련이죠.
3. **코어 근력 개선:** 약한 코어는 안정성과 파워 생산의 저하로 이어집니다. 흔들거리는데 힘을 내기란 힘드니까요!
4. **엉덩이 근력 개선:** 약한 엉덩이는 안정성과 힘의 감소로 이어집니다. 2013년 호주에서 시행한 연구 분석에 따르면, 첫 부상을 겪은 러너들은 건강한 러너들보다 엉덩이 근력이 확연히 약했습니다.
5. **근신경계 조절능력 개선:** 이와 관련된 내용은 11장에서 다룰게요.

결론: 저항 훈련은 주폭을 향상시키고, 자세를 안정시키며, 파워 출력을 높이고, 부상 가능성을 줄입니다. 하지 않을 이유가 있나요?

이렇게 훈련해 보아요

초보자는 전반적인 근력과 안정성 향상을 위해 맨몸 운동에 초점을 두어야 하며(러너 360, 58~63쪽), 중량을 얹는 운동은 2~4주 정도 이후에 시작해야 합니다. 중급 러너와 상급 러너는 첫날부터 여러 가지 저항 훈련을 활용할 수 있습니다. 웨이트 트레이닝(64~74쪽)을 할 때는 전신 운동에 초점을 둔 루틴을 택하되, 세트수와 반복수는 신경계에 과도한 피로를 가하지 않는 선에서 정해야 합니다. 시간 여유가 없다면 러너 360을 돌려도 무방합니다.

스트레칭

스트레칭은 근래 들어 악평에 아주 많이 시달렸습니다. 가령 2012년 크로아티아의 메타 분석에서는 100개가 넘는 연구가 검토되었는데, 여기에서는 운동 전에 실시한 정적 스트레칭이 근력을 5% 감소시키고 순발력을 약 3% 감소시킨다는 결론이 나왔습니다.

그러나 정적 스트레칭이 스트레칭의 전부는 아닙니다(게다가 운동 후에 실시하는 정적 스트레칭 또한 다음날 훈련에 찾아올 근육 결림을 줄여주고요). 효과적인 스트레칭 방법을 따른다면 가동범위ROM(range of motion)이 늘어나고, 가동범위 전체에 걸쳐 근육이 강화되고, 나아가 부상 위험도 줄어듭니다. 훈련 루틴에 넣으면 좋을 법한 스트레칭에는 다음 네 가지 유형이 있습니다.

- **정적 스트레칭**static stretching: 근육을 늘린 자세를 유지함으로써 근육에 남은 결림을 풀어줍니다.
- **동적 스트레칭**dynamic stretching: 팔다리를 제어하며 휘두름으로써 가동범위를 늘리는 한편, 러닝을 시작하기 전에 코어 근육을 활성화합니다.
- **고유수용성 신경근 촉진 스트레칭**PNF(proprioceptive

달리기 이야기

"러닝을 하면 왜 근육이 작아질까?"

세상 사람들은 대부분 큰 근육과 '근력'이 같다고 생각합니다. 강한 사람을 떠올려 보라고 하면 저스틴 비버가 아니라 드웨인 존슨이 그려지게 마련이죠. 자, 엘리트 장거리 러너들이 근섬유 강화에 그토록 많은 시간을 들인다는 게 사실이라면 왜 이들은 하나같이 마른 체형일까요? 오르막과 스프린트와 연습동작과 운동을 그렇게나 겪어 왔다면 빵빵한 근육이 생겨야 하는 것 아닌가요?

이에 대한 대답은 '아닙니다' 한 마디로 정리할 수 있겠네요. 물론 몸이 커지지 않아서 좋은 점도 있습니다. 뉴욕 마라톤이 열릴 때마다 남부 캘리포니아에서 지진 일어나듯 도시가 흔들릴 일은 없을 테니까요. 세계 최고의 장거리 러너들은 상체랄 만한 것조차 거의 없고, 허벅지는 늘씬하고, 종아리는 평균보다 작습니다.

우리가 달리는 동안, 나아가 약한 근육미세섬유를 솎아내며 근섬유를 강화한 이후에 우리의 근섬유 DNA는 선택의 순간을 맞이합니다.

- 근섬유의 제한적인 적응 에너지를 써서 더 큰 근육을 만든다.
- 근섬유의 적응 에너지를 끌어다 섬유 내에 훨씬 강력한 유산소 발전기(*미토콘드리아*)를 건설한다.

최고의 장거리 선수가 되고 싶다면 둘 다 가질 수는 없어요. 훈련 볼륨이 늘어나는 것만으로도 근육이 커지는 것을 막고 유산소 출력 향상을 유도하는 생리적 반응이 촉발됩니다. 물론 체력이 좋고 속도도 빠른데 비쩍 곯아 보이지 않는 *순수한* 러너가 되고 싶다면 이러한 생리적 장벽을 우회할 수 있는 몇 가지 방법이 있습니다.

입상을 목표로 하는 장거리 러너라면 선택은 쉽습니다. 유산소 발전기를 만드는 거죠! 볼륨(마일리지)을 높이면 이 목표도 달성할 수 있고, 근섬유 주변 모세혈관(가장 작은 혈관)의 수도 늘어납니다. 모세혈관이 많아지면 늘어난 발전기에 산소와 영양을 더 많이 공급할 수 있어요. 발전기와 연료가 둘 다 많아졌다는 말은 곧 피로 저항의 핵심인 에너지 증가가 뒤따른다는 뜻입니다. 근육이 자기 몸집을 유지하는 데 쓰는 에너지를 줄이는 과정에서 지구력 훈련에 노출된 속근 섬유는 부피가 줄어들기 시작합니다. 이때 지근 섬유는 더 커지지만, 속근 크기의 감소를 상쇄할 만큼은 되지 않습니다. 속근의 위축(작아짐)과 지근의 비대(성장)가 경합한 끝에 승자는 위축으로 결정되고, 그 결과 생리학적으로 더 효율이 높은 근육이 만들어집니다.

다시 앞으로 돌아가 보죠. 다음번 5K나 풀 코스를 대비해 좀 더 빨라지려고 근육을 희생하는 것이 마뜩찮은 분도 있을 거예요. 두려워할 필요는 없습니다. (웨이트 트레이닝이나 힐 스프린트 같은) 고강도 훈련은 근섬유의 크기 성장을 촉진하니까요. (웨이트 트레이닝을 장거리 달리기 직후에 하지 않고 몇 시간 뒤에 하는 것처럼) 고강도 훈련을 지구력 자극과 떨어뜨려 놓을 수 있다면, 아울러 지구력 훈련 볼륨이 너무 크지 않게 조절할 수 있다면, 도로를 달리는 전사와 헬스클럽의 인기인을 겸할 수 있습니다.

지금까지 고볼륨 러너가 웨이트 트레이닝을 건너뛰어도 된다는 말은 하지 않았습니다. 저항 훈련은 여름용 근육질 몸매를 만들기 위해서만 있는 게 아니에요. 저항 훈련의 초반 몇 주(때로는 몇 달) 동안 일어나는 근력 향상은 대부분 근육 성장이 아니라 신경계 적응에서 비롯됩니다. 그러니 몸집이 커지든 말든 간에 입상을 노리는 장거리 러너 또한 강해지게 될 겁니다.

이제 처음의 질문으로 돌아가 보겠습니다. 고볼륨 지구력 훈련을 할 때 근육이 작아지는 이유는 깔끔하게 하나로 정리할 수 있습니다. 작은 근육으로 달리는 것이 더 효율적이기 때문이에요. 우리 몸은 인형이 아닙니다. 통하는 쪽으로 굴러가게 마련입니다.

neuromuscular facilitation stretching): 근육을 최대 가동범위로 늘린 상태로 해당 근육을 5~8초간 수축하고 나서, 근육에 가해지는 저항을 줄이는 이완 시간을 갖습니다. 이렇게 저항을 줄임으로써 근육을 더 늘어나게 할 수 있습니다. 여기서 다시 5~8초간 수축을 실시한 다음 스트레칭을 끝내는 방법도 있고 아니면 최대 30초까지 버티는 방법도 있는데, 후자의 경우 정적 스트레칭에서 오는 근력·순발력의 감소와 연관됩니다. PNF 스트레칭은 가동범위 향상에 가장 널리 사용되는 기법입니다.

- **능동 고립 스트레칭**AIS(active isolated stretching): AIS는 (대퇴사두근을 수축하여 햄스트링을 늘리는 것과 마찬가지로) 반대편에 붙은 근육을 써서 원하는 근육을 늘어나게 한 다음, 이 스트레칭 범위를 늘릴 수 있도록 끈으로 1~2초간 부드럽게 당기는 방식입니다. AIS는 '버티는' 스트레칭이 아니므로 근육의 과신장을 억제하는 불수의적 근육 수축인 신장 반사stretch reflex를 유발하지 않습니다(다음 단락 '근방추와 신장 반사' 참조). AIS는 가동범위를 크게 증가시킬 뿐만 아니라, 지구력 종목에서 세계 최고를 달리는 선수들에게 많은 사랑을 받고 있습니다. 그러나 정적 스트레칭이나 PNF 스트레칭과 마찬가지로 장기간 활용하면 근력과 폭발력이 약간 줄어들 수 있습니다. 아울러 신장 반사가 일어나지 않기 때문에 근육이 과도하게 늘어나지 않도록 주의해야 합니다.

동적 스트레칭은 (10~15분 정도의 가벼운 조깅이나 러닝 후에) 준비운동 격으로 근육을 준비시키는 훌륭한 방법입니다. 가동범위 향상이 최우선 목표라면 워크아웃 이후의 AIS와 PNF는 둘 다 좋은 선택이지만, PNF는 파트너가 있어야 제대로 할 수 있습니다. 정적 스트레칭은 로프, 파트너, 평평하고 건조하고 알맞은 장소가 구비되지 않을 때 할 수 있겠죠(말하자면 비가 몰아치는 산기슭 돌길에 누워 15분 동안 AIS를 하고 싶은 사람은 없을 테니까요). 장기간의 PNF나 AIS로 인해 순발력이나 폭발적 근력이 줄어든 적이 있는 러너라면 워크아웃이 끝난 다음의 스트레칭을 정적 스트레칭으로 갈아타는 것도 좋은 방법입니다.

근방추와 신장 반사

근방추muscle spindle는 근육 내부의 신장 수용체stretch receptor로, 근섬유와 평행하게 배치되어 있으며 근육 길이의 변화를 감지합니다. 근육의 길이가 (스트레칭이나 운동 중에) 늘어나면 근방추는 척수에 신호를 보내고, 척수는 이에 대해 근육을 수축하라는 응답을 보냅니다. 이 수축은 근육이 과도한 신장으로 인한 손상을 입지 않게 하여 근육을 보호합니다. 근방추는 또한 우리가 달리는 동안 근육이 견딜 수 있는 최적의 길이 신장 정도를 측정함으로써 주폭 설정에 도움이 됩니다.

이렇게 훈련해 보아요

초보 러너는 러닝이 끝나면 정적 스트레칭을 실시하되(81~83쪽), 2~3주가 지나면 동적 스트레칭까지 해야 합니다. 중급 러너와 상급 러너는 동적 스트레칭(80~81쪽), AIS(6장 108~110쪽), PNF 스트레칭(75~79쪽)을 프로그램에 바로 넣어도 돼요. 근방추의 적응은 정상적인 훈련 중에 발생하는 수천 번의 반복을 통해 이루어집니다. (트레일이나 잔디밭처럼) 고르지 않은 지형에서의 러닝은 다양한 주폭과 방향에 대한 근방추의 적응에 도움이 되며, 근방추를 경기에 필요한 주폭 길이에 적응하게 하려면 훈련 중에 달리기의 속도를 높이는 것이 필수입니다.

근섬유의 전환

훈련이 (속근 섬유에서 중간 섬유로의 전환처럼) 어떤 유형의 근섬유를 다른 유형으로 전환할 수 있는가에 대한 논쟁은 아직도 현재진행중입니다. 실제로 전환이 일어나는가에 대한 명쾌한 해답은 아직 나지 않았지만, 빠른 섬유가 느린 섬유의 특성을 갖도록 훈련될 수 있다는 점만큼은 명확합니다.

섬유 기능의 변화는 극적일 수 있습니다. 가령

고중량 저항 훈련은 고작 한 달 만에 대부분의 속근 섬유(IIx)를 중간 섬유(IIa)처럼 행동하게 만듭니다. 그런 상황에서 저항 훈련을 중단하면 중간 섬유처럼 굴던 이 섬유들이 속근으로 되돌아갈 뿐만 아니라, 더 많은 중간 섬유가 (일시적으로) 속근 같은 기능을 수행하기 시작합니다. 속근 섬유의 비율을 높이려는 스프린터라면 알아두는 게 좋겠죠. 반대로 평생 단 한 번도 훈련해 본 적이 없는, 그러니까 근섬유가 백지상태인 사람이 어느 날 갑자기 왼쪽 다리는 계속 무시하면서 오른쪽 다리로만 8~12주 동안 지구력 훈련을 하면, 오른쪽 다리의 속근 섬유는 왼쪽 다리의 지근 섬유와 모양 면에서나 기능 면에서나 상당히 비슷하게 변해 버립니다.

물론 이러한 전환에도 한계는 있습니다. 세상에서 가장 빠른 사나이인 우사인 볼트Usain Bolt가 지금 이 순간부터 평생 장거리 달리기만 한다고 해도 엘리트 장거리 러너와 똑같은 기능의 지근을 갖출 일은 없습니다. 속근 섬유가 온전한 지근 섬유처럼 굴도록 완전히 전환되지는 않으니까요(중간 섬유는 좀 더 쉬이 바뀌긴 합니다). 먼저 속근 섬유는 더 큰 신경에 의해 제어되며(11장에서 얘기할게요), 이는 훈련으로 바꿀 수 없는 생리학적 사실입니다. 또한 지구력에 요구되는 세포 안의 구성물질이 지근 섬유에는 풍부하지만 속근 섬유에는 여러 모로 부족합니다.

그러나 근섬유의 기능적 특성을 전환하는 능력은 훈련에서 쓸 수 있는 핵심 무기입니다. 표 5.2를 보면 근섬유의 기능이 얼마나 전환될 수 있는지 알 수 있습니다. 하지만 기억하세요. 이러한 효과는 하룻밤 사이에 일어나지 않는다는 사실을요. 대다수는 이 정도의 변화를 겪기까지 수년의 훈련이 필요합니다.

남성 (훈련 안 받음)	훈련 목표	훈련 후 근섬유	
		지근	속근
지근: 47% 속근: 53%	800m	48%	52%
	1500m	54%	46%
	3K	60%	40%
	5K	66%	34%
	10K	72%	28%
	하프 마라톤	78%	22%
	마라톤	84%	16%
여성 (훈련 안 받음)	**훈련 목표**	**훈련 후 근섬유**	
		지근	**속근**
지근: 52% 속근: 48%	800m	53%	47%
	1500m	59%	41%
	3K	65%	35%
	5K	71%	29%
	10K	77%	23%
	하프 마라톤	83%	17%
	마라톤	89%	11%

표 5.2 훈련에 따른 근섬유의 변화.

훈련의 결과 근섬유의 기능은 대강 이 정도로 수치로 전환됩니다. 왼쪽 열에는 훈련 경험이 없는 러너의 평균적인 근섬유 비율이 기재되어 있습니다. '훈련 후 근섬유' 열에서는 '훈련 목표' 열에 기재된 거리를 목표로 장기간 훈련했을 때 근섬유가 어떻게 전환되는지 알 수 있습니다. 단, 이 표에서 '속근'은 중간 섬유와 속근 섬유를 모두 포함하고 있다는 점을 유념하고 보아 주세요.

훈련 개요

강한 근섬유는 모든 달리기 프로그램의 기초입니다. 이 장의 사진으로 보는 워크아웃에서 중요한 훈련은 아래와 같습니다.

- 걷기
- 조깅
- 편한 달리기
- 초보자용 파틀렉
- 장거리 달리기
- 스트라이드
- 언덕 달리기
- 힐 스트라이드
- 저항 훈련
- 동적 스트레칭
- 정적 스트레칭
- PNF 스트레칭

다른 장의 내용 중 근력 향상과 연관된 훈련은 아래와 같습니다.

- 저항 밴드/튜빙 밴드 운동(6장)

- AIS 스트레칭(6장)
- 반복주 워크아웃(7장)
- 크로스 트레이닝(9장)
- 플라이오메트릭(11장)

이들 워크아웃이 전체 훈련 프로그램에 어떻게 통합될 수 있는지 알아보고 싶다면, 러너의 체력과 능력 수준을 모두 고려한 일정 샘플이 나와 있는 15장을 보면 됩니다.

제5장: 근육으로 설계하는 달리기
사진으로 보는 워크아웃

러닝 워크아웃

이 단계에서 우리는 각 근섬유 유형에 맞게 근섬유를 강화할 거예요. 약한 근육미세섬유를 솎아내고 그 자리에 더 강한 녀석을 들어서게 할 겁니다. 나중에는 심혈관계와 근신경계를 포함한 여러 계통을 대상으로 한 러닝 워크아웃을 통해 근력을 강화하고, 나아가 각 섬유의 에너지 생산, 균형, 피로 저항 등을 향상시키는 요소도 계발할 거예요. 최대 효용을 얻으려면 걷기나 달리기나 걷기/달리기 세션을 일주일에 적어도 세 번은 넣어야 할 겁니다. 대회를 목표로 잡고 있다면 빈도를 더 높여야 하고요. 전(前) 미국 여성 장애물 달리기 기록 보유자이자 현재 마스터즈 부문의 세계 기록 보유자인 그레이스 파딜라Grace Padilla의 시연과 함께 워크아웃을 익혀 봅시다.

걷기Walking

걷기는 가장 기초적인 운동으로, 훈련 경험이 없는 초보자가 달리기에 쓰이는 근육에서 지근 섬유를 만들기 시작할 때 가장 좋은 방법입니다.

▶ 단계: 초보자

① 편하게 걷기: 헨리 데이비드 소로Henry David Thoreau는 '이른 아침 산책은 하루의 축복이다'라고 했습니다. 축복까지는 아니라 해도 좋은 시작임에는 분명하죠. 편하게 걷기는 조깅과 러닝에 알맞게 지근 섬유를 훈련시킵니다.

② 빠르게 걷기: 빠르게 걷기에서는 지근 섬유의 동원 비율이 약간 더 높아지며, 앞으로 경험하게 될 더 긴 주폭에 알맞게 근방추를 재설정하는 데 도움을 줍니다. 편하게 걷든 빠르게 걷든 간에, 처음에는 10~15분 정도로 시작하여 나중에는 최소 30분이 될 때까지 점차 거리를 늘려 나갑니다.

걷기/조깅Walk/Jog

다음 단계를 준비하는 초보자나 공백기를 두고 복귀하는 러너는 지근 섬유의 전 범위를 강화하는 걷기/조깅 워크아웃을 통해 훈련으로의 도입을 쉽게 만들어 두어야 합니다.

▶ 단계: 초보자

① 걷기: 걷기/조깅에서 걷기 부분으로 출발한 다음, 조깅의 회복 인터벌에 걷기를 휴식 대용으로 활용합니다. 이때 완전히 회복된 느낌이 들 때까지 걸어야 합니다.

② 조깅: 조깅은 편안한 페이스로 진행해야 합니다. 호흡수가 확연히 늘어난다 싶으면 속도를 늦춰 걷습니다. 걷기/조깅 혼합 워크아웃은 총 20~40분이 되어야 합니다.

조깅/편한 달리기Jog/Easy Run

중간에 쉬지 않는 조깅과 편한 달리기는 (다른 스포츠를 하다 와서) 체력이 준수한 초보자 또는 쉬었다 복귀하는 러너가 러닝에 특화된 지근의 근력을 키우는 좋은 방법입니다.

▶ 단계: 초보자

① 조깅: '뛰기 전에 걸으라'는 말을 러닝 초보자에게 그대로 갖다 붙일 수는 없습니다. 달리기와 걷기 사이에는 조깅도 있어야 하니까요. 조깅은 쉽게 말해 강도가 낮은 러닝입니다.

② 편한 달리기: 편한 달리기는 말 그대로 '편하게 달리는 것'을 뜻합니다. '타오르는' 느낌을 받고 싶은 충동은 견뎌야 해요. 힘든 러닝을 하기 전에 근육이 강도 높은 훈련을 견딜 수 있을 만큼 강한지 확인하는 것이 먼저입니다. 그렇게 하지 않으면 DOMS가 찾아올 뿐이에요. 조깅을 하든 러닝을 하든 간에, 워크아웃은 15~40분에 걸쳐 이어져야 합니다. 페이스는 신경 쓰지 말고 다리를 움직이기만 하면 됩니다.

초보자용 파틀렉Beginner's Fartlek

적당한 강도의 질주와 편한 달리기를 번갈아 함으로써 지근 섬유도 더 많이 동원할 수 있고, 동시에 중간 섬유의 강화도 시작할 수 있습니다.

▶ 단계: 초보자, 중급자

① 편한 달리기: 처음에 10~15분 동안 조깅을 실시합니다. 이 워크아웃에서는 조깅/편한 달리기를 회복 인터벌용으로 활용합니다. 파틀렉 질주로부터 완전히 회복되는 것이 중요한 만큼, 충분히 쉬어서 다시 하려는 마음이 간절해지기 전까지는 다음 질주를 시작하면 안 됩니다.

② 파틀렉 질주: 파틀렉은 스웨덴어로 '스피드 플레이'입니다. 뜻을 그대로 받아들이면 돼요. 체력 수준과 힘든 정도에 따라 30초~3분간 이어지는 질주와 편한 달리기를 번갈아 실시합니다. 이때의 질주는 스프린트가 아니에요! 잭 대니얼스 코치가 말한 '편한 듯 힘든' 정도로 달려야 한다는 점을 명심하세요.

편한 장거리 달리기Easy Distance Run

편한 장거리 달리기는 편한 달리기를 늘려놓은 것인데, 다만 이제부터는 체력에 따른 페이스 권고안에 자신의 페이스를 대강이나마 맞추어야 합니다. 이러한 방식의 러닝은 지근 섬유를 강화하는 한편 중간 섬유 또한 어느 정도 동원합니다.

▶ 단계: 모든 러너

① 러닝에 처음 발을 들인 사람은 '편한 장거리'를 뛰며 자신이 지닌 지구력의 한계를 날것 그대로 체험하게 될 거예요. 이때의 힘든 정도는 조깅보다 약간 높지만 여전히 대화가 가능한 수준입니다(즉, 러닝 파트너와 대화를 나누기 어려울 정도로 숨을 가쁘게 쉬고 있으면 안 됩니다.) 중급자와 상급자는 아주 가볍게 훈련하는 날이나 회복 러닝 용도로 이 워크아웃을 활용합니다. 5K 대회의 최근 기록이 있다면 표 5.3에서 완주 시간(건타임gun time* 이 아니라 실제로 달린 넷타임net time**)마다 권장되는 페이스 범위를 활용하세요. 최근에 뛴 5K 기록이 없다면 '대화 가능한 페이스'라는 가이드라인을 그대로 써도 됩니다. 어느 쪽을 고르든 간에 페이스의 최종 결정권자는 몸에서 오는 피드백이어야 합니다. 편한 달리기니까 '편하게' 달릴 수 있어야겠죠.

* 역주: 출발지 위치와 관계없이 결승점에 도착한 시간을 측정하는 방식.
** 역주: 기록 계측용 도구를 활용하여 출발점에서 결승점까지 실제로 달린 시간을 측정하는 방식.

5K 시간	마일당 페이스	km당 페이스
14:00	6:53~8:05	4:17~5:01
14:30	7:06~8:20	4:25~5:11
15:00	7:20~8:36	4:33~5:20
15:30	7:33~8:51	4:41~5:30
16:00	7:46~9:06	4:49~5:39
16:30	7:59~9:20	4:57~5:48
17:00	8:12~9:35	5:06~5:57
17:30	8:25~9:50	5:14~6:06
18:00	8:37~10:04	5:21~6:16
18:30	8:50~10:19	5:29~6:25
19:00	9:03~10:33	5:37~6:33
19:30	9:15~10:48	5:45~6:42
20:00	9:28~11:02	5:53~6:51
20:30	9:41~11:16	6:01~7:00
21:00	9:53~11:30	6:08~7:09
21:30	10:05~11:44	6:16~7:17
22:00	10:18~11:58	6:24~7:26
22:30	10:30~12:12	6:32~7:35
23:00	10:42~12:26	6:39~7:43
23:30	10:55~12:39	6:47~7:52

5K 시간	마일당 페이스	km당 페이스
24:00	11:07~12:53	6:54~8:00
24:30	11:19~13:06	7:02~8:09
25:00	11:31~13:20	7:09~8:17
26:00	11:55~13:47	7:24~8:34
27:00	12:19~14:13	7:39~8:50
28:00	12:42~14:39	7:54~9:06
29:00	13:06~15:05	8:08~9:23
30:00	13:29~15:31	8:23~9:38
31:00	13:52~15:56	8:37~9:54
32:00	14:15~16:22	8:51~10:10
33:00	14:38~16:46	9:05~10:25
34:00	15:00~17:11	9:19~10:41
35:00	15:23~17:36	9:33~10:56
36:00	15:45~18:00	9:47~11:11
37:00	16:07~18:24	10:01~11:26
38:00	16:29~18:48	10:14~11:41
39:00	16:51~19:11	10:28~11:55
40:00	17:12~19:35	10:41~12:10
41:00	17:34~19:58	10:55~12:24
42:00	17:55~20:21	11:08~12:39

표 5.3 편한 장거리 페이스 가이드.
5K 기록에 따른 편한 달리기의 권고 페이스입니다. 좌측 열에서 5K 시간을 찾은 다음, 우측 두 개 열에서 해당하는 범위의 페이스로 달리세요.

장거리 달리기Distance Run

일반적인 장거리 달리기에는 편한 달리기보다 빠른 속도가 요구되지만, 그럼에도 여전히 대화가 가능한 페이스여야 합니다. 세상을 떠돌고 싶은 당신의 영혼은 이 정도 페이스로 더 많은 땅을 밟을 수 있을 거예요. 물론 지근 섬유와 중간 섬유도 같이 쓸 거고요.

▶ 단계: 모든 러너

① 여기에서 활용할 페이스라면 대부분의 대회를 완주할 수 있을 거예요. 장거리 달리기는 성공적인 지구력 러닝 프로그램의 근간을 이룹니다. 표 5.4에서 본인의 최고 5K 기록(넷타임)에 맞는 권고 페이스 범위를 확인합니다. 과도한 피로나 부상 위험의 증가가 뒤따를 수 있으니 각 범위에서 가장 짧은 시간보다 더 빠르게 뛰지 마세요. 여기서 권고 페이스는 그저 권고일 뿐입니다. 날씨나 피로 등의 변수에 맞게 조정해도 돼요. 최근 뛴 5K 기록이 없다면 대화가 가능한 페이스를 유지하세요. 당신이 어떤 러너이든 간에, 페이스의 최종 결정권자는 몸에서 오는 피드백이어야 합니다. 장거리 달리기는 처음부터 끝까지 편안해야 해요(템포 런이나 시간제한 달리기가 아니니까요).

5K 시간	마일당 페이스	km당 페이스
14:00	6:00~6:53	3:44~4:17
14:30	6:11~7:06	3:51~4:25
15:00	6:23~7:20	3:58~4:33
15:30	6:35~7:33	4:05~4:41
16:00	6:46~7:46	4:13~4:49
16:30	6:58~7:59	4:20~4:57
17:00	7:09~8:12	4:27~5:06
17:30	7:21~8:25	4:34~5:14
18:00	7:32~8:37	4:41~5:21
18:30	7:44~8:50	4:48~5:29
19:00	7:55~9:03	4:55~5:37
19:30	8:06~9:15	5:02~5:45
20:00	8:18~9:28	5:09~5:53
20:30	8:29~9:41	5:16~6:01
21:00	8:40~9:53	5:23~6:08
21:30	8:51~10:05	5:30~6:16
22:00	9:02~10:18	5:37~6:24
22:30	9:13~10:30	5:44~6:32
23:00	9:24~10:42	5:51~6:39
23:30	9:35~10:55	5:57~6:47

5K 시간	마일당 페이스	km당 페이스
24:00	9:46~11:07	6:04~6:54
24:30	9:57~11:19	6:11~7:02
25:00	10:08~11:31	6:18~7:09
26:00	10:30~11:55	6:31~7:24
27:00	10:51~12:19	6:45~7:39
28:00	11:13~12:42	6:58~7:54
29:00	11:34~13:06	7:11~8:08
30:00	11:55~13:29	7:24~8:23
31:00	12:16~13:52	7:37~8:37
32:00	12:37~14:15	7:51~8:51
33:00	12:58~14:38	8:03~9:05
34:00	13:19~15:00	8:16~9:19
35:00	13:39~15:23	8:29~9:33
36:00	14:00~15:45	8:42~9:47
37:00	14:20~16:07	8:54~10:01
38:00	14:40~16:29	9:07~10:14
39:00	15:01~16:52	9:20~10:29
40:00	15:22~17:14	9:33~10:42
41:00	15:42~17:36	9:45~10:56
42:00	16:03~17:58	9:58~11:10

표 5.4 일반적인 장거리 페이스 가이드.

5K 기록에 따른 일반적인 장거리 권고 페이스입니다. 좌측 열에서 5K 시간을 찾은 다음, 우측 두 개 열에서 해당하는 범위의 페이스로 달리세요.

스트라이드Strides

스트라이드는 초보자가 재미있고 안전하게 중간 섬유를 쓰는 운동법이며, 고된 워크아웃과 경주를 앞두고 모든 러너가 웜업의 일부로 할 수 있는 운동이기도 합니다.

▶ 단계: 모든 러너

① 스트라이드는 '빠른' 달리기가 되도록 짧게 가속하는 행위입니다. '빠른' 달리기라고 해서 스프린트 하듯 전력으로 달리라는 뜻은 아니라, 5K 경기 동안 유지할 수 있을 것 같은 페이스를 택해야 합니다. 고된 워크아웃이나 경주를 앞둔 웜업으로 쓸 요량이라면, 그에 맞을 것 같은 페이스로 해야 하고요. 스트라이드는 40~150m 정도의 공간이 있으면 어디서든 할 수 있습니다(거리를 정확하게 잡겠다는 생각은 안 하셔도 돼요). 그래도 시간은 5~20초 정도로, 지면은 평평하고 고른 곳이어야 합니다.

언덕 달리기Hill Running

평범한 장거리 달리기인데 언덕이 많이 들어가 있으면 언덕 달리기가 됩니다. 언덕 달리기에서는 모든 유형의 근섬유를 전부 단련할 수 있을 뿐만 아니라, 달리기와 관련된 몸의 다른 구성요소 또한 강하게 만들 수 있습니다.

▶ 단계: 중급자, 상급자

① '언덕'에는 쭉 올라가기만 하는 코스가 있어야 하는데, 본인의 체력 수준과 주변의 경사로 여부에 따라 0.4~3km(0.25~2마일) 사이로 정할 수 있습니다. 평지나 내리막이 조금 있어도 괜찮습니다. 그대로 오르막을 달리되, 경주하듯이 뛰지는 마세요. 이때 항상 편한 달리기를 12~15분 정도 먼저 한 다음에 언덕 달리기를 시작하기 바랍니다.

내리막 달리기Downhill Running

내리막 달리기에서는 동원된 근섬유의 편심성 수축이 요구되며, 늘어난 부하를 통해 근력에 더 큰 적응을 유도함으로써 대퇴사두의 통증을 예방할 수 있습니다.

▶ 단계: 중급자, 상급자

① 언덕에는 오르막만 있는 게 아니죠. 편한 듯 힘든 강도(즉 파틀렉이나 템포에 해당하는 강도)로 내리막을 달리면 대퇴사두근에 편심성 부하가 가해집니다. 편심성 부하는 동원하는 근섬유의 개수가 적지만 훈련 부하는 더 크므로, 사두근 통증의 면역에 도움이 될 수 있습니다. 처음에는 3분 정도로 시작해서, 성공할 때마다 시간을 (최대 12~15분까지) 늘려 나가세요. 이때 항상 (웜업 조로) 조깅이나 편한 달리기를 12~15분 정도 먼저 한 다음에 내리막 달리기를 시작하기 바랍니다.

힐 스트라이드Hill Stride

짧은 힐 스트라이드는 속근을 포함해 달리기에 쓰이는 모든 근섬유를 활성화하는 가장 빠르고 효율적인 방법입니다.

▶ 단계: 중급자, 상급자

① 힐 스트라이드를 하려면 경사가 상당한 언덕을 찾아야 할 거예요. 그렇다고 자신의 주폭을 제대로 파악하지 못할 만큼 가파르면 안 되겠지만요. 여기서는 1마일을 뛸 때의 페이스로 10~20초간 달린 다음, 언덕을 내려와 다시 스트라이드를 실시할 때까지 총 1~3분간 쉽니다. 처음에는 4~5회 반복으로 시작하여 최대 8~10회 반복까지 늘려 나갑니다.

러너 360The Runner 360

러너 360은 웨이트 룸보다 야외나 자기 집 거실을 좋아하는 러너를 위한 만능 근력운동 프로그램입니다. 피트니스 동기 부여 전문가이자 러닝 요가 강사인 앤지 스튜어트 고카Angie Stewart Goka, MPH, CSCS가 만든 이 워크아웃은 러너의 근력과 균형에 필요한 모든 근육을 12분 안에 전부 쓴다는 점이 가장 좋은 점이랍니다. angiestewartfitness.com에서 앤지가 시연하는 운동의 올바른 자세와 함께 다양한 종류의 워크아웃을 확인해 보세요. 이 워크아웃의 다섯 가지 규칙을 빠르게 살펴봅시다.

1. 각각의 운동을 순서에 맞게 1분씩 실시합니다.
2. 좌우를 따로 해야 하는 운동은 각각 30초씩 실시합니다.
3. 좋은 자세를 유지하는 선에서 반복수를 최대한 높이십시오(한 개 더 하려고 자세를 무너뜨리면 안 돼요!).
4. 성장을 관측할 수 있도록 반복수를 기록합니다.
5. 워크아웃의 강도를 높이려면 운동 전체를 (최대 3세트까지) 통째로 반복합니다.

인치웜 플랭크부터 슈퍼걸/슈퍼맨 플랭크에 이르는 아래의 열두 가지 운동은 하나의 워크아웃 안에서 진행되는 연속동작입니다.

▶ 단계: 모든 러너

인치웜 플랭크Inchworm Plank

인치웜 플랭크는 유연성과 근력이 모두 필요한 운동으로, 잠든 근육을 깨우는 데 도움을 줍니다. 유연성이 떨어지는 분은 무릎을 굽혀도 됩니다.

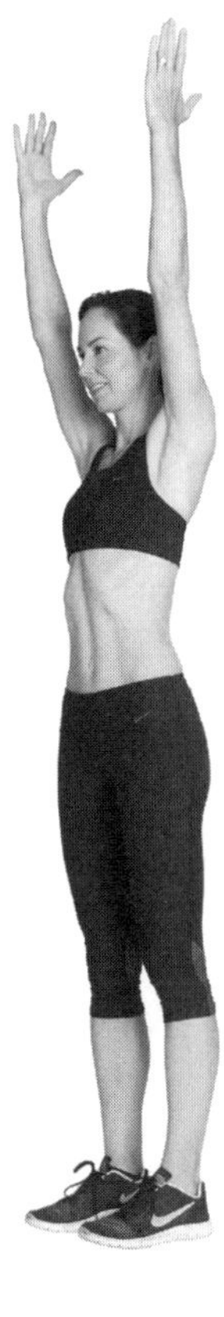

① 팔을 위로 쭉 펴고 선 자세로 시작합니다. 자세가 흐트러지지 않은 상태에서 다음 동작으로 넘어갈 준비를 빠르게 합니다.

② 손이 발에 가까이 오도록 몸을 앞으로 접습니다.

③ 다리를 곧게 편 채 (필요하다면 굽힌 채) 손을 앞으로 걸어가듯 보내 플랭크 자세를 취합니다.

④ 푸시업을 1회 실시합니다. 그런 다음 손을 발 쪽으로 걸어가듯 보내 원위치로 돌아갑니다. 여기까지 반복합니다.

스쿼트 스러스트 클라이머Squat-Thrust Climber

스쿼트 스러스트 클라이머는 둔근(엉덩이 근육), 대퇴사두근, 햄스트링 단련에 탁월한 운동입니다.

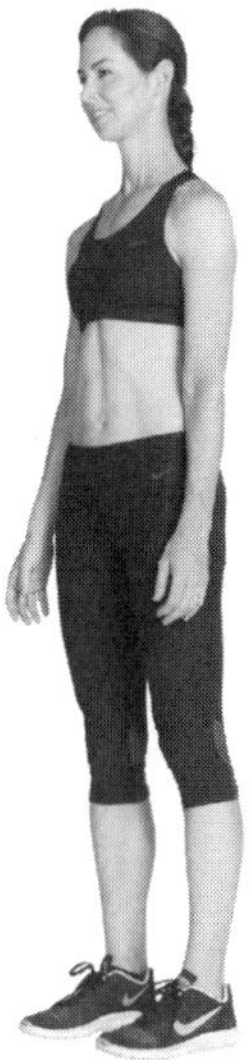

① 양발 간격을 좁게 두고 팔을 몸 옆에 둔 채 섭니다.

② 무릎을 벌리지 않은 채 바닥에 쪼그려 앉습니다. 이때 두 손바닥은 어깨너비 간격으로 바닥에 붙여둡니다.

③ 복근에 힘이 풀리지 않게 유의하며 다리를 뒤로 폴짝 보내 푸시업 자세를 취합니다.

④ 5초간 다리를 가슴 밑으로 끌어올리며 '달려' 봅니다. 이때 무릎은 높게, 엉덩이는 낮게 유지합니다. 5초가 지나면 다리를 앞으로 폴짝 보내 쪼그려앉은 자세로 돌아간 다음 일어납니다. 여기까지 전체 동작을 반복합니다.

커트시 런지 홉Curtsy Lunge Hop

커트시 런지 홉은 최고의 종아리 강화운동입니다. 당연히 해야죠! 이 운동에서는 고관절 외전근, 둔근, 대퇴사두근, 햄스트링도 단련할 수 있답니다.

① 발을 골반 너비로 벌리고 섭니다.

② 왼쪽 엉덩이의 왼쪽을 향해 오른발을 한 걸음 대각선 뒤로 물립니다. 동시에 오른쪽 무릎은 바닥을 향하게 하며 왼쪽 무릎은 굽힙니다.

③ 왼발로 땅을 박차오르며 오른쪽 무릎을 위로 추진해 올립니다. 그와 동시에 왼쪽 팔꿈치를 앞으로 휘둘러 올립니다. 여기까지 30초간 반복한 다음 다리를 바꿔 똑같이 실시합니다.

스콜피온 파이터Scorpion Fighter

스콜피온 파이터에서는 어깨와 코어를 쓰면서 복사근과 고관절 굴곡근의 스트레칭을 함께 할 수 있습니다.

① 벤치나 의자에 발앞꿈치를 올려놓은 채 푸시업 자세를 취합니다.

② 왼쪽 무릎이 오른쪽 어깨를 향하게끔 몸 앞으로 당겨옵니다.

③ 이제 방향을 바꾸어 왼쪽 무릎이 뒤로 가게 하면서 동시에 골반이 왼쪽 위를 향하게 돌려 올립니다. 이때 오른쪽 어깨를 향해 왼발을 뻗어냅니다. 여기까지 30초간 반복한 다음 다리를 바꿔 똑같이 실시합니다.

사이드와인더 플랭크 위드 레그 리프트Sidewinder Plank with Leg Lift

이 운동은 고관절 외전근과 안정성 향상에 탁월하며, 복사근, 등, 둔부, 대퇴사두근, 햄스트링 또한 대상이 됩니다.

① 팔을 완전히 편 플랭크 자세를 취합니다.

② 몸을 옆으로 돌려 오른손 손꿈치로 균형을 잡은 다음, 왼팔을 위로 곧게 폅니다(이때 바닥에 있는 손목은 어깨와 수직이 되어야 합니다).

③ 골반을 수직으로 유지한 채 위에 있는 다리를 들었다가 내려놓습니다. 엉덩이를 수직으로 유지하면서 위쪽 다리를 들었다 내립니다. 이를 30초간 반복한 다음 좌우를 바꿔 똑같이 실시합니다.

플랭크 펍Plank Pups

플랭크 펍을 통해 팔, 어깨, 등, 코어를 불태워 봅시다.

① 푸시업 상단 자세를 취합니다.

② 오른쪽 팔꿈치를 굽혀 오른쪽 전완을 바닥에 내려놓습니다.

③ 왼쪽 팔꿈치를 굽혀 왼쪽 전완을 바닥에 내려놓습니다.

④ 오른쪽 팔꿈치를 뒤로 들어올려 오른손 손바닥이 바닥에 닿게 한 다음, 왼쪽도 똑같이 실시합니다. 처음의 자세로 돌아가서 여기까지 30초간 반복한 다음, 이번에는 왼쪽부터 시작해서 30초간 똑같이 실시합니다.

래터럴 스피드 러너Lateral Speed Runners

래터럴 스피드 러너에서는 고관절 외전근과 고관절 내전근을 쓰고, 여기에 코어도 많이 씁니다.

① 양팔을 몸 옆에 두고 발을 골반 너비로 벌리고 섭니다.

② 오른쪽으로 뛰어올랐다 오른발로 착지합니다. 이때 왼발을 오른다리 뒤로 보내 균형을 잡습니다. 동시에 왼팔을 앞으로, 오른팔을 뒤로 보내 달리는 자세를 만듭니다.

③ 반대쪽으로 동작을 반복합니다. 동작을 제어하고 속도를 높이는 데 집중해야 합니다.

와이퍼Windshield Wipers

와이퍼는 복근 전체를 대상으로 합니다. 안정성 향상에도 탁월하고요.

① 등을 대고 바닥에 누워 손바닥이 바닥을 향하도록 팔을 넓게 벌립니다. 허벅지는 바닥과 수직이 되게 들어올리고, 무릎은 90도 굽힙니다.

② 고관절과 무릎의 굽힘 각도를 유지한 상태로, 두 다리를 모아 좌우 중 한쪽으로 보냅니다. 이때 등 상부는 바닥에 닿아 있어야 합니다.

③ 두 다리를 가운데로 돌려보낸 다음, 반대쪽으로 동작을 반복합니다.

플랭크 로테이션Plank Rotations

이 동작은 전통적인 플랭크 동작의 변형으로, 코어와 어깨를 모두 단련할 수 있습니다.

① 전완을 바닥에 댄 플랭크 자세를 취하되, 양손이 서로 반대쪽 팔꿈치 옆에 가 있도록 전완을 수평으로 둡니다.

② 왼쪽 어깨와 팔꿈치가 수직이 되도록 오른쪽으로 몸을 돌립니다. 이때 오른손은 골반 위에 얹어둡니다. 양발은 포개져 있어야 하고, 몸은 일자로 곧게 펴져 있어야 합니다. 처음의 자세로 돌아간 다음 반대쪽도 똑같이 실시합니다.

한 다리 데드리프트Single Leg Deadlift

한 다리 데드리프트는 균형과 안정성 향상에 탁월한 운동이자, 코어, 둔근, 햄스트링에도 좋은 운동입니다.

① 똑바로 선 자세를 취합니다.

② 등을 굽히지 않고 곧게 유지한 채로 한쪽 고관절을 접어 두 손을 바닥으로 보냅니다. 이때 반대편 다리는 (척추와 일직선이 되도록) 편 채 몸 뒤편으로 보냅니다. 그런 다음 처음의 자세로 돌아옵니다. 30초간 반복한 다음 다리를 바꿔 똑같이 실시합니다.

마칭 브리지Marching Bridge

이 운동은 둔근에도 좋고 햄스트링과 허리에도 좋습니다(요통 완화에 자주 쓰이기도 하고요).

① 바닥에 등을 대고 누워 양 무릎을 굽히고 두 발의 간격을 골반 너비로 둡니다.
② 엉덩이를 들어올려 '브리지' 자세를 취합니다.
③ 양쪽 무릎을 교대로 가슴 방향으로 끌어올립니다. 이때 등은 곧게 펴져 있어야 합니다.

슈퍼걸/슈퍼맨 플랭크Supergirl/Superman Plank

워크아웃의 마지막은 코어, 어깨, 등을 쥐어짜는 슈퍼걸/슈퍼맨 플랭크로 장식합니다.

① 푸시업 상단 자세를 취합니다.
② 오른팔을 앞으로 뻗으며 동시에 왼쪽 다리를 뒤로 들어올립니다. 들어올린 팔다리의 수평을 유지하며 3초간 균형을 잡습니다.
③ 들어올린 팔과 다리를 내려 푸시업 자세로 돌아간 다음, 좌우를 바꾸어 똑같이 실시합니다. (동작이 어렵다면 무릎을 굽혀 손과 무릎이 땅에 닿은 '네 발 기기' 자세로 할 수 있습니다.)

웨이트 룸 루틴Weight Room Routine

전통적인 저항 훈련을 좋아하는 러너는 웨이트 룸 루틴을 돌려도 됩니다. 전(前) 무술 내셔널 챔피언으로 러닝을 자기 삶의 일부로 녹여낸 에디 안드레Eddie Andre와 함께 기본적인 저항 훈련 몇 가지를 배워볼게요. (가슴, 어깨, 복부, 대퇴사두근 등) 각기 다른 근육군을 대표하는 몇 가지 운동으로 시작한 다음, 체력이 향상됨에 따라 운동의 개수(와 난이도)를 늘려나갈 겁니다. 이 워크아웃의 다섯 가지 규칙을 빠르게 살펴봅시다.

1. 첫 2주간은 새 운동을 할 때 가벼운 무게로 6~10회씩 1~2세트 이하로만 실시합니다.
2. 따로 설명이 붙어 있지 않으면 웨이트 트레이닝은 6~12회씩 1~3세트로 합니다.
3. (월, 수, 금 식으로) 최소한 하루는 거르면서 훈련합니다.
4. 세트와 세트 사이에는 2.5~3분 정도 쉽니다.
5. 한 세트(나 워크아웃) 동안 지치지 않아야 합니다. 보조spot가 필요했다면 다음번에는 중량을 낮추세요.

레그 리프트Leg Lifts

▶ 단계: 모든 러너

레그 리프트에서는 복부가 강화되어 코어 안정성과 무릎 거상에 도움이 됩니다.

① 바닥에 등을 대고 누워 무릎은 굽히고 발뒤꿈치는 바닥에 댄 상태로 손을 머리 뒤에 가져다 둡니다.

② 무릎을 굽힌 채 발을 45°까지 올립니다. 그런 다음, 발뒤꿈치가 바닥에 거의 닿을 때까지 다리를 내립니다. 이 동작을 반복합니다. 처음에는 10~15회 1세트로 시작하여 반복수 40~50회가 될 때까지 점차 늘려나갑니다.

자신만의 웨이트 룸 루틴 만들기

웨이트 룸(체력단련장)에 가본 적이 없다면 신경계와 근육에 과부하가 걸리지 않도록 워크아웃 루틴을 신중히 선택해야 합니다.
쇠질을 해본 적이 없는 초보 러너는 아래 루틴을 2~6주간 실시해야 합니다(처음에는 각 운동을 한 세트씩만 하고, 2주 뒤에 2세트씩, 다시 2주 뒤에 3세트씩 실시합니다).

1. 레그 리프트
2. 러시안 오블리크 트위스트
3. 에어 스쿼트
4. 맨몸 런지
5. 힐 레이즈(무릎 펴고)
6. 푸시업
7. 덤벨 암 스윙

쇠질을 해본 적이 있는 러너는 아래 루틴으로 시작한 다음 나중에 운동을 추가해도 되고 (가령 에어 스쿼트 대신 중량 스쿼트를 한다거나 스텝업에 덤벨을 들고 한다거나 하는 식으로), 이미 하고 있는 운동의 난이도를 높여도 됩니다.

1. 레그 리프트
2. 러시안 오블리크 트위스트
3. 푸시업 *또는* 덤벨 벤치 프레스
4. 덤벨 로우
5. 덤벨 암 스윙
6. 맨몸 스텝업 *또는* 덤벨 스텝업
7. 에어 스쿼트
8. 맨몸 런지
9. 힐 레이즈(무릎 펴고)

웨이트 룸 루틴을 진행하다 보면 훈련 목표에 따라 운동을 얹거나 뺄 수 있습니다. 개개인의 프로그램에 따라 다르겠지만, 아래와 같은 일반론을 따를 수 있겠네요.

전반적인 체력 향상: 세션 몇 번을 마친 다음에 이 장에 있는 다른 맨몸 운동을 해 보세요. 어차피 언젠가는 중량 스쿼트나 중량 런지, 나아가 클린까지도 하고 싶어질 테니까요.

스프린터와 중거리 러너: 스쿼트, 런지, 클린, 데드리프트 같은 고급 리프팅을 넣습니다. 신경계가 목표라면 반복수를 (3~5회로) 적게, 근육량 증가가 목표라면 반복수를 그보다 많이 가져가세요.

장거리 러너: 장거리 러너 중에는 운동을 순서대로 하는 것보다 서킷으로 돌리는 쪽을 선호하는 분이 많습니다. 반복수를 높게 가져가고, 한 운동에서 다음 운동으로 빠르게 넘어가세요.

러시안 오블리크 트위스트Russian Oblique Twist

▶ 단계: 모든 러너

이 운동은 복사근(옆구리) 강화에 좋은 운동입니다. 자세 개선과 요통 완화, 안정적인 주행에 도움이 된다는 뜻이죠.

① 손을 몸 앞으로 모아 잡고 다리를 구부려 바닥에서 들어올린 채 엉덩이로 균형을 잡습니다.

② 다리를 그 자리에 가만히 유지한 채, 모은 두 손이 바닥에 닿도록 몸통을 한쪽으로 비틀어줍니다.

③ 반대쪽도 똑같이 실시합니다. 처음에는 편하게 양쪽 각 10~15회로 시작하여 25~30회가 될 때까지 점차 늘려나갑니다.

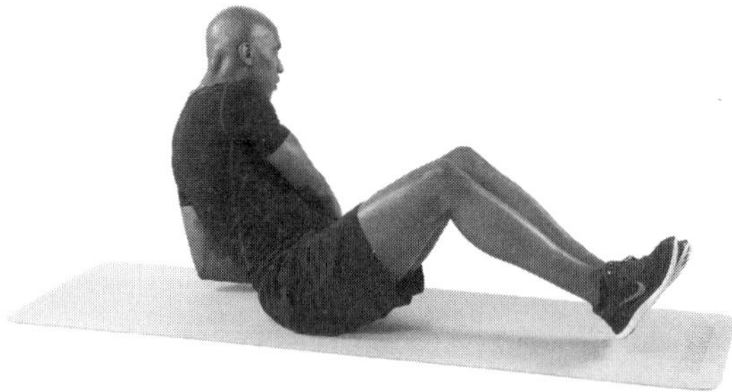

푸시업Push-Ups

▶ 단계: 모든 러너

푸시업은 팔과 어깨의 근력을 향상시키는 동시에, 안정성에 영향을 미치는 코어, 등, 대퇴사두도 활용합니다.

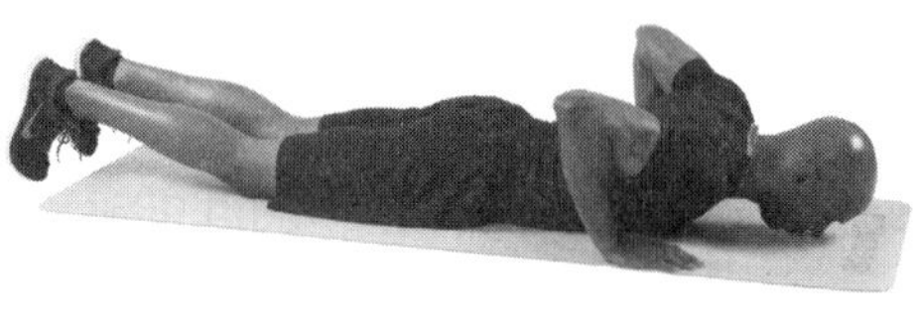

① 바닥에 엎드린 채 양손을 어깨너비보다 약간 넓게 벌려 둡니다.

② 바닥을 밀면서 몸을 들어 올립니다. 이때 등과 다리는 일자로 곧게 펴고 있어야 합니다. 처음에는 반복수 10~15회로 시작하여, 점차 1분 동안 할 수 있는 최대치까지 반복수를 늘려나갑니다.

변형: 정자세 푸시업이 너무 어렵다면 무릎을 바닥에 댄 상태로 실시합니다.

덤벨 벤치 프레스Dumbbell Bench Press

▶ 단계: 중급자, 상급자

가슴과 삼두의 근력 향상에 좋은 운동입니다. 바벨 대신 덤벨을 쓰면 균형감각을 높일 수 있을 뿐만 아니라, 좌우 양쪽을 똑같이 쓸 수 있습니다.

① 벤치에 누워 어깨너비로 덤벨을 잡습니다. 이때 덤벨은 가슴 옆에 있어야 합니다.

② 가슴에 집중하면서 양팔이 다 펴질 때까지 덤벨을 들어 올립니다. 이 상태로 1초 버틴 다음 천천히 시작 자세로 돌아갑니다.

덤벨 로우Dumbbell Row

▶ 단계: 중급자, 상급자

이 운동을 통해 등과 상완이두근을 강화할 수 있고, 덤벨 벤치 프레스와의 균형을 맞출 수 있습니다.

① 오른손과 오른쪽 무릎을 벤치에 올려두고, 안정성 확보를 위해 왼쪽 다리를 벤치에서 사선으로 멀찍이 떨어뜨려 둡니다. 왼손으로 덤벨을 잡아 (어깨 밑으로) 내려놓습니다. 등허리에만 아치를 약간 만들고 척추의 나머지 부분은 곧게 펴 둡니다. 이때 고개는 위나 아래로 꺾이지 않아야 합니다.

② 팔꿈치를 위로 당긴다 생각하며 덤벨을 갈비뼈 옆으로 가져갑니다. 그런 다음 덤벨을 시작 위치로 내려놓는데, 이때 팔꿈치는 살짝 굽혀져 있어야 합니다. 8~12회 실시한 다음 팔을 바꾸어 똑같이 실시합니다.

덤벨 암 스윙Dumbbell Arm Swings

▶ 단계: 모든 러너

덤벨 암 스윙은 간단하지만 수많은 러너가 수십 년 동안 해 온 운동이기도 하죠. 이 운동은 러닝 동작을 따라함으로써 팔을 앞뒤로 스윙할 때 균형을 맞춰 주는 상체 근육을 키워 줍니다.

① 발을 골반 너비로 벌리고 서서, 양손에 가벼운 덤벨을 든 상태로 마치 달리는 것처럼 팔의 자세를 잡습니다.

② 달릴 때 하는 것처럼 양팔을 앞뒤로 휘두릅니다. 달리기의 일반적인 팔 스윙을 모방하여 팔을 펌핑합니다. 구부정하지 않게 똑바로 서서 하세요. 양쪽 각각 15회 이상 반복합니다(상한선은 없어요).

스텝업Step-Ups

▶ 단계: 모든 러너

스텝업은 대퇴사두근과 둔근 강화에 좋은 운동입니다.

① 계단이나 상자나 벤치 같은 단(壇)을 한 발짝 앞에 두고 섭니다. 동작 내내 등은 곧게 펴 두어야 합니다.

② 높은 단에 한쪽 발을 올려둡니다. 이때 올려둔 발 전체가 단 위에 제대로 올라가 있어야 하며, 무릎의 각도는 90°를 넘어가면 안 됩니다. 이보다 무릎이 많이 굽혀졌다면 단이 너무 높다는 뜻이에요.

③ 굽혀 놓은 다리의 힘만 써서 단 위로 올라섭니다. 반대편 다리는 균형을 잡는 용도로만 써야 합니다. 이제 역순으로 동작을 진행합니다. 8~12회 반복한 다음 좌우를 바꾸어 똑같이 실시합니다.

덤벨 스텝업Step-Ups with Dumbbell

▶ 단계: 중급자, 상급자

덤벨을 들고 스텝업을 하면 난이도가 높아집니다. 적응력도 좋아지고요.

① 계단이나 상자나 벤치 같은 단(壇)을 한 발짝 앞에 두고 섭니다. 양손에 (처음에는 가벼운 무게의) 덤벨을 쥐고 몸 옆에 둡니다. 동작 내내 등은 곧게 펴 두어야 합니다.

② 높은 단에 한쪽 발을 올려둔 채 단상에 단단히 고정합니다. 무릎의 각도는 90°를 넘어가면 안 됩니다. 이보다 무릎이 많이 굽혀졌다면 단이 너무 높다는 뜻이에요.

③ 덤벨을 몸 옆에 둔 채 굽혀 놓은 다리의 힘만 써서 단 위로 올라섭니다. 반대편 다리는 균형을 잡는 용도로만 쓰되, 균형이 잘 안 잡힌다면 단상에 올려놔도 좋습니다. 이제 역순으로 동작을 진행합니다. 8~12회 반복한 다음 좌우를 바꾸어 똑같이 실시합니다.

맨몸 런지Bodyweight Lunge

▶ 단계: 모든 러너

맨몸 런지는 걷기와 달리기의 발동작과 유사한 동작으로, 대퇴사두근과 햄스트링과 둔근 강화에 탁월한 운동입니다.

① 양팔을 몸 옆에 그냥 두거나 양손을 골반에 올려둔 채 똑바로 섭니다. 이때 두 발은 골반 너비만큼 벌려 둡니다.

② 허벅지가 지면과 거의 평행이 되도록 무릎을 구부리며 앞으로 나아갑니다. 이때 앞쪽 무릎은 앞쪽 발의 발가락을 넘어가지 않아야 하며, 앞발은 지면에 완전히 붙여 두어야 합니다. 이제 역순으로 동작을 진행하여 시작 자세로 돌아갑니다. 처음에는 3~5회로 시작하여 최대 10회까지 점차 늘려갑니다.

에어 스쿼트Air Squat

▶ 단계: 모든 러너

에어 스쿼트는 맨몸으로 하는 스쿼트로, 대퇴사두근과 햄스트링과 둔근 강화에 가장 좋은 운동 중 하나입니다.

① 양발을 골반 너비로 벌린 채 두 팔을 몸 옆에 두고 똑바로 섭니다. 이때 (동작 중에 무릎에 압력이 가해지지 않도록) 발끝은 바깥쪽으로 약간 벌려 두어야 합니다.

② 무릎을 굽히고 엉덩이를 뒤로 밀며 허벅지가 바닥과 평행이 될 때까지 내려갑니다. 이때 뒤로 가는 엉덩이와 균형을 이룰 수 있도록 두 팔을 곧게 펴 어깨 앞으로 들어올립니다. 이제 대퇴사두근을 써서 시작 자세로 되돌아 올라옵니다. 처음에는 5회로 시작하여 최대 10~15회까지 점차 늘려 나갑니다.

한 다리 스쿼트Single Leg Squat

▶ 단계: 중급자, 상급자

한 다리 스쿼트는 에어 스쿼트보다 강도도 높고, 엉덩이와 다리의 균형 유지에도 더 좋습니다.

① 한쪽 다리로 균형을 잡고 반대쪽 다리는 균형을 맞출 수 있도록 앞으로 뻗습니다. 팔 또한 균형을 잡을 수 있도록 어깨 앞으로 곧게 펴 둡니다. 균형이 잘 잡히지 않으면 고정된 물건을 붙잡고 있어도 됩니다.

② (의자에 앉듯) 천천히 몸을 낮추어 스쿼트 자세로 갑니다. 이때 무릎과 발끝은 나란한 방향을 보고 있어야 합니다. 일어날 수 없을 만큼 깊게 앉으면 안 돼요! 한 다리 스쿼트를 할 때는 완전히 앉지 않아도 좋습니다. 5~10회 반복한 다음 다리를 바꾸어 똑같이 실시합니다.

변형: 벤치에서 한 다리 스쿼트를 하는 방법도 있습니다. 덤벨을 양손으로 쥔 채 팔을 몸 앞으로 뻗어 균형을 잡고, 들고 있는 다리가 벤치 아래로 향하게 합니다.

월 싯Wall Sit

▶ 단계: 모든 러너

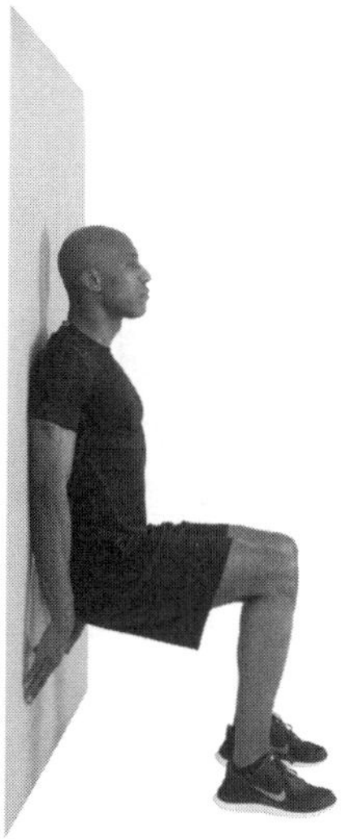

앉아 있기만 한 것처럼 보이겠지만, 이 운동은 대퇴사두를 화끈하게 불태워줄 겁니다.

① 벽을 등지고 똑바로 선 다음, 무릎이 90°가 될 때까지 몸을 낮추고 그 자세를 유지합니다. 처음에는 30초로 시작하되, 근력이 늘어나면 15초씩 시간을 늘립니다.

변형: 난이도를 높이려면 팔을 어깨 앞으로 쭉 뻗습니다.

힐 레이즈(무릎 펴고)Heel Raises – Straight Knee

▶ 단계: 모든 러너

무릎을 펴고 하는 힐 레이즈는 종아리, 그중에서도 (종아리의 가장 큰 근육인) 비복근에 초점을 두며, 달릴 때 발끝으로 서는 능력을 키워 줍니다. 중거리 주자에게는 꼭 필요하겠죠.

① 골반 너비로 두 발을 벌린 채 앞꿈치는 플랫폼 위에 올려두고 뒤꿈치는 공중에 띄워둡니다. 이때 균형을 잡을 수 있도록 몸을 벽에 기대거나 고정된 물건을 붙잡습니다. 준비가 됐다면 뒤꿈치를 플랫폼보다 낮은 위치에 오도록 내립니다. (살짝 늘어나는 정도로만 하세요. 아킬레스건이 찢어질 정도로 늘리면 안 돼요!) 초보 러너의 경우 처음부터 플랫폼에 올라서는 대신 바닥에서 시작해도 됩니다. 플랫폼에는 나중에 올라가도 돼요.

② 이제 까치발이 되도록 뒤꿈치를 최대한 높이 들어 올립니다. 상단에서 1~2초간 멈춘 다음, 다시 뒤꿈치를 낮추어 동작을 반복합니다. 최소 10~15회, 최대 30회까지 실시합니다.

힐 레이즈(무릎 굽히고)Heel Raises – Bent Knee

▶ 단계: 모든 러너

무릎을 굽히고 하는 힐 레이즈도 종아리에 초점이 놓이지만, (종아리 심부에 있는) 가자미근과 비복근을 나누어 쓰는 것은 오로지 이 버전뿐입니다. 햄스트링에 적당한 긴장감도 실리고요.

① 골반 너비로 두 발을 벌린 채 앞꿈치는 플랫폼 위에 올려 두고 뒤꿈치는 공중에 띄워둡니다. 이때 무릎은 달리기를 할 때와 비슷한 모양이 되도록 살짝 굽혀 둡니다. 준비가 됐다면 뒤꿈치를 플랫폼보다 낮은 위치에 오도록 내립니다. 초보자라면 처음에는 바닥에서 하고 플랫폼에는 나중에 올라가도 됩니다.

② 까치발이 되도록 뒤꿈치를 최대한 높이 들어 올립니다. 굽혀둔 무릎이 풀리지 않아야 합니다. 상단에서 1~2초간 멈춘 다음, 다시 뒤꿈치를 낮추어 동작을 반복합니다. 10~15회 정도로 실시합니다. 이 버전에서는 반복수를 너무 많이 가져가면 안 돼요!

스쿼트Squat

▶ 단계: 중급자, 상급자

스쿼트는 대퇴사두, 햄스트링, 둔근 강화에 최고로 꼽히는 프리웨이트 운동 중 하나입니다. 근육이 목적이라면 6~12회, 신경계가 목적이라면 5회 이하로 반복수를 잡습니다.

① 바벨을 어깨에 얹은 채 똑바로 섭니다. 발 간격은 골반 너비로 두고, 발끝은 바깥쪽을 향하도록 약간 벌립니다. (스쿼트 랙에서 어깨높이에 걸린 바를 빼면서 시작하는 방식이 제일 좋습니다.)

② 발을 바닥에 붙인 채 엉덩이를 뒤로 빼고 무릎을 굽히며 허벅지가 바닥과 거의 평행이 되는 높이까지 몸통을 낮춥니다. 허리에 아치를 만들거나 동작을 너무 빠르게 진행하면 안 됩니다. 이제 동작을 역순으로 하여 시작 자세로 돌아갑니다.

런지Lunge

▶ 단계: 중급자, 상급자

중량 런지는 걷거나 달리는 동작과 유사하면서도 근섬유를 (유형별로) 더 많이 동원할 수 있습니다. 근육이 목적이라면 6~12회, 신경계가 목적이라면 5회 이하로 반복수를 잡습니다.

① 바벨을 어깨에 얹은 채 똑바로 섭니다. 발 간격은 골반 너비로 둡니다. 안정성이 더해질 수 있도록 엄지손가락으로 바를 두른 오버핸드 그립을 쓰세요.

② 앞으로 한 발짝 크게 내디디며 앞다리의 허벅지가 바닥과 거의 평행이 될 때까지 무릎을 구부립니다. 앞쪽 무릎은 발끝을 넘어가지 않아야 하고, 앞발은 지면에 완전히 붙여야 합니다. 이 상태로 잠깐 멈춘 다음, 동작을 역순으로 하여 시작 자세로 돌아옵니다.

변형: 손바닥이 마주보는 방향으로 팔을 몸 옆에 나란히 편 채 양손에 덤벨을 쥐고 하는 방식도 있습니다.

클린Clean

▶ 단계: 중급자, 상급자

클린은 발목부터 어깨에 이르는 여러 근육을 쓰는 매우 훌륭한 전신 운동입니다. 근육이 목적이라면 6~12회, 신경계가 목적이라면 5회 이하로 반복수를 잡습니다.

① 두 손의 간격을 어깨너비 또는 그보다 약간 넓게 하여, 오버핸드 그립으로 바닥에 놓인 바벨을 쥡니다. 이때 등에는 아치가 약간 있어야 하고, 발가락과 바와 어깨가 수직선상에 있어야 합니다.

② 바를 위쪽으로 당깁니다. (홱 낚아채면 안 돼요!) 이 과정에서 바가 거의 무릎을 쓸고 간다는 느낌이 들 만큼 몸에 가까이 붙어 있어야 합니다.

③ 동작에 가속을 붙이며 위로 점프하면서, 동시에 슈러그shrug하듯 어깨를 으쓱 당겨올립니다.

④ 팔꿈치가 양옆을 향하게끔 하되, 바는 어깨 쪽으로 당기는 동안에도 여전히 몸에 가까이 붙어 있어야 합니다.

⑤ 어깨로 바를 받을 수 있도록 몸을 아래로 움직인 다음, 힘을 흡수할 수 있도록 다리를 굽힙니다. 세미 스쿼트 자세가 만들어지면 몸을 곧게 폅니다. (중량이 올라가면 사진에서보다 더 깊이 앉아야 할 수도 있어요.) 그런 다음 부드럽고 통제된 동작으로 바를 바닥으로 돌려놓고, 처음부터 동작을 반복합니다. 이 운동에서는 중량을 올리는 것보다 자세를 제대로 잡는 우선인 만큼, 처음에는 가벼운 중량으로 시작해야 합니다.

데드리프트Deadlift

▶ 단계: 중급자, 상급자

데드리프트는 등허리, 척주 안정근, 둔근, 대퇴사두근, 햄스트링, 종아리를 씁니다. 효과가 정말 좋아요! 데드리프트는 중추신경계에 큰 부담을 주므로 마무리 운동으로 쓰기 좋습니다(신경계에 관해서는 11장을 참조해 주세요). 근육이 목적이라면 6~12회, 신경계가 목적이라면 5회 이하로 반복수를 잡습니다.

① 이 운동에서는 (언더핸드와 오버핸드를 섞은) 얼터네이트 그립을 씁니다. 엄지손가락은 바를 감싸고 있어야 해요. 바가 지면에 놓인 상태에서 시작합니다. 허벅지가 지면과 거의 평행이 될 때까지 엉덩이를 낮춘 다음, 등을 일자로 펴고 정면을 바라봅니다. 이때 팔은 무릎 바깥쪽에, 양발 간격은 골반 너비로, 발끝은 약간 바깥쪽을 향해 벌어져 있어야 합니다.

② 똑바로 설 때까지 몸을 일으키며 바벨을 끌어올립니다. 다리, 고관절, 등, 어깨를 동시에 곧게 펴야 합니다. 팔을 써서 '당기는' 동작이 아니에요. 바는 수직으로 끌어올려야 합니다(앞뒤로 흔들면 안 돼요). 이 상태로 잠깐 멈췄다가 동작을 역순으로 실시합니다. 처음에는 중량을 가볍게 잡고 시작하세요. 좋은 자세가 망가질 만큼 무거운 중량은 시도하지 말고요!

PNF 스트레칭

PNF 스트레칭은 가동범위를 늘리고 근육을 강하게 만들어줍니다. 제대로 하려면 파트너가 있어야 하지만요. 아래 사진에서는 캘리포니아 패서디나 CATZ 물리치료 연구소의 비앙카 구즈먼Bianca Guzman이 파트너 역할이 되어, NCAA 디비전 II에서 10,000미터 육상 내셔널 챔피언을 두 번 차지한 타냐 제퍼잰Tanya Zeferjahn에게 러너를 위한 PNF 루틴을 안내합니다. 우선 PNF의 다섯 가지 규칙을 빠르게 살펴봅시다.

1. 스트레칭을 시작하기 전에 (10~15분 정도의 조깅처럼) 간단한 유산소 웜업을 합니다.
2. 스트레칭을 시작할 때 목표로 삼은 근육을 처음 맞이하는 최대 가동범위까지 움직입니다(억지로 하지 말고, 알맞은 지점을 '찾아야' 합니다).
3. 이제 스트레칭 중인 근육에 최대로 들일 수 있는 힘의 20~30% 정도를 들여 5~8초간 수축합니다.
4. 그런 다음, 파트너가 늘린 팔다리를 (아주 약간만) 더 큰 가동범위로 움직이거나 혼자서 스트레칭 스트랩으로 팔다리를 늘리는 동안 목표 근육을 이완시킵니다. 그 다음에는 최대 30초까지 그 자세를 유지해도 되고, 아니면 즉시 새로운 수축을 시작해도 됩니다. 전통적인 방식은 스트레칭을 유지하는 것이지만, 정적 스트레칭과 연관된 근력과 순발력의 일시적 감소로 이어질 위험이 있습니다.
5. 4~5회 반복합니다.

PNF 햄스트링 스트레칭부터 PNF 고관절 굴곡근 스트레칭까지 이어지는 아래의 일곱 가지 스트레칭은 한 세션에 쭉 이어서 해도 되고, 하나씩 따로 해도 됩니다.

▶ 단계: 모든 러너

PNF 햄스트링 스트레칭

이 스트레칭은 햄스트링을 풀어 주고 지독스러운 좌상을 예방해 줍니다. 열심히 뛰어서 타이트해진 햄스트링에는 말할 것도 없겠죠.

① 바닥에 등을 대고 누워 한쪽 다리를 바닥에 편 채(유연성이 모자라면 90° 굽힌 채), 반대쪽 다리는 편 상태로 그 순간 다다를 수 있는 최대 가동범위에 둔 채 파트너가 붙들게 합니다. 약간 늘어나는 느낌이 들어야 해요. 가동범위의 말단에 다다랐다면 최대치의 20~30%에 해당하는 힘으로 햄스트링을 5~8초 동안 (수축하며) 잡아당깁니다. (수건이나 작은 베개를 목 밑에 놓아도 좋습니다.)

② 파트너에게 잠시 스트레칭을 멈추게 하고 근육을 이완시킵니다.

③ 파트너가 새로운 최대 가동범위로 햄스트링을 움직입니다. 단계적으로 늘려 나가야 해요! 이 자세를 최대 30초간 유지합니다. 1단계와 2단계를 오가며 총 4~5회 반복합니다.

변형: 혼자서 할 때는 끈이나 스트레칭 스트랩을 사용하여 실시합니다.

PNF 종아리 스트레칭 #1 : 비복근

첫 번째 종아리 스트레칭에서는 종아리 모양을 이루는 큰 근육인 비복근에 초점을 둡니다.

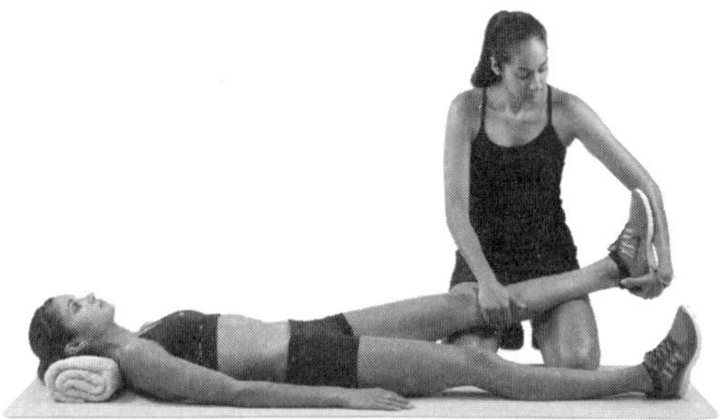

① 바닥에 누워서 파트너가 당신의 한쪽 다리를 자신의 허벅지 위에 놓게 합니다. 파트너는 발뒤꿈치를 손으로 감싼 채 전완으로 발앞꿈치를 눌러 비복근이 가동범위 말단에 다다르게 합니다. 이제 최대치의 20~30%에 해당하는 힘으로 5~8초 동안 파트너의 전완을 발로 누릅니다.

② 파트너가 전완에 준 힘을 풀며 비복근 스트레칭을 멈추는 동안 근육을 이완합니다.

③ 파트너가 새로운 최대 가동범위로 비복근을 움직입니다. 이 과정은 단계적으로 이루어져야 합니다. 이 자세를 최대 30초간 유지합니다. 1단계와 2단계를 오가며 총 4~5회 반복합니다.

변형: 혼자서 할 때는 바닥에 앉아 등을 곧게 편 다음, 스트레칭 하는 다리의 발의 발볼과 아치 사이에 끈이나 스트랩을 걸고, 반대편 다리는 90°로 굽힌 채 실시합니다. (끈을 뒤로 잡아당긴 채 5~8초 동안 발로 끈을 눌렀다가, 이완을 한 다음, 새로운 최대 가동범위를 찾고, 정지하고, 동작을 반복합니다.)

BUILD YOUR RUNNING BODY

PNF 종아리 스트레칭 #2: 가자미근

두 번째 종아리 스트레칭에서는 비복근보다 깊은 곳에서 무릎 아래부터 발뒤꿈치까지 붙어 있는 가자미근에 초점을 둡니다.

① 엎드린 자세를 취하고, 말아 놓은 수건을 바닥에 놓인 다리의 발목 밑에 깔아둡니다. 파트너는 (바닥과 수직이 되게) 뒤로 들어올린 다리의 발뒤꿈치를 손으로 감싼 채 전완으로 발을 눌러 당신의 가자미근이 다다를 최대 가동범위를 찾습니다. 그런 다음 최대치의 20~30%에 해당하는 힘으로 5~8초 동안 파트너의 전완을 누릅니다.

② 파트너가 전완에 준 힘을 풀며 가자미근 스트레칭을 멈추는 동안 근육을 이완합니다.

③ 파트너가 새로운 최대 가동범위로 가자미근을 움직입니다. 이 과정은 단계적으로 이루어져야 합니다. 이 자세를 최대 30초간 유지합니다. 1단계와 2단계를 오가며 총 4~5회 반복합니다.

변형: 혼자서 할 때는 바닥에 앉아 등을 곧게 편 다음, 스트레칭 하는 다리를 90°로 구부린 상태에서 발볼과 아치 사이에 끈이나 스트랩을 걸고 위의 설명을 참고하여 스트레칭을 실시합니다.

PNF 둔근 스트레칭

이 스트레칭을 통해 타이트한 둔근을 풀어줄 거예요. 유연성이 떨어진다면 둔근을 과도하게 스트레칭하지 않게 주의해야 합니다. 그랬다가는 허리에 부담이 갈 수 있으니까요.

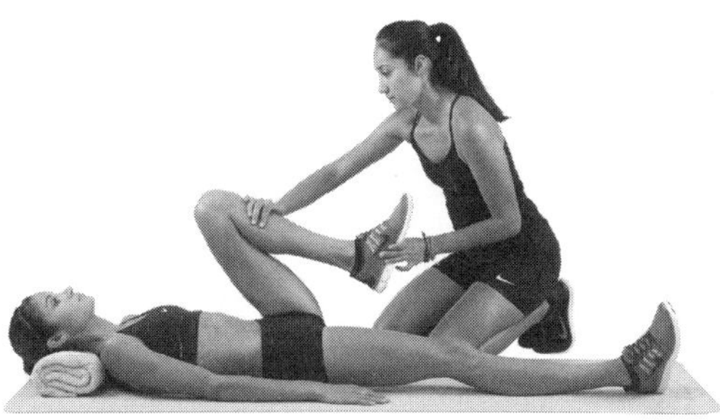

① 바닥에 등을 대고 누워 파트너가 한쪽 무릎을 가슴 쪽으로 부드럽게 움직이게 합니다. 파트너는 한 손을 무릎 아래, 다른 한 손을 발 아래 두어 동작을 제어합니다. 첫 번째 최대 가동범위에 도달했다면 들고 있는 다리를 (최대치의 20~30%에 해당하는 힘으로 5~8초 동안) 밀어서 펴보려고 해 보세요.

BUILD YOUR RUNNING BODY

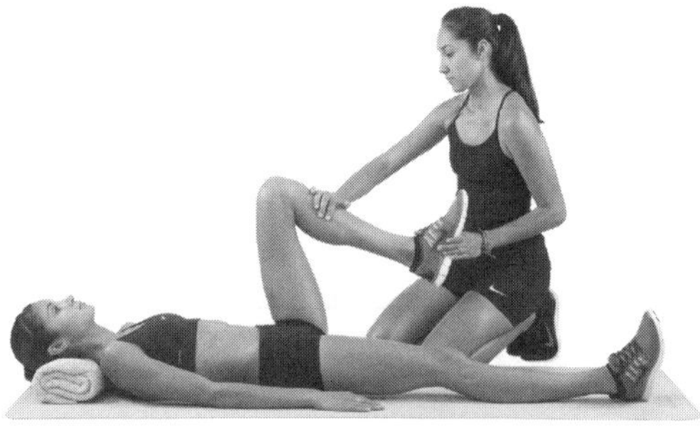

② 파트너가 힘을 풀고 둔근 스트레칭을 멈추는 동안 근육을 이완합니다.

③ 파트너가 새로운 최대 가동범위로 둔근을 움직입니다. 이 과정은 단계적으로 이루어져야 합니다. 이 자세를 최대 30초간 유지합니다. 1단계와 2단계를 오가며 총 4~5회 반복합니다.

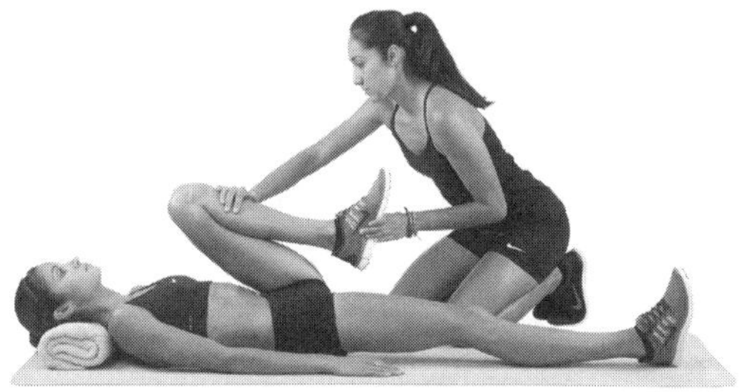

변형: 혼자서 할 때는 본인의 무릎을 감싸 안고 위의 설명을 따라 스트레칭을 실시합니다.

PNF 고관절 내전근 스트레칭

고관절 내전근은 허벅지를 몸 안쪽으로 모으는 근육으로, 스트레칭을 통해 고관절 내전근의 가동범위를 증가시킬 수 있고, 나아가 햄스트링 통증 또한 줄일 수 있습니다.

① 베개에 머리를 대고 옆으로 누워 두 손은 몸 앞에 편하게 둡니다. 골반을 바닥과 수직으로 유지하면서 파트너는 한 손을 고관절에, 다른 손을 무릎 밑에 두고 윗다리를 들어 올립니다. 이때 윗다리는 무릎을 굽힌 채 파트너의 허벅지 위에 둡니다. 첫 번째 최대 가동범위에 도달했다면 최대치의 20~30%에 해당하는 힘으로 5~8초 동안 (허벅지를 밑으로 누르듯) 고관절 내전근을 수축합니다.

② 파트너가 힘을 풀고 내전근 스트레칭을 멈추는 동안 근육을 이완합니다.

③ 파트너가 새로운 최대 가동범위로 내전근을 움직입니다. 이 과정은 단계적으로 이루어져야 합니다. 이 자세를 최대 30초간 유지합니다. 1단계와 2단계를 오가며 총 4~5회 반복합니다.

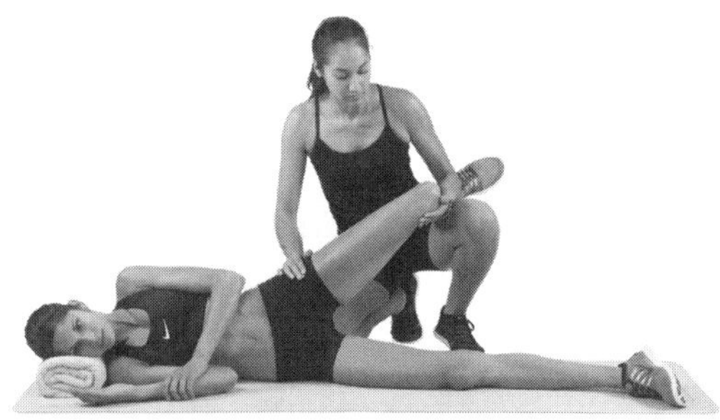

변형: 혼자서 할 때는 등을 대고 바닥에 누워 발 중앙에 끈이나 스트레칭 스트랩을 감은 다음, 한쪽 다리를 바깥으로 벌리고 끈에서 오는 압박력을 활용하여 방금 설명한 신장-수축-이완-신장 동작을 실시합니다.

PNF 대퇴사두근 스트레칭

이 동작은 매우 좋은 대퇴사두근 스트레칭이지만, 무릎에 과도한 압력을 가하고 싶지 않다면 최대 가동범위에서 '미는' 것을 조절할 수 있어야 합니다.

① 매트 위에 엎드린 다음 파트너가 발뒤꿈치를 엉덩이 쪽으로 움직이게 합니다. 파트너는 한 손으로 발목에 손을 얹어 부드럽게 밀고, 다른 손으로 고관절을 눌러 안정성을 확보합니다. 대퇴사두근이 첫 번째 최대 가동범위에 도달했다면 최대치의 20~30%에 해당하는 힘으로 5~8초 동안 파트너의 손을 누르며 수축합니다.

② 파트너가 힘을 풀고 대퇴사두근 스트레칭을 멈추는 동안 근육을 이완합니다.

③ 파트너가 새로운 최대 가동범위로 대퇴사두근을 움직입니다. 이 과정은 단계적으로 이루어져야 합니다. 이 자세를 최대 30초간 유지합니다. 1단계와 2단계를 오가며 총 4~5회 반복합니다.

변형: 혼자 할 때는 옆으로 누워서 위쪽 발목을 뒤로 잡은 다음 위의 설명을 따라 스트레칭을 실시합니다(아랫다리는 굽혀도 됩니다).

PNF 고관절 굴곡근 스트레칭

이 스트레칭은 경미한 요통을 완화하는 데도 좋습니다. 너무 과하게 하지만 않는다면요!

① 바닥에 엎드린 다음 한쪽 무릎을 (90° 정도로) 굽힙니다. 파트너는 한쪽 손으로 굽힌 무릎 밑을 잡고 다른 손으로 고관절을 눌러 안정성을 확보합니다. 파트너가 허벅지를 들어올려 첫 번째 최대 가동범위에 다다르면, 최대치의 20~30%에 해당하는 힘으로 5~8초 동안 바닥을 향해 다리를 누르며 근육을 수축합니다.

② 파트너가 힘을 풀고 고관절 굴곡근 스트레칭을 멈추는 동안 근육을 이완합니다.

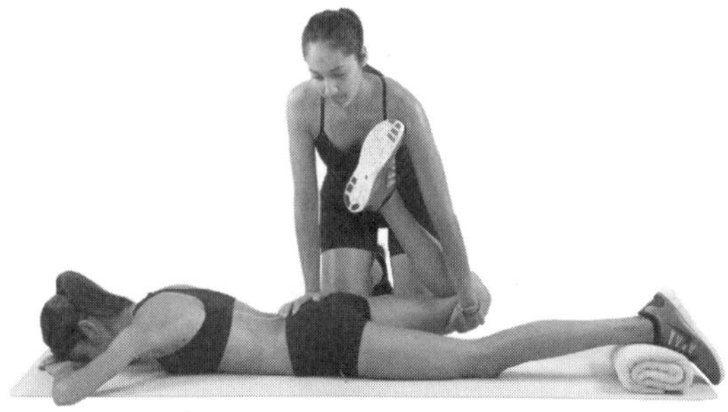

③ 파트너가 새로운 최대 가동범위를 향해 다리를 좀 더 높게 들어올립니다. 이 과정은 단계적으로 이루어져야 합니다. 이 자세를 최대 30초간 유지합니다. 1단계와 2단계를 오가며 총 4~5회 반복합니다.

동적 스트레칭

동적 스트레칭은 워크아웃이나 경주 직전에 가동범위를 늘리는 최고의 방법입니다. 운동 전 동적 스트레칭은 정적 스트레칭과 달리 수행능력을 향상시키거든요! 이 섹션에서는 간단한 동적 스트레칭을 몇 가지 배워볼 텐데, 여기에 더해 11장에서 배우게 될 기술 드릴을 얹는 분도 많습니다. 어떤 스트레칭을 하든 간에 먼저 10~15분간 웜업을 하고 들어가세요.

아래의 두 가지 레그 스윙 스트레칭은 연달아 해도 되고 따로 하나씩 해도 됩니다.

▶ 단계: 중급자, 상급자

레그 스윙: 앞뒤로

앞뒤 방향 레그 스윙은 코어 활성화와 가동범위 향상에 좋습니다.

① 벽이나 골대 같은 고정된 물체를 옆에 두고 균형을 잡습니다. 똑바로 선 자세에서 물체를 붙잡은 손과 같은 쪽의 고관절을 움직여 다리를 앞뒤로 스윙합니다.

② 스윙하는 다리의 무릎은 (10% 정도만) 살짝 굽히고, 상체는 똑바로 세워 두어야 합니다. 가동범위 향상을 위해 양쪽을 각각 10회 이상 반복합니다.

레그 스윙: 옆으로

옆 방향 레그 스윙은 고관절 외전근과 내전근 가동범위 향상에 좋습니다.

① 양손으로 몸 앞의 벽이나 골대 같은 고정된 물체를 붙잡고 균형을 잡습니다. 몸을 약간 앞으로 기울인 다음, 발끝이 위를 향하게 하며 오른쪽 다리가 몸을 가로지르도록 스윙합니다. 내전근을 고립시킬 수 있도록 상체는 움직이지 않아야 합니다.

② 이번에는 고관절 외전근을 활용해 다리를 최대한 높이 들어올린다는 느낌으로 반대쪽으로 스윙합니다. 가동범위 향상을 위해 양쪽을 각각 10회 이상 반복합니다.

정적 스트레칭

정적 스트레칭은 최근 몇 년 동안 얻어맞기만 했습니다. 워크아웃 직전에 수행하는 정적 스트레칭이 근력과 폭발력을 감소시킨다는 연구도 더러 있었죠. 반면에 워크아웃 전에 정적 스트레칭을 꾸준히 해 온 러너들은 스트레칭을 그만두자 더 자주 다쳤습니다. 대부분의 러너에게 정적 스트레칭은 워크아웃 후에 하는 것이 가장 좋고, 다음 날 러닝을 시작할 때까지의 근육 결림을 어느 정도 완화해줄 수 있습니다. 정적 스트레칭은 '풀어주는' 느낌으로 해야 해요. 근육을 강제로 늘리는 것이 아니라, 이완해야 한다는 뜻입니다.

햄스트링 스트레칭부터 장경인대 스트레칭까지 이어지는 아래의 여섯 가지 정적 스트레칭은 연달아 해도 되고 따로 하나씩 해도 됩니다.

▶ 단계: 모든 러너

햄스트링(정적 스트레칭)

여기서는 두 가지 정적 햄스트링 스트레칭을 알아보겠습니다. 둘 다 운동 후에 오는 햄스트링의 긴장을 줄여줍니다.

방법 1: 앉아서 하는 방식입니다. 먼저 바닥에 똑바로 앉아 한쪽 다리는 몸 앞으로 뻗고 다른 쪽 다리는 반대쪽 허벅지 안쪽에 발바닥이 닿게 접습니다. 이 자세에서 (등을 말지 않고) 허리를 앞으로 숙여 발끝을 향해 손을 뻗습니다. 무리하게 하면 안 됩니다. 가동범위 말단에 다다르면 동작을 멈추고 30초 동안 가만히 자세를 유지합니다.

방법 2: 서서 하는 방식입니다. 먼저 양쪽 골반에 손을 얹고 한쪽 발뒤꿈치를 플랫폼 위에 올려둡니다. 이제 허리를 숙이고 엉덩이를 뒤로 내밀며 햄스트링의 가동범위가 끝자락까지 갑니다. 이 자세를 30초 동안 유지합니다.

고관절 굴곡근과 대퇴사두근(정적 스트레칭)

단순한 스트레칭으로 대퇴사두근과 고관절 굴곡근을 풀어 봅시다.

① 똑바로 서서 몸 앞에 벽(이나 기타 고정된 물건)을 잡고 서서 균형을 잡습니다. 한쪽 다리의 무릎을 뒤로 접은 다음, 같은 쪽 손으로 발의 윗부분을 잡습니다. 그 상태로 다리를 뒤로 천천히 당겨 대퇴사두근과 고관절 굴곡근의 가동범위 끝자락까지 갑니다. 스트레칭하는 동안 둔근을 수축시키는 것이 이 운동의 포인트예요. 이 자세를 30초 동안 유지합니다.

대퇴사두근(정적 스트레칭)

대퇴사두근뿐만 아니라 고관절 굴곡근에도 효과가 좋은 스트레칭입니다.

① 왼쪽 무릎이 앞으로 오게 반무릎으로 앉은 다음, 왼쪽 손을 앞무릎에 얹습니다(균형이 안 잡히면 무릎 대신 고정된 물건을 잡아도 됩니다). 이제 오른손으로 뒷발을 잡고 위로 들어 올립니다. 대퇴사두근이 최대 가동범위에 도달하면, 고관절 굴곡근을 더 늘릴 수 있도록 골반을 앞으로 내밀거나, 아니면 대퇴사두근을 더 늘릴 수 있도록 뒷발을 몸쪽으로 잡아당길 수도 있습니다. 둘 중 원하는 방식을 택해 30초 동안 자세를 유지한 다음, 다리를 바꿔 동작을 반복합니다.

종아리(정적 스트레칭)

수많은 종아리 스트레칭 중에서도 효과가 좋은 녀석이에요!

① 푸시업 자세를 취합니다. 이때 팔과 등은 일자로 쭉 펴고, 다리도 뒤로 쭉 뻗습니다. 이제 한 발을 다른 발 위로 교차시킨 다음, 체중을 이용해 아래쪽 발을 (발끝이 정강이 쪽으로 향하도록) 배측굴곡dorsiflexion되게 합니다. 무릎이 굽지 않게 해주세요. 이 자세를 30초 동안 유지합니다.

등허리와 고관절 외전근(정적 스트레칭)

등허리와 고관절 외전근을 모두 풀어주는 스트레칭이지만, 유연성이 모자란 분은 자연스러운 가동범위를 넘어가지 않게끔 주의해야 합니다.

① 바닥에 등을 대고 누워 한쪽 무릎을 반대쪽으로 넘긴 다음 반대쪽 손을 무릎에 얹습니다(밀지 말고 얹기만 하세요!). 양쪽 어깨를 바닥에 붙인 채 밑에 놓인 다리를 곧게 폅니다. 스트레칭 방향으로 골반이 따라 돌아가지 않게 하세요. 이 자세를 30초 동안 유지합니다.

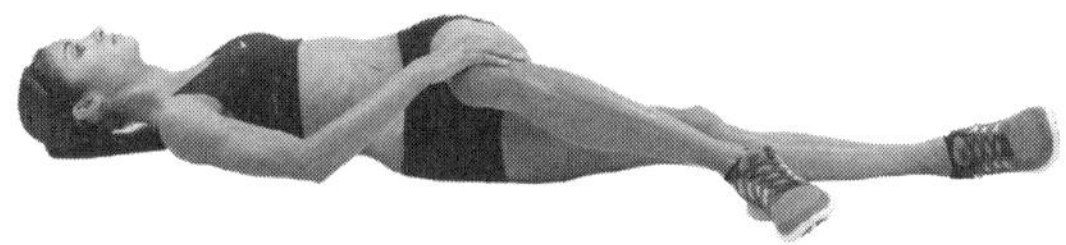

장경인대(정적 스트레칭)

이 스트레칭은 장경인대iliotibial band 증후군의 예방과 치료에 도움이 됩니다. 장경인대는 다리 바깥쪽, 즉 고관절에서 무릎까지 이어져 있으며, 타이트하거나 염증이 생긴 장경인대는 고관절이나 무릎 외측의 통증으로 느껴질 수 있습니다.

① 바닥에 앉아 한쪽 다리는 앞으로 뻗고 반대쪽 발은 뒤로 접어 엉덩이 옆에 놓습니다. (양쪽 허벅지가 평행하도록) 양 무릎은 1~2인치 간격으로 벌려 둡니다. 편 다리 쪽으로 머리를 숙입니다. 이때 펴 놓은 다리의 바깥쪽으로 '당기는' 느낌이 들어야 합니다. 이 자세를 60초 동안 유지한 다음, 다리를 바꾸어 동작을 반복합니다.

BUILD YOUR RUNNING BODY

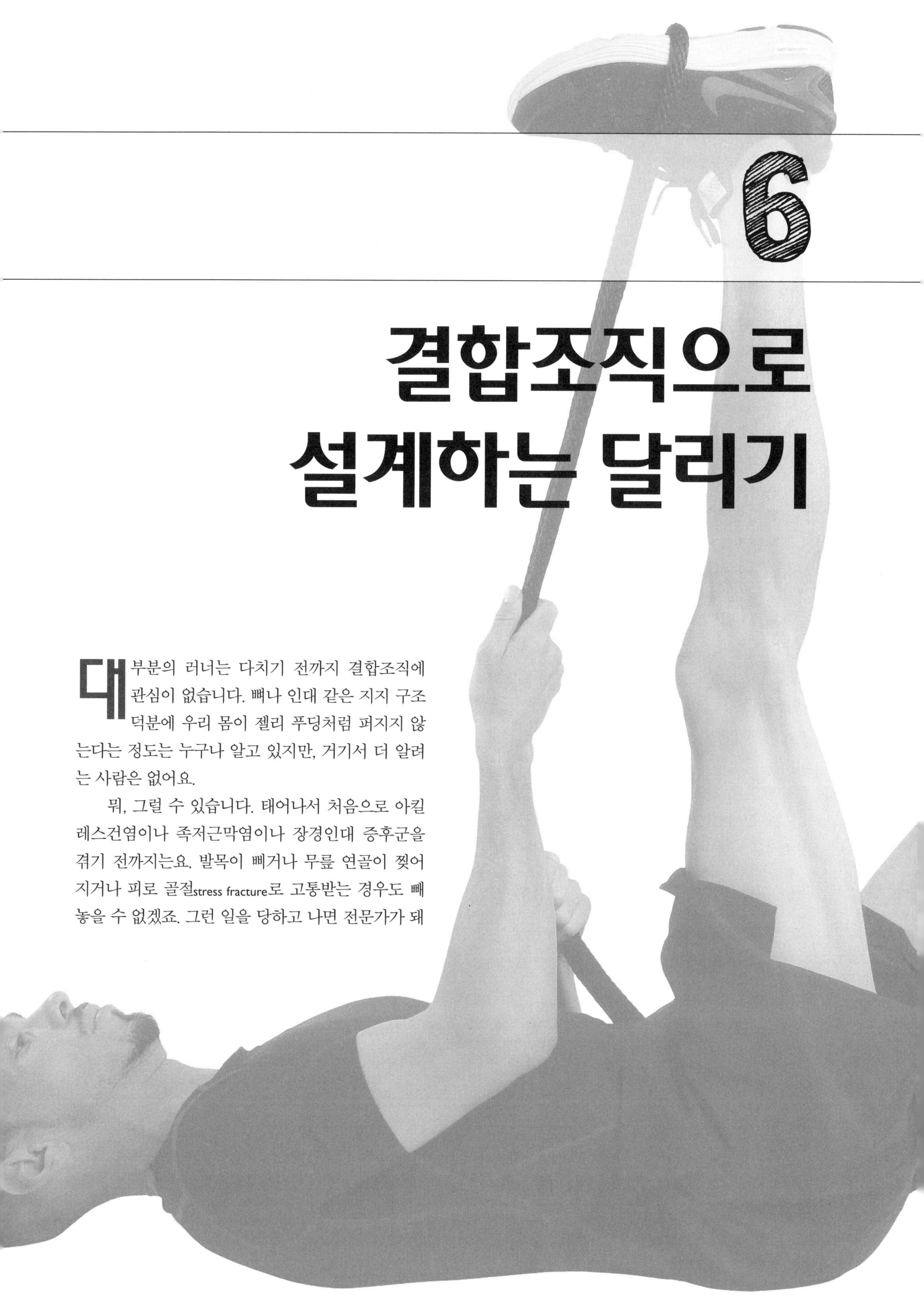

6

결합조직으로 설계하는 달리기

대부분의 러너는 다치기 전까지 결합조직에 관심이 없습니다. 뼈나 인대 같은 지지 구조 덕분에 우리 몸이 젤리 푸딩처럼 퍼지지 않는다는 정도는 누구나 알고 있지만, 거기서 더 알려는 사람은 없어요.

뭐, 그럴 수 있습니다. 태어나서 처음으로 아킬레스건염이나 족저근막염이나 장경인대 증후군을 겪기 전까지는요. 발목이 삐거나 무릎 연골이 찢어지거나 피로 골절stress fracture로 고통받는 경우도 빼놓을 수 없겠죠. 그런 일을 당하고 나면 전문가가 돼요. 병원 진료를 받고, 다친 결합조직에 대한 지식을 얻고, 기나긴 물리치료를 받는 과정에서, 결합조직이 이토록 중요함에도 무시하고 살았던 나날을 저주할 겁니다. 한 번 손상된 결합조직은 예전처럼 돌아오기 어렵다는 사실이, 때로는 아예 돌아올 수 없다는 무서운 진실이 도사리고 있으니까요.

결합조직이 뭔데?

결합조직connective tissue은 문자 그대로 우리 몸의 근육과 장기와 혈관과 신경을 비롯한 여러 요소를 서로 연결하는connect 조직tissue입니다. 우리가 달리는 동안 몸의 구성 요소를 지탱하고, 둘러싸고, 강화하고, 에너지를 저장하고, 완충하고, 보호합니다. 우리 몸을 하나로 묶는 접착제랄까요.

결합조직은 피부와 근육을 연결하는 젤리 형태의 그물코 같은 조직부터 골격계를 이루는 돌처럼 단단한 뼈에 이르는 여러 형태의 조직을 포괄하는 표현입니다. 결합조직이 말랑말랑한지 단단한지는 섬유질, 단백질, 탄수화물, 미네랄, 염분, 수분 등 여러 요소로 이루어져 해당 결합조직 세포를 둘러싸고 있는 특징적 혼합물인 세포외 기질extracellular matrix의 섬유 밀도에 의해 결정됩니다. 가령 힘줄과 인대는 치밀하고 단단한 섬유로, 지방은 이보다 느슨히 배열된 섬유로 이루어져 있어요.

이 장에서는 아래와 같은 다섯 가지 유형의 결합조직을 다룹니다.

- **뼈**bone
- **힘줄**tendon
- **인대**ligament
- **연골**cartilage
- **근막**fascia

혈액과 지방과 피부 또한 결합조직에 속하지만, 뒤에서 다룰 거예요.

결합조직 훈련

대부분의 결합조직은 훈련에 적응하지만, 문제가 하나 있습니다. 바로 근육보다 훨씬 느린 속도로 적응한다는 점이에요. 근육 발달이 결합조직의 적응을 추월하면 부상으로 이어질 수 있습니다. 훈련을 시작한 러너의 근육은 빠르게 성장합니다. 성장을 확인한 러너는 기쁜 마음에 워크아웃의 강도와 시간을 늘립니다. 그러다가 아킬레스건염이나 경골 건염이나 발의 피로골절이 생기는 거죠. 근육은 괜찮아 보일지 모르겠지만, 이들 결합조직은 늘어난 운동량에 발맞출 수 없었던 겁니다.

훈련으로 딱히 나아지지 않는 결합조직도 물론 있습니다. 연골과 인대처럼 여기 해당하는 조직은 부상 예방에 중점을 둘 필요가 있겠죠. 이런 조직에 직접적으로 영향을 미치는 근육을 강화하는 한편(전통적인 웨이트 트레이닝 루틴에서 무시하고 넘어가는 작은 근육이 여기 해당할 때가 많아요), 조직의 긴장을 완화할 수 있도록 스트레칭과 마사지를 활용해야 합니다.

결합조직을 훈련할 때는 무엇보다도 인내심이 필요합니다. 조바심에 사로잡힌 계획으로 다다르는 곳은 대부분 빠른 성과가 아니라 부상일 뿐입니다. 하루아침에 되는 일이 세상에 있을 리가요.

초보자 가이드

결합조직의 첫 번째 규칙: 결합조직은 다치면 안 됩니다! 웃자고 하는 소리가 아니에요. 결합조직은 근육보다 더 느리게 적응하므로 근육에만 초점을 두고 훈련하면 안 됩니다. 결합조직과 함께 여기에 영향을 미치는 근육을 함께 강화해야 해요. 결합조직은 한 번 다치면 절대 아무 일도 없었던 듯 회복되지 않습니다.

달리기 이야기

"러닝을 하면 무릎이 망가질까?"

1장에서도 대답을 했지만, 같은 대답을 한 번 더 해야겠네요. 아뇨, 달리기는 무릎을 망가뜨리지 않습니다. 사실, 앉아서 사는 사람들의 믿음과 달리 달리기는 무릎에 좋습니다. 우리는 앞서 2008년에 발표된 스탠포드 대학의 30년짜리 연구를 통해 러너가 무릎에 인공관절을 박을 가능성이 일곱 배 낮다는 것을 확인했습니다. 자료가 어디 이뿐이겠어요?

2013년 《Medicine & Science in Sports & Exercise》에 발표된 연구에서는 달리기를 하는 사람과 걷기만 하는 사람들 간의 골관절염(무릎과 고관절 연골의 손상과 소실을 초래하는 퇴행성 관절 질환) 유병률을 비교했습니다. 연구가 진행된 7년 동안 여기 포함된 약 75,000명의 러너 중 골관절염을 앓게 된 인원은 2.6%였습니다. 걷기만 하는 사람은 약 15,000명이었는데, 이 중 4.7%가 골관절염 진단을 받았습니다. 그 밖에 달리기 이외의 운동을 하는 사람들의 골관절염 발병 위험은 러너에 비해 2.4% 증가하는 것으로 확인되었습니다. 달리 말하면, 달리기는 상대적으로 격렬하지 않은 운동과 비교했을 때 골관절염 발병률을 *줄인* 것이죠. 연구자들은 체중 감소(특히 지방 감소)와 연관된 달리기의 효용이 이 결과의 배경에 있으리라 추정하고 있습니다.

물론 '아니, 잠깐만. 달리는 동안 쿵쾅거리며 충격이 늘어날 텐데 어떻게 충격이 덜한 걷기보다 무릎 손상이 적을 수 있지?' 하고 생각하는 분도 계실 겁니다. 이유는 단순합니다. 2013년 《Medicine & Science in Sports & Exercise》에 발표된 또 다른 연구를 보죠. 이 연구에서는 열네 명의 피험자가 걷기와 달리기를 하는 것을 관찰했는데, 여기서 달리기가 한 번의 착지에서 더 많은 충격력을 만들어내기는 하나, 똑같은 거리를 걸을 때는 착지 횟수가 더 많아지므로 총 누적 충격력이 동일하다는 결과가 나왔습니다. 그래요, 달리든 걷든 무릎은 전체적으로 똑같은 충격을 받습니다.

장기간의 무릎 손상은 대개 골관절염이나 인대 손상으로 발생합니다. 달리기는 골관절염을 줄이고 뼈와 힘줄을 강화하므로, 무릎은 손상되는 것이 아니라 더 나아집니다. 그러니 다음에 누가 무릎 걱정을 하면 화내는 대신 딱하게 여겨야 해요. 어쨌거나 그런 분들의 무릎이 닳을 확률은 일곱 배 높고, 그 몸뚱어리도 딱히 멋지지는 않을 테니까요.

영양 이야기

"뼈가 좋아하는 열 가지 음식"

칼슘과 비타민 D가 건강한 뼈를 만든다는 사실은 다들 알고 있지만, 우유 한 잔이면 끝난다고 생각하면 오산입니다. 뼈의 건강을 제대로 갖추고 싶다면 단백질, 마그네슘, 칼륨, 인, 불소, 비타민 K를 적당히 꾸준하게 섭취해야 합니다. 아래의 열 가지 음식에는 뼈의 활력소가 되는 영양분이 최소한 몇 가지씩은 매우 풍부하게 들어 있습니다.

1. 아몬드
2. 바나나
3. 통조림 정어리
4. 오렌지 주스
5. 건포도
6. 구운 호박씨
7. 콩류
8. 시금치/브로콜리
9. 밀기울
10. 요거트

BUILD YOUR RUNNING BODY

뼈

성인의 몸에는 206개의 뼈가 있습니다. 아무리 좋은 레고 장난감도 이 뼈들이 이루는 골격 구조의 균형성과 대칭성에 대면 시시해보일 정도죠. 뼈는 또한 중력에 대항하는 일차 방어선으로, (허벅지의 뼈인) 대퇴골femur은 혼자 체중의 30배까지 버틸 수 있습니다.

물론 우리 러너들은 중력 저항을 극한까지 밀어붙이는 경향이 있기는 해요. 장거리 러닝에서 발을 한 번 착지할 때 발생하는 충격력은 체중의 약 2~3배에 이릅니다. 이 관점에서 보면, 1마일에 1,000번 착지하는 체중 70kg의 그럭저럭 건강한 남성 러너가 뛰는 동안 그의 골격이 견뎌야 하는 충격력은 1마일당 150~225톤에 육박한다는 뜻이에요! 속도를 높이면 (스프린트에서 최대 7배까지) 충격력이 늘어나는데, 여기에 일주일치 마일리지를 곱하면 초보 러너들이 새해에 다짜고짜 러닝을 시작했다가 다치는 이유를 납득하지 않을 수가 없겠죠.

죽었니, 살았니?

다행히 뼈는 살아서 끊임없이 재생되는 조직입니다. 정상적인 조건에서는 리모델링remodelling이라는 과정을 통해 뼈의 약 4%가 분해되고 채워집니다. 러닝을 하면 이 과정에 가속이 붙어요. 손상된 근섬유를 솎아내며 근섬유를 강화하는 것처럼, 우리 몸은 리모델링과 모델링(추가적인 뼈 조직으로 뼈를 강화하는 별개의 과정)을 통해 더 크고 강하고 질 좋은 뼈를 만들어나갑니다.

그러나 뼈를 재건축해서 강하게 만들려면 시간이 걸립니다. 리모델링 초기에는 파골세포osteoclast라는 세포가 낡고 손상된 뼈 조직을 파내며 뼈에 작은 구멍을 냅니다. 조골세포osteoblast라고 하는 세포가 이 구멍들을 새 뼈로 채우기까지는 3~4개월이 걸립니다. 이 과도기에는 구멍이 숭숭 뚫려 손상에 취약한 뼈만 남아요. 이 구간에서 훈련 시간과 빈도를 무리하게 늘린 러너가 맞이하는 결말이 바로 피로골절입니다.

피로골절이 생기면 다시 기다려야 합니다. 우리 몸이 골절을 복구하는 데도 3~4개월이 걸리니까요. 너무 일찍 훈련을 재개하면 또 다칠 수 있어요.

이렇게 훈련해 보아요

뼈의 훈련은 영양과 함께 시작됩니다(87쪽 "뼈가 좋아하는 열 가지 음식" 박스 참조). 영양이 부족하면 뼈는 약해집니다. 칼슘을 적게 섭취하면 우리 몸은 (체내 칼슘의 99%를 저장하고 있는) 뼈와 치아에서 칼슘을 빼앗습니다. 피로골절을 당했다면 수영장 달리기(160쪽)가 크로스 트레이닝으로 좋습니다. 저항 훈련(5장)은 뼈의 강도 향상을 유도하지만, 중급 러너와 상급 러너는 결합조직 강화 차원에서 반복수와 세트수 볼륨을 평소보다 25~50% 높여야 할 수도 있습니다.

힘줄

힘줄은 근육과 뼈를 잇는 결합조직으로, 근육에서 생성된 힘은 힘줄을 통해 관절로 전달되어 우리 몸을 움직이게 합니다. 그러나 힘줄은 단순히 고깃덩어리로 만든 케이블이 아닙니다. 힘줄은 활동적이고 반응이 빠르고 필수적인 근육의 동반자로, 이 둘을 묶어 보통 근육-힘줄 단위라고 합니다. 근육은 힘줄이 시작되는 곳에서 끝나지 않습니다. 이들의 경계는 칼로 자른 것처럼 딱 나뉘는 것이 아니에요. 근육은 근건접합부musculotendinous junction라는 곳에서 점차 힘줄로 바뀝니다. 이 영역에서 근섬유와 힘줄이 뒤섞여 하나의 단위로 작동합니다. 힘줄은 이 영역의 끄트머리에 다다라서야 마침내 뼈에 연결되는 반짝이는 흰색 섬유질 끈 형태를 띠게 됩니다.

힘줄 부상

근육의 취약 부위는 개별 근섬유가 힘줄과 만나는 지점인 근건접합부입니다. 근육의 좌상strain은 대부분 이곳에서 발생합니다. 강력한 편심성 수축은 이 접합부나 그 바로 윗부분의 손상을 일으킵니다. 운이 좋다면야 섬유 몇 가닥의 손상과 일시적인 통증 정도로 끝나겠지만, 운이 없다면 수술과 물리치료가 필요할 정도로 근육이 완전히 찢어질 수도 있습니다. 다행히도 근건접합부는 근섬유에서 혈액을 풍부하게 공급받기 때문에 그 치유 속도는 근육의 치유 속도만큼 빠릅니다.

(특히 40대 이상의) 러너에게 역병이나 다를 바 없는 아킬레스건Achilles tendon 손상은, 경미한 힘줄염에서 완전 파열rupture에 이르기까지 다양합니다. 아킬레스건염Achilles tendinitis은 과사용overuse에 의한 손상으로, 통증이 있는 염증을 동반합니다. 아킬레스건병증Achilles tendinosis은 이와 달리 염증 없이 만성 통증을 유발하는 세포 수준의 퇴행성 손상을 동반합니다. 1990년대 후반까지만 해도 아킬레스건 통증은 거의 전부 건염 때문으로 받아들여졌지만, 이제는 대부분이 건병증 때문인 것으로 받아들여지고 있습니다. 아킬레스건병증의 치료법(이자 최선의 예방법)은 스웨덴의 정형외과 의사 하칸 알프레드손Hakan Alfredson이 찾아낸 편심성 운동인 힐 딥스Heel dips입니다(113쪽 참조). 러닝이 취미였던 알프레드손 또한 아킬레스건에 심한 통증을 앓았거든요. 《British Journal of Sports Medicine》과 진행한 팟캐스트에서 밝히길, 그가 상사에게 힘줄 수술을 해달라고 요청했을 때 상사는 "수술을 받으면 병가를 내야 할 거 아냐. 당신이 자리 비우면 우리 병원이 그걸 감당할 여력이 있겠냐고. 수술 못 해. 절대 못 해." 어떻게든 수술을 받고 싶었던 알프레드손은 아예 아킬레스건을 파열시키려고 힐 딥스를 엄청난 볼륨으로 조져댔지만, 오히려 증상은 좋아졌습니다. 2012년에는 힐 딥스의 장기적인 영향을 조사한 연구가 《British Journal of Sports Medicine》에 실렸습니다. 이 연구는 12주 동안 하루 180번씩의 힐 딥스로 아킬레스건병증을 치료한 환자 58명을 대상으로 했는데, 거의 40%에 달하는 인원이 5년 후에도 통증이 없었다고 합니다. 이 연구에서는 또한 힐 딥스의 장기적인 효과에 관한 두 개의 비슷한 연구에서 통증이 거의 없거나 아예 없다고 말한 환자가 각기 88%와 65%로 더 나은 결과를 보여주었다는 점도 놓치지 않았습니다. 재미있는 사실은, 종아리 근육이 강해져서 이런 마법이 일어난 것이 아니라는 점입니다. 주인공은 힘줄 자체에 주어진 스트레스였어요. 스트레스가 주어져서 일어난 적응이 치유로 이어진 것입니다.

(힐 딥스 같은) 선제적 치료가 없다면 흰색 섬유질 영역, 즉 뼈와 맞닿아 있고 혈액 공급이 없는 구역에 일어난 힘줄 손상은 그야말로 답이 없어집니다. 덴마크의 2013년 연구에서는 이 영역의 조직 회전율(완전히 새로운 조직을 재생하는 데 걸리는 시간)을 알아보려 했습니다. 기존의 추정치는 2개월에서 200년 사이였거든요. 연구자들은 1955년부터 1963년까지의 핵실험 기간에 살았던 사람들을 피험자로 선발했습니다. 대기 중 탄소-14(이하 ^{14}C) 농도가 이 시기에 가장 높았거든요. 연구자들은 피험자들의 근육과 아킬레스건에 있는 방사성 ^{14}C의 양을 측정했는데, 근육에는 ^{14}C가 없었지만, 힘줄에는 이와 달리 핵실험 이후 수십 년이 지났음에도 ^{14}C의 양이 변하지 않았다는 사실을 확인했습니다. 손상된 힘줄 조직이 언제쯤에나 재생되냐고요? 이 연구에 따르면 그럴 일은 거의 없습니다.

탄성 반동

러너가 슈퍼히어로라면, 그 능력은 아마 탄성 반동elastic recoil일 거예요. 탄성 반동은 러닝 중에 힘줄과 근막(93쪽 '근막' 참조)에 저장된 에너지를 미는 힘으로 전환할 때 발생합니다. 슬쩍 미는 수준이 아니에요. 탄성 반동은 한 발 내디딜 때 최대 50%의 추진력을 제공하는 도움닫기에 가깝습니다.

반동을 일으키는 주인공은 힘줄입니다. 힘줄은 탄성 조직이 아니지만, 탄성을 가지고 있습니다. 장력이 걸린 밧줄과 비슷해요. 장력이 없을 때는 힘줄의 질긴 콜라겐 섬유가 평행한 물결 모양으로 정렬됩니다. 장력이 가해지면 이 물결 모양 패턴이 곧게 퍼지며 4~6% 늘어납니다. 힘줄은 단단하기 때문에 이를 늘리는 작업에는 많은 에너지가 필요합니다. 달리는 동안에는 발이 지면에 닿을 때마다 생기는 충격력이 이 에너지를 제공합니다. 이 충격력은 다리의 근막과 함께 아킬레스건도 늘리는데, 이 충격 에너지는 일시적으로 힘줄과 근막에 저장되었다가 종아리 근육이 수축할 때 방출되면서, 마치 투석기처럼 근육에서만 생성되는 힘을 증폭시키는 효과(탄성 반동)를 일으킵니다. 훈련을 제대로 받으면 잘 말린 스프링 위를 달리는 느낌일 거예요!

게다가 탄성 반동은 산소와 칼로리를 소모하지도 않습니다. 오로지 충격 에너지로만 작동되죠.

반동의 정도는 힘줄의 경도stiffness에 따라 달라집니다. 경도는 힘줄을 늘릴 때 드는 힘의 양에 비례해요. 더 많은 힘을 가할수록 반동도 커지겠죠. 뒤집어 말하자면, 힘줄을 4~6% 넘게 늘리면 위험하다는 뜻입니다. 8%를 넘기면 파열될 수도 있어요.

이렇게 훈련해 보아요

5장에서 보았던 여러 가지 운동은 힘줄의 경도 향상에 도움이 됩니다. 8장과 11장에서도 비슷한 맥락의 운동을 배울 거예요. (95~102쪽의) 워블 보드와 저항 밴드/튜빙 운동은 (근육, 결합조직, 엉덩이부터 발가락에 이르는 신경을 망라하는) 운동 사슬kinetic chain 전체를 한 층 더 강하게 만듭니다. 이렇게 하면 힘줄의 염증과 손상을 예방할 수 있답니다. 근건접합부가 목표인 경우 AIS가 (이 영역의 긴장으로 이어질 수 있는 신장 반사를 피하므로) 유용합니다(108~110쪽).

인대

인대는 뼈와 뼈를 연결하며, 강하고 유연한 이들의 핵심 목표는 관절 안정화입니다. 인대는 주로 콜라겐 섬유로 이루어져 있는데, 교차 패턴으로 배열된 이들 섬유 덕분에 인대가 측면에서 가해지는 힘을 감당할 능력이 향상됩니다. 볼링장에 범퍼 레일이 있으면 공이 홈통으로 빠지지 않는 것과 마찬가지로, 인대는 정상 가동범위 안에서 뼈와 뼈가 만나는 관절의 길잡이가 됩니다.

인대에는 또 하나의 핵심 기능이 있습니다. 인대는 과도하게 늘어날 때 신경계에 신호를 보내는 고유감각 세포를 가지고 있어요. 이들은 공간 속에서 다리의 위치를 의식적으로 인지하게 할 뿐만 아니라(올바르게 착지하고 장애물을 피할 때 중요하겠죠), 인대에 가해지는 스트레스를 줄일 수 있도록 근육을 수축할 때 신경계에 신호를 보냅니다. 전방십자인대 수술을 받은 환자를 대상으로 한 2011년의 연구에서는, 수술을 할 때 남아있던 전방십자인대를 제거하지 않고 보존한 환자들의 기능적 무릎 안정성이 더 크게 회복된 것으로 확인되었습니다. 남아있던 전방십자인대를 살려둔 덕에 안정성에 큰 기여를 하는 고유감각 세포를 유지할 수 있었던 셈이죠. 건강하고 기능이 살아있는 인대 덕분에 현재 위치도 알 수 있고, 원하는 곳으로 갈 수도 있는 것입니다.

인대가 헐거워지면

러너의 인대 부상은 대개 발목과 무릎에서 일어납니다.

대부분의 발목 부상은 발이 바깥쪽으로 말리거나, 안쪽으로 꺾이거나, 뒤틀리거나 하는 등 여러 가지 부자연스러운 자세로 인해 발이 우스꽝스럽게 착지할 때 생기는 염좌sprain입니다. 염좌는 인대를 과도하게 잡아 늘리거나 찢어버리며, 관절 불안정성으로 이어질 때가 많습니다. 발목 유연성이 떨어질수록, 근신경계 활성 효율이 낮을수록, 근육이나 힘줄이나 인대가 약할수록 발목 염좌를 당하기 쉽습니다. 지면이 울퉁불퉁한 곳에서 달리는 것, 심지어는 극도의 피로 상태에서 계단이나 트레일을 달리는 것도 부상 위험을 높일 수 있습니다.

평탄하지 않은 곳에서 절대 뛰지 말라는 소리는 아니에요. 산길이나 풀밭 같은 자연 속의 표면을 뛸 때 생기는 발목의 '흔들림'은, 정도가 지나치면 관절과 인대에 과도한 스트레스로 이어질 수 있지만, 전후좌우로 적당히 생기는 움직임은 관절의 강화를 유도하기도 합니다. 이와 아예 반대되는 곳, 그러니까 (인도나 아스팔트 길처럼) 단단하고 평탄한 지면에서는 충격력이 늘어나는데, 이 또한 마찬가지로 강화의 촉매가 될 수도 있지만 과하면 부상의 근원이 되기도 합니다. 이때 우리가 집을 수 있는 최선의 패는, 자연이 만든 길과 사람이 낸 길을 둘 다 뛰는 거겠죠.

(연골 손상을 제외한) 무릎 부상은 전방십자인대ACL(anterior cruciate ligament)와 후방십자인대PCL(posterior cruciate ligament), 내측측부인대MCL(medial collateral ligament)과 외측측부인대LCL(lateral collateral ligament)처럼 두 개씩 짝을 짓는 인대를 타격하는 경향이 있습니다. 두 개의 십자인대는 무릎 중심부에 붙어 대퇴골femur과 (정강이뼈인) 경골tibia을 연결하며, 앞뒤 방향의 움직임을 제어합니다. 측부인대는 무릎 안쪽과 바깥쪽에 수직 방향으로 뻗어 있으며, 측면 방향의 움직임을 제어

BUILD YOUR RUNNING BODY

합니다. 이들 인대에 손상이 생기면 무릎의 안정성이 깨질 수 있습니다.

인대도 적당한 정도로 늘어날 수는 있지만, 인대를 너무 오래 늘려놓거나 너무 갑작스럽고 강하게 늘리면 과신장이나 파열로 이어질 수 있습니다. 인대에는 혈액과 영양이 잘 공급되지 않기 때문에 회복도 더디고 치유도 더딥니다. 부상이 완전히 수복되기까지는 수개월에서 수년까지도 걸릴 수 있어요. 설령 수복되었다 한들 새로운 인대 조직은 질이 떨어질 겁니다. 결국 인대를 다시 다칠 가능성이 커지고, 그러다 보면 (인대가 늘어나 있어) '헐거워진' 관절로 인해 관절 불안정성이 생기는 인대 이완증 ligament laxity으로까지 이어질 수 있습니다. 처음부터 부상 예방 운동을 하는 것이 현명하겠지만, 부상을 당했다면 그런 운동을 반드시 해야 하는 이유가 여기 있습니다.

이렇게 훈련해 보아요

워블 보드와 저항 밴드/튜빙 운동(95~102쪽)은 인대 손상의 예방과 회복 양쪽 모두에 중요합니다(워블 보드 훈련은 발목 염좌 재발율을 50% 가까이 줄이는 것으로 확인되었답니다). 좋은 식단과 규칙적인 스트레칭도 중요하죠. 균형 드릴(11장, 210~211쪽)은 근신경계 반응의 협응력을 높여 주므로 발을 헛디뎌 부상으로 이어지는 실수를 줄이는 데 도움이 됩니다.

연골

우리 몸의 뼈는 모두 연골에서 시작되었습니다. 자궁 속에서 우리 몸은 이 단단한 결합조직 덕분에 유연한 골격을 갖출 수 있었으며, 이는 자궁의 좁은 공간을 감안하면 큰 장점이었습니다. 유아기를 지나 십대를 거쳐 성인이 되며 대부분의 연골은 최종적으로 단단한 뼈 조직으로 전환됩니다. 연골이 남아 있는 부위는 귀와 코와 기관지와 갈비, 그리고 러너에게 가장 중요한 관절입니다.

러너가 알고 있는 연골은 대개 관절연골articular cartilage입니다. 관절연골은 뼈의 말단 표면을 매끄럽게 코팅하는 형태로 이루어져 있습니다. 마찰이 적은 이 코팅은 한 뼈가 다른 뼈 위에서 미끄러지게도 하고, 관절 속에서 유연한 쿠션 역할을 하기도 합니다. 대퇴골, 경골, 슬개골(무릎뼈)은 모두 관절연골을 가지고 있어요.

신체적으로 활동적인 어린이에서 연골 두께가 증가될 수 있음이 몇몇 연구에서 확인되기는 했지만, 성인을 대상으로 한 유사 연구에서는 평생 운동을 해 온 선수와 건강하지만 선수가 아닌 사람들 간의 연골 두께에 차이가 없다는 것이 확인되었습니다. 이와 달리 평생 운동을 해 본 적이 없는 사람(을 비롯해 어떤 이유로든 움직임에 제한이 있는 사람)의 연골은 얇아지는 것이 확인되었고요. 선수 그룹은 일반인 그룹보다 무릎 관절 표면이 더 큰 경향이 있지만, 이것이 (농구선수의 키와 같은) 유전의 영향인지 아니면 훈련에 대한 적응의 영향인지는 확실치 않습니다.

연골 손상: 절대 안 돼요!

관절연골은 다치면 안 됩니다. 연골은 신경 분포가 적어 경미한 손상을 알아차리기 힘들지만, 그보다 더 중요한 것은 혈류 공급이 적어 회복이 되지 않을 수 있다는 점입니다. 손상이 진행되기 시작하면 나중에는 심각한 장애로 이어질 수 있습니다. 퇴행성 관절 질환인 골관절염에서는 아예 뼈와 뼈가 맞닿을 정도까지 관절 사이의 공간이 좁아질 수 있어요. 염증과 통증이 심해짐에 따라 관절의 움직임은 줄어들고 결국에는 부분적으로 쓸 수 없는 지경에까지 이릅니다.

러너라면 대부분 무릎 연골이 찢어진 친구가 있을 겁니다. 이때의 손상 부위는 대개 반월판 meniscus으로, 이들은 관절연골이 아닙니다. 외측 반월판과 내측 반월판은 섬유연골fibrous cartilage로 이루어진 패드로, 무릎에 충격 흡수와 구조적 지지를 제공합니다. 성인에서 이들 연골이 찢어졌을 때는 일반적으로 찢어진 연골을 제거하거나 복원하는 수술이 필요합니다.

"맨발 러닝이 부상을 줄일까?"

맨발 러닝은 새로운 것이 아닙니다. 육상과 크로스컨트리 선수들이 잔디 운동장과 동네 골프 코스 주변에서 맨발로 인터벌 러닝을 하며 봄을 맞이한 지가 벌써 수십 년입니다. 1960년 로마 올림픽에서는 에티오피아의 아베베 비킬라Abebe Bikila가 맨발로 뛰어 우승하기도 했고요.

새로운 것은 맨발 러닝이 아니라, 맨발이 신발보다 러닝에 좋다는 주장입니다.

하버드의 인류학자 대니얼 리버먼Daniel Lieberman은 2010년 연구를 통해 아프리카에 살던 우리 조상들이 (장거리 걷기에 달리기를 곁들인) 끈기 있는 사냥에 의존한 결과 지구력에 대한 진화적 선호가 만들어졌다고 주장했습니다. 연구에 따르면 신발을 신어서 힐 스트라이크(뒤꿈치 착지) 경향이 있는 러너보다 미드풋(발 중앙)이나 포어풋(앞꿈치)으로 착지하는 맨발 러너가 만드는 충돌력collision force이 더 작았습니다. 맨발 러닝은 충격이 적고 더 자연스러우므로 부상을 줄일 수 있다는 그의 주장을 맨발과 미니멀화 신도들은 주기도문처럼 받아들였죠. 그러나 그 주장이 정말일까요?

맨발 러닝이 부상을 줄인다는 주장은, 힐 스트라이크를 하는 러너의 80~85%가 맨발 러닝에서 미드풋이나 포어풋으로 착지한다는 전제를 깔고 있습니다. 그러나 현실은 그렇지 않죠. 실제로 힐 스트라이커의 80%는 신발을 벗었음에도 힐 스트라이커로 남아 있습니다. 유명 웹사이트 〈The Science of Sport〉의 필진인 로스 터커 박사Ross Tucker, Ph.D.의 글을 인용하자면, "같은 착지법에서 신발을 신었을 때보다 (신지 않았을 때의) 충격하중률impact loading rate이 *일곱 배* 큽니다."

맨발와 미니멀화 신도들은 주법을 바꾸려면 시간이 더 필요하다고 주장합니다. 그러나 안내를 따라 신발에서 (맨발 러닝과 비슷한 미니멀화인) 비브람 파이브핑거스로 갈아탄 러너 열아홉 명을 10주간 추적관찰한 연구에서는 열 명의 러너가 뼈에 손상을 입었고, 그 중 두 명은 피로골절까지 당한 것이 드러났습니다. 마일리지도 전체적으로 떨어졌고요. 실험을 주도한 새라 리지Sarah Ridge는 '이분들도 발이 아파서' 덜 뛰었을 것이라고 했답니다.

맨발 러닝을 지지하는 이들은 신발 없이 뛰는 것의 효율이 더 높으므로(산소와 에너지를 덜 쓰므로) 지구력 달리기의 수행능력이 높아진다고 주장하지만, 주장을 뒷받침하는 데이터가 그리 단단해 보이지는 않습니다.

맨발과 경량 러닝화의 러닝 에너지 비용을 비교한 콜로라도 대학의 2012년 연구를 보죠. '맨발 러닝 경험이 상당한' 열두 명의 러너가 트레드밀 위에서 맨발과 신발을 오가며 같은 페이스로 뛰었는데, 경량화를 신고 뛰는 쪽이 더 효율적이라고 판명되었습니다. 스트라이크 원.

매사추세츠 대학의 2013년 연구에서는 자연스럽게 리어풋rear-foot(뒤꿈치 착지)으로 뛰는 이들과 포어풋으로 뛰는 이들을 *모아서* 두 그룹 모두 리어풋으로 착지하게 했는데, 뒤꿈치로 착지할 때의 효율이 더 높았습니다. 스트라이크 투.

여기에 브리검 영 대학의 생체역학 교수인 이언 헌터Iain Hunter 박사가 2012년 미국 10,000미터 올림픽 시합을 촬영한 후 선수들의 착지법을 관찰한 연구도 있어요. 뒤꿈치부터 닿는 선수도, 앞꿈치로 뛰는 선수도, 미드풋으로 뛰는 선수도, 발을 뒤틀며 뛰는 선수도 있었습니다. 온 사방에 착지를 한 거죠. 나라에서 제일 잘 뛰는 러너에게 착지법은 결정적이지 않았던 겁니다. 스트라이크 쓰리.

러너의 부상률이 예외적으로 높다는 사실을 부정할 사람은 없습니다. 하지만 신발이 문제냐 맨발이 문제냐를 놓고 옥신각신하는 것은 좀 바보 같아요. 어느 쪽이든 부상을 안 당하지는 않는 만큼, 둘 다 그 자체로 원인이 될 수는 없습니다. 로스 터커 말마따나, '부상의 원인은 훈련이라고 말할 수밖에' 없는 셈이죠.

이렇게 훈련해 보아요

결론: 원하는 적응을 일으킬 수 있는 다른 조직과 달리, 연골은 강화할 수 있는 훈련법이 없습니다. 지금이야말로 결합조직에서 지켜야 할 첫 번째 원칙, '처음부터 다치지 말 것'을 다시금 떠올려야 합니다. 무릎에 만성적으로 통증이나 염증이 있는 고령의 러너는 골관절염일 가능성이 있으니 엑스레이를 찍는 것도 고려해 보아야 합니다.

근막

초자연적인 힘을 가진 거미가 우리 몸속에 살고 있다고 상상해볼까요. 이 거미가 피부 밑에서 끊어짐 없이 우리 몸을 감싸는 한 장의 그물을, 근육과 신경과 장기와 뼈를 비롯한 모든 구조물과 공간과 조직을 감싸게끔 퍼져 있는 단 한 장의 그물을 자아내며 하루를 보낸다고 상상해 보십시오. 완전 거미줄 천지일 거예요! 자, 이 상상에서 거미를 빼고 남은 것, 그러니까 콜라겐collagen과 엘라스틴elastin 섬유로 이루어져 두꺼워지기도 얇아지기도 하면서 막membrane이나 시트나 줄이나 오도독뼈의 형태로도 나타나는 연속적인 직물이 바로 근막fascia입니다.

근막은 과거에 몸을 감싸는 주방용 랩 정도 취급만 받았지만, 최근 들어 몇몇 연구자들 덕에 신분 상승을 할 기회를 얻었습니다. 이들은 근막을 '반응하는' 조직으로 봅니다. 연구자들은 근막이 (느린 속도이긴 하지만) 근육처럼 수축과 이완을 하고, 힘줄처럼 반동을 일으키고, 신경처럼 감각 피드백을 제공하고, 650개의 모든 근육을 하나의 가동 단위로 엮는다고 믿습니다. 아, 러너가 겪는 대다수의 만성 통증과 부상의 원인이라고도 이야기하고요.

근막 연구 프로젝트의 책임자인 로베르트 쉴라이프 박사Robert Schleip, Ph.D.는 2009년 《맨즈헬스Men's Health》와의 인터뷰에서 근막에 대해 '구조적 보상structural compensation'을 하는 도구로 설명했습니다. 다시 말해, 근막은 자세를 담당합니다. 계단을 오르거나 책상 앞에서 몸을 구부정하게 말고 있는 동안,

개선 방법	결합조직의 종류					
	뼈	연골	인대	힘줄 (백색 구역)	근건접합부	근막
폼 롤러	Ø	Ø	매우 낮음	매우 낮음	높음	매우 높음
영양	높음	매우 낮음	낮음	낮음	높음	높음
근막이완	Ø	Ø	매우 낮음	매우 낮음	높음	높음
러닝 워크아웃 (평소 루틴의 25% 이상)	중간	Ø	Ø	Ø	중간	높음
러닝 워크아웃 (평소 루틴의 50% 이상)	중간	Ø	Ø	Ø	높음	매우 높음
맨몸 근력운동	중간	Ø	Ø	중간	높음	높음
스트레칭	Ø	Ø	낮음	낮음	매우 높음	매우 높음
저항밴드/튜빙	낮음	낮음	중간	중간	높음	매우 높음
웨이트 트레이닝 (평소 루틴의 25% 이상)	중간	Ø	Ø	Ø	중간	높음
웨이트 트레이닝 (평소 루틴의 50% 이상)	중간	Ø	Ø	Ø	높음	매우 높음
워블보드	Ø	Ø	중간	중간	높음	높음

표 6.1 훈련 방법에 따른 결합조직 훈련의 효과.

이 표에서는 결합조직의 적응을 자극할 때 훈련 방법마다 어떠한 효과가 있는지의 추정치를 확인할 수 있습니다. 가령 폼 롤러는 근막을 강화하고 푸는 데 매우 효과적이지만, 뼈나 연골에는 아무런 효과가 없을 수 있습니다.

우리는 자세에 바뀌지 않을 수도 있는 변화를 주고 있는 셈입니다. 이 모델에서 근막은 스웨터와 같아요. 스웨터의 한쪽을 잡아당기면 옷 전체가 움직입니다. 요컨대 한 영역에서의 긴장은 자세의 모든 측면에 영향을 줄 수 있습니다. 부상으로 인해 근막 표면 사이에 쌓이는 유착은 우리 몸 전체에 퍼지는 만성 통증을 유발할 수 있습니다. 이런 관점으로 보면 족저근막염은 발의 부상으로만 볼 수 없어요. 고관절이나 등이나 어깨의 문제 때문에 쉽사리 생길 수 있습니다. 쉴라이프를 비롯해 현장에 있는 분들은 근막 이완 운동과 특정 스트레칭이 자세를 개선하고 통증을 줄이고 부상을 해결할 수 있다고 봅니다.

이렇게 훈련해 보아요

쉴라이프처럼 독실한 신자여야만 스트레칭과 폼 롤러(105~107쪽)과 가동범위 운동의 가치를 알 수 있는 건 아닙니다. 이러한 운동은 저항 훈련에서부터 플라이오메트릭과 자세 드릴에 이르기까지 다양합니다(플라이오메트릭과 자세 드릴은 11장에 나와 있어요).

훈련 개요

결합조직 훈련은 되는 경우도 있고 안 되는 경우도 있습니다. 결합조직을 훈련하는 여러 가지 방법에 대해서는 표 6.1에 분석해 두었습니다. 러닝과 웨이트 워크아웃의 경우, '평소 루틴의 몇% 이상'이라는 내용은 단일 세션에서 볼륨을 그만큼 높이라는 뜻이지 강도를 높이라는 뜻이 아닙니다(몸의 개선을 촉발하려면 훈련 스트레스를 늘려야 한다는 것을 기억하실 거예요. 이 경우에는 볼륨을 늘리는 거고요). 사진으로 보는 워크아웃에서는 다음과 같은 내용을 배우게 될 겁니다.

- **워블 보드 운동**
- **저항 밴드/튜빙 운동**
- **폼 롤러 운동(근막 이완)**
- **AIS**
- **집에 있는 물건을 활용한 부상 예방과 재활 운동**

결합조직 강화에 영향을 미치는 훈련에는 아래처럼 다른 장의 내용도 포함되어 있습니다.

- 러닝(5장)
- 근력 훈련(5장)
- 플라이오메트릭(11장)
- 기술과 자세 드릴(11장)
- 균형 드릴(11장)

이들 워크아웃을 전반적인 훈련 프로그램에 어떻게 녹일 수 있는지 제대로 확인하려면 체력과 능력에 맞는 샘플 일정을 제공하는 15장을 바로 펼쳐 보세요.

제6장: 결합조직으로 설계하는 달리기
사진으로 보는 워크아웃

워블 보드

이 워블 보드 루틴에서는 운동 사슬(근육, 신경, 결합조직을 비롯한 몸의 구조적 요소를 서로 연결한 사슬) 전체를 씁니다. 이 루틴을 통해 하퇴(종아리)가 경부목shin splint, 족저근막염, 아킬레스 건병증과 건염, 슬개 주행 증후군patellar tracking syndrome, 장경인대 증후군 등의 부상에 면역을 얻을 수 있습니다. 워블 보드는 둥근 '공'이 붙어있는 쪽이 바닥을 향해야 합니다. 공이 작으면 더 쉽게 흔들릴 테지만, 아래의 운동에 사용된 세라밴드Thera-Band 워블 보드에는 약간 더 큰 공이 붙어 있어 운동 내내 안정성이 보장됩니다. 세트 사이에는 회복 시간을 2~3분 정도 두세요. 지금부터 800미터 1:48, 1마일 4:00을 기록한 러너인 션 브로스넌Sean Brosnan의 시연과 함께 동작을 배워볼게요.

워블보드: 앞뒤로

족저굴곡과 배측굴곡의 강화와 안정화에 모두 좋은 운동으로, 하퇴 부상을 예방하는 동시에 회복 속도를 높일 수 있습니다.

▶ 단계: 중급자, 상급자

① 의자나 카운터처럼 단단하게 고정된 물건을 잡습니다. 워블 보드 중앙에 체중을 싣습니다(뒤꿈치를 보드 중심에 더 가까이 붙여야 균형이 더 잘 잡히는 경우가 많습니다). 발을 앞쪽으로 꺾어서 워블 보드의 앞면이 바닥에 (최대한) 닿게 합니다. 이때 무릎의 굴곡은 제한해야 합니다. 발목의 가동범위 활용에 집중하세요.

② 발을 뒤로 꺾어 보드가 바닥에 (최대한) 닿게 합니다. 앞뒤로 한 번씩 움직여야 1회 반복으로 칩니다. 처음에는 5~10회로 시작하여, 매주 10회 이하로 반복수를 높이며 최대 100회까지 실시합니다.

워블보드: 양옆으로

이 운동은 (발을 안쪽과 바깥쪽으로 돌리는) 내번과 외번의 안정화에 도움이 됩니다.

▶ 단계: 중급자, 상급자

① 앞의 운동과 똑같이 시작 자세를 잡습니다. 이 상태로 발을 안쪽으로 꺾어서 워블 보드의 측면이 바닥에 (최대한) 닿게 합니다.

② 발을 바깥으로 꺾어서 보드가 바닥에 (최대한) 닿게 합니다. 안팎으로 한 번씩 움직여야 1회 반복으로 칩니다. 처음에는 5~10회로 시작하여, 매주 10회 이하로 반복수를 높이며 최대 100회까지 실시합니다.

워블보드: 한 바퀴 돌리기

앞의 두 가지 운동을 통해 근력과 안정성을 확보한 다음에는 시계 방향과 반시계 방향의 동작을 실시할 수 있습니다.

▶ 단계: 중급자, 상급자

① 보드의 앞면이 바닥에 (최대한) 닿게끔 발을 앞으로 꺾은 다음, 보드의 가장자리가 바닥에서 떨어지지 않게 하며 시계 방향으로 발을 돌립니다.

한 바퀴 완전히 돌렸으면, 반시계 방향으로 똑같이 실시합니다. 반복수는 앞에서와 똑같은 방식으로 올리세요. 시계 방향과 반시계 방향으로 한 번씩 움직여야 1회 반복으로 칩니다.

저항 밴드와 튜빙 운동

고관절과 하퇴를 위한 저항 튜빙(이나 저항 밴드) 운동은 근력을 길러줌으로써 러닝 중의 안정성 유지와 엉덩이부터 발가락에 이르는 결합조직의 부상 방지에 도움이 됩니다. 자신의 근력과 수준에 맞는 저항을 제공하는 튜브와 밴드를 사용하는 것이 중요합니다. 여기서 쓰인 세라밴드 튜빙과 밴드는 저항 단계에 따라 여덟 가지 색상으로 구분되어 있습니다. 운동과 운동 사이에는 항상 최소 2~3분의 회복 시간을 두어야 합니다.

사이드 스텝Side steps

사이드 스텝은 고관절 외전근 강화와 안정화에 좋은 운동입니다. 하지 결합조직의 만성 손상은 대부분 약한 고관절에서 비롯됩니다. 이 운동에는 튜빙과 밴드 중 무엇을 사용해도 좋습니다.

▶ 단계: 모든 러너

① 저항 밴드를 무릎 위(최소 저항)나 무릎 아래(중간 저항)나 발목(최대 저항, 사진 참조)에 감습니다. 발을 골반 너비로 벌리고 무릎을 약간 구부립니다.

② 튜빙이 확실한 저항을 줄 때까지 한쪽 발을 옆으로 벌립니다(제대로 갈 수 있는 지점까지만 가세요). 그런 다음 발 간격을 처음과 같이 좁힐 수 있도록 고정되어 있던 반대쪽 발을 끌고 갑니다. 이제 이 옆걸음을 한쪽으로 3~6미터에 걸쳐 실시한 다음 반대쪽으로 똑같이 실시합니다. 각 방향으로 한 세트씩 실시하되, 거리를 점차 늘려 나갑니다.

몬스터 워킹Monster Walk

몬스터 워킹은 고관절 굴곡근과 신전근과 외전근을 활용합니다. 훌륭한 고관절 만능 강화 운동인 셈이죠. 이 운동에는 튜빙과 밴드 중 무엇을 사용해도 좋습니다.

▶ 단계: 모든 러너

① 저항을 줄이려면 무릎 위에, 저항을 높이려면 무릎 아래(사진 참조)에 저항 밴드를 감습니다. 발은 골반 너비로 벌리고 무릎을 약간 구부립니다. 팔은 몸 옆에 편안히 둡니다.

② 무릎을 굽히고 팔을 몸 옆에 붙인 자세를 유지한 상태로, 한쪽 발을 전방 45° 옆 방향으로 내딛습니다. 이제 반대쪽 발을 전방 45° 옆으로 내디디며 전진합니다. 이렇게 3~6미터를 걷는 것부터 시작하여, 거리를 점차 늘려 나갑니다.

저항 걸고 걷기/뛰기Walkout/Jogout

이 운동을 통해 운동 사슬을 전반적으로 훈련할 수 있습니다. 무릎, 특히 ACL 강화에 필수적인 부분이기도 하고요.

▶ 단계: 모든 러너

① 낮은 저항의 밴드를 문틀이나 손잡이 등 단단한 물체에 고정해 두고, 반대쪽 끝을 허리의 벨트에 고정합니다. 몸은 밴드를 등지고 있어야 합니다.

② 저항이 방해가 되는 순간까지 앞으로 몇 보 걷거나 뛰어나갑니다. 그런 다음, 밴드가 몸을 당기는 힘에 맞추어 뒤로 걷거나 뛰며 처음 위치로 돌아옵니다. 피로해질 때까지 반복합니다(아플 때까지 하지는 마세요).

저항 걸고 뒤로 걷기/뛰기Backward Walkout/Jogout

뒤로 걷기/뛰기는 앞으로 걷기/뛰기에서 시작된 무릎(특히 ACL) 강화 운동의 연장입니다.

▶ 단계: 모든 러너

① 낮은 저항의 밴드를 문틀이나 손잡이 등 단단한 물체에 고정해 두고, 반대쪽 끝을 허리의 벨트에 고정합니다. 몸은 밴드를 마주 보고 있어야 합니다.

② 저항이 방해가 되는 순간까지 뒤로 몇 보 걷거나 뛰어나갑니다. 그런 다음, 밴드가 몸을 당기는 힘에 맞추어 앞으로 걷거나 뛰며 처음 위치로 돌아옵니다. 피로해질 때까지 반복합니다(아플 때까지 하지는 마세요).

저항 걸고 앞으로 점프하기Jumpouts

이 운동은 저항 걸고 걷기/뛰기의 더 폭발적인 버전으로, 운동 사슬 적응과 무릎 강화(특히 ACL)에 더 큰 자극이 됩니다.

▶ 단계: 중급자, 상급자

① 낮은 저항의 밴드를 문틀이나 손잡이 등 단단한 물체에 고정해 두고, 반대쪽 끝을 허리의 벨트에 고정합니다. 몸은 밴드를 등지고 있어야 합니다.

② 한 발로 바닥을 밀고 반대 발로 착지하도록 폭발적으로 앞을 향해 (점프해서) 뛰어나갑니다. 그런 다음 착지한 발로 뒤를 향해 점프하여 시작 위치로 돌아갑니다. 피로해질 때까지 반복한 다음(아플 때까지 하지는 마세요), 발을 바꾸어 똑같이 실시합니다.

저항 걸고 옆으로 점프하기Jumpouts—sideways

사이드 스텝의 폭발적인 버전인 이 운동은, 다른 변형과 마찬가지로 운동 사슬 적응과 무릎 강화(특히 ACL)에 좋습니다.

▶ 단계: 중급자, 상급자

① 낮은 저항의 밴드를 문틀이나 손잡이 등 단단한 물체에 고정해 두고, 반대쪽 끝을 허리의 벨트에 고정합니다. 밴드를 몸 옆쪽에 두고 섭니다.

② 밴드 쪽의 발로 점프해 반대쪽 발로 착지할 수 있도록 옆쪽(문에서 멀어지는 방향)으로 점프합니다. 그런 다음 다시 점프하여 시작 위치로 돌아갑니다. 피로해질 때까지 반복한 다음(아플 때까지 하지는 마세요), 발을 바꾸어 똑같이 실시합니다.

고관절 내전Hip adduction

고관절 내전근 강화를 신경쓰지 않는 러너도 많지만, 내전근 훈련을 통해 고관절 외전근과 균형을 맞추는 것은 중요한 일입니다. 이 운동은 주행과 착지 전반에 걸친 고관절 안정성 유지에 도움이 됩니다.

▶ 단계: 모든 러너

① 저항 밴드를 문틀 같은 단단한 물체에 발목 높이로 고정해 둡니다. 선 자세에서 문틀 쪽 발목 바로 위에 밴드를 고정하고, 반대쪽 다리를 살짝 뒤로 뺍니다. 균형을 잡을 수 있도록 단단한 물체를 잡으세요.

② 무릎을 곧게 편 채 반대쪽 다리를 가로지르며 다리를 안쪽으로 당겼다가, 천천히 시작 위치로 돌아갑니다. 피로해질 때까지 반복한 다음(아플 때까지 하지는 마세요), 발을 바꾸어 똑같이 실시합니다.

BUILD YOUR RUNNING BODY

발목 배측굴곡Ankle dorsiflexion

(발을 정강이 쪽으로 꺾는) 배측굴곡 훈련은 (정강이 바깥쪽을 따라 생기는 통증인) 앞쪽 경부목의 예방에 좋습니다.

▶ 단계: 모든 러너

① 바닥에 앉아 한쪽 무릎은 앞으로 펴고 반대쪽 무릎은 굽힙니다. 저항 밴드의 양 끝을 각기 발끝과 고정된 물체에 감습니다. 필요하다면 아킬레스건 밑에 수건을 깔아 두어도 됩니다. 발가락을 앞으로 민 자세가 시작 자세입니다.

② 발을 뒤로 당겨 정강이 쪽으로 붙입니다. 발이 최대 배측굴곡에 다다르면 천천히 원래 위치로 되돌아갑니다. 피로해질 때까지 반복한 다음(아플 때까지 하지는 마세요), 발을 바꾸어 똑같이 실시합니다.

발목 족저굴곡Ankle plantarflexion

(발을 발바닥 쪽으로 꺾는) 족저굴곡 훈련은 (정강이 안쪽을 따라 생기는 통증으로, '후경골건염'이라고도 하는) 안쪽 경부목의 치료와 예방에 도움이 됩니다.

▶ 단계: 모든 러너

① 바닥에 앉아 한쪽 무릎은 앞으로 펴고 반대쪽 무릎은 굽힙니다. 저항 밴드의 한쪽 끝은 발끝에 감고, 반대쪽은 양손으로 잡습니다.

② 발을 앞으로 밀어 최대 족저굴곡에 다다른 다음 천천히 원래 위치로 되돌아갑니다. 피로해질 때까지 반복한 다음(아플 때까지 하지는 마세요), 발을 바꾸어 똑같이 실시합니다.

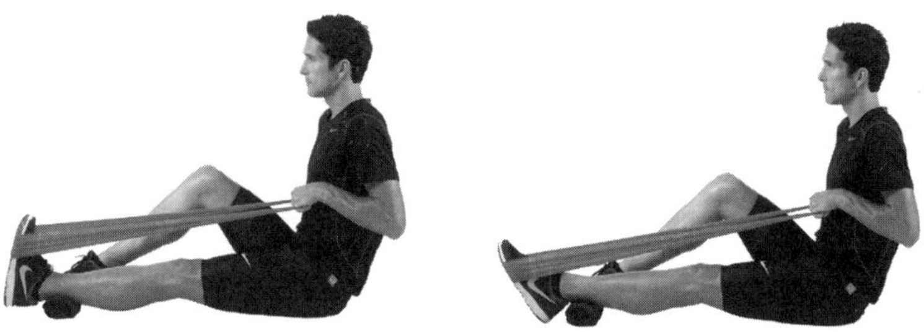

BUILD YOUR RUNNING BODY

발목 내번Ankle inversion

안쪽 경부목(정강이 안쪽 통증)의 예방과 치료에 가장 좋은 운동입니다.

▶ 단계: 모든 러너

① 저항 밴드의 한쪽 끝을 문틀 같은 단단한 물체에 발목 높이로 고정해 두고 의자에 앉아, 밴드의 반대쪽 끝을 발의 아치 쪽(안쪽)에 걸어둡니다.

② 무릎을 곧게 편 채 하퇴를 최대한 움직이지 않으면서 발을 안쪽으로 당깁니다. 발이 최대 가동범위에 다다르면 천천히 시작 위치로 되돌아갑니다. 피로해질 때까지 반복한 다음(아플 때까지 하지는 마세요), 발을 바꾸어 똑같이 실시합니다.

변형: 운동할 다리 위로 반대쪽 다리를 꼬아둔 다음, 밴드를 손으로 잡고 반대쪽 발로 고정시킨 상태로 하는 방법도 있습니다(사진 참조).

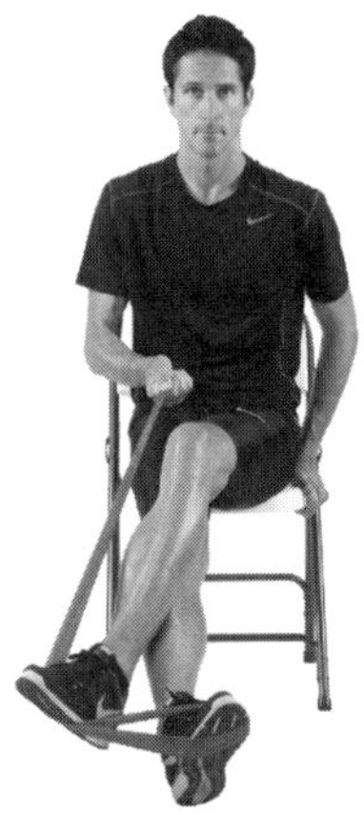

발목 외번Ankle eversion

발목 외번 운동은 염좌를 겪은 발목의 강화에도 쓰이고, 예방 용도로도 쓰일 수 있습니다.

▶ 단계: 모든 러너

① 저항 밴드의 한쪽 끝을 문틀 같은 단단한 물체에 발목 높이로 고정해 두고 의자에 앉아, 밴드의 반대쪽 끝을 발의 새끼발가락 쪽(바깥쪽)에 걸어둡니다.

② 무릎을 곧게 편 채 하퇴를 최대한 움직이지 않으면서 발을 바깥쪽으로 당깁니다. 발이 최대 가동범위에 다다르면 천천히 시작 위치로 되돌아갑니다. 피로해질 때까지 반복한 다음(아플 때까지 하지는 마세요), 발을 바꾸어 똑같이 실시합니다.

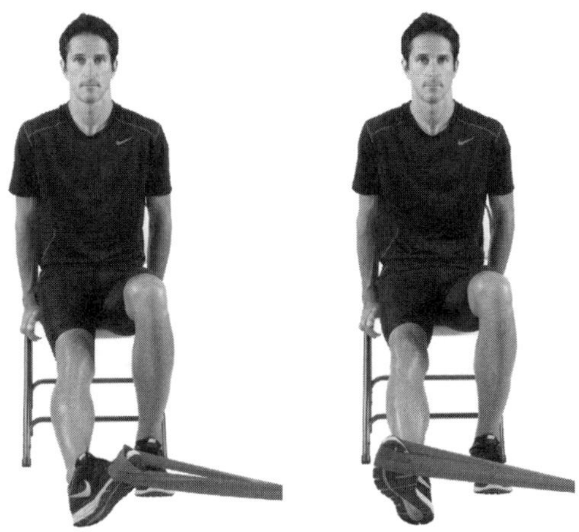

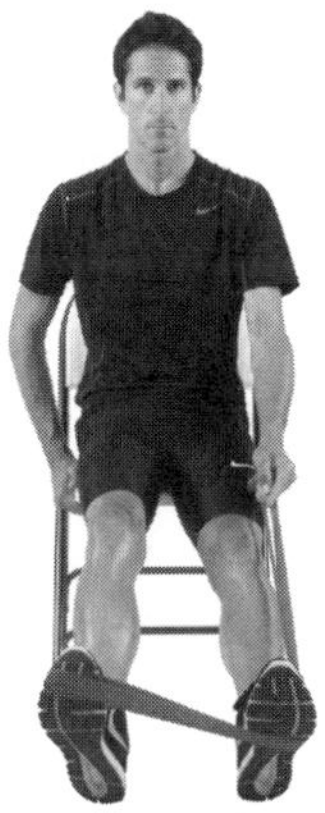

변형: 밴드를 손으로 잡고 반대쪽 발로 밴드를 고정하여 실시하는 방법도 있습니다(사진 참조).

런지

근육을 다룬 장에서도 런지 운동을 살펴보았는데, 여기에 런지 워크아웃을 두 가지만 더 넣으면 고관절과 무릎의 수많은 문제에 대한 만병통치약이 됩니다. 우리가 함께 할 대다수의 다른 결합조직 운동과 마찬가지로, 이들 운동 또한 운동 사슬 전체를 씁니다. 운동과 운동 사이에는 항상 최소 2~3분의 (필요하다면 그 이상의) 회복 시간을 두어야 합니다.

런지 걷기Lunge walk

런지 걷기는 지구력과 근력을 모두 키워주며, 달릴 때의 안정성을 향상시킵니다.

▶ 단계: 중급자, 상급자

① 양팔을 몸 옆에 편안히 두고 선 자세에서 시작합니다.

② 허벅지가 거의 지면과 평행해지도록 무릎을 굽히며 앞으로 한 발 크게 내딛습니다. 이때 무릎과 발끝이 수직선상에 있어야 합니다. 이 런지 자세에서 반대쪽 다리를 한 발 내딛어 다시 런지 자세를 취합니다. 처음에는 3~6미터로 시작하여 점차 거리를 늘립니다. (실제로 100미터까지 가는 선수들도 있답니다!)

변형: 메디신 볼을 몸 앞에 들고 걷는 방법도 있습니다. 이렇게 하면 자세 유지에 도움이 됩니다.

시계 런지Lunge Clock

시계 런지 훈련을 통해 모든 방향에서의 근력과 안정성을 얻을 수 있습니다. 매트에 테이프를 시곗바늘처럼 붙여서 준비를 해 놓으면 시계 런지를 제대로 할 수 있습니다.

▶ 단계: 중급자, 상급자

① 시계 중앙에 서서 팔을 몸 옆에 편안히 둡니다.

② 허벅지가 거의 지면과 평행해지도록 무릎을 굽히며 '12시 방향'으로 한 발 크게 내딛습니다(런지를 하면 됩니다).

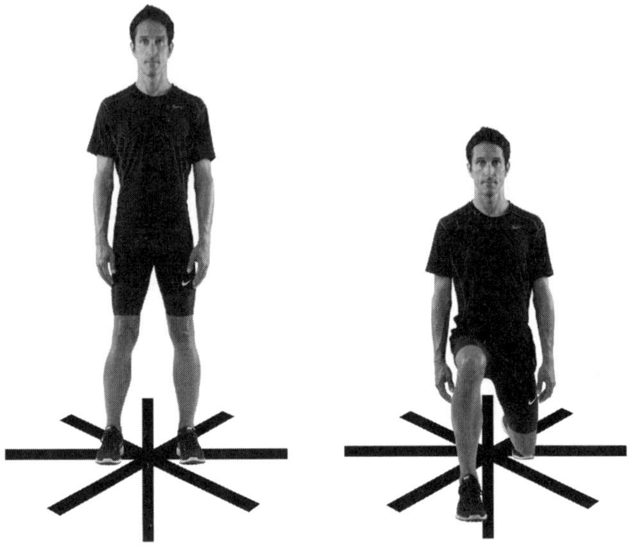

③ 뒤로 물러나 원래의 자리로 돌아가세요.

④ 이제 시계의 여러 '시간' 방향에 맞춰 전후좌우로 런지를 합니다. 런지를 하는 동안 몸통의 방향은 절대 바뀌지 않아야 합니다. 양쪽 각각 1~2세트씩 실시합니다.

폼 롤러 루틴

폼 롤링은 심부조직 마사지나 마찬가지로, 혼자서 할 수 있는 근막 이완 기법입니다. 근막의 긴장을 풀어주는 동시에 근막과 근육과 피부 사이에 생기는 것으로 여겨지는 유착을 깨트려 주죠. 여기서 모든 운동은 쿠션이 덧대진 것부터 단단한 롤러까지 망라하는 세라밴드 폼 롤러로 시연했습니다. 근육군별로 60~90초씩 1~2회 실시합니다. 폼 롤러 운동은 모든 단계의 러너에게 안전하고 효과적입니다. 타냐와 함께 어떻게 하는지 살펴볼게요.

햄스트링(폼 롤러)

이 다음에 이어질 종아리와 등허리의 폼 롤링을 더 편하게 할 수 있도록, 롤링을 통한 햄스트링의 긴장 완화로 시작합니다.

① 폼 롤러를 무릎 아래에 놓고 바닥에 앉습니다. 손을 뒤쪽에 놓아 지지력을 확보합니다.
② 엉덩이를 바닥에서 띄우고 다리를 앞으로 쭉 뻗습니다.
③ 엉덩이까지 롤러를 굴렸다가 다시 무릎 쪽으로 굴립니다.

변형: 다리를 위아래로 겹쳐 압력을 높이는 방법도 있습니다. 긴장이 많이 실린 부위는 짧게 반복적으로 굴리세요.

종아리(폼 롤러)

뭉치고 결리는 종아리(비복근과 가자미근)의 통증과 압력을 줄이고 긴장을 풀어주는 훌륭한 운동입니다.

① 폼 롤러를 몸 앞쪽 바닥에 놓고 양쪽 종아리를 롤러 위에 얹습니다. 손을 뒤쪽에 놓아 지지력을 확보합니다.
② 엉덩이를 바닥에서 띄우고 무릎까지 롤러를 굴립니다.
③ 방향을 바꾸어 발목을 향해 롤러를 굴립니다.

변형: 타이트한 부위에는 다리를 위아래로 겹친 채 앞뒤로 짧게 움직이는 방법도 있습니다. 종아리의 여러 부위를 풀어줄 수 있도록 다리를 안쪽과 바깥쪽으로 돌려보세요.

장경인대(폼 롤러)

장경인대는 골반에서 시작해 다리를 타고 무릎 바깥쪽까지 내려갑니다. 장경인대의 긴장으로 고생하는 러너가 많은데, 이러한 긴장은 무릎이나 고관절 바깥쪽으로의 통증, 고관절의 딱딱거리는 소리로 이어지기도 합니다. 이 운동은 장경인대를 풀어주는 훌륭한 방법이에요.

① 폼 롤러를 골반 밑에 놓고 옆으로 눕습니다. 위쪽 다리는 무릎을 굽혀 아래쪽 다리 위에 걸쳐 두세요. 이때 위쪽 다리의 발은 바닥에 완전히 붙어있어야 하며, 아래쪽 팔의 전완과 위쪽 팔의 손도 바닥에 두어야 합니다.

② 발과 팔꿈치와 손으로 밀고 당기며 다리 바깥쪽을 고관절부터 무릎까지 부드럽게 앞뒤로 굴립니다. 동작 내내 복근을 단단히 하고 몸을 곧게 정렬해 두어야 합니다.

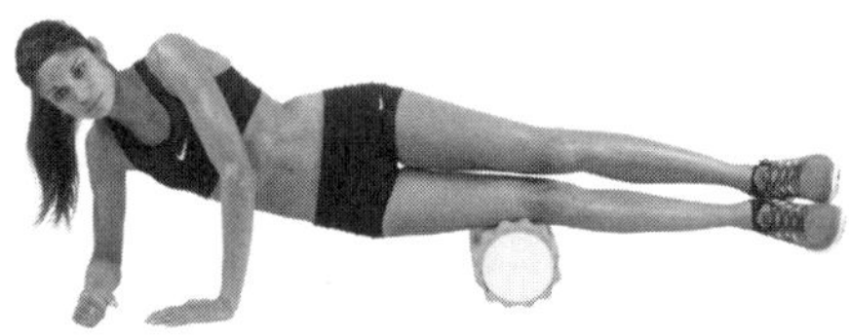

변형: 다리를 위아래로 겹쳐서 압력을 높이는 방법도 있습니다. 긴장이 많이 실린 부위는 짧게 반복적으로 굴리세요.

대퇴사두근(폼 롤러)

대퇴사두근(허벅지 근육)은 언덕 달리기(특히 내리막 달리기)와 스피드 워크에서 온갖 고초를 겪습니다. 이 운동은 대퇴사두가 받아들여야 했던 모든 충격을 보상하기에 좋은 방법이에요.

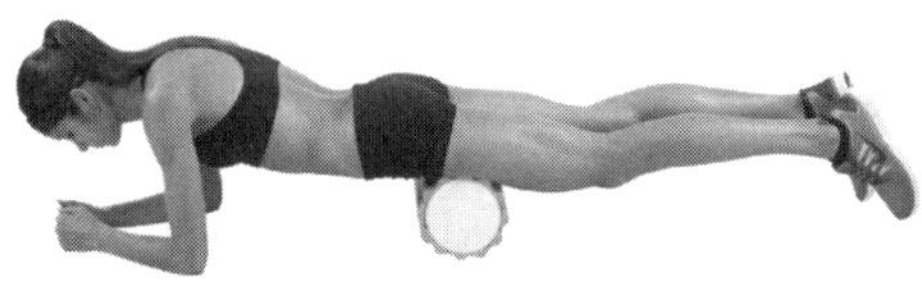

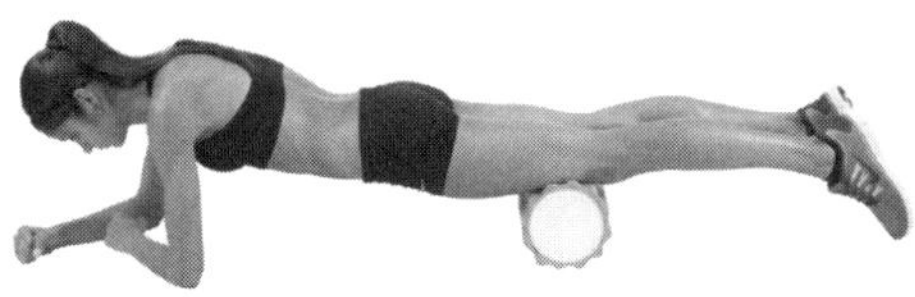

① 폼 롤러 위에 대퇴사두근을 얹고 엎드린 채 전완을 바닥에 붙입니다.

② 전완과 팔꿈치를 써서 대퇴사두근 상단에서 무릎 위쪽까지 롤러를 굴립니다.

변형: 다리를 위아래로 겹쳐서 압력을 높이는 방법도 있습니다. 긴장이 많이 실린 부위는 짧게 반복적으로 굴리세요.

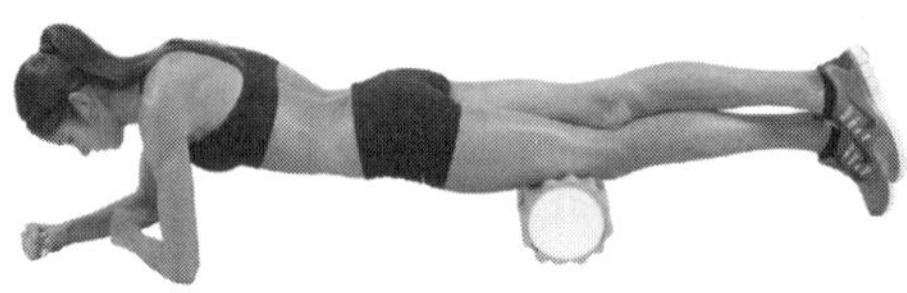

둔근(폼 롤러)

둔근 롤링은 이상근(좌골신경sciatic nerve 위에 있는 엉덩이 안의 작은 근육)에 가해진 압력을 풀어줌으로써 좌골신경의 압력을 풀어주는 좋은 방법입니다.

① 다리를 앞으로 뻗고 폼 롤러 위에 앉습니다. 손을 뒤쪽에 놓아 지지력을 확보합니다.
② 둔근을 앞뒤로 굴립니다.

변형: 다리를 위아래로 겹친 채 한 번에 한쪽 엉덩이만 실시하는 방법도 있습니다. 폼 롤러에 튀어나온 부분이 있다면 이상근에 대한 지압 효과를 낼 수 있습니다.

등허리(폼 롤러)

타이트한 등허리 때문에 주행과 안정성에 제한을 받는 러너가 많습니다. 등허리의 긴장을 푸는 것으로 폼 롤링 세션은 마무리됩니다.

① 바닥에 앉아 허리가 폼 롤러에 닿도록 몸을 뒤로 숙입니다. 손을 뒤쪽에 놓아 지지력을 확보합니다. 이때 양발은 바닥에 완전히 붙어 있어야 합니다.

② 발뒤꿈치로 바닥을 밀며 엉덩이를 들어 올립니다. 팔꿈치를 향해 몸을 뒤로 굴리면 자세가 안정적으로 만들어집니다. 그 상태로 동작을 제어할 수 있도록 무릎을 굽혔다 펴며 허리를 앞뒤로 굴립니다.

AIS

AISActive Isolated Stretching는 (근육이 2~3초 이상 늘어날 때 발생하는 보호성 수축인) 신장 반사를 회피하면서도 근육을 강화하고 가동범위를 늘림으로써 근건접합부에 더 안전하고 효과적인 스트레칭이 이루어지게 합니다. 이어지는 루틴은 셜레인 플래너건Shalane Flanagan, 버나드 라가트Bernard Lagat, 모 패라Mo Farah, 할리드 하누치Khalid Khannouchi, 멥 케플레지기Meb Keflezighi, 모지스 타누이Moses Tanui를 비롯한 올림픽 선수 및 세계 기록 보유자와 함께 일한 필 와튼Phil Wharton이 만들었습니다. 이들 스트레칭에 대한 자세한 정보와 영상 데모를 보려면 그의 웹사이트(whartonhealth.com)를 방문하세요. AIS를 실시할 때는 아래의 세 가지 규칙을 기억해야 합니다.

1. **활성화:** 스트레칭을 하는 근육의 반대편 근육을 수축합니다. 이 수축을 통해 스트레칭을 하는 근육은 이완이 유발되고 가동범위 안에서 움직일 수 있습니다. 스트레칭의 마지막 부분을 약간 더 늘릴 때만 끈을 쓰세요.
2. **고립:** 적절한 자세와 기술을 활용하여 대상 근육을 스트레칭합니다.
3. **유지 금지:** AIS 동작의 첫 부분은 보통 빠르게 마련이지만, 최대 가동범위에 다다를수록 움직임은 느려집니다. 신장 반사는 2~3초 후에 발생하므로 스트레칭을 유지하지 않고 풀어서 시작 자세로 돌아가는 것이 중요합니다.

아래의 AIS 운동은 부위별로 각 10회씩이면 충분합니다. 그 정도면 모든 단계의 러너에게 안전하고 효과적이에요. 하지만 새내기 러너는 첫 1~2주 동안 볼륨과 강도를 제한해야 합니다.

햄스트링 AIS부터 몸통 신근(등허리) AIS까지 이어지는 아래의 다섯 가지 스트레칭은 한 세션에 쭉 이어서 해도 되고, 하나씩 따로 해도 됩니다.

햄스트링 AIS

이 스트레칭을 하는 동안에는 대퇴사두근으로 다리를 들어올리는 데 집중하세요. 끈은 스트레칭의 끝자락에서 가동범위를 서서히 약간 늘리는 정도로만 활용해야 합니다.

① 뒤통수에 베개를 대고 눕습니다. 스트레칭하는 다리는 곧게 펴고, 반대쪽 다리는 굽힙니다. 스트레칭하는 다리의 발아치에 끈을 감습니다.

② 숨을 들이쉬며 대퇴사두근을 이용해 스트레칭하는 다리를 들어올립니다. 스트레칭하는 동안 골반이 들리지 않게 하세요. 최대 가동범위에 가까워지면 속도를 줄이고 끈을 써서 가동범위를 채웁니다. 이때 스트레칭을 유지하면 안 됩니다. 숨을 내쉬며 다리를 시작 위치로 되돌려 놓습니다. 10회 반복한 후 좌우를 바꾸어 똑같이 실시합니다.

BUILD YOUR RUNNING BODY

종아리(비복근) AIS

종아리 가동범위 향상은 아킬레스 부상과 종아리 통증의 예방에 중요합니다. 비복근은 종아리에 있는 큰 근육입니다.

① 자리에 앉아 한쪽 다리를 앞으로 뻗고 반대쪽 다리를 굽힙니다. 발볼에 끈을 감습니다.

② 정강이 앞쪽(바깥쪽) 근육을 이용하여 발을 정강이 쪽으로 당깁니다(배측굴곡). 끈을 활용해 스트레칭의 마지막 부분을 보조하여 최대 가동범위까지 갑니다. 스트레칭을 유지하면 안 됩니다. 시작 위치로 돌아가서 10회 반복한 후 좌우를 바꾸어 똑같이 실시합니다.

변형

① 발을 안쪽으로 돌려서 바깥쪽 종아리를 떼어놓고 하는 방법도 있습니다.

② 위의 동작이 끝났으면 발을 바깥쪽으로 돌려 똑같이 실시합니다.

대퇴사두근 AIS

대퇴사두근 스트레칭은 가동범위를 늘리는 동시에 고관절과 무릎의 결합조직에 가해지는 긴장을 줄입니다.

① 옆으로 누워 아래쪽 다리를 구부립니다(사진에서처럼 끈을 감아 움직이지 않게 합니다). 위쪽 다리는 굽혀둔 채 정강이 아래쪽을 잡습니다.

② 둔근과 햄스트링을 이용하여 위쪽 다리를 뒤로 당깁니다. 손을 써서 스트레칭의 끝자락을 보조합니다(하복부 통증을 유발할 수 있으니 과도한 스트레칭은 하지 마세요). 등허리를 보호할 수 있도록 동작 내내 골반은 앞을 향하게 해야 합니다. 시작 위치로 돌아갑니다. 시작 위치로 돌아가서 10회 반복한 후 좌우를 바꾸어 똑같이 실시합니다.

둔근 AIS

타이트한 둔근과 고관절은 주폭 길이를 제한하는 가장 큰 장애물이자, 허벅지와 종아리를 다치게 하는 주 원인입니다. 안정성과 파워를 위해 이 스트레칭을 해 보세요.

① 바닥에 누워 한쪽 다리는 곧게 펴고 다른 쪽 다리는 굽힙니다.

② 복근을 이용하여 한쪽 무릎을 반대편 어깨 쪽으로 당깁니다. 굽힌 다리에 대해 반대쪽 팔로 정강이 바깥쪽 하단을 잡고 같은 쪽 팔로 허벅지 바깥쪽을 잡습니다. 손을 써서 스트레칭의 끝자락을 보조합니다. 스트레칭을 유지하면 안 됩니다. 시작 위치로 돌아가서 10회 반복한 후 좌우를 바꾸어 똑같이 실시합니다.

몸통 신근(등허리) AIS

등허리가 타이트하면 주폭이 짧아지고 속도가 느려져 편한 장거리 달리기의 즐거움이 사라집니다. 긴장 완화에 1분만 쓰면 몇 시간씩 즐겁게 달릴 수 있을 거예요.

① 바닥에 앉아 발뒤꿈치를 어깨너비보다 약간 넓게 벌리고 무릎을 굽힙니다.

② 발목을 향해 손을 미끄러뜨리고 가슴을 향해 턱을 당기면서 머리가 무릎 사이를 향해 가도록 복근을 써서 몸을 앞으로 잡아당깁니다. 스트레칭의 끝자락에서 손을 써서 점진적으로 조금씩만 가동범위를 늘리세요. 스트레칭을 유지하면 안 됩니다. 시작 위치로 돌아가서 10회 반복합니다.

집에 있는 물건을 활용한 부상 예방과 재활 운동

러닝이 끝나고 결합조직 운동을 할 시간도 소도구도 없는 러너도 더러 있습니다. 이런 분들은 여기서 보게 될 운동에서 답을 찾을 수 있을 거예요. 이 루틴은 족저근막염, 아킬레스건병증, 경골건염, 요통 등에 필요한 예방 조치를 빠르게 선사합니다. 모든 단계의 러너에게 안전하고 효과적인 이 운동을, 서브 4분으로 1마일을 뛰었고 현재 (45~49세) 마스터스 1500미터 미국 기록 보유자인 크리스천 쿠싱-머리Christian Cushing-murray의 시연과 함께 살펴봅시다.

발가락으로 수건 당기기부터 데이드리머까지 이어지는 아래의 일곱 가지 운동은 한 세션에 쭉 이어서 실시합니다.

발가락으로 수건 당기기

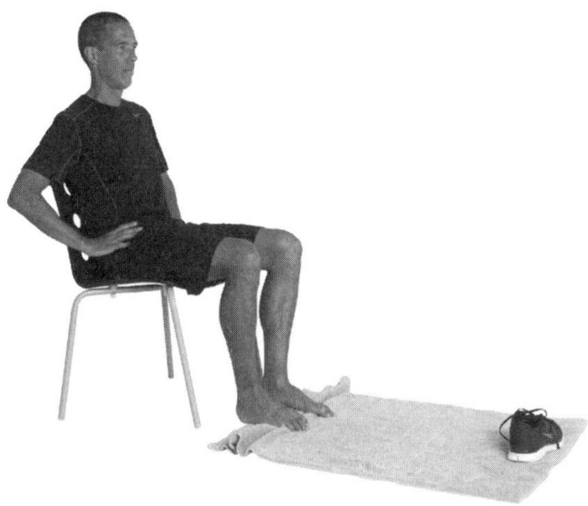

이 운동은 (종종 타박상으로 오인되는) 발뒤꿈치나 아치의 통증으로 느껴지는 부상인 족저근막염을 예방하는 간단한 방법입니다.

① 바닥에 수건을 펼쳐놓고 맨발로 의자에 앉습니다. 약간의 저항을 줄 수 있도록 수건의 맞은편에 신발이나 그 비슷한 무게의 물건을 올려둡니다. 발뒤꿈치를 바닥에 붙인 상태에서 발가락으로 수건을 꼬집어 몸쪽으로 당깁니다. 수건 전체가 발의 아치(나 발뒤꿈치) 밑에 놓일 때까지 수건을 꼬집어 감습니다. 여기까지 1~2회 반복합니다.

풋워크

발목에 안정성을 더하는 동시에 경부목과 족저근막염 예방에 도움이 되는, 간단한 발 운동입니다. 물 흐르듯 가볍게 해야 해요. 무리하게 하지 마세요!

① 돌리기: 바닥에 누워 한쪽 다리는 발가락이 위로 가게 하여 곧게 펴고, 반대쪽 다리는 무릎을 90° 굽혀 들어 올립니다. 들어 올린 다리를 양손으로 붙잡은 다음, 발을 시계 방향으로 10번, 시계 반대 방향으로 10번 회전합니다. 발목과 발의 움직임은 과하지 않아야 합니다.

② 밟기: 같은 자세로 시작하여, 발을 정강이에서 멀어지게 했다가(족저굴곡) 정강이 쪽으로 당깁니다(배측굴곡). 양쪽 각 10회씩 실시합니다. 돌리기와 밟기 대신에, 발로 알파벳을 그리고 1부터 10까지 쓰는 방법도 있습니다.

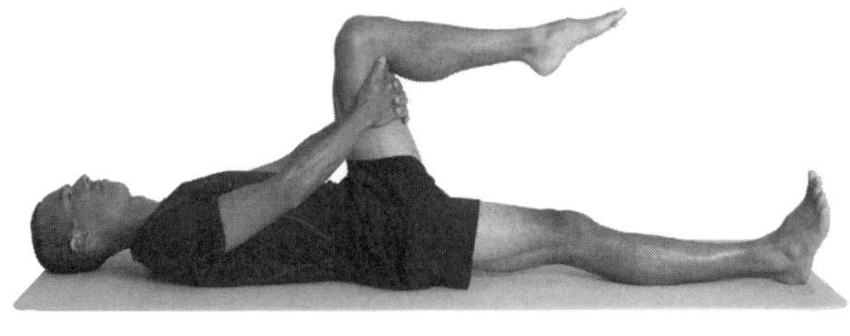

BUILD YOUR RUNNING BODY

엄지발가락 두드리기

아치의 힘을 키우는 쉬운 동작으로, 족저근막염에 대한 최전선 방어 수단이 될 거예요.

① 발을 골반 너비로 벌리고 맨발로 섭니다. 엄지발가락을 드는 동시에 나머지 발가락으로 바닥을 누릅니다.

② 이제 반대로 엄지발가락으로 바닥을 누르면서 나머지 발가락을 듭니다. 처음에는 몇 번만 반복하는 것으로 시작하여 최대 30초 이상 실시합니다.

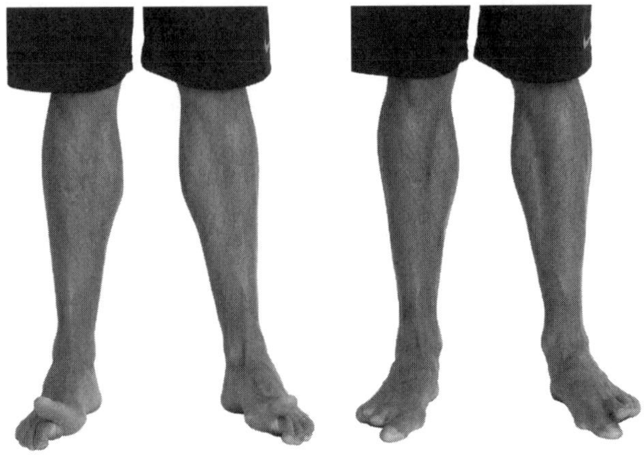

앉아서 발가락 두드리기

경부목을 막아 주는 좋은 운동입니다.

① 의자에 앉아 무릎을 90° 굽히고 양발을 바닥에 붙입니다.

② 발뒤꿈치를 바닥에 붙인 채, 정강이 바깥쪽 근육이 '타는' 느낌이 들 때까지 발가락을 빠르게 들었다 놓기를 반복합니다. 느낌이 오기까지 몇 초에서 2~3분까지도 걸릴 수 있습니다. 한 세트 이상 실시합니다.

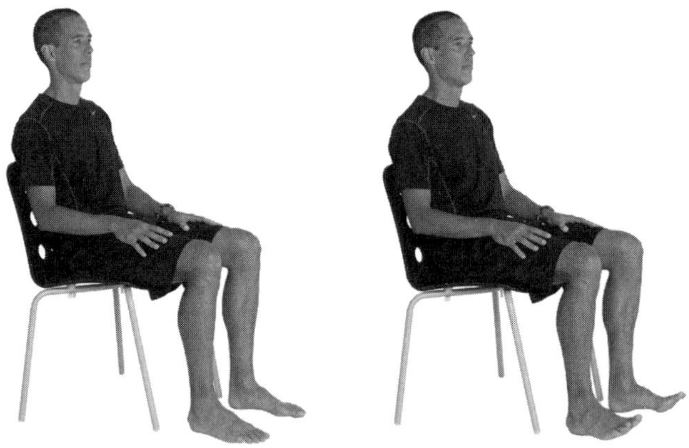

스텝 다운

이 운동은 고관절 굴곡근 강화와 고관절 · 무릎의 안정성 확보에 좋습니다. 무릎 부상의 예방과 재활에도 좋고요.

① 계단이나 낮은 플랫폼에 위에 서서 한 발로 균형을 잡습니다. 시작하기 전에 양쪽 무릎을 가지런히 놓고, 딛지 않은 쪽 무릎은 약간 굽힙니다.

② 체중을 앞발에 싣고 엉덩이를 낮춥니다. 부상을 방지하려면 체중을 지탱하는 무릎이 앞발과 일직선이 되게끔 해야 합니다. 들려 있는 다리의 각도는 척추와 평행이 되어야 합니다. 뒷발이 땅에 닿을 때까지 몸을 낮춥니다.

③ 이제 딛고 있는 다리를 곧게 펴면서 매달린 다리를 앞으로 들어올려 무릎이 (달릴 때 앞으로 나가듯) 몸 앞으로 오게 합니다. 동작 내내 발은 바닥에 붙어 있어야 합니다. 양쪽을 각 5~10회씩 반복합니다.

힐 딥스

아킬레스건병증의 예방과 재활에 쓰이는 종아리의 편심성 운동입니다. 힐 딥스는 종아리의 근력을 키워주는 역할도 하지만, 그 핵심 효용은 힘줄 안에서 (세포끼리 마찰을 일으키며) 만들어지는 움직임 자체에 있습니다.

① 발뒤꿈치가 닿지 않게 플랫폼이나 계단 위에 발볼만 올리고 서서 균형을 잡습니다. 균형을 잡을 수 있도록 의자처럼 단단한 물건을 지지대로 활용합니다. 이제 한 발에 모든 체중을 싣고 이 발의 전체 가동범위에 걸쳐 뒤꿈치를 천천히 내립니다.

② 양발을 모두 이용하여 위로 솟구쳤다가 다시 내려오면서 동작을 반복합니다. 이 운동의 효용은 발끝으로 들어 올리는 데에서 생기는 것이 아니라, 발뒤꿈치를 천천히 낮추는 데에서 생겨납니다. 양쪽 각각 2~5회 반복하는 것으로 시작하여, 최대 15~20회까지 반복수를 늘립니다. 초보자(또는 아킬레스건의 중간이 아니라 뒤꿈치 쪽에 통증을 느끼는 러너)는 바닥에서 힐 딥스를 실시하는 방법도 있습니다. 건병증 치료가 목적이라면 (양쪽 각각) 15회씩 3세트를 하루에 두 번, 최대 3개월까지 실시합니다. 근력이 늘면 (배낭이나 덤벨 등을 써서) 중량을 높입니다.

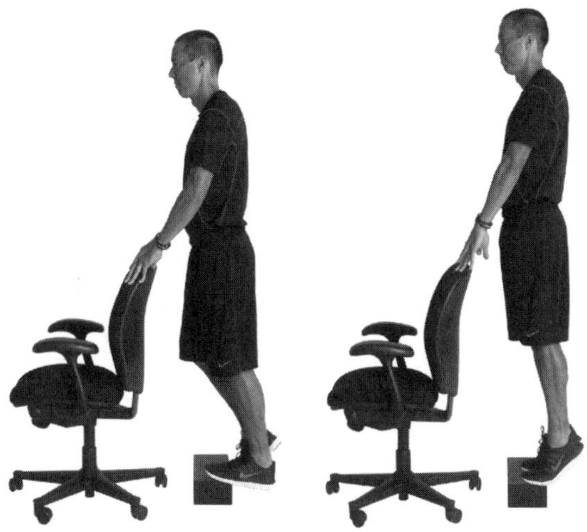

데이드리머

등허리의 긴장 완화에는 데이드리머 자세로 몇 분을 보내는 것만큼 좋은 방법도 없습니다. 이 동작을 끝으로 집에 있는 물건을 활용한 부상 예방 루틴은 마무리됩니다.

① 바닥에 누워 종아리와 발을 의자에 올리고 손이 허리 높이에 오도록 팔을 옆으로 벌립니다. 무릎을 90° 굽힌 채 발이 바깥으로 벌어지지 않은 자세를 유지합니다. 이제 천천히 심호흡을 하며 몸의 이완을 느낍니다. 뭔가를 '하려고' 들지 마세요. 5~10분간 자세를 유지합니다.

7

심혈관계로 설계하는 달리기

'카디오cardio'*라는 용어는 이제 지구력 훈련과 같은 말이 되어 버렸습니다. 컨디셔닝 하면 유산소를 떠올리는 러너가 대부분인 것도 사실이죠. 그러니 왜 이제야 심혈관계를 다루는지 의아한 분도 계실 겁니다. 이유가 다 있어요. 첫째, 러닝을 위한 몸은 구성요소들을 한 번에 하나씩 키우는 방식으로 갖춰지지 않습니다. 모든 구성요소를 동시에 키워야 해요. 둘째, 유산소 운동에서 오는 여러 가지 효과는 심혈관계를 직접적인 목표로 둘 필요가 없습니다. 그보다는 우리 몸의 연료 요구량 증가 덕분에 심혈관계가 건강해지는 거예요. 5장과 6장에서 살펴본 운동이 여기에 크나큰 도움이 될 거고요.

심혈관계는 우리 몸의 연료 공급 시스템입니다. 산소, (탄수화물, 단백질, 지방 등의) 에너지, 물, 몸

* 역주: 카디오(cardio)와 유산소(aerobic)는 엄밀히 말하면 다른 뜻이지만, 두 단어 모두 운동을 가리킬 때는 실질적으로 '유산소'로 통용되고 있습니다. 본문에서는 맥락에 맞게 '심혈관계', '유산소' 등 여러 가지 번역어를 택했습니다.

의 기능에 필요한 호르몬 등을 꾸준히 흘려보내는 공급망이죠. 하지만 이게 전부는 아닙니다. 이산화탄소, 산성을 띤 수소 이온, 심지어는 열과 같은 부산물을 운반하는 쓰레기 수거 시스템 역할도 하거든요.

더 잘 달리게 되면 연료 공급 기능과 쓰레기 수거 기능이 둘 다 좋아진다는 말에 놀랄 필요는 없습니다. 심혈관계는 수요공급에 따라 작동하니까요. 달리는 동안 몸에서의 요구량이 많아지면 심혈관계는 공급량을 늘릴 겁니다. 고대 로마 시절의 수로가 강력한 펌프장과 수 km에 달하는 강화 파이프라인을 갖춘 고성능 21세기 시설로 변모하겠죠.

심혈관계가 뭔데?

심혈관계는 아주 단순하게 보면 혈액 공급망입니다. 하지만 이렇게 말하는 건 '정부는 규칙 공급망이다'라고 하는 것과 같아요. 여기에는 거의 이해할 수 없을 정도의 생물학적 수요공급 기반 시설로 심혈관계가 이루어져 있다는 진실이 숨어 있습니다. 심혈관계는 심장을 엔진 삼아 하루에 십만 번 박동하며 거의 7,500리터의 피를 펌프질합니다. 혈관의 길이는 10만 킬로미터에 달하는데, 이는 지구를 두 바퀴 반 돌거나 달까지 가는 거리의 1/4에 해당하는 길이이기도 합니다. 20~30조 개의 적혈구RBC(red blood cell)를 활용해 100조 개에 달하는 우리 몸의 세포에 산소를 운반하기도 하고요.

훈련을 시작하기 전의 상태가 이렇습니다. 부루마블이나 모노폴리를 해본 적이 있다면, 훈련의 개념을 심혈관계 '자산'에 큰 돈을 들여 집과 호텔을 들이는 것이라고 이해해도 좋습니다. 요컨대 더 강한 심장, 더 긴 혈관, 더 많은 적혈구처럼 상당한 수익을 가져올 투자를 하고 있는 셈이죠.

러너라면 심혈관계를 산소 수송계로 이해해야 합니다. 훈련이나 경주 중에 심혈관계가 할 가장 중요한 일은 폐에서 골격근과 심근(심장근) 세포로 산소를 운반하는 것입니다.

이 장에서 우리는 다음과 같은 심혈관계의 세 가지 주요 기능을 살펴볼 거예요.

- **심장**
- **혈관**
- **혈액량**

여기에 더해 심혈관계가 운반하는 산소를 공급하는 (호흡기계의 일부인) 폐를 강화할 수 있는 속성 훈련 전략도 함께 알아보겠습니다.

심혈관 훈련

심혈관계 훈련에 러닝이 많이 필요하다고 생각했다면, 맞습니다. 5장에서 다양한 유형의 근섬유를 훈련하기 위해 여러 가지 페이스를 활용했던 것처럼, 여기서도 심혈관계 특정 영역의 개선을 목표로 여러 페이스를 사용할 거예요.

심혈관 훈련은 사실 처음에 근육의 강화를 위해 뛰(거나 걸으)면서 이미 시작되었습니다. 이제 그 뼈대에 살을 붙여야겠죠. 볼륨과 강도를 모두 올려야 합니다. 여기에 다음과 같은 워크아웃이 쓰일 수 있습니다.

- **인터벌:** 휴식 인터벌을 둔 짧고 빠른 반복주

초보자 가이드

숨이 찰 때까지 달린다 해서 심혈관계를 강화할 수는 없습니다. 심혈관계를 개선하려면 가장 큰 고객인 근육의 장기적 수요를 높여야 해요. '타들어가는' 느낌이 들 정도로 고되게 달린다는 건 심혈관계의 산소 전달 능력을 초과했다는 뜻입니다. 더 빨리 지칠 테고, 심혈관계는 그만큼 일을 덜 할 거예요. 결국 개선의 정도가 떨어질 테죠.

달리기 이야기

"러닝을 하면 안정시 심박수가 낮아질까?"

장거리 선수의 심박수가 낮다는 것은 누구나 알고 있습니다. 장거리 러너에게 (1분당) 40~50회 대의 심박수는 정상으로 간주되며, 활동량이 많은 일부의 경우 30회 대에서 20대 후반까지도 내려갑니다.

그렇다면 모든 사람의 심박수가 훈련을 통해 낮아질까요?

대부분 그렇긴 하지만, 단서가 붙습니다. 즉, 심박수가 낮아지는 정도는 유전적 특성과 훈련의 유형에 영향을 받습니다.

달리기의 세계에서 시대를 초월한 두 거인을 비교해 보죠. 1마일에서 미국의 마지막 세계 기록을 가지고 있는 짐 륜Jim Ryun의 안정시 심박수는 분당 60회였습니다. 반면 1960년대에 17개의 세계 기록을 세운 호주의 장거리 선수인 론 클라크Ron Clarke의 안정시 심박수는 28회였습니다. 두 사람 모두 엄청나게 건강했지만, 클라크의 심박수는 륜의 절반도 되지 않았어요!

이 차이를 이해하려면 심박수가 느려지는 이유를 이해해야 합니다. 달릴 때는 심장의 *좌심실*, 즉 몸 전체에 혈액을 펌프질하는 심장 왼쪽 아래 공간이 더 강해집니다(매일 코어 운동을 하는 에어로빅 강사의 복근이 갈라지는 것처럼요). 좌심실이 강해지면 심장은 한 번 뛸 때 더 많은 피를 뿜어냅니다. 안정시에 모든 사람은 분당 약 5리터의 피를 펌프질합니다. 그러나 심장이 한 번 뛸 때 더 많은 피를 뿜어낸다면, 5리터를 흘려보내기 위한 펌프질의 횟수는 줄어야 해요. 훈련받지 않은 심장은 이만큼의 피를 움직이기 위해 분당 60~100번 뛰어야 하지만, 훈련된 심장은 45~55번만 뛰어도 충분합니다.

달릴 때는 당연히 분당 5리터 이상을 펌프질합니다. 여기서 새로운 개념이 끼어들어요. 바로 심장이 1분에 최대 몇 번이나 뛸 수 있는가를 가리키는 *최대심박수*maximum heart rate입니다. 심장이 1분에 뿜어낼 수 있는 최대 혈액량은 간단한 공식으로 정해집니다. 1회 심박으로 펌프질하는 피의 양인 *일회박출량*stroke volume과 최대심박수를 곱하는 거죠(심장을 꺼내서 일회박출량을 직접 재시는 분은 없으리라 믿습니다). 간단히 정리하면 아래와 같은 공식이 나와요.

일회박출량 × 최대심박수 = 1분당 최대 혈액 박출량

최대 심박수는 대부분 분당 220회에서 만 나이를 뺀 것과 같습니다. 가령 만 30세의 예상 최대 심박수는 (220에서 30을 뺀) 190입니다. 최대 심박수는 유전의 영역이라 훈련으로 바뀌지 않습니다. 따라서 서른 살짜리 러너 두 명이 서로 경주를 하는 경우, 이론적으로 안정기 심박수가 더 낮은(일회박출량이 더 큰) 쪽이 더 많은 혈액을 펌프질하므로, 근육에 더 많은 산소를 운반하여 유리한 고지를 점할 수 있게 됩니다.

여기서 다시 륜과 클라크의 사례로 돌아가 봅시다. 륜의 심장은 이 규칙을 따르지 않았어요. 알려진 바에 따르면, 이십대 시절 륜의 최대 심박수는 놀랍게도 220~230에 달했는데, 이 덕분에 평균적인 일회박출량으로도 어마어마한 양의 피를 펌프질할 수 있었습니다. 반면 클라크는 최대심박수는 정상 범위에 있었기 때문에 세계 대회 출전에 필요한 혈류를 만들어내기 위해 일회박출량을 늘려야 했습니다. 장거리 경기에는 특히나 100%에 가까운 유산소 에너지가 필요했으니까요. 클라크의 심장은 오랜 시간에 걸쳐 적응해야 했지만, 륜의 경우 그 정도까지는 아니었던 셈이죠.

륜 스타일의 유전적 금수저가 아니라면 당신의 심박수는 아마 느려질 겁니다. 그러나 클라크 스타일의 유전적 금수저가 아니라면 아마 분당 28회까지 낮아지지는 않을 거예요.

- **트레일과 트랙에서의 5K/10K 훈련:** 휴식 인터벌을 둔 5K 또는 10K 강도의 반복주
- **크루즈 인터벌:** 휴식 인터벌을 두고 한 시간 동안 유지할 수 있는 페이스로 뛰는 반복주
- **템포 런:** (10~40분 가량) 하프 마라톤에서 마라톤 페이스로 한 차례 달리는 것
- **오래달리기:** 일주일 마일리지의 최대 20~25%에 해당하는 오래달리기

각각의 훈련 유형에는 (대개 페이스를 기준으로 한) 특정 수준의 강도가 지정되어 있습니다. 그 이상의 볼륨과 강도는 어떤 워크아웃에서도 도움이 되지 않을뿐더러, 오히려 바람직한 자극과 적응을 방해할 가능성이 더 큽니다.

심장

심장은 우리 인간이 처음으로 가슴 안에서 고동을 느낀 이래로 시인과 철학자의 상상력을 사로잡았습니다. 고대 이집트인들은 심장이 영혼을 담는 그릇이라 여겼습니다. 아리스토텔레스는 심장이 지성과 감각의 자리라고 주장했죠. 천주교에서는 1311년 비엔나 공의회를 통해 심장이 감정과 영양과 생명력의 원천이라 했습니다. 그리고 200년 후 심장은 사랑의 요람으로 다시금 정의되었습니다. '나는 생각한다, 고로 존재한다'로 유명한 17세기 철학자이자 수학자인 르네 데카르트Rene Descartes는 심장을 기계식 펌프에 불과하다고 주장했죠.

훈련에 대한 수백 년에 걸친 실험으로 무장한 현대의 러너들은, 특화된 심근 조직으로 이루어져 죽을 때까지 박동을 멈추지 않는 장기인 이 단순한 펌프를 건강의 혁명을 주도하는 엔진으로 변모시켰습니다.

심장은 가슴 중앙 부근, 양쪽 폐 사이에 끼어 있습니다. 꽉 쥔 주먹만 한 크기의 심장은 네 개의 방으로 이루어져 있는데, 자세히 보면 위쪽 두 개의 심방atrium과 아래쪽 두 개의 심실ventricle의 이중 구조로 배치되어 있습니다. 심장의 오른쪽 위에 있는 우심방은 산소가 제거된 혈액을 몸에서 받아서 이 혈액을 폐로 보내는 오른쪽 아래의 우심실로 전달합니다. 심장 왼쪽 위의 좌심방은 폐에서 새로 산소가 공급된 혈액을 받아 왼쪽 아래의 좌심실로 전달되며, 이곳에서 혈액은 가장 큰 동맥인 대동맥aorta으로 뿜어지고, 이어 신체의 나머지 부분으로 보내집니다. 정상적인 성인의 심장은 1분에 60~100번 뛰며, 한 번 뛸 때마다 '쿵닥lub-dub'하는 소리를 냅니다. '쿵lub'은 혈액이 심실로 뿜어진 다음 심방과 심실 사이의 판막이 닫히는 소리이고, '닥dub'은 혈액이 폐와 대동맥으로 뿜어진 다음 심실의 판막이 닫히는 소리입니다. 심장은 우리가 죽을 때까지 약 100만 배럴의 혈액을 펌프질하는데, 이 정도면 평균 크기의 유조선을 채울 수 있답니다!

심장 훈련의 목표는 단순합니다. 바로 펌프 용량을 높이는 것이죠.

심박출량

심장이 1분 동안 펌프질할 수 있는 혈액의 양을 심박출량cardiac output이라고 합니다. 더 많은 혈액을 펌프질할수록 근섬유에 더 많은 산소를 보낼 수 있고, 이 과정에서 지구력 훈련과 경주의 핵심인 유산소 대사를 주로 하는 근섬유의 능력이 향상됩니다. 심박출량은 두 가지 요인에 의해 결정됩니다.

- **일회박출량:** 심장이 한 번 뛸 때 뿜어내는 피의 양
- **심박수:** 심장이 1분 동안 뛰는 횟수

일회박출량에 심박수를 곱하면 심박출량이 나옵니다. 평범한 사람은 안정기에 분당 5리터의 혈액을 펌프질합니다. 달리는 동안에는 심박출량이 크게 증가합니다. 5K/10K의 페이스에 따라 필요한 심박출량을 표 7.1에서 확인할 수 있습니다.

(워크아웃에서든 경주에서든) 경기력을 높이려면 반드시 심박출량을 높여야 합니다. 일회박출량을 높이는 방법도 있겠고, 심박수를 높이는 방법도 있겠죠. 그러나 안타깝게도 (심장이 1분 동안 뛸 수 있는 최대 박동수인) 최대심박수는 유전적으로 정해지며 이를 바꿀 수는 없습니다. 그러면 일회박출량만 남네요. 다행히도 일회박출량은 향상될 수 있습니다. 그것도 아주 많이요!

5K 시간	10K 시간	심박출량(리터/분)*
휴식시		4.5~5.5
14:00	29:10	30.5~36.5
15:00	31:15	28.3~34.0
16:00	33:20	26.4~31.7
17:00	35:25	24.8~29.8
18:00	37:30	23.4~28.0
19:00	39:35	22.1~26.5
20:00	41:40	20.9~25.1
21:00	43:45	19.8~23.8
22:00	45:50	18.9~22.7
23:00	47:55	18.0~21.6
24:00	49:60	17.2~20.7
25:00	52:05	16.5~19.8
26:00	54:10	15.8~19.0
28:00	58:20	14.6~17.6
30:00	1:02:30	13.6~16.3
32:00	1:06:40	12.7~15.3
34:00	1:10:50	11.9~14.3
36:00	1:14:60	11.2~13.5
38:00	1:19:10	10.6~12.7
40:00	1:23:20	10.0~12.0
42:00	1:27:30	9.5~11.4

표 7.1 5K/10K에서의 심박출량.

5K/10K 완주시간에 따른 예상 심박출량을 함께 살펴봅시다. 왼쪽 두 개 열에서 5K나 10K 완주시간을 찾은 다음, 오른쪽 열에서 예상 심박출량을 찾습니다. 심박출량은 심장이 1분에 몇 리터의 피를 펌프질하는지를 가리킵니다.

* 체중의 차이가 있으므로 범위로 나타냅니다.

일회박출량

일회박출량은 양쪽 심실에서 뿜어내는 피의 양을 가리키는 말로, 건강한 성인에서는 양쪽 심실에서 내보내는 피의 양이 거의 같습니다. 그러나 러너의 관심사는 혈액을 전신으로 보내는 좌심실일 겁니다. 좌심실은 혈액을 전신으로 펌핑합니다(우심실에서 보내는 피는 폐로 갔다 돌아오는 짧은 코스만 탑니다). 일회박출량을 늘리면 근육으로 운반할 수 있는 혈액의 양이 늘어나고, 그만큼 산소도 많이 운반할 수 있게 됩니다. 이 과정은 두 가지 방식으로 이루어집니다.

- **심실 부피 확장:** 러닝을 할 때는 좌심실에 채워지는 혈액의 양이 증가하여 좌심실이 늘어납니다. 늘어나는 정도가 크면 우리 몸은 심실의 부피를 늘리는 방식으로 적응하므로, 심장이 한 번 뛸 때 훨씬 더 많은 혈액을 펌프질할 수 있습니다. 이러한 적응은 중거리 러너보다 장거리 러너에서 더 많이 발생하는데, 아마도 장거리 러너들이 더 오랜 시간 훈련하기 때문인 것으로 보입니다.
- **수축력 증가:** 혈액이 들어오며 좌심실이 늘어나는 정도가 클수록 심장이 박동할 때의 수축력도 커집니다. 늘어난 심실로 인해 심근과 결합조직이 반동을 일으키는 것은 어떤 면에서 보면 아킬레스건과 근막의 탄성 반동과 똑같아 보이기도 합니다. 하지만 반동이 전부는 아니에요. 수축력에는 신경이라는 요소도 있고 근육이라는 요소도 있으니까요(사이클, 조정rowing, 카누 선수 정도까지는 아니겠지만 심근의 벽을 이루는 근육층도 두꺼워지거든요).

인터벌 트레이닝은 일회박출량 향상에 특화된 워크아웃입니다. 1930년대에 볼데마르 게르슐러와 한스 라인델이 처음 선보인 인터벌 워크아웃은 조깅이나 걷기 형태의 회복 '인터벌'을 사이에 두고 짧고 빠르게 뛰는 반복주의 형태를 지니고 있습니다. 인터벌 트레이닝에서는 반복주를 뛰는 동안 심박수를 높이고 회복 인터벌 동안 심박수를 낮추는 것을 목표로 합니다. 반복주에서의 혈류량 증가도 중요하지만, 그보다 훨씬 중요한 것은 회복 인터벌입니다. 회복 인터벌 동안에는 혈류가 줄어드는 양보다 심박수가 떨어지는 폭이 더 큽니다. 이렇게 하면 심실이 더 꽉 채워지므로 일회박출량이 일시적으로 증가합니다. 이를 여러 차례 거듭하면 일회박출량 증가라는 적응을 촉발하는 자극이 됩니다.

일회박출량은 러닝에서 수행능력을 결정하는 가장 중요한 요인입니다. 체력이 낮은 러너는 조깅 정도에도 최대 일회박출량에 도달합니다. 반면 훈련된 러너의 일회박출량은 5K보다 빠른 페이스에 상응할 만큼 늘어납니다. 산소 관점에서는 엄청난 이득이죠.

우리가 심장을 훈련할 때 심장은 인체의 조직이 가장 잘하는 일인 적응을 시작합니다. 심근 섬유는 굵어지고, 심장의 결합조직은 강해지고, 심실은 커지고, 일회박출량은 올라갑니다. 그리고 안정 시 심박수는 줄어들죠(117쪽 "러닝을 하면 안정시 심박수가 낮아질까?" 참조).

이렇게 훈련해 보아요

인터벌 트레이닝은 일회박출량을 높이는 가장 좋은 방법입니다. 1500미터~3K 페이스로 30~90초로 하면 아주 효과적이지만, 3K~5K 페이스 내지는 10K 페이스 정도로 반복주 시간을 조금 더 길게 잡고 뛰어도 효과는 좋습니다(126~130쪽). 언덕 반복주(134쪽)도 훌륭한 자극을 주고요.

달리기 이야기

"심장병, 염증, 그리고 마라톤"

달리기 붐의 선구자 짐 픽스Jim Fixx가 훈련 러닝을 마치고 치명적인 심장마비를 겪은 사건에서처럼, 러너의 심장마비는 뉴스거리가 됩니다. 최근 몇 년 동안 시카고 마라톤과 런던 마라톤에서처럼 마라톤 중 심장마비로 러너가 사망하는 것은 대단한 뉴스거리가 되고요. 《월스트리트 저널》 같은 언론에서 달리기를 치즈버거와 비교하면서 '심방세동과 관상동맥 죽상판의 위험성을 높인다'고 하면 온 세상 러너들이 귀를 기울입니다. 우리가 불사신이 아니라는 것은 알고 있지만, 건강하다고 믿고 싶다는 말이에요!

그렇다면 러닝에 대한 비관주의자들의 이런 공격에 우리는 어떻게 대응해야 할까요? 러닝화를 신발장에 모셔둘까요? 러닝을 그만두겠다 다짐하고 월스트리트 저널이나 읽으며 부담없이 시간을 보낼까요? 일단은 전문가들의 의견부터 들어보겠습니다.

2012년 《New England Journal of Medicine》에는 2000년~2010년 사이에 마라톤과 하프 마라톤에 참가한 1,090만 참가자의 심장마비 발병률을 검토한 연구가 발표되었습니다. 이 연구에서 확인된 바에 따르면, 참가자 184,000명 중 1명꼴로 심장마비를 겪은 적이 있고, 59명 중 42명이 사망했습니다. 비극적인 일입니다. 그러나 다른 스포츠에 비하면 위험성이 낮은 것도 사실입니다. 트라이애슬론(철인 3종 경기)의 사망률은 1/5이고 대학부 육상의 사망률은 1/6이거든요.

이래도 안심이 안 된다면, 《National Runners Health Study》의 2013년 분석을 같이 봅시다. 이 연구에서는 러너 32,073명과 걷기만 하는 사람 14,734명을 6년간 추적한 결과, 주당 24마일(약 38km) 이상 달리는 러너가 그보다 운동을 덜 하는 사람들보다 부정맥을 겪을 가능성이 낮다는 결론을 내렸습니다.

사실 러닝을 하면 치명적인 심장마비를 겪을 가능성이 50% 줄어듭니다. 심장마비를 일으키는 것이 달리기가 아니기 때문이에요. 심장마비를 일으키는 것은 심장병입니다. 심장병의 원인은 뭘까요? 지난 몇 년 동안은 콜레스테롤이 누명을 썼지만, (170명의 연구자가 피험자 190,000명의 자료를 취합한) 2012년의 메타 분석에서는 염증이 유력한 용의자로 떠올랐습니다. 2006년 하버드 의대와 브리검 여성병원에서 시행한 연구에서도 같은 결론을 내며, '염증이 초기 병변부터 말기 혈전 합병증에 이르는 (심혈관질환의) 모든 단계에서 핵심적으로 관여한다는 증거가 늘어나고 있다'고 밝혔죠.

요컨대 동맥에 죽상판의 축적을 일으키는 원흉은 (*인터벌 러닝이 아니라*) 염증입니다. 그렇다면 염증과 싸우는 것은 무엇일까요? 맞아요, 러닝입니다. 빠르게 움직이는 혈액은 동맥을 보호하여 죽상동맥경화증을 예방합니다. 2011년 스칸디나비아의 연구에 따르면 신체적인 건강상태가 뛰어날수록 염증이 전체적으로 감소하는 것으로 나타났습니다.

그러니 계속 달리세요. 마라톤이 염려된다면 5K와 10K라도 계속 뛰시고요.

혈관

혈관은 24시간 연중무휴로 산소와 영양소와 호르몬과 물을 신체의 모든 세포에 수송하는 배송 라인입니다. 동맥artery이라고 하는 큰 혈관은 산소가 풍부한 혈액을 심장으로부터 먼 곳으로 운반합니다. 이 여정은 대동맥에서 시작하여 더 작은 동맥을 거쳐 세동맥을 지나 마지막에는 신체의 가장 작은 혈관인 모세혈관capillary에 이르기까지 가지를 치며 나아갑니다. 모세혈관은 너무 작은 나머지 적혈구는 모세혈관을 한 줄로 나란히 통과해야 합니다. 근섬유에 산소와 영양분을 내려놓고 이산화탄소를 비롯한 잡다한 폐기물을 수거해 가는 혈액을 공급하는 것이 바로 모세혈관입니다. 이제 모세혈관은 세정맥venule으로 혈액을 보내고, 세정맥이 다시 정맥으로 이어지며 마침내 혈액은 심장까지 되돌아오게 됩니다.

5K 시간	10K 시간	지근 섬유	중간 섬유	속근 섬유
14:00	29:10	5.6	4.2	2.8
15:00	31:15	5.4	4.0	2.7
18:00	37:30	4.5	3.4	2.2
21:00	43:45	3.6	2.7	1.8
24:00	50:00	2.8	2.1	1.4
27:00	56:15	1.9	1.4	0.9
30:00	1:02:30	2.2	1.7	1.1
34:00	1:10:50	1.9	1.5	1.0
38:00	1:19:10	1.7	1.3	0.8
42:00	1:27:30	1.5	1.1	0.8

표 7.2 근섬유 유형별 모세혈관 분포.

5K/10K 완주시간에 따른 근섬유 유형별 예상 모세혈관 분포를 함께 살펴봅시다. 왼쪽 두 개 열에서 5K나 10K 완주시간을 찾은 다음, 오른쪽 세 개 열에서 근섬유 유형에 따른 예상 모세혈관 개수를 찾습니다.

모세혈관 영역

창고라면 당연히 화물 트럭이 오가며 서비스를 제공하는 상품 상하차 구역이 있게 마련입니다. 근섬유에 있어서 모세혈관계capillary bed는 상하차 구역이고, 적혈구는 화물 트럭인 셈이죠. 산소와 이산화탄소, 영양분과 폐기물의 교환은 이 구역에서 이루어집니다.

모세혈관에 대해 가장 중요하게 기억해야 할 것이 있으니, 바로 '다다익선(많을수록 좋다)'입니다.

근섬유에 모세혈관이 많이 분포할수록 해당 섬유에 산소를 많이 공급할 수 있습니다(이산화탄소와 폐기물 수거도 더 잘 이루어지죠). 표 7.2를 보면 러너의 능력 수준에 따른 총 모세혈관의 예상치를 알 수 있습니다. 보시다시피 빠른 러너일수록 같은 유형의 근섬유라도 모세혈관의 예상 밀도가 늘어나는 것을 확인할 수 있습니다.

신생 모세혈관은 훈련 1주차에 생겨나기 시작하지만, 동원되는 근섬유에만 생겨납니다. 자전거를 타면 심장에 좋을 수 있겠지만, 자전거 타기에 쓰이지 않는 근섬유 주위에는 모세혈관이 자라지 않습니다. 이와 같은 맥락으로, 느리게 오래 달리면 지근 섬유 주변으로는 모세혈관이 생겨나지만 속근 섬유에는 생겨나지 않습니다. 모세혈관 성장을 자극하는 데에는 다섯 가지 방법이 있습니다.

1. **근섬유 수축 증가:** 수축의 볼륨(횟수)을 늘리거나 수축의 속도(근섬유의 수축 속도)를 높이는 방식이 있습니다. 장거리 달리기는 수축의 볼륨을 높이는 워크아웃이 될 테고, 인터벌은 수축의 속도를 높이는 워크아웃이 될 테죠. 템포런은 볼륨과 속도를 모두 높이는 사례가 될 것입니다.
2. **혈류 증가:** 빠른 혈류는 모세혈관에 엄청난 스트레스를 줍니다. 스트레스가 임계점에 도달하면 모세혈관은 둘로 나뉘기도 하고 새로운 모세혈관을 솟아나게 하기도 합니다.
3. **모세혈관벽의 압력 증가:** 모세혈관벽에 지속적으로 장력을 가하면 모세혈관의 직경을 늘릴 수 있습니다.
4. **유산소 역치 이상으로의 페이스 증가:** 산소를 연료로 하는 대사 과정의 공급량보다 약간 더 많은 에너지를 요구하는 페이스로 달리면 모세혈관 성장을 자극할 수 있습니다. 이 관점에서 상급자는 5K 페이스, 초보자는 10K 페이스로 인터벌을 뛰는 것이 효과적입니다.

5. **젖산 증가:** 젖산 이온 농도가 높아지면 모세혈관 성장이 늘어납니다. 젖산에 대해서는 9장과 10장에서 자세히 볼게요.

일회박출량 상승으로 공급이 늘어난 산소를 확실히 전달해주는 유일한 방법은 모세혈관을 늘리는 것뿐입니다.

빨리 오면 빨리 가는 법

체력이 올라갈 때는 영원처럼 오래 걸리는데 떨어질 때는 한순간이라는 불만의 목소리가 러너들 사이에서는 흔합니다. 모세혈관은 안타깝게도 바로 이 패턴을 따릅니다. 힘겹게 얻은 새 모세혈관은 훈련을 멈추면 고작 일주일 만에 모조리 사라집니다. 훈련 볼륨이나 강도만 낮춰도 이전의 볼륨이나 강도에서 얻은 모세혈관은 사라지고 맙니다. 쉽게 말해, 혈류가 줄면 모세혈관은 없어집니다.

모세혈관 성장과 한 가지만 더 짚고 넘어갈게요. 과도한 운동은 모세혈관 성장을 방해합니다. 훈련은 케이크 굽기나 마찬가지예요. 밀가루를 두 배 넣고 소금을 세 배 넣는다고 해서 더 훌륭한 케이크가 되지는 않습니다. 정해진 것보다 인터벌 횟수를 늘리고 더 빠르게 뛰는 것도 마찬가지랍니다.

이렇게 훈련해 보아요

모세혈관을 훈련하려면 근섬유 유형별로 볼륨과 페이스를 다르게 해야 합니다. 크루즈 인터벌(131쪽)과 템포 런(132쪽)은 지근 섬유의 모세혈관에 좋습니다. 빠른 인터벌과 언덕 반복주(126~130쪽, 134쪽)은 둘 다 중간 섬유와 속근 섬유에 좋은 효과를 나타냅니다. 모세혈관을 훈련하는 과정에서, 정확히 동일한 훈련 자극에 반응하는 미토콘드리아(8장) 또한 보너스로 가져갈 수 있어요. 일석이조인 셈이죠. 모세혈관을 제외한 나머지 혈관들은 훈련 유형과 관계없이 더 탄력적으로 변합니다.

혈액

심혈관계의 다른 부분과 마찬가지로 혈액도 훈련을 통해 좋아집니다. 우선, 첫 러닝이 끝나고 몇 시간에서 며칠 사이에 혈장plasma의 양이 늘어납니다. 혈장량이 늘어나면 혈액의 점성(저항)이 줄어 혈액이 혈관, 특히 모세혈관으로 더 쉽게 흐릅니다.

러닝은 종류와 상관없이 혈액량을 늘리지만, 2012년 뉴질랜드에서 시행한 연구에 따르면 더위 속에서 훈련하여 (2% 이하의) 가벼운 탈수가 생긴 조건일 때 혈장량과 수행능력의 확연한 향상이라는 완전한 효과를 거둘 수 있다고 합니다. 《러너스 월

체중		남성			여성		
파운드	킬로그램	훈련 안 됨	훈련받음	엘리트	훈련 안 됨	훈련받음	엘리트
250	113	8.9	10.5	12.2	6.7	7.8	9.1
225	102	8.0	9.4	11.0	6.0	7.1	8.2
200	91	7.1	8.4	9.7	5.3	6.3	7.3
175	80	6.2	7.3	8.5	4.7	5.5	6.4
150	68	5.3	6.3	7.3	4.0	4.7	5.5
125	57	4.4	5.2	6.1	3.3	3.9	4.6
100	46	3.6	4.2	4.9	2.7	3.1	3.7
75	34	2.7	3.1	3.7	2.0	2.4	2.7

표 7.3 안정기의 총 혈액량.
체중과 상대적인 체력 수준을 바탕으로 총 혈액량을 추산했습니다. 왼쪽 열에서 자신과 가장 가까운 체중을 찾은 다음, 오른쪽 열에서 성별과 체력에 맞는 혈액량을 찾아보세요.

드》의 알렉스 허친슨Alex Hutchinson은 자신의 블로그인 〈Sweat Science〉에서 이러한 연구들에 대해 '몸이 받는 불편함을 줄이려고 갖은 노력을 기울이기보다는 훈련에서 오는 스트레스로 몸을 끌고 가는 것의 중요성 […] (집을 나설 때) 물병을 놔두고 가는 것도 좋을 것'이라고 남기기도 했습니다.

적혈구

적혈구의 증가는 혈액에 일어나는 또 다른 적응입니다. 적혈구는 신체가 사용하는 산소의 98%를 운반합니다(이산화탄소 제거에도 크게 기여하고요). 폐를 통해 들어온 산소는 철이 풍부한 적혈구의 헤모글로빈 분자와 결합합니다(적혈구와 피의 색이 빨간 건 철의 색깔 때문입니다). 적혈구의 양이 늘어나면 혈액이 더 많은 산소를 운반할 수 있을 거예요.

적혈구는 혈장보다 더 천천히 늘어나는데, 수주에서 수개월까지도 걸리곤 합니다. 운동으로 인한 손상 때문에 원래 120일인 적혈구의 예상 수명이 70일로 짧아지기는 하지만, 결과적으로 적혈구의 전체적인 양은 늘어나게 돼요. 여기서 말하는 손상은 이론적으로 (산화 스트레스를 일으키는) 산소에의 노출부터 발이 지면에 착지할 때 적혈구가 파괴되는 '착지성 용혈'에 이르기까지 다양한 원인으로 발생하지만, 그렇다 해도 (혈장량의 증가 속도가 적혈구의 증가속도를 일시적으로 압도할 때 생기는 '스포츠 빈혈'을 제외한다면) 진정한 의미에서의 빈혈로 고생하는 러너는 극히 일부에 불과하며, 초당 2백만 개가 정상인 적혈구 생산 속도 또한 금세 더 높아집니다. 호주 스포츠 연구소의 1995년 연구에 따르면 러너의 적혈구 수명이 짧으면 '어린 세포가 산소를 더 효율적으로 운반하기 때문에 유리할 수 있다'는 이점이 있다고 합니다.

달리기 이야기

"혈액 도핑이 뭔가요?"

혈액 도핑에서 장거리 러너는 경기력 향상을 위해 수혈을 받습니다. 이 시술을 받으면 최대 유산소 대사능peak aerobic capacity을 높일 수 있습니다.

전통적인 혈액 도핑에는 두 가지 방법이 있습니다. 하나는 선수가 경기 전 몇 주에서 몇 달 전에 2파인트(약 1리터) 정도의 피를 빼놓는 방식입니다. 이러면 선수의 몸은 손실된 혈액을 보충합니다. 경기를 하루나 이틀 앞두고 이전에 빼낸 혈액을 다시 주입하여 (적혈구가 포함된) 혈액량을 늘립니다. 이렇게 하면 피의 농도가 짙어지고 혈액의 양이 늘어나 혈전증, 심장마비, 뇌졸중에 걸릴 확률이 높아집니다. 또 다른 방법은 이보다 더 위험한 것으로, 다른 선수의 피를 수혈받는 방식입니다. 첫 번째 방법의 위험성을 고스란히 지니고 있을 뿐만 아니라, 바이러스 감염으로 이어질 수도 있고, 재수가 없으면 혈액형이 맞지 않을 수도 있습니다. 어쨌거나 두 방법 모두 혈액의 산소 운반 능력을 높이긴 합니다.

카를로 마닌카Kaarlo Maaninka가 고백했듯 70~80년대를 지배한 핀란드 러너들은 혈액 도핑을 받았다는 소문이 무성했습니다. 마르티 바이니오Martti Vainio는 오염된 혈액을 재주입했다가 1984년 올림픽에서 스테로이드 양성 반응을 보였고, 위대한 올림픽 영웅 라세 비렌Lasse Viren은 오늘날까지도 의심을 받고 있죠. 최근에는 사이클 선수인 랜스 암스트롱Lance Armstrong이 창문에 테이프를 붙이고 복도에 망 보는 사람까지 배치한 호텔 방에서 비밀리에 수혈을 하는 혈액 도핑 계획을 세우고 있었음을 시인하면서 한순간에 명예가 실추되기도 했죠.

최근 몇 년 사이에 도핑꾼들은 합성 에리트로포이에틴을 비롯해 여러 가지 적혈구 촉진제를 수혈 대신 쓰고 있습니다.

이렇게 훈련해 보아요

종류와 관계없이, 러닝은 혈장량의 증가를 유발합니다. 더위 속에서 훈련하면 혈장의 증가량을 더 높일 수 있습니다.(10장, 172쪽). 적혈구의 증가에는 식단이 큰 역할을 합니다. 철분을 적절하게 먹어야 하죠(22장 참조). 기전이 확실치 않기는 하나, 유산소 훈련은 적혈구의 증가를 유도합니다.

폐

폐는 호흡계의 일부이지만, 산소가 심혈관계로 넘어가는 관문이기도 합니다. 물론 훈련도 가능하죠.

폐는 풍선과 비슷하지만 그보다 복잡해요. 숨을 쉴 때마다 늘어났다 줄어드는 속 빈 방이 아닙니다. 폐의 내부는 폐포alveolus라고 하는 작은 공기주머니로 끝나는 기관지와 세기관지(공기 통로)가 복잡한 그물처럼 채워진 스펀지와 같습니다. 폐포는 몇 개나 될까요? 폐 한쪽에 3~8억개가 들어있습니다. 모세혈관으로 둘러싸인 폐포는 혈액이 산소와 이산화탄소를 교환하는 장소입니다. 폐포와 모세혈관과 적혈구의 개수를 보면 흡연자가 폐 조직을 그렇게나 많이 파괴함에도 여전히 혈액으로 산소를 공급할 수 있는 이유를 알 수 있습니다.

폐의 훈련은 호흡근을 강화함으로써 이루어집니다. 숨을 들이쉬려면 횡격막과 외늑간근을 수축시켜야 합니다. 이러면 가슴이 벌어지며 흉강의 압력이 낮아져 결과적으로 폐가 공기로 채워집니다. 횡격막과 외늑간근을 이완하면 숨은 내쉬어집니다. 힘든 워크아웃이나 경주를 하며 (누구 말마따나 '바람을 쪽쪽 빨며') 정신 나간 것처럼 달릴 때는 (복근과 내늑간근처럼) 다른 호흡근을 활용하여 숨을 더 빨리 내쉴 수 있습니다.

호흡근이 강해지면 모자란 숨으로 인한 심리적 스트레스가 줄어들 뿐만 아니라 에너지도 덜 쓰게 됩니다. 안정기의 호흡은 에너지 사용의 약 1%를 차지하지만, 열심히 달리는 동안에는 9%까지 올라갈 수 있습니다. 이 에너지를 몇 퍼센트라도 줄이면 몸에 쓸 에너지는 상대적으로 많아지겠죠. 호흡근 훈련은 효과도 좋습니다. 지구력 사이클 선수를 대상으로 한 2011년 연구를 보면 호흡 컨디셔닝을 통해 호흡근 근력이 34%, 호흡근 지구력이 38% 향상되

훈련	일회박출량	혈액량	적혈구	폐 (근육)	모세혈관 (지근 섬유)	모세혈관 (중간 섬유)
인터벌(1500m 페이스)	매우 높음	중간	중간	매우 높음	낮음	매우 높음
인터벌(3K 페이스)	매우 높음	매우 높음	높음	높음	중간	높음
인터벌(5K 페이스)	높음	매우 높음	높음	높음	중간	높음
인터벌(10K 페이스)	높음	높음	중간	중간	높음	중간
크루즈 인터벌	중간	높음	중간	중간	매우 높음	중간
템포 런(빠르게)	중간	높음	중간	중간	매우 높음	중간
템포 런(느리게)	중간	높음	중간	중간	매우 높음	중간
오래달리기	중간	중간	중간	중간	높음	중간
언덕 반복주	높음	중간	중간	매우 높음	낮음	매우 높음
평범한 달리기	중간	중간	중간	중간	중간	중간
편한 달리기	낮음	중간	낮음	낮음	중간	낮음
호흡훈련기구	매우 낮음	없음	없음	매우 높음	없음	없음

표 7.4 워크아웃 종류에 따른 훈련 효과.

다양한 훈련이 심혈관계의 여러 구성요소에 어떠한 영향을 미치는지 살펴봅시다. 가령 언덕 반복주는 중간 섬유의 모세혈관에 매우 높은 영향을 미치므로 모세혈관 수를 크게 늘립니다. 그러나 지근 섬유의 모세혈관에는 낮은 영향을 미치므로, 이를 자극하려면 템포 런처럼 긴 시간을 두고 뛰는 워크아웃이 있어야 합니다.

었습니다.

이렇게 훈련해 보아요

호흡근을 훈련하려면 (중강도나 고강도 인터벌 같은) 빠른 달리기를 하거나 호흡 훈련기구 같은 특수 장비를 동원해야 합니다(136쪽).

훈련 개요

심혈관계 훈련에는 대다수의 러너가 컨디셔닝과 연관짓는 인터벌 트레이닝과 템포 런이 들어갑니다. 사진으로 보는 워크아웃에서 다음과 같은 내용을 함께 확인할 거예요.

- **인터벌 트레이닝**
- **언덕 반복주**
- **5K/10K 반복주**
- **5K 페이스의 도로/트레일 반복주**
- **크루즈 인터벌**
- **빠른 템포 런**
- **느린 템포 런**
- **오래달리기**
- **호흡 훈련기구**

심혈관계 강화에 영향을 미치는 훈련에는 아래처럼 다른 장의 내용도 포함되어 있습니다.

- **편한 달리기(5장)**
- **장거리 달리기(5장)**
- **여러 가지 크로스 트레이닝(9장)**

이들 워크아웃을 전반적인 훈련 프로그램에 어떻게 녹일 수 있는지 제대로 확인하려면 체력과 능력에 맞는 샘플 일정을 제공하는 15장을 바로 펼쳐 보세요.

제7장 심혈관계로 설계하는 달리기

사진으로 보는 워크아웃

러닝 워크아웃

앞서 근육을 다룬 장에서 스트라이드부터 편한 달리기와 언덕 달리기 등 기본이 되는 러닝 워크아웃 몇 가지를 살펴보았습니다. 심혈관계의 계발을 시작하기로 결심한 지금은 그보다 강도 높은 훈련에 돌입해야겠죠. 돌아온 그레이스와 함께 워크아웃에 맞는 주폭 길이와 자세를 동시에 확인해 보아요. 이번 훈련에는 이해를 돕기 위해 다음과 같은 항목이 첨부됩니다.

1. 정확한 강도 탐색에 도움이 되는 페이스 차트
2. 워크아웃에 대한 안내
3. 일어날 것으로 예상되는 적응의 개요
4. 회복 권장량 – 회복 인터벌은 표 하단에 배수 형태로 제공됩니다(가령 1:1은 반복주 시간과 회복 시간이 같다는 뜻이고, 1:½은 반복주 시간의 절반만큼 회복 시간을 가져가라는 뜻입니다)

1500미터 페이스 훈련

1500미터 페이스의 강도는 1마일 페이스와 강도가 같습니다. 1500미터나 1마일 경기에 나가본 적이 없는 러너가 많기 때문에, 1500미터 페이스 차트는 5K 경기 페이스를 기준으로 하여 추산합니다. 5K 완주 기록이 없으면 40쪽에 안내한 지침을 따르세요. 제시된 1500미터 페이스를 200, 300, 400, 600미터 반복주에 활용합니다. 이 페이스는 600미터보다 긴 거리의 반복주에 권장되지 않습니다. 1500미터 페이스의 반복주는 다음과 같은 적응을 일으킬 수 있습니다.

- **일회박출량:** 1500미터 페이스 반복주는 일회박출량 향상에 유용한 워크아웃입니다. 30~90초 동안 달려 심박수를 높였다가, 회복 인터벌에는 빠르게 속도를 줄입니다(걸어도 됩니다). 30초씩 8~10번 반복한 다음, 체력이 된다면 반복수(나중에는 시간까지)를 늘려나갑니다. 피로가 느껴지는 시점이 상한선입니다.
- **모세혈관 증가:** 1500미터 페이스 반복주는 중간 섬유와 속근 섬유 주변의 모세혈관 개수를 늘립니다. (400~600미터의) 긴 거리 반복주가 여기에 알맞습니다.
- **심혈관계 이외의 적응:** 1500미터 페이스 반복주는 호흡근의 근력을 높입니다. 긴 거리의 1500미터 페이스 반복주는 중간 섬유와 속근 섬유에서의 미토콘드리아 밀도를 높이고 모노카복실산 수송단백질(MCT, 9장 참조)을 증가시킵니다. 1500미터와 1마일 경기에서의 러닝 효율을 높이려면(11장) 1:2 회복 비율로 400미터 반복주를, 무산소 대사능을 높이려면(10장) 200~400미터 반복주를 실시하세요.

5K 시간	1500m 시간	반복주 페이스				
		600m	400m	300m	200m	100m
14:00	3:49	1:32	1:00	0:46	0:31	NA
14:30	3:57	1:35	1:03	0:47	0:32	NA
15:00	4:05	1:38	1:05	0:49	0:33	NA
15:30	4:13	1:41	1:08	0:51	0:34	NA
16:00	4:21	1:45	1:10	0:52	0:35	NA
16:30	4:30	1:48	1:12	0:54	0:36	NA
17:00	4:38	1:51	1:14	0:56	0:37	NA
17:30	4:46	1:54	1:16	0:57	0:38	NA
18:00	4:54	1:58	1:18	0:59	0:39	NA
18:30	5:02	2:00	1:21	1:01	0:40	NA
19:00	5:10	2:04	1:23	1:02	0:41	NA
19:30	5:19	2:07	1:25	1:04	0:43	NA
20:00	5:27	2:11	1:27	1:05	0:44	NA
20:30	5:35	2:14	1:29	1:07	0:45	NA
21:00	5:43	2:17	1:32	1:09	0:46	NA
21:30	5:51	2:21	1:34	1:10	0:47	NA
22:00	5:59	2:24	1:36	1:12	0:48	NA
22:30	6:08	2:27	1:38	1:14	0:49	NA
23:00	6:16	2:30	1:40	1:15	0:50	NA
23:30	6:24	2:34	1:42	1:17	0:51	NA
24:00	6:32	2:37	1:45	1:18	0:52	NA
24:30	6:40	2:40	1:47	1:20	0:53	NA
25:00	6:50	2:43	1:49	1:22	0:55	NA
26:00	7:05	2:50	1:53	1:25	0:57	NA
27:00	7:21	2:57	1:58	1:28	0:59	NA
28:00	7:38	NA	2:02	1:32	1:01	0:30
29:00	7:54	NA	2:06	1:35	1:03	0:32
30:00	8:10	NA	2:11	1:38	1:05	0:33
31:00	8:27	NA	2:15	1:41	1:08	0:34
32:00	8:43	NA	2:19	1:45	1:10	0:35
33:00	8:59	NA	2:24	1:48	1:12	0:36
34:00	9:16	NA	2:28	1:51	1:14	0:37
35:00	9:32	NA	2:33	1:54	1:16	0:38
36:00	9:48	NA	2:37	1:58	1:18	0:39
37:00	10:05	NA	2:41	2:01	1:21	0:40
38:00	10:21	NA	2:46	2:04	1:23	0:41
39:00	10:37	NA	2:50	2:07	1:25	0:42
40:00	10:54	NA	2:54	2:11	1:27	0:44
41:00	11:10	NA	2:59	2:14	1:29	0:45
42:00	11:26	NA	NA	2:17	1:32	0:46

1500미터 페이스 차트.

반복주:회복(비율) = 1:1 또는 1:2
1500m 페이스 반복주는 최대 3:00까지만 실시할 것.

3K 페이스 훈련

3K 페이스 훈련은 대부분의 러너에게 VO_2max 페이스와 거의 같습니다. 페이스 차트에서는 5K 페이스를 기준으로 하여 3K 페이스를 추정한 다음, 이를 200, 400, 600, 800, 1000미터 반복주에 활용합니다. 5K 완주 기록이 없으면 40쪽에 안내한 지침을 따르세요. 이 페이스는 1000미터보다 긴 거리의 반복주에 권장되지 않습니다. 3K 페이스의 반복주는 다음과 같은 적응을 일으킬 수 있습니다.

- **일회박출량:** 1500미터 페이스의 인터벌과 마찬가지로 3K 페이스 인터벌 또한 일회박출량을 높입니다. 30~90초 동안 달려 심박수를 높였다가, 회복 인터벌에는 빠르게 속도를 줄입니다(걸어도 됩니다). 30초씩 8~10번 반복한 다음, 체력이 된다면 반복 수와 시간을 늘려나갑니다. 피로가 느껴지는 시점이 상한선입니다.
- **모세혈관:** 3K 페이스 반복주는 중간 섬유 주변의 모세혈관 개수

증가에 탁월합니다. (800~1000미터의) 긴 거리 반복주가 여기에 알맞습니다.

- **혈액:** 3K 페이스 반복주는 혈액량과 적혈구 개수를 늘리는 데도 좋습니다. 여기서도 긴 거리 반복주가 좋습니다.
- **심혈관계 이외의 적응:** 긴 거리의 3K 페이스 반복주는 중간 섬유의 미토콘드리아 밀도 향상에 좋습니다(8장). 3K 페이스 반복주는 또한 1500m~10K 경기에서의 러닝 효율을 높여 줍니다(11장).

5K 시간	3K 시간	반복주 페이스				
		1000m	800m	600m	400m	200m
14:00	8:09	2:43	2:11	1:38	1:05	0:33
14:30	8:27	2:49	2:15	1:41	1:08	0:34
15:00	8:44	2:55	2:20	1:45	1:10	0:35
15:30	9:02	3:00	2:25	1:48	1:12	0:36
16:00	9:19	3:07	2:29	1:52	1:15	0:37
16:30	9:37	3:12	2:34	1:55	1:17	0:39
17:00	9:54	3:18	2:39	1:59	1:19	0:40
17:30	10:12	3:24	2:43	2:02	1:22	0:41
18:00	10:29	3:30	2:48	2:06	1:24	0:42
18:30	10:47	3:36	2:53	2:09	1:26	0:43
19:00	11:04	3:41	2:57	2:13	1:29	0:44
19:30	11:22	3:47	3:02	2:16	1:31	0:45
20:00	11:39	3:53	3:07	2:20	1:33	0:47
20:30	11:57	3:59	3:11	2:23	1:36	0:48
21:00	12:14	NA	3:16	2:27	1:38	0:49
21:30	12:32	NA	3:20	2:30	1:40	0:50
22:00	12:49	NA	3:25	2:34	1:43	0:51
22:30	13:07	NA	3:30	2:37	1:45	0:52
23:00	13:24	NA	3:34	2:41	1:47	0:54
23:30	13:42	NA	3:39	2:44	1:50	0:55

5K 시간	3K 시간	반복주 페이스				
		1000m	800m	600m	400m	200m
24:00	13:59	NA	3:44	2:48	1:52	0:56
24:30	14:17	NA	3:48	2:51	1:54	0:57
25:00	14:34	NA	3:53	2:55	1:57	0:58
26:00	15:09	NA	NA	3:02	2:01	1:00
27:00	15:44	NA	NA	3:09	2:06	1:03
28:00	16:19	NA	NA	3:16	2:11	1:05
29:00	16:54	NA	NA	3:23	2:15	1:08
30:00	17:29	NA	NA	3:30	2:20	1:10
31:00	18:04	NA	NA	3:37	2:25	1:12
32:00	18:39	NA	NA	3:44	2:29	1:15
33:00	19:14	NA	NA	3:51	2:34	1:17
34:00	19:49	NA	NA	3:58	2:39	1:19
35:00	20:24	NA	NA	NA	2:43	1:22
36:00	20:59	NA	NA	NA	2:48	1:24
37:00	21:34	NA	NA	NA	2:53	1:26
38:00	22:09	NA	NA	NA	2:57	1:29
39:00	22:43	NA	NA	NA	3:02	1:31
40:00	23:18	NA	NA	NA	3:07	1:33
41:00	23:53	NA	NA	NA	3:11	1:36
42:00	24:28	NA	NA	NA	3:16	1:38

3K 페이스 차트.

반복주:회복(비율) = 1:1
3K 페이스 반복주는 최대 4:00까지만 실시할 것.

5K 페이스 훈련

대회에 출전하는 러너라면 5K 페이스 훈련이 필수입니다. 페이스 차트에서는 5K 페이스를 기준으로 하여 이를 200, 400, 800, 800, 1000, 1600미터 반복주에 활용합니다. 5K 완주 기록이 없으면 40쪽에 안내한 지침을 따르세요. 이 페이스는 1600미터/1마일보다 긴 거리의 반복주에 권장되지 않습니다. 5K 페이스 반복주는 다음과 같은 적응을 일으킬 수 있습니다.

- **일회박출량:** 짧은 거리의 반복주에는 5K 페이스가 효과적입니다. 회복 시간을 반복주의 50~100%로 두고 실시하는 16~20×200m나 16~20×400m는 훌륭한 일회박출량 워크아웃이 됩니다.
- **모세혈관:** 5K 페이스 반복주는 중간 섬유 주위의 모세혈관 수를 증가시킵니다. 고볼륨 훈련이나 긴 거리의 반복주가 여기에 알맞습니다.

5K 시간	반복주 페이스				
	1600m	1000m	800m	400m	200m
14:00	4:29	2:48	2:14	1:07	0:34
14:30	4:38	2:54	2:19	1:10	0:35
15:00	4:48	3:00	2:24	1:12	0:36
15:30	4:58	3:06	2:29	1:14	0:37
16:00	5:07	3:12	2:34	1:17	0:38
16:30	5:17	3:18	2:38	1:19	0:40
17:00	NA	3:24	2:43	1:22	0:41
17:30	NA	3:30	2:48	1:24	0:42
18:00	NA	3:36	2:53	1:26	0:43
18:30	NA	3:42	2:58	1:29	0:44
19:00	NA	3:48	3:02	1:31	0:46
19:30	NA	3:54	3:07	1:34	0:47
20:00	NA	4:00	3:12	1:36	0:48
20:30	NA	4:06	3:17	1:38	0:49
21:00	NA	4:12	3:22	1:41	0:50
21:30	NA	4:18	3:26	1:43	0:52
22:00	NA	4:24	3:31	1:46	0:53
22:30	NA	4:30	3:36	1:48	0:54
23:00	NA	4:36	3:41	1:50	0:55
23:30	NA	4:42	3:46	1:53	0:56

5K 시간	반복주 페이스				
	1600m	1000m	800m	400m	200m
24:00	NA	4:48	3:50	1:55	0:58
24:30	NA	4:54	3:55	1:58	0:59
25:00	NA	5:00	4:00	2:00	1:00
26:00	NA	5:12	4:10	2:05	1:02
27:00	NA	NA	4:19	2:10	1:05
28:00	NA	NA	4:29	2:14	1:07
29:00	NA	NA	4:38	2:19	1:10
30:00	NA	NA	4:48	2:24	1:12
31:00	NA	NA	4:58	2:29	1:14
32:00	NA	NA	5:07	2:34	1:17
33:00	NA	NA	5:17	2:38	1:19
34:00	NA	NA	NA	2:43	1:22
35:00	NA	NA	NA	2:48	1:24
36:00	NA	NA	NA	2:53	1:26
37:00	NA	NA	NA	2:58	1:29
38:00	NA	NA	NA	3:02	1:31
39:00	NA	NA	NA	3:07	1:34
40:00	NA	NA	NA	3:12	1:36
41:00	NA	NA	NA	3:17	1:38
42:00	NA	NA	NA	3:22	1:41

5K 페이스 차트.

반복주:회복(비율) = 1:1 또는 1:½

5K 페이스 반복주는 최대 5:20까지만 실시할 것.

- **혈액:** 5K 페이스 반복주는 혈액량과 적혈구 개수를 늘리는 데도 좋습니다. 여기서도 긴 거리 반복주가 좋습니다.
- **심혈관계 이외의 적응:** 5K 페이스 반복주는 중간 섬유의 미토콘드리아 양과(8장) 근섬유의 수축 속도(11장)를 높입니다. 5K 페이스 반복주는 3K~하프 마라톤 경기에서의 러닝 효율도 높여 줍니다(11장).

10K 페이스 훈련

10K 페이스 훈련은 5K 페이스 훈련에서 강도를 낮춘 버전입니다. 페이스 차트에서는 5K 페이스를 기준으로 하여 10K 페이스를 추산한 다음, 이를 400, 800, 1000, 1600미터 반복주에 활용합니다. 5K 완주 기록이 없으면 40쪽에 안내한 지침을 따르세요. 이 페이스는 2000미터보다 긴 거리의 반복주에 권장되지 않습니다. 10K 페이스 반복주는 다음과 같은 적응을 일으킬 수 있습니다.

5K 시간	10K 시간	반복주 페이스			
		2000m	1600m	1000m	800m
14:00	29:10	5:50	4:40	2:55	2:20
14:30	30:12	6:02	4:50	3:01	2:25
15:00	31:15	6:15	5:00	3:07	2:30
15:30	32:17	6:27	5:10	3:14	2:35
16:00	33:20	6:40	5:20	3:20	2:40
16:30	34:22	6:52	5:30	3:26	2:45
17:00	35:25	7:05	5:40	3:32	2:50
17:30	36:27	7:17	5:50	3:39	2:55
18:00	37:30	NA	6:00	3:45	3:00
18:30	38:32	NA	6:10	3:51	3:05
19:00	39:35	NA	6:20	3:57	3:10
19:30	40:37	NA	6:30	4:04	3:15
20:00	41:40	NA	6:40	4:10	3:20
20:30	42:42	NA	6:50	4:16	3:25
21:00	43:45	NA	7:00	4:22	3:30
21:30	44:47	NA	7:10	4:29	3:35
22:00	45:50	NA	NA	4:35	3:40
22:30	46:52	NA	NA	4:41	3:45
23:00	47:55	NA	NA	4:47	3:50
23:30	48:57	NA	NA	4:54	3:55

5K 시간	10K 시간	반복주 페이스			
		2000m	1600m	1000m	800m
24:00	50:00	NA	NA	5:00	4:00
24:30	51:02	NA	NA	5:06	4:05
25:00	52:05	NA	NA	5:12	4:10
26:00	54:10	NA	NA	5:25	4:20
27:00	56:15	NA	NA	5:37	4:30
28:00	58:20	NA	NA	5:50	4:40
29:00	1:00:25	NA	NA	6:02	4:50
30:00	1:02:30	NA	NA	6:15	5:00
31:00	1:04:35	NA	NA	6:27	5:10
32:00	1:06:40	NA	NA	6:40	5:20
33:00	1:08:45	NA	NA	6:52	5:30
34:00	1:10:50	NA	NA	7:05	5:40
35:00	1:12:55	NA	NA	NA	5:50
36:00	1:15:00	NA	NA	NA	6:00
37:00	1:17:05	NA	NA	NA	6:10
38:00	1:19:10	NA	NA	Na	6:20
39:00	1:21:15	NA	NA	NA	6:30
40:00	1:23:20	NA	NA	NA	6:40
41:00	1:25:25	NA	NA	NA	6:50
42:00	1:27:30	NA	NA	NA	7:00

10K 페이스 차트.

반복주:회복(비율) = 1:½

10K 페이스 반복주는 최대 7:07까지만 실시할 것.

- **모세혈관:** 10K 페이스 반복주는 중간 섬유와 지근 섬유의 모세혈관을 늘립니다. 고볼륨 훈련이나 긴 거리의 반복주가 여기에 알맞습니다.
- **혈액:** 10K 페이스 반복주는 혈액량과 적혈구 수의 증가를 자극합니다.
- **일회박출량:** 10K 페이스 반복주는 일회박출량을 다소나마 향상시킬 수 있지만, 1500m~5K 페이스 반복주만큼 효과적이지는 않습니다.
- **심혈관계 이외의 적응:** 10K 페이스 반복주는 지근 섬유(와 약간의 중간 섬유)에서 미토콘드리아 수를 늘리고(8장), 중간 섬유의 MCT를 증가시키고(9장), 근섬유의 수축 속도도 높입니다(11장). 10K 페이스 반복주는 5K~하프 마라톤 경기에서의 러닝 효율도 높여 줍니다(11장).

크루즈 인터벌 훈련

크루즈 인터벌은 낮은 강도의 10K 페이스 반복주로 볼 수도 있고, 약간 높은 강도의 템포 런으로 볼 수도 있습니다. 페이스 차트에서는 5K 페이스를 기준으로 하여 크루즈 인터벌 페이스를 추산한 다음, 이를 400, 800, 1000, 1200, 1600미터 반복주에 활용합니다. 5K 완주 기록이 없으면 40쪽에 안내한 지침을 따르세요. 이 페이스는 8분보다 긴 시간의 반복주에 권장되지 않습니다. 크루즈 인터벌은 다음과 같은 적응을 일으킬

5K 시간	반복주 페이스				
	2000m	1600m	1200m	1000m	800m
14:00	6:07	4:54	3:40	3:04	2:27
14:30	6:20	5:04	3:48	3:10	2:32
15:00	6:32	5:13	3:55	3:16	2:37
15:30	6:44	5:23	4:02	3:22	2:42
16:00	6:56	5:33	4:10	3:28	2:47
16:30	7:09	5:43	4:17	3:34	2:51
17:00	7:21	5:53	4:25	3:40	2:56
17:30	7:33	6:02	4:32	3:47	3:01
18:00	7:45	6:12	4:39	3:53	3:06
18:30	7:57	6:22	4:46	3:59	3:11
19:00	8:09	6:32	4:54	4:05	3:16
19:30	8:22	6:41	5:00	4:11	3:21
20:00	8:34	6:51	5:08	4:17	3:25
20:30	8:46	7:00	5:15	4:23	3:30
21:00	8:58	7:10	5:23	4:29	3:35
21:30	9:10	7:20	5:30	4:35	3:40
22:00	9:22	7:29	5:37	4:41	3:45
22:30	9:34	7:39	5:44	4:47	3:50
23:00	9:46	7:49	5:51	4:53	3:54
23:30	9:58	7:58	5:59	4:59	3:59

5K 시간	반복주 페이스				
	2000m	1600m	1200m	1000m	800m
24:00	10:10	8:08	6:06	5:05	4:04
24:30	10:22	8:17	6:13	5:11	4:09
25:00	10:34	8:27	6:20	5:17	4:13
26:00	10:57	8:46	6:34	5:29	4:23
27:00	11:21	9:05	6:49	5:41	4:32
28:00	11:45	9:24	7:03	5:52	4:42
29:00	12:08	9:43	7:17	6:04	4:51
30:00	12:32	10:01	7:31	6:16	5:00
31:00	12:55	10:20	7:45	6:28	5:10
32:00	13:19	10:39	7:59	6:39	5:20
33:00	13:42	10:58	8:13	6:51	5:29
34:00	14:06	11:16	8:27	7:03	5:38
35:00	14:29	11:35	8:41	7:14	5:48
36:00	14:52	11:54	8:55	7:26	5:57
37:00	15:15	12:12	9:09	7:38	6:06
38:00	15:39	12:31	9:23	7:49	6:15
39:00	16:02	12:49	9:37	8:00	6:25
40:00	16:25	13:08	9:51	8:12	6:34
41:00	16:48	13:26	10:05	8:24	6:43
42:00	17:11	13:45	10:19	8:35	6:52

크루즈 인터벌 페이스 차트.

반복주:회복(비율) = 1:½

왼쪽 열에서 5K 페이스를 찾은 다음, 오른쪽 열에서 해당하는 반복주 페이스에 맞게 훈련을 실시할 것.

수 있습니다.

- **모세혈관:** 크루즈 인터벌은 지근 섬유와 중간 섬유 주변의 모세혈관 수를 늘립니다.
- **혈액:** 크루즈 인터벌은 혈액량과 적혈구 수의 증가에 좋습니다.
- **심혈관계 이외의 적응:** 크루즈 인터벌은 지근 섬유의 미토콘드리아 양을 늘리고(8장) 중간 섬유와 지근 섬유의 MCT를 증가시킵니다(9장). 또한 혼합 인터벌에서 '느린' 인터벌 부분으로 쓰이기도 합니다(8장 사진으로 보는 워크아웃).

템포 훈련

템포 런은 위대한 코치인 잭 대니얼스가 정의했듯 '편한 듯 힘든' 수준의 강도로 실시해야 합니다. 템포 훈련 차트에서는 '빠른 템포'와 '느린 템포'의 두 가지 페이스가 제공됩니다. 빠른 페이스는 하프 마라톤 페이스와 얼추 비슷하며, 이 페이스로 15~25분 동안 쉬지 않고 달려야 합니다. 느린 페이스는 마라톤 페이스와 거의 같

5K 시간	빠른 템포		느린 템포	
	1마일	1K	1마일	1K
14:00	5:01	3:07	5:19	3:18
14:30	5:11	3:13	5:29	3:24
15:00	5:21	3:20	5:40	3:31
15:30	5:31	3:26	5:50	3:37
16:00	5:41	3:32	6:00	3:44
16:30	5:51	3:38	6:11	3:50
17:00	6:00	3:44	6:21	3:57
17:30	6:11	3:50	6:31	4:03
18:00	6:21	3:56	6:42	4:10
18:30	6:30	4:03	6:52	4:16
19:00	6:40	4:09	7:02	4:22
19:30	6:50	4:15	7:12	4:29
20:00	6:59	4:21	7:23	4:35
20:30	7:09	4:27	7:33	4:41
21:00	7:19	4:33	7:43	4:48
21:30	7:28	4:39	7:53	4:54
22:00	7:38	4:45	8:03	5:00
22:30	7:48	4:51	8:13	5:06
23:00	7:57	4:57	8:23	5:13
23:30	8:07	5:03	8:33	5:19

5K 시간	빠른 템포		느린 템포	
	1마일	1K	1마일	1K
24:00	8:16	5:08	8:43	5:25
24:30	8:26	5:14	8:53	5:31
25:00	8:35	5:20	9:03	5:37
26:00	8:54	5:32	9:23	5:50
27:00	9:13	5:44	9:42	6:02
28:00	9:32	5:55	10:02	6:14
29:00	9:51	6:07	10:22	6:26
30:00	10:09	6:19	10:41	6:38
31:00	10:28	6:30	11:00	6:50
32:00	10:46	6:42	11:20	7:02
33:00	11:05	6:53	11:39	7:14
34:00	11:23	7:05	11:58	7:26
35:00	11:42	7:16	12:17	7:38
36:00	12:00	7:27	12:36	7:50
37:00	12:18	7:39	12:55	8:01
38:00	12:36	7:50	13:13	8:13
39:00	12:54	8:01	13:32	8:25
40:00	13:12	8:12	13:51	8:36
41:00	13:30	8:23	14:09	8:48
42:00	13:48	8:35	14:28	8:59

템포 페이스 차트.
왼쪽 열에서 5K 페이스를 찾은 다음, 오른쪽 열에서 해당하는 템포 페이스에 맞게 훈련을 실시할 것.

으며, 이 페이스로 20~40분 (마라톤 대회 출전을 준비하고 있다면 최대 60분) 동안 쉬지 않고 달려야 합니다. 템포 훈련은 3~4분의 조깅으로 이루어진 회복 인터벌을 두고 실시하는 2×10분이나 3×10분짜리 인터벌로 쪼갤 수도 있습니다. 페이스 차트는 5K 완주 시간을 기반으로 짜여 있습니다. 5K 완주 기록이 없다면 한 시간 동안 지속할 수 있는 페이스를 선택하세요. 워크아웃 동안에는 15분 동안만 템포를 뛰지만, 그 페이스로 한 시간을 뛸 수 있어야 합니다. 템포 런은 다음과 같은 적응을 일으킬 수 있습니다.

- **모세혈관:** 템포는 지근 섬유 주변의 모세혈관 개수를 늘리는 데 가장 좋은 운동이며, 중간 섬유 주변의 모세혈관도 늘립니다.
- **혈액:** 템포는 혈액량과 적혈구 수를 증가시킵니다.
- **심혈관계 이외의 적응:** 템포는 지근 섬유와 중간 섬유에서 미토콘드리아와 MCT(9장)와 유산소 효소의 양을 증가시킵니다(10장). 템포는 또한 지근 섬유의 수축 속도를 높이고 10K~마라톤 거리에서의 러닝 효율을 높여 줍니다(11장).

오래달리기

장거리 러너라면 오래달리기를 꼭 해야겠죠. 매주 한두 번, 때로는 한 주 걸러 한 번씩 실시하는 오래달리기는 일주일치 훈련 볼륨의 20~25%를 차지할 수 있으며, 평범한 장거리 달리기보다 50% 이상 길어질 수 있습니다. 오래달리기 페이스 차트는 5K 완주 기록을 바탕으로 짜 두었습니다. 5K 완주 기록이 없다면 대화를 섞을 수 있는 페이스를 유지하세요. 어떤 러너든 간에 자신의 몸에서 온 피드백을 궁극의 가이드로 받아들일 수 있어야 합니다. 오래달리기는 편안한 느낌이 들어야 해요. 오래달리기는 지구력 대회가 아닙니다. 오래달리기는 아래 나열한 항목을 비롯해 여러 가지 적응을 가져옵니다.

- **모세혈관:** 오래달리기는 지근 섬유 주변의 모세혈관을 늘립니다. 여기에 워크아웃 시간이 길다 보니 어느 시점에 이르면 대부분의 지근 섬유가 동원되게 마련이죠. 즉, 모세혈관을 전체적으로 키울 수 있다는 뜻입니다.
- **심혈관계 이외의 적응:** 오래달리기는 지근 섬유의 미토콘드리아 양을 늘리고(8장), 젖산 수송에 쓰이는 MCT의 양을 증가시킵니다(9장). 또한 신경계의 동원 패턴을 개선하고(11장) 결합조직을 강화하여 기나긴 마일리지와 장거리 경주에서 온 충격을 흡수하게 합니다. 오래달리기를 통해 주폭의 효율이 크게 높아지기 때문에, 모든 페이스에서 러닝 효율이 개선됩니다.

5K 시간	마일당 페이스	km당 페이스
14:00	6:26~7:29	4:00~4:39
14:30	6:39~7:43	4:08~4:48
15:00	6:51~7:58	4:16~4:57
15:30	7:04~8:12	4:23~5:05
16:00	7:16~8:26	4:31~5:14
16:30	7:28~8:40	4:39~5:23
17:00	7:41~8:53	4:46~5:31
17:30	7:53~9:07	4:54~5:40
18:00	8:05~9:21	5:01~5:49
18:30	8:17~9:34	5:09~5:57
19:00	8:29~9:48	5:16~6:05
19:30	8:41~10:02	5:24~6:14
20:00	8:53~10:15	5:31~6:22
20:30	9:05~10:28	5:38~6:30
21:00	9:16~10:42	5:46~6:39
21:30	9:28~10:55	5:53~6:47
22:00	9:40~11:08	6:00~6:55
22:30	9:52~11:21	6:08~7:03
23:00	10:03~11:34	6:15~7:11
23:30	10:15~11:47	6:22~7:19

5K 시간	마일당 페이스	km당 페이스
24:00	10:27~12:00	6:29~7:27
24:30	10:38~12:13	6:36~7:35
25:00	10:50~12:25	6:44~7:43
26:00	11:12~12:51	6:58~7:59
27:00	11:35~13:16	7:12~8:15
28:00	11:58~13:41	7:26~8:30
29:00	12:20~14:05	7:40~8:45
30:00	12:42~14:30	7:54~9:00
31:00	13:04~14:54	8:07~9:16
32:00	13:26~15:18	8:21~9:31
33:00	13:48~15:42	8:34~9:45
34:00	14:09~16:06	8:48~10:00
35:00	14:31~16:29	9:01~10:15
36:00	14:52~16:52	9:14~10:29
37:00	15:14~17:15	9:28~10:43
38:00	15:35~17:38	9:41~10:58
39:00	15:56~18:00	9:54~11:12
40:00	16:16~18:23	10:07~11:26
41:00	16:37~18:46	10:20~11:40
42:00	16:58~19:08	10:32~11:53

오래달리기 페이스 차트.

왼쪽 열에서 5K 페이스를 찾은 다음, 오른쪽 열에서 해당하는 오래달리기 페이스에 맞게 훈련을 실시할 것.

언덕 반복주

언덕 반복주에서 얻을 수 있는 근력과 파워와 지구력의 향상은 다른 훈련이 감히 따라올 수 없습니다. 적당히 힘들지만 주폭을 제대로 유지할 수 없을 만큼 가파르지는 않은 언덕을 먼저 찾습니다. 언덕 반복주에서는 반복주를 한 번 뛸 때마다 시간을 측정하는 대신, 첫 반복주를 시작할 때 시간 측정을 시작해 끝나는 지점에 표식을 남겨 놓는 편이 좋습니다. 이어지는 반복주에서는 시간 측정 없이 표식을 결승점으로 활용하는 거죠. 적절한 강도는 1500m~3K 경주에서의 강도와 동일합니다(오르막에서는 속도가 느려지기 때문에 페이스 대신 강도를 씁니다. 언덕의 경사나 지형 등이 다양하기에 특정 페이스를 목표로 잡는 것은 가능하지도 않고 생산적이지도 않습니다). 이 워크아웃에서도 '반복주의 규칙'을 활용합니다. 즉, 반복주를 한두 번 더 뛸 수 있을 것 같을 때 끝내야 합니다. 이 워크아웃은 일주일에 한 번(한 달에 두세 번) 넘게 할 필요가 없습니다. 언덕 반복주는 다음과 같은 적응을 일으킬 수 있습니다.

반복주 길이(초)	반복주 볼륨(횟수)	회복 시간(분)
30	10~15	1~1.5
45	8~12	1.5~2
60	6~8	2~3
90	4~6	4~5
120	4~6	4~5

언덕 반복주 워크아웃 차트.

언덕 반복주 페이스는 1500m~3K 페이스와 같습니다. 한두 번 더 반복할 수 있을 것 같을 때 워크아웃을 끝내야 합니다.

- **일회박출량:** 짧은 시간(30~45초)의 언덕 반복주는 일회박출량 향상에 좋습니다. 반복주의 결승점에 도착하면 그 자리에 멈추고 10~15초간 걷다가 조깅으로 시작 지점까지 돌아갑니다.
- **모세혈관:** 긴 시간(90~120초)의 언덕 반복주는 중간 섬유와 속근 섬유 주변의 모세혈관을 늘리는 탁월한 방법입니다.
- **심혈관계 이외의 적응:** 긴 시간(90~120초)의 언덕 반복주는 중간 섬유의 미토콘드리아 양을 증가시키고(8장), 근력을 향상시키며(5장), 신경계를 재구성하여 더 강력하고 효율적인 신호전달을 가능케 합니다(11장).

5K 도로/트레일 반복주

비포장도로에서의 5K 반복주는 매 사이클마다의 페이스나 거리에 초점을 맞출 필요 없이 체력을 향상시키려는 러너에게 좋은 대안입니다. 이 반복주에서 기준은 거리가 아니라 시간(분)으로, 5K 경주와 흡사한 강도로 진행합니다. 5K 강도가 어떤 느낌인지 잘 모르겠다면 40쪽에 안내한 지침을 따르세요. 회복 인터벌에는 편한 조깅 정도로만 하세요. 그보다 힘들게 할 필요는 없습니다. 프리시즌 훈련(이나 모든 훈련)을 트랙이 아닌 곳에서 하려는 러너라면 여기 나온 10주치 프로그램이 꼭 들어맞을 겁니다. 5K 도로/트레일 반복주는 다음과 같은 적응을 일으킬 수 있습니다.

주차	반복주 길이(분)	반복주 볼륨(횟수)	회복 시간(분)	최대치 자극(분)
1	1	6~8	2	0
2	2	8	3	0
3	3	6	3	6
4	4	4	3~4	8
5	4	5	3~4	10
6	5	4	3~4	12
7	7주차에는 반복주 대신 20~30분간 템포 런을 실시합니다.	해당 없음	해당 없음	해당 없음
8	3	8	3	8
9	4	6	3~4	12
10	*혼합주: 템포 & 5K 반복주	상황에 맞게	3~4	NA

5K 도로/트레일 워크아웃 차트.

* 혼합주를 할 때는 (조깅으로) 회복 시간을 두고 템포 반복주와 5K 페이스 반복주를 교대로 실시해야 합니다. 예컨대 3/5K, 회복, 5/5K, 회복, 7/템포, 회복, 3/5K, 회복, 5/5K, 회복, 8/템포 식으로 하라는 뜻이에요(숫자는 반복수/페이스).

- **5K와 10K에서 얻는 모든 것:** 개선되는 내용 전체를 보고 싶다면 앞쪽의 5K와 10K 인터벌 항목으로 돌아가 확인해 봅시다.
- **수량으로 환산되지 않는 적응:** 강도와 시간 기반의 반복주를 통해 우리는 몸에서 오는 피드백을 읽는 훈련을 합니다. 트랙에서라면 목표 시간을 달성해야겠다는 결심 때문에 피드백을 무시할 때가 많은데, 그러다 보면 오버트레이닝 증후군으로 이어질 수 있습니다. 도로/트레일 반복주를 통해 몸과 친해지고 나면, 이러한 경험을 통해 더 나은 러너가 될 겁니다.

호흡 훈련기구

호흡 훈련은 (횡격막, 외늑간근과 내늑간근, 복근처럼) 들숨과 날숨에 쓰이는 근육을 대상으로 합니다. 호흡근이 강해지면 심리적 스트레스와 에너지 소비가 모두 낮아집니다. 사진 속 그레이스가 사용하는 파워렁PowerLung 훈련기구는 (색깔로 구별된) 네 단계의 저항으로 나뉘어있습니다. 호흡 훈련기구는 러닝 워크아웃에 포함해도 좋고 훈련 세션을 따로 잡고 해도 됩니다. 여기에도 몇 가지 규칙이 있어요.

① 어떤 모델이든 간에, 들숨과 날숨 조절 다이얼을 모두 '1'로 설정합니다.

② 립가드가 입술 바깥면에 오게끔 마우스피스를 입 안에 넣습니다.

③ 3초간 숨을 들이마시며 폐를 완전히 채웁니다.

④ 2초간 멈춘 다음, 3초간 숨을 내쉬며 복근을 이용해 폐에 있는 공기를 모두 밀어냅니다.

⑤ (너무 쉬워서) 저항을 높여야 하는 경우, 올바른 저항을 찾을 때까지 들숨이나 날숨 조절 다이얼을 돌립니다(한 번에 둘 다 높여도 됩니다).

⑥ 처음에는 몇 번 정도로 시작해 최대 10회까지 실시합니다.

8

미토콘드리아로 설계하는 달리기

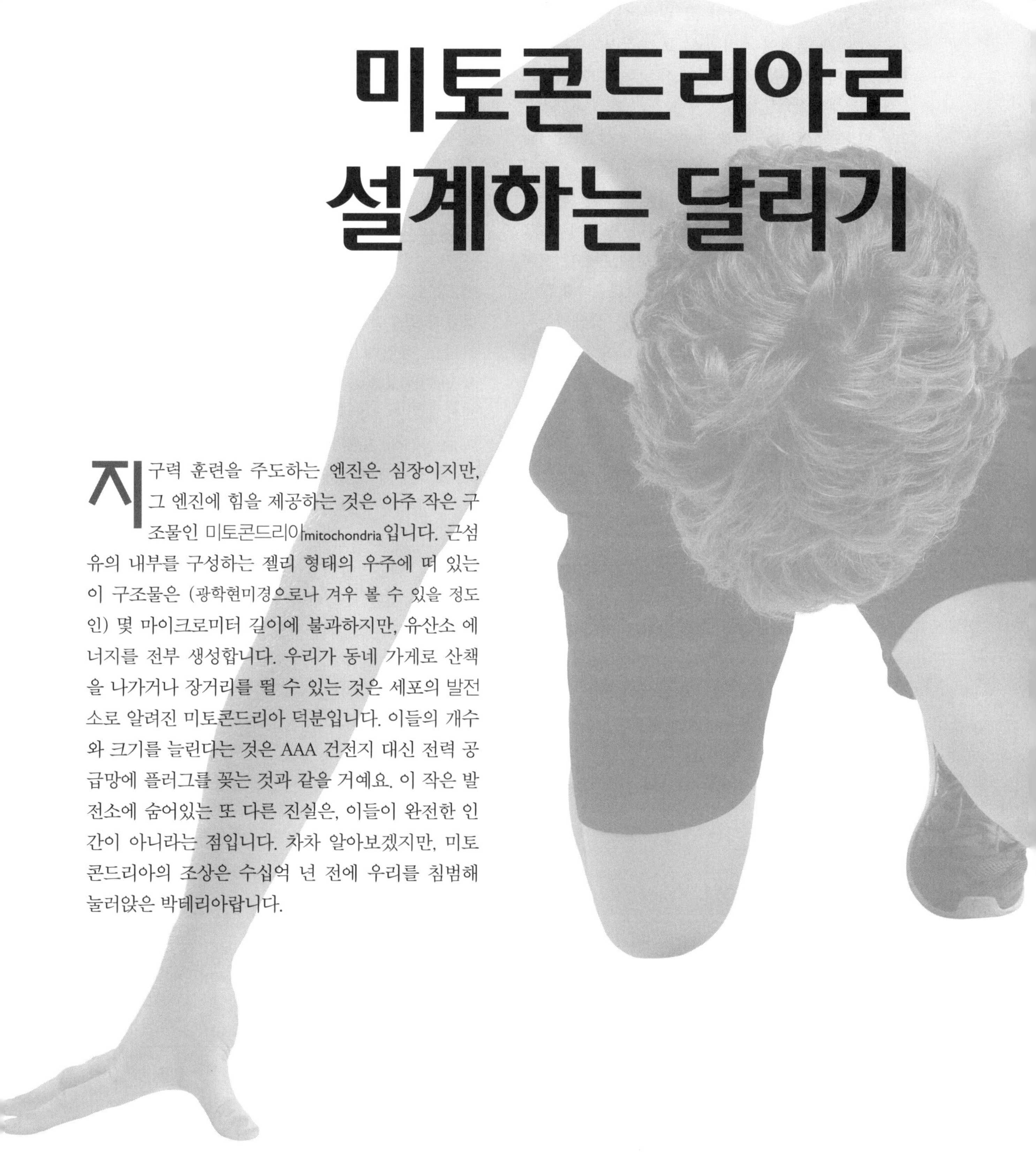

지구력 훈련을 주도하는 엔진은 심장이지만, 그 엔진에 힘을 제공하는 것은 아주 작은 구조물인 미토콘드리아mitochondria입니다. 근섬유의 내부를 구성하는 젤리 형태의 우주에 떠 있는 이 구조물은 (광학현미경으로나 겨우 볼 수 있을 정도인) 몇 마이크로미터 길이에 불과하지만, 유산소 에너지를 전부 생성합니다. 우리가 동네 가게로 산책을 나가거나 장거리를 뛸 수 있는 것은 세포의 발전소로 알려진 미토콘드리아 덕분입니다. 이들의 개수와 크기를 늘린다는 것은 AAA 건전지 대신 전력 공급망에 플러그를 꽂는 것과 같을 거예요. 이 작은 발전소에 숨어있는 또 다른 진실은, 이들이 완전한 인간이 아니라는 점입니다. 차차 알아보겠지만, 미토콘드리아의 조상은 수십억 년 전에 우리를 침범해 눌러앉은 박테리아랍니다.

미토콘드리아가 뭔데?

미토콘드리아는 '세포의 발전소'라 불립니다. 우리 몸이 매일 요구하는 에너지의 약 90%를 제공하기 때문이에요. 미토콘드리아가 생산하는 에너지는 유산소 에너지aerobic energy로 알려져 있습니다. 즉, 산소를 쓰지 않으면 이 에너지는 생성될 수 없습니다. 심혈관계가 근육에 전달한 그 많은 산소가 어디로 가는지 이제 짐작이 가시겠죠. 그 종착지는 바로 미토콘드리아였던 겁니다(에너지 시스템에 대해서는 10장에서 자세히 살펴볼게요).

미토콘드리아는 바쁘게 돌아가는 산업 단지의 공장과도 같아요. 근섬유 속에 둥둥 떠다니는 수천 수백 개의 공장이 있는 셈이죠. 이 공장들은 쉬는 날도 없이 24시간 에너지를 생산합니다. 여기에 더 크고 훌륭한 새 공장을 짓는다고 상상해보세요. 지금보다 공장이 50% 많아진다면? 지금보다 두 배 많아진다면? 그때 생산할 수 있는 에너지를 상상해보세요! 음, 뭐 굳이 상상을 안 하셔도 됩니다. 어쨌거나 이 장의 주제는 미토콘드리아를 더 많이 만드는 것이니까요.

미토콘드리아 훈련

미토콘드리아 훈련은 모세혈관 훈련(7장)과 매우 비슷합니다. 미토콘드리아와 모세혈관은 같은 자극에 의해 같은 속도로 발달할 때가 많기 때문이에요. 곰곰이 생각해 보면 그럴 법도 합니다. 산소를 더 많이 전달하려면 모세혈관의 개수가 늘어야 하고, 이렇게 많이 들어온 산소를 처분하려면 미토콘드리아의 개수와 크기가 늘어야 하니까요.

미토콘드리아 훈련에는 다음과 같은 내용이 들어갑니다.

- 고강도 인터벌 트레이닝(HIIT)
- 800m 페이스 반복주
- 5K/10K 트레일/트랙 반복주
- 템포 런
- 교대/혼합 인터벌
- 마일리지
- 오래달리기

미토콘드리아 훈련은 유산소 에너지 생성 능력을 높일 뿐만 아니라, 러닝에서 가장 많이 쓰이는 계측치인 VO_2max라는 퍼즐의 마지막 조각을 채우는 일이기도 합니다.

미토콘드리아

미토콘드리아는 유산소 에너지를 전부 생산하는 러너들의 화수분 같은 녀석입니다. 물론 다른 기능도 있어요. 예컨대 세포 사멸을 조절하고, 헤모글로빈을 만드는 효소를 공급하고, 간세포에서의 암모니아 해독에도 도움을 주죠. 그러나 우리가 5K나 마라톤의 출발선에 섰을 때 그런 것들이 뭐가 중요하겠어요. 그 시점에서는 에너지가 전부일 테죠.

7장에서 우리는 심혈관계가 산소 수송계인 이유를 알아보았습니다. 이제 산소 섭취계oxygen uptake system에 대해 이야기할 차례예요. 이 용어는 모세혈관에서 산소를 추출하여 근섬유로 가져와 이를 활용해 유산소 에너지를 생산하는 과정을 가리킵니다. 이 시스템의 핵심인 미토콘드리아는 근육을 먹여살리는 에너지인 아데노신삼인산(ATP)을 만드는 과정에서 이렇게 들어온 산소를 주 원료로 씁니다. 미토콘드리아가 많을수록 산소 섭취량도 많아지겠죠. 산소 수송량의 증가와 산소 섭취량의 증가는 VO_2max 수치를 높이게 됩니다.

초보자 가이드

'미토콘드리아'라는 이름에서 풍기는 과학의 냄새를 맡고 지레 포기할 생각은 마세요. 미토콘드리아 훈련은 적혈구 수를 늘리고 심장을 강하게 하는 것만큼이나 중요합니다. 달리기를 즐기는 사람과 달리면서 허우적대는 사람의 차이는 미토콘드리아의 크기와 개수에서 비롯됩니다.

달리기 이야기

"엄마에게 받은 위대한 침입자"

이상한 소리처럼 들리겠지만, 당신의 미토콘드리아는 인간의 세포가 아닙니다. 적어도 시작 단계에서는 아니었어요. *내부공생이론*에 따르면, 미토콘드리아는 아주 오래 전 박테리아가 침입한 결과물입니다. 10억 년 전 우리 지구가 어렸을 때, 그 표면은 이제 막 산소 호흡을 배우기 시작한 박테리아로 가득했습니다. 그 중 (현대 미토콘드리아의 조상격인) 일부 박테리아는 더 큰 세포에 침입하여, 아니 그보다는 잡아먹힌 상태로 어떻게든 살아남았답니다. 자신을 잡아먹은 세포와 거래를 했거든요. "제가 가진 산소 호흡 능력으로 당신이 상상조차 못 할 만큼의 에너지를 드릴 테니까, 여기 그냥 살게 해 주세요!" 거래는 성공으로 끝났고, 그렇게 오랜 세월의 진화가 거듭되다 보니 미토콘드리아는 이제 세포 밖에서 생존할 수 없는 몸이 되고 말았습니다.

내부공생이론의 지지자인 린 마굴리스Lynn Margulis 박사와 과학 저술가인 그녀의 아들 도리언 세이건Dorion Sagan은 이에 대해 '생명은 전투가 아니라 연합을 통해 지구를 점령했다'고도 했죠.

미토콘드리아는 여전히 박테리아 크기입니다. 그리고 다른 *세포소기관*(인체의 장기와 유사한 세포 안의 작은 부분인)과 달리 고유의 DNA를 가지고 있습니다. 이 'mtDNA'는 미토콘드리아가 효소와 단백질을 자체적으로 생산할 수 있게 하죠. 그러나 숙주 세포가 제공하는 연료와 산소가 없다면 미토콘드리아는 생존할 수 없습니다. 장거리 러닝을 하는 인간은 이 맞교환 덕분에 엄청난 배당을 챙긴 셈이에요. 유산소 에너지가 없었다면 마라톤은 한낱 꿈에 불과했을 테니까요.

진화된 박테리아의 숙주 역할이 못마땅하다면, 이 책에 따지지 마시고 엄마를 찾아가세요. 전문가들은 대부분 미토콘드리아 DNA가 어머니로부터 유전된다고 봅니다. 엄마에게서 온 난자에는 자손(당신) 안에서 살아있을 미토콘드리아가 들어있는 반면, 아빠에게서 정자에는 미토콘드리아가 상대적으로 적게 있을 뿐만 아니라, 정자가 기나긴 헤엄을 끝내자마자 파괴되는 것으로 확인되고 있으니까요. 그러니 5K와 10K의 PR은 엄마에게 달린 셈이죠.

4장에서 배웠듯 VO_2max는 1분에 '소비'할 수 있는 최대 산소량으로, 심혈관계가 운반하여 세포가 흡수할 산소의 총량인 셈입니다. 우리가 쉴 때는 들이마시는 산소의 20~30%만 흡수됩니다. 운동할 때는 혈액에서 훨씬 더 많은 양의 산소를 추출하는데, 이 과정은 미토콘드리아가 유산소 에너지 생산을 100%로 하고 있어서 산소를 더는 처리할 수 없는 시점까지 지속됩니다. 그 시점이 바로 VO_2max예요. 자세한 내용이 궁금하다면 140쪽 박스 안의 "VO_2max가 뭔가요?"를 읽어보세요.

미토콘드리아의 최대치

근섬유는 유형별로 다른 양의 미토콘드리아를 가지고 있습니다. 지근 섬유가 가장 많은 양을 가지고 있고, 속근 섬유는 가장 적은 양을 가지고 있어요. 그러나 이 수치는 언제든 바뀔 수 있어요. 드라마 〈육백만 불의 사나이〉에서 (영화 속 연방 특수 수사국인) OSI에서 주인공 스티브 오스틴을 이전보다 우수하고 강하고 빠른 모습으로 만든 것처럼, 우리 또한 미토콘드리아를 훈련 전보다 크고 강하고 풍부하게 만들 수 있습니다. 미토콘드리아의 양은 두 가지 방식으로 늘어납니다.

달리기 이야기

"VO_2max가 뭔가요?"

러닝을 하다 보면 VO_2max라는 말을 들을 때가 많습니다. 운동생리학자도 코치도 달리기 중독자들도 이 용어를 좋아하죠. 정체가 뭐길래 다들 그리 좋아하는 걸까요?

일단 용어 자체를 하나하나 뜯어보죠. 'V'는 '양'입니다. 'O_2'는 '산소'를 뜻하고요. 'max'는 '최대'라는 뜻입니다. 맥락에 맞추어 조합해 보면, VO_2max는 우리 몸이 1분간 소비할 수 있는 최대 산소량을 가리킵니다.

쉴 때는 VO_2max 근처에도 갈 일이 없어요. 유산소 에너지 요구량이 낮기 때문입니다. 그러나 운동을 시작하면 에너지 요구량이 증가합니다. 심혈관계는 산소가 풍부한 혈액을 모세혈관으로 실어나르고, 근섬유는 산소를 더 많이 뽑아내고, 미토콘드리아는 이 산소를 이용하여 더 많은 유산소 에너지를 만들어냅니다. 그러나 여기에도 상한선이 있습니다. 실어나르는 산소의 양에도, 산소를 써서 생산되는 에너지의 양에도요. 우리 몸이 마주하게 되는 그 상한선이 바로 VO_2max입니다.

체력 수준에 따라 다르긴 하지만, 대부분의 러너는 (2000~2800미터짜리) 트랙에서 5~7바퀴 정도를 쉬지 않고 가장 빠른 속도로 돌면 VO_2max에 도달합니다. 이 말은 곧 (800미터나 1마일처럼) VO_2max보다 빠른 페이스에서는 유산소 대사로 생산할 수 있는 것보다 더 많은 에너지가 필요해진다는 뜻입니다. 이렇게 늘어난 에너지 요구량은 무산소 대사를 통해 충당합니다. 반면 (10K나 마라톤처럼) VO_2max보다 느린 페이스에서는 유산소 에너지만으로 요구량의 거의 전부를 공급받을 수 있습니다. 사실 마라톤은 99%가 유산소예요! VO_2max는 두 가지 방법으로 측정할 수 있습니다.

- **체중 기준 소비량:** 산소를 분당 킬로그램당 밀리리터(mL/kg/min)로 측정하는 방식이 있습니다. 가령 투르 드 프랑스에서 세 번 우승한 그렉 르몽드Greg LeMond의 VO_2max는 92.5mL/kg/min이었습니다. 훈련을 받지 않은 남성의 최대 VO_2max는 약 40~45mL/kg/min입니다.
- **절대 소비율:** 분당 소비되는 총 산소량을 측정하는 방식도 잇습니다. 올림픽에서 4연속 금메달을 획득한 영국의 조정 선수 매튜 핀센트Matthew Pinsent의 VO_2max는 체중 기준 소비량으로 따지면 68에 불과했지만, 분당 절대 소비율로 따지면 7.5리터를 기록했습니다. 이는 그 어떤 사이클 선수나 러너나 크로스컨트리 스키 선수보다도 높은 수치였어요. 체중이 100kg를 넘는 핀센트가 지구력 조정 경기에서 우승하려면 산소 소비량이 그 정도는 되어야 했던 것입니다. 훈련을 받지 않은 남성은 평균적으로 분당 약 3리터를 소비합니다.

이전에 훈련을 받지 않은 러너는 일반적으로 훈련을 통해 VO_2max가 20~25% 정도 향상되는데, 실제로는 저하되는 분도 있고 50% 이상 향상되는 분도 있는 등 효과는 다양할 수 있습니다. 고도로 훈련된 러너는 VO_2max가 이미 확정되어 있으므로 훈련을 받는다고 해서 그 수치가 크게 뒤바뀌지 않습니다. 수행능력의 실제 예측 변수라는 관점에서 VO_2max는 (러닝 효율 같은) 여타의 요인들보다 뒤처지지만, 러닝 잠재력을 결정하는 요인이라는 관점에서는 여전히 중요합니다.

- **복제:** 미토콘드리아가 분열하여 미토콘드리아의 개수를 늘림.
- **비대:** 미토콘드리아 하나의 크기가 점점 커짐.

근섬유가 미토콘드리아를 많이 얻는다는 것은 동네에 발전소가 더 생기는 것과 같습니다. 원래 있던 발전소의 부담도 줄고 출력의 최대치도 늘어날 테죠. 에너지를 생산하는 미토콘드리아가 많아지는 것도 이와 같습니다.

적절한 훈련을 하면 미토콘드리아를 빠르게 만들어낼 수 있습니다. 미토콘드리아 생합성(미토콘드리아의 양 증가)에 관한 2008년 논문에서 존 O. 홀로시John O. Holloszy 박사는 '여러 연구에서 한 번의 운동만으로도 미토콘드리아 생합성의 급격한 증가가 유도되는 것이 밝혀졌다'라고 했습니다. (운동생리학의 거장) 데이비드 코스틸David Costill 박사와 스콧 트랩Scott Trappe 박사 또한 2002년에 쓴 책 『Running: The Athlete inside』에서 '연구에서는 27주간의 지구력 훈련 기간 동안 근육 미토콘드리아의 개수가 매주 약 5%씩 증가하는 것으로 확인되었으며, 동시에 미토콘드리아의 평균 크기도 $11.5\mu m^2 \times 10^{-2}$에서 $15.5\mu m^2 \times 10^{-2}$로 35% 증가되었다'라고 썼습니다.

물론 미토콘드리아 양의 증가는 유전, 현재의 건강 상태, 훈련 볼륨, 훈련 강도를 비롯한 여러 요인에 따라 달라집니다. 적응이 정확히 언제 일어날지 예측하는 것은 과학의 영역이 아니에요. 하지만 운동 과학 연구자인 로널드 L. 터정Ronald L. Terjung은 '근육 미토콘드리아 함량은 4~5주 정도 훈련한 뒤에는 평형에 다다르는 것으로 보인다'라고 했습니다. 훈련에 대한 미토콘드리아의 적응과 관련된 터정과 다른 연구자들의 분석을 바탕으로 완전한 적응이 일어날 것으로 예측되는 미토콘드리아의 비율을 표 8.1에 정리해 두었습니다.

이러한 미토콘드리아의 적응은 4단계에 걸쳐 이루어집니다.

1. **최초의 자극:** 강도나 시간이 충분한 워크아웃을 마치면 3시간 이내에 미토콘드리아의 적응 활동이 촉발됩니다.
2. **절반의 시간:** 1주차가 끝나갈 때쯤 미토콘드리아 적응은 40~50%에 이릅니다.

주차	미토콘드리아 적응
1	44%
2	63%
3	77%
4	89%
5	100%

표 8.1 미토콘드리아의 적응.
미토콘드리아가 이 책에 설명한 것과 같은 지속적인 훈련 스트레스(워크아웃)에 대한 반응으로 100% 적응에 도달하기까지 얼마만큼의 시간이 걸리는지 확인해 봅시다.

3. **유산소 강화:** 10~13일이 지나면 적응이 50% 역치를 넘어서며 에너지 생산이 늘어나는 것을 경험하게 될 겁니다. 러닝이 편해지는 거죠!
4. **완전한 적응:** 5주차가 끝날 때쯤 미토콘드리아는 훈련 자극에 대해 (거의) 완전한 적응에 도달합니다.

단, 여기에는 몇 가지 단서가 붙습니다.

- **강화:** 적응이 일어나는 동안 (매주 템포나 반복주나 고볼륨 세션을 뛰는 것처럼) 처음의 워크아웃과 동일한 훈련 자극을 지속적으로 주어야 합니다. 하루 운동하고 소파에 드러누워 미토콘드리아가 솟아나기를 기다리면 안 됩니다.
- **시간차:** 모든 미토콘드리아가 한 번에 적응하지는 않습니다. 따로 적응하기도 하고 몇 개가 한 번에 적응하기도 하며, 한쪽에서 적응을 일으키는 동안 다른 쪽에서는 평소처럼 일하는 미토콘드리아도 있습니다.
- **훈련 자극 증가:** 처음보다 훈련 자극의 강도나 볼륨을 높이면 미토콘드리아에 더 큰 적응을 유발할 수 있습니다.

미토콘드리아 적응의 한 가지 단점은, 적응을 막 시작하는 미토콘드리아가 유산소 에너지 생산을 하지 못한다는 것입니다. 올림픽 금메달리스트 이언 소프Ian Thorpe, 키런 퍼킨스Kieren Perkins, 리베카 애들링턴Rebecca Adlington의 수영 코치이자 생체에너지론 박사인 밥 테펜Bob Teffene은 10~13일 걸리는 이 단계에서 '산소 활용 문제'가 생긴다고 추정했습니다. 미토콘드리아는 무리지어 적응할 때가 많기 때문에, 고된 훈련 자극을 받으면 상당 비율의 미토콘드리아가 에너지 생산을 중단할 수 있습니다. 그러다 보니 지난주에 쉬웠던 워크아웃이 힘들어지는 느낌을 받을 수도 있습니다.

정상적인 현상이니 당황하지 마세요. 아니, 엄밀히 말하면 좋은 소식입니다. 2주 안에 수행능력의 향상으로 이어질 적응을 촉발한 셈이니까요.

같은 맥락에서, 큰 대회를 앞두고 몇 주 동안 너무 힘든 훈련을 하면 미토콘드리아 적응이 시작될 수 있는 만큼 주의해야 합니다. 이 기간에는 지나치게 힘든 워크아웃을 자제하는 편이 좋습니다. 조깅 정도만 하라거나 집에서 쉬라거나 하는 뜻이 아니에요. 운동으로 자극을 주지 않으면 힘들게 얻은 미토콘드리아는 일주일 만에 절반 가까이 사라질 테니까요. 테이퍼링 동안 오래달리기, 10K 페이스 반복주, 템포 같은 훈련을 조금씩 하는 편이 좋습니다.

고강도 인터벌 트레이닝, HITT

전통적으로 러너들에게 고된 지구력 프로그램의 지름길로 각광받아 온 HIIThigh-intensity interval training(고강도 인터벌 트레이닝)에 대해서는 최근 몇 년 동안 갑론을박이 있어 왔습니다. HIIT의 지지자들은 템포 런과 반복주와 장거리로만 얻을 수 있었던 유형의 미토콘드리아 증가가 HIIT를 통해서도 얻어진다고 주장합니다. 늘 시간이 모자란 러너가 많다 보니, 훈련 시간을 3분의 1만 들이고도 그 모든 효과를 누릴 수 있는 프로그램은 그 자체만으로도 화젯거리가 될 수밖에 없었습니다.

그렇다면 HIIT는 대체 무엇일까요? 캐나다 온타리오의 맥마스터 대학의 마틴 J. 기발라Martin J. Gibala 연구팀이 2012년 발표한 논문에 따르면 HIIT는 '휴식이나 저강도 운동을 사이사이에 두어 짧고 간헐적이고 폭발적으로 시행하는 격렬한 활동이라는 특징을 지닌 신체활동'을 가리킵니다.

내용만 보면 1930년대말 게르슐러와 라인델이 필수요소로 만든, 심박출량과 모세혈관과 산소섭취량과 미토콘드리아 밀도와 (다음 장에서 보게 될) 무산소 완충 능력을 높이기 위해 러너들이 사용해 온 보통의 인터벌 트레이닝과 많이 닮아 있네요.

따라서 대부분의 HIIT는 러너들이 오랫동안 해 온 셈이죠.

한편으로는 완전 짧고 완전 빠른 반복을 통해 확연한 적응을 일으킬 수 있다는 연구들도 더러 있습니다. 얼마나 짧게 하냐고요? 최대 4분의 휴식 인터벌을 사이에 두고 30초씩 6번 최대 속도로 해 보세요.

최근에는 운동 생리학자 타바타 이즈미Tabata Izumi의 1996년 연구를 기반으로 한, 20초의 반복 후 고작 10초의 휴식 인터벌만 가져가는 '타바타 인터벌'이 크로스핏을 비롯한 여러 피트니스 프로그램에서 인정받은 뒤로 HIIT에 얽힌 집착이 크게 늘었습니다. 타바타의 연구에서는 자전거 에르고미터로 훈련한 두 소그룹을 비교했는데, 한 그룹은 중간 강도의 지구력만 훈련했고 다른 그룹은 타바타 인터벌을 실시했습니다. 이 연구에서는 두 그룹 모두 VO_2max의 향상을 거두었지만, (무산소적으로 생산할 수 있는 에너지의 양으로, 10장에서 다루게 될) 무산소 대사능anaerobic capacity의 개선을 달성한 것은 두 번째 그룹뿐이었다는 결론을 도출했습니다. 이 연구에는 (타바타 인터벌을 하지 않은 그룹에서 실시했던 것과 같은) 중간 강도의 지구력 훈련이 무산소 대사능에 거의 영향을 미치지 않는다는 명백한 결점이 들어있습니다. 무산소 대사능을 비교할 요량이라면 타바타 인터벌 그룹과 아무 것도 안 하고 피자나 먹는 그룹을 비교해도 됐을 거예요. 어디 그뿐인가요. 코치와 선수가 지닌 수십 년 어치의 고강도/단기 인터벌 경험에 따르면, 단기적으로는 소득이 있을지 몰라도 장기적으로는 번아웃이 뒤따른다는 결과가 거의 항상 나왔습니다. 타바타 유형의 인터벌로 생겨난 훈련 적응은 4~6주 후에 최대에 다다르고(9장 참조), 미토콘드리아 효소 손상(10장)과 중추 신경계 피로(11장)를 유발하기 때문이에요. 따라서 중간 페이스 정도로만 뛰는 러너라면 몇 번의 타바타 인터벌 세션으로 효험을 볼 수 있지만, 이미 여러 가지 유산소와 무산소 운동을 프로그램에 넣어 둔 러너라면 그냥 하던 대로 하는 편이 나을 수 있습니다.

맥마스터의 마틴 기발라 연구팀은 노련한 러너

의 균형 잡힌 훈련법과 HIIT를 밀착 비교한 여러 실험을 진행하기도 했어요. 기발라에 따르면 4분의 회복 시간으로 분리된, 전력을 다한 7×30초의 세션에서 미토콘드리아의 적응적 활성화 증가가 나타났으며, 이는 (HIIT를 하지 않은) 대조군과 같거나 그 이상이었습니다. 그러나 기발라는 타바타와 달리 지근 섬유의 미토콘드리아 양을 늘리는 것으로 검증된 빠른 템포 수준으로 대조군을 훈련시켰죠. 즉, 기발라는 미토콘드리아 발전소 건설에 있어 HIIT와 시간 집약적 템포 훈련이 적어도 단기적으로는 동등함을 보여주었습니다. 하지만 유념해야 할 것이 있으니, 이들 실험이 자전거 에르고미터에서 이루어졌다는 사실입니다. 자전거 타기는 달리기가 아니죠. 러너들이 다루는 수많은 변수들은 자전거 타기에서 그대로 쓰이지 않습니다. 러너는 속도나 강도를 높이기 위해 주폭을 바꾸어요. 페이스가 빨라짐에 따라 높아지는 충격력을 흡수해야 하죠. 상체의 움직임, (고유감각을 포함한) 신경계의 활성, 탄성 반동 등에도 차이가 있습니다. 요컨대 실험실의 자전거 에르고미터에서는 옳았던 것이 달리기에서도 꼭 맞지는 않습니다.

결론: 장기적인 수행능력 향상을 원하는 선수는 전통적인 훈련을 고수하는 편이 낫습니다. 다만 시간에 쫓기는 선수라면 일시적으로나마 HIIT를 체력 향상을 위한 효과적 지름길로 받아들일 수 있을 테죠.

이렇게 훈련해 보아요

미토콘드리아는 근섬유 유형에 따라 다른 훈련이 필요합니다. 지근 섬유의 미토콘드리아에는 장기간 마일리지를 쌓는 것이 답이에요(149쪽). 오랜 세월에 걸쳐 그랜드 캐니언을 조각해 낸 콜로라도 강처럼요. 오래달리기(7장, 133쪽)와 템포 워크아웃(7장, 132쪽)도 지근 섬유 미토콘드리아의 적응을 자극합니다. 중간 섬유의 경우 5K/10K 페이스에서의 2~5분 반복주가 잘 먹힐 겁니다(7장, 129~130쪽, 135쪽). 체력이 좋은 러너라면 여기에 긴 언덕 반복주를 추가할 수도 있겠죠.(7장, 134쪽). 속근 섬유 미토콘드리아는 800미터 페이스(146쪽)로 100미터씩 60초 미만으로 실시하는 반복주에서 효과를 봅니다(이때 휴식 시간은 반복주에 들인 시간의 2~4배로 잡아야 해요). 마지막으로, 시간에 쫓기는 러너라면 HIIT가 이론적으로 세 가지 유형의 섬유 모두에 득이 될 수 있습니다. HIIT 워크아웃의 반복주에서는 전력질주 페이스나 400m 페이스 모두 쓰일 수 있습니다(144~146쪽).

훈련 개요

강력한 미토콘드리아 왕국을 건설하는 과정에는 모세혈관 개선 과정에서 썼던 훈련이 많이 필요하며, 여기에 더해 속근 섬유 미토콘드리아의 증가를 자극할 수 있는 빠른 속도의 반복주를 추가해야 합니다. 이 장의 사진으로 보는 워크아웃에는 다음과 같은 내용이 주요 훈련으로 들어갑니다.

- HIIT
- 400/800m 페이스 인터벌
- 교대/혼합 인터벌

미토콘드리아 개선에 영향을 미치는 훈련에는 아래처럼 다른 장의 내용도 포함되어 있습니다.

- 5K/10K 훈련(7장)
- 5K 페이스에서의 도로/트레일 반복주(7장)
- 템포(7장)
- 오래달리기(7장)

이들 워크아웃을 전반적인 훈련 프로그램에 어떻게 녹일 수 있는지 제대로 확인하려면 체력과 능력에 맞는 샘플 일정을 제공하는 15장을 바로 펼쳐 보세요.

사진으로 보는 워크아웃

러닝 워크아웃

미토콘드리아를 위한 훈련의 대부분은 (중간 섬유를 위한 5K/10K 페이스 훈련과 긴 언덕 반복주와 템포, 지근 섬유를 위한 오래달리기와 10K 페이스 반복주와 템포와 크루즈 인터벌 등) 7장에서 다루었지만, 속근 섬유의 미토콘드리아에 관해서만큼은 아직까지 배울 것이 남아 있습니다. 하지만 과도한 스피드 워크는 유산소 효소를 손상시키고 신경계에 과도한 스트레스를 주어 오버트레이닝 증후군으로 이어질 수 있다는 것도 잊지는 마세요. 션 브로즈넌Sean Brosnan과 함께 세포의 발전소인 미토콘드리아를 건설하는 5가지 방법을 더 배워봅시다

HIIT(고강도 인터벌 트레이닝)

HIIT에는 수많은 변형이 있습니다. 30초 이하의 시간 동안 전력을 불태웠다가(400미터 페이스 훈련 참조) 긴 시간 쉬는 방식도 있고, 타바타 인터벌처럼 운동과 휴식 비를 2:1로 잡는 방식도 있어요. 힘이 덜 들 수 있도록 VO_2max의 100% 이하의 강도로 30~60초간 몸을 쓴 다음 거의 비슷한 시간 동안 쉬는 방식도 있습니다. '회복'은 완전한 휴식부터 (HIIT 50% 수준의) 중간 강도 달리기에 이르기까지 다양합니다. 러너라면 대부분 타바타나 윙게이트 식의 극단적인 HIIT는 피하고 싶을 거예요. 훈련 시간이 제한된 러너라면 기발라 워크아웃을 쓸 수도 있겠죠. 빌라 30-30 세션은 VO_2max의 큰 향상을 가져올 수 있지만, 강도가 높은 만큼 가끔만 해야 합니다. 이번 워크아웃에서 소개하는 HIIT 표에는 다음과 같은 여섯 가지 HIIT 루틴이 있습니다.

- **타바타Tabata**: 크로스핏과 피트니스 클럽에서 유명세를 떨친 타바타는 자전거 에르고미터에서 소수의 참가자를 대상으로 실시한 연구에서 나왔습니다. 충격력, 근섬유 유형에 맞는 발달, 유산소 효소에 미치는 영향, 얻은 능력의 장기 보존, 신경계 피로 등 러닝에서의 변수를 감안하면, 이 루틴은 미토콘드리아의 양은 늘릴 수 있을지 몰라도 러너에게는 그렇게 적합하지 않습니다.
- **윙게이트Wingate**: 1970년대 최대 무산소 파워와 무산소 대사능 측정을 목적으로 만들어진 윙게이트 테스트를 기반으로 한 HIIT로, 유산소와 무산소 능력을 모두 향상시키지만, 장기적으로는 중추신경계와 유산소 효소에 부정적인 영향을 미친다는 단점도 있습니다(더 생산적인 훈련법에 쓰일 수 있었을 적응 에너지를 소진시킨다는 점은 말할 것도 없겠죠).
- **기발라Gibala 워크아웃(2종류)**: 이들 두 가지 HIIT가 1마일 러너의 전통적인 300~400미터 워크아웃처럼 보인다고요? 맞아요. 잘 보셨습니다.
- **티몬스Timmons**: 2002년 서호주대학교에서 선전한 탄수화물 로딩 전략과 유사하다는 점에서 흥미로운 방식이랍니다(10장).
- **빌라Billat**: VO_2max에서 최대한 오랜 시간을 보내는 것이 빌라 30-30 워크아웃의 목표입니다. 회복 인터벌이 되면 초반 15~20초 동안 100%의 VO_2max를 유지할 수

HIIT 종류	세트 길이(시간)	운동 볼륨(세트 수)	회복(시간)	1주당 세션 수	강도
타바타	20초	8	10초	5	100%
윙게이트	30초	4~6	4분	3~4	100%
기발라(1형)	60초	8~12	75초	3	5K 강도
기발라(2형)	60초	10	60초		최대심박수의 90%
티몬스	20초	3	2분간 편한 달리기	3	100%
빌라	30초	실패지점까지*	VO_2max 50%로 30초	1	VO_2max의 100%

HIIT(고강도 인터벌 트레이닝).

* '실패지점'은 지쳐서 워크아웃을 지속할 수 없는 지점을 뜻합니다.

있으므로 이 워크아웃에서는 1분당 VO_2max에 45~50초 머무는 효과를 냅니다. VO_2max의 100%로 운동을 지속할 수 없으면 워크아웃을 끝냅니다.

400미터 페이스 훈련

400미터 페이스 워크아웃은 장거리 훈련 프로그램에 흔히 들어가지는 않지만, (100~800m를 뛰는) 스프린터라면 이 워크아웃을 최대 150m 거리까지 훈련에 집어넣는 경우가 많습니다. 타바타, 윙게이트, 티몬스 HIIT 루틴을 택한 러너라면 400미터 페이스 반복주가 100% 강도에 가깝습니다. (400미터 페이스 반복주가 기술적으로만 보면 100%의 강도는 아닐 테지만, 스프린트 훈련을 받지 않은 러너가 이보다 빠른 속도로 달릴 경우 다칠 위험이 있습니다.) 400미터 페이스 반복주를 통해 다음의 효과를 얻을 수 있습니다.

- **미토콘드리아 양:** 50~100미터 거리의 반복주는 특히 속근 섬유의 미토콘드리아 양을 늘립니다.
- **미토콘드리아 이외의 적응:** 4~6주간 400미터 페이스로 훈련하면 산증에 대한 완충 능력이 향상됩니다(9장). 400미터 페이스는 또한 더 길고 강한 주폭에 대한 근방추(5장)가 적응에도 도움이 됩니다.

800m 시간	400m 시간	반복주 페이스			
		200m	150m	100m	50m
1:44	46.0	23.0	17.3	11.5	5.8
1:48	48.0	24.0	18.0	12.0	6.0
1:53	50.0	25.0	18.8	12.5	6.3
1:57	52.0	26.0	19.5	13.0	6.5
2:02	54.0	27.0	20.2	13.5	6.7
2:06	56.0	28.0	21.0	14.0	7.0
2:10	58.0	29.0	21.8	14.5	7.3
2:15	1:00.0	30.0	22.5	15.0	7.5
2:20	1:02.0	31.0	23.3	15.5	7.8
2:24	1:04.0	32.0	24.0	16.0	8.0
2:29	1:06.0	33.0	24.8	16.5	8.3
2:33	1:08.0	34.0	25.5	17.0	8.5
2:38	1:10.0	35.0	26.3	17.5	8.8
2:42	1:12.0	36.0	27.0	18.0	9.0
2:46	1:14.0	37.0	27.8	18.5	9.3
2:51	1:16.0	38.0	28.5	19.0	9.5
2:56	1:18.0	39.0	29.3	19.5	9.8
3:00	1:20.0	40.0	30.0	20.0	10.0
3:04	1:22.0	41.0	30.7	20.5	10.3
3:09	1:24.0	42.0	31.5	21.0	10.5
3:14	1:26.0	43.0	32.3	21.5	10.8
3:18	1:28.0	44.0	33.0	22.0	11.0
3:22	1:30.0	45.0	33.8	22.5	11.3
3:27	1:32.0	46.0	34.5	23.0	11.5
3:31	1:34.0	47.0	35.2	23.5	11.8
3:36	1:36.0	48.0	36.0	24.0	12.0
3:40	1:38.0	49.0	36.7	24.5	12.2
3:45	1:40.0	50.0	37.5	25.0	12.5
3:50	1:42.0	51.0	38.3	25.5	12.8
3:54	1:44.0	52.0	39.0	26.0	13.0
3:59	1:46.0	53.0	39.8	26.5	13.3
4:03	1:48.0	54.0	40.5	27.0	13.5
4:08	1:50.0	55.0	41.3	27.5	13.8
4:12	1:52.0	56.0	42.0	28.0	14.0
4:16	1:54.0	57.0	42.7	28.5	14.2
4:21	1:56.0	58.0	43.5	29.0	14.5
4:26	1:58.0	59.0	44.3	29.5	14.8
4:30	2:00.0	1:00.0	45.0	30.0	15.0
4:34	2:02.0	1:01.0	45.8	30.5	15.3
4:39	2:04.0	1:02.0	46.5	31.0	15.5
회복 시간(분)		6~12	4~8	2~4	1~2
반복주 실시 횟수		2~3	3~6	4~10	8~20

400미터 페이스 차트.

400미터 페이스 반복주에서는 반복주 1회당 최대 200미터까지만 달릴 것을 권고합니다. 10분의 1초 단위는 지침으로만 활용하세요(가령 11.5초라고 쓰여 있다면 11~12초 사이에만 들어오면 됩니다).

800미터 페이스 훈련

800미터 페이스의 인터벌 훈련은 중거리 주자에게 필수이며, 그 속도는 대다수 지구력 러너의 훈련 속도와 다르지 않습니다. 이와 같은 반복주에는 높은 강도가 요구되는 탓에 중추신경계와 유산소 효소 모두 부정적인 영향을 받을 수 있으므로, 이 페이스에서의 훈련은 목표로 하는 경기를 몇 달 앞둔 시점에 시작해 4~6주 정도만 하는 편이 좋습니다('스피드 워크'를 통해 얻은 효과는 2~4주간 이어지니까요). 800미터 페이스 반복주를 통해 다음의 효과를 얻을 수 있습니다.

- **미토콘드리아 양:** 800미터 페이스 반복주는 속근 섬유의 미토콘드리아 양을 늘립니다.
- **미토콘드리아 이외의 적응:** 800미터 페이스 반복주는 속근 섬유에서

1600m 시간	800m 시간	반복주 페이스			
		400m	300m	200m	100m
3:58	1:48	54.0	40.5	27.0	13.5
4:06	1:52	56.0	42.0	28.0	14.0
4:15	1:56	58.0	43.5	29.0	14.5
4:24	2:00	1:00.0	45.0	30.0	15.0
4:33	2:04	1:02.0	46.5	31.0	15.5
4:42	2:08	1:04.0	48.0	32.0	16.0
4:50	2:12	1:06.0	49.5	33.0	16.5
4:59	2:16	1:08.0	51.0	34.0	17.0
5:08	2:20	1:10.0	52.5	35.0	17.5
5:17	2:24	1:12.0	54.0	36.0	18.0
5:26	2:28	1:14.0	55.5	37.0	18.5
5:34	2:32	1:16.0	57.0	38.0	19.0
5:43	2:36	1:18.0	58.5	39.0	19.5
5:52	2:40	1:20.0	1:00.0	40.0	20.0
6:01	2:44	1:22.0	1:01.5	41.0	20.5
6:10	2:48	1:24.0	1:03.0	42.0	21.0
6:18	2:52	1:26.0	1:04.5	43.0	21.5
6:27	2:56	1:28.0	1:06.0	44.0	22.0
6:36	3:00	1:30.0	1:07.5	45.0	22.5
6:45	3:04	1:32.0	1:09.0	46.0	23.0
6:54	3:08	1:34.0	1:10.5	47.0	23.5

1600m 시간	800m 시간	반복주 페이스			
		400m	300m	200m	100m
7:02	3:12	1:36.0	1:12.0	48.0	24.0
7:11	3:16	1:38.0	1:13.5	49.0	24.5
7:20	3:20	1:40.0	1:15.0	50.0	25.0
7:29	3:24	1:42.0	1:16.5	51.0	25.5
7:38	3:28	1:44.0	1:18.0	52.0	26.0
7:46	3:32	1:46.0	1:19.5	53.0	26.5
7:55	3:36	1:48.0	1:21.0	54.0	27.0
8:04	3:40	1:50.0	1:22.5	55.0	27.5
8:13	3:44	1:52.0	1:24.0	56.0	28.0
8:22	3:48	1:54.0	1:25.5	57.0	28.5
8:30	3:52	1:56.0	1:27.0	58.0	29.0
8:39	3:56	1:58.0	1:28.5	59.0	29.5
8:48	4:00	2:00.0	1:30.0	1:00.0	30.0
8:57	4:04	2:02.0	1:31.5	1:01.0	30.5
9:06	4:08	2:04.0	1:33.0	1:02.0	31.0
9:14	4:12	2:06.0	1:34.5	1:03.0	31.5
9:23	4:16	2:08.0	1:36.0	1:04.0	32.0
9:32	4:20	2:10.0	1:37.5	1:05.0	32.5
9:41	4:24	2:12.0	1:39.0	1:06.0	33.0
회복 시간(분)		4~9	3~7	2~5	1~3
반복주 실시 횟수		2~4	3~6	4~10	8~20

800미터 페이스 차트.

800미터 페이스 반복주에서는 반복주 1회당 최대 400미터까지만 달릴 것을 권고합니다. 10분의 1초 단위는 지침으로만 활용하세요(가령 19.5초라고 쓰여 있다면 19~20초 사이에만 들어오면 됩니다).

MCT(9장)라고 하는 수송 단백질의 수를 늘릴 뿐만 아니라, 무산소 효소와 완충 용량의 증가도 가져오는 훌륭한 워크아웃입니다. 800미터 페이스 반복주는 또한 근방추와 신경계를 모두 강화하여 중거리 러너의 러닝 효율을 높입니다(11장).

교대/혼합 인터벌

교대 인터벌과 혼합 인터벌은 오로지 상급자 러너만을 위한 워크아웃입니다. 두 워크아웃 모두 지근 섬유 미토콘드리아 양의 상당한 증가를 유발하며, 혼합 인터벌의 경우 중간 섬유 미토콘드리아에도 동일한 자극을 제공합니다. 그러나 이들 워크아웃의 핵심 목표는 우리 몸의 젖산 이온lactate 처리 능력을 키우는 것이에요. 최고의 마라톤 코치인 레나토 카노바Renato Canova는 교대 인터벌을 가장 좋아했지만, 러너들은 그와 별개로 지난 수십 년 동안 혼합 인터벌을 써 왔습니다. 이 표에는 인터벌 유형에 맞는 워크아웃 샘플이 두 가지씩 실려 있지만, 이들 워크아웃의 핵심은 창의성인 만큼 자신에게 맞는 버전을 만들어 나가는 것도 중요하답니다.

- **교대 인터벌:** 이 워크아웃에서는 교대 인터벌 사이에 회복 구간이 없습니다. 첫 번째 모드에서 두 번째 모드로 갔다가, 다시 첫 번째 모드로 갔다가, 다시 두 번째 모드로 교대하는 방식이에요. 7장의 페이스 차트를 참조하여 알맞은 반복주 페이스를 찾아 보세요.
- **혼합 인터벌:** 혼합 인터벌에서는 반복 사이에 (400미터 조깅 등의) 회복 인터벌이 들어갑니다. 이렇게 하면 반복주에서의 강도를 교대 인터벌에서보다 높일 수 있어요. 7장의 페이스 차트를 참조하여 알맞은 반복주 페이스를 찾아 보세요.

반복	교대 인터벌		혼합 인터벌	
	샘플 워크아웃 1	샘플 워크아웃 2	샘플 워크아웃 1	샘플 워크아웃 2
1	크루즈 인터벌 400	느린 템포 800 (-5초)	1600 (5K 페이스)	크루즈 인터벌 1600
2	느린 템포 1200	느린 템포 800 (+15초)	회복주 400	회복주 400
3	크루즈 인터벌 400	느린 템포 800 (-5초)	300 (1500 페이스)	1200 (5K 페이스)
4	느린 템포 1200	느린 템포 800 (+15초)	회복주 400	회복주 400
5	크루즈 인터벌 400	느린 템포 800 (-5초)	1600 (5K 페이스)	크루즈 인터벌 1600
6	느린 템포 1200	느린 템포 800 (+15초)	회복주 400	회복주 400
7	크루즈 인터벌 400	느린 템포 800 (-5초)	300 (1500 페이스)	800 (3K 페이스)
8	느린 템포 1200	느린 템포 800 (+15초)	회복주 400	회복주 400
9	크루즈 인터벌 400	느린 템포 800 (-5초)	1600 (5K 페이스)	크루즈 인터벌 1600
10	느린 템포 1200	느린 템포 800 (+15초)	회복주 400	회복주 400
11	크루즈 인터벌 400	느린 템포 800 (-5초)	300 (1500 페이스)	400 (1500 페이스)
12	느린 템포 1200	느린 템포 800 (+15초)	회복주 400	회복주 400

교대/혼합 인터벌 훈련 차트.

각각의 샘플 워크아웃을 좌측 '반복' 열에 맞추어 1부터 12까지 순서대로 실시하세요. 교대 인터벌에서는 휴식을 따로 두지 않습니다. 혼합 인터벌에서는 느린 조깅으로 회복 시간을 갖습니다. 페이스는 7장의 페이스 가이드라인을 참조하세요.

마일리지

러너들 사이에서 '마일리지'라는 용어는 한 주 동안 뛴 거리 전체를 가리키는 포괄적인 단어로 쓰입니다. 조깅과 언덕 달리기와 스프린트와 페이스 훈련과 장거리 달리기를 모두 한 주의 '마일리지'로 퉁치는 거죠. 하지만 마일리지에서 이게 맞다고 할 만한 숫자는 없어요. 성공을 보장해 줄 만한 주간 마일리지를 찍어줄 수 없다는 뜻입니다. 사실, '마일리지'라는 낱말은 '볼륨'으로 바꾸는 편이 좋습니다. 여러 강도로 훈련할 때는 거리가 아니라 시간의 총량이 중요하기 때문이에요. 한 번 생각해 보죠. 마일당 6분의 페이스로 매주 100마일을 달리는 엘리트 러너의 운동 시간은 총 10시간이에요. 5K를 27분에 뛰는 러너가 똑같이 100마일을 뛰려면 20시간은 족히 걸릴 겁니다. 엘리트 러너는 발전을 거듭하겠지만, 5K 27분의 러너는 고꾸라지겠죠. 러닝 일지에 더 큰 숫자를 기록하기 위해서가 아닌, 효과를 얻기 위해 훈련을 한다는 점을 잊지 마세요. 즉, 더 잘 달리고 싶다면 볼륨을 높이는 것이 중요합니다. 장기적인 향상은 장기적인 볼륨 누적에 달려 있습니다(하루 단위, 한 주 단위가 아니라 수개월, 수년 단위를 상정해야 해요). 볼륨을 높이면 단기적으로 지근 미토콘드리아 밀도, MCT(9장), 러닝 효율(11장), 혈액량, 근육과 결합조직의 강도 또한 개선됩니다. 요컨대, 뛰어난 러너의 몸을 갖기 위해서는 마일리지의 양과 질이 모두 중요하지만, '양'과 '질'의 의미는 러너마다 다르답니다.

9

pH로 설계하는 달리기*

'산성비'는 대기 오염이 환경에 미치는 부식 효과를 설명하고자 1872년 로버트 앵거스 스미스Robert Angus Smith가 만든 용어입니다. 공장에서 이산화황과 아산화질소로 이루어진 매연 구름은 공기 중으로 뿜어진 다음 비와 눈과 안개와 연기와 먼지와 뒤섞여 산성 용액이 되어 지구 위를 적셨습니다. 대기 중에서 일어나는 이러한 반응은 (아주 고되게) 열심히 달리면 근섬유 내에서도 비슷하게 일어납니다. 무산소 에너지(산소 없이 미토콘드리아 외부에서 생성되는 에너지)에 더 많이 의존할수록 pH는 산성을 향하게 되며, 그 결과 근섬유가 제 힘을 다하지 못하고, 구역질이 나고, 참을 수 없는 피로감이 온몸을 잠식하게 됩니다. 이러한 산성 pH는 장거리 달리기나 경주에서는 문제가 되지 않지만, 고강도 운동에서는 치명적일 수 있어요.

* 역주: 이 장에서는 산과 염기를 다루고 있으므로 '젖산(lactic acid)'과 '젖산 이온(lactate)'을 명확히 구별하여 옮겼지만, 다른 장에서는 엄격한 구별이 필요한 경우를 제외하면 모두 '젖산'으로 옮깁니다. 특히 에너지와 관련한 내용에서의 '젖산'은 모두 'lactate'를 가리킵니다.

pH가 뭔데?

pH는 수소 이온의 정도를 가리킵니다. 수소 이온이 많을수록 산성 pH가 되고, 수소 이온이 적을수록 알칼리성 pH가 되죠. 우리 몸이 좋아하는 pH는 1~14의 스케일에서 7.35~7.45 사이의 약알칼리성 pH입니다. 7.0 아래의 pH는 산성으로, 7.0 위의 pH는 알칼리성으로 간주돼요. 'pH'라는 용어는 '수소의 힘'이나 '잠재적 수소'를 모두 의미하는 것으로 알려져 있기도 합니다.

그렇다면 pH가 달리기와 무슨 관련이 있을까요?

단거리 경주나 빠른 페이스의 워크아웃처럼 무산소 에너지가 많이 필요한 강도의 달리기에서는 수소 이온이 점차 쌓여갑니다. pH가 7.0 이하로 떨어지면 산증acidosis으로 고통받기 시작하죠. 산증은 피로를 동반하고, 큰 근수축력이 생기지 못하게 하며, 산증에 빠진 근육이 불타오르는 느낌을 유발합니다. 이를 그대로 내버려두면 '근육이 굳는다'거나 '몸이 말을 안 듣는다'거나 '곰 한 마리가 등에 매달려 있는 것 같다'고들 부르는 무기력 상태로 빠질 수 있습니다. 6.4 정도의 pH가 되면 다리는 움직이지 않게 됩니다. 사이클 선수들은 6.4 정도로 낮아진 근육의 pH에서 테스트를 받아 오고 있고, 1983년 데이비드 코스틸David Costill박사의 연구에서는 400미터 스프린트가 끝난 뒤 러너의 다리 근육 pH가 6.63으로 측정되기도 했습니다. 고강도에서의 피로는 전통적으로 pH의 저하와 연관되어 있기 때문에, 러너는 (수소 이온을 내보냄으로써) 근섬유 내의 산증을 완화하고 섬유 내의 수소 이온을 완충하여 이를 중화하는 방법을 훈련합니다(자세한 내용은 이 장의 뒷부분에 나와 있어요).

그러나 짚고 넘어가야만 하는 사실이 있으니, 바로 최근 몇 년 동안 이 피로 이론이 도전을 받았다는 점입니다. 산증의 효과를 깎아내리고 다른 이론을 제안한 연구자들이 많아졌습니다. 산증에 관한 초기 연구의 큰 문제는 (설치류에서 적출하여) 연구에 쓴 조직이 냉장 보관된 탓에 결과가 달라졌다는 점입니다. 정상 체온에 가까운 따뜻한 조직을 가지고 수행한 새 연구에서는 산증의 영향이 크게 사라졌어요. 하지만 늘 그렇듯 여러 후속 연구의 결과에는 모순점들이 있었습니다. 따뜻한 근육 조직에 대한 산증의 효과를 검증한 2006년 데이브 커누스Dave Knuth 연구팀의 실험에서 커누스는 '낮은 pH의 피로 유발 효과는 [...] (살아 있는 조직의) 체온에 가까운 온도에서 여전히 심대하고도 중요하다.'라고 결론을 냈습니다. 게임 끝인 거죠.

여기서 조금 수수께끼 같은 질문이 생겨납니다. 산증 이론을 쳐내야 할까요, 아니면 대안 이론을 쳐내야 할까요? 대답을 하자면, 우리는 둘 다 다룰 거예요. 피로에 관한 대안 이론은 13장에서 다루겠습니다. 이 장에서는 《Journal of the International Society of Swimming Coaching》 2012년호에 어니스트 마글리쇼Ernest W. Maglischo가 썼던, '(훈련에) 도발적인 변화가 필요하다고는 생각지 않는다. 예전에 생각했던 근거와 지금 받아들여지는 근거는 다를 수 있지만, 그때나 지금이나 우리의 훈련법은 줄곧 효과가 있었다. [...] 산증이 무관하다고 확실히 밝혀지기 전까지는 완충 능력 향상을 위한 훈련을 지속하는 것이 현명할 테다'라는 충고를 따를 거예요. 요컨대, 낮은 pH를 기반으로 한 훈련이 의미 없는 짓이 아닌 이상, 굳이 바꾸지 말자는 겁니다.

pH 훈련

8장에서 더 많은 미토콘드리아를 만들면서 pH 훈련은 시작되었습니다. 미토콘드리아가 많을수록 유산소 에너지 생성량도 많아지죠. 이 과정은 수소 이온을 소비하는 동시에 무산소 에너지 생산 요구도를

초보자 가이드

근섬유의 낮은 pH는 피하는 것이 최선입니다. 너무 무리하게 뛰지 마세요. 아울러 인터벌과 템포에서는 지정된 페이스를 지켜 주세요.

달리기 이야기

"젖산 - 친구인가, 적인가?"

달리기 커뮤니티에서 *젖산*은 수 년 동안 만악의 근원으로 취급받았습니다. 피로, 통증, 경기가 끝난 뒤의 '근육 강직', 심지어는 DOMS(지연성 근육통)의 원인으로도 지목되어 왔죠.

그중 젖산이 실제로 일으키는 문제는 몇 개나 있을까요? 단 하나도 없습니다.

그렇다면 젖산은 어쩌다 악당 이미지를 얻었을까요? 시작은 1922년 노벨상 수상자인 오토 마이어호프Otto Meyerhof 박사와 아치볼드 힐Archibald Hill 박사가 개구리 다리에 전기 충격을 가하는 실험을 서로의 연구실에서 제각기 수행한 20세기 초로 거슬러 올라갑니다. 이 실험에서 개구리 다리는 처음에 움찔거리다가 멈춥니다. 조사해 보니 멈춘 다리가 젖산으로 뒤덮여 있던 것이 확인되었죠. 잘린 개구리 다리가 산소 공급을 충분히 받을 리가 없었던 만큼, 이로부터 무산소 에너지 생산이 젖산을 생성하여 근섬유 수축을 차단하는 '산증'이라는 상태로 이어지는 것으로 추론되었습니다. 수많은 러너와 코치는 이 발견을 받아들이고 젖산의 영향을 극복하기 위해 60년 동안 훈련했습니다.

1985년이 되어 버클리의 생리학자 조지 A. 브룩스George A. Brooks 박사가 (젖산lactic acid에서 수소 이온을 뺀) 젖산 이온lactate이 수축 억제제가 아니라 실제로는 근섬유의 소중한 연료로 쓰인다는 사실을 밝혀낸 뒤로 젖산에 대한 관점은 크게 뒤바뀝니다. 한때 무산소 에너지 생산의 최종 부산물로 받아들여지던 젖산은, 이제 즉시 분해되어 젖산 이온과 수소 이온을 생성한다고 받아들여집니다. 젖산 이온은 좋은 녀석, 산증의 주범인 수소 이온은 나쁜 녀석이 되었어요. 간접적인 영향까지 보았을 때 젖산 자체는 여전히 악당으로 남아 있었지만요.

2004년 로버트 A. 로버그스Robert A. Robergs 박사 연구팀이 발표한 연구는 사라져 가는 젖산의 악명에 또 한 방을 날립니다. 로버그스에 따르면, 젖산은 무산소 에너지 생산 중에 *절대* 생성되지 않습니다. 수소 이온은 젖산 이온과 관계없이 생겨나고요. 게다가 젖산 이온은 수소 이온을 소비하고 수소 이온과 짝을 이루어 수송 단백질의 안내를 받아 근섬유에서 빠져나옴으로써 실질적으로 산증을 줄인다고도 했죠. 교과서까지 집필한 생화학자 로렌스 A. 모런Laurence A. Moran은 자신의 블로그에 '젖산이 근육에서 생성되지 않으므로 산증의 원인이 될 수 없다는 점이 중요하다'고 쓰면서 이 결론을 지지했습니다.

최근에는 산증 그 자체가 피로의 원인으로 지목받고 있습니다. 2008년 논문에서 매케나McKenna와 하그리브스Hargreaves는 '운동 중 피로는 여러 장기, 여러 세포, 여러 분자 수준에서 일어나는 연쇄 반응으로 볼 수 있다'고 썼죠.

피로에 대한 최종 판결이 무엇이든 간에, 한 가지 결과는 나와 있네요. 젖산은 악당이 아니에요. 젖산 이온은 에너지원이고, 수소 이온은 산증을 유발합니다. 똑똑한 러너라면 젖산 이온을 활용하도록 훈련하고, 강력한 반론이 나올 때까지는 수소 이온을 피할 테죠.

낮추는 과정이기도 합니다. 이 장에서는 산증을 중화시키면서 수행능력을 높이는 다음 두 가지 방법을 살펴볼 거예요.

- 버퍼(완충 능력)
- 젖산 셔틀

버퍼 훈련은 속도를 다르게 한 짧은 스프린트를 통해 이루어질 거예요. 젖산 셔틀 훈련에서는 완전히 새로운 유형의 워크아웃이 일정에 추가되는데, 바로 크로스 트레이닝cross training입니다. 일립티고ElliptiGO를 타거나 설피를 신고 숲속을 뛰어다니는 것이 어떻게 수행능력을 크게 높일 수 있는지 배우게 될 거예요.

버퍼

버퍼는 근섬유 내 수소 이온(산성 pH)의 영향을 중화시키는 물질입니다. 인산염, 중탄산염, 일부 단백질이 버퍼에 해당하겠네요.

조깅보다 높은 강도로 달려본 적이 없다면 버퍼에 대해 걱정할 필요가 없습니다. 그 정도로 생겨날 소량의 수소 이온을 중화할 버퍼는 이미 충분히 있으니까요. 하지만 그보다 힘든 강도로 달리려면 완충 시스템(버퍼)을 강화해야 합니다.

결승선을 코앞에 두고 젖 먹던 힘까지 짜내는 마지막 스퍼트 때를 제외하면 (경주 거리와 상관없이) 처음 30초가 경주의 나머지 어떤 구간보다 더 무산소 상태인 것을 알고 나서 깜짝 놀라는 러너들이 더러 있습니다. 이 현상은 유산소 시스템이 필요한 만큼의 에너지를 공급하기 위해 가동되기까지 시간이 들기 때문에 발생합니다. 이 말을 다르게 보면 버퍼가 가장 많이 쓰이는 구간이 첫 30초라는 뜻이 됩니다. 더 많은 버퍼를 만들려면 기존 버퍼에 과도한 부담을 주어야 하므로, 이 30초 동안 높은 무산소 부하를 활용하는 단시간 반복주를 해야 합니다. 즉, 반복주는 거의 최대 속도로 뛰고, 다음 반복주를 위한 무산소 에너지 공급이 확실히 이루어질 수 있도록 충분한 휴식을 취해야 한다는 뜻입니다(그래야 유산소 시스템을 건드리지 않을 테니까요).

버퍼 훈련에 대한 반응은 빨리 일어나는 편으로, 고작 4~6주면 버퍼는 최대 완충 능력에 도달합니다.

이렇게 훈련해 보아요

400/800m 페이스의 짧은 반복주(8장, 145~146쪽)는 완충 능력을 향상시킵니다. 하지만 매 반복마다 적절한 회복이 뒤따라야 해요.

젖산 셔틀

'젖산 셔틀lactate shuttle(젖산 이온 셔틀)'은 신체가 세포 안팎에서 젖산 이온을 수송하는 일련의 기전을 가리키는데, 여기에는 '젖산 셔틀이 근섬유 내부의 수소 이온, 즉 산성 pH의 영향을 줄이는 것과 무슨 관련이 있나요?' 하는 질문이 붙을 겁니다. 어쨌거나 젖산 이온은 연료일 뿐 산acid은 아니니까요. 그러나 여기에는 젖산 이온과 수소 이온이 결합되어 있다는 진실이 숨어있습니다. 사실 수십 년 동안 이 둘은 젖산이라는 하나의 덩어리로 간주되어 왔습니다. (153쪽 "젖산 - 친구인가, 적인가?" 참조). 이제 우리는 젖산 이온이 아니라 수소 이온이 문제라는 것을 알고 있지만, 다음과 같이 젖산 이온에 대한 언급 없이 산증에 관해 이야기할 수 없는 이유가 몇 가지 있습니다.

- 젖산 이온과 수소 이온은 모두 무산소 에너지가 생산되는 동안 축적된다.
- 젖산 이온과 수소 이온은 거의 같은 속도로 축적된다.
- 젖산 이온과 수소 이온은 MCT라고 하는 특수 수송 단백질의 안내를 받아 함께 근섬유를 떠난다.
- 수소 이온보다 젖산 이온을 측정하는 것이 더 쉽다.

젖산 이온은 수소 이온과 거의 같은 속도로 축적되기 때문에, 근섬유 내의 산증을 추정할 때는 혈중 젖산 이온 수치(근섬유에서 나와 혈류로 들어간 젖산 이온)를 검사할 수 있습니다. 혈류에 젖산 이온이 많으면 근섬유에도 젖산 이온이 많게 마련이죠. 젖산 이온이 많을수록 산증 또한 심하게 마련입니다. 근섬유의 pH를 직접 측정하는 것은 너무 비싸고 어렵습니다. 표 9.1에서 볼 수 있듯, 젖산 이온은 러닝 속도에 비례해 어느 정도씩 쌓입니다. 이는 유산소와 무산소 에너지 생산이 (강도에 따라 비율은 달라지겠지만) 계속 일어나고 있기 때문입니다.

근섬유 내의 젖산 이온 수치가 높아짐에 따라 수소 이온 수치가 동시에 높아지면, 근섬유는 유형에 따라 이 변화에 다르게 반응합니다. 지근 섬유는 생산된 젖산 이온의 약 75~80%를 연소하여 미토콘드리아에서의 유산소 에너지 생산을 촉진합니다. 그러나 중간 섬유와 속근 섬유의 젖산 이온 연소 능력은 이보다 떨어집니다. 따라서 중간 섬유와 속근 섬유에서 젖산 이온의 농도가 높아지면, 이들 섬유는 젖산을 수출하여 다른 근섬유와 뇌와 심장과 (젖산 이온을 포도당으로 바꾸는) 간으로 배송합니다.

근섬유는 MCT라고 하는 특수 수송 단백질을 사용하여 젖산 이온을 실어나릅니다. MCT는 젖산 이온을 더 큰 혈관으로 보내 주는 예인선인 셈이죠. MCT는 젖산 이온이 연료로 쓰일 수 있도록 미토콘드리아로 끌고 가기도 하고, 수소 이온과 함께 젖산 이온을 근섬유 밖으로 밀어내기도 하고, 필요한 경우 연료로 쓰기 위해 인접한 섬유와 혈류에서 젖산 이온을 가져오기도 합니다. 버클리의 생리학자인 조지 A. 브룩스George A. Brooks 박사는 이 과정을 '젖산 셔틀'이라고 명명했답니다.

젖산 셔틀의 제한 요인 중 다음 두 가지는 훈련을 통해 개선할 수 있어요.

- **MCT의 양:** MCT의 수는 제한되어 있으므로 젖산 이온과 수소 이온의 농도가 너무 높아지면 포화됩니다. 붐비는 공항의 택시 줄과 비슷해요.
- **농도 적체:** 젖산 이온과 수소 이온은 촉진확산이라는 방식을 통해 근섬유를 떠납니다. 다시 말해 세포막을 경계로 하여 MCT의 도움을 통해 농도가 높은 영역에서 낮은 영역으로 이동한다는 뜻이에요. 젖산 이온이 혈류에 많이 들어갈수록 혈중 젖산 농도 또한 높아지므로 촉진확산 또한 느려집니다. 출퇴근 시간에 고속도로에 합류하는 것과 비슷하죠.

이러한 한계에 맞서는 전통적 해결책은 젖산 이온과 수소 이온을 섬유 밖으로 내보내는 동시에 젖산 이온을 혈류에서 빼내 활동하지 않는 근섬유로 끌어올 수 있도록 MCT의 개수를 늘리는 것입니다.

젖산을 수출하는 MCT를 늘리려면 섬유 유형에 따라 다른 훈련이 필요합니다.

훈련 유형	%VO_2max	혈중 젖산 이온 (mmol)
조깅	60	0.8
편한 달리기	65	1.1
중간 달리기	70	1.4
빠른 달리기	75	1.9
마라톤/느린 템포 런	80	2.6
하프 마라톤/빠른 템포 런	85	3.5
10K 페이스	90	4.6
5K 페이스	95	6.2
3K 페이스	100	8.2
1마일/1500m 페이스	105	11
1200m 페이스	110	14.7
800m 페이스	115	19.6
600m 페이스	120	22.9
400m 페이스	135	26.1
200m 페이스	150	19.6
100m 페이스	155	11

표 9.1

다양한 러닝 속도에서 평균 혈중 젖산 수치(와 이에 상응하는 VO_2max)를 비교한 결과입니다. 혈중 젖산 이온은 근섬유 내 산도 증가의 표지로, 이론상 짧은 경주에서 피로를 유발하는 것으로 알려져 있습니다.
참고: 'mmol'은 밀리몰의 약어로, 몰은 화학에서 쓰이는 측정 단위입니다.

- **지근 섬유:** 장거리 달리기와 오래달리기
- **중간 섬유:** 10K~템포 페이스의 워크아웃
- **속근 섬유:** 800m~1마일 페이스의 반복주

농도 적체, 즉 근섬유에서 젖산 이온과 수소 이온의 촉진확산을 늦추는 혈중 젖산 수치 상승이라는 문제에는 전통적이지 않은 해결책을 써볼 수 있어요. 바로 크로스 트레이닝입니다.

크로스 트레이닝

세상에는 (수영, 자전거, 스노슈잉snowshoeing 등의) 크로스 트레이닝을 좋아하는 러너도 있고 무시하는 러너도 있습니다. 후자는 크로스 트레이닝이 훈련의 특수성 원칙, 즉 연습 때 하는 운동은 실전에서 하는 운동과 최대한 유사해야만 한다는 원칙에 위배된다

는 사실을 제대로 알고 있죠. 그러나 러닝 중 혈중 젖산 이온 수치를 낮추는 신체 능력의 향상에 있어 크로스 트레이닝이 완벽하게 들어맞는 이유는 이러한 특이성이 매우 떨어지기 때문입니다.

힘겨운 러닝 중에 혈액의 젖산 이온을 감소시켜서 열심히 일하는 근섬유가 촉진확산을 통해 젖산 이온과 수소 이온을 내보내도록 하는 것이 이 훈련의 목적이라는 점을 잊지 말아야 합니다. 크로스 트레이닝을 함으로써 우리는 (크로스 트레이닝 활동에 한해) 달리는 동안 쓰이지 않는 근섬유를 훈련하여 이 근섬유들의 MCT 수준을 높임으로써 젖산을 받아들이는 능력을 증가시킬 수 있습니다. 이렇게 하면 달릴 때 쓰이지 않는 이들 근섬유가 혈류에서 젖산을 먹어치움으로써 젖산 정화 구역 역할을 할 수 있을 테죠.

휴스턴 대학의 크로스컨트리 수석 코치이자 나이키 오리건 프로젝트의 코치를 역임한 운동 과학자로 『Science of Running』을 집필한 스티브 매그네스Steve Magness는 "(혈중 젖산 이온 감소는) 제가 선수 훈련에 크로스 트레이닝을 조금 더 추가하기 시작한 이유 중 하나입니다. 달리기 대신 하자는 게 아니에요. 달리는 동안 도움이 될 수 있는 적응을 얻으려고 하는 겁니다."라고 이야기합니다.

매그네스는 자기가 세운 가설을 검증하기 위해 자신의 기본 젖산 이온 프로필을 작성했습니다. 그러고 나서는 크로스 트레이닝과 러닝 서킷을 4주간 러닝 일정에 추가했습니다(제이 존슨의 러닝 서킷, 12장 사진으로 보는 워크아웃 참조). 새로운 근섬유가 젖산 이온을 흡수하게끔 훈련하는 것이 그의 목표였고, 4주 뒤 다시 젖산 이온을 체크했을 때 그의 젖산 이온 프로필은 모든 훈련 페이스에서 개선되어 있었습니다.

크로스 트레이닝을 통해 우리는 포장도 뜯지 않은 바구니를 젖산 이온 배출 용도로 쓸 수 있고, 동시에 혈중 젖산 이온 수치를 낮추고 근섬유에서 수소 이온을 제거할 수 있게 됩니다. 단지 pH의 균형만 맞추는 선에서 그치는 것이 아니라, 훈련에 찾아오는 이러한 다양성이 우리의 삶, 나아가 훈련에 훌륭한 고명으로 쓰일 수 있다는 사실을 확인하게 될 거예요.

이렇게 훈련해 보아요

젖산 셔틀 훈련을 할 때 지근 섬유를 목표로 한다면 고 마일리지(8장, 149쪽)나 오래달리기(7장, 133쪽) 같은 전통적인 워크아웃을, 중간 섬유를 목표로 한다면 10K나 템포 워크아웃(7장, 130쪽)을, 속근 섬유를 목표로 한다면 800미터 페이스(8장, 146쪽)나 1마일 페이스(7장, 126쪽 1500미터 페이스)를 활용할 수 있습니다. 힘든 러닝에서 혈중 젖산 이온 농도의 저하에 도움이 되는 크로스 트레이닝(157~161쪽)도 같이 활용할 수 있습니다.

훈련 개요

젖산 셔틀과 버퍼를 개선하려면 모세혈관과 미토콘드리아의 개선에 썼던 것과 같은 훈련이 많이 필요합니다. 동시에, 지근 섬유에 젖산 정화 구역을 만들 수 있는 크로스 트레이닝을 도입할 거예요. 이 장의 사진으로 보는 워크아웃에는 다음과 같은 내용이 주요 훈련으로 들어갑니다.

- **크로스 트레이닝**(여러 가지 스포츠)

버퍼와 젖산 셔틀에 영향을 미치는 훈련에는 아래처럼 다른 장의 내용도 포함되어 있습니다.

- **템포**(7장)
- **5K/10K 페이스 도로/트레일 인터벌**(8장)
- **마일리지**(8장)
- **HIIT**(8장)
- **400/800m 페이스 인터벌**(8장)

이들 워크아웃을 전반적인 훈련 프로그램에 어떻게 녹일 수 있는지 제대로 확인하려면 체력과 능력에 맞는 샘플 일정을 제공하는 15장을 바로 펼쳐 보세요.

제9장: pH로 설계하는 달리기
사진으로 보는 워크아웃

크로스 트레이닝

다친 러너, 전방위 체력에 관심을 둔 러너, 때로는 그저 루틴의 변화를 원하는 러너들에게 크로스 트레이닝은 오랫동안 원래 훈련의 대체재로서 선호되어 왔습니다. 그러나 이제 모든 러너는 크로스 트레이닝을 프로그램의 일부로 녹여야 해요. 다음 두 가지 이유 때문입니다.

1. 크로스 트레이닝은 근섬유 내의 산증과 맞서는 훌륭한 수단이다.
2. 크로스 트레이닝은 우리 몸을 완전히 충전된 대용량 배터리로 바꿀 수 있다(10장 참조).

크로스 트레이닝은 근섬유 내에서 (젖산을 실어나르는) MCT 수송 단백질을 증가시킴으로써 이들 근섬유에서 (산증의 원인인) 젖산/수소 이온을 빼내 활동하지 않는 근섬유로 가져올 수 있게 합니다. 혈중 젖산 수치가 높을 때 도착지 역할을 하는 근섬유가 정화 구역 역할을 하게 되는 셈이죠. 이 장의 사진으로 보는 워크아웃에서는 (6장에서도 만났던) 크리스천과 더불어, 무술가에서 배우이자 팝 엔터테이너이자 러너로 변신한 에미Emii, 마라톤 2:30 기록 보유자이자 크로스컨트리 스키 마스터스 내셔널 대회 챔피언인 로저 세이어Roger Sayer, 달리기를 훈련의 기본으로 활용하며 킥복싱과 수영과 실내 자전거를 통해 전방위 체력을 키워 나가는 치어리더 캘리 그린Callie Greene과 함께 열한 가지 크로스 트레이닝 방법을 알아볼 거예요.

트레드밀

트레드밀은 윌리엄 스타웁William Staub이 케네스 H. 쿠퍼Kenneth H. Cooper 박사의 책 『Aerobic』에서 아이디어를 얻어 페이스마스터 600PaceMaster 600을 발명한 1960년 후반 이래로 야외 훈련의 실내 대용품으로 인기를 구가해 왔습니다. 트레드밀 러닝은 야외 러닝의 실내형 쌍둥이처럼 보일 수 있지만, 그렇지가 않습니다. 실질적으로 다른 이유가 몇 가지는 돼요. 첫째, 트레드밀에는 공기 저항이 없습니다. 달리기에 더 적은 에너지를 사용한다는 뜻이죠. 이를 상쇄하려면 경사를 1% 높여야 합니다. 둘째, 연구에 따르면 러너는 트레드밀에서 주폭이 짧아지고, 케이던스가 빨라지고, 더 평평한 발의 각도로 착지합니다. 이로 인해 동원되는 근섬유의 조합이 약간 달라지므로 러닝 효율이 낮아지고 신경계 회로의 재배선이 필요해집니다(11장 참조). 셋째, 트레드밀에서는 러닝 속도가 느려집니다. 여러 연구 결과를 종합해 보면, 트레드밀에서는 도로에서보다 마일당 최대 2분까지도 속도가 느려집니다. 그러니 속도보다는 강도를 기준으로 삼아야 할 테죠. 물론 좋은 소식도 있습니다. 이러한 차이들 덕분에 더 큰 근섬유 무리에서 새로운 MCT가 생성된다는 거예요. 속도를 좀 낮추는 것 이외에는 도로와 트레일에서 하듯이 훈련하세요.

일립티컬 머신

일립티컬 머신elliptical machine은 1990년대에 도입되고 얼마 지나지 않아 피트니스 클럽 유산소 훈련의 주류가 되었습니다. 일립티컬 머신에는 타원을 그리며 움직이는 두 개의 페달(플랫폼)이 있어 걷거나 뛰는 행위를 모방할 수 있습니다. 기울기나 저항이나 보폭을 조정할 수도 있어요(기계에 따라 다르지만, 보폭은 30cm에서 거의 1m에 가깝게도 늘릴 수 있습니다). 움직이는 손잡이가 달린 모델도 많은데, 이런 경우 상체도 움직일 수 있습니다. 전신의 MCT 증가에 꼭 필요한 상체 활동까지 염두한 러너라면 저항을 높여 걸음 수(rpm)를 낮춰야 합니다. 그러면 손잡이를 잡기가 더 수월해질 거예요. 하체 훈련을 중점적으로 하는 러너라면, 평범한 달리기와 비슷한 동작이 나올 수 있도록 핸들을 완전히 놓고 걸음 수를 높여야 합니다. 손잡이를 놓고 달리는 러너 중에는 균형 능력 개선을 위해 (12온스짜리 낚시용 봉돌 같은) 가벼운 중량물을 손에 쥐고 하는 분도 더러 있어요. 파틀렉이나 반복주 같은 워크아웃을 할 때는 보폭과 저항을 모두 높여야 합니다.

일립티고 자전거

일립티고ElliptiGO는 일립티컬 자전거로, 2010년에 처음 출시된 이래 엘리트 오픈과 마스터스 러너들 사이에서 상당한 인기를 누려 오고 있습니다. 일립티컬 머신과 마찬가지로 일립티고는 러닝에서 동원되는 것 이상의 근섬유를 쓸 수 있습니다. 일립티컬 머신과 달리 일립티고에는 상체 훈련을 위한 손잡이가 없습니다. 첫 라이딩을 위한 규칙을 몇 가지만 빠르게 알아보자면 다음과 같습니다.

1. 안전한 장소를 고르세요(차도, 자전거도, 사람도 없는 곳).
2. 자전거 헬멧, 발을 완전히 감싸는 신발(킨 매켄지Keen McKenzie처럼 토박스가 단단한 신발이 좋아요), 자전거 장갑을 착용하세요.
3. 5단 기어로 시작하세요.
4. (발은 바닥에 놓고) 자전거를 다리 사이에 둔 다음, 한쪽 발을 앞쪽 페달에 놓고, 앞쪽 발로 선 채 아래쪽 발을 밀며 출발합니다.
5. 움직임이 매끄럽지 않다는 느낌이 들면 높은 기어로 변속합니다.
6. 속도를 줄이려면 양쪽 핸드 브레이크를 사용하고, 멈출 때는 발을 한쪽으로 내립니다.

이 밖에는 러닝 워크아웃에 상응하는 시간과 강도를 택해 운동을 실시합니다.

에어로빅

에어로빅은 1982년 제인 폰다Jane Fonda의 운동 영상인 〈제인 폰다의 워크아웃Jane Fonda's Workout〉 출시와 맞물려 1980년대 피트니스 클럽 현장에서 폭발적으로 퍼져나갔습니다. 에어로빅이 강조하는 전신 근력 및 지구력과 더불어, 에어로빅을 통해 더 나은 MCT/젖산 이온 기능에 필요한 형태의 훈련 적응을 만드는 일은 여전히 재미있고 효과적입니다. '에어로빅'이라는 말은 스피닝, 무술, 계단 오르기, 부트 캠프에 이르는 모든 것을 가리킬 수 있지만, 러닝의 세계에서 지난 30년 동안 인기 있는 피트니스 클럽의 수업으로 자리를 지킨 것은 다음 두 가지입니다.

- **댄스/프리스타일:** 고강도와 저강도의 전신 운동이 모두 들어가 있습니다. 종종 음악에 맞춰 진행됩니다. 싱크로나이즈드 댄스 동작과 근력 운동이 들어가기도 합니다.
- **스텝 에어로빅:** 댄스/프리스타일 동작에 낮은 플랫폼을 오르내리는 동작이 추가됩니다. 댄스/프리스타일과 마찬가지로 달리기와 무관한 근섬유를 많이 동원합니다.

에어로빅은 활기차고 사교적인 분위기를 훈련에 넣고 싶어 하는 러너에게 적합합니다.

킥복싱

킥복싱(을 비롯한 여러 가지 무술)을 하면 지구력, 근력, 신경계를 고르게 훈련할 수 있습니다. 그러나 킥복싱은 책이나 DVD로 배울 만한 스포츠가 아니에요. 공인된 사범이나 경험 많은 강사가 있는 지역 체육관을 찾아야 합니다. 킥복싱을 비롯한 무술의 경우 전국 대회 입상 경력이 있다면 지식과 경험이 갖춰져 있다고 판단할 수 있을 거예요. 아울러, 킥복싱이 스파링 파트너를 대상으로 킥과 펀치를 조합에 맞춰 날리는 정도의 스포츠가 아니라는 것도 알아두어야 합니다. 달리기, 스트레칭, 저항 훈련, 폼 롤러 드릴과 같은 여러 가지 요소가 포함되는 유산소 웜업으로 시작하는 세션이 좋은 훈련 세션입니다. 실제 킥복싱 강습에서는 허공이나 무거운 샌드백에 킥과 펀치를 날리는 법을 배울 수 있습니다. 그 과정에서 자세, 균형, 속도, 근력, 지구력에 집중하게 될 거예요. 머리부터 발끝까지 쓰는 킥복싱 워크아웃을 통해 글러브를 끼기 전보다 전반적으로 더 건강해질 수 있을 겁니다.

자전거

자전거는 러닝을 할 때보다 더 빠르게 더 먼 곳까지 갈 수 있다는 매력을 지니고 있죠. 내리막길을 빠르게 활주할 수도 있고요! (도로나 산에서) 자전거를 타면 러닝으로는 거의 쓰이지 않는 다리의 근섬유를 단련할 수 있습니다. 안전을 위한 선글라스 등의 눈 보호 장비와 함께, 발가락 클립이 있는 페달, 또는 클립 없는 페달과 자전거용 신발이 필요합니다(둘 다 페달을 끌어당기거나 밀어내리며 돌릴 수 있게 하여 페달이 한 바퀴 도는 동안 힘을 온전히 전달하는 동시에 근육의 부담을 높입니다). 라이딩을 시작하기 전에, 페달에 발을 올렸을 때 무릎이 약간 구부려질 수 있을 정도로 시트를 가랑이의 80% 높이로 조정하세요. 페달링을 시작한 뒤에는 케이던스를 신경 써야 합니다. 높은 기어로 시작하여 '회전수'보다는 '밟는 힘'에 더 신경 쓰는 러너가 많은데, 그렇게 하기보다는 한쪽 다리의 최저 회전수를 60rpm(분당 회전수)으로 두고 체력이 향상되면 그에 맞춰 80rpm 이상으로 회전수를 높이는 편이 좋아요(상급 사이클리스트는 80~110rpm의 속도를 유지한답니다). 라이딩을 할 때 몸이 좌우로 흔들린다면 자세가 안정될 수 있도록 시트 높이를 다시 조정하세요. 이제 자전거가 훌륭한 만능 워크아웃이 될 수 있도록 빠르게도, 천천히도, 위아래로도, 멀게도, 짧게도 라이딩을 해 보세요.

실내 자전거

('스피닝'이라고도 하는 고정식) 실내 자전거stationary bike에서는 야외 자전거로 얻을 수 있는 효과를 대부분 얻을 수 있을 뿐만 아니라, 안전하게 음악을 듣고, 날씨를 제어하고, 차량(이나 성가신 러너)와의 충돌을 피하고, 최신 TV 프로그램을 시청할 수도 있습니다. 펑크 난 타이어를 교체할 필요도 없고요! 일단은 좌석 높이를 조정한 다음, 자전거의 저항을 설정합니다. 저항은 손잡이나 다이얼로 조정하는 모델도 있고, 전자식으로 제어하는 모델도 있어요. 야외 평지에서의 라이딩과 비슷한 정도로 저항을 설정한 다음 라이딩을 시작합니다. 저항을 높이면 가속이나 언덕 오르기와 비슷한 효과를 낼 수도 있습니다. 저항을 줄이면 근사한 내리막을 타는 즐거움을 누릴 수도 있죠. 컴퓨터와 연결하여 가상의 경로를 선택하거나 가상의 경쟁자와 시합을 할 수 있게 하는 자전거도 있습니다. 근섬유의 동원을 높이려면 가속 구간이나 오르막 구간에서 앉지 말고 서서 페달을 밟아 보세요. 땀을 증발시켜 체온 상승을 막을 수 있도록 선풍기를 설치하는 것도 좋습니다.

수영장 달리기

수영장 달리기는 (일립티컬과 함께) 부상을 당한 러너에게 선호되는 크로스 트레이닝입니다. 달리는 동작과 거의 똑같지만 착지의 충격은 죄다 사라지죠. 물속에서의 몸무게는 정상 몸무게의 약 10%에 불과합니다. (사진 속) 아쿠아조거AquaJogger의 부력 벨트를 착용하면 머리가 문제없이 물 위에 떠 있게 할 수 있습니다. 발이 바닥에 닿지 않을 만큼 깊은 수영장이 있어야 해요. 아쿠아조거 풋 기어를 사용하면 문자 그대로 모든 순간 둥둥 떠 있을 것입니다. 수영장 달리기에서는 균형과 체중 분포를 조정할 필요가 없기 때문에 근섬유 동원이 극적으로 달라집니다. (엉덩이에 무게 중심center of gravity이 있는) 러닝에서와 달리, 수영장 달리기에서는 무게 중심이 부력 중심center of buoyancy인 폐로 갑니다. 복근과 등 근육을 사용하여 머리부터 몸통까지 일직선이 되게 하고, 몸 전체가 앞으로 약 3%(또는 달릴 때만큼) 기울어지게 합니다. 팔과 다리는 달리기를 할 때처럼 움직입니다. 물속에서 일반적인 러닝 워크아웃을 하되, 전체 시간과 전체 거리가 아니라 세션 시간과 세션 강도에 맞춰서 진행하세요.

수영

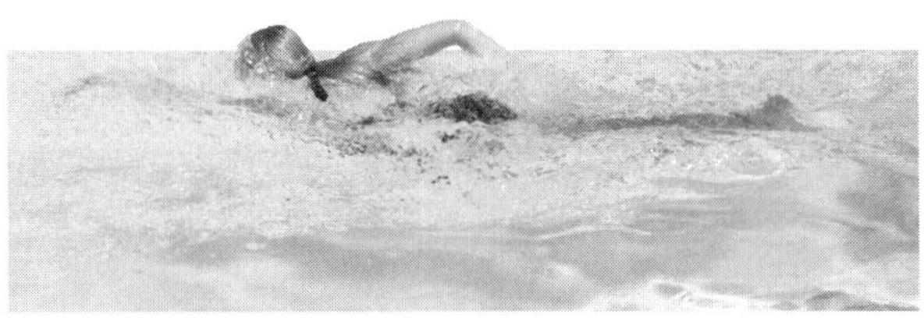

많은 러너가 수영을 피하는 이유가 하나 있으니, 바로 가라앉는 것입니다. 엘리트 러너들은 체지방이 낮아서 수영장 바닥에 가라앉을까봐 겁을 냅니다. 그러나 살집이 거의 없는 러너라도 물을 가로지르는 보트의 선체처럼 엉덩이와 다리를 써서 풀장을 가로지를 수 있다는 사실을 알게 될 겁니다. 그래서 뭐 어쩌자는 거냐고요? 여기서 포인트는 자세와 균형의 이탈입니다. 해수면에서 물의 밀도는 공기보다 784배 높습니다. 물에 떠 있을 수 없다면 뭔가 잘못하고 있는 거예요. 마음속으로 머리에서 척추를 따라 이어지는 하나의 축과 어깨에서 어깨까지 이어지는 또 하나의 축이 있다고 상상해 보세요. 이 두 선은 T자 모양을 그리며 만날 겁니다. 이 T를 물 밑으로 넣으려고 해 보세요('T자 누르기'라고 알려져 있는 방식이랍니다). 이렇게 하면 엉덩이가 자연스레 발차기에 적합한 위치로 움직이기 때문에 강한 스트로크가 보장됩니다. 당신이 원하는 것도 이런 스트로크일 테고요. 추진력은 발차기에서보다

BUILD YOUR RUNNING BODY

당기기(풀) 과정에서 1/3 더 많이 나옵니다. 자유형과 접영 모두 훌륭한 크로스 트레이닝 방법입니다.

스노슈잉

스노슈잉snowshoeing은 눈 내리는 곳에 사는 사람들에게 훌륭한 크로스 트레이닝 옵션입니다. 스노슈잉용 설피(아틀라스Atlas와 레드페더Redfeather 모두 좋은 브랜드랍니다)와 방수 부츠 한 켤레면 충분합니다. 방수 부츠가 없다면 가죽 재질 하이킹 부츠도 좋고, 그마저도 없으면 러닝화에 네오프렌 덧신을 씌워도 돼요(비용을 줄이고 싶다면 비닐봉지를 씌워도 되고요). 스노슈잉이 처음인 분이나 험한 지형을 탐험하는 분들은 폴대를 쓰는 것도 좋습니다. 훈련은 눈이 단단히 뭉쳐진 트레일에서 하는 것이 가장 좋습니다(스노우모빌이 지나간 트레일이라면 더할 나위 없답니다). 스노슈잉은 걷거나 뛰는 것보다 힘들기 때문에, 스노슈잉 세션이 처음인 분이라면 상대적으로 평평한 지형에서 시작하는 편이 좋습니다. 스노슈잉은 고지대 훈련과 비슷한 면이 있어요. 강도를 조금 낮추어야 하고, 걷거나 가볍게 조깅을 하며 쉬는 것도 마다하지 않아야 합니다. 스노슈잉의 자세는 눈을 걷어낼 수 있도록 무릎을 높이 들어올려야 한다는 점 정도를 제외하면 달리기의 자세와 거의 같습니다. 템포나 5K/10K 반복주와 비슷한 워크아웃을 할 경우, 페이스가 아니라 강도를 기준으로 삼아 보세요.

크로스컨트리 스키

크로스컨트리 스키는 VO_2max를 위한 워크아웃 중 단연 최고입니다. 사실 크로스컨트리 스키 선수들만큼 높은 VO_2max를 기록한 선수는 역사 속에 있지도 않았죠. 에스펜 하랄 비예르케Espen Harald Bjerke와 비에른 델리Bjørn Dæhlie는 둘 다 96.0의 VO_2max를 기록했으며 비시즌기 최고 컨디션일 때 델리의 점수는 100+으로 측정할 수 없는 값이 나오기도 했습니다. 크로스컨트리는 인기 있는 두 가지 스타일인 클래식 스키와 스케이트 스키 중 하나를 골라서 할 수 있습니다. 둘 다 스키, 부츠, 폴대, 방한 장비가 필요합니다.

- **클래식 스키:** 러닝에 가장 가까운 스타일입니다. 그립력 확보를 위해 스키의 발 부분 밑에 킥 왁스를 바르고, 킥 구역 바깥에는 글라이드 왁스를 발라야 합니다. 준비가 되었다면 크로스컨트리 코스로 준비된 트레일로 나갑니다. '킥 앤드 글라이드' 기술을 사용하여 한쪽 다리와 반대편 팔을 앞으로 스윙하며 폴대를 세워 킥에 힘을 더합니다. 발을 질질 끌지 마세요. 체중은 한 번에 한 발에만 실어야 합니다.

- **스케이트 스키:** 스케이트 스키는 아이스 스케이팅과 매우 흡사합니다. 클래식 스키에서는 팔과 다리의 전후방 움직임을 활용하지만, 스케이트 스키에서는 더 강력한 측면 움직임을 활용합니다. 외측 킥을 활용하여 더 높은 속도를 향해 나아갈 거예요. 우선은 스키 바닥면 전체에 글라이드 왁스를 바르는 것으로 준비를 시작합니다. 추진력을 더할 때는 폴대 두 개를 한 번에 밀면서 더블 폴/스케이트/더블 폴/스케이트 리듬을 유지해야 합니다. 스키 위에 가만히 서 있지 말고, 킥을 할 때마다 자동차의 가속페달을 밟듯 한쪽 스키에서 다른 쪽 스키로 체중을 옮기세요. 여기에도 (V1, V2, 얼터너티브 V2 같은) 주법이 있으므로 눈밭으로 나가기 전에 약간은 배우는 편이 좋을 겁니다(유튜

브를 찾아보면 바람직한 주법에 관한 좋은 동영상이 많이 나와 있어요).

워크아웃을 할 때는 러닝과 비슷한 정도의 세션 강도와 세션 시간을 잡고 실시합니다.

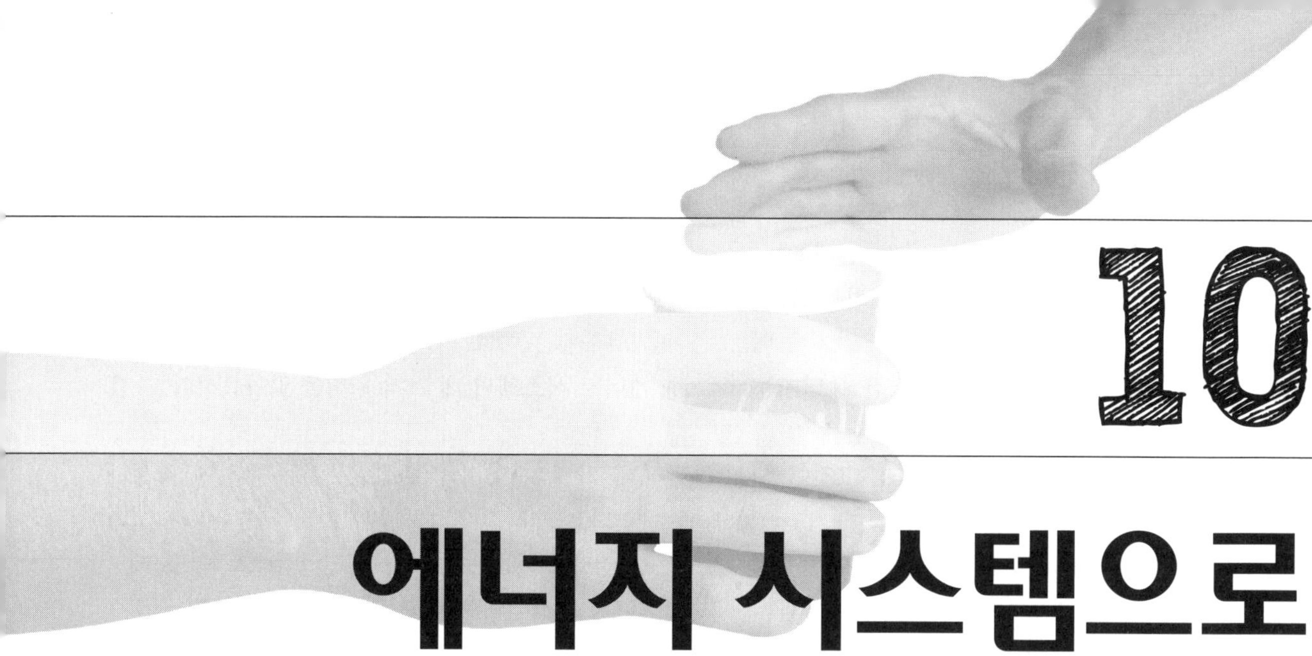

10

에너지 시스템으로 설계하는 달리기

우리의 달리기는 연료가 있을 때만 이어질 수 있습니다. 달리기 위한 몸을 잘 만들어 놓고 부적절한 에너지를 공급하는 것은 제로백 2.5초짜리 스포츠카의 연료통에 레모네이드를 가득 채우는 짓이나 다름없겠죠. 에너지 시스템은 탄수화물, 지방, 단백질을 비롯해 우리가 매일 섭취하는 여러 가지 영양소가 들어있는 음식으로 시작하여, 근육의 경련부터 먼 거리의 도약에 이르는 모든 동작에 에너지를 공급하는 분자인 ATP를 만드는 것으로 끝납니다. 에너지 시스템 훈련에서 사람들이 가장 좋아하는 부분은 건강한 음식을 고르는 과정일 겁니다. 그러나 그보다 중요한 부분은 우리 몸에게 바나나와 파스타를 더 빠르고 강한 러닝 수행능력으로 바꾸는 법을 가르치는 것일 테죠.

에너지 시스템이 뭔데?

전자레인지에 전기가 필요하듯, TV 리모컨에 배터리가 필요하듯, 자동차에 휘발유가 필요하듯, 몸을 움직이려면 에너지가 필요합니다. 그러나 전기나 배터리나 휘발유와 달리, 러너에게 필요한 에너지는 바로 연소시킬 형태로 주어지지 않습니다. 우리 스스로가 이러한 에너지를 만들어야 해요. 그것이 에너지 시스템의 역할입니다.

인간의 움직임은 ATPadenosine triphosphate(아데노신삼인산) 분자의 에너지로 돌아갑니다. 우리가 음식을 먹는 것은 그 안의 에너지(칼로리)를 이용하기 위해서이지만, 음식은 달리기를 위한 에너지를 직접적으로 제공하지 않습니다. 대신 에너지 시스템은 탄수화물, 지방, 단백질을 분해한 다음 그 에너지로 ATP를 만들어냅니다. 러닝에 필요한 에너지를 제공하는 것은 ATP라는 뜻이죠.

크게 보면 달리기에 필요한 에너지 시스템은 ATP를 생산한다는 관점에서 하나라고 볼 수 있지만, 이를 세 개로 쪼개 무산소 시스템 둘과 유산소 시스템 하나로 놓고 보면 에너지 시스템의 기능을 더 쉽게 이해할 수 있습니다. 두 개의 무산소 시스템은 에너지 생성에 산소가 필요치 않고 지속 시간에 제한이 있습니다. 유산소 시스템은 작동에 산소가 필요하고 오랜 시간 에너지를 생산할 수 있습니다. 이 세 가지 시스템은 다음과 같습니다.

- (무산소) 인원질phosphagen
- (무산소) 해당glycolysis
- (유산소) 유산소aerobic

이들 세 가지 에너지 시스템은 우리 몸에 항상 적절한 양의 ATP가 유지될 수 있도록 함께 작동합니다. 사실 이들 에너지 시스템은 서로가 다른 시스템에서 연료나 효소 등으로 쓰일 수 있는 산물을 만들어내기도 합니다(예컨대 해당 시스템은 유산소 시스템에서 ATP 생성에 쓰이는 젖산 이온을 만들어내죠). 즉, 이들 시스템은 상호 의존적입니다. 이를 염두에 둔 채, 에너지 시스템의 네 가지 원칙을 알아봅시다.

1. 세 가지 에너지 시스템은 모두 동시에 작동한다.
2. 운동 강도와 운동 시간은 일반적으로 어떤 에너지 시스템이 에너지 생산을 주도하는지 결정한다.
3. 산소는 근육에 항상 존재하지만, 그 양은 유산소 에너지 요구량에 따라 증가한다.
4. 피로는 다양한 에너지 시스템의 다양한 요인에 의해 발생한다.

세 가지 에너지 시스템에 대한 설명과 함께, 이 장에서는 에너지와 연관된 두 가지 다른 주제도 다룰 거예요. 바로 유산소 효소와 체온입니다. 유산소 효소는 미토콘드리아에서의 에너지 생성에 필수적인 요소이고, 체온은 ATP 생성과 사용의 부산물로 나옵니다.

에너지 시스템 훈련

에너지 시스템을 훈련할 때는 (기질substrate이라고도 하는) 연료, 효소, 버퍼, (젖산 셔틀처럼) 각 에너지 시스템에 엮인 과정의 한계를 건드릴 수 있어야 합니다. 이 장에서 추천하는 운동은 이전 장의 사진으로 보는 워크아웃 코너에서 이미 보여드린 관계로, 이 장의 사진 코너는 약간 다르게 갈 거예요. 어떤 연료

초보자 가이드

새로운 훈련 프로그램과 다이어트를 동시에 시작하지 마세요. 훈련 적응에는 칼로리와 영양이 필요합니다. 굶으면 운동에서의 회복이 지연되고 훈련 에너지가 고갈되어 훈련에의 열정만 줄어듭니다. 우선은 몸을 만드세요. 날씬해질지 말지 결정하는 건 다음 문제입니다.

달리기 이야기

"풀 코스 마라톤에는 ATP가 얼마나 필요할까?"

진화는 그냥 이루어진 게 아닙니다. 언어, 엄지손가락의 방향, 엄청나게 큰 우리의 두뇌가 이를 증명합니다. 그렇다면 어째서 우리 몸은 모든 움직임에 연료로 쓰이는 에너지 분자인 ATP를 고작 2분 분량만 저장하고 있는 것일까요? ATP를 채워넣으려면 꼬박 하루의 연료 공급(식사)이 필요한데, 어차피 그럴 거라면 ATP 저장고를 늘리는 편이 낫지 않을까요? 한 시간 분량이었다면 어떨까요? 하루 내내 쓸 수 있는 양이었다면 더 낫지 않았을까요?

대답은 단언컨대 '아니야!'입니다.

운동의 관점에서 ATP를 생각한다면 왜 그런지 알 수 있을 거예요.

샌디에이고 주립 대학 교수인 마이클 J. 부오노Michael J. Buono와 프레드 W. 콜코스트Fred W. Kolkhorst는 생리학 수업에서 "풀 코스 마라톤에는 ATP가 얼마나 필요할까?"라는 질문을 매번 해 오고 있습니다. 이들은 미국 기록 보유자인 할리드 하누치의 기록인 2:05:42를 기반으로 학생들에게 하누치의 완주에 필요한 ATP를 계산하게 합니다. VO_2max가 80mL/kg/분이고 체중이 55kg라고 가정하여 탄수화물 산화에 관한 방정식에 넣어서… 뭐, 풀이 과정은 생략하고 보자면 하누치가 마라톤을 완주하는 동안 60kg의 ATP를 사용했다는 결과가 나옵니다!

마라톤 경기 내내 그만큼을 들고 뛴다고 생각해 보세요.

다른 것들이 그렇듯 ATP에 관해서도 자연에는 이유가 있는 법입니다.

를 고를지 고민하는 분들을 위해 여러 가지 워크아웃을 칼로리 요구량에 따라 분류하는 동시에, 탄수화물과 지방의 대략적인 기여도까지 기재해 둘 겁니다.

우리 몸의 에너지 시스템

우리 몸에는 필요한 ATP 제공을 위해 하루 24시간 굴러가는 세 가지 에너지 시스템이 있습니다. 당연한 말이겠지만, 이들 시스템이 24시간 내내 최대치로 가동되고 있지는 않아요. 모든 활동의 에너지 생산에 똑같이 기여하고 있지도 않고요. 우리 몸의 에너지 시스템은 에너지 요구량에 따라 달리 최적화되어 있습니다. 표 10.1을 보면 (페이스로 나타낸) 다양한 강도에 따라 어떤 에너지 시스템이 얼마나 기여하는지 대략적으로 알 수 있습니다. 에너지의 약 50%가 인원질 시스템에서 나오는 스프린트는 거의 완전히 무산소 운동인 반면, 마라톤은 반대로 에너

페이스 (거리)	유산소	해당 (무산소)	인원질 (무산소)	무산소 합계
100m	20.0%	33.3%	46.7%	80.0%
200m	28.0%	51.3%	20.7%	72.0%
400m	41.0%	49.6%	9.4%	59.0%
800m	60.0%	35.9%	4.1%	40.0%
1500m	77.0%	21.0%	2.0%	23.0%
3K	86.0%	13.0%	1.0%	14.0%
5K	92.0%	7.5%	0.5%	8.0%
10K	96.0%	3.7%	0.3%	4.0%
하프 마라톤	98.0%	1.9%	0.1%	2.0%
빠른 템포	98.5%	1.4%	0.1%	1.5%
느린 템포	99.0%	1.0%	0.1%	1.0%
마라톤	99.5%	0.4%	0.1%	0.5%
오래달리기	99.7%	0.3%	0.0%	0.3%
장거리 달리기	99.8%	0.2%	0.0%	0.2%
회복주	99.9%	0.1%	0.0%	0.1%

표 10.1 유산소/무산소 에너지 기여도.

여러 가지 러닝 강도에 따라 유산소, 해당, 인원질 시스템이 얼마만큼의 기여도를 나타내는지 확인해 봅시다.

지의 99%를 유산소 시스템에서 얻습니다. 지금부터 각 에너지 시스템이 어떻게 작동하는지, 그리고 이들 어떻게 이들 시스템을 최고조로 훈련시킬 수 있는지에 관하여 ATP 자체에 대한 간략한 개요부터 시작하여 살펴보겠습니다.

ATP

ATP는 에너지의 '공통 화폐'라고 불립니다. 스프린트를 하든, 장거리를 달리든, 아니면 달리기 생각을 하면서 창밖만 바라보고 있든 간에, ATP는 당신이 그러한 행동을 하는 데 필요한 에너지를 제공합니다. 근수축을 슬롯 머신이라고 치면 거기 넣는 동전이 ATP인 셈이죠.

우리는 매일 약 100그램의 ATP를 가지고 하루를 시작하며, 필요에 따라 이를 재활용합니다. 미리 알려드리자면, 그 100그램으로는 소파에 몇 분 누워있거나 달리기를 몇 초 하는 정도의 에너지 공급만 가능해요. 일일 에너지 요구량을 충족하기 위해 우리는 ATP 분자를 개당 약 500~750번 재활용합니다. 그 양을 다 더하면 몸무게와 똑같아지죠! 고볼륨 훈련은 ATP 요구량을 최대 100%까지 높입시킵니다. (165쪽 "풀 코스 마라톤에는 ATP가 얼마나 필요할까?" 참조)

근섬유에는 ATP가 항상 소량 들어있습니다. 이 ATP가 없다면 강직을 경험하게 되죠(근육은 수축과 이완에 ATP를 사용한답니다). 그러나 달리기에서 첫 발을 내딛는 순간 이 ATP는 고갈되기 시작합니다. 여기서 계속 달리려면 인원질 시스템의 스위치를 올려야 해요.

인원질 시스템(빠른 에너지)

인원질 시스템은 근섬유의 ATP가 줄어들 때 가장 투입됩니다. ATP-CP 시스템이라고도 하는 이 시스템은 근섬유의 근형질 안에 있으며, (CP 또는 PCr로 표기하는) 크레아틴인산creatine phosphate를 연료로 쓰고, 산소를 필요로 하지 않습니다. 올림픽 100m 결승전에서 스타팅 블록을 박차고 나면, 장거리 달리기의 첫 발을 내딛고 나면 ATP는 몇 초 만에 추락하는데, 인원질 시스템은 그 상황에 구조대로 출동하여 2등으로 빠른 에너지 시스템의 두 배 속도에 해당하는 수 밀리초 만에 CP를 활용해 ATP를 재활용합니다.

인원질 시스템이 ATP의 추락을 막아내는 동안 다른 지원군이 도달합니다. 저강도 운동에서는 다른 에너지 시스템이 ATP 생산의 주도권을 빠르게 넘겨받죠. 전력 스프린트처럼 크레아틴인산만이 에너지를 공급할 수 있는 고강도 운동에서는 인원질 시스템이 주도권을 놓지 않고 ATP를 정상 수준의 80%로 최대 10초까지 유지합니다. 그러고 나서는 영화 〈분노의 질주〉에서 주인공을 승리로 이끈 RX-7 차량의 니트로 부스터가 잠깐만 타올랐듯, CP 또한 빠르게 고갈됩니다. 15초에서 20초 정도면 대부분 고갈되죠. 이 정도 에너지면 스프린트, 고중량 리프팅, 플라이오메트릭, 점프 같은 동작에는 충분하지만, 동네 한 바퀴 조깅에는 충분치 않습니다. 즉, 계속 달리려면 강도를 낮춰야 합니다.

인원질 시스템은 산소 없이 에너지를 만들어내지만, 저장된 CP를 복구하려면 산소가 필요합니다. 스프린트나 고중량 리프팅 이후에 숨을 헐떡이는 이유가 여기에 있습니다. CP를 다시 채우기까지는 최대 3분이 걸리는 만큼, 고강도 활동에서의 회복도 여기 맞춰 계획하면 되겠습니다.

이렇게 훈련해 보아요

크레아틴인산의 저장량을 높이는 최선의 방법에 대해서는 연구마다 이견이 있습니다. 어떤 연구에서는 유산소 훈련을 권장하지만(지구력 종목의 선수는 지구력이 아닌 종목의 선수보다 CP를 더 빠르게 재합성합니다), 다른 연구에서는 5~10초의 짧은 스프린트, 짧은 힐 스프린트(11장, 212쪽), 플라이오메트릭(11장, 205~209쪽) 등의 고강도 운동으로 CP 용량을 10~20% 증가시킬 수 있다고 합니다. 크레아틴 보충제 또한 CP 저장량을 최대 20%까지 높이는 것으로 나타났지만, 이 효과는 (지속력이 몇 초에 불과한 탓에) 전반적인 출력을 높이지 않으므로 지구력 선수에게는 큰 도움이 되지 않습니다.

해당 시스템

해당 시스템glycolytic system은 인원질 시스템과 마찬가지로 근형질 내에 존재하며, 산소를 요구하지 않고, 운동을 시작하자마자 스위치가 올라갑니다. 고강도 운동 중에 인원질 시스템이 고갈되면 해당 시스템이 주 에너지원 자리를 차지하게 됩니다. 개별 에너지 시스템이 거대한 시스템의 일부로 작동하는 셈이죠. 해당 시스템의 핵심은 무산소와 유산소 에너지 생산의 첫 번째 단계에 있는 다단계 화학반응인 해당glycolysis입니다.

해당은 (탄수화물인) 포도당과 글리코겐을 연료로 삼아 2~3개의 ATP 분자와 함께 피루브산pyruvate이라고 하는 매우 중요한 분자를 산소 없이 빠르게 생성합니다. 근섬유의 에너지 요구량이 유산소로 생산할 수 있는 에너지의 양을 초과하면 피루브산 분자는 '빠른' 해당과정을 통해 순환됩니다. 만일 유산소 에너지 생산에 충분한 산소가 공급될 경우, 대부분의 피루브산 분자는 '느린' 해당과정을 통해 (100%로 가동되고 있지 않은) 미토콘드리아로 이동합니다.

빠른 해당과정(단기 에너지)

빠른 해당과정은 대부분의 러너가 '무산소'라는 용어를 들으면 떠올리는 녀석입니다. 빠른 해당과정은 유산소 시스템보다 최대 100배 더 빠르게 ATP를 생성할 수 있습니다. 이러한 생성 과정은 짧게만 지속된다는 단점이 있어요. 최대 생산 능력으로는 1분, 다소 보수적인 강도에서는 2분, 그보다 더 강도를 낮추면 좀 더 오래 가긴 할 겁니다. 스프린터와 중거리 러너는 이 시스템에 크게 의존하죠(표 10.1 참조).

빠른 해당과정은 해당을 통해 생성된 피루브산 분자에서 출발합니다. 피루브산은 젖산과 조효소 NAD+를 생성하는 화학 반응에 투입돼요. NAD+는 해당과정을 즉각 재순환하게 만들어 2~3개의 ATP와 2개의 피루브산을 생성하고, 이로 인해 또 다른 순환이 시작되고, 이렇게 이어지는 순환이 매우 빠른 속도로 돌고 돌아 엄청난 양의 ATP를 생성하게 한다는 점에서 중요합니다.

빠른 해당과정이 일어나는 조건은 크게 세 가지입니다.

- **지속적 생성:** 근섬유는 휴식 중일 때도 젖산 이온을 약간씩 생성합니다.
- **산소의 제한:** 산소가 미토콘드리아에서 생성된 모든 피루브산을 처리할 정도로 충분하지 않으면 빠른 해당과정이 일어납니다. 달리기에서 근섬유에 적절한 양의 산소가 전달되어 유산소 에너지 생성이 많아지기 전인 초반 30~40초가 여기 들어갑니다.
- **미토콘드리아 과부하:** 미토콘드리아에 충분한 산소가 있지만 이미 100% 용량으로 유산소 에너지를 생산하고 있다면, 피루브산은 미토콘드리아의 문을 통과하지 못한 채 빠른 해당과정으로 향합니다.

빠른 해당과정에는 스피드 워크speed work, 즉 1마일 페이스 이상의 속도로 뛰는 200~400m의 반복주가 필요합니다. 스피드 워크는 무산소 효소의 양을 늘리는데, 이러한 무산소 효소는 탄수화물을 분해하여 해당과정에 연료를 공급합니다. 무산소 효소가 많을수록 에너지 생산은 빨라집니다. 그러나 스피드 워크는 부수적으로 산증을 일으킬 수 있고, 산증은 유산소 효소의 손상과 파괴로 이어질 수도 있습니다(자세한 내용은 잠시 뒤에 살펴볼게요). 이와 같은 이유 때문에 지구력 종목의 선수는 다음 세 가지 규칙을 지키며 스피드 워크를 제한적으로 실시해야 합니다.

1. 무산소 효소의 증가와 신경계(11장) 효율성의 향상에 필요한 최소한의 스피드 워크만 실시합니다.
2. 짧고 빠른 반복주에서는 운동과 휴식의 비율을 1:2에서 1:12(혹은 그 이상)으로 가져갑니다.
3. 지구력 경기를 2~3주 앞두고 있을 때는 스피드 워크를 제한합니다.

빠른 해당과정은 달리는 동안 필요에 따라 개입 여부가 결정되며, 경주의 골인 지점을 앞둔 막판 스퍼트에서 중요한 역할을 합니다.

빠른 해당과정에 관해 한 마디만 덧붙일게요.

러닝이나 경주나 반복주 워크아웃을 하는 동안 (산증의 발생을 피할 수 없겠다는 느낌이 들 정도로) 너무 빠르게 나아가고 있다면, 편하게 유지할 수 있는 유산소 페이스로 속도를 늦추세요. 훈련된 근육은 젖산 이온과 수소 이온을 모두 효율적으로 제거할 수 있으며, 산증의 영향을 아예 없었던 일로 되돌릴 수는 없다 하더라도 속도를 늦추지 않았을 때보다는 더 확실히 회복될 수 있을 테니까요.

이렇게 훈련해 보아요

1500미터(1마일) 이상의 페이스로 실시하는 200~400m 반복주(7장 126쪽, 8장 145~146쪽)는 빠른 해당과정의 무산소 대사능을 높입니다. 반복주 세션 사이에는 회복이 완전히 이루어질 수 있게 하는 편이 좋습니다. 이들 워크아웃을 통해 높아진 무산소 효소 수치는 최대 4주 동안 유지됩니다. 대규모 경주가 고작 2주 남은 시점에 위험을 무릅쓰고 고강도 훈련을 할 필요가 없어지는 거죠.

느린 해당과정

느린 해당과정은 두 개의 피루브산 분자가 고를 수 있는 또 하나의 경로입니다. 산소가 근섬유에 충분히 도달하고 미토콘드리아가 에너지를 최대치로 생산하지 않는 한, 대부분의 피루브산은 미토콘드리아로 이동하여 유산소 방식으로 ATP를 생산할 때의 연료로 쓰입니다.

유산소 시스템(장기 에너지)

유산소 에너지 생산은 미토콘드리아에서 일어나며, 여기에는 산소가 필요합니다. 지금까지 알아본 에너지 시스템 가운데 가장 많은 양의 에너지를 생산하지만, 에너지 생산에 속도가 붙는 데까지는 시간이 걸립니다. 근육에 언제나 약간의 산소가 있다고는 하지만, 심혈관계가 대부분의 달리기에 필요한 양의 산소를 전달하려면 25~30초, 훈련 경험이 없는 러너의 경우 최대 40초까지 필요합니다. 그전까지는 아주 편하게 달리지 않는 한 무산소 시스템이 에너지 생산을 지배합니다.

산소를 충분히 쓸 수 있게 되면 미토콘드리아는 본격적인 활동을 시작합니다. 크렙스 회로와 전자전달계ETC(electron transport chain)라는 두 가지 과정을 통해 미토콘드리아는 두 개의 피루브산 분자로 36개의 ATP 분자를 생성합니다. 해당을 통해 얻은 ATP를 포함하면 38~39개입니다. 이렇게 나온 ATP는 미토콘드리아가 최대 6개까지 쓰고, 나머지 32개 정도는 근섬유가 씁니다. 산소는 전자전달계의 마지막 단계에서 전자 및 양성자와 결합하여 유산소 에너지 생산의 부산물인 물(수분)을 만듭니다.

유산소 시스템의 잘 알려진 또 다른 부산물은 이산화탄소(CO_2)입니다. 혈중 CO_2의 증가는 운동 중 호흡수가 증가하는 주된 이유입니다(산소와 산증은 부차적 원인이고요). 힘든 러닝이 끝나고 나서도 계속해서 숨을 가쁘게 쉬는 가장 큰 이유는 과도한 CO_2를 덜어내기 위해서입니다.

유산소 운동 중의 피로는 탄수화물 고갈, 신경계 피로, 전해질 교란, 자유 라디칼 축적 등으로 인해 발생할 수 있습니다.

젖산

러너들은 보통 근섬유의 탄수화물 연료를 생각할 때 포도당과 글리코겐만을 생각하곤 합니다. 젖산은 생각지도 않죠. 그러나 젖산은 훌륭한 탄수화물 공급원입니다. 운동을 할 때 지근 섬유의 미토콘드리아는 빠른 해당과정으로 만들어낸 최대 80%의 젖산을 재료로 유산소 에너지를 생성하는데, 계산해 보면 젖산 분자 1개당 약 15개의 ATP 분자가 생산됩니다. 하나의 포도당 분자가 느린 해당과정에서는 32개의 ATP 분자를 만들어내는데 빠른 해당과정에서는 단 2개의 ATP 분자만 만들어내는 이유가 궁금하지 않으셨나요? 눈치 빠른 분은 아셨겠지만 그게 전부가 아니었습니다. 빠른 해당과정에서 남은 에너지는 일시적으로 젖산에 저장됩니다. 여기서도 무산소 시스템이 유산소 시스템과 어떻게 연결되어 있는가를 확인할 수 있겠네요. 빠른 해당과정은 높은 수율의 무산소 에너지를 뿜어내면서 동시에 유산소 에너지를 위한 연료(젖산)를 생성합니다.

그러나 연료로서의 젖산은 여기서 역할을 마치지 않습니다. 근섬유가 내보낸 젖산은 다른 곳에서 연료로 쓰일 수도 있습니다. 젖산은 운동 중 심장(심근)의 주 연료인 동시에 탄수화물이 고갈된 근육의 주 연료가 되기도 합니다. 강도 높은 5K 페이스 반복주를 뛰고 있다고 가정해 보죠. 세션이 진행됨에 따라 달리기에 쓰이는 지근 섬유에 저장된 근글리코겐이 고갈됩니다. 하지만 걱정할 필요는 없어요. 적절하게 훈련된 러너의 경우 쓰이지 않는 근섬유의 젖산이 구조대로 등장하니까요. 라우치Rauch와 녹스Noakes 연구팀의 1998년 연구에 따르면 젖산은 인접한 비활성 근섬유에서 확산되어 활성 근섬유의 에너지를 높여 줍니다. 알보리Ahlborg 연구팀의 1982년과 1986년 연구에서는 (다리 운동을 할 때의 팔 근육처럼) 비활성 근육에 저장된 글리코겐이 젖산으로 전환되어 혈류로 방출된 다음 포도당으로 전환되어 활성 근육에 에너지를 공급할 수 있음이 확인되었습니다. 즉, 젖산이 활성화된 근육에 직간접적으로 연료를 공급하는 능력 덕분에 우리 몸은 거대한 젖산 배터리가 되는 셈이죠!

위에 언급한 1998년 연구의 원저자이자 『달리기의 제왕Lore of Running』의 저자인 케이프타운 대학의 운동 · 스포츠 과학 교수 티모시 녹스Timothy Noakes 박사는 젖산이 아마도 '신체에서 가장 중요한 연료'일 것이라고 남긴 바 있습니다. 1998년 실험에서 선수들은 VO_2max의 60%에서 6시간 동안 운동했는데, 운동의 막바지 몇 시간 동안 젖산은 총 에너지의 약 1/6을 공급했고, 지방과 (대부분 섭취해서 얻은) 포도당이 나머지를 공급했습니다. 이 연구에서 저자들은 '비활성 근섬유의 글리코겐 분해에서 나온 젖산이 인접한 활성 근섬유로 상당량 확산되었음에 틀림없다'고 결론지었습니다.

젖산이 가까운 근섬유에서 확산되어 포도당으로 전환되는 것, 멀리 떨어진 근섬유에서 젖산을 가져오는 것은 9장에 설명한 크로스 트레이닝을 해야 하는 이유로 들기에 좋습니다. 근섬유 안의 MCT를 늘리면 젖산의 수송량도 늘어나 결과적으로는 쓸 수 있는 탄수화물의 양이 늘어나니까요.

이렇게 훈련해 보아요

미토콘드리아가 포도당, 글리코겐, 젖산 등의 모든 탄수화물을 태우도록 훈련하려면 템포 런과 5K/10K 페이스 반복주(7장, 129~132쪽)가 좋습니다. 크로스 트레이닝(9장, 157~161쪽)은 근섬유 전체의 MCT와 글리코겐 수준을 모두 증가시켜 (일단은 젖산으로 저장했다가) 운동 중에 쓸 수 있는 에너지 창고를 만듭니다. 탄수화물이 풍부한 식단을 섭취하여 (훈련된 러너는 최대 150%까지도) 근 글리코겐 저장량을 높이는 방법도 있지요.

지방(지방분해)

지방은 좋습니다. 장거리 달리기에서는 아주 훌륭하게 쓰이죠! 다만 지방의 연소는 앞서 느리다고 했던 탄수화물 기반의 유산소 에너지 생산보다 훨씬 더 느리다는 점이 문제죠. (지방을 쪼개 유산소 에너지 생산의 연료로 활용하는) 지방분해lipolysis는 여러 단계로 이루어져 있습니다. 미토콘드리아로 전달된 지방산은 크렙스 회로와 전자전달계를 통해 처리되죠. 기다릴 수만 있다면 대가는 충분하게 주어집니다. 팔미트산palmitate 분자 1개는 129개의 ATP 분자를 생성하는데, 이는 포도당이나 글리코겐으로 얻을 수 있는 양의 4배입니다. 그러나 지방 기반 에너지 생산은 너무 느려서 5K 페이스보다 빠른 속도에서는 에너지 수요를 따라가지 못합니다. 바꿔 말하면 아래와 같은 수많은 상황에서는 강력한 연료 공급원으로 쓰일 수도 있다는 뜻입니다.

- **휴식 시:** 휴식 시에는 지방을 연료로 사용하는 유산소 에너지가 대부분의 에너지를 공급합니다.
- **VO_2max 이하의 강도:** 강도가 VO_2max 미만(3K 페이스 이하)으로 유지되는 동안에는 지방이 에너지를 공급합니다. 5K 페이스에서는 약 10~15%, 걸을 때는 최대 85%에 해당하죠.
- **장시간의 운동:** 운동 시간이 길어질수록 더 많은 지방이 에너지 생산에 기여합니다. 녹스에 따르면 VO_2max의 70% 3시간 동안 훈련하는 선수가 지방 연소를 통해 얻는 에너

BUILD YOUR RUNNING BODY

지는 운동 초반에 6%, 운동 막바지에 43%에 달했습니다.

미토콘드리아에서 지방을 연소하는 효소의 수를 늘리는 한편 우리 몸이 지방을 보다 효율적으로 주 에너지원으로 쓸 수 있게 훈련하면 지방 연소 능력을 향상시킬 수 있습니다. 얀손E. Jansson과 카이세르L. Kaijser의 연구에 따르면, VO_2max의 65%로 운동할 때 훈련된 선수는 유산소 에너지의 53%를 지방으로 생산하는 반면, 훈련을 받지 않은 참가자는 33%만 지방으로 생산하는 것으로 나타났습니다.

지방 기반 에너지 생산 중에 생기는 피로는 운동 시간의 지속으로 인한 생체역학적 피로일 때가 많습니다. 결합조직과 근육이 고생하겠네요.

이렇게 훈련해 보아요

우리 몸이 더 많은 지방을 태우도록 훈련하는 가장 쉬운 방법은 더 많은 지방을 섭취하는 것입니다(탄수화물을 아예 무시하지는 마세요). 글리코겐이 고갈된 상태에서 훈련하면 우리 몸은 지방을 더 많이 태울 수 있습니다. 지방을 더 효율적으로 태우려면 고볼륨(마일리지)과 장거리 달리기가 효과적입니다.

단백질

단백질은 에너지원으로서 무시당할 때가 많습니다. 근섬유와 효소를 만드는 벽돌로 더 잘 알려져 있죠. 그러나 단백질은 아미노산으로 분해되면 간에서 포도당으로 전환될 수 있습니다. 여기서 더 분해되면 근섬유 안에서 포도당으로 전환되어 미토콘드리아에 들어갈 수 있습니다. 볼 주립대학의 운동 생리학자인 데이비드 코스틸David Costill은 마라톤 도중에 소비되는 총 에너지의 최대 9%가 단백질을 연료로 쓴다고 추정합니다. 그러나 매일 이런 일이 일어나기를 원하는 분은 없겠죠. 단백질이 분해될 때는 (암모니아 같은) 유독성 폐기물이 생겨납니다. 게다가 세포의 구조와 기능을 떠받드는 단백질을 태우는 것은 마치 당신이 사는 집의 서까래를 흰개미가 갉아먹도록 내버려 두는 것이나 다름없습니다.

이렇게 훈련해 보아요

더 많은 단백질을 태우도록 신체를 훈련해 봐야 좋을 것이 전혀 없습니다. 그러지 말고 탄수화물 수준을 높게 유지하세요. 또한 어쩔 수 없이 연소된 단백질이 있을 수 있으니 운동이 끝나고 충분한 단백질을 섭취하세요.

경주와 에너지 시스템

9장에서 언급했듯, 종류를 불문하고 경주의 초반 30~50초가 가장 무산소 상태라는 사실에 놀라는 러너가 많습니다. 우리는 경주가 진행될수록 무산소 상태가 심해진다고 생각해 왔지만, 사실은 아닙니다. 우리가 출발점에서 첫발을 떼는 순간부터 세 가지 에너지 시스템은 한꺼번에 작동을 시작합니다. 유산소 시스템에서는 충분한 산소가 근섬유로 들어가고 피루브산이 미토콘드리아로 수송될 때까지 시간이 걸리기 때문에, 에너지 요구량이 갑작스럽게 이보다 많아지면 초기 부하는 무산소 시스템(인원질과 해당)이 감당해야 합니다. (1500미터 이상의) 장거리 경주에서 30초 정도가 지나면 유산소 에너지가 주도권을 잡습니다. 그러나 유산소 에너지는 호주 더필드Duffield 연구팀의 2003년 연구에서 입증된 바와 같이 (400~800m 등의) 더 짧은 경주에서도 40~55초가 되면 에너지 대부분을 제공하기 시작합니다. (5K 이상의) VO_2max 미만으로 달리는 경주에서는 유산소 시스템이 거의 모든 에너지 생산을 도맡습니다. 짧은 경주에서의 에너지 요구량은 유산소 에너지만으로 공급할 수 있는 양보다 많으며, 산증을 비롯한 여러 가지 피로 요인들이 누적되어 속도를 늦추거나 멈추기 전까지는 무산소 시스템이 쓰일 겁니다. 그러나 경주 막바지에 곰 한 마리를 업고 있는 것 같은 고통은 '무산소 상태가 되는' 지점에서 오는 것이 아니라, 출발선에서 시작된 무산소 부산물의 증가가 마침내 감당할 수 없을 수준이 되는 지점에서 찾아온답니다.

유산소 효소

유산소 효소는 미토콘드리아의 작은 도우미입니다.

BUILD YOUR RUNNING BODY

"탄수화물 로딩과 지방 로딩이 효과가 있나요?"

러너라면 누구나 수행능력을 높여줄 방법을 찾아 헤맵니다. 그 중 탄수화물 로딩carbo-loading과 지방 로딩fat-loading은 지구력 경기에서 충분한 연료를 확보하기 위한 수단으로 쓰이고 있죠. 그런데 이런 방법이 정말 효과가 있는 걸까요?

한 마디로 대답하자면, 물론입니다.

하지만 여기에는 몇 가지 조건이 붙습니다. 탄수화물 로딩은 90분 이상의 경기에 탁월한 효과를 보이고, 지방 로딩은 4시간 넘기는 경기의 참가 티켓이나 마찬가지입니다. 이보다 짧은 경기에서는, 글쎄요.

탄수화물 로딩의 역사는 1960년대로 거슬러 올라갑니다. 선수들은 탄수화물을 3~4일간 제한했다가 다음 3~4일 동안 탄수화물을 양껏 먹으면 지구력 경기에서 피로를 줄여 주는 근 글리코겐의 양이 두 배로 늘어난다는 사실을 발견했습니다. 하지만 탄수화물을 제한하면 짜증이 치솟고 위장 기능에도 문제가 생기죠. 그래서 선수들은 더 나은 방법을 찾아 나섰습니다. 1980년대에 이르러서는 3일간 테이퍼링을 하면서 탄수화물 섭취를 늘리는 방식이 기존의 7~8일 루틴만큼이나 효과는 있으면서도 부작용이 없다는 것이 밝혀졌어요. 서호주 대학의 2002년 연구에서는 2시간 반 동안 페달을 밟은 뒤 마지막 30초 동안 전력으로 페달을 밟은 사이클 선수가 탄수화물 로딩을 하면 24시간 동안 글리코겐 저장량이 80% 증가한다는 결과가 나왔습니다. 2013년 미네소타 대학의 2013년 연구에서는 경기 전 24시간 동안 탄수화물 섭취만 늘려도 마라톤 완주 시간이 4% 향상된다는 결과가 나오기도 했고요.

물론 마냥 좋기만 한 것은 아니에요. 탄수화물 로딩을 하면 몸무게에 약 2kg가 더해지고, 지방 연소가 억제되며, 여성에서는 잘 먹히지 않고, 스포츠 음료와 겔을 비롯한 글리코겐 보충 전략의 등장과 맞물려 경주 전략으로서는 이제 구시대의 유물이 되어 버렸습니다. 그렇다고는 해도 글리코겐의 적절한 수준 확보를 위해 경주 3일 전부터는 탄수화물을 전체 칼로리의 70%까지 늘리는 것이 좋습니다. 물론 테이퍼링도 빼놓으면 안 되겠죠.

지방 로딩은 4시간 이상 이어지는 지구력 경기에서 꼭 챙겨야 하는 수행능력 향상 수단입니다. 운동 과학자인 티모시 녹스 박사는 철인 삼종경기에 출전하는 상급자 선수가 지방 로딩을 했을 때 정상보다 50% 더 빠르게 지방을 연소한다고 추산하기도 했습니다.

지방 로딩에는 다음과 같은 두 가지 방식이 좋습니다.

- **고지방식:** 경기 7~10일 전부터 지방이 많은 식단을 유지합니다. 이 방법을 쓰면 우리 몸은 탄수화물 로딩을 한 경우 달리다 멈추어야 했을 정도로 글리코겐이 적은 상황에서도 움직이는 법을 배울 수 있습니다.
- **글리코겐 고갈:** 굶은 다음 훈련하거나, 훈련 이후에 섭취하는 탄수화물의 양을 줄입니다. 이 방법을 쓰면 우리 몸은 달리는 동안 (우리 몸에서 거의 고갈될 일이 없는 에너지원인) 지방을 태우는 법을 배울 수 있습니다. 요컨대 우리 몸에 저장된 지방을 가지고 '지방 로딩'을 하는 셈이죠.

말은 이렇게 했지만, 만일 탄수화물 로딩이나 지방 로딩을 고려하고 있다면, 풀코스 2:13 기록 보유자로서 미국 마스터스 챔피언을 여러 번 차지한 마라토너인 데이비스 올드의 말을 꼭 기억하세요. "중요한 건 음식이 아니라 경기 아니겠습니까."

이들 단백질은 미토콘드리아 내 화학 반응의 효율을 높임으로써 유산소 에너지를 공급하는 미토콘드리아의 능력을 향상시킵니다. 운동을 개시하면 이들 효소는 5초 안에 작동하기 시작하며, 마라톤 페이스에 도달할 때까지 그 활성도는 증가합니다. 유산소 효소의 더 많은 생산을 촉발하려면 마라톤 페이스(템포)로 훈련하는 것이 좋습니다. 이보다 빠른 페이스에서는 산증이 생길 수 있는데, 산증은 이들 효소에 나쁜 영향을 미치기도 하고 심지어는 파괴하기까지 합니다.

이렇게 훈련해 보아요

유산소 효소는 빠른 템포와 느린 템포와 템포 인터벌을 비롯한 템포 훈련을 통해 생겨납니다. 반면 속도를 높이면 이러한 효소가 파괴되니, 무산소 운동은 과도하게 하지 마세요.

열

ATP를 만드는 과정에서는 열이 발생합니다. 사람의 경우 대부분 37℃ 정도의 체온을 가지고 있죠. 열 생산 없이는 시스템, 그러니까 우리 몸에 에너지를 만들어낼 수 없어요. 우리 몸이 탄수화물과 지방을 분해할 때는 ATP를 만들기 위해 에너지를 방출합니다. ATP가 근육 수축에 쓰이면 더 많은 에너지가 방출되고요. 그러나 이렇게 방출되는 에너지를 한 톨도 남기지 않고 긁어다가 허벅지와 종아리를 수축하기란 불가능합니다. 이렇게 만들어진 에너지는 25%만 활용되고, 나머지 에너지는 열로 방출됩니다. 그 열이 체온의 원천입니다.

추울 때 몸이 떨리는 이유를 생각해 본 적이 있나요? 몸을 떨려면 근육의 빠른 수축과 이완이 이어져야 하므로 더 많은 ATP와 열을 생성할 수 있어서 그렇습니다. 더울 때 우리 몸은 두 가지 반응을 보입니다.

- **피부로의 혈류 증가**: 피부로의 혈류가 늘어나면 대류convection라고 하는 과정을 통해 근육에서 혈액으로 전달된 열이 공기 중으로 확산될 수 있습니다.
- **발한(땀 흘리기)**: 2백만 개 이상의 땀샘이 땀을 분비하여 열 발산을 보조합니다. 땀을 흘리는 것만으로는 체온을 낮추지 못하지만, 땀이 증발하면서 열을 잃게 된답니다.

그러나 운동 중에는 혈류 증가와 발한의 도움에도 불구하고 심부 체온이 올라갑니다. 보통은 나쁜 현상이 아닙니다. 러너라면 웜업이 경기력에 도움이 된다는 사실을 알고 있죠. 그러나 몸 바깥의 공기가 (특히나 습도가 높은 상태에서) 더워지면 문제가 생기기 시작합니다.

공기 온도가 37℃보다 높으면 우리 몸은 공기로부터 열을 받아들입니다. 그런 상황에서 체온을 낮출 수 있는 유일한 방법은 땀을 흘리는 것뿐입니다. 그러나 앞에서도 이야기했듯 땀은 식어야 비로소 제 기능을 합니다. 습도가 높으면 공기는 땀을 흡수하지 못하며, 흘러내리기만 하는 땀은 체온 조절에 도움이 되지 않습니다. 수영장에 뛰어들거나, 호스로 몸에 물을 뿌리거나, 운동을 중단하는 것 말고는 체온을 낮출 방법이 없게 되는 거죠.

덥고 습한 날의 영향을 줄일 수 있는 방법이 몇 가지 있기는 합니다.

1. **페이스 조절**: 표 10.2 '기온과 페이스 조절'을 참고하세요.
2. **수분 유지**: 갈증이 나면 수분을 섭취합니다. 물을 너무 많이 마시면 혈액 내 나트륨 농도가 위험할 정도로 낮아져 생명을 위협하는 저나트륨혈증hyponatremia에 빠질 수도 있으니 주의하세요.
3. **가벼운 옷 입기**: 열 방출이 용이한 최신 소재의 옷을 고르세요.
4. **모자는 금물**: 모자 대신 선바이저를 쓰고, 피부 보호를 위해 자외선 차단제를 바르세요.
5. **늦추거나 멈추거나**: 정말 더운 것 같으면 열탈진heat exhaustion으로 쓰러지기 전에 러닝을 멈추세요. 수영장 달리기를 해 보는 것도 좋고, 에어컨이 빵빵한 피트니스 클럽에서 일립티컬 머신을 타는 것도 좋습니다.

기온		기온에 맞는 1km(1마일) 페이스											
섭씨(℃)	화씨(℉)	2:47 (4:30)	3:06 (5:00)	3:25 (5:30)	3:43 (6:00)	4:02 (6:30)	4:20 (7:00)	4:39 (7:30)	4:58 (8:00)	5:16 (8:30)	5:35 (9:00)	5:54 (9:30)	6:12 (10:00)
48.9	120	3:20 (5:23)	3:43 (5:59)	4:04 (6:34)	4:27 (7:10)	4:49 (7:46)	5:11 (8:22)	5:34 (8:58)	5:56 (9:34)	6:19 (10:10)	6:40 (10:45)	7:03 (11:21)	7:25 (11:57)
43.3	110	3:10 (5:07)	3:31 (5:41)	3:53 (6:15)	4:14 (6:49)	4:40 (7:32)	4:56 (7:57)	5:17 (8:31)	5:38 (9:05)	6:00 (9:40)	6:20 (10:13)	6:42 (10:48)	7:03 (11:22)
37.8	100	3:03 (4:55)	3:23 (5:27)	3:43 (6:00)	4:04 (6:33)	4:24 (7:05)	4:44 (7:38)	5:05 (8:11)	5:25 (8:44)	5:46 (9:17)	6:05 (9:49)	6:26 (10:22)	6:47 (10:55)
32.2	90	2:57 (4:45)	3:16 (5:17)	3:36 (5:49)	3:56 (6:20)	4:16 (6:52)	4:35 (7:24)	4:55 (7:55)	5:15 (8:27)	5:34 (8:59)	5:54 (9:30)	6:14 (10:02)	6:33 (10:34)
26.7	80	2:52 (4:38)	3:12 (5:09)	3:31 (5:40)	3:50 (6:11)	4:09 (6:42)	4:29 (7:13)	4:48 (7:44)	5:07 (8:15)	5:26 (8:46)	5:46 (9:17)	6:05 (9:48)	6:24 (10:19)
21.1	70	2:50 (4:34)	3:08 (5:04)	3:27 (5:34)	3:46 (6:05)	4:05 (6:35)	4:24 (7:06)	4:43 (7:36)	5:01 (8:06)	5:21 (8:37)	5:39 (9:07)	5:59 (9:38)	6:17 (10:08)
15.6	60	2:48 (4:31)	3:07 (5:01)	3:25 (5:31)	3:44 (6:01)	4:02 (6:31)	4:21 (7:01)	4:40 (7:31)	4:59 (8:02)	5:18 (8:32)	5:36 (9:02)	5:55 (9:32)	6:14 (10:02)
*11.4	*53	2:47 (4:30)	3:06 (5:00)	3:25 (5:30)	3:43 (6:00)	4:02 (6:30)	4:20 (7:00)	4:39 (7:30)	4:58 (8:00)	5:16 (8:30)	5:35 (9:00)	5:54 (9:30)	6:12 (10:00)
10.0	50	2:47 (4:30)	3:06 (5:00)	3:25 (5:30)	3:43 (6:00)	4:02 (6:30)	4:20 (7:00)	4:39 (7:30)	4:58 (8:00)	5:16 (8:30)	5:35 (9:00)	5:54 (9:30)	6:12 (10:00)
4.4	40	2:48 (4:31)	3:07 (5:01)	3:25 (5:31)	3:44 (6:01)	4:02 (6:31)	4:21 (7:01)	4:40 (7:31)	4:59 (8:02)	5:18 (8:32)	5:36 (9:02)	5:55 (9:32)	6:14 (10:02)
−1.1	30	2:50 (4:34)	3:08 (5:04)	3:27 (5:34)	3:46 (6:05)	4:05 (6:35)	4:24 (7:06)	4:43 (7:36)	5:01 (8:06)	5:21 (8:37)	5:39 (9:07)	5:59 (9:38)	6:17 (10:08)
−6.7	20	2:52 (4:38)	3:12 (5:09)	3:31 (5:40)	3:50 (6:11)	4:09 (6:42)	4:29 (7:13)	4:48 (7:44)	5:07 (8:15)	5:26 (8:46)	5:45 (9:16)	6:04 (9:47)	6:24 (10:18)
−12.2	10	2:57 (4:45)	3:16 (5:17)	3:36 (5:48)	3:56 (6:20)	4:16 (6:52)	4:35 (7:23)	4:55 (7:55)	5:15 (8:27)	5:34 (8:58)	5:54 (9:30)	6:14 (10:02)	6:33 (10:33)
−17.8	0	3:02 (4:54)	3:23 (5:27)	3:43 (6:00)	4:03 (6:32)	4:24 (7:05)	4:44 (7:38)	5:05 (8:11)	5:24 (8:43)	5:45 (9:16)	6:05 (9:49)	6:25 (10:21)	6:46 (10:54)
−23.3	−10	3:10 (5:07)	3:31 (5:41)	3:53 (6:15)	4:14 (6:49)	4:35 (7:23)	4:56 (7:57)	5:17 (8:31)	5:38 (9:05)	5:59 (9:39)	6:20 (10:13)	6:42 (10:47)	7:03 (11:21)
−28.9	−20	3:20 (5:22)	3:42 (5:58)	4:04 (6:34)	4:27 (7:10)	4:49 (7:46)	5:11 (8:21)	5:33 (8:57)	5:56 (9:33)	6:18 (10:09)	6:40 (10:45)	7:02 (11:20)	7:24 (11:56)

표 10.2 기온과 페이스 조절.

온도에 따라 (템포, 반복주 등) 장거리 달리기의 페이스를 어떻게 조절하는지 확인해 봅시다. 이 표에서는 섭씨 11.4도(화씨 53도)를 최적의 온도로 상정하고 있습니다. 자신의 1km 또는 1마일 최적 페이스를 맨 윗줄에서 찾은 다음, (좌측 두 줄에 나온 온도에 맞게) 조절할 페이스를 아랫줄에서 찾습니다. 괄호 안의 시간이 1마일 페이스입니다.

다행히도 몸은 2주 이내에 더운 날씨에 적응합니다. 호주 손더스 연구팀의 리뷰 논문에 따르면 혈장량은 최대 12%까지 증가하고, 심박수는 감소하고, 환기량은 증가하고, 땀의 양도 증가하고, 에너지 요구량은 감소합니다. 다시 말해, 더위 속에서의 러닝을 통해 더위 속에서 더 잘 달리는 몸을 갖게 되는 셈이죠.

이렇게 훈련해 보아요

더위에의 적응에 2주가 걸리는 만큼, 훈련도 분별력 있게 해야 합니다. 이른 아침이나 저녁처럼 가장 시원할 때 달리세요. 아울러 더위와 습도에 맞게 강도와 페이스를 조절하세요.

음식

어떤 음식을 골라야 하는지에 대해서는 이 책의 식단 섹션에서 깊이 있게 안내할 테니, 지금은 당장의 관건에 해당하는 네 가지만 빠르게 짚고 넘어가겠습니다.

1. **운동 전 식사:** 5K 페이스보다 빠른 워크아웃에는 운동 전 탄수화물 로딩이 필요합니다. 워크아웃 전날 밤에 식사를 더 많이 하거나 워크아웃 당일에 조금이나마 식사를 하는 방법을 써볼 수 있습니다. 이러한 워크아웃의 성공적인 완수 여부는 주로 근섬유 속의 탄수화물(글리코겐) 양이 결정하니까요.
2. **보충제:** 워크아웃 직후 30분 이내에 탄수화물/단백질 보충제를 섭취하는 것도 좋습니다. 운동에 쓰인 근섬유 내에서의 단백질 합성을 높이고, 글리코겐을 빠르게 보충하고, 회복 속도를 높일 수 있으니까요.
3. **탄수화물과 단백질의 비율:** 연구에 따르면 워크아웃 이후에 먹는 보충제의 탄수화물:단백질 비율은 4:1이지만, 이는 취향에 맞게 조정할 수 있습니다. 러닝 이후에 먹는 완벽한 간식으로 초코우유를 꼽는 러너들도 많답니다.
4. **경기 중 음식 보충:** 10K 이하의 경기에서는 중간에 뭘 먹을 필요가 없습니다. 70분 이상의 경기에서는 (액상 형태의) 탄수화물을 시간당 30~60g 정도 섭취하되, 이때 섭취하는 탄수화물의 농도는 최소 2%, 최대 10%를 넘기지 않아야 합니다(4~8%가 최적입니다). 게토레이(6%)나 파워에이드(8%) 같은 스포츠음료가 이 범위에 들어가죠. 스포츠 겔을 먹겠다면 탄수화물을 희석시킬 수 있도록 적당량의 물을 함께 섭취합니다.

음식 섭취와 관련한 내용을 더 자세히 알아보고 싶다면 이 책의 4부를 참조하세요.

훈련 개요

이 장의 사진으로 보는 워크아웃에서는 여러 가지 워크아웃의 칼로리 요구량을 분석하는 한편, 표를 통해 탄수화물과 지방의 대략적인 기여 정도를 알아볼 거예요. 음식 섭취와 관련한 팁도 알아볼 테고요. 이 분석에는 다음의 내용이 포함됩니다.

- 걷기
- 조깅
- 장거리 달리기
- 스프린트
- 800m 페이스 인터벌
- 1마일 페이스 인터벌
- 5K/10K 페이스 인터벌
- 템포 런
- 저항 훈련
- 크로스 트레이닝
- 마라톤과 음식 섭취

BUILD YOUR RUNNING BODY

제10장: 에너지 시스템으로 설계하는 달리기
사진으로 보는 워크아웃

칼로리, 탄수화물, 지방과 훈련에 미치는 영양의 영향

더 잘 달리기 위해 다양한 워크아웃을 할 줄 아는 것은 물론 중요합니다. 하지만 운동에 알맞은 연료를 공급하는 것은 또 다른 문제죠. 이 섹션에서는 각 워크아웃을 칼로리와 탄수화물과 지방으로 쪼개볼 겁니다. 각각의 워크아웃에 맞는 식사와 간식의 예시도 수록해 두었습니다. 각 워크아웃의 칼로리와 영양학적 요구량에 맞는 예시를 수록해 두긴 했지만, 꼭 그것만 먹으라는 뜻은 아니니 걱정은 마세요. 더 많은 조리법이 궁금하다면 이 책의 4부에서 확인해보세요. 그중에 좋아할 만한 조리법도 있을 텐데, 그런 조리법과 함께라면 시작이 수월해질 거예요. 우리 몸이 24시간 내내 칼로리를 소모한다는 것도 잊으면 안 됩니다(매주 150km 이상 달리는 사람이 아니라면, 우리가 소비하는 칼로리는 대부분 정상 대사 과정에 쓰인다는 뜻이에요). 즉, 운동으로 소비된 칼로리를 맞추겠다고 음식 섭취에 제한을 걸지는 마세요. 이 섹션의 표는 다음과 같이 활용합니다.

1. 맨 왼쪽 열에서 체중을 찾습니다.
2. 그런 다음 (표에 따라 1km당 또는 1분당) 총 칼로리 및 이 칼로리를 탄수화물과 지방으로 대강 나눈 값을 찾습니다. 단, 이 숫자는 평균적인 수치에 해당하며 절대적인 수치가 아니라는 점을 염두에 두어야 합니다.
3. 표 하단을 보면 대부분 맨 밑에 '실제 탄수화물/지방 % 범위'라는 줄이 붙어 있습니다. 체형과 체력 등에 따른 각 워크아웃의 탄수화물과 지방의 상대적 기여를 정확하게 보려면 이 범위를 활용하세요. 가령 체력이 나쁜 러너는 장거리 러닝에서 체력이 좋은 러너보다 지방을 덜 태우고 탄수화물을 더 많이 태울 겁니다. 이때 이러한 범위를 통해 어떤 에너지원이 고갈되었는지 확인할 수 있으므로 워크아웃 전후의 식사를 더 잘 계획할 수 있게 되겠죠.
4. 단백질은 탄수화물이 현저히 고갈될 때만 사용되는 예비 연료이므로, 단백질 수치는 제공되지 않습니다.
5. 각 워크아웃에 대한 훈련 전후 식사와 간식의 예시가 함께 제공됩니다.

건강도 가족 안에서 싹트는 법이죠. 앞서도 만났던 크리스천 쿠싱-머리도 그렇습니다. 그의 아내 캐틀린Kathleen은 주니어 연령 그룹의 국내 크로스컨트리 챔피언이었고 UCLA에서 장학금을 받던 선수였어요. UCLA에 재학중인 이 부부의 아들 너새니얼Nathaniel은 고등부 3200미터 달리기에서 9:15를 기록한 러너였죠. 아직 고등학생인 딸 제시카Jessica의 1마일 기록은 5:06이었죠. 또 다른 아들인 재커리Zachary는 고등학교 1학년 때 1마일을 5분 안쪽으로 달렸습니다. 또 다른 딸 리베카Rebecca는 초등학교 6학년 때 1마일을 5:27로 완주했죠.

걷기

걷기는 조깅이나 러닝보다 강도가 낮고 근섬유를 적게 동원하므로 더 적은 칼로리를 소비합니다. 걷는 동안 소비되는 칼로리는 대부분 지방에서 오며, 탄수화물이 차지하는 비율은 낮습니다. '빠르게 걷기'에서는 1km당 5~10%의 칼로리를 더 씁니다.

1km당 소비 칼로리: 걷기 페이스			
체중(kg)	총 칼로리	탄수화물 칼로리	지방 칼로리
30	22	4	18
35	25	4	21
40	29	5	24
45	33	6	27
50	36	6	30
55	40	7	33
60	44	8	36
65	47	8	39
70	51	9	42
75	54	9	45
80	58	10	48
85	62	11	51
90	65	11	54
95	69	12	57
100	73	13	60
110	80	14	66
120	87	15	72
130	94	16	78
140	102	18	84
150	109	19	90
실제 탄수화물/지방 % 범위		14~21%	86~79%

회복에 좋은 음식

지상 최고의 오트밀

(건강한 귀리 가루로 만든) 오트밀은 훌륭한 복합 탄수화물 공급원으로, 여러 가지 영양학적 이점을 지니고 있습니다. 칼로리도 너무 높지 않아서 산책 후에 더할 나위 없는 음식이기도 하죠. 이 조리법에서는 바나나와 블루베리(아니면 아무 과일이나)를 42g의 탄수화물에 얹어 과일과 함께 즐길 수 있도록, 쉽고 천천히 만드는 방법을 활용합니다.

- **총 칼로리:** 1인분에 227kcal(과일 포함)
- **레시피:** 288쪽

조깅

조깅에서 중요한 것은 페이스가 아니라 강도입니다. 걷기 페이스로 하는 조깅도 있을 수 있고, 편한 달리기에 준하는 강도의 조깅도 있을 수 있거든요. 어쨌거나 강도는 일반 장거리 달리기보다 낮으므로, 지방을 에너지원으로 가장 많이 쓰게 될 겁니다.

1km당 소비 칼로리: 조깅 페이스			
체중(kg)	총 칼로리	탄수화물 칼로리	지방 칼로리
30	32	10	22
35	37	11	25
40	42	13	29
45	47	15	33
50	53	16	36
55	58	18	40
60	63	20	44
65	68	21	47
70	74	23	51
75	79	24	54
80	84	26	58
85	89	28	62
90	95	29	65
95	100	31	69
100	105	33	73
110	116	36	80
120	126	39	87
130	137	42	94
140	147	46	102
150	158	49	109
실제 탄수화물/지방 % 범위		26~35%	74~65%

회복에 좋은 음식

건강에 좋은 비법 팬케이크

아침 조깅을 마쳤는데 팬케이크가 먹고 싶다고요? 먹어도 됩니다. 이 조리법에서는 황홀한 죄책감에서 '죄책감'을 덜어낼 통밀가루를 쓸 테니까요. 요거트와 베리류 과일을 얹은 팬케이크 한 장에는 탄수화물 8g, 지방 1g, 단백질 2g이 들어있으니, 필요 칼로리를 넘지 않는 선에서 마음껏 먹어도 됩니다.

- **총 칼로리:** 팬케이크 1장에 53kcal
- **레시피:** 297쪽

달리기

'달리기'에는 편한 달리기, 보통의 달리기, 오래달리기와 같은 모든 종류의 장거리 달리기가 들어갑니다. 편한 달리기에서는 탄수화물을 주어진 범위 하단으로 태울 테고, 오래달리기에서는 범위 상단으로 태우게 될 겁니다.

1km당 소비 칼로리: 달리기 페이스			
체중(kg)	총 칼로리	탄수화물 칼로리	지방 칼로리
30	32	15	16
35	37	18	19
40	42	21	22
45	47	23	24
50	53	26	27
55	58	28	30
60	63	31	32
65	68	33	35
70	74	36	38
75	79	38	40
80	84	41	43
85	89	44	46
90	95	46	48
95	100	49	51
100	105	51	54
110	116	56	59
120	126	62	65
130	137	67	70
140	147	72	75
150	158	77	81
실제 탄수화물/지방 % 범위		43~54%	57~46%

회복에 좋은 음식

아보카도와 연어를 곁들인 레몬 리조또

장거리 달리기를 마친 뒤 회복을 원한다면 탄수화물과 지방이 잘 섞인 음식을 먹어야겠죠. 이 리조또는 연어와 아보카도와 올리브유에서 온 건강한 지방과 함께, 쌀에서 온 복합 탄수화물이 (36g으로) 균형을 맞춰 들어가 있습니다. 리조또가 만들기 어렵다고들 하는데, 걱정하지 마세요. 이번 요리는 진짜 쉬우니까요!

- **총 칼로리:** 1인분에 575kcal
- **레시피:** 313쪽

템포 런

템포 런에서는 탄수화물을 통해 더 빨리 연료를 얻어야 할 만큼의 강도로 페이스를 높여야 합니다. 그래도 여전히 전체 칼로리의 1/3은 지방을 태워 얻을 수 있죠. 게다가 더 빨리 달리면 1분당 태우는 지방의 양은 실질적으로 보통의 달리기에서 태웠던 것과 같아집니다.

1km당 소비 칼로리: 템포 페이스			
체중(kg)	총 칼로리	탄수화물 칼로리	지방 칼로리
30	32	21	11
35	37	25	12
40	42	28	14
45	47	32	16
50	53	35	18
55	58	39	19
60	63	42	21
65	68	46	23
70	74	49	25
75	79	53	26
80	84	56	28
85	89	60	30
90	95	63	32
95	100	67	33
100	105	70	35
110	116	77	39
120	126	84	42
130	137	91	46
140	147	98	49
150	158	105	53
실제 탄수화물/지방 % 범위		62~72%	38~28%

회복에 좋은 음식

페타 치즈와 옥수수와 검은콩을 넣은 또띠야 칠레스

템포 런에서 회복하려면 칼로리와 탄수화물을 아끼지 않고 단백질과 지방을 약간 보충하는 음식을 먹어야 합니다. 칠레스 레예노스를 건강한 버전으로 바꾼 이 요리에는 탄수화물이 67g까지 들어가 있는데, 쌀을 1인분 넣으면 탄수화물의 양을 더 늘릴 수 있습니다.

- **총 칼로리:** 1인분에 445kcal
- **레시피:** 298쪽

5K/10K 페이스 러닝

5K/10K 페이스로 반복주를 하거나 경주에 나가게 되면 탄수화물 요구량은 쭉 올라갑니다. 탄수화물이 연소되는 속도와 달리게 될 시간을 놓고 계산기를 두드리면 근 글리코겐까지 써야 한다는 결과가 나와요. 전날 밤에도 탄수화물을 보충해야 할 테고, 운동을 나갈 때도 빠르게 먹을 수 있는 탄수화물 간식을 챙겨야겠죠.

1km당 소비 칼로리: 5K/10K 페이스			
체중(kg)	총 칼로리	탄수화물 칼로리	지방 칼로리
30	32	26	6
35	37	30	7
40	42	35	8
45	47	39	8
50	53	43	9
55	58	47	10
60	63	52	11
65	68	56	12
70	74	60	13
75	79	65	14
80	84	69	15
85	89	73	16
90	95	78	17
95	100	82	18
100	105	86	19
110	116	95	21
120	126	104	23
130	137	112	24
140	147	121	26
150	158	129	28
실제 탄수화물/지방 % 범위		77~88%	23~12%

회복에 좋은 음식

앤초비 소스와 각종 재료를 넣은 링귀니

이 페이스에서 성공의 열쇠는 첫째도 탄수화물, 둘째도 탄수화물이므로, 기왕 전날 밤에 파스타를 흡입할 요량이라면 제대로 준비해야 합니다. 신선한 토마토와 올리브유와 앤초비 소스(없다면 멸치젓)를 쓰는 이 조리법의 핵심은 복합 탄수화물(1인분당 84g)로, 강한 풍미의 소스를 얹으면 지방을 과하게 쓰지 않고도 여러 가지 중요한 영양소를 첨가할 수 있답니다.

- **총 칼로리:** 1인분에 514kcal
- **레시피:** 297쪽

1마일 페이스 러닝

1마일 경주 페이스에 해당하는 강도에서는 경주에서든 반복주에서든 지방을 태우지 않습니다. VO_2max의 100%를 넘어서면 대부분의 러너는 탄수화물만 태웁니다. 따라서 1마일 페이스 러닝에서는 지방과 탄수화물을 나누지 않고 총 칼로리로만 표를 작성했습니다(느린 러너는 지방을 다소 태울 수 있다는 것에 유념하세요). 지금까지는 1km 단위로 칼로리를 계산해 왔지만, 1km 단위로 끊어지지 않는 지금부터는 칼로리를 1분 단위로 계산합니다. 이론상 고강도 훈련을 하면 '애프터번afterburn'을 통해 3~5%의 추가 칼로리를 태울 수 있으며, 이 칼로리는 대부분 지방에서 옵니다.

1분당 소비 칼로리: 1마일 페이스					
체중(kg)	1마일 페이스				
	4:00	6:00	8:00	10:00	12:00
30	12.6	8.4	6.3	5.0	4.2
35	14.7	9.8	7.4	5.9	4.9
40	16.8	11.2	8.4	6.7	5.6
45	18.9	12.6	9.5	7.6	6.3
50	21.0	14.0	10.5	8.4	7.0
55	23.1	15.4	11.6	9.2	7.7
60	25.2	16.8	12.6	10.1	8.4
65	27.3	18.2	13.7	10.9	9.1
70	29.4	19.6	14.7	11.8	9.8
75	31.5	21.0	15.8	12.6	10.5
80	33.6	22.4	16.8	13.4	11.2
85	35.7	23.8	17.9	14.3	11.9
90	37.8	25.2	18.9	15.1	12.6
95	39.9	26.6	20.0	16.0	13.3
100	42.0	28.0	21.0	16.8	14.0
110	46.2	30.8	23.1	18.5	15.4
120	50.4	33.6	25.2	20.2	16.8
130	54.6	36.4	27.3	21.8	18.2
140	58.8	39.2	29.4	23.5	19.6
150	63.0	42.0	31.5	25.2	21.0

자신의 체중과 1마일 페이스를 찾아봅시다. 해당 페이스로 1분간 쭉 달리면 해당 페이스 아래에 있는 값만큼의 칼로리를 태울 수 있습니다. 이 표의 모든 값은 추정치입니다.

회복에 좋은 음식

맞춤형 수제 후무스

탄수화물 잔뜩에 지방은 약간만 곁들인 간식을 즐길 시간이 찾아왔습니다. 후무스는 탄수화물 덩어리지만, 건강한 지방과 여러 가지 영양소도 다소간 제공합니다. 통밀 베이글과 함께 먹는 후무스 1인분에는 탄수화물 약 70g과 지방 10g이 들어가 있습니다. 러닝이 끝나고 베이글을 먹기가 버겁다면 후무스와 함께 300칼로리짜리 프레첼을 드셔 보세요.

- **총 칼로리:** 1인분에 400kcal(후무스 약 100kcal, 베이글/프레첼 300kcal)
- **레시피:** 332쪽

800m 페이스 러닝

800m 페이스의 훈련이나 경주에서는 탄수화물만 태웁니다. 그러나 에너지 소비량을 정확히 추정하기는 어렵습니다. 유산소적으로 생산된 에너지가 주를 이룰 때의 에너지 소비량은 쉬워요. 그러나 근력, 스피드, 파워, 더 큰 근섬유 동원, 무산소 에너지 공급의 주류화가 계산식에 들어가게 되면 과학적인 대답이 어려워집니다. 지금까지의 연구에서 이러한 요인들을 다루지 않았기 때문이죠. 이론적으로 대부분 지방에서 와 3~5% 더해질 '애프터번'의 칼로리가 더해질 것을 포함해, 총 칼로리는 반쯤 추정치에 가깝습니다. 표에 나와 있는 것보다 총 칼로리가 높다고 보는 것이 이 책에서 이야기할 수 있는 최선의 추정일 것 같아요.

1분당 소비 칼로리: 800m 페이스					
체중(kg)	800m 페이스				
	4:00	6:00	8:00	10:00	12:00
30	12.5	10.0	8.3	6.2	5.0
35	14.6	11.7	9.7	7.3	5.9
40	16.7	13.4	11.1	8.3	6.7
45	18.8	15.0	12.5	9.4	7.6
50	20.9	16.7	13.9	10.4	8.4
55	23.0	18.4	15.3	11.4	9.2
60	25.1	20.0	16.7	12.5	10.1
65	27.2	21.7	18.1	13.5	10.9
70	29.3	23.4	19.5	14.6	11.8
75	31.4	25.1	20.9	15.6	12.6
80	33.4	26.7	22.2	16.6	13.4
85	35.5	28.4	23.6	17.7	14.3
90	37.6	30.1	25.0	18.7	15.1
95	39.7	31.7	26.4	19.8	16.0
100	41.8	33.4	27.8	20.8	16.8
110	46.0	36.7	30.6	22.9	18.5
120	50.2	40.1	33.4	25.0	20.2
130	54.3	43.4	36.1	27.0	21.8
140	58.5	46.8	38.9	29.1	23.5
150	62.7	50.1	41.7	31.2	25.2

자신의 체중과 800m 페이스를 찾아봅시다. 해당 페이스로 1분간 쭉 달리면 해당 페이스 아래에 있는 값만큼의 칼로리를 태울 수 있습니다. 이 표의 모든 값은 추정치입니다.

회복에 좋은 음식

귀리로 만든 아몬드 체리 파이 바

800m 페이스 러닝을 마치고 나면 30분 안에 탄수화물을 채우는 것이 중요합니다(소모한 근 글리코겐은 빨리 채울수록 좋지요). 이 간식은 손에 들고 다니기에도 좋습니다. 복합 탄수화물이 41g 들어있는 데다가 초콜릿까지 토핑해서 맛도 좋죠!

- **총 칼로리:** 개당 265kcal
- **레시피:** 323쪽

스프린트(400m 페이스 러닝)

400m 페이스 이상의 속도로 '스프린팅'을 하는 러너는 거의 없습니다. HIIT 러닝을 하는 분들도 이 표를 부담 없이 활용할 수 있을 거예요. 앞에서도 이야기했듯 무산소에 가까운 활동일수록 정확한 에너지 소비량의 추정은 거의 불가능하지만, 표에 나온 값을 통해 어림짐작 정도는 할 수 있을 겁니다. 이론상 '애프터번' 효과 덕분에 주로 지방에서 오는 3~5% 정도의 추가 칼로리 소모가 있을 수는 있지만, 스프린트 워크아웃 자체로는 칼로리를 많이 태우지 못합니다.

1분당 소비 칼로리: 400m 페이스

체중(kg)	400m 페이스				
	4:00	6:00	8:00	10:00	12:00
30	15.1	12.5	9.4	7.5	6.2
35	17.6	14.6	11.0	8.8	7.3
40	20.1	16.7	12.6	10.0	8.3
45	22.6	18.8	14.1	11.3	9.4
50	25.1	20.9	15.7	12.5	10.4
55	27.6	23.0	17.3	13.8	11.4
60	30.1	25.1	18.8	15.0	12.5
65	32.6	27.2	20.4	16.3	13.5
70	35.1	29.3	22.0	17.5	14.6
75	37.7	31.4	23.6	18.8	15.6
80	40.2	33.4	25.1	20.0	16.6
85	42.7	35.5	26.7	21.3	17.7
90	45.2	37.6	28.3	22.5	18.7
95	47.7	39.7	29.8	23.8	19.8
100	50.2	41.8	31.4	25.0	20.8
110	55.2	46.0	34.5	27.5	22.9
120	60.2	50.2	37.7	30.0	25.0
130	65.3	54.3	40.8	32.5	27.0
140	70.3	58.5	44.0	35.0	29.1
150	75.3	62.7	47.1	37.5	31.2

자신의 체중과 400m 페이스를 찾아봅시다. 해당 페이스로 1분간 쭉 달리면 해당 페이스 아래에 있는 값만큼의 칼로리를 태울 수 있습니다. 이 표의 모든 값은 추정치입니다.

회복에 좋은 음식

열 가지 회복용 간식

400m 페이스의 경주나 워크아웃이 끝난 뒤에는 탄수화물이 필요하지만 많은 칼로리가 필요하지는 않으므로, 여기 제시한 목록에서 알맞은 간식을 찾아보세요.

- **총 칼로리:** 간식마다 다름
- **레시피:** 293쪽 (19장 '열 가지 회복용 간식' 코너 참조)

크로스 트레이닝

크로스 트레이닝은 다양한 스포츠와 워크아웃을 아우르고 있으며, 칼로리 소비량으로 딱 떨어지게 나누기는 어렵습니다. 이 표에서는 각각의 크로스 트레이닝을 특정 강도로 실시했을 때 칼로리 소비량이 얼마나 누적되는지 정도만 알아보겠습니다.

크로스 트레이닝 - 60분간 칼로리 소비량		
유형	강도	칼로리
일립티컬 머신	5단계	550
일립티고	24km/h	600
트레드밀	11km/h	650
수영장 달리기	마라톤 강도	450
크로스컨트리 스키	13km/h	675
스노슈잉	5km/h	625
킥복싱	중간 강도	525
자전거	22km/h	475
스텝밀 머신	5단계	506
수영	75미터/분	375
로잉머신	125와트	550

회복에 좋은 음식

시나몬 메이플 핫초코

초코우유에 들어있는 탄수화물과 단백질이 회복용 음료로 적합하다는 결론을 내린 연구자들에게는 그저 '감사하다'고 말해야겠네요. 눈부신 겨울날 훈련을 했다면 지금 소개하는 시나몬 메이플 핫초코를 워크아웃이 끝나고 만들어 보세요(더운 날에는 차게 마셔야겠지만요). 이 핫초코 한 잔에는 탄수화물 47g과 단백질 10g이 들어가 있습니다.

- **총 칼로리:** 한 잔에 267kcal
- **레시피:** 298쪽

저항 훈련

칼로리 측면에서 보면 저항 훈련은 평등하지 않습니다. 러너 360(58쪽)과 같은 고강도 지구력 워크아웃에서는 30분 동안 많은 칼로리가 소모됩니다. 세트 사이에 휴식을 취하는 전통적인 웨이트 트레이닝의 경우 탄수화물 소비 비중이 높기는 하지만 칼로리 소모량은 적습니다.

저항 훈련 - 30분간 칼로리 소비량						
체중 (kg)	웨이트 트레이닝			러너 360		
	총 칼로리	탄수화물 칼로리	지방 칼로리	총 칼로리	탄수화물 칼로리	지방 칼로리
30	62	56	6	188	169	19
35	73	66	7	220	197	22
40	83	75	8	251	226	26
45	94	85	9	283	254	29
50	104	94	10	314	282	32
55	114	103	11	345	310	35
60	125	113	12	377	338	38
65	135	122	13	408	367	42
70	146	132	14	440	395	45
75	156	141	15	471	423	48
80	166	150	16	502	451	51
85	177	160	17	534	479	54
90	187	169	18	565	508	58
95	198	179	19	597	536	61
100	208	188	20	628	564	64
110	229	207	22	691	620	70
120	250	226	24	754	677	77
130	270	244	26	816	733	83
140	291	263	28	879	790	90
150	312	282	30	942	846	96

비고: 칼로리는 모두 추정값입니다.

회복에 좋은 음식

땅콩버터 컵 스무디

근육 만들기에는 저항 훈련이 끝나고 먹는 단백질이 최고입니다. 이 스무디는 훌륭한 천연 단백질 공급원인 그릭 요거트와 땅콩버터를 바탕으로 하고 있으며, 우리에게 행복감을 가져다 주는 바나나와 초콜릿이 들어 있습니다. 1잔에 단백질이 22g 들어 있으니 근육도 고마워할 거예요.

- **총 칼로리:** 1잔에 343kcal
- **레시피:** 304쪽

마라톤

5~10K에서는 경주 도중 칼로리 공급을 신경 쓰지 않아도 됩니다. 그러나 경주 시간이 70분 이상으로 치닫는다면 시간당 30~60g의 탄수화물을 섭취해도 좋아요(사람마다 필요량이나 소화계통의 반응이 다르므로, 훈련할 때부터 얼마나 먹을지 시험해봐야 합니다). 사람마다 경주 도중에 섭취할 연료의 빈도와 양이 다른 만큼, 이 표에서는 다양한 연료를 15~60그램 단위로 쪼개 놓았습니다. 가령 시간당 30g의 탄수화물을 섭취하려는 러너가 게토레이를 연료로 골랐다면, 30분마다 240ml(탄수화물 15g 상당)를 마시는 거죠. 경주 중에 여러 가지 연료를 섭취하는 러너는 많습니다. 스포츠 겔은 많은 분이 선호하는 연료 공급원으로 25그램짜리 팩으로 나오는데, 이를 쪼개서 먹고 싶지는 않을 테니 필요에 따라 30분이나 1시간에 한 번만 먹으면 됩니다. 음료수나 겔보다 쫀득하니 씹는 맛이 있는 젤리를 좋아한다면 클리프 샷 블록Clif Shot Blok이나 스포츠 젤리빈을 고르는 것도 좋습니다.

마라톤에서의 연료 섭취					
품목	용량별 탄수화물 양(약 15~60g 단위)				
	15g	20g	30g	50g	60g
클리프 샷 블록	2개(16g)	3개(24g)	4개(32g)	6개(48g)	8개(64g)
대추야자	1알(18g)	1.5알(27g)	2알(36g)	3알(54g)	3.5알(63g)
쿠키	0.5개(11g)	1개(22g)	1.5개(33g)	2개(44g)	3개(66g)
게토레이	240ml(16g)	360ml(24g)	480ml(32g)	720ml(48g)	960ml(64g)
스포츠 겔	–	1팩(25g)	–	2팩(50g)	
꿀	1큰술(17g)	–	2큰술(32g)	–	4큰술(64g)
파워 바	1/4개(11g)	1/2개(22g)	3/4개(33g)	1개(44g)	1.5개(66g)
(미니) 프레첼	12개(15g)	20개(25g)	24개(30g)	40개(50g)	48개(60g)
건포도	50알(15g)	1온스 팩(22g)	100알(30g)	2온스 팩(44g)	200알(60g)
스포츠 젤리빈	9개(15g)	1온스 팩(25g)	18개(30g)	2온스 팩(50g)	36개(60g)

11

신경계로 설계하는 달리기

훌륭한 커뮤니케이션 기술은 바깥 세계에 정보를 전달하는 것이 다가 아닙니다. 우리 몸 안에서 신경계를 이루고 있는 방대한 메시지 네트워크인 수십억 개의 뉴런neuron과 수조 개의 신경 경로neural pathway를 활용하는 열쇠이기도 하죠. 1818년에 출판된 메리 셸리Mary Shelley의 소설 『프랑켄슈타인』에서 불량 과학자 빅터 프랑켄슈타인은 폭풍에서 얻은 전류를 이용해 괴물에게 생명을 불어넣습니다. 극적인 맛은 이보다 떨어지지만, 신경계의 전기화학 전류는 움직임을 가능케 하고, 감각을 전달하고, 생각을 구성합니다. 러너라는 입장에서 우리는 달리는 동안 모든 것을 신경계에 의존합니다. 하지만 이 생명공학적 소프트웨어는 우리 몸의 구석구석까지 뻗어 있는 신경의 배선wiring에 큰 영향을 받습니다. 이 네트워크의 효율을 최대로 높이고 새로운 도전에 대비해 배선을 가다듬는 것은 당신의 몫입니다. 제대로 훈련된 신경계야말로 괜찮은 러닝과 훌륭한 러닝을 가른답니다.

신경계가 뭔데?

신경계는 우리 몸의 두 가지 핵심 통신 네트워크 중 하나입니다(다른 하나는 호르몬을 생성하는 내분비계고요). 신경계는 뇌와 척수로 이루어진 중추신경계CNS(central nervous system)와 CNS 이외의 모든 신경으로 이루어진 말초신경계PNS(peripheral nervous system)로 구성되어 있습니다.

CNS는 신경계의 지휘 센터로, 모든 신체 활동의 조정과 모든 감각 데이터의 처리를 도맡습니다. 뇌에는 850억 개의 뉴런(신경 세포)이 있고 척수에는 10억 개의 뉴런이 있습니다. 스펀지(0), 바퀴벌레(100만), 고양이(10억), 침팬지(70억), 코끼리(230억)의 뉴런 개수와 비교해 보면 이 숫자가 얼마나 큰지 새삼 알 수 있습니다.

중추신경계의 운동 뉴런motor neuron은 (신경섬유) 축삭axon을 따라 근육에 수축과 이완을 유발하는 메시지를 보내며, 장기와 분비샘에도 신호를 보냅니다. 감각 뉴런sensory neuron은 반대로 감각계에 포착된 자극을 PNS를 통해 CNS로 전달합니다.

뉴런은 초당 최대 1,000번까지 메시지를 보낼 수 있지만, 대부분은 초당 1~400번의 통제 가능한 속도로 발화합니다. 흥분파impulse라고 하는 이들 메시지는 다양한 유형의 신경을 따라 다양한 속도로 전달됩니다. 가령 촉각touch은 초당 70m 이상의 속도로 전달되기 때문에 달리는 동안 발가락을 잘못 디디면 압력은 거의 즉각적으로 느껴질 거예요. 반면 통각pain의 흥분파는 느린 신경 섬유를 따라 전달되므로 시간이 두 배나 더 걸립니다. 둔하고 욱신거리는 통증은 초당 0.5미터의 속도로 전파되므로 2~3초가 지나서야 잘못 디딘 발가락을 움켜쥐고 신음을 내뱉게 되죠.

속도에서 짐작할 수 있겠지만, 신경계를 흐르는 것은 전류가 아니라 텔레비전이나 토스터에 들어가는 전류보다 수백만 배 느리게 전파되는 전기화학적 흥분파입니다(흥분파가 무엇인지 궁금하다면 189쪽 "신경 흥분파가 뭔가요?" 참조).

반면 CNS는 1초에 10^{13}~10^{16}개의 흥분파를 만들어낼 수 있습니다. 이 정도면 9,700만 달러를 들여 120평 면적에 건설한, 초당 17.59페타플롭(1경 7,590조 번)의 연산을 수행하는 세계 최대의 슈퍼컴퓨터인 오크리지 국립연구소의 타이탄Titan과 거의 동등한 성능입니다. 여기 들어가는 전력량이 7천 가구에 공급되는 양에 맞먹는다는 점을 생각하면 우리의 CNS가 오히려 대단한 셈이죠.

신경계 훈련

훈련받지 않은 신경계는 달릴 때 무엇을 해야 할지 모릅니다. 거실의 전등 스위치를 올릴 때마다 부엌의 쓰레기 처리기가 켜진다고 생각해 봅시다. 그러면 집의 전기 배선을 고치기 위해 전기 기사를 부르겠죠. 훈련받지 않은 신경계는 이 스위치와 같습니다. 전기 기사는 당신과 당신의 워크아웃일 테고요. 우리가 정비할 배선은 다음과 같습니다.

1. 운동단위 동원과 협응
2. 고유감각
3. 균형
4. 신경계 피로
5. 러닝 효율

전통적인 러닝 워크아웃, 기술 드릴, 플라이오메트릭, 힐 스프린트, 균형 운동 등을 조합하면 이 재배선 작업을 완수할 수 있을 거예요.

초보자 가이드

신경계의 재배선은 빠를수록 좋습니다. 주폭도 러닝 효율도 신경계가 크게 좌우하며, 신경계의 배선이 좋아질수록 부상 가능성이 줄고 피로도가 낮아지며 수행능력이 향상됩니다.

"신경 흥분파가 뭔가요?"

신경 흥분파가 정확히 뭘 가리키는 걸까요? 전기? 화학반응? 아니면 측량할 수 없는 영혼의 불꽃?

이러한 의문을 가진 사람이 여러분 혼자만은 아니었습니다. 1906년 카밀로 골지Camillo Golgi와 산티아고 라몬 이 카할Santiago Ramón y Cajal부터 시작해 2000년 아르비드 칼손Arvid Carlsson, 폴 그린가드Paul Greengard, 에릭 캔들Eric Kandel까지 도합 스물한 명이 이에 관한 해답을 제시하려는 시도를 통해 노벨상을 받았거든요.

먼저 신경 자체부터 들여다봅시다. 뉴런(신경 세포)은 세포체cell body, 다른 뉴런으로부터 메시지를 수신하는 수상돌기dendrite, 메시지를 전송하는 긴 섬유인 축삭axon, 뉴런을 다른 뉴런이나 근육 세포와 분리하는 작은 공간인 *시냅스*synapse(시냅스 연접 또는 시냅스 간극)에서 신경의 말단을 형성하는 축삭 말단axon terminal으로 이루어져 있습니다. 뉴런이 메시지를 전달하려면 반드시 이 시냅스를 건너가야 합니다.

19세기 초반만 해도 신경 흥분파는 경이적인 속도로 전달될 것으로 간주되었습니다. 그 추정치는 초당 1,700만km에서 즉각적인 전달에 이르기까지 다양했는데, 헤르만 폰 헬름홀츠Hermann von Helmholtz가 신경 흥분파의 속도를 초당 25~39미터로 계산하면서 이 논쟁에 종지부를 찍었죠.

20세기에 이르러 에밀 뒤부아-레몽Emil du Bois-Reymond, 율리우스 베른슈타인Julius Bernstein, 루이 라피크Louis Lapicque를 비롯한 여러 사람들의 연구를 통해 신경 흥분파가 *활동전위*action potential에 의해 전파되는 전기생리학적 메시지, 즉 전하를 띤 이온이 축삭의 세포막을 거쳐 교환되면서 축삭을 따라 흥분파의 속도가 붙는다는 관점에서 조망되면서 *전기생리학*의 황금기가 열렸습니다.

그러나 해결되지 않은 수수께끼가 하나 남아있었습니다. 뉴런과 표적기관 사이의 작은 틈인 시냅스에서는 무슨 일이 일어날까요? 전기 스파크가 그 틈을 뛰어넘었던 걸까요? 아니면 다른 메커니즘이 작동했던 걸까요? 두 개의 진영이 이 논쟁에 등장했습니다. 전기신호가 맞다는 사람들은 다 전기라고 믿었고, 화학신호가 맞다는 사람들은 화학물질이 분명 연관되어 있으리라 생각했어요. 결과적으로는 화학신호가 거의 맞다는 사실이 밝혀졌죠.

(1936년 노벨상 공동 수상자인) 오토 뢰비Otto Loewi는 1921년 두 마리의 개구리에서 여전히 뛰고 있는 심장을 적출하여 각각 생리식염수에 넣고 한쪽은 심장 박동이 느려질 때까지 전기적으로 자극했습니다. 이 심장 주변에서 식염수를 채취하여 두 번째 심장에 주입하자 두 번째 심장도 느려졌습니다. 식염수에 화학물질이 방출되었을 때에만 가능한 결과였습니다. 이 화학 물질(아세틸콜린)은 이제 뉴런이 시냅스를 가로질러 통신하기 위해 방출하는 일군의 화학물질인 *신경전달물질*neurotransmitter 중 하나로 알려져 있습니다.

그러나 전기가 맞다던 사람이 전부 틀리지만은 않았어요. 1957년 데이비드 포터David Potter와 에드윈 퍼슈펀Edwin Furshpan이 *간극연접*gap junction이라고 하는 작은 원통 모양 통로를 통해 전기 충격 일부가 시냅스를 건너뛴다는 것을 확인함으로써 이들도 소소한 승리를 얻었습니다.

자, 그렇다면 신경 흥분파는 무엇일까요? 흥분파는 전기신호이기도 하고 화학신호이기도 하며, 신경계라고 하는 우리 몸의 배선을 통해 제한된 속도로 메시지를 전달하는 역할을 합니다. 미래의 과학자와 노벨상 수상자가 일궈낼 재평가를 기다리면서요.

운동단위 동원

달리기는 몸이 뛰라고 '이야기'할 때 시작됩니다. 이 메시지는 뇌에서 시작되어 척수의 운동 뉴런을 거쳐 운동 뉴런의 축삭을 따라 근육으로 전달됩니다. 각각의 운동 뉴런은 단일 근육 내의 특정 근섬유 그룹을 지배합니다. 뉴런과 이 뉴런이 제어하는 섬유를 묶어 운동단위motor unit라고 합니다.

배번호를 셔츠에 고정할 때 손가락을 제어하는 것처럼 복잡한 움직임을 만들 때는 운동 단위 하나에 (10~100개의) 적은 섬유만 들어갑니다. 출발선에서 경주를 시작하며 대퇴사두근을 수축시키는 것처럼 협응이 덜 필요한 움직임을 만들 때는 최대 2,000개의 근섬유가 들어가기도 하죠.

단일 운동단위 내의 근섬유는 모두 (지근이나 속근 등) 동일한 유형의 근섬유여야 하며, 같은 운동단위의 섬유는 항상 동시에 발화합니다. CNS는 근육 하나에 있는 여러 운동단위를 동원하여 이들이 근육을 수축시킬 때 함께 작동할 수 있게 합니다. 수축이 발생하면 두 가지 메커니즘이 수축의 힘을 제어합니다.

- **빈도 코딩**rate coding: 운동 뉴런에서 근섬유로 전달되는 흥분파의 개수를 늘리면 근육 수축력과 지속 시간이 모두 증가합니다. 운동 뉴런이 한 개의 흥분파를 보내면 (눈꺼풀을 깜빡이는 것처럼) 목표 근육은 그저 움찔거리기만 합니다(연축twitch). 그러나 두 번째 흥분파를 빠르게 보내면 근육은 이완될 기회를 얻지 못하고 다시 연축합니다. 첫 번째 연축에서 남아있던 힘에 두 번째 연축에서 온 힘이 더해짐으로써 수축contraction이 생겨나는데, 이 과정을 가중summation이라고 합니다. 흥분파가 연속적으로 가해지면 연축 위에 연축이 돌탑을 쌓듯 더해지며, 이 효과는 모든 연축이 사라지기 전까지 지속되어 칫솔을 쥐는 것부터 러닝을 하려고 문밖으로 나가는 것에 이르는 일상의 활동에 필요한 부드럽고 지속적인 수축을 만들어낼 수 있습니다.
- **동원**recruitment: 힘 생산을 증가시키는 다른 방법은 동원되는 운동단위의 수와 크기를 늘리는 것입니다(5장의 근섬유 사다리 참조). 이를 크기 원리size principle라고 합니다. 운동단위는 뇌에서 보내는 신호에 반응합니다. 지근 운동단위는 약한 신호로 활성화되는 작은 뉴런을 가지고 있습니다. 중간 운동단위에는 약간 더 큰 신호가 필요한 중간 크기의 뉴런이 있습니다. 속근 운동단위는 가장 큰 뉴런을 가지고 있으며 가장 강한 신호를 필요로 합니다. 신호 강도가 증가하면 활성화되는 뉴런의 개수와 크기가 증가하고, 따라서 빠른 섬유를 동원하여 근수축력을 높일 수 있습니다.

러닝을 할 때는 빈도 코딩과 동원이 모두 쓰입니다. 흥분파의 빈도를 높이고(=근섬유 수축의 강도와 지속 시간 향상) 동시에 더 큰 운동단위(=더 빠른 섬유)를 동원하여 힘을 생성하면 결과적으로 더 많은 출력이 나올 겁니다.

당연한 말이겠지만 근섬유 동원에는 힘 생성 말고도 알아볼 것이 많습니다. 몇 가지만 살펴보죠.

동원 패턴

효율적으로 달리려면 여러 관절에 걸쳐 있는 여러 근육의 수축과 이완에 협응이 필요합니다. 신경 경로를 제대로 정비하는 것이 이 과정의 핵심입니다. 새로운 배송 구역을 할당받은 택배 기사를 떠올려봅시다. 기사님이 배송 구역의 모든 거리와 집을 익힐 때까지는 배송이 느릴 거예요. 그러나 경로를 전부 익히고 나면 택배를 배달하는 데 걸리는 시간도 줄어들고, 택배물도 모두 올바른 주소로 전달될 거예요! 근신경 적응도 마찬가지입니다. 우리의 신경계는 특정 움직임을 만들어내기 위해 근섬유에 흥분파를 전달하는 최고의 새 경로를 배울 것이며, 이러한 경로는 동원 패턴recruitment pattern으로 고정됩니다.

근력 향상

초기 근력 향상의 대부분은 신경계의 적응에 의한 것입니다. 러너의 근력 향상은 측정하기 어렵지만, 웨이트 트레이닝을 하는 사람의 근력 향상은 관찰하기 쉽습니다. 연구에 따르면 웨이트 트레이닝에서 신경 적응이 아니라 근육 성장이 근력 향상의 핵심 요인으로 자리잡기까지는 4주에서 20주가 소요됩니다. 2007년 교차 훈련cross education에 관한 연구에서 한쪽 팔다리만 저항 훈련을 했을 때 훈련받지 않은 반대쪽 팔다리의 근력이 8% 향상되었다는 것을 보면 신경 적응은 매우 중요합니다. 한쪽 사지에서 익힌 것을 반대쪽 사지에 적용하는 것은 다름 아닌 신경계니까요.

억제 감쇠

근육이 수축할 때 반대쪽 근육은 이완되어야 합니다. 뽀빠이가 이두근을 구부릴 때 삼두근은 이완됩니다. 맞은편 근육이 완전히 이완되지 않으면 수축하는 근육은 힘을 더 들여야 하니까요. 이두근을 수축하면서 동시에 삼두근을 수축하려고 해 보세요. 안 될 겁니다. 훈련되지 않은(덜 훈련된) 근육은 수축과 이완의 협응에 어려움을 겪습니다. 훈련을 통해 이를 바꿔 나갈 수 있어요. 1992년 연구에 따르면 대퇴사두근을 불태우는 니 익스텐션 운동을 단 일주일만 해도 햄스트링의 동시 수축이 20% 감소하는 결과가 나왔다고 합니다.

수축 속도

적절한 훈련은 근섬유의 수축 속도contraction velocity를 높일 수 있습니다. 수축 속도는 근섬유가 최대로 수축(단축)하는 데 걸리는 시간을 가리킵니다. 평균 수축 속도는 다음과 같습니다.

- **지근 섬유**: 100~110밀리초
- **중간 섬유**: 60~70밀리초
- **속근 섬유**: 25~50밀리초

수축 속도가 빨라지면 출력을 더 높일 수 있으며, 이는 더 빠른 러닝으로 이어집니다. 2008년 연구에 따르면 상위권 장거리 러너는 운동을 전혀 안 하는 그룹보다 지근 섬유는 70%, 중간 섬유는 18% 더 빠르게 수축했습니다. 볼 주립대학의 선행 연구에 따르면 마라톤 유형의 훈련은 지근 섬유의 수축 속도를 최대 50%, 중간 섬유의 수축 속도를 29% 높이기도 했죠.

'연습이 완벽을 만든다'는 옛말이 있죠. 옛말에는 다 이유가 있는 법. 여러 페이스, 여러 지형, 여러 운동을 워크아웃 일정에 녹이면 근섬유를 전체적으로 동원하고, 수축력을 높이고, 여러 유형의 근섬유와 근육이 다양한 페이스와 피로도에서 협응하는 능력을 높이고, 가장 효율적인 러닝 동작을 만들어 낼 수 있습니다.

이렇게 훈련해 보아요

동원 패턴의 훈련에는 달리기의 강도, 페이스, 지형, 지속 시간의 다변화가 있어야 합니다. 빈도 코딩은 고중량 저항 훈련(5장, 64~74쪽), 플라이오메트릭(205~209쪽)을 통해 향상됩니다. 기술 드릴(198~204쪽)과 힐 스프린트(212쪽)를 비롯한 빠른 달리기를 수행하면 억제 감쇠 능력이 향상되죠. 지근 섬유의 수축 속도 향상은 (볼륨, 템포, 장시간 인터벌 등) 마라톤 유형의 훈련을 통해 이룰 수 있습니다. 중간 섬유의 수축 속도는 테이퍼링(340쪽)만으로도 향상될 수 있습니다.

고유감각

고유감각proprioception은 외부 세계에 대해 상대적 위치를 추적한 다음 여기 맞게 위치를 조정하는 우리 몸의 능력입니다. 평균대에서 내려오는 올림픽 리듬 체조 선수를 생각해 보죠. 이 선수의 신경계는 몸통과 엉덩이를 회전하고, 팔다리의 굴곡을 조정하고, 착지할 발의 위치를 정하면서 생기는 온갖 움직임을 처리해야 합니다. 이러한 동작을 인도하는 것이 바로 고유감각이에요.

우리는 고유감각을 매일 사용합니다. 발을 보지 않고 걸을 때도 그렇고, 키보드를 보지 않고 자판을 칠 때도 그렇습니다. 달릴 때도 마찬가지예요. 발이 지면을 완전히 벗어났다가 안전하게 착지해야 하는 동작을 몇 번이고 반복해야 하니까요.

고유감각에는 내이(內耳)도 있고, CNS를 근육과 힘줄과 인대에 연결하는 신경도 있습니다. 고유감각 신경은 위치, 장력, 긴장 등의 감각을 중추신경

달리기 이야기

"균형과 고유감각"

쉬운 동작을 통해 균형과 고유감각의 차이를 알 수 있습니다.

먼저 균형을 확인해보죠. 두 팔을 몸 옆에 두고 한쪽 다리로 섭니다. 이 상태로 똑바로 서 있을 수만 있다면 팔을 휘두르거나 들어올린 다리를 움직이는 등 여러 동작을 해도 좋습니다. 그것이 균형입니다.

이제 고유감각으로 넘어가 볼게요. 균형을 잡기 위해 하던 동작을 계속 하면서 눈만 감습니다. 차이가 느껴지시나요? 이것이 고유감각입니다. 이처럼 균형과 고유감각은 밀접하게 관련되어 있지만 분명 차이가 있습니다.

계로 전달하고, CNS는 이에 대한 반응으로 근육을 수축시켜 신체의 위치를 유지하거나 조정합니다. 이때의 흥분파는 신체에서 가장 빠른 신경으로 전달되는데, 그 속도는 최대 초당 120미터에 달한답니다!

달리는 동안 발을 디딜 때도 고유감각 수용기의 지배를 받아 자세, 관절의 움직임, 균형, 보폭, 착지를 조절합니다. 트레일 러닝 중에 발을 잘못 디디면 고유수용기가 이를 즉시 CNS에 알려 발목을 삐기 전에 근육이 문제를 해결하도록 지시합니다.

이렇게 훈련해 보아요

워블/밸런스 보드 훈련(95~96쪽)은 고유감각 향상에 효과적인 방법입니다. 부드러운 모래나 풀밭에서의 러닝(특히 맨발 러닝)도 좋아요(211쪽). 코트나 필드에서 뛰는 스포츠는 고유감각 수용기에 자극을 주는 또 다른 방법입니다.

균형

균형은 러닝에서 대부분의 러너가 인식하는 것보다 훨씬 더 큰 역할을 합니다. 어쨌거나 균형이 있어야 바닥에 나동그라지지 않으면서 발을 디딜 수 있으니까요! 그게 쉬운 것 같으면, 이제 막 걷는 법을 배우는 아이를 관찰해보세요. "균형과 고유감각" 박스에 나온 활동을 해 보면 더 잘 알 수 있을 겁니다. 사실, 러너가 내딛는 모든 발걸음에는 균형이 필요합니다. 동작이 이루어지는 동안 한 발로만 착지해야 하고, 몸을 바로 세워야 하고, 안정을 확보할 수 있도록 알맞은 근육을 동원해야 하고, 그런 연후에야 다음 발을 내디딜 수 있죠. 고르지 않은 지면에서조차 말이죠. 이건 정말 굉장한 일이에요! 얼마나 굉장한 일이냐고요? 2013년 보스턴 다이내믹스에서 내놓은 키 1.9m, 무게 150kg의 로봇 아틀라스가 울퉁불퉁한 지면을 걷는 최초의 이족보행 로봇이 되기까지 수천만 달러를 들여 수십 년에 걸친 연구와 실험을 거쳐야 했다는 사실만 봐도 알 수 있을 겁니다.

균형은 특히 방향을 바꾸거나 장애물을 피할 때 큰 역할을 합니다. 스페인에서 실시한 2013년의 연구에서는 움직일 수 있는 플랫폼 위에서 측면 90°로 방향이 바뀌는 형태의 착지를 통해 러너의 균형을 시험한 적이 있습니다. 플랫폼은 열한 번째 착지에서 흔들리도록 설계되어 있었는데, 이때 러너의 고관절과 무릎을 안정화하는 근육의 활성도가 줄어드는 것이 확인되었습니다. 러너의 근육은 불안정한 플랫폼에 빠르게 적응할 수 없었고, 균형을 잡을 수 없었습니다.

다행히 균형은 개선하기 쉽습니다. 2006년에는 미식축구 선수들이 4주 동안 일주일에 5일, 한 다리로 5분씩 균형을 잡는 실험을 했습니다. 그 결과 시즌 중 발목 염좌는 77% 줄었습니다. (5장에서 언급한) 워블 보드 훈련은 발목 염좌의 재발을 50%까지 줄였고요.

이렇게 훈련해 보아요

균형 훈련은 한쪽 다리로 서거나(210~211쪽) 워블 보드를 쓰는 것처럼(95~96쪽) 간단할 수도 있고, 장대 위에서 외줄타기를 하는 것처럼 까다로울 수도 있습니다. 풋워크나 발가락으로 수건 당기기(111쪽) 같은 운동은 우리 몸이 발목과 발을 제어하는 작은 근육을 더 잘 동원하고 활용하게끔 가르침으로써 울퉁불퉁한 지형, 예상치 못한 장애물, 방향 전환에 반응하는 능력을 높입니다(즉, 실제 훈련 과정에서의 균형을 향상시킵니다).

신경계 피로

신경계가 지치면 새로운 기술을 배울 수 없습니다. CNS는 뇌의 명령을 신체에 효율적으로 전달하는 능력을 잃습니다. PNS 또한 그 명령의 결과나 연관된 감각을 효율적으로 보고하는 능력을 잃습니다. 신경계가 방법을 알아낼 수 없으면 새로운 기술을 습득하는 것은 불가능해집니다.

현실적으로 신경계 피로를 다루는 유일한 방법은 피로를 피하는 것입니다. 피로와 맞서 이길 도리는 없습니다. 〈스타트렉Star Trek〉의 보그 종족이 점령을 앞둔 종족에게 '저항은 무의미하다'고 늘상 말하

달리기 이야기

"주법을 바꿔야 하나요?"

세상 모두가 주법을 바꾸라고 권하는 시대가 찾아온 것 같습니다.

이른바 자세 전문가들 중에는 주폭을 줄이라고 하는 분도 있고, 또 늘리라고 하는 분도 있습니다. 미드풋으로 착지하라는 분도 있고, 맨발로 뛰라는 분도 있죠. 중력을 활용하라는 말도 있고, 종아리를 쓰지 말라는 말고 있고, 햄스트링을 당기라는 말도 있고, 발을 무릎 뒤에 두라고도 합니다. 이전에 생각조차 해본 적도 없고 지금 시도해야 하는지도 확신이 서지 않는 온갖 동작을 해 보라고들 합니다.

대체 무엇을 해야 할까요?

우선, 주법을 바꾸어야 한다는 말을 일단은 듣지 마세요.

세간의 주목을 집중시켰던 2004년 호주의 리뷰 논문에서는 최고의 주법이 '상당한 훈련 기간을 통해 자유로이 선택된다'고 결론지었습니다. 저자들은 '자신이 선택한 주법으로 달릴 때 주어진 속도에서의 유산소 요구량이 가장 낮'으며, 이와 반대로 러닝 효율(달릴 때의 효율을 정량화한 것)은 '주폭이 자신이 고른 것보다 길어지거나 짧아질 때' 떨어진다고 지적했습니다.

여기서 '자신이 골랐다'는 말은 편의점에서 물건 고르듯 하라는 뜻이 아닙니다. 논문의 저자들은 캐버너Cavanaugh와 윌리엄스Williams의 1982년 연구를 인용, 우리가 '시간이 흐름에 따라 주폭 길이와 케이던스를 자연스럽게 획득한다'고 했습니다.

이 결과는 2005년 콜로라도 주립대 운동생리학과의 연구를 통해 한층 강화되었습니다. 이 연구자들은 12주간 *포즈 주법*Pose Method으로 달리기를 실시한 트라이애슬론 선수들의 주폭과 러닝 효율을 추적 관찰했는데, 선수들의 주폭 길이가 짧아진 탓에 러닝 효율은 결과적으로 나빠졌습니다.

진실을 말하자면, 빠르고 쉬운 레슨 몇 번을 통해 더 나은 주법으로 당신을 데려가 준다고 보장하는 자세 전문가들은 지킬 수 없는 약속을 하고 있는 겁니다. 그로 인해 러닝 효율 또한 낮아질 테고요.

그렇다고 자세를 도외시하라는 뜻은 아닙니다! 만병통치약 식의 접근을 피하라는 뜻이에요. 그렇게 하기보다는, 지금 지니고 있는 자세를 개선하려고 노력해보세요. 장기간의 마일리지, 드릴, 인터벌, 템포, 플라이오메트릭, 저항 훈련, 스트레칭, 여기에 무엇보다도 인내가 더해졌을 때 비로소 이러한 개선이 이루어집니다. 위대한 도약을 이끌어내는 것은 일회성 기믹이 아니라 올바르고 종합적인 훈련이니까요.

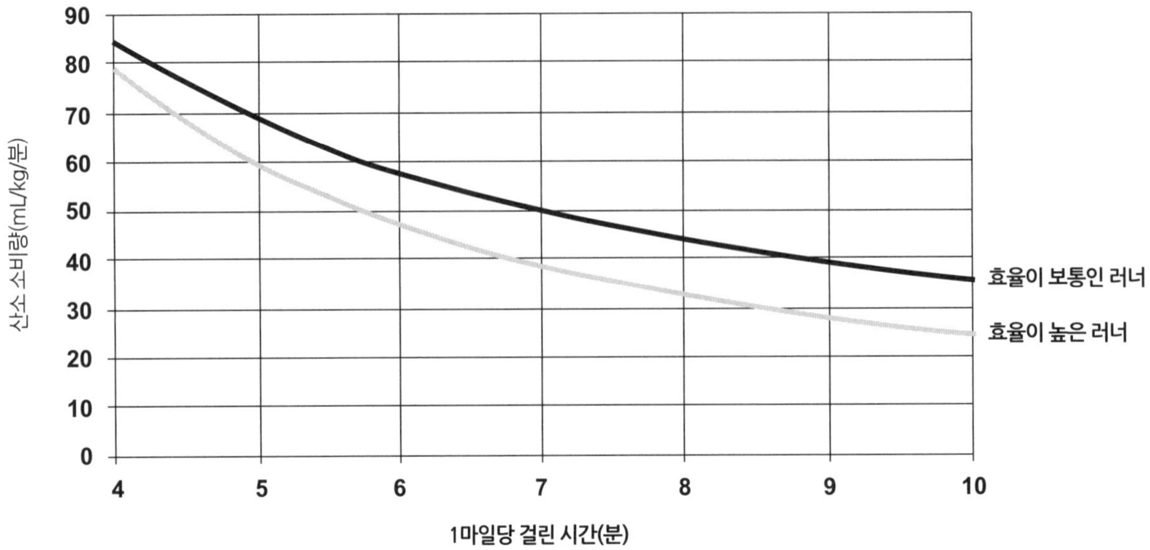

차트 11.1 러닝 효율 비교 곡선.

러너 두 명의 수행능력 곡선을 살펴봅시다. 한 명은 평범한 러닝 효율을, 다른 한 명은 우수한 러닝 효율을 갖추고 있어요. 산소 비용('산소 소비량')이 같을 때, 고효율 러너는 평범한 러너보다 더 빠른 페이스를 유지할 수 있습니다. 예컨대 50mL/kg일 때, 고효율 러너는 1마일당 6분 페이스로 달리지만, 평범한 러너는 7분 페이스만 유지할 수 있습니다. 평범한 러너가 50mL/kg을 사용해야 하는 마일당 7분 페이스에서, 효율이 높은 러너는 40mL/kg의 산소만 사용합니다. VO_2max에 근접할수록 피로도가 높아지기 때문에, 40mL/kg을 사용하는 러너는 같은 페이스에서 50mL/kg을 사용하는 러너보다 피로를 훨씬 덜 느낄 거예요.

는 것처럼요.

우리의 목표는 신경계 피로의 징후를 식별하고 그러한 징후가 나타날 때 운동을 덜 하는 것이어야 합니다. 신경계 피로의 증상은 다음과 같습니다.

- 잠을 잘 못 잔다.
- 집중력이 떨어진다.
- 몸이 원하는 대로 잘 안 움직인다.
- 손이 떨린다.

악력grip strength은 신경계 피로를 측정하는 훌륭한 수단입니다. 악력계dynamometer를 쓰면 악력을 측정할 수 있어요. 운동이 끝나고 차 문을 열려다 키를 떨어뜨리는 식으로, 악력이 낮아졌다면 신경계 피로도가 높아졌을 가능성이 큽니다. 제자리 높이뛰기 기록이 낮아지는 것도 마찬가지로 좋은 척도입니다.

짧은 시간 동안의 고강도 운동은 신경계에 특히나 많은 피로를 줍니다. 훈련 강도가 100%에 가까울수록 신경계가 감내해야 할 스트레스도 커집니다. 가령 (웨이트 트레이닝에서) 반복수가 세트당 5회 이하인 고중량 리프팅에서는 매 반복이 거의 최대 강도에 가까우므로 신경계가 탈탈 털리지만, 중량을 낮춰 반복수를 세트당 6~12회로 두면 근육이 이 부담을 받아가게 됩니다. 러닝 워크아웃에도 동일한 원칙이 적용됩니다.

이렇게 훈련해 보아요

신경계의 피로는 훈련으로 어찌할 만한 게 아닙니다. 피하는 게 상책이에요. 고강도 워크아웃의 볼륨과 세션 시간을 줄이고, (리프팅이든 러닝이든) 고강도 세트 사이에 최소 3분은 쉬어야 합니다. 초보자는 고강도 워크아웃을 48시간마다 한 세션씩 실시할 수 있지만, 상급자는 신경전달물질의 건전성 확보를 위해 세션 간격을 최대 10일까지 두어야 하며, 매일 숙면을 취해야 합니다.

러닝 효율

러닝 효율running economy은 주어진 러닝 속도에서 산소를 얼마나 효율적으로 사용하는지를 계산하는 척도로, 최대하(최대 이하) 러닝 속도submaximal running speed에서 매우 중요합니다. '최대하 속도'는 VO_2max의 100% 미만 강도로 실시하는 러닝을 가리킵니다. 5K 이상의 경주(와 대부분의 워크아웃)은 모두 최대하 속도로 이루어져요. VO_2max와 러닝 효율에 관해서는 기억할 것이 세 가지 있습니다.

1. VO_2max는 우리 몸이 1분 동안 사용할 수 있는 최대 산소량을 가리킨다.
2. VO_2max에 가까워질수록 피로도가 높아진다.
3. 주어진 속도를 유지하는 데 필요한 산소량이 적으면 피로도가 낮아지며, VO_2max가 비슷하지만 러닝 효율이 낮은 사람보다 크게 유리하다.

무슨 말인지 모르겠다고요? 그러면 러닝 효율을 자동차의 연비라고 생각해 보죠. 2013년형 쉐보레 크루즈 에코와 2013년형 토요타 프리우스의 연료통은 둘 다 12갤런 정도입니다. 시속 50마일(약 80km/h)로 달릴 경우 크루즈 에코는 1갤런당 42마일을, 프리우스는 1갤런당 48마일을 달립니다. 따라서 시속 50마일로 달리면 두 차가 똑같은 양의 연료를 가지고 출발해도 프리우스보다 크루즈 에코의 연료가 훨씬 먼저 떨어질 거예요. 이뿐만이 아닙니다. 프리우스는 크루즈 에코보다 (속도에 따라 같은 양일 수도 있겠지만,) 적은 양의 연료로 시속 50마일 이상의 속도를 낼 수 있습니다. 자동차가 러너라면 프리우스의 러닝 효율이 더 높을 거예요. 같은 속도로 더 멀리 갈 수도 있고, 같은 양의 연료로 더 빨리 갈 수도 있을 겁니다. 차트 11.1을 통해 러닝 효율이 다를 때 러너가 낼 수 있는 속도를 비교해 볼 수 있습니다.

러닝 효율은 여러 가지 요인에 의해 결정되는데, 유전과 신경계 효율은 그중에서도 결정적인 요인입니다. 유전적 요인에는 다른 것들도 있지만 키와 지근 섬유 비율과 종아리 크기(작을수록 좋음)와 체형이 중요한데, 팔다리가 길고 가늘며 가슴이 납작하고 어깨와 고관절 너비가 같으며 체지방율이 낮은 외배엽ectomorph 체형의 러닝 효율이 높은 경향이 있습니다. 그러나 본인의 체형이 외배엽이 아니라 해서 절망할 필요는 없습니다. 신경계 효율이라는 측면에서 동원, 페이스, 주폭도 훈련이 가능한 요소이니까요.

러닝 효율 높이기

러닝 효율을 높이려면 다각도의 접근이 필요합니다. 팔뚝을 키우려면 고중량 컬을 몇 세트 하는 것만으로도 족하겠지만, 러닝 효율을 높이는 방식은 그보다 복잡합니다. 만능열쇠나 한 방짜리 전략은 없습니다. 그저 더 나은 지근 섬유를 만들고, 탄성 반동을 높이고, 신경계를 재배선하고, 연습에 연습에 연습을 거듭해야 합니다. 이 모두가 퍼즐의 조각입니다. 이때 우리가 집중해야 할 유형의 훈련은 다음과 같습니다.

- **마일리지:** 장거리 러너는 고볼륨 러닝을 통해 러닝 효율을 높일 수 있습니다. 1년 동안 수백만 번 발을 내딛다 보면 최적의 주폭 길이와 최적의 케이던스와 최적의 동원 패턴이 신경계에 각인됩니다. 같은 운동량에서 근섬유를 더 적게 동원하여 에너지 요구량을 줄이는 방법도 익힐 수 있고, 대부분의 러너가 착지할 때 보이는 흔들림에서 오는 에너지 낭비를 줄일 수도 있죠.
- **템포 런:** 템포 런은 10K에서 마라톤에 이르는 경주 페이스에서 효율을 높입니다. 훈련을 통해 얻을 수 있는 효율의 향상이 딱 맞는 페이스에서만 이루어지는 것이 아니라 대략 10% 정도 빠르거나 느린 페이스에서도 이루어지기 때문입니다. 템포 런은 10K 페이스 반복주보다 몸에 편하기 때문에 훌륭한 10K 워크아웃으로 쓰일 수 있습니다. 요컨대 1마일당 6:00으로 템포 훈련을 하면 1마일당 5:34에서 6:36에 해당하는 속도에서도 효율이 높아집니다.
- **경주 페이스 반복주:** 물론 특정 페이스에서의 효율 향상이라는 측면에서는 그 페이스로 훈련하는 것이 가장 좋습니다. 피로도가 높아 5K나 10K 반복주를 하기 어렵다면 크루즈 인터벌(131쪽)을 대신 활용해도 좋습니다.
- **고강도 워크아웃:** 짧은 스프린트, 플라이오메트릭, (세트당 반복수 5회 이하의) 고중량

리프팅은 빠른 결과를 보장합니다. (40세 이상의) 마스터스 마라톤 선수를 대상으로 한 2013년 이탈리아의 연구에 따르면 최대치의 스트렝스(근력) 훈련은 단 6주 만에 러닝 효율을 6%나 높였습니다. (엘리트 선수가 아닌) 평범한 장거리 러너를 대상으로 한 텍사스 대학의 2003년 연구에서도 6주간의 플라이오메트릭을 통해 비슷한 결과를 얻었습니다. 2010년 《Journal of Strength and Conditioning》에 발표된 연구에서는 웨이트 트레이닝과 플라이오메트릭을 비교하였으며, 플라이오메트릭이 '중간 이상으로 훈련된 남성 지구력 러너'의 러닝 효율 개선에 더 효과적이라고 결론지었습니다.

효율 향상을 위한 훈련이라고 말하면 운동량이 엄청 많아야 할 것처럼 들릴 테지만, 사실 전체를 망라하는 제대로 된 훈련 스케줄에는 위의 요소들이 모두 포함되어 있어야 하는 법입니다.

이렇게 훈련해 보아요

러닝 효율 향상을 위한 훈련에는 다양한 볼륨과 시간으로의 훈련이 필요한데, 여기에는 마일리지(8장, 149쪽), 템포 런(7장, 132쪽), 경주 페이스 반복주(7장, 126~130쪽) 등이 포함됩니다. 짧은 힐 스프린트(212쪽), 플라이오메트릭(205~209쪽), 고중량 리프팅(5장, 72~74쪽의 스쿼트, 런지, 클린, 데드리프트)과 같은 고강도 세션을 수행하면 빠른 성과를 거둘 수 있습니다. CNS가 피로해지면 신경계에 새로운 기술을 가르칠 수 없는 만큼, 고강도 세션은 휴식 타이밍을 고려하여 계획해야 합니다.

러너의 VO_2max	러닝 효율에 따른 10K 추정 완주시간			
(mL/kg/분)	효율 낮음	효율 보통	효율 높음	효율 우수함
30	1:05:24	1:02:13	1:00:37	59:21
35	58:46	55:54	54:28	53:19
40	53:09	50:33	49:16	48:13
45	48:25	46:04	44:53	43:56
50	44:28	42:18	41:43	40:21
55	41:11	39:10	38:10	37:22
60	38:25	36:33	35:37	34:52
65	36:05	34:19	33:27	32:44
70	34:03	32:23	31:33	30:53
75	32:11	30:37	29:50	29:13
80	30:23	28:54	28:09	27:34
85	28:31	27:08	26:26	25:53
90	26:29	25:12	24:33	24:02

표 11.2 러닝 효율이 10K 수행능력에 미치는 영향.

VO_2max와 러닝 효율을 바탕으로 한 예상 완주시간을 비교해봅시다. 이 표에서는 VO_2max 수치가 낮지만 효율이 높은/우수한 러너가 VO_2max가 높지만 효율이 낮은/보통인 러너를 어떻게 앞지를 수 있는지도 확인할 수 있어요. 가령 VO_2max가 70mg/kg이고 효율이 높은 러너는 10K를 31:33에 완주할 것으로 예상되는데, 이 시간은 VO_2max가 75mg/kg로 더 높지만 효율이 낮은 러너의 완주 시간인 32:11보다 빠릅니다. 이 표의 모든 시간은 10K 완주 시간을 가리킵니다.

* 시간은 추정치이며 사람마다 다를 수 있습니다.

VO_2max와 러닝 효율

최근에는 VO_2max와 러닝 효율 중 무엇이 수행능력에 더 큰 영향을 미치는지에 대한 논쟁이 크게 일었습니다. 결론은 둘 다 큰 역할을 하므로 무시해서는 안 됩니다. VO_2max 측정값이 비슷한 러너 그룹 내에서는 이론상 러닝 효율이 제일 높은 러너가 가장 빠르게 달릴 거예요. 하지만 그렇다고 해서 높은 VO_2max와 평균 효율을 지닌 엘리트 러너가 평균 VO_2max와 우수한 효율을 지닌 러너에게 진다는 뜻은 아닙니다. 표 11.2를 통해 다양한 VO_2max 수치와 러닝 효율을 근거로 10K 예상 완주시간에 어떠한 차이가 나는지 확인해 보세요.

훈련 개요

신경계를 발달시키는 과정에는 자세, 균형, 고유감각, 근섬유 동원을 돕는 신경 경로의 발달을 개선하기 위한 운동이 포함됩니다. 이 장의 사진으로 보는 워크아웃에는 다음과 같은 내용이 주요 훈련으로 들어갑니다.

- **기술 드릴**
- **플라이오메트릭**
- **균형과 고유감각**
- **힐 스프린트**
- **맨발 러닝(풀밭과 모래밭에서)**

신경계에 영향을 미치는 훈련에는 아래처럼 다른 장의 내용도 포함되어 있습니다.

- **고중량 저항 훈련(5장)**
- **템포 런(7장)**
- **경주 페이스 훈련(7장)**
- **마일리지(8장)**
- **HIIT(8장)**

이들 워크아웃을 전반적인 훈련 프로그램에 어떻게 녹일 수 있는지 제대로 확인하려면 체력과 능력에 맞는 샘플 일정을 제공하는 15장을 바로 펼쳐 보세요.

제11장: 신경계로 설계하는 달리기

사진으로 보는 워크아웃

기술 드릴

기술 드릴을 통해 신경계는 최대 가용 근섬유를 빠르고 폭발적으로 동원하게끔 단련됩니다. 반대편에서 쌍을 이루고 있는 근육이 이완과 수축을 각기 동시에 하도록 훈련시키기도 하죠. 플라이오메트릭 요소가 있는 드릴은 경주의 종류를 막론하고 러닝 효율을 높일 뿐만 아니라, 힘줄 경도와 근막 강성을 키워 탄성 반동을 증가시킵니다. 아래의 기술 드릴을 매 세션 전부 실시할 필요는 없습니다. 자신에게 맞는 루틴을 찾은 다음, 기본 훈련 주간이든 시즌 이전이든, 시즌 이후든 자주(최소 1~2주에 한 번) 반복 실시합니다. 워크아웃마다 각 드릴을 1~3회 반복합니다. 드릴은 다음 두 가지 방식으로 실시할 수 있습니다.

1. 드릴만 실시하는 경우, 드릴 사이에 1~3분 휴식을 취하고, (여러 개의 드릴을 여러 번 반복하는 경우) 세트 사이에 3~5분 휴식을 취합니다.
2. 드릴을 실시한 후, 조깅하여 출발지점으로 돌아가자마자 바로 50~70m 정도 스트라이드를 뛴 다음, 출발지점으로 걸어 돌아가 다음 반복/드릴을 실시합니다. 이렇게 하면 신경계 적응을 정상 주법에 각인시킬 수 있습니다.

CNS는 피로하면 새로운 기술을 배우지 못한다는 사실을 잊지 마세요. 즉, 고된 워크아웃에 드릴을 추가하면 안 됩니다. 드릴을 하고 난 뒤에는 (5~10km의) 단거리 달리기를 실시하세요. 캘리포니아 클레어몬트 매케나 대학의 세단뛰기 선수인 제시카 응Jessica Ng의 시연과 함께 모든 동작을 알아봅시다.

A 마치A march

이 드릴은 발뒤꿈치를 들고 실시합니다. 이 장의 다른 드릴과 마찬가지로 이 드릴에서는 발뒤꿈치가 땅에 닿지 않게 하는 데 익숙해져야 합니다. 이 드릴을 마무리하면 A 스킵으로 넘어갈 수 있습니다.

▶ 단계: 초보자

① 발뒤꿈치를 들고 서서 보폭을 짧게 하여 앞으로 걸어나갑니다. 이때 무릎은 고관절 높이까지 올려야 하며, 반대쪽 팔은 달리기를 할 때처럼 휘두릅니다. 들어 올린 무릎의 각도는 90° 정도가 되어야 하며, 들어 올린 발은 바닥과 평행해야 합니다.

② 다리를 번갈아 들어올리며 20~50미터 전진합니다.

BUILD YOUR RUNNING BODY

A 스킵A skip

이 드릴은 고관절 굴곡근(굽힘근)과 대퇴사두근을 활용하며, 빠르게 움직이는 동안 가동범위와 순발력과 협응력을 키워줍니다.

▶ 단계: 중급자, 상급자

① 발뒤꿈치를 들고 서서 한쪽 무릎을 90° 이상 들어올리고 반대쪽 팔은 달리기를 할 때처럼 휘두릅니다(전진 속도가 아니라 올바른 자세를 유지하는 것이 목표입니다). 발밑이 아니라 앞을 보세요.

② 팔과 무릎을 올린 채 바닥에 놓인 발을 써서 앞으로 짧게 깡충 뜁니다.

③ 올린 다리를 재빨리 내리며 발앞꿈치로 착지합니다.

④ 이와 동시에 같은 쪽 팔과 반대쪽 무릎을 들어올립니다. 그런 다음 바닥에 놓인 발로 다시 깡충 앞으로 짧게 뜁니다. 이 동작을 20~50미터에 걸쳐 실시합니다.

B 마치B march

이 드릴에는 다리를 펴는 동작이 추가되어 A 마치의 모자란 부분을 채워 줍니다. 햄스트링이 타이트한 러너는 조심히 실시해야 합니다. 이 드릴을 마무리하면 B 스킵으로 넘어갑니다.

▶ 단계: 초보자

① 발뒤꿈치를 들고 서서 한쪽 무릎을 고관절 높이까지 들어 올리며 앞으로 걸어 나갑니다. 이때 들어 올린 무릎의 각도는 90°(유연성이 좋다면 그 이상)를 이루고 있어야 합니다.

② (들어 올린 다리의) 무릎을 펴며 하퇴를 앞으로 휘두릅니다.

③ 이제 둔근과 햄스트링을 활용해 뻗어둔 다리와 발을 능동적으로 당겨 (말[馬]이 땅을 팔 때 발굽을 구르는 것처럼) 발로 바닥을 부드럽게 긁습니다. 다리를 바꾸어 똑같은 동작을 실시하며 20~50미터 전진합니다.

B 스킵B skip

이 드릴에는 동작의 말미에 둔근과 햄스트링을 써서 강하게 땅을 긁는 모션이 추가되어 A 스킵의 모자란 부분을 채워 줍니다. 햄스트링이 타이트한 러너는 조심히 실시해야 합니다.

▶ 단계: 중급자, 상급자

① 발뒤꿈치를 들고 서서 무릎이 고관절 엉덩이 높이가 되도록 들어올립니다. 이때 들어 올린 무릎의 각도는 90° 이상이어야 합니다. A 스킵의 2단계에서 했던 것처럼 짧게 앞으로 깡충 뜁니다.

② (들어 올린 다리의) 무릎을 펴며 하퇴를 앞으로 휘두릅니다.

③ 둔근과 햄스트링을 써서 다리를 뒤로 힘차게 잡아당기며 발로 땅을 긁습니다. 다리를 바꾸어 똑같은 동작을 실시하며 20~50미터 전진합니다.

엉덩이 차기 – 트리거 동작Butt kicks - Trigger action

이 드릴은 달리면서 다리를 앞으로 내뻗기 전에 발뒤꿈치를 엉덩이 근처까지 높게 들어올리는 식으로 다리 전환 동작(트리거 동작)을 과장한 드릴입니다.

▶ 단계: 모든 러너

① 발뒤꿈치를 들고 선 채, 발을 위로 차올려 엉덩이 밑으로 가져갑니다. 발이 엉덩이에 닿지 않아도 걱정하지는 마세요. 유연성이 떨어지면 잘 안 되는 동작입니다.

② 무릎을 앞으로 들어올리는 동안 발뒤꿈치가 엉덩이를 향해 수직으로 당겨지게 해야 합니다. 일정한 속도로 느리게 20~50미터 전진합니다.

엉덩이 차기 – 동적 유연성Butt kicks - Dynamic flexibility

이 버전의 엉덩이 차기에서는 실제로 엉덩이를 차려고 해야 합니다. 이 드릴은 훌륭한 대퇴사두근 스트레칭이자 웜업 동작이지만, 너무 과격하게 하면 안 됩니다.

▶ 단계: 모든 러너

① 발뒤꿈치를 들어 앞꿈치로 섭니다. 똑바로 선 채 양쪽 허벅지를 지면과 수직이 되게 유지하면서 한쪽 뒤꿈치를 엉덩이 쪽으로 찹니다. 양팔은 달리기를 할 때처럼 움직입니다.

② 이번에는 반대편 뒤꿈치를 뒤로 차올립니다. 발이 엉덩이에 닿지 않아도 걱정하지는 마세요. 유연성이 떨어지면

잘 안 되는 동작입니다. 앞으로 나아가는 데 신경 쓰지 말고 차올리는 동작에 집중하면서 20~50미터 전진합니다.

카리오카Carioca

이 드릴을 할 때는 처음부터 속도를 붙이기보다는 걸으면서 차근차근 하는 편이 좋습니다. 이 드릴은 고관절 외전근과 내전근 발달 및 하체 협응력 향상에 좋습니다.

▶ 단계: 모든 러너

① 한쪽 다리를 다른 쪽 다리 뒤로 꼬아 보낸 자세가 시작 자세입니다. 팔 동작은 달릴 때와 비슷하게 하되, 그보다 양옆으로 조금 더 넓게 움직입니다.

② 앞쪽 다리의 무릎을 들어올리며 한 발로 살짝 점프하여 옆으로 움직입니다.

③ 반대편 다리를 몸 앞으로 가져오는데, 이번에는 약간 점프하면서 무릎을 높이 들어 올립니다.

④ 뒷발을 써서 옆으로 착지합니다.

⑤ 뒷발을 쓰며 동작을 처음부터 반복합니다. 20~60미터 전진한 다음 방향을 바꾸어 똑같이 실시합니다.

퀵 핏Quick feet

발의 움직임과 연관된 근신경 협응력 개발을 위한 간단한 드릴입니다. 이 드릴을 통해 발의 속도를 더 빠르게 만들 수 있으며, 발이 지면과 닿아 있는 시간을 줄일 수 있습니다. (정강이 바깥쪽에 있는) 전경골근tibialis anterior과 비골근 그룹peroneus group을 화끈하게 쓰기에도 좋은 운동이기도 하죠.

▶ 단계: 모든 러너

① 발뒤꿈치를 들고 서서 '스텝'을 빠르게 밟으며 앞으로 나아갑니다. 이때 발은 지면에서 1~3인치 정도 떨어져야 합니다. 팔은 달리기를 할 때보다 짧게 움직입니다(팔다리의 리듬이 맞지 않아도 괜찮습니다).

② 앞으로 나아갈 때는 스텝 한 번에 5~10cm 정도만 움직입니다. 발을 들고 놓는 동작은 빠르게 하되, 제어가 안 될 정도로 빠르지는 않게 합니다. 발앞꿈치로 땅을 박차면 속도를 높일 수 있습니다. 20~40미터 정도 실시합니다.

깡충뛰기Skipping

이 드릴은 A/B 스킵skip 루틴 대신 쓸 수 있는 세 가지 깡충뛰기 동작의 첫 번째 동작입니다(어릴 때 운동장에서 깡충거리며 뛰었던 동작과 같아요). 이들 깡충뛰기에서는 (둔근과 햄스트링을 강조하던 A/B 스킵과 달리) 종아리, 대퇴사두근, 폭발력에 더 큰 비중을 둡니다.

▶ 단계: 모든 러너

① 깡충거리며 앞으로 전진합니다. 먼저 한 발로 깡충 뛰어오르고 …

② … 같은 발로 착지한 다음, 발을 바꾸어서 …

③ … 반대편 발로 다시 깡충 뛰어오릅니다. 20~60미터 정도 실시합니다.

높이 깡충뛰기High skipping

이 드릴은 깡충뛰기의 변형동작으로, 종아리와 아킬레스건의 탄성 반동과 하퇴 근막을 활용합니다. 발가락부터 시작되는 폭발력을 훈련할 수 있는 동작이기도 하고요.

▶ 단계: 중급자, 상급자

① 첫 발은 평범한 깡충뛰기처럼 한 발로 깡충 뛰어오른 다음 …

② … 발가락을 박차 반대편 무릎을 높이 들며 위로 튀어 오릅니다. 팔은 과장된 동작으로 휘두릅니다.

③ 들었던 발로 착지합니다.

④ 반대쪽 발로 비슷하게 위로 튀어 오르듯 깡충거리며 앞으로 나아갑니다. 여기서 목표는 위로 높이 튀어 오르는 것이지, 앞으로 빠르게 나아가는 것이 아닙니다. 20~60미터 정도 실시합니다.

멀리 깡충뛰기Long skipping

깡충뛰기의 또 다른 변형동작인 이 드릴에서는 앞으로 멀리 튀어올라야 합니다. (홉, 스텝, 점프로 이루어진) 세단뛰기의 '홉' 부분과 비슷한 동작이에요. 한쪽 발을 띄우고, 같은 발로 착지한 다음, 빠르게 발을 바꾸어 반대쪽 발로 비슷하게 띄웠다가 착지합니다. 초보자용 드릴은 아닙니다.

▶ 단계: 상급자

① 한 발을 힘차게 앞으로 추진시키며 깡충뛰기 동작을 시작합니다.

② 허공을 가르면서 뒷다리를 쭉 뻗습니다. 이때 공중에 떠 있는 동안 팔을 빠르게 두 번 휘두르면 착지 직전에 골반이 (앞을 보도록) 정렬하는 것이 수월해지는 경우도 있다고 합니다.

③ 뻗었던 다리로 착지한 다음, 재빠르게 앞으로 한 발 내딛으며 반대쪽 다리로 다시 깡충 뛰어오릅니다. 중간에 내딛는 동작은 발을 바꾸기 위해서 하는 것이니, 너무 멀리 내딛지는 마세요. 30~80미터 정도 실시합니다.

플랫풋 마칭Flat-footed marching

이 드릴은 종아리를 배제시킴으로써 신경계가 대퇴사두근과 고관절 굴곡근에 집중하게끔 합니다.

▶ 단계: 모든 러너

① 똑바로 선 자세에서 앞으로 행진하듯 걸어나갑니다. 이때 무릎은 적어도 고관절 높이만큼은 들어야 합니다.

② 발 전체가 땅에 닿도록 발을 아래로 힘차게 내려놓습니다. 충격이 크지 않도록 발을 너무 세게 내리꽂지는 마세요(발이 뜨지 않을 정도로만 내려놓으면 됩니다).

③ 반대쪽 무릎을 들어올립니다. 이렇게 20~50m 전진합니다.

하이 니즈High knees

이 동작에는 다리와 코어의 지근/중간/속근 섬유에 대한 신경계의 빠른 동원이 필요합니다.

▶ 단계: 모든 러너

① 한쪽 무릎을 위로 띄웁니다. 이때 팔은 높이 휘둘러 손이 얼굴 높이까지 오게 합니다. 동작 내내 발뒤꿈치는 들고 있어야 합니다.

② 다리를 힘차게 내려 발볼로 착지함과 동시에, 반대쪽 무릎을 위로 띄우기 시작합니다.

③ 무릎을 높이 들어 올립니다. 이렇게 20~60미터 전진합니다.

바운딩Bounding

발을 바꾸며 튀어오르는 동작입니다. 하늘을 향해 튀어오르며 슈퍼히어로가 되었다고 상상해 보는 건 어떨까요?

▶ 단계: 중급자, 상급자

① 발을 바꾸며 짧게 깡충뛰기를 하다가, 20~30° 의 각을 이루며 공중에 몸이 잠시 떠 있게끔 한쪽 발의 앞꿈치로 전방을 향해 점프합니다.

② 반대쪽 발로 착지하며 빠르게 충격을 흡수한 다음(깡충뛰기 하듯 같은 발로 착지하면 안 돼요!), 다시 튀어오릅니다. 20~60미터에 걸쳐 실시합니다.

플라이오메트릭

높이 깡충뛰기, 멀리 깡충뛰기, 바운딩과 같은 드릴에도 플라이오메트릭 성분이 들어있기는 하지만, 진짜배기 플라이오메트릭은 근섬유의 폭발적 동원력, 탄성 반동, 러닝 효율을 훨씬 더 많이 향상시켜 줍니다. 세트 사이에는 1~3분 쉬어야 합니다. 플라이오메트릭에서는 기술 드릴과 달리 세트 사이에 스트라이드를 실시하지 않습니다. 플라이오메트릭 세션 전에 꼭 웜업을 실시해야 하는 것도 잊지 마세요.

더블 레그 홉Double-leg hops

더블 레그 홉(두 다리 점프)은 매우 훌륭한 플라이오메트릭 입문 동작입니다. 이 운동은 대퇴사두근, 둔근, 햄스트링, 종아리를 비롯한 여러 근육에 큰 부담을 주는 만큼 자세가 흐트러지지 않게 하고, 회복도 게을리하면 안 됩니다.

▶ 단계: 중급자, 상급자

① 똑바로 서서 양발을 골반 너비로 벌리고 발가락은 앞을 향하거나 바깥으로 살짝 벌려 둡니다. 이제 팔을 아래로 당겨 몸 뒤로 보내며 쪼그려 앉습니다. 이때 대퇴사두는 지면과 거의 평행해야 합니다.

② 위를 향해 최대한 높이 폭발적으로 뛰어오릅니다.

③ 착지할 때 무릎을 구부리면서 이때 발생하는 편심성 수축eccentric contraction의 힘을 흡수합니다(이 힘을 모았다가 동심성 수축concentric contraction으로 보내는 것이 플라이오메트릭의 목표입니다).

④ 다시 위를 향해 폭발적으로 뛰어오릅니다. 세트당 3~5회씩 1~3세트(총 반복수 최대 10회)를 실시한 뒤, 세트 사이에 3~5분 쉽니다.

싱글 레그 홉Single-leg hops

싱글 레그 홉(한 다리 점프)에서는 착지할 때 생기는 편심성 수축력이 커집니다. 이 동작을 프로그램에 넣기 전에 먼저 더블 레그 홉을 여러 세션에 걸쳐 실시해야 합니다.

▶ 단계: 상급자

① 똑바로 서서 양발을 골반 너비로 벌리고 발가락은 앞을 향하거나 바깥으로 살짝 벌려 둡니다. 팔을 아래로 당겨 몸 뒤로 보내며 쪼그려 앉습니다.

② 위를 향해 최대한 높이 폭발적으로 뛰어오릅니다.

③ 한쪽 발을 몸 뒤로 보내며 다른쪽 발로만 착지합니다. 착지할 때는 무릎을 굽혀 하방으로의 편심성 수축력을 흡수합니다.

④ 한 발만 써서 위쪽으로 뛰어오릅니다. 한쪽(이나 양쪽) 팔을 앞으로 휘둘러 머리 위로 보내면 점프에 도움이 됩니다. 세트당 3~5회씩 1~3세트(총 반복수 최대 10회)를 실시한 뒤, 세트 사이에 3~5분 쉽니다.

수직 뎁스 점프Vertical depth jumps

뎁스 점프는 더블 레그 홉과 마찬가지로 대퇴사두근과 둔근의 동심성 수축력을 높여 순발력과 러닝 효율을 향상시킵니다.

▶ 단계: 중급자, 상급자

① (50~75cm 높이의) 상자나 플랫폼 위에 서서 발끝을 앞쪽 모서리에 둡니다.

② 플랫폼에서 내려갑니다(뛰어 내려가면 안 돼요!)

③ 두 발로 착지하면서 무릎을 굽혀 하방으로의 동심성 수축력을 흡수합니다.

④ 위를 향해 폭발적으로 뛰어오릅니다. 이때 높이를 측정할 수 있도록 제자리높이뛰기용 마커를 써도 됩니다. 세트당 3~5회씩 1~3세트(총 반복수 최대 10회)를 실시한 뒤, 세트 사이에 3~5분 쉽니다.

한 다리 뎁스 점프Single-leg depth jumps

한 다리 뎁스 점프는 두 다리 점프에서보다 힘 성분이 커집니다. 스프린트와 점프를 많이 하는 분과 일부 중거리 러너에게 안성맞춤이에요.

▶ 단계: 상급자

① (50~75cm 높이의) 상자나 플랫폼 위에 서서 발끝을 앞쪽 모서리에 둡니다.

② 플랫폼에서 내려갑니다(뛰어 내려가면 안 돼요!)

③ 한 발로 착지하면서 무릎을 굽혀 하방으로의 동심성 수축력을 흡수합니다. 이때 반대쪽 다리는 몸 뒤로 살짝 접어둡니다.

④ 착지한 쪽 다리를 써서 위를 향해 폭발적으로 뛰어오릅니다. 세트당 3~5회씩 1~3세트(총 반복수 최대 10회)를 실시한 뒤, 세트 사이에 3~5분 쉽니다.

박스 점프Box jumps

박스 점프는 훌륭한 만능 하체 워크아웃으로, 신경계가 폭발력을 내는 근섬유를 동원하는 능력을 높이고, 탄성 반동과 근력을 향상시킵니다.

▶ 단계: 중급자, 상급자

① 높이가 최소 30cm 이상인 상자나 플랫폼 앞에 섭니다.

② 두 발을 동시에 굴러 플랫폼 위로 점프합니다.

③ (안정성 확보 차원에서) 두 발이 플랫폼에 나란히 착지했는지 확인한 다음, 즉시 뒤로 점프해 시작 자세로 돌아오며 편심성 수축력을 모은 후, 플랫폼으로 다시 점프합니다. 세트당 5~10회씩 1~3세트를 실시한 뒤, 세트 사이에 3~5분 정도 편하게 걷습니다.

토 탭Toe taps

토 탭은 다리와 발을 빠르고 날렵하게 만들어줍니다. 재미있기도 하고요!

▶ 단계: 모든 러너

① (30~90cm 높이의) 상자나 플랫폼 앞에 선 다음, 플랫폼 위에 한 발을 올려놓습니다.

② 올려둔 발을 플랫폼에서 빠르게 내려놓으면서, 동시에 반대쪽 무릎을 들어올려 발이 플랫폼 윗면에 닿게 합니다.

③ 속도를 빠르게 유지하면서, 처음에 올렸던 다리를 다시 올려 플랫폼 윗면에 발이 닿게 합니다. 이 드릴을 할 때는 다리를 높이 드는 달리기 동작을 빠르게 실시합니다. 세트당 (양쪽 발 각각) 5~10회씩 1~3세트를 실시한 뒤, 세트 사이에 3~5분 정도 편하게 걷습니다.

측면 장애물 점프Lateral barrier jumps

초보자에게는 이 드릴이 맞지 않습니다. 이 드릴을 하려면 (5장의 러너 360이나 웨이트 루틴 등을 통해) 근력을 어느 정도는 갖추어 놓아야 해요. 측면 장애물 점프에서는 고관절의 굴곡근, 신전근, 외전근, 내전근이 쓰입니다. 엉덩이를 제대로 다듬을 수 있겠죠!

▶ 단계: 상급자

① (높이 30cm) 이하의 적당한 장애물을 옆에 놓고 섭니다.

② & ③ 양발을 써서 옆으로 점프해 장애물을 뛰어넘습니다.

④ 반대편에 착지하면서 무릎을 굽혀 편심성 수축력을 흡수합니다.

⑤ & ⑥ 즉시 반대쪽으로 동작을 반복합니다. 세트당 (양쪽 방향 각각) 2~10회씩 1~3세트를 실시한 뒤, 세트 사이에 3~5분 정도 편하게 걷습니다.

퀵 홉Quick hops

이 드릴은 발의 속도를 높이고, 발이 지면에 닿아 있는 시간을 줄이며, 대퇴사두근에 플라이오메트릭 자극을 양껏 가져다줍니다. 플라이오메트릭 세션의 시작보다는 마무리 단계로 좋은 운동이에요.

▶ 단계: 중급자, 상급자

① 양발을 골반 너비로 벌리고 서서 무릎을 살짝 굽힙니다.

② 앞쪽으로 점프하며 최대한 빠르게 착지합니다. 점프 높이는 5cm를 넘지 않아야 합니다. 이 드릴의 목표는 앞으로 멀리 가는 것이 아니라 빠르게 점프하는 것이어야 해요. 20~40미터를 채울 수 있도록 점프하며 전진합니다.

균형과 고유감각

균형과 고유감각 훈련은 험준한 트레일에서만 뛰는 분부터 모든 달리기를 동네 트랙에서만 하는 분까지 모든 러너에게 중요합니다. 러너라면 누구나 한 번은 발을 헛디딜 수밖에 없는데, 이 상황에서 부상이 발생하기 전에 자세를 수정하고 지표면을 탐색하는 법을 몸에 알려주는 것이 바로 균형/고유감각 훈련입니다. 처음에는 간단한 균형 운동 시작하여, 점차 워블 보드까지 훈련의 범주를 넓혀 나가 보세요. 맨발 러닝을 할 때는 천천히 시작해서 조금씩만 연습해야 합니다(아예 맨발 러닝으로 갈아탈 생각이라면 스콧 더글러스Scott Douglas가 쓴 『The Runner's World Complete Guide to Minimalism and Barefoot Running』을 읽어 보세요).

한 다리로 균형 잡기

가장 간단한 균형 운동입니다. 여기서 눈을 감으면 가장 간단한 고유감각 운동이 되기도 하죠! 초보자는 신발을 신고 해도 됩니다. 상급자에 해당하는 균형감각을 갖추고 있다면(한 발로 30~60초 동안 균형을 잡을 수 있다면) 맨발로 해도 좋습니다.

▶ 단계: 모든 러너

① 똑바로 서서 무릎을 살짝 굽힙니다. 한쪽 발을 바닥에서 들어 올려둡니다. 발은 균형을 잡을 수 없을 때까지 들고 있다가 내려놓습니다. 최대 30~60초까지 실시합니다. 고유감각을 키우려면 똑같은 동작을 눈을 감고 하되, 균형이 깨지면 즉시 눈을 떠야 합니다.

변형: 균형 잡기가 너무 쉬운 경우, 들어 올린 다리를 뒤로 쭉 펴고 상체를 앞으로 숙이며 손끝을 발가락으로 가져갑니다. 양쪽 각기 5~10회씩 한 세트 실시합니다.

메디신 볼 들고 한 다리로 균형 잡기

균형을 잡을 때 물건의 제어와 움직임이 개입되면 신경계의 부담이 높아집니다.

▶ 단계: 중급자, 상급자

① 메디신 볼(또는 비슷한 공)을 몸 앞에 두고 한 발로 균형을 잡습니다.
② 균형을 유지하면서 공을 머리 위로 들어 올립니다.
③ 공을 가지고 다른 동작도 해 봅니다. 발가락에 대 보기도 하고, 양어깨에 얹기도 하고, 좌우로 흔들어도 됩니다. 단, 모든 움직임을 부드럽게 제어하고 있어야 해요. 이 운동에는 시간제한이 없으니 피로해질 때 멈추면 됩니다.

밸런스 패드 위에서 균형 잡기

(사진 속 세라밴드의 제품과 같은) 스태빌리티 트레이너나 밸런스 패드를 활용하면 지지면이 불안정해지므로 균형과 고유감각을 모두 활용하는 고위 신경계 조정이 필요해집니다.

▶ 단계: 중급자, 상급자

① 스태빌리티 트레이너 위에 서서 한 발로 균형을 잡습니다. 처음 몇 세션은 신발을 신고 하다가 맨발로 갈아타면 됩니다. 최대 30~60초 실시합니다.

변형: 패드 위에서 균형을 잡기가 어렵거나 걱정이 된다면 잡을 수 있는 의자를 앞에 놓고 운동을 실시합니다. 눈을 감고 할 때는 의자를 꼭 쓰셔야 해요!

워블 보드 위에서 두 다리로 균형 잡기

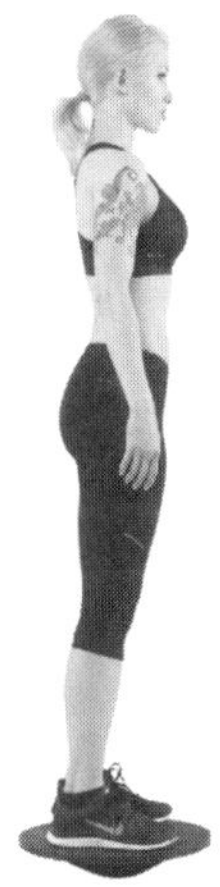

트레일과 같은 울퉁불퉁한 지형에서 마주칠 수 있는 불안정성에 맞서 다리를 준비시키는 간단한 균형 운동입니다.

▶ 단계: 모든 러너

① 양발을 워블 보드 중앙에 두고 서서 최대 1분까지 가급적 오랫동안 균형을 잡습니다. 등은 똑바로 펴야 하지만, 무릎은 살짝 굽혀둡니다. 무릎을 너무 많이 펴서 과신전되지 않도록 주의해 주세요!

변형: 능숙해지면 한 발로 균형을 잡아 보세요. 무게중심이 워블 보드의 중앙에 있어야 균형이 잘 잡힌답니다(보통은 아치보다 뒤꿈치가 무게중심에 가까워요).

풀밭/모래밭에서의 맨발 러닝

잔디나 모래 위를 맨발로 달리는 것만큼 기분 좋은 일도 없을 거예요. 하지만 조심하세요! 맨발 러닝이 익숙지 않다면 처음에는 일주일에 한두 번, 1마일(1.6km)를 넘지 않아야 합니다.

① 풀이나 부드러운 모래 위를 가볍게 달립니다. 지표면이 고르지 않기 때문에 우리 몸은 지형 탐색을 위해 고유감각에 의존할 수밖에 없게 돼요. 풀밭에서 달린다면 구덩이가 있지는 않은지 각별히 주의하세요. 부드러운 모래 위를 달릴 때는 발의 힘줄과 인대에 무리가 되지 않도록 발을 너무 모래 깊이 넣지 마세요.

짧은 힐 스프린트

짧은 힐 스프린트는 근섬유를 최단시간에 최대치로 동원하고, 근섬유의 수축과 이완을 조율하고, 근방추에서의 주폭 길이 적응을 촉발하는 데 가장 효과적인 워크아웃입니다. 신경계 훈련이 제대로 안 되어 있는 러너는 이 운동을 한 세션만 해도 대회 완주시간을 짧게는 몇 초, 길게는 몇 분까지 줄일 수 있습니다.

▶ 단계: 중급자, 상급자

① 적당히 가파른, 하지만 평소의 주폭 길이를 대강이라도 유지하기 힘들 정도로 가파르지는 않은 언덕을 먼저 찾아 놓습니다. 최대치의 95% 강도로 6~10초간 오르막을 질주합니다. 이를 4~8회 반복합니다. 올라간 다음에는 회복을 위해 걸어서 내려가고, 여기에 추가로 휴식 시간을 얹어 총 1~5분간 회복 시간을 갖습니다.

② 이번에는 최대치의 85~95% 강도로 내리막을 질주합니다. 내리막에서의 편심성 수축은 신경계에 더 큰 부담으로 다가오며, 이후에 찾아올 대퇴사두의 근육통을 예방해주기도 합니다. 한 번에 8~15초씩 총 4~8회 반복합니다(페이스를 안정적으로 제어할 수 있어야 하는 만큼, 내리막 반복주는 오르막 스프린트보다 느린 속도로 뛰어야 합니다). 내려간 다음에는 회복을 위해 걸어서 올라가고, 여기에 추가로 휴식 시간을 얹어 총 1~5분간 회복 시간을 갖습니다. 당부의 말씀을 하나만 더 드릴게요. 내리막 세션을 처음 시작하는 단계에서는 과하게 하지 마세요. 몸이 이 워크아웃에 적응하기 전에는 다칠 수 있으니까요.

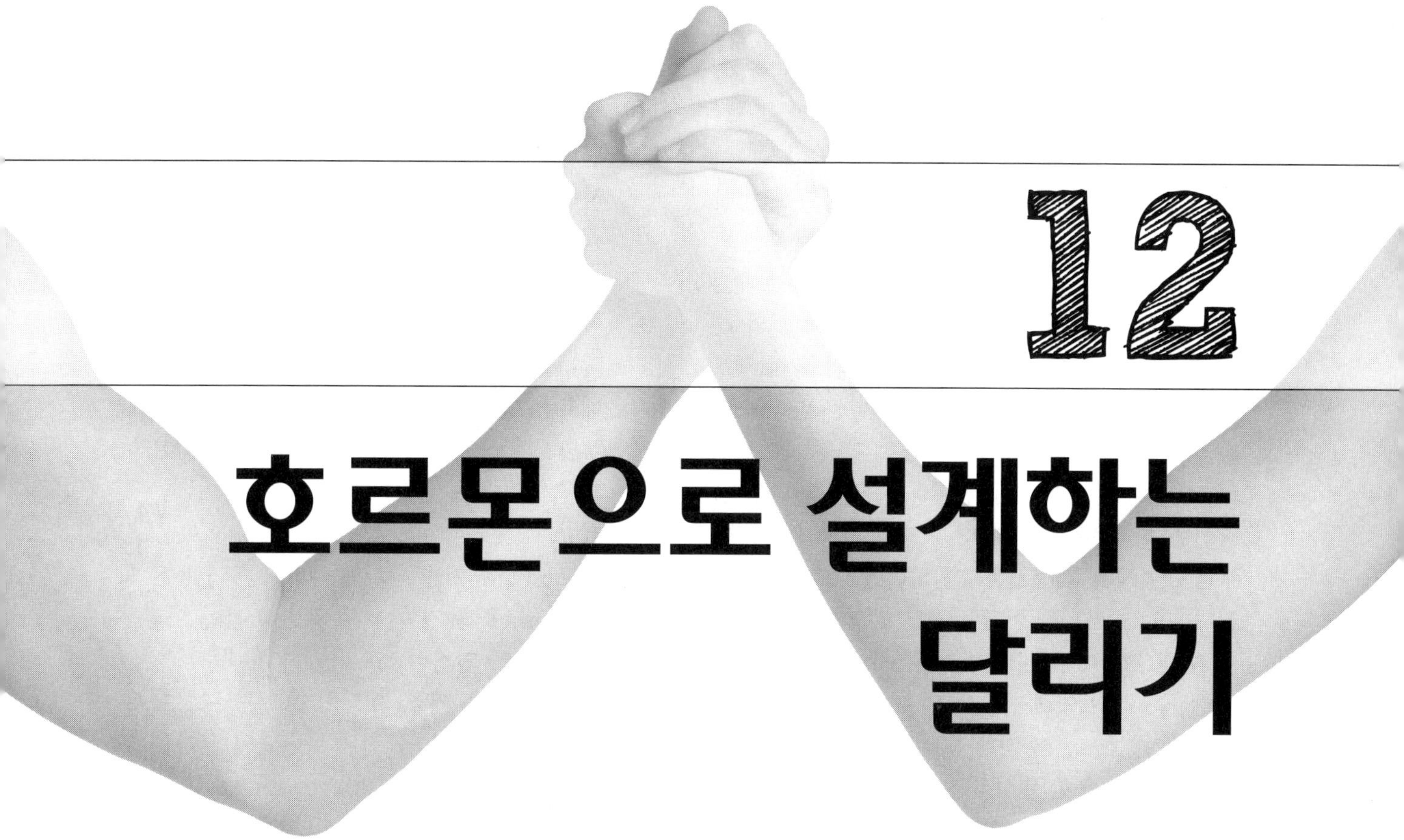

12

호르몬으로 설계하는 달리기

호르몬이라는 말을 들으면 십대의 로맨스, 테스토스테론으로 가득한 분노, 젤과 분말과 알약으로 만들어진 회춘의 영약을 생각하는 분이 많습니다. 그게 정말 사실일까요? 감정적 폭풍의 원천이나 중년의 위기를 막는 연고 따위가 호르몬의 실체를 전부 대변해주지는 않습니다. 호르몬은 성장, 기분, 허기, 대사, 면역계 반응, 생식 능력을 비롯해 전반적인 생물학적 기능을 관장하는 통합 신호 전달 시스템입니다. 호르몬이 없다면 근육은 강해지지 않고, 세포는 영양분을 흡수하지 못하며, 전신에 산소를 운반하는 적혈구 또한 만들어지지 않습니다.

호르몬 균형은 건강한 삶의 필수 요소입니다. 나아가 최고의 몸을 만들고자 한다면 완벽한 타이밍의 호르몬 반응을 이끌어내는 훈련 계획을 짜는 법을 알아야 합니다.

호르몬이 뭔데?

호르몬은 우리 몸의 화학적 신호전달 물질로, 생물학적 기능의 모든 측면을 관장합니다. 호르몬은 내분비계endocrine system에서 분비되며(내분비샘은 수많은 조직에 있답니다), 혈류를 타고 근육과 장기와 분비샘과 뼈와 연골을 비롯한 여러 조직의 표적 세포로 이동하여 이들 세포 안에서 일어나는 반응에 영향을 미칩니다. 신경계에서 나오는 흥분파는 신경 네트워크를 통해 빠르게 전달되지만, 피를 타고 움직이는 호르몬은 이보다 더 느리게 전달됩니다. 아무래도 혈액이 몸 전체를 순환하려면 1분 정도는 걸리니까요. 호르몬은 이처럼 전달 속도가 느린 데다가, 한 호르몬이 (도미노처럼) 다른 호르몬의 방출을 촉발하는 식의 연쇄 반응을 일으킬 때가 많습니다. 반대로 한 호르몬이 다른 호르몬의 분비를 억제할 수도 있어요. 또한 일시적인 반응을 일으키는 신경 흥분파와 달리, 호르몬의 영향은 수 분에서 수일까지 지속될 수 있습니다.

우리가 러닝을 할 때는 첫 발을 내딛기 전부터 운동과 연관된 호르몬의 수치가 올라가기 시작합니다. 곧 달리기를 한다는 생각만으로도 에피네프린epinephrine(아드레날린)이 조금씩 분비되기 시작하고, 이것이 글루카곤glucagon의 분비를 자극합니다. 러닝이 시작되면 다른 여러 호르몬들이 분비되며, 이들의 양은 운동 강도가 VO_2max의 50~75% 수준에 이르는 동안 천천히 증가합니다. 호르몬은 근육에 연료를 공급함에 있어 중요한 역할을 하기 때문에, 강도가 높아질수록 호르몬 분비량 또한 치솟습니다.

이러한 호르몬은 크게 세 가지 유형으로 분류할 수 있습니다.

1. **스테로이드:** 이들 호르몬은 콜레스테롤에서 생겨납니다. 코르티솔cortisol과 테스토스테론testosterone이 여기 속합니다.
2. **단백질과 펩타이드:** 이들 호르몬은 아미노산 사슬로 이루어져 있습니다. 인슐린insulin과 인간 성장호르몬GH/HGH(human growth hormone)이 여기 속합니다.
3. **아민:** 이 호르몬은 아미노산 중 하나인 티로신tyrosine에서 생겨납니다. 에피네프린, 노르에피네프린norepinephrine, 갑상선 호르몬인 티록신T4, tyroxine과 삼요오드티로닌T3, triiodothyronine이 여기 속합니다.

호르몬이 제 기능을 잘 수행하면 우리 몸은 항상성homeostasis을 유지합니다. 외부 조건이 어떻든 간에 우리 몸을 안정적으로 유지하고 내부 환경의 균형을 맞춰 주는 거죠. 이러한 호르몬 평형이 조금이라도 흐트러지면 몸 전체에 혼란이 찾아올 수 있습니다. 수행능력 향상 약물PED(performance-enhancing drugs)이나 (체내에서 특정 호르몬으로 바뀌는 물질인) 전구체precursor가 섞인 보충제처럼 호르몬을 통해 능력을 빠르게 끌어올리는 계획이 특히 위험한 것은 그 때문입니다. 호르몬 남용과 그 부작용이 궁금하다면 215쪽 박스 안 "호르몬 조작의 시대"를 읽어 주세요.

호르몬 훈련

우리 몸은 항상성 유지의 전문가입니다. 항상성 유지는 호르몬을 통해 일어납니다. 따라서 우리가 가장 먼저 알아두어야 하는 것은 최고의 내분비계가 균형 잡힌 내분비계라는 사실입니다.

나이키와 미국 육상연맹의 고문으로 올림픽 금메달리스트 스무 명을 치료한 유명 내분비내과 의사인 제프리 S. 브라운Jeffrey S. Brown은 "우리 몸에서

초보자 가이드

달리기는 대부분 (근육을 분해하는) 이화성catabolic 운동이고 저항 훈련은 (근육을 붙이고 회복을 촉진하는 호르몬을 방출하는) 동화성anabolic 활동입니다. 따라서 훈련 프로그램을 짤 때는 저항 운동을 적절히 넣는 것이 중요합니다.

"호르몬 조작의 시대"

선수나 스포츠 팀이 PED(수행능력 향상 약물)를 써서 고발을 당했다거나 조사를 받았다거나 퇴출되었다는 소식이 ESPN이나 스포츠 신문에 나오지 않는 날이 요새는 드뭅니다. 대부분의 비자극성 PED는 호르몬에서 나온 것으로, 이들 약물의 오남용을 통해 더 빠르고, 강하고, (장거리 러닝에서) 지치지 않고 달리는 선수가 만들어져 역사상 전례 없을 정도로 엄청난 경기를 만들어냈다는 것만 봐도 호르몬의 권능을 실감할 수 있습니다.

이미 뛰어난 선수가 PED를 통해 한계에 조금 더 가까이 갈 뿐이라고 속일 수 있는 시대는 오래 전에 끝났습니다. PED는 선수가 아닌 사람을 선수로, 평범한 선수를 스타로, 스타를 슈퍼스타로 만듭니다. 1996년 《New England Journal of Medicine》에 발표된 연구에 따르면, 10주 동안 스테로이드를 사용한 남성의 근육량은 13파운드가 늘었는데, PED 없이 훈련한 남성의 근육량이 4파운드 늘어난 것에 비해 3배 많았습니다. 더 무서운 것은, 같은 10주 동안 스테로이드를 사용했지만 *훈련을 하지 않은* 남성은 근육량이 7파운드 늘었으며, 이는 약물 없이 훈련한 남성의 거의 두 배였습니다. EPO(적혈구 촉진제)에 관한 여러 연구를 종합해 보면, 약물을 단 3개월만 써도 VO_2max가 8~12% 증가했으며, VO_2max의 80%(대략 하프 마라톤 강도)를 유지할 수 있는 시간 또한 54% 길어졌습니다. 즉, EPO를 쓰면 약물이 없었을 때 하프 마라톤을 뛸 수 있는 페이스로 30km 이상을 뛸 수 있다는 뜻입니다. 스테로이드와 HGH를 조금만 써도 마라톤에서의 PR을 폭발적으로 향상시킬 수 있어요.

스타를 꿈꾸는 선수들이 이겨내기에는 너무 거대한 유혹이죠. 하지만 그 결말은 어땠을까요?

- **2013년:** 메이저 리그 선수 14명이 성장호르몬 사용으로 징계를 받았습니다. 뭐, 딱히 놀랄 만한 일은 아니죠. 바다 건너 터키에서는 육상 선수 31명이 아나볼릭 스테로이드 사용으로 경기 출전을 금지당했습니다.
- **2012년:** 국제 사이클링 관리 기구인 UCI는 EPO와 혈액 도핑을 비롯한 PED 사용을 근거로 랜스 암스트롱Lance Armstrong의 투르 드 프랑스 7관왕 타이틀을 박탈했습니다. 이 과정에서 선두 그룹 대다수가 비슷한 유형의 도핑에 연루되어 있다는 사실이 밝혀졌죠. 같은 해 독일 저널리스트인 하요 세펠트Hajo Seppelt는 달리기에 완벽한 외배엽 체형을 타고나 평생 고산지대에서 맨발로 훈련했기에 약물이 필요치 않은 슈퍼 러너로 명성을 드높이며 압도적인 경기력을 보이던 케냐의 장거리 선수들 사이에 EPO 사용이 만연했다는 사실을 폭로했습니다.
- **단거리 선수와 약물:** 역대 100미터 남자 단거리 선수 상위 10명 중 7명이 PED 양성 반응을 보였습니다. 2008년 뉴욕 타임스에는 모리스 그린Maurice Greene이 악명 높은 PED 딜러인 앙헬 에레디아Angel Heredia의 친척에게 10,000달러를 송금했다는 기사도 실렸죠. 여성은 어떻냐고요? '매리언 존스Marion Jones' 한 마디면 설명이 되지 않을까요?
- **마스터스 러너:** 마흔이 넘으면 운동 능력의 감퇴보다는 갱년기가 더 무서워지는 법입니다. 그러나 도핑을 통해 마흔두 살에 2:12:46의 기록으로 마라톤을 완주한 장거리 러너 에디 헬러바익Eddy Hellebuyck은 EPO 사용 때문에 퇴출당한 최초의 미국인이 되었습니다. 이에 질세라 남성 50세 이상 연령 그룹의 스프린트 세계 기록 보유자인 밸 반웰Val Barnwell 또한 테스토스테론 사용으로 2년간 출전 금지를 당했습니다. 단거리와 장거리와 육상 경기를 통틀어 마스터스 선수 6명이 그 전철을 밟았죠.

PED를 오남용한 사람이 해당 스포츠에서 최고의 선수로 꼽혀 왔던 것이 우연은 아닙니다. PED는 효과가 있어요. 게다가 수백만 경쟁자의 건강을 위험에 빠뜨리기까지 합니다.

사이클링에서 랜스 암스트롱은 최악의 사태라고 볼 수도 없어요. 진짜 최악은 합성 EPO가 도입된 1989년 이래 전세계적으로 100명에 가까운 선수들이 자다가 죽거나 심장마비로 죽어버린 사건입니다. (EPO 때문에 발생한) 적혈구 수의 증가와 혈장량의 감소로 인해 피가 걸쭉해져 가뜩이나 심장이 피를 펌프질하기 힘들어진 상태에서, 매일 몇 시간씩 이어지는 훈련 때문에 극도의 탈수까지 동반되었으니 목숨이 위협받는 것도 그리 놀랄 일은 아닙니다.

PED가 위험한 이유가 꼭 사람을 죽이기 때문만은 아니에요. PED 사용은 고환 수축, 발기 부전, (힘줄 파열로 이어지는) 힘줄 약화, 나쁜 콜레스테롤 상승, 간 독성, 황달, 간암, 고혈압, 심장 비대, 동맥경화 위험도 상승으로 이어지며, (심장과 동맥을 포함한) 심혈관계에 해를 끼칩니다. '로이드 레이지roid rage'로 알려진 폭력성은 말할 필요조차 없을 겁니다. 전립선암이 있다면 종양의 성장도 촉진시키죠. 게다가 HGH를 쓰면 턱과 이마도 커집니다. 배리 본즈Barry Bonds처럼 더 큰 모자를 써야 할 테죠.

하지만 정말 나쁜 것은, 프로 선수들의 PED 남용이 어린 선수들에게까지 전파된다는 것입니다. 미국 질병통제예방센터(CDC)는 미국 고등학생의 3~6%가 스테로이드를 사용하는 것으로 추산했는데, 숫자로 따지면 50만에서 100만의 소년 소녀들이 약을 쓰고 있다는 뜻이에요.

PED를 써서 실력을 조작하는 일을 경쟁의 불가피한 결과로 받아들이면, 그저 트로피나 상금을 향해 밟고 올라가야 할 계단 정도로만 받아들이면 안 됩니다. 약물 사용은 깨끗한 선수가 공정한 무대에서 경쟁할 수 있는 권리를 소수의 비윤리적인 선수가 강탈하려는 시도로 바라보아야 하며, 어린 선수가 건강한 어른으로 성장할 기회를 박탈하려는 시도로 간주해야 합니다.

나오는 것은 수행능력 향상 약물이 아니라 우리를 정상 상태로 유지시키는 호르몬이에요. 대사적으로 문제가 있지 않은 이상 우리 몸은 호르몬을 과잉 생산하지 않도록 설정되어 있습니다."라고 이야기했죠.

그렇다면 호르몬 기능의 개선을 위해 우리가 할 수 있는 일이 전혀 없는 걸까요?

전혀 아닙니다.

브라운 박사는 전통적인 식이와 운동 습관이 건강한 내분비계 유지에 가장 좋다고 강조하지만, 언제나 한계를 넘는 방법을 고민하는 수많은 코치와 운동 과학자들은 (PED 이외의 방법으로) 자연적인 호르몬 조작을 시험해 왔습니다.

운동 과학자이자 엘리트 코치인 스티브 매그네스Steve Magness는 "호르몬을 알맞은 타이밍에 변화시키면 훈련에의 적응력과 회복력이 향상됩니다."라고 했습니다. 여기에는 러닝 후의 저항 운동과 단백질 보충이 포함되어 있죠. "중요한 것은 타이밍입니다. 몇 가지 단백 동화 호르몬의 단기적 상승을 거둘 수 있어요. 이화 운동인 러닝을 끝낸 다음 저항 훈련과 단백질 보충이 이루어지면 우리 몸은 회복력을 높입니다. 근육 회복력 또한 향상되죠."

매그네스는 이 변화가 일시적이라고 선을 긋습니다. 우리 몸은 호르몬 수치를 결국 항상성 상태로 되돌려 동화 작용을 제한합니다. 하지만 그 덕분에 장기적인 호르몬 불균형에서 오는 나쁜 결과를 피할 수 있습니다.

전국 챔피언을 세 명 지도한 콜로라도 볼더의 엘리트 코치인 제이 존슨Jay Johnson 또한 매그네스의 의견에 동의합니다. 존슨은 "우리가 달리기를 한다는 것은 이화 상태, 그러니까 분해하는 상태에 빠져 있다는 뜻이에요. 내 선수들이 워크아웃을 끝내고 차에 타기 직전까지 하는 것이 동화이고요."라고 했습니다.

이 장의 훈련 주제는 이렇듯 동화와 관련된 것들입니다. EPO를 위한 고지대 훈련이나 에피네프린을 위한 운동 전 자극법과 함께 달리기와 관련된 중요한 호르몬에 대해 간략히 살펴보기도 할 거예요.

인간 성장호르몬(HGH, GH)

훈련에 대한 적응은 성장호르몬growth hormone에서 시작됩니다. 성장호르몬은 단백질 합성, 근비대, 골밀도, 힘줄과 인대의 강도를 높일 뿐만 아니라, 유아기와 청소년기를 거치는 동안 키가 얼마나 클지도 결정합니다.

생물학 박사로 시애틀에 있는 클럽 노스웨스트에서 장거리 코치를 맡고 있는 톰 코트너Tom Cotner는 "성장호르몬 중심으로 훈련을 짤 수 있습니다. 성장호르몬은 훈련에 대한 적응 반응을 촉발하고, 근육이 그 재료인 포도당과 아미노산을 가져올 수 있도록 준비시키기도 합니다."라고 했습니다.

그러나 브라운 박사는 HGH 분비를 위한 훈련을 할 때 너무 낙관적으로 굴지 말 것을 주문하며, "우리 몸에는 안전장치가 있어요. 어느 정도 시간이 지나면 성장호르몬 생산이 중단됩니다."라고 전합니다. 바꿔 말하면, 몸을 속여 HGH를 장기적인 과잉 생산되게 할 수 없다는 뜻이에요. 주말에만 조깅을 하는 사람은 조금만 달려도 HGH가 대량으로 분비될 수 있겠지만, 더 건강한 러너가 똑같은 분비량을 얻으려면 한참을 더 달려야 할 겁니다.

하지만 매그네스와 존슨이 주장하는 것은, 더 많은 HGH 분비가 아니라 더 나은 분비 타이밍을 잡아야 한다는 것입니다.

존슨은 "오후에 러닝을 한 뒤 바로 이어서 일반적인 근력 운동을 하면 잠자리에 들었을 때 호르몬 분비 양상이 달라집니다."라고 이야기합니다. 존슨은 "나이가 들면 테스토스테론과 HGH 값은 낮아져요. 그만큼 부상을 예방하는 것도 어려워집니다."라며, 특히 마스터스 러너들이 이러한 러닝 후 저항 훈련의 효험을 제대로 볼 수 있다고 생각합니다.

매그네스는 HGH 분비 관리에 있어 단백질 섭취와 회복주를 최고의 방법으로 꼽습니다. 매그네스에 따르면, "자기 전에 단백질을 많이 섭취하면 밤새 단백질 합성이 급격히 증가합니다. 그리고 우리가 잠들어있는 밤은 근육 수리와 회복이 엄청나게 일어나는 시간이기도 하죠." 매그네스는 자기 전에 30g의 단백질 섭취를 권고합니다. 동화 상태 유지를 위해 단백질 15g을 하루 최대 5번까지 섭취하라고도 했죠. 단백질 보충에 대한 호주의 2006년 연구에서는 이러한 매그네스의 가설이 증명되었습니다. 연구에 따르면 훈련 직전과 직후에 단백질을 섭취한 역도 선수들은 근육 크기, 근력, 글리코겐 저장량이 크게 증가하고 체지방이 감소하는 것으로 나타났습니다.

매그네스는 회복주(회복 러닝)도 권고합니다. 그에 따르면 "편한 장거리로 HGH를 높이고 싶다면, 대강 25분 정도는 뛰어야 그 수치가 크게 증가합니다. 30분 정도 짧게 뛰면 기분이 좋아진다는 사람들이 많은 것은 그 때문일지도 모릅니다." 이론적으로 볼 때, 긴 달리기를 중간 달리기와 짧은 회복주로 쪼개면 HGH의 활동 시간을 늘릴 수 있을 거예요.

이렇게 훈련해 보아요

HGH와 테스토스테론 분비를 위한 훈련에는 타이밍이 중요합니다. 우리의 목표는 이들 호르몬이 적응과 회복에 최대로 기여할 수 있을 때 분비를 유도하는 것입니다. 달리기가 끝난 뒤에 하는 적당량의 저항 훈련은 달리기의 이화 작용을 차단하고 우리 몸을 동화 상태로 만들 수 있습니다. 러너 360(5장), 제이 존슨의 케틀벨 루틴(223~224쪽), 30분짜리 웨이트 룸 세션(5장) 등을 통해 이러한 효과를 얻을 수 있습니다. 달리기 자체의 동화적 성질을 높이려면 제이 존슨의 러닝 서킷(225~229쪽)을 해 보세요. 단백질 보충은 (이론적으로 HGH와 테스토스테론 분비를 포함해) 단백질 합성을 촉발할 수 있습니다. 훈련 직후를 포함하여 최대 15g씩 하루 5번의 단백질을 섭취하세요. (글리코겐 충전에 필요한 탄수화물을 건너뛰라는 뜻이 아니에요!) 자기 전에는 섭취량을 30g까지 늘릴 수 있습니다. 일일 단백질 권장섭취량의 두 배(남성 56g, 여성 46g)를 넘기지는 마세요. 아울러 이화 작용이 모두 나쁘지만은 않다는 점도 기억해 주세요. 적응이 일어나려면 이화가 필요합니다. 이화가 있어야 약한 근섬유를 교체할 수 있으니, 초보자와 중급자 러너는 이화 효과를 상쇄시킬 때 주의를 기울여야 해요. 회복주는 HGH 분비를 자극하는 또 다른 옵션입니다.

테스토스테론

테스토스테론은 근육량과 골밀도를 높입니다. 테스토스테론의 양이 많으면 근섬유의 크기를 키울 수 있고, 워크아웃이 끝난 뒤의 회복 시간을 줄일 수 있습니다. 이 호르몬은 종종 '남성 호르몬'이라고 불리지만, 여성에게도 남성의 10% 정도 수준으로나마 존재하기는 합니다.

존슨은 러닝 후 저항 훈련과 러닝 중 근력 서킷이 테스토스테론(과 HGH)의 상향 조절에 효과적이라고 봅니다. 그는 러닝 후 훈련으로 고강도 케틀벨 루틴이나 저강도 근력 운동을 활용하는데, 후자의 경우 전자의 3분에 해당하는 효과를 얻으려면 약 30분이 걸린다고 합니다. 존슨은 또한 러닝 중 훈련으로 달리기와 근력 운동을 짝지은 러닝 서킷을 활용한다고 합니다(이 장의 사진으로 보는 워크아웃 참조). 경험이 적은 러너는 이러한 서킷을 통해 워크아웃 시간을 늘리는 동시에 부상을 방지하는 일종의 힘을 키울 수 있습니다.

브라운 박사는 여기에 대해 덜 낙관적인 말을 하네요. 그에 따르면, "스트레스가 매우 심한 러닝에

달리기 이야기

"성장호르몬을 최대로"

인간 성장호르몬(HGH)은 세포의 성장, 증식, 재생, 회복을 촉진합니다. 선수들이 HGH를 좋아하는 이유가 여기에 있죠.

HGH는 뇌의 바닥면에 있는 아몬드 크기의 시상하부에 매달린 완두콩 크기의 뇌하수체에서 생산됩니다. HGH는 운동할 때와 델타파 수면(가장 깊은 수면) 중에 분비됩니다. 항상성 유지를 위해 우리 몸이 그 생산을 중단시키지 않는 선에서, HGH의 생산량은 훈련이 강렬할수록 많아집니다.

HGH 생산량 증가는 세 가지 방법으로 달성할 수 있습니다.

- **러닝:** 러닝을 시작하고 10분 정도가 지나면 HGH 생산이 시작되며, 75분 후에 끝납니다. 파틀렉은 이러한 방출 자극에 특히 유용합니다.
- **저항 훈련:** 몇 분짜리 고강도 훈련이나 30~40분짜리 중강도 훈련 모두 HGH 분비에 좋은 자극이 됩니다.
- **단백질 보충:** 훈련 전후의 단백질 섭취와 취침 전 양질의 단백질 섭취는 HGH의 분비량 증가를 촉발하는 것으로 알려져 있습니다.

생물학 박사이자 시애틀의 클럽 노스웨스트의 장거리 코치인 톰 코트너에 따르면, HGH 분비를 쉽게 *낮추는* 5가지 방법이 있다고 합니다.

1. **수면 장애:** 이유 불문하고 델타파 수면을 취하지 못하면 HGH 생산이 교란됩니다.
2. **영양 부족:** 충분한 칼로리를 섭취하는 것이 특히 중요합니다.
3. **부상:** HGH는 부상 치료에 우선권을 넘겨줍니다.
4. **질병:** 특히 열이 나는 질병에서 HGH 분비가 줄어듭니다.
5. **술:** 술을 한 잔만 마셔도 야간의 HGH 분비가 30%까지 줄어듭니다. 두 잔을 마시면 75~80% 줄어들고요.

HGH 분비를 최대로 높이려면 좋은 것은 하고 나쁜 것은 피해야 하겠죠.

서 남성 호르몬은 전, 중, 후를 비교해보면 수치가 낮아집니다. 뇌하수체pituitary가 자극을 꺼 버리지요. 회복이 빠를수록 남성 호르몬 수치 또한 더 빨리 복구됩니다."

2012 런던 올림픽 10,000m에서 금메달과 은메달을 거머쥔 모 패라Mo Farah와 갤런 럽Galen Rupp을 비롯해 수많은 세계 정상급 러너들은, 그럼에도 불구하고 트랙에서의 고강도 인터벌 세션과 동일한 강도의 근력-컨디셔닝 워크아웃을 1시간 이내로 실시하는 러닝 후 저항훈련을 신봉하고 있습니다.

에리트로포이에틴(EPO)

EPO는 골수를 자극하여 적혈구를 생성합니다. 적혈구는 폐에서 세포로 산소를 운반하므로, 적혈구가 많다는 말은 근육에 더 많은 산소가 공급된다는 뜻이기도 합니다. 2004년 연구에 따르면 EPO는 신경계의 발달, 유지, 보호, 보수에 중요한 역할을 한다고 합니다. 2008년 옥스포드 대학의 연구에 따르면 EPO 투여가 인지 기능을 향상시키는 것으로도 나타났습니다.

그러나 러너에게 EPO의 기능 중 가장 중요한 것은 적혈구와 관련된 것일 테죠. 여러 연구를 종합해 보면, (혈장에서 적혈구가 차지하는 백분율인) 적혈구용적률hematocrit 값이 50, 적혈구의 부피가 50%로 높아지면 VO_2max가 8~12% 증가한다는 사실이 확인되었습니다. 또한 2007년 연구에 따르면 EPO 보충 요법을 13주 시행한 결과 80% VO_2max에서 탈진까지 걸리는 시간이 50% 이상 늘어났습니다(215쪽 "호르몬 조작의 시대" 박스 참조).

브라운 박사는 EPO가 수행능력에 미치는 이러한 영향력에 큰 의미를 부여하지 않습니다. 브라운 박사는 "근육에 도달하는 산소는 실제로는 혈장에 용해된 산소입니다. 산소는 적혈구에서 혈장을 거쳐 조직으로 이동해요. 우리 몸에는 혈장의 산소 수준을 유지하는 항상성 기전이 있습니다. 그리고 혈장은 EPO의 영향을 받지 않아요."라고 이야기합니다.

매그네스가 EPO에 대해 지닌 관점은 현실에 뿌리를 두고 있습니다. 그는 EPO가 지구력 선수에게 제공하는 엄청난 효능을 지적하면서 '효과가 있다'고 주장합니다. 2013년 연구에 따르면 EPO는 오랫동안 타고난 생리적 이점과 수 세대에 걸친 고지대 생활을 통해 면역이 되었을 것으로 생각되어 온 케냐 러너들의 3K 기록을 5% 향상시켰습니다. 유산소 수행능력이 5~15% 향상된다는 연구도 여럿 있었죠. "EPO가 근육 세포에 대한 산소 운반 능력을 크게 변화시키지는 못하나, 뇌로 가는 피드백은 변화시킵니다. 적혈구 수가 더 많다는 것을 뇌가 감지하면 (뇌가 피로도와 강도를 감지한다는 이론인) 중추 통제자에 충분한 영향을 줄 수 있습니다."

고지대 훈련은 자연적으로 EPO를 높이는 방법으로, 거의 모든 엘리트 장거리 주자 훈련 프로그램의 필수 요소입니다. EPO는 고지대 생활 1주차에 가장 크게 증가합니다. 그 이후에는 EPO 생산량이 더 이상 증가하지 않지만, 어쨌거나 정상치보다는 높습니다. 그러나 급등한 EPO가 더 많은 RBC로 발현되려면 그 과정에 들어가야 하는 '적응적 예비량'이 충분히 있어야 합니다. 매그네스는 고지대 훈련에 잘 반응하지 않는 러너의 경우 고지대 훈련에서 높아진 훈련 강도에 대해 그저 자원의 부족이 이러한 결과를 낳지 않았을까 하는 추정을 내놓기도 했습니다.

지구력에 대한 EPO의 효과가 산소 공급 증가 때문인지, 신경계 기능 개선 때문인지, 중추 통제자에 대한 피드백 때문인지, 아니면 그저 고지대 훈련을 끝내고 낮은 고도로 돌아왔을 때 숨쉬기 편해져서 생기는 심리적 효과 때문인지는 알 수 없지만, 어쨌거나 대부분의 러너에게 EPO의 증가가 수행능력의 향상을 동반한다는 사실만큼은 의심의 여지가 없습니다.

이렇게 훈련해 보아요

고지대 훈련은 EPO 수치를 높임으로써 러너가 과도하게 피로하지 않은 상태라면 적혈구의 양을 늘립니다. 대부분의 러너는 최소 3주 동안 고지대 훈련의 혜택을 누릴 수 있습니다. 1주차에는 쉬엄쉬엄 훈련하고, 워크아웃 사이에 충분한 휴식을 취해야만 합니다. 최근에는 고도 2,500~3,500미터의 저산소 대기를 시뮬레이션하는 고지대 텐트를 사용하는 러너들도 있습니다.

코르티솔

코르티솔은 이화 작용제와 항염증제 역할을 합니다. (HGH와 테스토스테론 등의) 동화 호르몬은 조직의 성장을 촉진하고, 이화 호르몬은 단백질과 지방을 분해합니다. 물론 단백질 분해가 항상 나쁘지만은 않습니다. 코르티솔은 약한 근육 조직을 분해하여 그 자리에 더 강한 조직이 들어설 수 있게 하는 만큼, 근육 적응에 필수입니다. 고강도 훈련에서 면역계를 억제하여 염증을 줄이기도 하죠. 또한 지방 사용을 촉진시켜 저장된 글리코겐의 소모를 줄입니다.

여기까지만 보면 괜찮네요.

하지만 훈련을 과도하게 하면 우리 몸은 코르티솔에 짓눌릴 수 있습니다. 부수는 곳은 많은데 이를 채울 벽돌이 없으면 건물이 제대로 서지 못하듯 수행능력은 떨어집니다. 코르티솔 수치가 장기적으로 높아지면 기억력 장애, 비만, 심장병, 우울증, 체중 증가, 불면증, 수면 중 식은땀 등 여러 가지 부작용이 생길 수 있습니다.

러닝이 끝나고 동화 훈련을 하면 코르티솔 분비를 줄일 수 있습니다. 하지만, 적응에 미치는 코르티솔의 긍정적 영향을 완전히 배제하는 실수를 해서는 안 됩니다.

에피네프린(아드레날린)

에피네프린은 심박수를 높이고, 기도를 이완시키고, (근육으로 가는 혈류가 늘어날 수 있도록) 피부의 혈관을 수축시키고, 근육 글리코겐과 지방의 분해를 촉진합니다. '싸움-도망 호르몬'으로 알려진 이 호르몬은 에너지 생성을 촉진하고 우리 몸이 움직일 수 있게 만듭니다.

큰 경기에 한 번이라도 나가본 적이 있는 사람이라면 알겠지만, 운동을 앞두고 있기만 해도 에피네프린 수치는 올라갑니다. 우리가 해야 할 일은 고된 워크아웃의 모든 순간에 이와 같은 아드레날린의 분출을 끌고 오는 것이에요. 코치와 훈련 그룹과 훈련 일정이 필요한 건 그래서입니다. 힘든 워크아웃을 친구와 함께 한다면 낡은 트레일을 따라 혼자 꾸역꾸역 달릴 때보다 더 많은 아드레날린이 생성됩니다. 경기 전에 때때로 응원과 격려의 말을 나누는 것도 경기력에 큰 차이로 나타날 수 있어요. 1928년 무패를 달리던 육군 생도팀을 상대로 노트르담 대학팀이 맞붙었을 때 크누트 로크니Knute Rockne가 남긴 하프타임 연설인 '기퍼를 위해 1승을'* 은 식상한 예시일 수 있지만, 훌륭한 호르몬 치료의 본보기이기도 하죠.

이렇게 훈련해 보아요

영감을 주는 코치와 선수가 나누는 격려의 대화도 물론 훌륭하지만, 오래된 방식으로 러닝에 흥미를 붙이는 쪽이 더 실용적이긴 합니다. 그룹 러닝, 주 1~3회의 도전적인 워크아웃, 다양한 훈련의 통합이 여기에 해당합니다.

인슐린

인슐린은 세포가 혈류에서 포도당을 흡수하여 근육과 간에 글리코겐으로 저장하게끔 지시합니다. 인슐린이 너무 많으면 혈당이 떨어집니다(인슐린이 도핑용 PED로 취급되는 까닭은, 뇌하수체가 여기에 반응하여 HGH를 방출하기 때문입니다). 혈당이 떨어지거나 에피네프린 수치가 올라가면 인슐린 분비량도 줄어듭니다.

* 역주: 기퍼는 노트르담 대학의 미식축구 선수 조지 깁(George Gipp)의 애칭으로, 그가 스물다섯 살에 폐렴으로 사망하기 전 로크니에게 "갈 때가 된 것 같아요, 감독님. 괜찮아요. 무섭지는 않아요. 있잖아요, 감독님, 우리 팀이 경기에 나갔는데 일이 꼬여서 잘 안 풀리면요, 선수들한테 젖 먹던 힘까지 다해서 기퍼를 위해 1승만 해 달라고 말해주실래요? 그때 제가 살았을지 죽었을지는 모르겠지만, 그렇게 해주시면 제가 다 알 거고 행복할 거예요."라고 말한 내용을 바탕으로 로크니가 전반전을 0점으로 마친 선수들에게 전한 말입니다. 이날 후반전에서 하프백 포지션을 맡은 잭 체비니는 '이건 기퍼의 몫이다!'라고 외치며 골라인을 넘어 터치다운을 했고, 결국 무패행진을 하던 육군 생도팀을 12-6으로 꺾었습니다. 이후 이 말은 유명세를 타고 로널드 레이건의 슬로건으로 쓰이며 공화당을 선거에서 이기게 합니다.

글루카곤

글루카곤은 혈당이 떨어질 때 간을 자극해 글리코겐을 분해하여 포도당을 방출합니다. 유산소 에너지를 위한 지방 연소도 촉진하죠. 우리가 달리는 동안 에피네프린 수치가 높아지면 혈당이 떨어지지 않아도 글루카곤이 분비됩니다. 이 과정을 통해 유산소 에너지에 쓰일 연료를 한 박자 먼저 준비하게 하는 거죠. 에너지 생산에서 글루카곤의 역할은 하프 마라톤이나 풀코스 마라톤과 같은 장거리 경주에 매우 중요합니다.

갑상선호르몬(T4와 T3)

티록신(T4)과 삼요오드티로닌(T3)은 갑상선에서 분비됩니다. T4는 이후 세포 내에서 T3로 변환돼요. 갑상선 호르몬은 대사율을 결정하고 근육, 뇌, 장, 전반적인 호르몬 기능의 유지에 핵심적인 역할을 합니다. 갑상선이 망가지면 갑상선저하증(T4의 분비 저하)이나 갑상선항진증(T4의 분비 과잉)이 생길 수 있습니다.

"갑상선호르몬이 너무 많거나 너무 적으면 근육은 정상적으로 수축하지 않습니다." 세계적인 선수들의 갑상선 장애를 치료한 브라운 박사는 치료를 통해 특별히 유리해지는 점 없이 정상으로 돌아올 수 있다고 주장합니다. "(근육에) 수축할 힘이 없기 때문에 단거리 선수는 빨리 달리지 못하고, 높이뛰기 선수는 높이 뛰지 못하고, 장거리 선수의 기록은 느려집니다."

《러너스 월드》의 블로그 〈Sweat Science〉을 운영하는 알렉스 허친슨은 수많은 선수들이 갑상선 약물을 복용하고 있는 현실을 불편하게 여깁니다. 허친슨은 사이클 선수를 대상으로 한 스페인의 연구에서 정상 범위 안에서 하단에 걸린 갑상선 호르몬 수치가 경기력 저하와 관련이 있다는 사실이 확인되었다고 합니다. 경기력 향상을 위해 이 수치를 ('정상 범위'의 상한선으로) 높이는 것은 윤리적일까요? 허친슨은 "이 결과 덕분에 WADA(세계반도핑기구)가 갑상선 약물 사용을 규제해야 한다는 믿음이 커집니다."라고 이야기합니다.

보디빌더들이 오랫동안 갑상선 약물을 써 왔다는 사실 또한 짚고 넘어갔는데, 그에 따르면 갑상선 약물이 체지방을 낮출 뿐만 아니라 HGH 주사제의 효능을 높인다고 합니다.

이렇게 훈련해 보아요

2009년 연구에 따르면 칼로리 결핍은 갑상선 기능 장애와 관련이 있습니다. 그러니 굶지 마세요. 다이어트는 현명하게 하고, 훈련에 쓸 연료는 가급적 높은 수준으로 유지해야 합니다.

엔도르핀

엔도르핀은 러너스 하이runner's high, 즉 장기간의 지구력 훈련 중 러너들이 종종 경험하는 행복감을 일으키는 물질입니다. 시간이 지남에 따라 장거리 러너는 엔도르핀에 더 민감해지지만, 그 생산량은 점점 줄어듭니다.

에스트로겐

에스트로겐은 저장된 지방이 연료로 쓰일 수 있도록 분해되는 것을 촉진합니다. 에스트로겐은 여성의 성호르몬으로 알려져 있고, 남성에게서 그 수치가 더 낮긴 하지만, 남녀 모두에게 존재합니다.

호르몬 균형

이 장의 사진으로 보는 워크아웃에는 동화 호르몬 수치 개선에 특화된 훈련법이 몇 가지 소개되어 있지만, 일상 속에서 호르몬 균형의 두 가지 핵심 원칙을 지키는 것이 더 중요합니다.

- **건강 유지:** 호르몬 수치는 감기만 걸려도 떨어질 수 있습니다.
- **올바른 식사:** 충분한 칼로리를 섭취하고, 콜레스테롤을 완전히 배제하지 마세요. 콜레

스테롤이 없으면 스테로이드 호르몬은 만들어지지 않습니다.

신경계와 내분비계가 모두 잘 단련되어 있다면, 생리적으로 합당한 요구를 몸이 맞춰 주지 못할 이유는 없습니다.

훈련 개요

달리기의 이화 효과를 상쇄하려면 러닝 워크아웃이 끝나고 동화 훈련을 해야 합니다. 이 장의 사진으로 보는 워크아웃에는 다음과 같은 내용이 주요 훈련으로 들어갑니다.

- **러닝 후 케틀벨 루틴**
- **러닝 서킷**

호르몬에 영향을 미치는 훈련에는 아래처럼 다른 장의 내용도 포함되어 있습니다.

- 러너 360(5장)
- 저항 훈련(5장)

이들 워크아웃을 전반적인 훈련 프로그램에 어떻게 녹일 수 있는지 제대로 확인하려면 체력과 능력에 맞는 샘플 일정을 제공하는 15장을 바로 펼쳐 보세요.

제12장: 호르몬으로 설계하는 달리기

사진으로 보는 워크아웃

95초 케틀벨 루틴

이 95초 루틴은 전반적인 근력 강화 및 러닝 후 동화 자극 루틴으로 제이 존슨Jay Johnson 코치가 개발했습니다. 하나의 케틀벨 운동에서 다음 케틀벨 운동으로 물 흐르듯 움직여야 합니다. 모든 운동을 한꺼번에 하기 전에 각각의 운동을 따로 연습하는 것이 좋습니다. 케틀벨은 자신이 다룰 수 있는 무게를 고르고(가볍게 시작하세요), 오버헤드 프레스와 스윙을 할 때는 케틀벨이 몸이 만드는 평면을 (머리 뒤로) 넘어가지 않게 주의하세요. 각 운동을 따로 할 때는 운동 사이에 15~30초씩 쉬되, 처음 몇 번은 필요하다 싶은 만큼 쉬어도 좋습니다. 한꺼번에 할 때는 운동 사이에 휴식이 없으므로 회복을 할 때 일종의 동화 자극이 가해집니다. 존슨 코치의 루틴과 조언을 더 알고 싶다면 Coachjayjohnson.com을 방문해 보세요.

스쿼트에서 싱글 암 스윙에 이르는 아래의 네 가지 운동은 하나의 워크아웃 안에서 진행되는 연속동작입니다.

▶ 단계: 중급자, 상급자

스쿼트Squat

① 발가락을 약간 바깥으로 벌린 채 발을 골반 너비로 벌리고 섭니다. 케틀벨은 가슴 높이로 들고 있어야 합니다.

② 엉덩이를 뒤로 보내며 허벅지가 지면과 거의 평행이 될 때까지 몸통을 낮춥니다. 발뒤꿈치는 바닥에 붙어 있어야 합니다. 몸통을 너무 앞으로 기울이지는 마세요. 그런 다음 동작을 역순으로 진행해 시작 자세로 돌아갑니다. 8~10회 반복합니다.

스쿼트 투 프레스Squat to press

① 발가락을 약간 바깥으로 벌린 채 발을 골반 너비로 벌리고 섭니다. 케틀벨은 가슴 높이로 들고 있어야 합니다.

② 엉덩이를 뒤로 보내며 허벅지가 지면과 거의 평행이 될 때까지 몸통을 낮춥니다. 발뒤꿈치는 바닥에 붙어 있어야 합니다. 몸통을 너무 앞으로 기울이지는 마세요.

③ 동작을 역순으로 진행해 시작 자세로 돌아간 다음, 이번에는 케틀벨을 머리 위로 부드럽게 밀어 올립니다. 그런 다음 다시 스쿼트 자세로 돌아갑니다. 8~10회 반복합니다.

더블 암 스윙Double arm swing

① 발가락을 약간 바깥으로 벌린 채 발을 골반 너비로 벌리고 섭니다. 양손에 쥔 케틀벨은 허리 아래에 매달려 있어야 합니다.

② 두 다리를 굽히며 다리 사이로 케틀벨이 들어가게 합니다.

③ 머리 위를 향해 한 번의 부드러운 동작으로 케틀벨을 휘두릅니다. 관성 때문에 케틀벨이 몸의 평면을 넘어서 머리 뒤로 넘어가지 않게 하세요. 그런 다음 2번 자세로 돌아가 다음 번 반복을 준비합니다. 8~10회 반복합니다.

싱글 암 스윙Single arm swing

① 발가락을 약간 바깥으로 벌린 채 발을 골반 너비로 벌리고 섭니다(이 운동에서는 안정성 확보를 위해 발 간격을 좀 더 넓게 해도 좋습니다). 한 손에 쥔 케틀벨은 허리 아래에 매달려 있어야 합니다.

② 두 다리를 굽히며 다리 사이로 케틀벨이 들어가게 합니다. 이때 팔은 펴져 있어야 합니다.

③ 머리 위를 향해 한 번의 부드러운 동작으로 케틀벨을 휘두릅니다. 팔에서부터 케틀벨까지 곧은 직선을 그려야 합니다. (한쪽 팔의 반복수를 전부 채운 다음에는) 팔을 아래로 휘두를 때 하단에서 팔을 바꿉니다. 양팔 각 8~10회 반복합니다.

러닝 서킷Running Circuit

러닝 서킷 워크아웃에서는 주어진 거리를 달리되, 중간중간 멈춰서 세트를 빠르게 실시합니다. 워크아웃의 특성을 이화(분해)가 아닌 동화(합성)로 바꾸어 러닝에 필요한 근력을 키우는 것이 러닝 서킷의 목적입니다. 아래의 러닝 서킷은 제이 존슨 코치가 설계한 것으로, 워크아웃 내의 달리기/운동에는 다음과 같은 내용이 포함됩니다.

1. (현재 체력 수준에 따라 조깅에서부터 10K까지의 페이스를 선택해) 트랙의 출발선에서부터 500~700미터의 트랙 반복주를 뜁니다.
2. 500미터를 뛰는 경우, 트랙 안쪽을 가로질러 출발선까지 걸어가면서 중간에 잠깐씩 자리에 서서 근력운동을 실시합니다.
3. 700미터를 뛰는 경우, 30미터 더 조깅한 다음, 해당 세트의 네 가지 근력운동을 모두 실시합니다. 그런 다음 역방향으로 70미터를 더 뛰어 출발선으로 돌아갑니다.
4. 한 번의 워크아웃을 시행하는 동안 네 가지 세트를 모두 실시해야 합니다.

반복주 #1부터 스콜피온에 이르는 아래의 스무 가지 운동은 하나의 워크아웃 안에서 진행되는 연속동작입니다.

▶ 단계: 모든 러너

반복주 #1

이 워크아웃에서 반복주 부분은 체력에 맞게 결정해야 합니다. 요컨대, 어느 정도는 힘이 들어야 하지만, 각 반복주 부분을 마치고 근력운동을 마무리할 수 없을 만큼 힘들지는 않아야 합니다.

① 초보자는 500미터의 편한 달리기로 시작합니다. 체력이 비교적 좋다면 템포 페이스로 700미터를 뛰어도 됩니다. 체력이 아주 좋은 러너는 10K 페이스로 뜁니다. (생초보는 300미터부터 시작해도 좋습니다.)

사이드 런지Side Lunge

① 양발을 골반 너비로 벌리고 섭니다. 오른쪽으로 한 발 내디디면서 엉덩이를 뒤로 보내 (의자에 앉듯이) 오른다리에 체중을 실으며 몸을 낮춥니다. 팔꿈치는 넓게 벌리고 양손은 가슴 앞에 둡니다. 10회 반복한 다음 왼쪽 다리로도 똑같이 실시합니다.

BUILD YOUR RUNNING BODY

에어 스쿼트Air Squat

① 양발을 골반 너비로 벌리고 똑바로 선 다음, 발가락은 바깥쪽을 향해 약간 벌리고, 팔은 몸 옆에 둡니다. 그런 다음 엉덩이를 뒤로 보내고 무릎을 굽히며 허벅지가 지면과 평행이 되는 높이까지 몸을 낮춥니다. 균형을 잡을 수 있도록 몸이 내려가는 동안 팔을 들어 몸 앞으로 뻗습니다. 10회 반복합니다.

사이드 레그 리프트Side Leg Lifts

① 옆으로 누워 다리를 위아래로 포개둡니다. 아래쪽 팔은 (어깨와 엉덩이와 발이 일직선이 되도록) 머리 방향으로 쭉 펴 두어도 좋고, (유연성이 좋다면) 팔꿈치를 굽혀 어깨가 땅에서 떨어지게 해도 좋습니다. 이제 위에 놓인 다리를 부드러운 동작으로 45° 까지 들어 올렸다가 내려놓습니다. 양쪽 각기 10~20회 반복합니다.

그로너Groaners

① 양손을 뒤로 보낸 자세로 트랙에 앉아 무릎을 90° 쯤 굽힌 채 양발을 몸 앞에 놓습니다. 그런 다음 무릎을 양쪽으로 휘둘러 보냅니다. 이때 아래쪽 무릎은 트랙에 닿게 해야 합니다. (양쪽 한 번씩을 1회로 쳐서) 10회 반복합니다.

반복주 #2

① 반복주 #1과 똑같이 달립니다.

프런트 런지Front Lunge

① 양발을 골반 너비로 벌리고 선 자세에서 왼발을 내딛습니다. 이때 왼쪽 발목은 무릎 수직 아래에 와야 하고, 무릎의 각도는 90° 언저리여야 합니다. 팔은 달릴 때와 똑같이 움직입니다. 10회 반복한 다음 오른쪽 다리로 똑같이 실시합니다.

와이드아웃Wideouts

① 양발을 골반 너비로 벌리고 무릎은 약간 굽힌 채, 팔꿈치는 바깥을 향하고 양손을 가슴 높이로 모아둡니다. 이제 다리 사이로 날아오는 축구공을 피하는 것처럼 다리를 벌리며 위로 살짝 뜁니다(사진 참조). 그런 다음 위로 살짝 뛰며 처음 자세로 돌아갑니다. 10회 반복합니다.

프런트 플랭크Front Plank

① 푸시업(팔굽혀펴기)의 상단 자세가 시작 자세입니다. 지면에는 양손과 발가락만 닿아 있어야 하며, 두 팔은 펴고, 머리는 척추와 정렬되어야 합니다. 엉덩이를 들거나 낮추면 안 돼요. 시선은 바닥을 향해야 합니다. 30초 유지합니다.

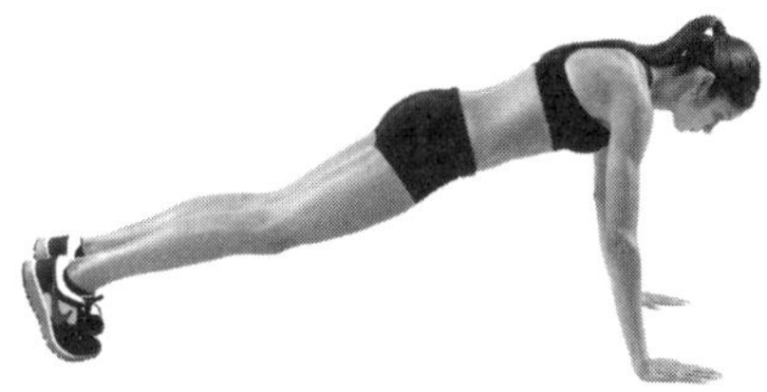

리버스 플랭크Reverse Plank

① 프런트 플랭크를 뒤집어서 합니다. 얼굴이 위를 향하게 하여 두 팔을 펴고 양손과 양쪽 발뒤꿈치만 땅에 닿도록 합니다. 엉덩이나 어깨가 처지지 않도록 힘을 주세요. 30초 유지합니다.

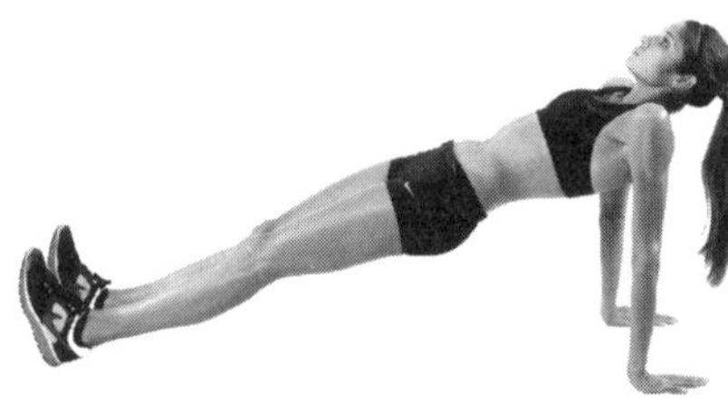

반복주 #3

① 반복주 #1과 똑같이 달립니다.

리버스 런지Reverse Lunge

① 선 자세에서 오른쪽 다리를 뒤로 멀리 내딛습니다. 이때 왼쪽 무릎과 왼쪽 발목은 수직이 되어야 합니다. 팔은 달릴 때처럼 움직입니다. 좌우를 번갈아 가며 양쪽 각기 10회 반복합니다. 동작을 할 때는 매번 시작 위치로 돌아가도 좋고, 뒤로 쭉 걸어나가도 좋습니다.

4시/8시 런지4 O'Clock/8 O'Clock Lunge

① 선 자세에서 뒤쪽 옆 방향으로 다리를 멀리 내딛습니다. 시곗바늘로 따지면 오른쪽 다리는 4시 방향, 왼쪽 다리는 8시 방향입니다(앞은 12시 방향이고요). 이때 뒤로 보낸 발은 가만히 있는 앞발과 수직이 될 수 있도록 옆을 향해야 합니다. 동작을 마쳤을 때 뒤쪽 무릎은 굽힌 채 뒤쪽 발목과 수직이 되어야 합니다. 앞다리는 펴져 있어야 해요. 양쪽 각기 5회 반복합니다.

프런트 플랭크 레그 레이즈Front Plank Leg Raise

① 먼젓번 세트의 프런트 플랭크 자세를 취합니다. 이 자세에서 부드럽고 연속적인 동작으로, 다리를 굽히지 않으려고 노력하면서 오른쪽 다리를 편안한 높이로 들었다 내립니다(워크아웃이 이 시점까지 오면 이 동작을 제대로 하기 어려울 수도 있겠지만, 괜찮아요!). 5회 반복한 다음 왼쪽 다리로도 5회 반복합니다.

리버스 플랭크 레그 레이즈Reverse Plank Leg Raise

① 먼젓번 세트의 리버스 플랭크 자세를 취합니다. 이 자세에서 부드럽고 연속적인 동작으로, 다리를 굽히지 않으려고 노력하면서 오른쪽 다리를 편안한 높이로 들었다 내립니다. 어깨-엉덩이-하퇴까지 이어지는 직선을 유지하세요. 5회 반복한 다음 왼쪽 다리로도 5회 반복합니다.

반복주 #4

① 반복주 #1과 똑같이 달립니다.

버피Burpees

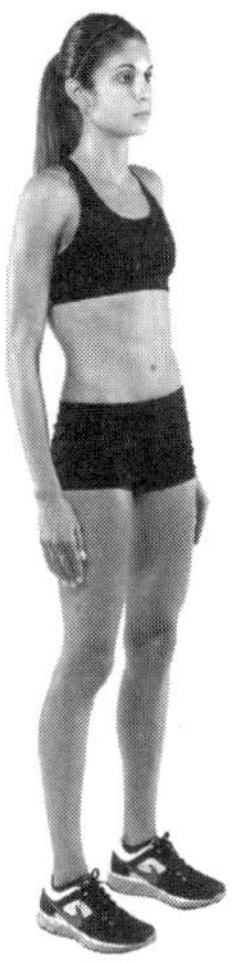

① 똑바로 섭니다.

② 쪼그려 앉으며 양손을 트랙에 내려놓습니다.

③ 다리를 뒤로 차며 프런트 플랭크 자세를 만듭니다. 그런 다음 앞으로 발을 굴러 쪼그려 앉은 자세로 돌아갑니다. 이제 머리 위로 손을 올리면서 일어섭니다(점프하지 말고 그냥 서세요). 10회 반복합니다.

푸시업Push-Ups

① 프런트 플랭크 자세를 취한 다음, 양손을 어깨너비보다 살짝만 더 넓게 벌려 둡니다. 몸을 낮췄다가 트랙/지면을 밀며 몸을 들어올립니다. 처음에는 5회로 시작하여 체력에 따라 횟수를 늘려나갑니다.

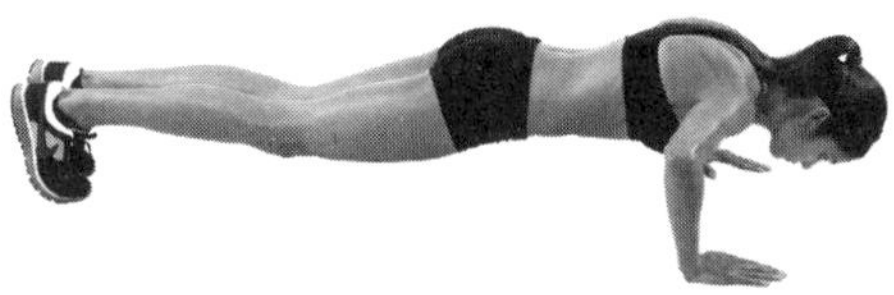

아이언 크로스Iron Cross

① 하늘을 보고 누워 양쪽 팔을 펴서 양옆으로 벌려 두고, 양쪽 다리도 곧게 펴 둡니다. 이제 한쪽 다리를 반대쪽으로 휘둘러 발이 골반 이상의 높이에 닿게 합니다. 원위치로 돌아온 다음, 반대쪽 다리로도 똑같이 실시합니다. 양쪽 각기 10회씩 실시합니다.

스콜피온Scorpion

① 아이언 크로스를 뒤집어서 하는 동작입니다. 먼저 배를 깔고 엎드려 양팔은 펴서 양옆으로 벌려 둡니다. 한쪽 다리의 무릎을 굽히며 반대쪽으로 휘둘러 발이 최대한 높이 트랙에 닿도록 합니다. 원위치로 돌아온 다음, 반대쪽 다리로도 똑같이 실시합니다. 양쪽 각기 10회씩 실시합니다.

13

두뇌로 설계하는 달리기

스포츠에는 '성공의 90%는 마음에서 오고 10%만 육신에서 온다'는 격언이 있습니다. 하지만 이 말을 진짜로 믿는 사람은 많지 않죠. 우리는 스스로가 샤킬 오닐Shaquille O'Neal처럼 크지도, 레이 루이스Ray Lewis처럼 강하지도, 우사인 볼트Usain Bolt처럼 빠르지도 않다는 사실을 잘 알고 있습니다. 또한 앞서 2부의 8개 장에 걸쳐 육신의 개선이 긍정적인 사고보다 우선한다는 점도 분명히 짚고 넘어왔습니다. 그러다 보니 '90%는 마음의 문제'라는 주장은 과장이라고 치부하기 쉽습니다.

하지만 저 격언이 100% 사실이라는 것이 문제라면 문제입니다.

육체적으로 잘 달릴 수 있는 몸을 만들려면 몇 주나 몇 달로는 충분치 않습니다. 그간의 훈련을 실전에 제대로 적용하기 전에, 우리는 매우 중요한 시험을 통과해야 해요. 이 시험의 감독관에게 자비 따위는 없습니다. 판결문을 읽는 판사보다도 엄격하고, 남자친구와 댄스파티에 가도 되냐고 허락을 받으려는 딸을 가진 아버지보다도 냉혹하고, 기초 군사훈련 중에 내무반 순찰을 도는 당직조교보다 무섭습니다. 이 감독관은 바로 당신의 두뇌입니다. 당신의 두뇌는 그저 달리기 PR 기록을 남기겠다고 당신이 몸에 위해를 가하는 것을 내버려 두지 않습니다. 그렇게 하려면 우선은 당신의 몸이 다가오는 도전을 감당할 수 있다는 확신을 두뇌에 주어야만 합니다.

두뇌가 뭔데?

이 장에서 '뇌'에 관한 이야기를 할 때는 물리적으로 두뇌가 어떻게 생겼는지가 아니라, 운동과 강도에 대한 두뇌의 조절 능력을 주로 다루게 됩니다. 특히, 훈련과 경주에서 수행능력을 제한하는 두뇌의 작용인 피로를 주로 다루고 있어요.

뇌의 기본적인 생리학적 성질을 알고 싶은 분들을 위해 간단히만 정리해 보죠. 뇌는 850억 개의 뉴런을 가지고 있고(11장에서 다루었습니다), 대뇌cerebrum와 소뇌cerebellum와 뇌간brain stem으로 이루어져 있습니다. 대뇌는 대뇌 피질cerebral cortex로 덮여 있으며, 이들 피질은 양쪽 반구hemisphere로 나뉘어있고, 이랑(회, 回)gyrus과 고랑(구, 溝)sulcus을 가지고 있으며, 추론과 언어와 지각 등의 기능을 수행합니다. 색깔이 회색이라서 '회백질gray matter'라는 용어가 붙어 있죠.

하지만 해부학에 얽매이지는 마세요. 이 장에서 대뇌 피질을 위한 맨몸운동이나 이랑과 고랑을 위한 저항 훈련을 추천할 일은 없습니다. 대신, 뇌가 피로와 고통의 감각을 만들어내는 이유(와 함께 이것이 근육의 힘 생성을 줄이는 이유)에 관한 몇 가지 이론을 살펴보고, 여기서 한발 더 나아가 피로와 불편함을 줄여 더 빠르고 멀리 달릴 수 있게끔 뇌를 가볍게 만드는 몇 가지 '트릭'을 살펴볼 거예요.

우선은 피로와 관련된 아래의 두 가지 일반적인 이론을 살펴볼 거예요.

- **말초 피로 이론**Theory of peripheral fatigue
- **중추 통제 이론**Theory of the Central Governor

그런 다음 피로의 정확한 원인이 되는 용의자의 목록을 검토하고, 각각의 이론에서 뇌가 어떤 역할을 하는지 (또는 못하는지) 살펴볼 겁니다. 마지막으로 피로를 줄이거나 늦추거나 무시하는 방법도 몇 가지 다뤄볼 거예요.

미리 알려드리지만, 뇌가 달리기에 어떠한 역할을 하는지에 대한 논쟁은 선수와 코치와 생리학자들 사이에서 아직 끝나지 않고 있습니다. 연구와 이론과 의견은 수없이 많지만, 이를 뒷받침할 구체적 증거는 거의 없습니다. 이 책이 실제 상황에서 러너가 훈련과 경주 중에 뇌의 조절 기능에 어떠한 영향을 미쳤는지를 관찰하는 데 초점을 두는 것은 그 때문입니다.

뇌 훈련

뇌도 훈련이 될 수 있을까요? 요즘 시대를 사는 러너와 코치들은 대부분 '그렇다'고 대답할 겁니다. 그러나 꼭 그렇지만은 않아요. 지난 수십 년 동안 우리의 뇌는 강도와 페이스와 탈진의 주도권을 쥐고 있는 기관이 아니라, 근육의 피로 감각을 전달하는 감각 중계소 정도의 취급만 받아 왔습니다.

초보자 가이드

뇌를 훈련한다는 것은 긍정적인 생각을 하거나 고통을 견디는 것이 아닙니다. 우리가 조금 더 강하게, 더 빠르게, 더 멀리 달릴 수 있는 권리를 얻었다는 확신을 뇌에 주는 워크아웃을 하는 것이 바로 두뇌 훈련입니다.

"머금었다 뱉는 것도 탄수화물 로딩인가요?"

'정신이 육체를 지배한다'는 말을 들으면 우리 마음속에는 깊은 명상 중에 허공으로 떠오르는 인도의 요가 마스터, 불타는 석탄 위를 맨발로 걷는 마술사, 염력으로 스푼을 구부리는 유리 겔러 같은 이미지가 떠오르기 쉽습니다.

따라서 탄수화물이나 카페인 음료를 입에 머금었다가 뱉어내는 것만으로도 경기력을 높일 수 있다고 주장하는 사람이 있다면, 뭔가 속임수가 있다고 받아들이는 것이 합리적일 거예요. 하지만 이 주장은 눈속임이 아니라 진짜랍니다.

2004년의 연구에 따르면 스포츠음료로 5초 동안 입을 헹구고 뱉은 사이클 선수는 맹물로 헹군 선수보다 40km 타임 트라이얼 완주시각이 1분 더 빨랐습니다. 2009년의 후속 연구에서는 수행능력이 3% 향상되었고, 뇌 영상에서는 보상 및 운동 제어와 관련된 뇌 영역이 음료를 머금었다 뱉은 후에 활성화되는 것으로 확인되었습니다. 2013년 연구에서는 10초 동안 머금었다 뱉으면 경기력이 더 크게 향상되는 것으로 확인되었습니다. 다다익선의 법칙이 여기서도 통한 셈이죠. 이들 연구의 포인트를 종합해 보면 다음과 같습니다.

1. 사이클 선수의 두뇌는 실제 탄수화물과 맹물을 구별할 수 있다.
2. 탄수화물이 입안에 있다는 감각만으로도 뇌가 근육 활성을 높이기에 충분했다.
3. 탄수화물 고갈이 대세를 좌우하지 않는 40km 타임 트라이얼에서도 기록이 향상되었다.

다시 말해, 사이클 선수의 두뇌는 실제로 발생조차 하지 않은 탄수화물 고갈을 예측하고 있었으며, 더 많은 탄수화물을 준다는 약속을 믿고 사이클 선수에게 페달을 더 힘차게 밟는 보상을 주었던 것입니다.

2013년 C. 마틴 비븐C. Martyn Beaven이 이끄는 다국적 5인 연구팀이 수행한 연구에서는 카페인만 있는 음료와 카페인과 탄수화물을 섞은 음료에서 비슷한 결과가 나왔습니다. 카페인만 머금었을 때는 스프린트 능력이 좋아졌고, 카페인과 탄수화물을 함께 머금었을 때는 탄수화물만 머금었을 때보다 효과가 좋았습니다.

이들 연구를 모두 종합해 보면, 근육의 피로 이상의 것이 피로에 관여하는 것으로 보입니다. 머금었다 뱉는 행위만으로도 우리의 뇌는 가까운 미래를 대비해 에너지원을 추가했다는 믿음을 바탕으로 경기력을 즉각적으로 높였으니까요.

하지만 다가올 10K 대회 출발선에 침 뱉는 부스를 만들어 달라고 경주 기획자에게 건의하기 전에, 하나만 짚고 넘어가겠습니다. 음료를 머금었다 뱉는 행위는 근 글리코겐이 모자랄 때만 효과가 있어요. 만일 경기 전에 탄수화물 로딩을 했다면, 음료를 머금는 행위는 경기력에 거의(또는 전혀) 영향을 주지 못할 거예요.

말초 피로 모델은 20세기를 지배하던 피로 이론이었습니다. 이 모델에서 피로는 근육이 약해지면서 발생하며, 이러한 약화가 지속될 경우 (산증, 과도한 체열 등의) 생리적 '재앙'이 발생하여 강제로 속도를 늦추거나 운동을 멈추게끔 합니다. 운동 생리학 분야의 연구가 전통적으로 이 모델에 맞게 설계되었다는 점이 중요합니다. 피험자들은 (운동을 지속할 수 없을 때까지 속도와 경사를 일정한 간격으로 올리는 트레드밀 테스트처럼) 피로 때문에 멈출 수밖에 없는 시점까지 운동을 지속해야 했어요. 중단의 원인으로 추정되는 물질을 테스트 전, 중, 후로 측정해 보고, 이 수치가 급격히 상승하면 해당 물질이 운동의 중단을 초래했다고 결론 내릴 수 있을 겁니다. 그러나 이러한 테스트에는 문제가 있어요. 현실 세계에서의 러닝은 실패 지점을 향해 일직선으로 진행되지 않습니다. 러너는 결승점에 다다를 수 있는 페이스를 고를 수 있고, 달리는 동안 어디에서든 속도를 늦출 수 있습니다.

중추 통제 모델은 1997년 티모시 녹스 박사가 제안한 것으로(그의 책 『달리기의 제왕Lore of Running』 4판에도 수록되었습니다), 말초 피로 모델을 부정하는 이 이론에서는 피로가 우리 몸을 보호하기 위한 수단으로 만들어내는 뇌의 감정이라는 가설을 내놓습니다. 우리 뇌는 운동하는 동안 몸의 전 영역에서 오는 피드백을 모니터링합니다. 만일 운동 강도가 내부 장기를 손상시켜도 이상하지 않을 수준에 거의 임박해 있다면, 이를 감지한 뇌는 근섬유의 동원을 줄여 속도를 낮춥니다. 녹스는 '막판 스퍼트'(경기 막바지 10% 구간에서 페이스를 올리는 것)를 보면 러너가 실제로 피로해진 것이 아니라 그들의 뇌가 결승선이 가까워질 때까지, 즉 강도를 높여도 안전한 시점까지 에너지를 비축해 둔 것임을 알 수 있다고 주장합니다.

많은 러너와 코치에게 와닿는 것은 세 번째 모델로, 이 모델에서 뇌는 의식과 무의식의 조절을 조합하여 페이스를 결정하고 피로를 모니터링합니다. 실제로 웨일스 뱅고어 대학에서 운동생리학과 부교수를 지낸 사무엘레 M. 마르코라Samuele M. Marcora의 글에 따르면 '막판 스퍼트는 운동 수행능력의 강도 기반 의사 결정 모델에 완벽히 들어맞는다'라고 합니다. 대부분의 선수는 경기 내내 의식적으로 페이스를 결정하고 조정합니다. 미식축구에서 공격수가 수비진을 돌파하는 경로를 고르기까지 1초도 채 걸리지 않는 것처럼, 러너는 달리는 동안 (지형과 기후와 경쟁자 같은) 주변 환경과 피로감을 지속적으로 모니터링하면서 페이스와 주폭과 (가장 중요한) 강도를 빠르게 결정합니다. 경기의 막바지에 이르면, 보수적인 러너는 강도를 올려도(막판 스퍼트) 나가떨어지지 않습니다. 하지만 강도에 대한 신경을 쓰지 않고 달려 온 러너는 페이스를 올리지 못할 때가 많은데, 이는 중추 통제 이론을 일부 반박하는 근거로 쓰이기도 합니다.

이 장에서 제안하는 훈련에는 의식과 무의식 둘 다 피로에 영향을 미치는 여러 가지 요인을 조절한다는 가정이 깔려 있습니다. 더 강하고 빠르고 멀리 달릴 수 있도록 두뇌를 훈련시키는 것이 이러한 훈련의 목표입니다. 우리가 넘어서고 있는 피로의 늪이 순전히 육체에서만 오는 불편함인지 아니면 중추 통제자가 만들어낸 '감정'인지 따지고 들어봐야, 뇌가 피로를 무시하도록 설득하는 데 도움이 되지는 않습니다.

피로

피로는 운동에 쓰이는 근육의 수행능력이 점진적으로 떨어지고 신체적 · 심리적 불편함이 찾아올 때 발생합니다. 그러나 수행능력의 저하와 뒤이어 찾아오는(중추 통제 이론에서는 '예측에 따른') 피로의 근본적인 원인에 대해서는 아직도 의견이 분분합니다. 일단 원인으로 꼽히는 후보를 몇 가지 살펴볼게요.

산증

낮은 pH에 대해서는 9장에서 먼저 다루었습니다. 고강도 상황에 필요한 에너지 생성 중에 형성된 수소 이온은 근섬유의 완충 능력을 넘어섭니다. 그 결과 발생하는 산증은 (근수축에 필요한) 근섬유 속 칼슘 방출의 방해, ATP 생성 감소, (ATP에서 에너지를 내보내는) ATP의 가수분해 저하, 힘 생성 저하, 수축 속도 저하와 관련이 있는 것으로 나타났습니다. 호주의 1995년 연구에서는 '세포 내 산증은 근육 세포 기능의 여러 측면에 영향을 미친다'라고 결론지었죠. 아울러 9장에서 처음 언급했듯, 2006년 커누스 등의 연구에서 확인된 '낮은 pH의 피로 유발 효과'는 인간에게 매우 현저하게 나타납니다.

칼슘 통로의 손상

앤드류 마크스Andrew Marks 박사가 칼슘 통로의 손상을 발견한 것은 울혈성 심장병 환자의 심근 섬유가 약해지는 원인을 찾는 과정에서였습니다. 칼슘은 수축이 일어나기 전 섬유 안으로 방출되었다가, 원래 저장되어 있던 구역(근형질세망sarcoplasmic reticulum)으로 빠르게 펌핑되어 근섬유가 이완될 수 있게 합니다. 칼슘 통로의 손상은 강한 근수축이 일어나게 못하는 결과를 낳죠. 2008년 연구에서 마크스는 이 이론을 골격근 섬유로 확장했습니다. 그는 하루에 두 번 90분씩 수영을 하게 만든 쥐들에게 칼슘이 새는 통로를 막아주는 약물이나 위약(플라시보)을 주었는데, 약물을 투여받은 쥐들은 매주 시행한 탈진 실험에서 수행능력의 저하를 보이지 않았지만, 위약을 투여받은 쥐들은 수행능력의 저하를 보였습니다. 후속 연구에서는 훈련된 사이클 선수를 대상으로 3시간 동안 유산소 대사능의 거의 최대치에 근접한 강도로 3일 연속 운동을 시켰는데, 여기서도 골격근 섬유의 칼슘 통로가 손상된 것으로 나타났습니다. 비록 이 실험에서는 윤리적인 문제 때문에 선수들에게 승인받지 않은 약물을 사용하지는 못했지만요(칼슘 통로는 며칠 지나면 자체적으로 완전히 수복되긴 합니다). 쥐를 대상으로 한 실험은 탈진 상태까지 진행되었기 때문에 실전에서 칼슘 통로의 손상이 최대하 강도의 운동에 얼마만큼의 영향을 미치는지는 알 수 없습니다. (참고로 마크스는 운동으로 인해 발생한 골격근 섬유 내의 칼슘 통로 손상이 심장의 칼슘 통로 손상으로 이어진다고 말하지 않습니다. 골격근 섬유에서 일어난 변화는 빠르게 회복되고, 일이 잘 풀리면 이전보다 강한 근섬유를 가지게 될 거예요.)

체온

운동 중에 심부 체온이 40℃의 임계점에 다다르면 그만 달려야 합니다. 그러나 로스 터커Ross Tucker 박사가 자신의 웹사이트 〈Science of Sport〉에서 피로에 대한 심층 시리즈를 통해 밝힌 것처럼, 온도에 의한 수행능력 저하를 다루는 실험들은 '확실한 기능부전으로 이어지는 '강요된' 생리적 지점을 평가하기 위한' 설정을 가지고 있습니다. 터커에 따르면 우리에게는 속도를 늦춘다는 옵션이 있기 때문에, 어지간한 사람은 체온이 40℃(동기 수준이 매우 높은 선수라도 41℃)에 도달할 때까지 운동하지는 않는다고 합니다. 터커는 훈련된 사이클 선수 열두 명에게 덥거나 추운 조건에서 20K 타임 트라이얼을 수행하게 했는데, 5K 지점에 다다랐을 때 더운 조건에 있던 사이클 선수의 체온은 (같은 지점에 다다른) 추운 조건에 있던 사이클 선수의 체온과 거의 비슷했지만, 속도는 느려졌고 근육에 보내는 뇌의 신호 전달 또한 줄어들었습니다. 사이클 선수들이 속도를 늦춘 이유는, 체온이 올라갔기 때문이 아니라 미래에 체온이 상승할 것을 예측했기 때문입니다. 즉, 그들의 뇌가 생리적 재앙을 피하려고 속도를 늦춘 것이죠.

탈분극

트라이애슬론과 러닝을 즐기고 달리기에 대한 새로운 이론을 선도하며 달리기에 관한 글을 쓰는 맷 피츠제럴드Matt Fitzgerald는 '근육은 배터리와 비슷한 방식으로 작동한다. 배터리와 마찬가지로 전기를 바탕으로 작동하고, 극성의 차이가 클 때 가장 강력하다'고 쓴 적이 있습니다. 그러나 고강도 운동을 하는 동안에는 근섬유 내부와 외부 공간의 양전하 차이(극성)가 감소합니다. 이러한 탈분극depolarization(극성 감소)은 신경의 신호 전달이 근섬유를 통과하는 것을 어렵게 만들어 수축의 약화를 초래합니다. 흥미롭게도 2001년과 2010년의 연구에서는 산증이 탈분극을 상쇄할 수 있다고 결론지었습니다. 사실 2010년의 연구에서는 젖산 이온이 그 자체로 탈분극을 방지하고 '피로 형성과 관련하여 세포 밖 칼륨 이온(양전하)의 중요성을 감소시킬 수 있음'을 확인했습니다. 나아가 혈류로 방출된 젖산 이온은 전신의 근섬유에서 탈분극을 조절할 수 있어요.

암모니아

암모니아 수치의 증가는 간경변처럼 간에서 암모니아를 요소로 적절히 전환하는 능력을 잃는 간질환과 관련되어 있습니다. 과도한 암모니아는 뇌 기능 저하를 비롯한 여러 가지 독성 효과로 이어지기도 하죠. 연구에 따르면 장기간의 고강도 운동은 AMP와 BCAA에서 아미노기를 제거함으로써 근섬유 내의 암모니아 수치를 높일 수 있습니다. 윌킨슨 연구팀의 2010년 연구에서는 '운동 중 혈장 내에 축적되는 암모니아의 양은 간질환 환자에게서 측정할 수 있는 양 이상일 때가 많으며, 이로 인해 뇌로 흡수되는 양 또한 많아진다'고 경고합니다. 혈뇌 장벽blood-brain barrier을 통과한 암모니아는 뉴런에 독성 효과를 나타내 근섬유 활성화와 피로 감각의 저하를 초래합니다.

글리코겐 고갈

러너라면 '마라톤 벽hitting the wall'이라는 말을 들어본 적이 있을 겁니다. 마라톤(또는 오래달리기)에서 비축된 글리코겐이 고갈되어 지방과 단백질에 의존할 수밖에 없어지는 25~30km에 찾아오는 것이 바로 마라톤 벽이에요. 평범한 사람의 글리코겐 저장량은 300~400g(1,200~1,600kcal) 정도입니다. 그러나 훈련된 선수가 탄수화물 로딩까지 하면 그 두 배까지 저장할 수 있습니다. (앞서 언급한 중추 통제 이론의 창시자인) 티모시 녹스가 포함된 2001년 연구에 따르면, 탄수화물 로딩을 한 사이클 선수와 하지 않은 선수에게 타임 트라이얼을 시켰을 때 시작 페이스는 동일했지만 로딩을 하지 않은 선수는 1분 이내로 속도를 줄였습니다. 더 흥미로운 사실은, 탄수화물 로딩을 한 사이클 선수는 로딩을 하지 않은 선수보다 타임 트라이얼 기록이 6% 더 빨랐지만, 트라이얼이 끝난 후 두 그룹의 근 글리코겐 잔여량은 거의 똑같았다는 점입니다. 요컨대 두 그룹의 선수 모두 근 글리코겐의 상대적 수준과 직접적인 상관관계가 있는 페이스를 선택했다는 뜻이죠.

무기인산

에너지로 연소되는 ATP는 ADP와 무기인산(Pi)으로 분해됩니다. ADP와 무기인산은 더 많은 ATP의 생산을 위해 재조립되지만, 강도 높은 운동 중에는 ATP 소비량을 생산량이 따라잡지 못합니다. 어니스트 W. 마글리쇼Ernest W. Maglischo 박사는 2012년 논문에서 '무기인산과 ADP의 증가로 인한 근육 칼슘의 변화는 근육 피로의 주요 원인이 될 수 있다'고 밝혔습니다. 또한 앨런Allen과 트라요노프스카Trajonovska는 2012년 리뷰 논문에서 중강도 운동에서도 무기인산 수치가 높아져 근섬유 내로의 칼슘 방출 감소, 섬유 활성화 저하, 피로가 초래된다는 주장을 펼친 바 있습니다.

뇌로의 산소 공급

경기 막바지에 느끼는 어지럼증은 뇌로 가는 산소의 부족 때문일 수 있습니다. 2010년 연구에 따르면 뇌로 가는 산소는 최대 25%까지 낮아질 수 있으며, 이는 근육 활성화 감소, 신경 기능 저하, 피로로 이어질 수 있습니다. 이 결론은 수많은 연구에서 동일하게 나타났지만, 이들 연구에는 한 가지 공통점이 있었어요. 피험자가 실패지점까지 운동을 했다는 점입니다. 프랑수아 빌로François Billaut 연구팀의 2010년 논문에서는 러너가 5K 타임 트라이얼을 시행하는 동안 알아서 페이스를 조절할 수 있게 했는데, 이 실험에서 러너들은 자신들의 운동 수행 강도를 최대치라고 평가했지만, 이들의 뇌 산소량은 '격렬한 운동 수행을 방해하지 않는' 범위로 유지되었습니다.

중추신경계 피로

중추신경계(CNS) 또한 의심의 여지 없이 피로에 중요한 역할을 합니다. 종종 간과되긴 하지만요. 데이비스Davis와 베일리Bailey는 1997년 《Medicine & Science in Sports & Exercise》에 실린 논문에서 '쓰이고 있는 근육에 대한 CNS 추동의 적절한 생성과 유지에 대한 반항은 대부분의 사람이 정상 활동 중에 겪는 피로에 대한 가장 타당한 설명'이라고 주장했습니다. 저자들은 이 현상의 원인을 특정 신경전달물질(특히 세로토닌)의 증가나 감소로 보고 있으며, 사이토카인과 암모니아도 연관되어 있다고 추정합니다. 세로토닌과 중추신경계 피로를 다룬 데이비스Davis, 앨더슨Alderson, 웰시Welsh의 2000년 논문에서는 세로토닌 수치가 '운동 시간이 길어지면서 뇌의 여러 영역에서 높아지며, 피로 시점에서 최고조에 달한다'고 언급하기도 했죠. 세로토닌은 무력감, 졸음, 기분 변화와 관련이 있습니다.

근육과 결합조직의 손상

논의된 적이 거의 없긴 하지만, 근육과 결합조직의 손상 또한 피로에 영향을 미치는 요인입니다. (비교적 높은 강도로) 오래 달리다 보면 발을 내디딜 때마다 으스러질 것 같은 느낌이 드는 순간이 찾아오게 마련입니다. 몇 가지 다른 요인이 엮인 생리적 재앙의 지점에 도달하지 않았음에도, 근육과 결합조직이

녹초가 되어 '더는 한 발짝도 못 가'라며 주저앉는 경우도 있죠.

구심성 피드백

구심성(감각) 피드백 이론에 따르면 피로에 관하여 지금까지 살펴본 요인(을 포함한 그 밖의 여러 요인)들은 신경 흥분파를 통해 뇌로 보고되며, 뇌는 이 신호에 반응해 중추성 운동 신호를 억제합니다(즉, 근육이 덜 활성화됩니다). 2013년 유타 대학의 연구에서는 지원자 8명을 대상으로 지칠 때까지 싱글 레그 익스텐션(대퇴사두 운동)을 하도록 지시했는데, 이때 양쪽을 서로 다른 날에 하도록 하자 두 다리 모두 유사한 결과를 보였습니다. 그러나 두 다리를 같은 날에 연속적으로 테스트하자 두 번째 다리가 지칠 때까지 걸리는 시간은 첫 번째 다리가 지칠 때까지 걸렸던 시간보다 거의 50% 더 짧았습니다. 연구자들은 첫 번째 다리의 구심성 피드백이 두 번째 다리의 운동 수행을 억제했다는 결론을 내렸죠.

중추 통제 이론

티모시 녹스 박사가 제안한 중추 통제 이론은 피로에 대해 러너와 코치와 생리학자들이 지닌 관념을

달리기 이야기

"프랑켄슈타인의 시대"

프랑켄슈타인 영화를 본 적이 있으신가요? 그렇다면 브라질 연구자들이 주축이 되었던 2013년 연구에서 이들이 열 명의 사이클 선수에게 무슨 일을 했는지를 듣고 소름이 끼칠 겁니다. 연구자들이 사이클 선수들의 측두피질과 도피질에 전극을 꽂고 20분 동안 전류를 흘렸거든요. 결과가 어땠냐고요? 최대 점진 사이클링 테스트에서 프랑켄슈타인 사이클 선수들의 최대 파워 출력은 '가짜 자극'을 받은 선수들보다 4% 높아졌습니다. 프랑켄슈타인 사이클 선수들은 주관적으로 느끼는 강도 또한 서서히 높아졌다고 보고했죠. 요컨대 이들은 자전거를 더 강하고 덜 고통스럽게 탔습니다.

도피질insular cortex이 피로의 주범으로 지목된 것은 이번이 처음이 아닙니다. 취리히 대학의 카이 루츠Kai Lutz 연구팀은 일련의 실험을 거쳐 발표한 2011년 논문을 통해 도피질이 뇌의 구조물로서 '말초(근육)에서 오는 감각 정보를 통합하고 평가할 뿐만 아니라 운동 피질과 통신 작용을 한다 [⋯] (이 연구는) 근육의 피로가 뇌의 신경망 구조 간에 이루어지는 상호작용에 변화를 일으킨다는 것을 경험적으로 입증한 첫 번째 연구이다.'라고 밝혔습니다.

또한 샌디에이고의 캘리포니아 대학교 옵티브레인 센터의 연구자들은 '마음챙김mindfulness'이라는 명상 기법을 활용하는 선수가 도피질 활성도를 높임으로써 신체 자각도를 높여 (피로를 유발하는 요인인) 근육으로부터의 피드백에 더 빨리 반응한다는 연구를 2012년 《사이언티픽 아메리칸》 지에 발표하기도 했습니다.

도피질은 대뇌 피질이 접혀 들어간 부분에 있으며, 의식과 감정과 신체 자각에 중요한 역할을 하고, (특히 운동 중의) 심박수와 혈압, 항상성 조절, 통증 평가와 연관되어 있습니다. 요컨대 도피질은 뇌와 운동과 피로가 만들어내는 상호작용의 중심에 있는 셈이죠.

이제 전기로 도피질을 마비시켜 다음 5K나 마라톤에서 시간을 크게 단축할 수 있는 시대가 온 걸까요? 하지만 전기 충격 요법을 예약하기 전에, 다른 연구에서는 상반되는 결과가 있었다는 것도 확인해야 합니다(알렉스 허친슨이 《러너스 월드》 블로그에 기고한 내용에 따르면 수행능력 향상이 전혀 없었다고 고백한 연구자도 있었으니까요).

그러니 일단은 명상에 집중하세요. 출발선에서 탄수화물을 빠르게 머금었다 뱉는 것도 잊지 마시고요.

바꾸어 놓았습니다. 녹스는 2012년 논문에서 이 이론을 설명하면서 '운동 조절의 중추 통제 모델에서는 운동에 쓰이고 있는 사지에서 동원되는 운동 단위의 수를 뇌가 끊임없이 조정함으로써 운동 수행능력을 조율한다고 본다'라고 썼습니다. 여기서는 (구심성 피드백에서처럼) 반응이 전부가 아니라, 중추 통제자CG(central governor)가 몸에 가해질 위험을 예측하고 선제적으로 이를 회피합니다. 달리기를 시작한 지 몇 초 안에 CG는 페이스와 강도를 선택하죠. 이러한 결정을 내리기 전에 CG는 감정 상태, 동기 수준, 경험, 신경전달물질 농도, 체온 등을 고려합니다. 달리기가 한창 이어지는 동안 CG는 혈액과 뇌의 산소량, 글리코겐의 양, 탈수 정도를 비롯해 주요 장기에 악영향을 줄 수 있는 여러 가지 요인을 바탕으로 수행능력 조절을 이어나갑니다.

터커 박사는 2011년 〈Science of Sport〉 블로그에서 '(우리 몸에는) 항상성이 유지되어야 하는 물질이 수도 없이 많은데, 이들을 전부 모니터링하고 조율하는 것은 우리 뇌로, 운동 강도를 변화시킴으로써 이를 조절한다. 이것이 중추 통제자의 핵심이다'라고 스승님의 이론을 설명하기도 했죠.

녹스는 피로의 증상에 대해 '전부 선수의 뇌에서 생겨난 것으로 […] 따라서 환각illusion에 불과하다'고 했습니다. 녹스는 선수가 치명적인 생물학적 기능부전의 위험을 감수하지 못하게 하려는 용도로만 피로의 환각이 존재한다고 봅니다. 경주의 승자는 이러한 환각을 가장 잘 무시하는 선수일 테죠. 환각을 받아들인 선수는 패배할 테고요.

뇌를 속이는 훈련법

결국은 우리가 달릴 때 무엇이 피로를 유발하는지 확실히 말할 수 있는 사람은 어디에도 없다는 것이 진실이겠죠. 앞서 나열한 원인들이 좋은 단서가 될 수야 있겠지만 전부라고 보기는 어렵습니다. 가령 우리는 탈수에 대해서는 한마디도 하지 않았습니다(한 문단으로 정리하기에는 내용이 많으니, 탈수에 대해 자세히 알고 싶다면 로스 터커의 책 『The Runner's Body』를 읽어보세요). 하지만 피로라는 무대에 오르는 배우가 많다는 느낌은 받았을 겁니다. 그리고 (생리적 기능부전 때문에 수행능력을 제한하는 쪽이든, 아니면 생리적 기능부전을 피하기 위해 수행능력을 조절하는 쪽이든 간에) 무대 연출에 큰 역할을 하는 것은 다름 아닌 우리 뇌입니다.

그렇다면 뇌를 어떻게 훈련할 수 있을까요?

아래의 간단한 훈련 '트릭'을 쓰면 달리는 동안 뇌가 우리에게 반항하지 않고 우리와 함께 달릴 수 있도록 설득할 수 있을 거예요.

1. **시계 벗기:** 가장 쉬운 전략이지만 많은 러너들에게 가장 어려운 전략이기도 합니다. 시간을 재지 않으면 1km도 못 달리겠다는 러너도 더러 있으니까요. 그러나 정기적으로 달려서 익숙해진 러닝 코스가 있다면 매번 시간을 잴 이유가 없습니다. 시계가 아니라 몸에 귀를 기울이세요. 몸에서 오는 피드백, 미묘하게 다가오는 피로의 경고, 몸에 실린 긴장, 가빠오는 호흡, 비효율적인 자세 같은 것을 인식하세요. 그러고 나서 반복주(7장 도로/트레일 반복주 참조)나 템포 런을 거리 말고 시간에 맞추어 실시해 보세요. 강도에 따른 페이스 조절을 익히세요. 강도에 따라 느낌이 어떻게 다른지 확인하고, 각각의 강도에서 피로가 어떻게 쌓여 나가는지 주의를 기울이세요. 페이스에 미묘한 변화를 주는 실험을 해 보세요. 몸에서 오는 피드백을 잘 감지하게 되면, 뇌가 개입하기 전에 문제를 예측할 수 있다는 사실을 알게 될 겁니다.
2. **거리 늘리기:** 매일 하는 러닝의 거리를 늘리거나 완료하기 어려운 경우, 평소보다 목표 거리를 30~50% 늘려서 잡아 보세요. 그만큼의 거리를 완주하려면 엄청난 고통을 겪을 겁니다. 하지만 그러고 나면 평소와 같은 거리의 러닝이 쉽게 느껴져서 놀랄 거예요.
3. **모자란 채 달리기:** 우리 몸은 자극이 늘어나면 적응합니다. 연료와 하이드레이션 벨트를 빵빵하게 채워 두고 달리면 매일의 러닝에서 피로를 줄일 수 있지만, 약간의 탈수(최대 2%)와 글리코겐 저장량 감소와 적당한 불편함을 자극으로 주면 우리 몸은 더 나은 방식으로 반응합니다. 우리의 뇌 또한 몸과 마찬가지로 '모자란 상태로' 달려도 살아남을 수 있다는 것을 깨닫게

될 테고, 이 교훈은 경주에서 크나큰 성과로 돌아올 겁니다.

4. **경주 강도 인터벌:** 경주 강도로 시행하는 인터벌은 우리 육체를 경주에 알맞게 준비시키고, 정신 또한 준비시킵니다. 축구나 농구 같은 스포츠를 하고 있노라면 '속도가 느려지는' 것처럼, 우리의 뇌는 경주 속도에 익숙해질 거예요.
5. **그룹 워크아웃:** 괴물 같은 워크아웃이나 어마어마한 경기력 향상을 경험하고 싶으신가요? 그렇다면 그룹을 만들어 달려 보세요. 자신의 피로에 집착하기보다 그룹과 보조를 맞추는 데 집중하면, 우리의 뇌 또한 피로보다는 페이스에 더 집중하게 됩니다.
6. **볼륨을 정하지 않은 워크아웃:** 언제 끝낼지 미리 정하지 않고 달려야 하는 날이 있습니다. 친구와 함께 장거리 달리기를 해보세요. 아니면 뭐가 됐든 '충분히 했다'고 느껴질 때까지 시간도 거리도 측정하지 않은 채 반복주를 뛰는 것도 좋습니다.
7. **연습 경주:** (경주가 끝나고) 충분한 휴식을 취하지 않으면 체력적으로 빨리 뛸 수 있다 해도 우리의 뇌가 이를 거의 허락하지 않을 겁니다. 안전하게 가려고만 들겠죠. 연습 경주는 이런 상황에서 '게으름 치료제' 역할을 할 수 있습니다. 퍼져 있으려 드는 것은 몸이 아니라 뇌예요. 우리 뇌는 과잉보호를 하는 부모와 같아서, 우리를 엄격한 경계가 필요한 아이로 취급합니다. 그러니 공연에 오르는 배우들이 의상까지 갖춰입고 최종 리허설을 하는 것처럼 경주와 동일한 조건으로 연습 경주를 실시해서 힘들어도 죽지 않는다는 사실을 뇌에게 보여주면, 우리 뇌는 얼마 뒤 최대 5% 이상의 경기력 향상으로 보답할 거예요!
8. **시간 맞춰 달리기:** 하프 마라톤이나 마라톤에 출전할 예정이라면 (페이스나 거리가 아니라) 목표 시간에 맞춰 달리는 것이 중요합니다. 우리가 예상하는 경주 시간 내내 몸이 계속해서 움직일 수 있다는 사실을 우리 뇌가 알아야 하니까요.
9. **네거티브 스플릿*:** 훈련용 러닝은 전부 네거티브 스플릿으로 달려야 합니다. 느린 속도로 시작한 다음 목표 페이스로 올려 나가세요. 너무 빠른 페이스로 시작하면 뇌가 브레이크를 걸 수밖에 없습니다. 마라톤을 대비해 훈련하는 경우 네거티브 스플릿 형태의 오래달리기가 일부 들어가는데, 여기에서는 구간 뒤쪽 절반에서의 강도를 다가올 경주에 요구되는 강도와 유사하게 만들어야 합니다. 전반부를 통해서는 실제 마라톤 중에 마주하게 될 생체역학적 피로와 연료 부족을 맛보기 형태로 만들 수 있고, 후반부의 네거티브 스플릿을 통해서는 실제 마라톤 경기에서 오는 극도의 피로로부터 몸을 보호하면서도 피로 상태에서 마라톤 페이스를 만들 때 필요한 힘 생성에 대해 뇌가 익숙해지는 기회를 얻을 수 있습니다.
10. **꾸준함:** 우리 뇌는 어떤 날, 아니 아마도 거의 매일 너무 피곤해서 러닝을 할 수 없다고 속삭일 겁니다. 듣지 마세요. 틀렸다는 걸 증명하세요. 달리기에서 가장 힘든 부분은 신발을 신고 문을 나서는 것입니다. 1km 정도 달리면 괜찮아질 겁니다. 더 중요한 것은 피로한 상태에서도 몸이 달릴 수 있다는 것을 뇌가 알게 된다는 점이며, 그로 인해 미래에 더 많은 여유를 얻게 되리라는 점이에요.

이제 당부의 말씀을 드릴 차례입니다. 뇌를 훈련할 때 너무 힘들거나, 너무 빠르거나, 너무 오래 훈련하는 것은 아주 미련한 짓입니다. 위에 나열한 내용이 뇌에게 편하다는 것을 가르쳤듯, 너무 거세게 밀어붙이면 당신의 뇌는 당신이 몸에 해를 끼치고 있다는 확신을 가지게 됩니다. 그러니 인내심을 가지고 나아가세요. 똑똑하게 훈련해야 합니다. 당신이 믿을 수 있는 사람이고, 올바른 일을 하고 있다는 사실을 뇌에게 보여주세요.

* 역주: 네거티브 스플릿(negative split)은 전체 구간을 고른 페이스로 달리는 '이븐 페이스 러닝(even-paced running)'과 달리, 구간 전반은 느리게 달리고 후반은 빠르게 달리는 페이스 조절법으로, '후반 가속형' 달리기라고도 합니다.

이렇게 훈련해 보아요

가장 먼저 해야 할 일은 앞서 여러 장에서 다루었던 달리기의 모든 구성요소를 훈련하는 것입니다. 생리적인 체력 부족이 피로의 직접적 원인이 되었건 아니면 중추 통제자가 피로의 환각을 만들어내게 하는 간접적 자극이 되었건 간에, 달리기에 알맞은 몸을 만드는 것이 해결책입니다. 뇌를 직접적으로 훈련하려면 우선은 방금 살펴본 열 가지 항목을 실험하면서 자신의 한계를 찾고, 그 한계를 뛰어넘어야 합니다.

훈련 개요

이 장에는 사진으로 보는 워크아웃이 없습니다. 이 장에서 써먹을 수 있는 워크아웃은 이전 장에서 전부 설명했어요. 지금 할 일은 이러한 워크아웃을 직접 해봄으로써 당신이 목표를 달성할 수 있는 몸을 만들었다는 확신을 뇌에게 주는 것입니다.

이 책에 나온 워크아웃을 전반적인 훈련 프로그램에 어떻게 녹일 수 있는지 제대로 확인하려면 체력과 능력에 맞는 샘플 일정을 제공하는 15장을 바로 펼쳐보세요.

PART 3

프로그램으로 가다듬는 달리기: 원칙과 계획

14

계획으로 가다듬는 달리기

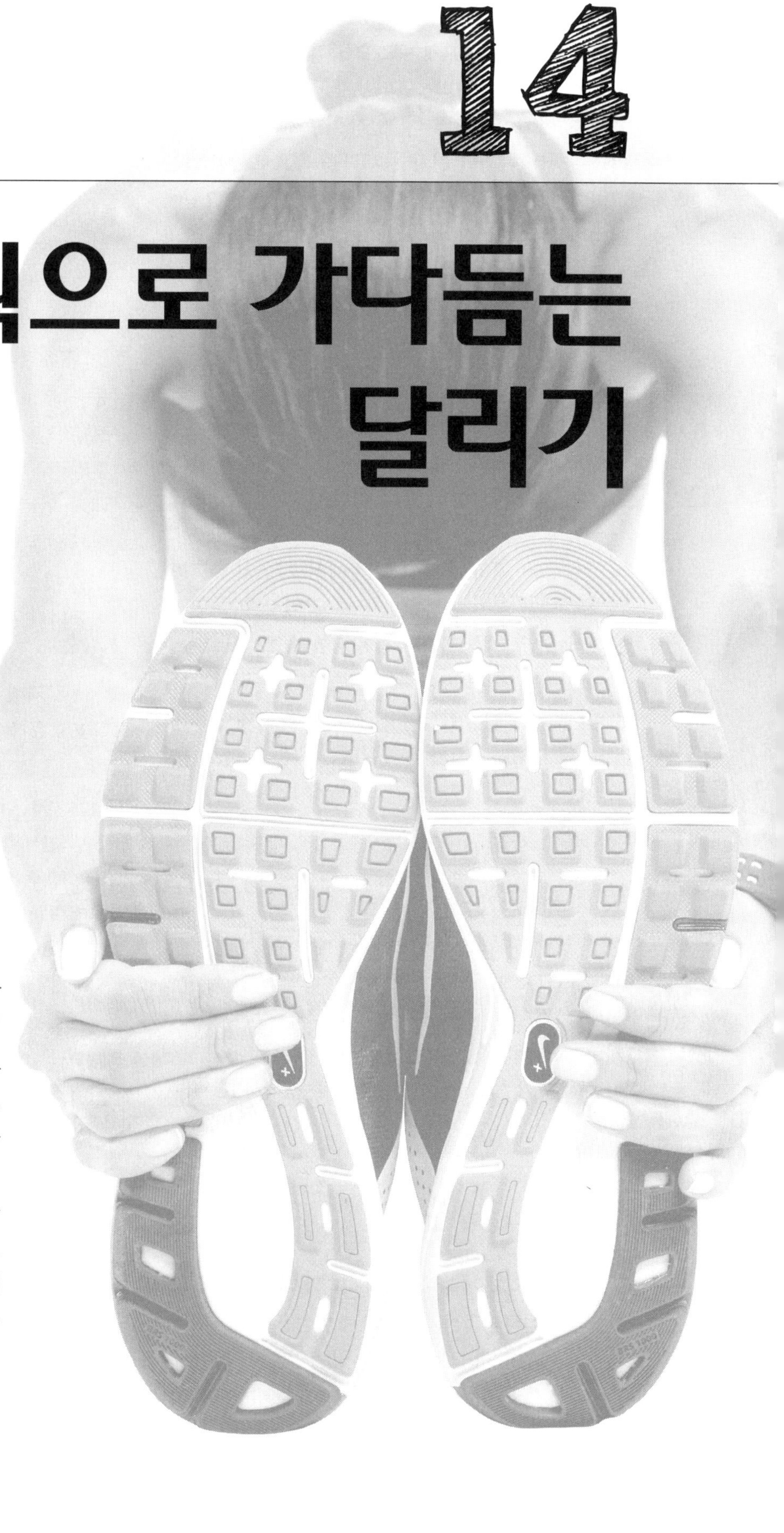

달리기에 알맞은 몸을 만드는 과정은 사람마다 차이가 있습니다. 우리는 공장에서 찍어 나오는 인형이 아니에요. 사람마다 체형도, 근섬유의 구성도, 운동 경험도, 운동 목표도 다르게 마련입니다. 하지만 당신이 누구든, 어디에 살든, 무엇으로 훈련 동기를 얻든 간에 당신은 반드시 건강해질 것이고, 반드시 빨라질 것이고, 반드시 부상 없이 건강해질 것입니다. 모든 구성요소를 공략하고 균형 잡힌 훈련 계획을 실천할 수만 있다면 말이죠.

러닝 계획이 뭔데?

'러닝 계획'은 그저 훈련 일정을 잡는 것에 그치지 않습니다. 훈련할 때 가지고 오는 태도와 경험, 달성하고자 하는 목표, 받아들이고자 하는 생활 습관의 조정도 여기 들어갑니다. 입상을 목표로 훈련하는 러너는 전방위적인 건강과 체력을 목표로 훈련하는 러너와 완전히 다른 계획을 짤 거예요. 프로그램에 얼마만큼의 시간을 투자할지 결정하는 것도, 삶의 형태를 가장 잘 보완해 줄 체력 수준을 결정하는 것도 당신의 몫입니다. 이러한 결정 과정에 있어 고려해야 할 요소는 다음과 같습니다.

- 경기 출전 여부
- 시간 관리
- 지속 가능성

결정을 내리고 나면 15장에서 자신의 계획에 가장 알맞은 훈련 일정을 고를 수도 있고, 아니면 이 책에서 얻은 지식(과 개인적인 경험)을 토대로 자신만의 프로그램을 만들 수도 있습니다. 훈련 일정을 수립한 다음에는 워크아웃의 효과를 최대한 누릴 수 있게 만드는 몇 가지 훈련의 원칙을 살펴보아야 합니다.

러닝 계획의 수립

러닝 계획을 짤 때는 훈련의 조각들, 그러니까 러닝이나 드릴이나 저항 훈련이나 스트레칭을 비롯한 개별 요소부터 생각하면 안 됩니다. 그보다는 당신이 이루고자 하는 것이 무엇인가를 생각하고, 이 목표를 이뤄줄 훈련 프로그램을 실현할 수 있는 여유가 일상 속에 얼마나 있는지 현실성 있게 평가해야 합니다. 이러한 결정에 영향을 미치는 요소를 몇 가지 함께 살펴볼게요.

경기 출전 여부

당신은 왜 달리나요? 1장 첫째 줄에서도 똑같이 했던 이 질문은, 훈련 프로그램을 잡기 전에 대답해야 할 질문이기도 합니다.

만일 체중감량이나 건강 증진이나 스트레스 완화처럼 경기와 상관없는 이유로 훈련하고 있다면, (저항 훈련이나 크로스 트레이닝 같은) 전방위적인 운동을 프로그램에 넣고 (템포 런이나 장거리 반복주처럼) 러닝에 특화된 운동의 비중을 줄일 수 있습니다. 훈련이 경기와 무관하다면 경기에서 최고 기록을 내기 위해 적응을 거듭해나갈 필요가 없기 때문에 일정을 보다 재량껏 짤 수 있습니다. 또한 볼륨과 강도를 낮춘 일정을 짤 수 있으므로 다칠 가능성도 줄어듭니다. 쑤시고 결리는 곳 없이 강하고 탄력 있고 활기찬 느낌으로 하루를 보낼 수 있을 거예요.

경기에 출전하고 싶지만 입상이 아니라 완주를 목표로 하는 경우, 균형 잡힌 프로그램과 러닝 볼륨이 높은 프로그램 사이에서 결정을 내려야 합니다. 어느 쪽을 고르든 간에 24장에 설명해 둔 경주 프로그램 설계법을 참고해야 할 거예요.

경주 입상을 목표로 훈련하고 있다면, 반드시 훈련의 볼륨과 강도를 높여야 합니다. 해소되지 않은 피로가 종일 남아있을 테고, 결리고 쑤시는 곳도 있을 테고, 부상의 위험도 높아질 테죠. 앞뒤의 워크아웃이 긴밀히 엮여있기 때문에 일정을 유연하게 짜기도 어렵습니다. 워크아웃을 건너뛰거나 변경했다가는 몇 주치의 훈련이 물거품이 될 수도 있어요.

초보자 가이드

건강과 체력은 목적이 아니라 여정입니다. *당신의* 몸과 마음을 더 건강하고 굳건하고 유연하게 변모시키는 점진적 과정이에요. 훈련 일정은 꾸준히 이어나갈 수 있는 것으로 골라야 합니다. 당신의 삶과 충돌하는 일정이 아니라 보완할 수 있는 일정을 택하세요. 그런 다음에는 몸에서 오는 피드백을 바탕으로 훈련과 목표를 바꾸는 수정 과정도 기꺼이 받아들여야 합니다.

달리기 이야기

“러너가 저지르는 열 가지 실수”

훈련에서 생기는 실수는 훈련을 잘못 시작하지 않았음에도 우리의 목표를 방해하곤 합니다. 길 위에서 나자빠지고 싶은 사람은 없겠죠. 지금부터 러너들이 흔히 범하는 열 가지 실수를 함께 알아봅시다.

1. **빠른 출발:** 워크아웃에서 속도를 너무 빠르게 잡으면 워크아웃이 완전히 달라집니다. 잘못된 근섬유를 훈련하고, 잘못된 에너지 시스템을 활용하고, 잘못된 근신경 경로가 탄생합니다. 워크아웃을 줄이거나 멈추는 상황도 발생하죠.
2. **어중간한 러닝:** 모든 워크아웃에서 자신의 체력을 증명해야 한다고 믿는 러너들이 더러 있습니다. 이들은 편한 러닝마저도 너무 높은 강도로 뛴 나머지 정작 강도를 높여 힘들게 달려야 할 때는 피로에 절어 있게 되죠. 그 결과 편한 장거리 달리기와 스피드 워크의 효능을 완전히 누리지 못하는 어중간한 달리기만이 남게 됩니다.
3. **속도 제한:** 마일리지만 뜯어먹고 살 수는 없습니다. 다른 것 없이 장거리만 달리게 되면 속근 섬유의 위축, 신경계 효율의 저하, 근육의 완충 능력 감소, 경주 중 산증의 증가로 이어집니다. 스피드 워크를 적절하게 실시하면 이러한 요소를 모조리 뒤집어서 향상으로 이끌 수 있습니다.
4. **회복 부족:** 달리기는 근섬유와 결합조직을 손상시키고, 저장된 연료와 호르몬을 고갈시키고, 신경계를 피로하게 합니다. 복구에는 시간이 걸려요. 어린 러너는 고된 워크아웃 사이에 2~4일의 간격이 필요합니다. 늙은 러너는 두 배 더 쉬어야 할 수도 있고요.
5. **무자비한 워크아웃:** 다다익선이 무조건 통한다고 믿는 러너도 있습니다. 더 멀리, 더 많이, 더 빨리 뛰어야 한다고 믿는 거죠. 그러다 보면 워크아웃 동안 몸에 가해지는 부담이 경주에서 뛸 때보다 많아질 수밖에 없습니다. 부상과 질병과 번아웃의 위험에 노출되는 셈이죠. 괴물 같은 워크아웃을 한 번 하고 나면 최대 2주까지 쉬어야 할 수도 있습니다.
6. **계획 고정:** 워크아웃을 시작하고 나면 무슨 수를 써서라도 이를 지키려고 하는 러너가 많습니다. 그러나 날씨, 피로, 알레르기처럼 예측 불가능한 여러 변수가 워크아웃에 영향을 줄 수 있습니다. 워크아웃 도중에 조정을 가하면 오버트레이닝의 위험 없이 훈련의 효과를 얻을 수 있습니다.
7. **뷔페식 러닝:** 《러너스 월드》의 스콧 더글러스는 그때그때 가장 마음에 드는 워크아웃을 골라잡으며 결국 온갖 워크아웃을 다 해보는 러너를 가리켜, 훈련을 뷔페처럼 대한다며 이 용어를 만들었습니다. 이러한 훈련 방식은 퍼즐 세트 여러 개에서 조각을 몇 개씩 떼어다가 조립하는 것과 마찬가지입니다.
8. **원리주의:** 러닝 원리주의자들은 결과가 어떻든 간에 오래된 훈련 프로그램을 사수합니다. 세상만사는 변하게 마련입니다. 몸도, 건강도, 경험도, 나이도요. 1년차에 효과가 있었던 것도 5년차나 50년차가 되면 통하지 않습니다.
9. **부상 무시:** 연구에 따르면 50~80%에 달하는 러너가 언젠가는 부상을 당하게 된다고 합니다. 이 사실에서 눈을 돌린 채 한 번에 10~15분씩 주 3~4일이면 충분한 부상 예방 루틴을 거르는 러너들이 많아요. 불행히도 부상에서의 회복 루틴은 대개 몇 달이 소요됩니다.
10. **현실성 결여:** 현재의 체력 수준이 아니라 가지고 싶은 체력 수준을 기반으로 워크아웃을 짜는 러너도 많습니다. 곧 부자가 되리라는 믿음으로 10억짜리 포르쉐 918 스파이더를 사는 것과 전혀 다르지 않죠. 현재 체력 수준에서 시작하세요. 애써 눈을 돌리지 말고요.

물론 그 과정에서 당신의 몸 안에 얼마나 큰 잠재력이 있었는지 깨닫게 될 테고, 달리는 동안에는 (때때로 행복에 겨울 만큼) 기분이 좋을 거예요.

시간 관리

야망으로 가득한 훈련 프로그램을 계획하고 나서야 워크아웃을 완료할 시간이 없다는 것을 깨닫는 일이 있어서는 안 되겠죠. 애초부터 가족, 직업, 사회적 책무, 사회생활로 촘촘히 짜인 삶에 가장 잘 들어맞는 훈련 일정을 골라야 합니다. 그렇게 하지 않으면 머지않아 훈련과 인생 중에 하나를 선택해야 하는 순간이 찾아오고 맙니다. 승자는 당연히 인생이 될 테고요. 스스로를 방해하지 마세요. 아울러 워크아웃에 드는 시간은 운동을 완료하는 데 걸리는 시간보다 더 많이 필요하다는 것도 기억하고 있어야 합니다. 가령 60분 달리기를 한다고 치면 러닝 전에 옷을 갈아입고 장비를 갖추는 데 10분, 러닝 후에 샤워를 하고 일상복으로 갈아입는 데 20~30분이 필요합니다(똘똘한 사람은 여기에 러닝 후 스트레칭과 운동으로 10~15분이 더 필요할 테고요). 빠듯한 일정을 억지로 끼워맞추려 들지 마세요. 시간은 현명하게 계획해야 하는 법입니다.

지속 가능성

오랫동안 유지할 수 있는 훈련 계획을 잡는 것도 중요합니다. 훈련이 너무 고되면 부상과 질병과 번아웃이 거의 항상 빠르게 찾아옵니다. 우리 몸은 그렇게 빨리 적응할 수도 없거니와, 동기를 유지하기도 힘들 거예요. 아울러 서두르는 것도 금물입니다. 러너로 살다 보면 수행능력과 전반적인 건강이 최소한 10년 동안 모두 향상되는 것을 확인할 수 있을 거예요. 맞아요, 10년이라니까요. 지금 몇 살인지는 관계가 없습니다. 하지만 그러한 향상을 경험하려면 건강과 꾸준함을 유지해야 합니다. 요컨대 훈련이 감당할 만한 수준이어야 한다는 뜻이에요. 달리기가 몸과 건강과 기분과 사회생활에 선사하는 모든 혜택에는 장기간의 참여가 전제됩니다. 따라서 프로그램을 고르는 일은 매일 기쁘게 맞이할 삶의 요소라는 측면에서 친구를 고르는 일과 같아야 합니다.

훈련의 원칙

러닝 계획을 수립했다면, 이제 훈련의 기본이 되는 원칙(과 함께 어겨서는 안 되는 규칙)을 몇 가지 짚고 넘어가 볼게요.

지금의 몸으로 훈련할 것: 생리적 특성과 잠재력은 사람마다 다릅니다. 다른 사람의 방식으로 훈련해 봐야 당신만의 몸을 만들 수는 없습니다.

지금의 체력으로 훈련할 것: 훈련 강도를 높인다 해도 원하는 목표에 빠르게 다다르지는 못합니다. 오히려 부상과 질병과 번아웃의 위험이 늘어나고 체력이 회복되지 않아 고통받겠죠.

훈련을 목적이 아닌 여정으로 받아들일 것: 건강상의 목표와 경기의 목표는 이정표에 불과합니다. 이정표가 가리키는 방향을 향해 꾸준히 나아가세요. 체력이 향상되는 동안 훈련은 끊임없이 이어져야 합니다.

특화시키지 말 것: 몸을 이루는 모든 구성요소를 전부 강화하기 전까지는 특화된 훈련으로 넘어가지 마세요. 이 책에 나온 훈련만으로도 5K부터 마라톤에 이르는 모든 경주를 대비할 수 있습니다.

10% 규칙: 훈련 볼륨을 올릴 때는 지난주보다 10% 이상 올리지 말라는 것이 10% 규칙입니다. 하지만 10% 규칙은 러너들의 실전 훈련 양상을 반영하지 못할 때가 많으므로, 이런 경우 3주 규칙을 활용하세요.

3주 규칙: 우리 몸이 마일리지와 강도의 증가에 적응하려면 시간이 듭니다. 볼륨이나 강도를 크게 높였다면 최소한 3주는 이를 유지한 다음에 다시 올려야 합니다.

강-약 규칙: 낮은 강도로 며칠 훈련했으면 그 다음 며칠은 높은 강도로 훈련하고, 몇 주 힘들게 훈련했드면 한 주는 편하게 훈련하고, 한 시즌 힘들게 훈련했으면 몇 주는 아주 편하게 훈련해야 합니다.

웜업: 우리 몸이 생리적으로 고된 훈련에 대한 준비 태세를 갖추려면 10~15분 동안 (조깅, 동적 스트레칭, 스트라이드 등의) 운동을 해야 합니다.

쿨다운: 생리학자들은 쿨다운의 가치를 두고 논쟁을 벌이기도 하지만, 코치와 선수들은 쿨다운의 가치에 토를 달지 않습니다. 여기서는 코치와 선수의 말을 들으세요.

근섬유별 훈련법: 지근 섬유의 훈련에는 양(거리)이 필요하고, 속근 섬유의 훈련에는 질(반복주, 언덕 달리기, 드릴 등)이 필요합니다. 모든 종류의 근섬유를 적절히 훈련시키는 단 하나의 워크아웃 따위는 세상에 없습니다.

반복주의 규칙: 반복주를 뛸 때는 반복주 구간을 한두 번 더 뛸 수 있는 상태에서 워크아웃을 마쳐야만 합니다. 그래야 오버트레이닝에 빠지지 않습니다.

언덕 달리기: 우수한 러너가 되고 싶다면 언덕 오래 달리기, 장거리 언덕 반복주, 짧은 오르막/내리막 스프린트를 실시해야 합니다.

특수성의 원칙: 연습으로 하는 훈련은 실제 경기에서 하려는 활동과 반드시 일치해야 합니다. 자전거를 타는 일은 (그 자체로만 보면) 좋은 활동이지만, 자전거를 열심히 탄다고 해서 더 나은 러너가 되지는 않습니다.

훈련은 한 번만: 숙련된 러너에게는 하루에 두 번씩 달리는 것이 (볼륨 증가, HGH 분비 증가, 러닝 효율 향상 측면에서) 도움이 될 수도 있지만, 달리기가 처음인 사람들에게는 일반적으로 너무 과합니다.

경주하듯 하지 말 것: 경주에는 100%의 전력을 다해야 하며, 출전 전에는 테이퍼링을 해야 하고, 출전 후에는 회복을 해야 합니다. 워크아웃에 100%의 전력을 다하면 마찬가지 일이 벌어집니다. 100%의 반복주를 여러 번 하려는 분들은 다음 원칙을 읽어 보세요.

과유불급의 원칙: 모자란 듯한 훈련을 하면 기분도 좋고 언제나 향상을 거듭할 수 있습니다. 하지만 오버트레이닝을 하면 기분이 늘 지옥 같을 테고, 회복에도 몇 주는 걸립니다.

달리기에 관해서는 보수적이고 참을성 있는 방식을 택하는 쪽이 거의 항상 긍정적인 결과를 가져옵니다. 달리기 좋은 몸을 만드는 데에는 시간이 걸리니까요. 단 한 번의 워크아웃으로는 이룰 수 없는 일입니다. 두어 번이 됐든 열두어 번이 됐든 마찬가지예요. 잠재력을 끌어내려면 수십 수백 번의 워크아웃을 겪어내야 합니다.

지름길은 없어요.

오버트레이닝도 통하지 않습니다.

이것만 하면 해결된다는 운동법들로 해결되는 것은 없어요.

세상에는 좋은 워크아웃이 있는 것이 아니라 좋은 훈련 프로그램이 있을 뿐입니다. 이 책에서 훈련에 관해 한 가지만 기억하겠다면, 이 문장을 고르세요.

당신의 삶에 쉽게 녹아드는 계획을, 1일차부터 쭉 이어나갈 수 있는 계획을, 목표를 달성하는 힘이 있는 계획을 택하세요. 포기하지 않고 지속할 수 있는 계획을요.

15

훈련 일정으로 가다듬는 달리기

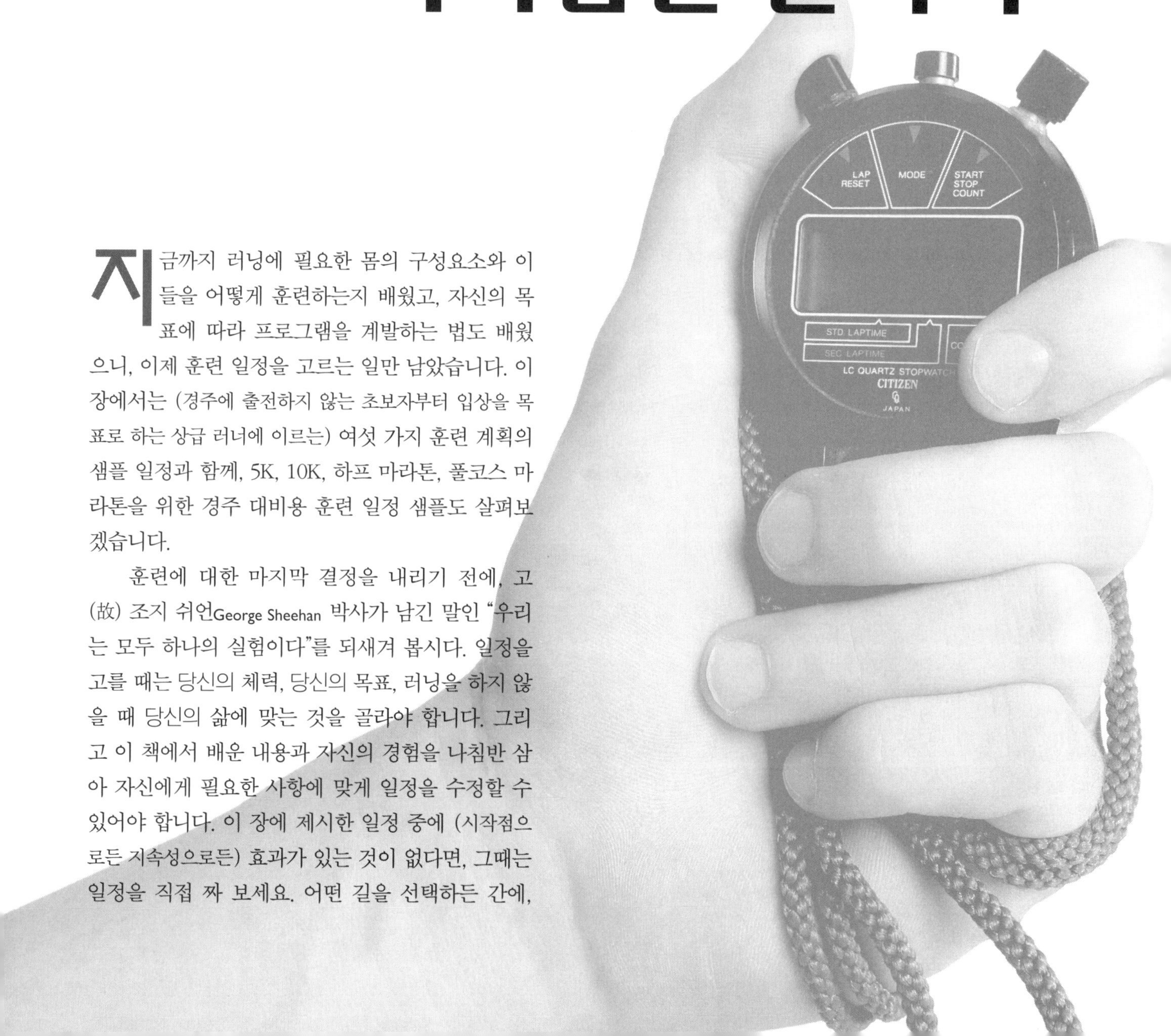

지금까지 러닝에 필요한 몸의 구성요소와 이들을 어떻게 훈련하는지 배웠고, 자신의 목표에 따라 프로그램을 계발하는 법도 배웠으니, 이제 훈련 일정을 고르는 일만 남았습니다. 이 장에서는 (경주에 출전하지 않는 초보자부터 입상을 목표로 하는 상급 러너에 이르는) 여섯 가지 훈련 계획의 샘플 일정과 함께, 5K, 10K, 하프 마라톤, 풀코스 마라톤을 위한 경주 대비용 훈련 일정 샘플도 살펴보겠습니다.

훈련에 대한 마지막 결정을 내리기 전에, 고(故) 조지 쉬언George Sheehan 박사가 남긴 말인 "우리는 모두 하나의 실험이다"를 되새겨 봅시다. 일정을 고를 때는 당신의 체력, 당신의 목표, 러닝을 하지 않을 때 당신의 삶에 맞는 것을 골라야 합니다. 그리고 이 책에서 배운 내용과 자신의 경험을 나침반 삼아 자신에게 필요한 사항에 맞게 일정을 수정할 수 있어야 합니다. 이 장에 제시한 일정 중에 (시작점으로든 지속성으로든) 효과가 있는 것이 없다면, 그때는 일정을 직접 짜 보세요. 어떤 길을 선택하든 간에,

새로운 피트니스의 여정을 시작하기에 앞서 다음의 지침을 기억해 두길 바랍니다.

1. **사진으로 보는 워크아웃:** 별도의 코멘트가 달려 있지 않은 이상, 각각의 일정에는 이 책의 '사진으로 보는 워크아웃'에 해당하는 내용이 들어가 있습니다. 워크아웃의 효과를 최대한 누릴 수 있도록 지시를 따라 주세요.
2. **볼륨/강도:** 일정 내의 워크아웃에서 볼륨이나 강도를 높이는 것은 권장되지 않습니다.
3. **웜업/쿨다운:** 고된 워크아웃을 할 때는 웜업과 쿨다운을 반드시 실시합니다.
4. **페이스:** (5K 페이스와 같은) 특정 워크아웃에서의 페이스를 모르는 경우 '반복주의 규칙'을 활용하세요(14장 참조).
5. **회복 시간:** 별도의 코멘트가 달려 있지 않은 이상, 회복 시간은 사진으로 보는 워크아웃에 나온 대로 가져가야 합니다. 범위로 제시된 경우 초반에는 (회복 시간을) 길게 잡고, 체력이 향상되면 범위 내에서 줄여 나갑니다.
6. **추천 운동:** 일정 안에는 초보자를 위한 저항 훈련, 드릴, 플라이오메트릭 운동이 들어가 있습니다. 몇 세션 정도 시행한 다음에는 재량껏 운동을 넣거나 빼도 좋습니다.
7. **러닝이 끝난 뒤:** 러닝 후 루틴과 스트레칭을 정해진 날짜가 아니라 다른 날짜로 옮기고 싶은 분도 있을 겁니다. 일주일에 최소 두 번 이상 하기만 한다면 날짜를 옮겨도 괜찮습니다.
8. **부상 예방 운동:** 부상에서 재활 중인 분이나 부상 예방에 관심이 있는 분은 러닝 후 루틴이나 저항 훈련 세션에 351쪽의 '부상 예방' 표에 나온 부상 특화 운동을 끼워서 해 보세요.
9. **휴식:** 운동을 줄이고 싶거나 아예 쉬고 싶은 날이 있다면 그래도 좋습니다.
10. **워크아웃을 빼먹었을 때:** 워크아웃을 빼먹었다면 이를 어떻게든 채우려 들지 말고 그냥 건너뛰세요.
11. **추가 워크아웃:** 워크아웃을 바꾸고 싶다거나 (12장의 러닝 서킷 같은) 추가 워크아웃을 하고 싶다면 해도 되지만, 그렇게 하면 그 주에 힘든 워크아웃이 한 번 더 늘어나는 셈이니 원래 있던 힘든 워크아웃을 빼야만 합니다. 한 주에 힘든 세션을 너무 많이 넣으면 오버트레이닝의 위험에 노출될 뿐입니다.
12. **경주:** 이 장에는 경주에 특화된 샘플 일정도 실려 있습니다. 경주와 무관한 일정을 소화하는 동안 갑자기 경주에 참가하고 싶다고요? 얼마든지요! 경주를 앞두었을 때는 테이퍼링 주간을 두고, 경주가 끝난 다음 주에는 훈련 부하를 낮추어야 합니다. 그러고 난 다음에는 원래 하던 대로 일정을 이어 나가면 됩니다.

부디 현명하게 일정을 소화해 내시길. 행운을 빌게요!

샘플 훈련 일정

초보 러너와 복귀하는 러너를 위한 12주 훈련
:경기에 출전하지 않는 경우

주차	일요일	월요일	화요일	수요일	목요일	금요일	토요일
1	휴식	편하게 걷기[52쪽]: 10~15분	휴식	편하게 걷기[52쪽]: 10~15분	휴식	편하게 걷기[52쪽]: 10~15분 + 초보자용 RT*	휴식 또는 편하게 걷기 [52쪽]: 10~15분
2	휴식	편하게 걷기[52쪽]: 20분	휴식	빠르게 걷기[52쪽]: 15분	휴식	편하게 걷기[52쪽]: 20분 + 초보자용 RT*	휴식 또는 편하게 걷기 [52쪽]: 10~15분
3	휴식	빠르게 걷기[52쪽]: 15~20분 + 스트레칭**	휴식	편하게 걷기[52쪽]: 20분 + 초보자용 RT*	휴식	걷기/조깅[53쪽]: 20분 + 초보자용 RT* + 스트레칭**	휴식 또는 편하게 걷기 [52쪽]: 20분
4	휴식	걷기/조깅[53쪽]: 20분 + 스트레칭**	휴식	편하게 걷기[52쪽]: 20분 + 초보자용 RT*	휴식	걷기/조깅[53쪽]: 20분 + 초보자용 RT* + 스트레칭**	휴식 또는 편하게 걷기 [52쪽]: 20분 또는 XT†
5	휴식	걷기/조깅[53쪽]: 20분 + 스트레칭**	휴식	편하게 걷기[52쪽]: 20분 + 초보자용 RT*	휴식	걷기/조깅[53쪽]: 20분 + 초보자용 RT* + 스트레칭**	휴식 또는 편하게 걷기 [52쪽]: 20분 또는 XT†
6	휴식	걷기/조깅[53쪽]: 20분 + 스트레칭**	휴식	편하게 걷기[52쪽]: 20분 + 초보자용 RT*	휴식	조깅/편한 달리기 [53쪽]: 20분 + 초보자용 RT* + 스트레칭**	휴식 또는 편하게 걷기 [52쪽]: 20분 또는 XT†
7	휴식	조깅/편한 달리기 [53쪽]: 20~30분 + 스트레칭**	휴식	걷기/조깅[53쪽]: 20~30분 + 러너 360[58쪽]: 1세트	휴식	조깅/편한 달리기 [53쪽]: 20~30분 + 웨이트 룸 루틴 [64쪽] + 스트레칭**	휴식 또는 걷기/조깅 [53쪽]: 20~30분 또는 XT†
8	휴식	조깅/편한 달리기 [53쪽]: 20~30분 + 스트레칭**	휴식	걷기/조깅[53쪽]: 20~30분 + 러너 360[58쪽]: 1세트	휴식	조깅/편한 달리기 [53쪽]: 20~30분 + 웨이트 룸 루틴 [64쪽] + 스트레칭**	휴식 또는 걷기/조깅 [53쪽]: 20~30분 또는 XT†
9	휴식	조깅/편한 달리기 [53쪽]: 20~30분 + 스트레칭**	휴식	조깅/편한 달리기 [53쪽]: 15~20분 + 스트라이드[56쪽] + 러너 360[58쪽]: 1세트	휴식	편한 장거리 달리기 [54쪽]: 20~30분 + 웨이트 룸 루틴 [64쪽] + 스트레칭**	휴식 또는 걷기/조깅 [53쪽]: 20~30분 또는 XT†
10	휴식	초보자용 파틀렉 [54쪽]: 10~15분 + 스트레칭**	휴식	조깅/편한 달리기 [53쪽]: 20~30분 + 러너 360[58쪽]: 1세트	휴식	편한 장거리 달리기 [54쪽]: 20~30분 + 웨이트 룸 루틴 [64쪽] + 스트레칭**	휴식 또는 조깅/편한 달리기[53쪽]: 20~30분 또는 XT†

주차	일요일	월요일	화요일	수요일	목요일	금요일	토요일
11	휴식	오래달리기[133쪽] 30~40분 + 스트라이드[56쪽] + 스트레칭**	휴식	조깅/편한 달리기 [53쪽]: 20~30분 + 러너 360[58쪽]: 1세트	휴식	편한 장거리 달리기 [54쪽]: 20~30분 + 웨이트 룸 루틴 [64쪽] + 스트레칭**	휴식 또는 조깅/편한 달리기[53쪽]: 20~30분 또는 XT†
12	휴식	초보자용 파틀렉 [54쪽]: 15~20분 + 스트레칭**	휴식	조깅/편한 달리기 [53쪽]: 20~30분 + 러너 360[58쪽]: 1세트	휴식	장거리 달리기 [55쪽]: 20~40분 + 웨이트 룸 루틴 [64쪽] + 스트레칭**	휴식 또는 조깅/편한 달리기[53쪽]: 20~30분 또는 XT†

비고

***초보자용 RT(저항훈련)**

레그 리프트[1세트, 64쪽], 러시안 오블리크 트위스트[1세트, 66쪽], 사이드 레그 리프트[1세트, 226쪽], 푸시업[1세트, 66쪽], 에어 스쿼트[1세트, 226쪽], 맨몸 런지[1세트, 69쪽] 힐 레이즈(무릎 펴고)[1세트, 71쪽], 덤벨 암 스윙[1세트, 68쪽]

참고: 초보자는 위에 나열한 운동을 각 1세트씩으로 시작해야 합니다. '집에 있는 물건을 활용한' 루틴(111~114쪽)을 대체재로 써도 무관합니다만, '러너 360'이나 '웨이트 룸 루틴'으로 넘어가지는 마세요.

****스트레칭은 한 종류만:** AIS[108쪽], PNF[75쪽], 정적 스트레칭[81쪽]

†XT=크로스 트레이닝[157~161쪽]: 크로스 트레이닝을 고르는 경우 지정한 러닝에 상응하는 강도/시간에 맞는 유산소 워크아웃을 실시해야 합니다.

초보 러너와 복귀하는 러너를 위한 12주 훈련
:경기에 출전하는 경우

주차	일요일	월요일	화요일	수요일	목요일	금요일	토요일
1	휴식	편하게 걷기[52쪽]: 10~15분	휴식	편하게 걷기[52쪽]: 10~15분	휴식	편하게 걷기[47쪽]: 10~15분 + 초보자용 RT*	휴식 *또는* 편하게 걷기[52쪽]: 10~15분
2	휴식	편하게 걷기[52쪽]: 20분	휴식	빠르게 걷기[52쪽]: 15분	편하게 걷기[52쪽]: 20분 + 스트레칭**	휴식	걷기/조깅[53쪽]: 20분 + 초보자용 RT*
3	휴식	걷기/조깅[53쪽]: 20분 + 스트레칭**	휴식	걷기/조깅[53쪽]: 20분	편하게 걷기[52쪽]: 20분 + 초보자용 RT*	휴식	조깅/편한 달리기[53쪽]: 15~20분 + 초보자용 RT*
4	휴식	조깅/편한 달리기[53쪽]: 20분 + 스트라이드[56쪽] + 스트레칭**	휴식 *또는* XT†	조깅/편한 달리기[53쪽]: 20분	걷기/조깅[53쪽]: 20분 + 초보자용 RT* + 스트레칭**	휴식	편한 장거리 달리기[54쪽]: 20~30분 + 초보자용 RT*
5	휴식	조깅/편한 달리기[53쪽]: 20분 + 스트라이드[56쪽] + 스트레칭**	휴식 *또는* XT†	조깅/편한 달리기[53쪽]: 20분	걷기/조깅[53쪽]: 20분 + 초보자용 RT* + 스트레칭**	휴식	편한 장거리 달리기[54쪽]: 20~30분 + 초보자용 RT*
6	휴식	편한 장거리 달리기[54쪽]: 20분 + 스트라이드[56쪽] + 스트레칭**	휴식 *또는* XT†	편한 장거리 달리기[54쪽]: 20분	조깅/편한 달리기[53쪽]: 20분 + 초보자용 RT* + 스트레칭**	휴식	장거리 달리기[55쪽]: 30분 + 초보자용 RT*
7	휴식	초보자용 파틀렉[54쪽]: 10~25분 + 스트레칭**	휴식 *또는* XT†	편한 장거리 달리기[54쪽]: 20~30분	조깅/편한 달리기[53쪽]: 20분 + 초보자용 RT* *또는* 러닝 후 루틴† *중 택일*	휴식	장거리 달리기[55쪽]: 40분 + 초보자용 RT* *또는* 러닝 후 루틴† *중 택일*
8	휴식	5K 도로/트레일 반복주[135쪽]: 6×1분 + 스트레칭**	휴식 *또는* XT†	편한 장거리 달리기[54쪽]: 20~30분	조깅/편한 달리기[53쪽]: 20분 + 초보자용 RT* *또는* 러닝 후 루틴† *중 택일*	휴식	장거리 달리기[55쪽]: 40분 + 초보자용 RT* *또는* 러닝 후 루틴† *중 택일*
9	휴식	5K 도로/트레일 반복주[135쪽]: 6×2분 + 스트레칭**	휴식 *또는* XT†	장거리 달리기[55쪽]: 20~30분	편한 장거리 달리기[54쪽]: 20분 + 초보자용 RT* *또는* 러닝 후 루틴† *중 택일*	휴식	오래달리기[133쪽]: 45~50분 + 초보자용 RT* *또는* 러닝 후 루틴† *중 택일*
10	휴식	느린 템포 런[132쪽]: 10~15분 + 스트레칭**	휴식 *또는* XT†	장거리 달리기[55쪽]: 20~40분	힐 스트라이드[57쪽] + 초보자용 RT* *또는* 러닝 후 루틴† *중 택일*	휴식 *또는* 편한 장거리 달리기[54쪽]: 20~40분	오래달리기[133쪽]: 45~50분 + 초보자용 RT* *또는* 러닝 후 루틴† *중 택일*

주차	일요일	월요일	화요일	수요일	목요일	금요일	토요일
11	휴식	5K 도로/트레일 반복주[135쪽]: 4×3분 + 스트레칭**	휴식 *또는* XT†	장거리 달리기 [55쪽]: 20~40분	편한 장거리 달리기 [54쪽]: 20~30분 + 스트라이드[56쪽] + 초보자용 RT* *또는* 러닝 후 루틴† *중 택일*	휴식 *또는* 편한 장거리 달리기[54쪽]: 20~40분	오래달리기[133쪽]: 45~50분 + 초보자용 RT* *또는* 러닝 후 루틴† *중 택일*
12	휴식	5K 도로/트레일 반복주[135쪽]: 3×4분 + 스트레칭**	휴식 *또는* XT†	장거리 달리기 [55쪽]: 20~40분	힐 스트라이드 [57쪽] + 초보자용 RT* *또는* 러닝 후 루틴† *중 택일*	휴식 *또는* 편한 장거리 달리기[54쪽]: 20~40분	오래달리기[133쪽]: 45~50분 + 초보자용 RT* *또는* 러닝 후 루틴† *중 택일*

비고

***초보자용 RT(저항훈련)**

레그 리프트[1세트, 64쪽], 러시안 오블리크 트위스트[1세트, 66쪽], 사이드 레그 리프트[1세트, 226쪽], 푸시업[1세트, 66쪽], 에어 스쿼트[1세트, 226쪽], 맨몸 런지[1세트, 69쪽] 힐 레이즈(무릎 펴고)[1세트, 71쪽], 덤벨 암 스윙[1세트, 68쪽]

참고: 초보자는 위에 나열한 운동을 각 1세트씩으로 시작해야 합니다. '집에 있는 물건을 활용한' 루틴(111~114쪽)을 대체재로 써도 무관합니다만, '러너 360'이나 '웨이트 룸 루틴'으로 넘어가지는 마세요.

****스트레칭은 한 종류만:** AIS[108쪽], PNF[75쪽], 정적 스트레칭[81쪽]

†**XT=크로스 트레이닝**[157~161쪽]: 크로스 트레이닝을 고르는 경우 지정한 러닝에 상응하는 강도/시간에 맞는 유산소 워크아웃을 실시해야 합니다.

†**러닝 후 루틴**

집에 있는 물건을 활용한 루틴[111쪽], 웨이트 룸 루틴[64쪽], 러너 360[58쪽] 스트레칭(AIS[108쪽], PNF[75쪽], 정적 스트레칭[81쪽] 중 택일)

참고: 위의 세 가지 루틴 중 하나만 하되, 웨이트 룸 루틴이나 러너 360을 택했다면 스트레칭도 추가로 실시합니다.

중급자 러너를 위한 12주 훈련
:경기에 출전하지 않는 경우

주차	일요일	월요일	화요일	수요일	목요일	금요일	토요일
1	휴식	언덕 달리기[57쪽]: 30~40분	편한 장거리 달리기 [54쪽]: 20~40분 + 러닝 후 루틴*	휴식 또는 장거리 달리기 [55쪽]: 20~40분	스트라이드[56쪽] + 러닝 후 루틴*	휴식 또는 장거리 달리기 [55쪽]: 20~40분 또는 XT**	오래달리기 [133쪽]: 40~50분 + 러닝 후 루틴*
2	휴식	5K 도로/트레일 반복주[135쪽]: 8×1분	편한 장거리 달리기 [54쪽]: 20~40분 + 러닝 후 루틴*	휴식 또는 장거리 달리기 [55쪽]: 20~40분	힐 스트라이드 [57쪽] + 러닝 후 루틴*	휴식 또는 장거리 달리기 [55쪽]: 20~40분 또는 XT**	오래달리기 [133쪽]: 40~50분 + 러닝 후 루틴*
3	휴식	느린 템포 런 [132쪽]: 10~15분	편한 장거리 달리기 [54쪽]: 20~40분 + 러닝 후 루틴*	휴식 또는 장거리 달리기 [55쪽]: 20~40분	기술 드릴†	휴식 또는 장거리 달리기 [55쪽]: 20~40분 또는 XT**	오래달리기 [133쪽]: 40~50분 + 러닝 후 루틴*
4	휴식	언덕 달리기[57쪽]: 30~40분	편한 장거리 달리기 [54쪽]: 20~40분 + 러닝 후 루틴*	휴식 또는 장거리 달리기 [55쪽]: 20~40분	스트라이드[56쪽] + 러닝 후 루틴*	휴식 또는 장거리 달리기 [55쪽]: 20~40분 또는 XT**	오래달리기 [133쪽]: 50~60분 + 러닝 후 루틴*
5	휴식	5K 도로/트레일 반복주[135쪽]: 6×2분	편한 장거리 달리기 [54쪽]: 20~40분 + 러닝 후 루틴*	휴식 또는 장거리 달리기 [55쪽]: 20~40분	짧은 힐 스프린트 [212쪽]	휴식 또는 장거리 달리기 [55쪽]: 20~40분 또는 XT**	오래달리기 [133쪽]: 50~60분 + 러닝 후 루틴*
6	휴식	느린 템포 런 [132쪽]: 2×10분	편한 장거리 달리기 [54쪽]: 20~40분 + 러닝 후 루틴*	휴식 또는 장거리 달리기 [55쪽]: 20~40분	기술 드릴†	휴식 또는 장거리 달리기 [55쪽]: 20~40분 또는 XT**	오래달리기 [133쪽]: 50~60분 + 러닝 후 루틴*
7	휴식	언덕 달리기[57쪽]: 30~50분	편한 장거리 달리기 [54쪽]: 20~40분 + 러닝 후 루틴*	휴식 또는 장거리 달리기 [55쪽]: 20~40분	스트라이드[56쪽] + 러닝 후 루틴*	휴식 또는 장거리 달리기 [55쪽]: 20~40분 또는 XT**	오래달리기 [133쪽]: 60~75분 + 러닝 후 루틴*
8	휴식	5K 도로/트레일 반복주[135쪽]: 4×3분	편한 장거리 달리기 [54쪽]: 20~40분 + 러닝 후 루틴*	휴식 또는 장거리 달리기 [55쪽]: 20~40분	힐 스트라이드 [57쪽] + 러닝 후 루틴*	휴식 또는 장거리 달리기 [55쪽]: 20~40분 또는 XT**	오래달리기 [133쪽]: 60~75분 + 러닝 후 루틴*
9	휴식	느린 템포 런 [132쪽]: 15~20분	편한 장거리 달리기 [54쪽]: 20~40분 + 러닝 후 루틴*	휴식 또는 장거리 달리기 [55쪽]: 20~40분	플라이오메트릭†	휴식 또는 장거리 달리기 [55쪽]: 20~40분 또는 XT**	오래달리기 [133쪽]: 60~75분 + 러닝 후 루틴*
10	휴식	언덕 달리기[57쪽]: 30~50분	편한 장거리 달리기 [54쪽]: 20~40분 + 러닝 후 루틴*	휴식 또는 장거리 달리기 [55쪽]: 20~40분	스트라이드[56쪽] + 러닝 후 루틴*	휴식 또는 장거리 달리기 [55쪽]: 20~40분 또는 XT**	오래달리기 [133쪽]: 60~90분 + 러닝 후 루틴*
11	휴식	5K 도로/트레일 반복주[135쪽]: 4×3분	편한 장거리 달리기 [54쪽]: 20~40분 + 러닝 후 루틴*	휴식 또는 장거리 달리기 [55쪽]: 20~40분	짧은 힐 스프린트 [212쪽]	휴식 또는 장거리 달리기 [55쪽]: 20~40분 또는 XT**	오래달리기 [133쪽]: 60~90분 + 러닝 후 루틴*

주차	일요일	월요일	화요일	수요일	목요일	금요일	토요일
12	휴식	빠른 템포 런 [132쪽]: 2×10분	편한 장거리 달리기 [54쪽]: 20~40분 + 러닝 후 루틴*	휴식 *또는* 장거리 달리기 [55쪽]: 20~40분	기술 드릴†	휴식 *또는* 장거리 달리기 [55쪽]: 20~40분 *또는* XT**	오래달리기 [133쪽]: 60~90분 + 러닝 후 루틴*

비고

***러닝 후 루틴**

집에 있는 물건을 활용한 루틴[111쪽], 웨이트 룸 루틴[64쪽], 러너 360[58쪽] 스트레칭(AIS[108쪽], PNF[75쪽], 정적 스트레칭[81쪽] 중 택일)

참고: 위의 세 가지 루틴 중 하나만 하되, 웨이트 룸 루틴이나 러너 360을 택했다면 스트레칭도 추가로 실시합니다.

****XT=크로스 트레이닝**[157~161쪽]: 크로스 트레이닝을 고르는 경우 지정한 러닝에 상응하는 강도/시간에 맞는 유산소 워크아웃을 실시해야 합니다.

†(경기 미출전) 중급자용 기술 드릴

깡충뛰기[202쪽], 높이 깡충뛰기[202쪽], 플랫풋 마칭[203쪽], 하이 니즈[204쪽], 퀵 핏[201쪽], 엉덩이 차기-동적 유연성[200쪽]

†중급자용 플라이오메트릭

더블 레그 홉[205쪽], 박스 점프[208쪽], 퀵 홉[209쪽]

중급자 러너를 위한 12주 훈련
:경기에 출전하는 경우

주차	일요일	월요일	화요일	수요일	목요일	금요일	토요일
1	휴식 또는 장거리 달리기 [55쪽]: 30~60분 또는 XT*	5K 도로/트레일 반복주[135쪽]: 8×1분	편한 장거리 달리기 [54쪽]: 30~50분 + 러닝 후 루틴**	장거리 달리기 [55쪽]: 30~50분	힐 스트라이드[57쪽]	휴식 또는 편한 장거리 달리기[54쪽]: 30~40분 또는 XT*	오래달리기[133쪽]: 50~60분 + 러닝 후 루틴**
2	휴식 또는 장거리 달리기 [55쪽]: 30~60분 또는 XT*	5K 도로/트레일 반복주[135쪽]: 8×2분	편한 장거리 달리기 [54쪽]: 30~50분 + 러닝 후 루틴**	장거리 달리기 [55쪽]: 30~50분	언덕 반복주[134쪽]: 10~15×30초	휴식 또는 편한 장거리 달리기[54쪽]: 30~40분 또는 XT*	오래달리기[133쪽]: 50~70분 + 러닝 후 루틴**
3	휴식 또는 장거리 달리기 [55쪽]: 30~60분 또는 XT*	5K 도로/트레일 반복주[135쪽]: 6×3분	편한 장거리 달리기 [54쪽]: 30~50분 + 러닝 후 루틴**	장거리 달리기 [55쪽]: 30~50분	언덕 반복주[134쪽]: 8~12×45초	휴식 또는 편한 장거리 달리기[54쪽]: 30~40분 또는 XT*	오래달리기[133쪽]: 50~70분 + 러닝 후 루틴**
4	휴식 또는 장거리 달리기 [55쪽]: 30~60분 또는 XT*	빠른 템포 런 [132쪽]: 10~15분	편한 장거리 달리기 [54쪽]: 40~50분 + 러닝 후 루틴**	장거리 달리기 [55쪽]: 40~60분	기술 드릴†	휴식 또는 편한 장거리 달리기[54쪽]: 40~50분 또는 XT*	언덕 오래달리기 [57쪽]: 50~70분 + 러닝 후 루틴**
5	휴식 또는 장거리 달리기 [55쪽]: 30~60분 또는 XT*	5K 도로/트레일 반복주[135쪽]: 8×1분	편한 장거리 달리기 [54쪽]: 40~50분 + 러닝 후 루틴**	장거리 달리기 [55쪽]: 40~60분	언덕 반복주[134쪽]: 6~8×60초	휴식 또는 편한 장거리 달리기[54쪽]: 40~50분 또는 XT*	오래달리기[133쪽]: 60~75분 + 러닝 후 루틴**
6	휴식 또는 장거리 달리기 [55쪽]: 30~60분 또는 XT*	5K 도로/트레일 반복주[135쪽]: 8×1분	편한 장거리 달리기 [54쪽]: 40~50분 + 러닝 후 루틴**	장거리 달리기 [55쪽]: 40~60분	언덕 반복주[134쪽]: 4~6×90초	휴식 또는 편한 장거리 달리기[54쪽]: 40~50분 또는 XT*	오래달리기[133쪽]: 60~75분 + 러닝 후 루틴**
7	휴식 또는 장거리 달리기 [55쪽]: 30~60분 또는 XT*	빠른 템포 런 [132쪽]: 2×10분 (휴식시 3분간 조깅)	편한 장거리 달리기 [54쪽]: 40~60분 + 러닝 후 루틴**	장거리 달리기 [55쪽]: 50~60분	기술 드릴†	휴식 또는 편한 장거리 달리기[54쪽]: 40~60분 또는 XT*	언덕 오래달리기 [57쪽]: 60~75분 + 러닝 후 루틴**
8	휴식 또는 장거리 달리기 [55쪽]: 30~60분 또는 XT*	5K 도로/트레일 반복주[135쪽]: 8×1분	편한 장거리 달리기 [54쪽]: 40~60분 + 러닝 후 루틴**	장거리 달리기 [55쪽]: 50~60분	트랙 러닝[127쪽]: 12~16×200m, 3K 페이스로 (휴식시 200m 조깅)	휴식 또는 편한 장거리 달리기[54쪽]: 40~60분 또는 XT*	오래달리기[133쪽]: 60~90분 + 러닝 후 루틴**
9	휴식 또는 장거리 달리기 [55쪽]: 30~60분 또는 XT*	트랙 러닝[130쪽]: 12~16×400m, 10K 페이스로	편한 장거리 달리기 [54쪽]: 40~60분 + 러닝 후 루틴**	장거리 달리기 [55쪽]: 50~60분	언덕 반복주[134쪽]: 6×90초	휴식 또는 편한 장거리 달리기[54쪽]: 40~60분 또는 XT*	오래달리기[133쪽]: 60~90분 + 러닝 후 루틴**

주차	일요일	월요일	화요일	수요일	목요일	금요일	토요일
10	휴식 또는 장거리 달리기 [55쪽]: 30~60분 또는 XT*	빠른 템포 런 [132쪽]: 2×10분 (휴식시 3분간 조깅)	편한 장거리 달리기 [54쪽]: 50~60분 + 러닝 후 루틴**	장거리 달리기 [55쪽]: 50~60분	트랙 러닝[126쪽]: 12×200m, 1500m 페이스로 (휴식시 200m 조깅)	휴식 또는 편한 장거리 달리기[54쪽]: 40~60분 또는 XT*	언덕 오래달리기 [57쪽]: 60~90분 + 러닝 후 루틴**
11	휴식 또는 장거리 달리기 [55쪽]: 30~60분 또는 XT*	트랙 러닝[129쪽]: 12~16×400m, 5K 페이스로	편한 장거리 달리기 [54쪽]: 50~60분 + 러닝 후 루틴**	장거리 달리기 [55쪽]: 50~60분	기술 드릴†	휴식 또는 편한 장거리 달리기[54쪽]: 40~60분 또는 XT*	오래달리기[133쪽]: 60~120분 + 러닝 후 루틴**
12	휴식 또는 장거리 달리기 [55쪽]: 30~60분 또는 XT*	트랙 러닝[129쪽]: 5~6×1000m, 5K 페이스로	편한 장거리 달리기 [54쪽]: 50~60분 + 러닝 후 루틴**	장거리 달리기 [55쪽]: 50~60분	언덕 반복주[134쪽]: 4~6×90초	휴식 또는 편한 장거리 달리기[54쪽]: 40~60분 또는 XT*	오래달리기[133쪽]: 60~120분 + 러닝 후 루틴**

비고

*__XT=크로스 트레이닝__[157~161쪽]: 크로스 트레이닝을 고르는 경우 지정한 러닝에 상응하는 강도/시간에 맞는 유산소 워크아웃을 실시해야 합니다.

****러닝 후 루틴**

집에 있는 물건을 활용한 루틴[111쪽], 웨이트 룸 루틴[64쪽], 러너 360[58쪽] 스트레칭(AIS[108쪽], PNF[75쪽], 정적 스트레칭[81쪽] 중 택일)

참고: 위의 세 가지 루틴 중 하나만 하되, 웨이트 룸 루틴이나 러너 360을 택했다면 스트레칭도 추가로 실시합니다.

†**(경기 출전) 중급자용 기술 드릴**

깡충뛰기[202쪽], 높이 깡충뛰기[202쪽], 플랫풋 마칭[203쪽], 하이 니즈[204쪽], 바운딩[204쪽], 퀵 핏[201쪽], 엉덩이 차기-트리거 동작[200쪽], 엉덩이 차기-동적 유연성[200쪽]

상급자 러너를 위한 12주 훈련
:경기에 출전하는 경우

주차	일요일	월요일	화요일	수요일	목요일	금요일	토요일
1	장거리 달리기 [55쪽]: 60~70분 & 스트레칭* 또는 휴식	5K 도로/트레일 반복주[135쪽]: 6×3분	편한 장거리 달리기 [54쪽]: 60~70분 + 러닝 후 루틴**	장거리 달리기 [55쪽]: 60~75분	언덕 반복주 [134쪽]: 10~15분×30초	장거리 달리기 [55쪽]: 60~70분 & 스트레칭* 또는 XT***	오래달리기 [133쪽]: 75~90분
2	장거리 달리기 [55쪽]: 60~70분 & 스트레칭* 또는 휴식	5K 도로/트레일 반복주[135쪽]: 5×4분	편한 장거리 달리기 [54쪽]: 60~70분 + 러닝 후 루틴**	장거리 달리기 [55쪽]: 60~75분	언덕 반복주 [134쪽]: 8~12분×45초	장거리 달리기 [55쪽]: 60~70분 & 스트레칭* 또는 XT***	오래달리기 [133쪽]: 75~90분
3	장거리 달리기 [55쪽]: 60~70분 & 스트레칭* 또는 휴식	빠른 템포 런 [132쪽]: 2×10분 (휴식시 3분간 조깅) 또는 15분간 빠른 템포 런[132쪽]	편한 장거리 달리기 [54쪽]: 60~70분 + 러닝 후 루틴**	장거리 달리기 [55쪽]: 60~75분	기술 드릴†	장거리 달리기 [55쪽]: 60~70분 & 스트레칭* 또는 XT***	오래달리기 [133쪽]: 75~90분
4	장거리 달리기 [55쪽]: 60~70분 & 스트레칭* 또는 휴식	5K 도로/트레일 반복주[135쪽]: 4×5분	편한 장거리 달리기 [54쪽]: 60~70분 + 러닝 후 루틴**	장거리 달리기 [55쪽]: 60~75분	트랙 러닝 [126~127쪽]: 12~16×200m, 1500m~3K 페이스로, 시작은 느리고 끝은 빠르게(휴식시 200m 조깅) + 2차런†	장거리 달리기 [55쪽]: 60~70분 & 스트레칭* 또는 XT***	언덕 오래달리기 [133쪽]: 75~90분
5	장거리 달리기 [55쪽]: 60~70분 & 스트레칭* 또는 휴식	트랙 러닝[129쪽]: 16×400m, 5K 페이스로	편한 장거리 달리기 [54쪽]: 60~70분 + 러닝 후 루틴**	장거리 달리기 [55쪽]: 60~75분	언덕 반복주 [134쪽]: 6~8분×60초 + 2차런†	장거리 달리기 [55쪽]: 60~70분 & 스트레칭* 또는 XT***	오래달리기 [133쪽]: 90~105분
6	장거리 달리기 [55쪽]: 60~70분 & 스트레칭* 또는 휴식	빠른 템포 런 [132쪽]: 2×10분 (휴식시 3분간 조깅) 또는 15분간 빠른/느린 템포 런 [132쪽]	편한 장거리 달리기 [54쪽]: 60~70분 + 러닝 후 루틴**	장거리 달리기 [55쪽]: 60~75분	짧은 힐 스프린트 [212쪽] + 2차런†	장거리 달리기 [55쪽]: 60~70분 & 스트레칭* 또는 XT***	오래달리기 [133쪽]: 90~105분
7	장거리 달리기 [55쪽]: 60~70분 & 스트레칭* 또는 휴식	트랙 러닝[129쪽]: 5~6×1000m, 5K 페이스로 + 2차런†	편한 장거리 달리기 [54쪽]: 60~70분 + 러닝 후 루틴**	장거리 달리기 [55쪽]: 60~75분	기술 드릴† + 2차런†	장거리 달리기 [55쪽]: 60~70분 & 스트레칭* 또는 XT***	오래달리기 [133쪽]: 90~105분
8	장거리 달리기 [55쪽]: 60~70분 & 스트레칭* 또는 휴식	빠른 템포 런 [132쪽]: 2~3×10분 (휴식시 3분간 조깅) + 2차런† 또는 20분간 빠른 템포 런[132쪽] + 2차런†	편한 장거리 달리기 [54쪽]: 60~70분 + 러닝 후 루틴**	장거리 달리기 [55쪽]: 60~75분	언덕 반복주 [134쪽]: 4~6분×90초 + 2차런†	장거리 달리기 [55쪽]: 60~70분 & 스트레칭* 또는 XT***	오래달리기 [133쪽]: 90~120분

주차	일요일	월요일	화요일	수요일	목요일	금요일	토요일
9	장거리 달리기 [55쪽]: 60~70분 & 스트레칭* 또는 휴식	트랙 러닝 [126~127쪽]: 10×400m, 1500m~3K 페이스로, 시작은 느리고 끝은 빠르게 +2차런†	편한 장거리 달리기 [54쪽]: 60~70분 + 러닝 후 루틴**	장거리 달리기 [55쪽]: 60~75분	짧은 힐 스프린트 [212쪽] + 2차런†	장거리 달리기 [55쪽]: 60~70분 & 스트레칭* 또는 XT***	오래달리기 [133쪽]: 90~120분
10	장거리 달리기 [55쪽]: 60~70분 & 스트레칭* 또는 휴식	빠른 템포 런 [132쪽:] 2~3×10분(휴식시 3분간 조깅) + 2차런† 또는 20분간 빠른 템포 런[132쪽] + 2차런†	편한 장거리 달리기 [54쪽]: 60~70분 + 러닝 후 루틴**	장거리 달리기 [55쪽]: 60~75분 + 2차런†	기술 드릴† + 2차런†	장거리 달리기 [55쪽]: 60~70분 & 스트레칭* 또는 XT***	언덕 오래달리기 [133쪽]: 90~105분
11	장거리 달리기 [55쪽]: 60~70분 & 스트레칭* 또는 휴식	혼합 인터벌 [148쪽]: 샘플 워크아웃 2 + 2차런†	편한 장거리 달리기 [54쪽]: 60~70분 + 러닝 후 루틴**	장거리 달리기 [55쪽]: 60~75분 + 2차런†	언덕 반복주 [134쪽]: 6분×90초 + 2차런†	장거리 달리기 [55쪽]: 60~70분 & 스트레칭* 또는 XT***	오래달리기 [133쪽]: 90~135분
12	장거리 달리기 [55쪽]: 60~70분 & 스트레칭* 또는 휴식	트랙 러닝[129쪽]: 20×400m, 5K 페이스로 (회복 비율 1:1/2) + 2차런†	편한 장거리 달리기 [54쪽]: 60~70분 + 러닝 후 루틴**	장거리 달리기 [55쪽]: 60~75분 + 2차런†	짧은 힐 스프린트 [212쪽] + 2차런†	장거리 달리기 [55쪽]: 60~70분 & 스트레칭* 또는 XT***	오래달리기 [133쪽]: 90~135분

비고

***스트레칭은 한 종류만 실시합니다:** AIS[108쪽], PNF[75쪽], 정적 스트레칭[81쪽] 중 택일

****러닝 후 루틴**

집에 있는 물건을 활용한 루틴[111쪽], 웨이트 룸 루틴[64쪽], 러너 360[58쪽] 스트레칭(AIS[108쪽], PNF[75쪽], 정적 스트레칭[81쪽] 중 택일)

참고: 위의 세 가지 루틴 중 하나만 하되, 웨이트 룸 루틴이나 러너 360을 택했다면 스트레칭도 추가로 실시합니다.

*****XT=크로스 트레이닝**[157~161쪽]: 크로스 트레이닝을 고르는 경우 지정한 러닝에 상응하는 강도/시간에 맞는 유산소 워크아웃을 실시해야 합니다.

†상급자용 기술 드릴

깡충뛰기[202쪽], 높이 깡충뛰기[202쪽], 멀리 깡충뛰기[203쪽], 플랫풋 마칭[203쪽], 하이 니즈[204쪽], 바운딩[204쪽], 퀵 핏[201쪽], 카리오카(선택)[201쪽], 엉덩이 차기-트리거 동작[200쪽], 엉덩이 차기-동적 유연성[200쪽]

† 2차런=옵션으로 뛰어도 되는 2회차 러닝: 20~40분간 편한 장거리 달리기

중급자와 상급자 러너를 위한 12주 훈련
:시간이 모자라는 경우

주차	일요일	월요일	화요일	수요일	목요일	금요일	토요일
1	휴식	5K 도로/트레일 반복주[135쪽]: 8×1분	휴식	힐 스트라이드 [57쪽]	장거리 달리기 [55쪽]: 20~30분 & 러닝 후 루틴* 또는 XT**	휴식	오래달리기 [133쪽]: 40~60분 + 러닝 후 루틴*
2	휴식	5K 도로/트레일 반복주[135쪽]: 6×2분	휴식	언덕 반복주 [134쪽]: 10×30초	장거리 달리기 [55쪽]: 20~30분 & 러닝 후 루틴* 또는 XT**	휴식	오래달리기 [133쪽]: 40~60분 + 러닝 후 루틴*
3	휴식	느린 템포 런 [132쪽]: 15~20분	휴식	기술 드릴†	장거리 달리기 [55쪽]: 20~30분 & 러닝 후 루틴* 또는 XT**	휴식	오래달리기 [133쪽]: 40~60분 + 러닝 후 루틴*
4	휴식	HIIT[144쪽]: 기발라 8×60초, 5K 강도로 (휴식 75초)	휴식	언덕 반복주 [134쪽]: 8×45초	장거리 달리기 [55쪽]: 20~30분 & 러닝 후 루틴* 또는 XT**	휴식	오래달리기 [133쪽]: 40~60분 + 러닝 후 루틴*
5	휴식	5K 도로/트레일 반복주[135쪽]: 4×3분	휴식	플라이오메트릭†	장거리 달리기 [55쪽]: 20~30분 & 러닝 후 루틴* 또는 XT**	휴식	오래달리기 [133쪽]: 40~60분 + 러닝 후 루틴*
6	휴식	느린 템포 런 [132쪽]: 20분	휴식	기술 드릴†	장거리 달리기 [55쪽]: 20~30분 & 러닝 후 루틴* 또는 XT**	휴식	오래달리기 [133쪽]: 40~60분 + 러닝 후 루틴*
7	휴식	HIIT[144쪽]: 기발라 10×60초, 5K 강도로 (휴식 75초)	휴식	언덕 반복주 [134쪽]: 6×60초	장거리 달리기 [55쪽]: 20~30분 & 러닝 후 루틴* 또는 XT**	휴식	오래달리기 [133쪽]: 40~60분 + 러닝 후 루틴*
8	휴식	5K 도로/트레일 반복주[135쪽]: 3×4분	휴식	짧은 힐 스프린트 [212쪽]	장거리 달리기 [55쪽]: 20~30분 & 러닝 후 루틴* 또는 XT**	휴식	오래달리기 [133쪽]: 40~60분 + 러닝 후 루틴*
9	휴식	빠른 템포 런 [132쪽]: 15~20분	휴식	기술 드릴†	장거리 달리기 [55쪽]: 20~30분 & 러닝 후 루틴* 또는 XT**	휴식	오래달리기 [133쪽]: 40~60분 + 러닝 후 루틴*
10	휴식	HIIT[144쪽]: 기발라 12×60초, 5K 강도로 (휴식 75초)	휴식	언덕 반복주 [134쪽]: 4×90초	장거리 달리기 [55쪽]: 20~30분 & 러닝 후 루틴* 또는 XT**	휴식	오래달리기 [133쪽]: 40~60분 + 러닝 후 루틴*
11	휴식	5K 도로/트레일 반복주[135쪽]: 2×5분	휴식	플라이오메트릭†	장거리 달리기 [55쪽]: 20~30분 & 러닝 후 루틴* 또는 XT**	휴식	오래달리기 [133쪽]: 40~60분 + 러닝 후 루틴*

주차	일요일	월요일	화요일	수요일	목요일	금요일	토요일
12	휴식	빠른 템포 런 [132쪽]: 20분	휴식	기술 드릴†	장거리 달리기 [55쪽]: 20~30분 & 러닝 후 루틴* 또는 XT**	휴식	오래달리기 [133쪽]: 40~60분 + 러닝 후 루틴*

비고

***러닝 후 루틴**

집에 있는 물건을 활용한 루틴[111쪽], 웨이트 룸 루틴[64쪽], 러너 360[58쪽] 스트레칭(AIS[108쪽], PNF[75쪽], 정적 스트레칭[81쪽] 중 택일)

참고: 위의 세 가지 루틴 중 하나만 하되, 웨이트 룸 루틴이나 러너 360을 택했다면 스트레칭도 추가로 실시합니다.

****XT=크로스 트레이닝**[157~161쪽]: 크로스 트레이닝을 고르는 경우 지정한 러닝에 상응하는 강도/시간에 맞는 유산소 워크아웃을 실시해야 합니다.

†시간이 모자랄 때의 기술 드릴

깡충뛰기[202쪽], 높이 깡충뛰기[202쪽], 멀리 깡충뛰기[203쪽], 플랫풋 마칭[203쪽], 하이 니즈[204쪽], 바운딩[204쪽], 퀵 핏[201쪽], 엉덩이 차기-동적 유연성[200쪽]

‡시간이 모자랄 때의 플라이오메트릭

더블 레그 홉[205쪽], 박스 점프[208쪽], 수직 뎁스 점프(선택)[206쪽], 토 탭[208쪽], 측면 장애물 점프(선택)[209쪽], 퀵 홉[209쪽]

중급자와 상급자 러너를 위한 5K 대비 6주 훈련

주차	일요일	월요일	화요일	수요일	목요일	금요일	토요일
1	휴식 *또는* 장거리 달리기 [55쪽]: 30~70분	빠른 템포 런 [132쪽]: 2×10 (휴식시 3분간 조깅) + 2차런*	편한 장거리 달리기 [54쪽]: 40~70분 + 러닝 후 루틴**	장거리 달리기 [55쪽]: 50~75분 + 2차런*	트랙 러닝 [126~127쪽]: 12~16×200m, 1500m~3K 강도로, 시작은 느리고 끝은 빠르게 + 2차런*	장거리 달리기 [55쪽]: 30~70분 *또는* XT†	오래달리기 [133쪽]: 60~120분 + 러닝 후 루틴**
2	휴식 *또는* 장거리 달리기 [55쪽]: 30~70분	트랙 러닝[129쪽]: 12~16×400m, 5K 페이스로 + 2차런*	편한 장거리 달리기 [54쪽]: 40~70분 + 러닝 후 루틴**	장거리 달리기 [55쪽]: 50~75분 + 2차런*	언덕 반복주 [134쪽]: 6×90초 + 2차런*	장거리 달리기 [55쪽]: 30~70분 *또는* XT†	오래달리기 [133쪽]: 60~75분 + 러닝 후 루틴**
3	휴식 *또는* 장거리 달리기 [55쪽]: 30~70분	도로 반복주 (책에 없음): 10~20×30초, 1500m~3K 강도로, 회복주로 1분간 조깅 + 2차런*	편한 장거리 달리기 [54쪽]: 30~50분 + 러닝 후 루틴**	편한 장거리 달리기 [54쪽]: 30~50분 + 2차런*	편한 장거리 달리기 [54쪽]: 25분 + 스트라이드 [56쪽]: 4~8회 + 스트레칭†	조깅/편한 달리기 [53쪽]: 20분	연습 경주: 5K
4	휴식 *또는* 편한 장거리 달리기[54쪽]: 30~70분	장거리 달리기 [55쪽]: 50~75분 + 러닝 후 루틴** + 2차런*	장거리 달리기 [55쪽]: 50~75분 *또는* XT†	빠른 템포 런 [132쪽]: 2×10 (휴식시 3분간 조깅) + 2차런*	편한 장거리 달리기 [54쪽]: 40~60분	장거리 달리기 [55쪽]: 30~70분 & 러닝 후 루틴** *또는* XT†	오래달리기 [133쪽]: 60~120분
5	휴식 *또는* 장거리 달리기 [55쪽]: 30~70분	트랙 러닝[131쪽]: 4~6×1000m, 크루즈 인터벌로 (시간 기준 회복 비율 1:1) + 2차런*	편한 장거리 달리기 [54쪽]: 40~70분 + 러닝 후 루틴**	장거리 달리기 [55쪽]: 50~75분 + 2차런*	트랙 러닝 [126~127쪽]: 12×200m, 1500m~3K 강도로, 시작은 느리고 끝은 빠르게 + 2차런*	장거리 달리기 [55쪽]: 30~70분 *또는* XT†	오래달리기 [133쪽]: 60~75분 + 러닝 후 루틴**
6	휴식 *또는* 장거리 달리기 [55쪽]: 30~70분	트랙 러닝[129쪽]: 6~12×400m, 5K 페이스로 + 2차런*	편한 장거리 달리기 [54쪽]: 30~50분 + 러닝 후 루틴**	편한 장거리 달리기 [54쪽]: 30~50분	편한 장거리 달리기 [54쪽]: 25분 + 스트라이드 [56쪽]: 4~8회 + 스트레칭†	조깅/편한 달리기 [53쪽]: 20분	5K 출전

비고

*__2차런=옵션으로 뛰어도 되는 2회차 러닝:__ 20~40분간 편한 장거리 달리기

**__러닝 후 루틴__

집에 있는 물건을 활용한 루틴[111쪽], 웨이트 룸 루틴[64쪽], 러너 360[58쪽] 스트레칭(AIS[108쪽], PNF[75쪽], 정적 스트레칭[81쪽] 중 택일)

참고: 위의 세 가지 루틴 중 하나만 하되, 웨이트 룸 루틴이나 러너 360을 택했다면 스트레칭도 추가로 실시합니다.

†__XT=크로스 트레이닝__[157~161쪽]: 크로스 트레이닝을 고르는 경우 지정한 러닝에 상응하는 강도/시간에 맞는 유산소 워크아웃을 실시해야 합니다.

†__스트레칭은 한 종류만 실시합니다:__ AIS[108쪽], PNF[75쪽], 정적 스트레칭[81쪽] 중 택일

중급자와 상급자 러너를 위한 10K 대비 6주 훈련

주차	일요일	월요일	화요일	수요일	목요일	금요일	토요일
1	휴식 *또는* 장거리 달리기 [55쪽]: 30~70분	빠른 템포 런 [132쪽]: 2×10 (휴식시 3분간 조깅) + 2차런*	편한 장거리 달리기 [54쪽]: 40~70분 + 러닝 후 루틴**	장거리 달리기 [55쪽]: 50~75분 + 2차런*	트랙 러닝 [126~127쪽]: 12~16×200m, 1500m~3K 강도로, 시작은 느리고 끝은 빠르게 + 2차런*	장거리 달리기 [55쪽]: 30~70분 *또는* XT†	오래달리기 [133쪽]: 60~120분 + 러닝 후 루틴**
2	휴식 *또는* 장거리 달리기 [55쪽]: 30~70분	트랙 러닝[130쪽]: 12~20×400m, 10K 페이스로 + 2차런*	편한 장거리 달리기 [54쪽]: 40~70분 + 러닝 후 루틴**	장거리 달리기 [55쪽]: 50~75분 + 2차런*	언덕 반복주 [134쪽]: 6×90초 + 2차런*	장거리 달리기 [55쪽]: 30~70분 *또는* XT†	오래달리기 [133쪽]: 60~75분 + 러닝 후 루틴**
3	휴식 *또는* 장거리 달리기 [55쪽]: 30~70분	도로 반복주 (책에 없음): 10~20×30초, 1500m~3K 강도로, 회복주로 1분간 조깅 + 2차런*	편한 장거리 달리기 [54쪽]: 30~50분 + 러닝 후 루틴**	편한 장거리 달리기 [54쪽]: 30~50분 + 2차런*	편한 장거리 달리기 [54쪽]: 25분 + 스트라이드 [56쪽]: 4~8회 + 스트레칭†	조깅/편한 달리기 [53쪽]: 20분	연습 경주: 5K
4	휴식 *또는* 편한 장거리 달리기[54쪽]: 30~70분	장거리 달리기 [55쪽]: 50~75분 + 러닝 후 루틴** + 2차런*	장거리 달리기 [55쪽]: 50~75분 *또는* XT†	빠른 템포 런 [132쪽]: 2~3×10(휴식시 3분간 조깅) & 2차런* *또는* 20분간 빠른 템포 런 & 2차런*	편한 장거리 달리기 [54쪽]: 40~60분	장거리 달리기 [55쪽]: 30~70분 + 러닝 후 루틴**	오래달리기 [133쪽]: 60~120분
5	휴식 *또는* 장거리 달리기 [55쪽]: 30~70분	트랙 러닝[131쪽]: 4~8×1000m, 크루즈 인터벌로 (시간 기준 회복 비율 1:1) + 2차런*	편한 장거리 달리기 [54쪽]: 40~75분 + 러닝 후 루틴**	장거리 달리기 [55쪽]: 50~75분 + 2차런*	트랙 러닝 [126~127쪽]: 12×200m, 1500m~3K 강도로, 시작은 느리고 끝은 빠르게 + 2차런*	장거리 달리기 [55쪽]: 30~70분 *또는* XT†	오래달리기 [133쪽]: 60~75분 + 러닝 후 루틴**
6	휴식 *또는* 장거리 달리기 [55쪽]: 30~70분	트랙 러닝[130쪽]: 8~16×400m, 10K 페이스로 + 2차런*	편한 장거리 달리기 [54쪽]: 30~50분 + 러닝 후 루틴**	편한 장거리 달리기 [54쪽]: 30~50분	편한 장거리 달리기 [54쪽]: 25분 + 스트라이드 [56쪽]: 4~8회 + 스트레칭†	조깅/편한 달리기 [53쪽]: 20분	10K 출전

비고

* **2차런=옵션으로 뛰어도 되는 2회차 러닝:** 20~40분간 편한 장거리 달리기

** **러닝 후 루틴**

집에 있는 물건을 활용한 루틴[111쪽], 웨이트 룸 루틴[64쪽], 러너 360[58쪽] 스트레칭(AIS[108쪽], PNF[75쪽], 정적 스트레칭[81쪽] 중 택일)

참고: 위의 세 가지 루틴 중 하나만 하되, 웨이트 룸 루틴이나 러너 360을 택했다면 스트레칭도 추가로 실시합니다.

† **XT=크로스 트레이닝**[157~161쪽]: 크로스 트레이닝을 고르는 경우 지정한 러닝에 상응하는 강도/시간에 맞는 유산소 워크아웃을 실시해야 합니다.

† **스트레칭은 한 종류만 실시합니다:** AIS[108쪽], PNF[70쪽], 정적 스트레칭[76쪽] 중 택일

중급자와 상급자 러너를 위한 하프 마라톤 대비 6주 훈련

주차	일요일	월요일	화요일	수요일	목요일	금요일	토요일
1	휴식 *또는* 장거리 달리기 [55쪽]: 30~70분	빠른 템포 런 [132쪽]: 2×10 (휴식시 3분간 조깅) & 2차런* *또는* 느린 템포 런 [132쪽]: 20~30분 & 2차런*	편한 장거리 달리기 [54쪽]: 40~70분 + 러닝 후 루틴**	장거리 달리기 [55쪽]: 50~75분 + 2차런*	트랙 러닝 [126~127쪽]: 12~16×200m, 1500m~3K 강도로, 시작은 느리고 끝은 빠르게 + 2차런*	장거리 달리기 [55쪽]: 30~70분 *또는* XT†	오래달리기 [133쪽]: 60~120분
2	휴식 *또는* 장거리 달리기 [55쪽]: 30~70분	트랙 러닝[129쪽]: 12~16×400m, 5K 페이스로 + 2차런*	편한 장거리 달리기 [54쪽]: 40~70분 + 러닝 후 루틴**	장거리 달리기 [55쪽]: 50~75분 + 2차런*	언덕 반복주 [134쪽]: 6×90초 + 2차런*	장거리 달리기 [55쪽]: 30~70분 *또는* XT†	오래달리기 [133쪽]: 75~135분
3	휴식 *또는* 장거리 달리기 [55쪽]: 30~70분	빠른 템포 런 [132쪽]: 2~3×10(휴식시 3분간 조깅) & 2차런* *또는* 빠른 템포 런 [132쪽]: 20분 & 2차런*	편한 장거리 달리기 [54쪽]: 40~70분 + 러닝 후 루틴**	장거리 달리기 [55쪽]: 50~75분 + 2차런*	도로 반복주 (책에 없음): 10~20×30초, 1500m~3K 강도로, 회복주로 1분간 조깅 + 2차런*	장거리 달리기 [55쪽]: 30~70분 *또는* XT†	오래달리기 [133쪽]: 90~135분
4	휴식 *또는* 장거리 달리기 [55쪽]: 30~70분	5K 도로/트레일 반복주[135쪽]: 6×3분 + 2차런*	편한 장거리 달리기 [54쪽]: 30~50분 + 러닝 후 루틴**	편한 장거리 달리기 [54쪽]: 30~50분 + 2차런*	편한 장거리 달리기 [54쪽]: 25분 + 스트라이드 [56쪽]: 4~8회 + 스트레칭†	조깅/편한 달리기 [53쪽]: 20분	연습 경주: 5K
5	휴식 *또는* 편한 장거리 달리기[54쪽]: 30~70분	장거리 달리기 [55쪽]: 40~60분	장거리 달리기 [55쪽]: 40~60분 + 러닝 후 루틴**	빠른 템포 런 [132쪽]: 3×10 (휴식시 3분간 조깅) & 2차런*	편한 장거리 달리기 [54쪽]: 40~60분	장거리 달리기 [55쪽]: 30~60분 + 러닝 후 루틴**	오래달리기 [133쪽]: 60~75분 + (선택)스트라이드 [56쪽]
6	휴식 *또는* 장거리 달리기 [55쪽]: 30~70분	트랙 러닝[129쪽]: 6~12×400m, 5K 페이스로 + 2차런*	편한 장거리 달리기 [54쪽]: 30~50분 + 러닝 후 루틴**	편한 장거리 달리기 [54쪽]: 30~50분	편한 장거리 달리기 [54쪽]: 25분 + 스트라이드 [56쪽]: 4~8회 + 스트레칭†	조깅/편한 달리기 [53쪽]: 20분	하프 마라톤 출전

비고

*__2차런=옵션으로 뛰어도 되는 2회차 러닝:__ 20~40분간 편한 장거리 달리기

**__러닝 후 루틴__

집에 있는 물건을 활용한 루틴[111쪽], 웨이트 룸 루틴[64쪽], 러너 360[58쪽] 스트레칭(AIS[108쪽], PNF[75쪽], 정적 스트레칭[81쪽] 중 택일)

참고: 위의 세 가지 루틴 중 하나만 하되, 웨이트 룸 루틴이나 러너 360을 택했다면 스트레칭도 추가로 실시합니다.

†__XT=크로스 트레이닝__[157~161쪽]: 크로스 트레이닝을 고르는 경우 지정한 러닝에 상응하는 강도/시간에 맞는 유산소 워크아웃을 실시해야 합니다.

†__스트레칭은 한 종류만 실시합니다:__ AIS[108쪽], PNF[75쪽], 정적 스트레칭[81쪽] 중 택일

중급자와 상급자 러너를 위한 풀코스 마라톤 대비 8주 훈련

주차	일요일	월요일	화요일	수요일	목요일	금요일	토요일
1	휴식 또는 장거리 달리기 [55쪽]: 30~70분	느린 템포 런 [132쪽]: 2×15(휴식시 3분간 조깅) & 2차런*	편한 장거리 달리기 [54쪽]: 40~70분 + 러닝 후 루틴**	장거리 달리기 [55쪽]: 50~75분 + 2차런*	트랙 러닝[127쪽]: 16×200m, 3K 강도로 + 2차런*	장거리 달리기 [55쪽]: 30~70분 & XT† 또는 러닝 후 루틴**	오래달리기 [133쪽]: 90~135분
2	휴식 또는 장거리 달리기 [55쪽]: 30~70분	트랙 러닝[131쪽]: 6~10×1000m, 크루즈 인터벌 (시간 기준 회복 비율 1:1) + 2차런*	편한 장거리 달리기 [54쪽]: 40~70분 + 러닝 후 루틴**	장거리 달리기 [55쪽]: 50~75분 + 2차런*	언덕 반복주 [134쪽]: 6×90초	편한 장거리 달리기 [54쪽]: 30~70분 또는 XT†	오래달리기 [133쪽]: 105~150분
3	휴식 또는 장거리 달리기 [55쪽]: 30~70분	트랙 러닝[129쪽]: 12~16×400m, 5K 페이스로 + 2차런*	편한 장거리 달리기 [54쪽]: 40~70분 + 러닝 후 루틴**	장거리 달리기 [55쪽]: 50~75분 + 2차런*	편한 달리기[48쪽]: 30~50분 + 스트라이드 [56쪽] 4~8회 + 스트레칭†	편한 장거리 달리기 [54쪽]: 30~70분 또는 XT†	느린 템포 런 [132쪽]: 60분
4	휴식 또는 장거리 달리기 [55쪽]: 30~70분	편한 장거리 달리기 [54쪽]: 30~70분	편한 장거리 달리기 [54쪽]: 40~70분 + 러닝 후 루틴** + 2차런*	장거리 달리기 [55쪽]: 50~75분	언덕 반복주 [134쪽]: 6×90초 + 2차런*	편한 장거리 달리기 [54쪽]: 30~70분 또는 XT†	오래달리기 [133쪽]: 120~180분
5	휴식 또는 장거리 달리기 [55쪽]: 30~70분	빠른 템포 런 [132쪽]: 3×10 (휴식시 3분간 조깅) & 2차런* 또는 느린 템포 런 [132쪽]: 30~40분 & 2차런*	편한 장거리 달리기 [54쪽]: 40~70분 + 러닝 후 루틴**	장거리 달리기 [55쪽]: 50~75분 + 2차런*	트랙 러닝[125쪽]: 16×200m, 3K 강도로 + 2차런*	편한 장거리 달리기 [54쪽]: 30~70분 또는 XT†	오래달리기 [133쪽]: 135~210분
6	휴식 또는 장거리 달리기 [55쪽]: 30~70분	트랙 러닝[129쪽]: 6~12×400m, 5K 페이스로 + 2차런*	편한 장거리 달리기 [54쪽]: 30~50분 + 러닝 후 루틴**	편한 장거리 달리기 [54쪽]: 30~50분	편한 달리기[48쪽]: 30~50분 + 스트라이드 [56쪽] 4~8회 + 스트레칭†	조깅/편한 달리기 [53쪽]: 20분	연습 경주: 5K
7	휴식 또는 편한 장거리 달리기[54쪽]: 30~70분	장거리 달리기 [55쪽]: 40~60분	장거리 달리기 [55쪽]: 40~60분 + 러닝 후 루틴**	빠른 템포 런 [132쪽]: 2×10 (휴식시 3분간 조깅) & 2차런*	편한 장거리 달리기 [54쪽]: 40~60분	편한 장거리 달리기 [54쪽]: 40~60분	오래달리기 [133쪽]: 45~85분 + 스트라이드 [56쪽] 4~8회 + 스트레칭†
8	휴식 또는 장거리 달리기 [55쪽]: 30~70분	장거리 달리기 [55쪽]: 40~70분 (옵션: 마라톤 목표 페이스로 3~6km 달려보기)	편한 장거리 달리기 [54쪽]: 30~50분 + 러닝 후 루틴**	편한 장거리 달리기 [54쪽]: 30~50분	편한 장거리 달리기 [54쪽]: 25분 + 스트라이드 [56쪽] 4~8회 + 스트레칭† + 탄수화물 로딩 (19장)	휴식 & 여행 + 탄수화물 로딩 (19장)	조깅/편한 달리기 [53쪽]: 20분 + 탄수화물 로딩 (19장)

주차	일요일	월요일	화요일	수요일	목요일	금요일	토요일
9	풀코스 마라톤 출전						

비고

*2차런=옵션으로 뛰어도 되는 2회차 러닝: 20~40분간 편한 장거리 달리기

**러닝 후 루틴

집에 있는 물건을 활용한 루틴[111쪽], 웨이트 룸 루틴[64쪽], 러너 360[58쪽] 스트레칭(AIS[108쪽], PNF[75쪽], 정적 스트레칭[81쪽] 중 택일)

참고: 위의 세 가지 루틴 중 하나만 하되, 웨이트 룸 루틴이나 러너 360을 택했다면 스트레칭도 추가로 실시합니다.

†XT=크로스 트레이닝[157~161쪽]: 크로스 트레이닝을 고르는 경우 지정한 러닝에 상응하는 강도/시간에 맞는 유산소 워크아웃을 실시해야 합니다.

††스트레칭은 한 종류만 실시합니다: AIS[108쪽], PNF[75쪽], 정적 스트레칭[81쪽] 중 택일

16

회복으로 가다듬는 달리기

훈련만 있으면 만사가 해결되는 걸까요? 진실로 중요한 것은 훈련 그 자체가 아니라, 우리 몸의 회복력이 감당할 수 있는 훈련일 겁니다.

많은 러너는 고된 훈련을 하는 동안 강해진다고 믿습니다. 하지만 틀렸습니다. 우리는 훈련에서 회복되는 동안에야 비로소 더 강해집니다. 근섬유가 회복되고, 호르몬이 충전되고, 저장된 글리코겐이 보충되고, 미토콘드리아가 복제되고, 신경계가 재부팅되고, 심혈관계가 재구성되어 산소를 초고속으로 실어나를 준비를 마칩니다. 그러나 러닝이 끝난 후 소파에 주저앉아 있는 것이 회복의 전부는 아닙니다. 회복은 능동적 요소와 수동적 요소 모두를 결합한 다면적 행위로, 우리의 신체적 개선을 목표로 하는 동시에, 심리적으로 생기를 유지하여 훈련 동기를 더 잘 유지할 수 있게 합니다.

회복이 뭔데?

회복recovery은 힘든 신체 활동에 이어지는 일련의 저강도 활동을 가리킵니다. 수동적으로 시간을 보내는 것이 회복이라고 착각하면 안 됩니다. 오히려 회복을 촉진하는 활동을 하는 게 좋아요. 여기에는 스트레칭, 러닝 후 운동, 글리코겐 충전, 수분 보충, 회복주, 스트레스 해소 활동, 완전한 휴식과 수면 등이 들어갑니다.

회복을 이해하려면, 우선은 훈련 중에 무슨 일이 일어나는지 이해해야만 합니다.

훈련은 은행의 계좌처럼 훈련일지에 (거리, 템포, 저항 훈련 등의) 워크아웃 내용을 기장했다가 경주 당일에 인출할 수 있는 게 아니에요. 각각의 워크아웃은 적응(체력과 건강의 개선)을 유발하는 자극(훈련)으로 작용합니다. 이러한 적응의 누적을 통해 당신의 몸은 더 강하고 내구력 좋은 몸으로 변모해 갑니다. 그러나 이러한 변모는 훈련하는 동안 이루어지는 것이 아니라, 회복하는 동안 이루어집니다. 회복을 완전히 하지 않으면 우리 몸의 적응 능력도 한계를 맞을 수밖에 없어요.

우리의 훈련에는 다음과 같이 여러 단계의 적절한 회복이 필요합니다.

- (인터벌, 드릴, 저항 훈련 등의) 반복간/세트간 회복
- 운동 후 회복
- 야간 회복
- 고된 워크아웃 사이의 회복
- 일상적 피로에서의 회복
- 경주 시즌 사이의 회복

회복을 건너뛰고 곧장 다음 번 워크아웃으로 넘어가려는 러너가 너무 많습니다. 그런 분들은 보스턴 브루인스의 NCAA 7연속 우승을 비롯해 10번의 우승을 이끈 UCLA의 유명 농구 코치 존 우든John Wooden의 말을 가슴에 새겨야겠습니다. "지금 제대로 안 하면 언제 할 건데?"

회복의 여러 측면

워크아웃 때마다 항상 올바르게 조절해야 하는 요소가 두 가지 있습니다. 첫째는 바람직한 적응의 유발에 필요한 자극(훈련)이에요. 둘째는 적응의 유발을 보장하는 데 필요한 회복입니다. 이 책에서는 지금까지 자극에 관한 여러 측면을 다루었습니다. 이제는 중요한 여섯 가지 회복 방식을 살펴볼 시간이에요.

반복주 사이의 회복

반복주 사이의 회복 인터벌은 피로 누적을 제어하는 도구입니다. 회복 인터벌을 둠으로써 해당 워크아웃에 정해둔 페이스로 반복주를 다시금 뛸 수 있습니다. 물론 회복 인터벌을 (늘리거나 줄이는 식으로) 조정하면 특정 에너지 시스템이나 근섬유를 비롯해 여러 가지 러닝의 구성 요소에 대한 워크아웃의 집중도를 바꿀 수 있습니다. 아울러 원래 인터벌 러닝에서는(4장, 7장 참조) 회복 구간을 통해 심장으로 가는 혈류량을 일시적으로 늘려 일회박출량을 높인다는 내용도 살펴보았죠. 하지만 회복 인터벌은 대체로 그저 피로를 통제함으로써 빠른 페이스의 훈련을 더 높은 볼륨으로 실시할 수 있게 합니다.

초보자 가이드

'기분이 좋은' 날에 계획보다 더 많이 훈련하려는 충동이 들어도, 일단은 참으세요. 제대로 쉬고 제대로 회복됐다면 *당연히* 기분이 좋아야 합니다. 적절한 회복이 되었다는 신호인 셈이죠. 기분이 좋다는 것은 과하게 달려도 된다는 신호가 아닙니다. 그렇게 과하게 달려서 얻을 수 있는 것이라고는 다음 워크아웃 때 찾아올 '나쁜 기분'일 뿐입니다.

워크아웃 후 회복

워크아웃을 끝내고 15분에서 30분이 매우 중요합니다. 우리가 몸에 가장 많은 주의를 기울여야 하는 시간이죠. 러닝 후 루틴으로 스트레칭(로프나 파트너가 있다면 AIS나 PNF, 없다면 정적 스트레칭)과 약간의 근력 강화 운동을 실시하는 것이 중요합니다(자세한 내용은 5장과 6장을 참조하세요). 러닝 후 루틴을 꼭 매일 할 필요는 없고, 주 3~4일 정도면 적당하지만, 적어도 주 2회는 필수입니다. 러닝 후 루틴이 끝나면(러닝 후 루틴이 없는 날이라면 러닝이 끝나고 나서) 수분을 보충하고 글리코겐을 충전하세요. 잃은 수분을 한 번에 보충할 필요는 없지만, 물 한두 잔 정도라도 마셔야 몸이 항상성을 회복하는 데 도움이 됩니다. 워크아웃 직후에 (50~100g의) 탄수화물을 섭취하면 글리코겐이 정상치의 200~300%까지 충전될 수 있습니다. 기호에 따라 단백질을 섭취해도 되는데, 이때는 탄수화물과 단백질의 비율을 4:1로 맞추는 것이 좋습니다.

야간의 회복

주무세요. 훈련까지 있는 긴 하루의 끝에 몸에 필요한 것은 잠입니다. 숙면은 세포 손상을 복구하고, 신경 전달 물질을 재생하고, 면역계를 강화하고, 유연성을 개선하고, 스트레스를 낮추고, 상쾌하고 기민한 상태를 유지하게 합니다. 12년 동안 실시한 영국의 연구에 따르면 7~9시간 자는 사람들이 더 오래 산다고도 합니다. 마틴 밀러Martin Miller와 주드 비아시오토Judd Biasiotto의 연구에 따르면 엘리트 러너들은 수면을 일상의 필수적인 부분으로 취급하며, 매일 밤 9시간씩 잔다고 합니다. 보통 사람보다 1시간씩 더 자는 셈이죠. 바쁜 어른들은 수면시간을 그만큼 확보하기 어려울 수 있지만, 훈련의 성과를 최대한 얻어내려면 최소 7시간은 목표로 자야 합니다.

연령	체력 나쁨	체력 보통	체력 좋음
20	4.0	3.0	2.0
30	5.0	4.0	3.0
40	5.5	4.5	3.5
50	6.0	5.0	4.0
60	7.0	6.0	4.5
70	8.0	7.0	5.0
80	9.0	8.0	5.5

표 16.1 힘든 워크아웃 사이에 필요한 회복일 수.

(반복주 훈련, 긴 언덕 반복주, 고강도 근력 훈련, 빠른 템포 등) '힘든' 워크아웃이 끝나고 다음 '힘든' 워크아웃까지 필요한 대강의 일수를 살펴봅시다. 체력 수준에 따라 회복에 필요한 일수는 달라집니다.

힘든 워크아웃 사이의 회복

회복일을 두면 우리 몸이 고된 워크아웃의 훈련 자극에 적응하기 수월해집니다. 향상이 일어나는 것은

경주 거리	편한 워크아웃	중간 워크아웃	힘든 워크아웃	연령별 가중치	
				연령대	가중치
800	1.0	2.0	3.0		
1500(1마일)	1.0	2.0	3.0	20~29	1.0
3000/3200	1.0	2.5	4.0	30~39	1.1
5K	1.0	3.0	4.5	40~49	1.2
8K	1.0	4.0	6.0	50~59	1.3
10K	1.0	6.0	9.0	60~69	1.4
15K	1.0	7.0	11.0	70~79	1.5
하프 마라톤	1.0	9.0	14.0	80~89	1.6
풀코스 마라톤	1.0	17.0	26.0	90+	1.7+

표 16.2 경주 이후 다음 워크아웃까지 필요한 회복일 수.

경주가 끝나고 다음 워크아웃까지 대강 며칠을 쉬어야 하는지 살펴봅시다. 가벼운 회복주나 편한 장거리 달리기는 경주 다음날에 해도 괜찮습니다. (느린 템포 등의) 중간 워크아웃을 하려면 회복일이 며칠 더 필요해요. (5K 페이스 반복주처럼) 힘든 워크아웃을 하려면 회복을 훨씬 더 오래 해야 합니다. 우측 2개 열에서는 연령별 가중치를 확일할 수 있어요. 가령 5K 경주를 마친 50살 러너가 힘든 워크아웃을 하기 전에는 4.5에 1.3을 곱하여 약 6일을 쉬어야 합니다.

바로 이 시점이죠. 회복일은 우리 몸이 호르몬과 효소와 연료를 재충전하고 근섬유와 결합조직을 복구하는 시간이기도 합니다. 신경계에는 재생(과 필요한 경우 재부팅)의 기회를 제공하기도 하죠. 회복일의 편한 달리기는 성장호르몬과 테스토스테론의 분비를 촉진하는 역할도 합니다. 표 16.1과 16.2를 통해 고된 워크아웃이나 경주 이후에 필요한 대강의 회복일수를 확인해 보세요(단, 회복에 필요한 일수는 연령과 체력에 따라 달라집니다).

일상에서의 회복

러닝과 무관한 일상에서의 회복도 빼먹으면 안 됩니다. 가족, 직업, 돈, 사회생활, 운전, 날씨, 심부름, 집안일, 소음, 걱정 등은 전부 제 몫의 대가를 요구합니다. 1장에서 우리는 스트레스가 신체에 가할 수 있는 (염증, 질병, 고혈압, 골밀도와 근육량 감소 등의) 손상을 다루었습니다. 스트레스는 우리의 육신을 지치게 할 뿐만 아니라, 훈련에 대한 동기를 낮추기도 합니다. 그러니 스트레스를 풀 곳을 찾으세요. 농구를 해도 좋고, 책을 읽어도 좋고, 영화를 보거나 춤을 추는 것도 좋고, 글을 쓰거나 그림을 그려도 좋고, 마당을 단장해도 좋아요. 휴가를 가는 것도 좋죠. 구관이 명관이라고, 섹스를 하는 것도 좋습니다. 매일매일 이어지는 삶에서 새로이 즐거움을 발견하는 과정에서 우리는 더 나은 러너가 되어갈 겁니다. 그러한 발견 속에서는 달리고 싶은 기분이 드는 게 당연하니까요.

경주 시즌 사이의 회복

엘리트 러너에게는 경주 '시즌'이 있습니다. 하지만 경쟁에 몰두하지 않는 러너에게도 시즌이라고 할 만한 게 있습니다. 이러한 시즌은 보통 (마라톤처럼) 목표로 삼은 경주와 그 전에 실시하는 연습 경주를 중심으로 굴러갑니다. 정의를 어떻게 하건 간에, '시즌'이 끝나면 휴식이 필요합니다. 작용이 있으면 반작용이 있다는 물리학의 법칙처럼요. 의사인 톰 코트너Tom Cotner는 "휴식을 계획적으로 취하지 않으면 계획에 없던 휴식을 취하는 순간이 오고야 만다"고 합니다. 그러니 시즌을 무사히 마친 자신을 칭찬해 주고, 3주 동안 아예 쉬거나(케냐 선수들은 시즌이 끝나면 최대 두 달 동안 드러누워서 아무 것도 하지 않은 채 살만 찌운답니다) 훈련 볼륨을 50% 이상 낮추세요. 볼륨을 낮추는 경우, 일주일에 최소 이틀은 쉬고, '힘든' 워크아웃은 일주일에 두어 번 스트라이드나 조금 뛰는 정도로 제한해야 합니다. 아울러 하이킹이나 프리스비 같은 취미 활동에 전념하는 것이 좋습니다. 다이어트에도 여유를 두세요. 스트레칭과 근력 루틴은 한 듯 안 한 듯 해도 됩니다. 몸에 충분한 휴식을 주세요. 컨디셔닝이 떨어질 것 같다면, 맞아요. 떨어질 겁니다. 하지만 그러고 나서는 전보다 높이 도약할 수 있을 거예요. 새로운 프로그램을 향해 100%로 돌진할 준비를 마친 몸과 마음과 영혼이 함께 할 테니까요.

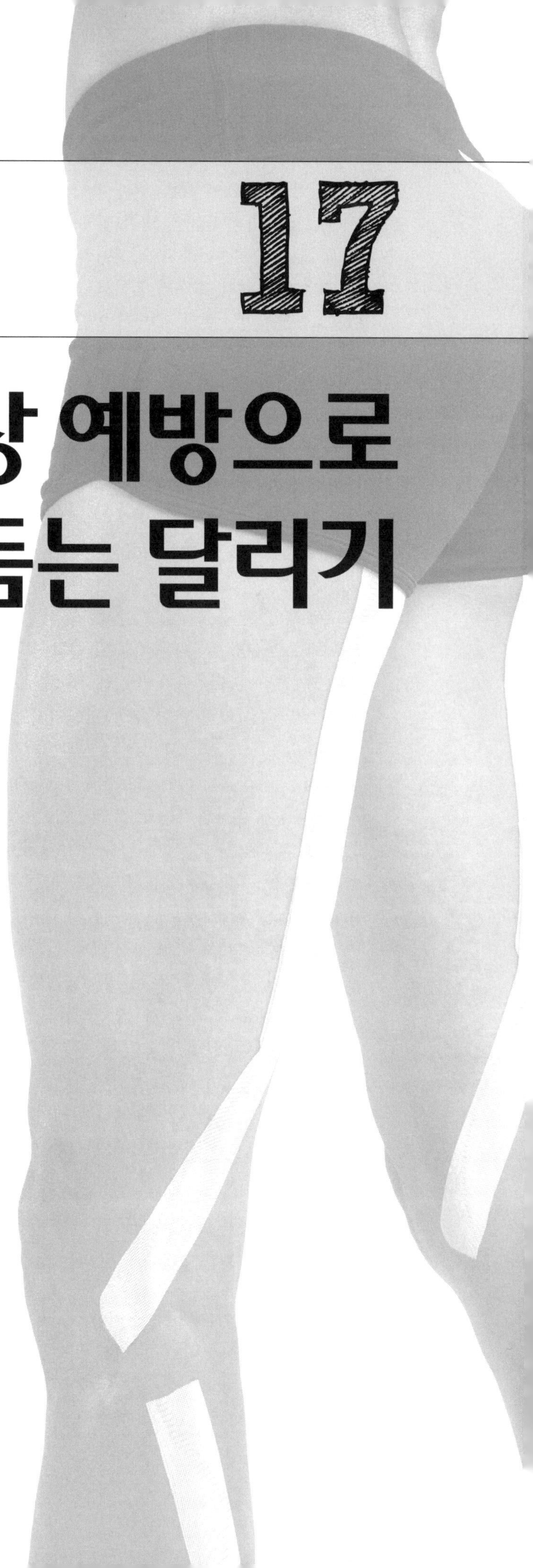

17

부상 예방으로 가다듬는 달리기

러너 중 누구도 다치지 않으면 얼마나 좋을까요? 하지만 그런 일은 지금까지도 없었고 앞으로도 없을 거예요. 러너의 50~80%는 기간과 관계없이 부상을 당한다는 것이 여러 연구를 통해 확인되었습니다. 하지만 다친 러너 대다수가 훈련에 부상 예방 루틴을 넣지 않았다는 것 또한 연구를 통해 확인되었죠. 러닝 후 스트레칭과 운동에 주 3~4회, 회당 10~15분만 추가로 투자하면 다칠 확률을 낮출 수 있습니다. 또한 부상이 발생하면 예방 목적으로 사용한 운동을 활용하여 회복 속도를 높일 수도 있고, 부상의 영향을 제한하여 통해 훈련을 이어나갈 수도 있습니다.

달리기 손상이 뭔데?

2010년 《러너스 월드》에 실린 앰비 버풋Amby Burfoot의 기사 〈부상 예방의 10가지 법칙〉을 보면 '달리기 손상running injury은 여성이라서, 남성이라서, 늙어서, 어려서, 회내가 과해서, 회내가 적어서, 훈련이 많아서, 훈련이 적어서 발생한다'고 되어 있습니다.

즉, 달리기 손상의 원인은 달리기를 할 때 생깁니다. 저항 훈련을 할 때, 기술 드릴을 할 때, 플라이오메트릭을 할 때도 생길 수 있고, 늙은 러너라면 침대에서 뒤척이다가 생길 수도 있습니다.

달리기 손상(부상)은 훈련의 결과로 발생하는 손상이나 통증을 가리킵니다. 이러한 부상은 여러 가지 방식으로 찾아올 수 있습니다.

- **과부하 손상**overload injury: (초보자의 과도한 훈련이 DOMS로 이어지는 것처럼) 볼륨이나 강도의 갑작스러운 증가로 인해 발생하는 부상으로, 초보자의 흔한 부상 원인이기도 합니다.
- **과사용 손상**overuse injury: 조직을 과하게 자극하거나 손상시키는 스트레스가 반복적으로 가해지면 발생하는 부상입니다. 가령 러너스 니runner's knee(슬개대퇴통증증후군patellofemoral pain syndrome)는 슬개골이 대퇴골에 난 고랑을 제대로 타고 가지 못해 연골을 자극하고 손상시킬 때 발생할 수 있습니다.
- **만성 부상**chronic injury: 이러한 유형의 부상은 완전히 해소되지 않은 스트레스가 장기적으로 반복되어 발생하며, 완전히 쉬어도 쉽사리 사라지지 않는 통증을 유발합니다. 가령 아킬레스건병증은 장기간의 과사용으로 인한 아킬레스건의 퇴행성 손상과 미세 파열을 수반하며, 이를 해결하려면 특수한 근력 강화 운동과 치료적 기법이 필요합니다.
- **사고**: 발목이 삐거나, 발가락을 헛디디거나, 근육에 좌상을 입는 것 같은 작은 사고가 여기 해당합니다.
- **지연성 부상**: 가끔은 지친 근육과 너덜너덜해진 결합조직이 훈련 이후의 활동 과정에서 주저앉을 때도 있습니다. 가령 의자에서 갑자기 일어서거나 진흙을 밟고 미끄러지는 것처럼 급작스럽거나 정상적이지 않은 움직임은 종아리와 햄스트링의 좌상으로 이어질 수 있습니다.
- **쥐**cramping: 워크아웃 후에 쥐가 나면 근육 좌상으로 번질 수 있습니다. 한밤중에 종아리에 쥐가 나서 잠에서 깨본 적이 있는 러너라면 무슨 느낌인지 알 겁니다.
- **부상으로 인한 부상**: 가장 미칠 것 같은 부상은 바로 부상을 입은 채 훈련을 하려다 생기는 부상입니다. 가령 (아킬레스 활액낭염, 족저근막염, 고관절 통증 등) 몸 한쪽의 부상에 대한 보상작용은 반대쪽 부상 위험을 높입니다.

위에 나열한 부상의 상황을 주의 깊게 보았다면 모든 부상에 깔린 공통 원인을 하나 찾을 수 있습니다. 네, 바로 러너의 실수예요.

우리 러너가 저지르는 가장 큰 실수는 부상에 관해 뭔가를 하지 않고 부상이 다가오기를 기다린다는 것입니다. 달리기 손상을 전부 예방하는 것은 불가능하지만, 간단한 러닝 후 루틴만으로도 위험을 낮추는 데 큰 도움이 될 수 있습니다. 스트레칭과 운동을 할 때는 이른바 운동 사슬kinetic chain, 그러니까 코어부터 발끝까지 이어지는 모든 측면을 강화

초보자 가이드

부상은 거의 항상 새로운 생리적 스트레스에 대한 반응으로 발생합니다. 훈련 볼륨을 너무 빨리 늘리는 것, 강도를 급격히 높이는 것, (주법 변경처럼) 기계적 요인에 변화를 가하는 것은 부상을 야기하는 일종의 신체적 과부하를 만들어냅니다. 우리에게 필요한 것은 먼 바다를 오가는 배와 같은 자세입니다. 항로를 바꾸고 모터를 역방향으로 돌려야 하는 때는 위험이 가까이 다가오기 훨씬 전이어야 한다는 뜻이에요.

할 수 있어야 하며, 이들 운동은 일주일에 3~4회(최소 2회) 실시해야 합니다.

급성 부상과 응급상황에 관하여

부상 예방과 재활에 대해 이야기하기 앞서, 몇몇 부상은 즉각적이고 전문적인 주의가 필요하다는 점을 꼭 알아두어야 합니다. 훈련 중 날카로운 통증이나 몸을 쓸 수 없게 하는 식의 갑작스럽거나 심각한 부상을 당하는 경우, 의학적인 평가가 필요합니다. 부정맥, 호흡 곤란, 방향 감각 상실, 갑작스러운 발한 중단(열사병), 심한 발열이나 두통, 심한 시야장애를 비롯해 잠재적으로 생명을 위협할 수 있는 증상이 나타나면 즉각적인 의료적 조치가 필요합니다. 또한 반월상 연골 파열, 피로골절, 힘줄 · 인대의 파열을 비롯한 결합조직의 중증 손상에도 전문적인 치료가 필요합니다. 더 나열하라면 더 나열할 수도 있겠지만, 간단히만 말할게요. 부상이나 증상이 심각한 것 같으면, 병원으로 뛰어가세요(걸어가지 말고요).

부상 예방 훈련

선수라면 거의 전부 훈련 중 어느 시점에서 부상을 당합니다. 부상은 급성일 수도 있고 만성일 수 있습니다. (발목 염좌나 햄스트링 파열 같은) 급성 부상은 외상trauma 등의 특정 사건으로 일어날 때가 많습니다. 만성 부상은 시간의 경과에 따라 진행되는 부상으로, 장경인대 증후군이나 아킬레스건병증이 여기 해당합니다. 족저근막염이나 요통 등의 부상은 급성일 수도 있고 만성일 수도 있습니다.

급성 부상은 원인이 알려져 있으므로 치료하기가 더 쉽습니다. 가령 돌을 밟아 족저근막이 찢어졌다면, 족저근막의 치유가 치료의 시작이 됩니다. 만성 손상은 원인을 알 수 없을 때가 많아서 진단이 더 어렵습니다. 예컨대 족저근막의 통증이 시간이 지남에 따라 더 심해지면, 그러니까 처음에는 발뒤꿈치에 멍이 든 것 같은 느낌이었는데 점차 발바닥 전체를 가로질러 퍼지고 있다면, 원인을 규명하기 어려울 수 있습니다. 회내가 과해서일까요? 아니면 종아리가 타이트해서? 엉덩이가 약해서? 평발이라서? 고유감각이 떨어져서? 트랙 러닝을 너무 해서? 스쿼트나 런지나 클린에서 중량을 너무 높여서? 부상의 원인을 모른다면 치료를 위한 재활 프로그램의 설계는 까다로워질 수도 있습니다.

고관절이나 무릎의 비특이적 통증처럼 진단명을 붙이기 어려운 부상도 있습니다. 이 경우 찾아가는 의사마다 다른 진단을 내릴 테고, 서로 다른 재활 운동 처방을 내릴 거예요.

부상 예방이 최선의 치료라는 것은 이 때문입니다. 만성 부상은 모호하게 다가오는 법이므로, 운동 사슬의 전체적인 강화를 이를 사전에 감지해야 합니다. 이러한 강화는 나아가 급성 부상의 예방에도 도움이 됩니다. 균형 잡힌 루틴에는 아래와 같은 구성 요소가 일부 또는 전부 포함됩니다.

- **스트레칭**
- **근력 훈련**
- **워블 보드**
- **탄수화물과 단백질 보충**
- **제한적인 냉찜질**

이러한 부상 예방 요소는 러닝 후 루틴으로 한 번에 실시할 수도 있고, 두 개의 루틴으로 쪼개 번갈아 실시할 수도 있습니다. 아니면 아예 별도의 워크아웃으로 만들어 실시할 수도 있어요. 최고의 결과를 얻으려면 스트레칭과 운동을 비롯한 여러 루틴 요소를 최소 주 2회는 실시해야 합니다. 또한 (족저근막염을 앓았던 마스터스 러너처럼) 과거에 부상을 당했거나 새로운 부상을 당할 것 같다는 느낌이 드는 등 특정 부상에 대한 염려가 있다면, 해당 문제에 특화된 운동을 수록한 351쪽의 '부상 예방' 표를 활용하세요.

피해야 할 두 가지 습관

부상 예방 루틴에는 넣어야 하는 것도 있지만 넣지 말아야 할 것도 있습니다.

근육통에 대한 소염제: 염증은 치유에 필요합니다. 염증은 (호중구, 대식세포, 단핵구 등) 특수한 세포를 자극해 손상된 근육 조직을 제거합니다. 이 과정을 통해 더 강하고 내구력 좋은 근섬유를 만들어낼 수 있는 길이 열려요. 이 과정을 방해하면 우리 몸의 회복 능력과 적응 능력은 저하됩니다.

항산화제의 과잉 섭취: 자유 라디칼(세포에 손상을 입히는 여분의 전자를 지닌 산소 분자)에 의해 생성된 자극은 적응을 촉발하여 우리를 더 나은 러너로 만듭니다. 항산화제가 풍부한 음식을 먹으면 자유 라디칼의 과도한 생성을 막을 수도 있고 운동으로 인한 염증에서 회복되는 속도도 높일 수 있지만, 수많은 종합 비타민제나 보충제에 들어있는 과량의 항산화제는 자극과 이에 뒤따르는 적응을 억제하여 수행 능력의 향상을 억제할 수 있습니다.

스트레칭

대부분의 러너는 간단한 AIS 루틴(108~110쪽)만 있어도 큰 효과를 얻을 수 있습니다. AIS는 빠르고 쉽게 실시할 수 있을 뿐만 아니라, 가동범위를 가장 크게 늘려주기도 합니다. 가동범위가 좋아지면 근육과 결합조직 손상의 발생률이 낮아지고, 힘줄염이나 활액낭염과 관련된 통증도 줄어들 수 있습니다. AIS는 러닝 후의 근육 결림을 줄이기 때문에, 고볼륨 고강도로 운동하는 선수도 일상 속에서 편하게 움직일 수 있습니다. 일부 러너에게는 AIS의 실시 이후에 뒤따르는 폭발적 근력과 순발력의 저하가 유일한 단점이 될 수도 있을 거예요. PNF 스트레칭(75~79쪽)도 가동범위 개선에 효과적이지만, AIS보다 시간을 더 많이 잡아먹기도 하고, 최상의 결과를 얻으려면 파트너도 있어야 합니다. 러닝 후의 정적 스트레칭(81~83쪽)은 근육 결림의 완화에 효과적입니다. 러닝 전의 정적 스트레칭은 폭발적인 근력과 순발력의 일시적 소실을 야기하지만, 이를 이미 오랫동안 해 오던 러너가 이를 중단하면 부상의 위험이 높아질 수 있는 만큼, 러닝 전 정적 스트레칭은 이런 분들에 한해서만 마뜩잖은 마음으로 권고드립니다.

근력 훈련

러닝에서는 특정 근육이 다른 근육보다 더 많이 쓰입니다. 근육 불균형이 부상으로 이어질 수 있다는 관점에서 보면 이는 분명 문제일 겁니다. 이러한 불균형은 짝을 이루는 근육의 장력을 다르게 만들고, 힘줄과 인대에 압박을 가하고, 불안정성을 초래하여 주법의 효율을 낮춥니다. 이를 해결하려면 (대퇴사두근과 햄스트링처럼) 반대편에서 짝을 이루는 근육을 강화하고 근신경계의 상호작용을 개선해야 합니다. 전신의 근력과 균형 능력 강화를 원한다면 러너 360(58~63쪽)을 해보세요. 근력 향상의 폭을 더 높이고 싶은 분께는 전통적인 웨이트 트레이닝(64~74쪽)이 좋습니다. 근육 없이 부상 예방만 원하는 러너의 건강 유지에는 집에 있는 물건을 활용한 루틴(111~114쪽)이 좋습니다.

워블 보드

워블 보드는 할 수만 있다면 하는 편이 좋습니다. 운동 사슬 강화에 단 하나의 도구만 쓸 수 있다면 워블 보드를 꼽을 겁니다. 워블 보드는 (족저근막염에서 러너스 니에 이르는) 부상에서 몸을 보호하는 데 쓰일 수도 있고, 재활 용도로 쓰일 수도 있습니다. 처음에는 기본 운동(95~96쪽)을 5회씩 실시하여 매주 조금씩 반복수를 늘립니다. 10회에서 멈출 수도 있고, 100회까지 볼륨을 늘릴 수도 있겠지만, 보통은 효과를 보는 선에서 최소한의 볼륨만 가져가게 될 겁니다.

탄수화물과 단백질 보충

러너들 사이에서 오랫동안 내려온 방법이죠. 갑자기 다리가 무겁고 기운이 빠지면 탄수화물과 물을 많이 드세요. 근 글리코겐(저장된 탄수화물)이 고갈되면 발을 질질 끌면서 달릴 수밖에 없습니다. 글리코겐을 보충하면 며칠 만에 느낌이 좋아질 거예요. 단백질 보충은 손상된 근육의 수복에 필요한 단백질 합성을 보조할 수 있습니다. 단백질 보충에 대한 내용은 12장을 참조하세요.

제한적인 냉찜질

RICE(휴식rest, 얼음ice, 압박compression, 거상elevation)는 부상 치료에서 널리 통하는 줄임말로, 냉찜질은 이 말에서 '얼음'에 해당합니다. 급성 부상에는 RICE가 매우 좋습니다. 그러나 (중간 정도의 DOMS처럼) 잠깐 왔다 지나가는 근육통이나 염증에는 적합하지 않습니다. "훈련을 여느 때처럼 한다면 대부분은 염증에 관해 별달리 뭔가를 할 필요가 없어요." 웹사이트 〈Science of Sport〉의 공동 운영자인 조너선 듀가스Jonathan Dugas는 이렇게 이야기합니다. "힘든 훈련을 할 때도 마찬가지입니다. 휴식 시간이 들어 있는 표준 훈련 절차를 따르는 것 말고는 뭘 따로 할 필요가 없어요." 냉찜질이 소염제와 마찬가지로 신체의 정상적인 치유 주기를 교란하기 때문입니다. 반면 만성적인 결합조직 손상의 치료에는 냉찜질이 필수적인 부분으로 들어갑니다. 다음 워크아웃을 시작하기 전에 이번 워크아웃에서 온 염증을 줄이는 일이 필요할 때도 있으니까요. 그러나 과도한 냉찜질은 금물입니다. 10분에서 15분이면 충분해요. 아울러 주변 조직이 너무 차갑다 싶으면 냉찜질을 멈추세요. 멀쩡한 조직을 얼리는 짓은 새로운 손상을 더하는 꼴이니까요.

크로스 트레이닝에 관하여

크로스 트레이닝은 부상에서 회복 중인 러너나 만성적인 부상을 달고서라도 훈련하려는 러너들 사이에서 유행하는 수단입니다. 마일리지를 낮춰야만 하는 기간 동안 심혈관계의 건강을 유지하고 근육과 결합조직이 늘어지지 않게 하는 용도로도 쓰이죠. 그러나 러닝에서와 똑같은 근섬유를 훈련하지 않기 때문에, 동원되지 않은 근섬유에서는 모세혈관과 미토콘드리아를 비롯한 세포 특이적 성취가 사라질 거예요(5장에서 정의한 특수성의 법칙 때문이죠). 따라서 수영장 달리기, 일립티컬 머신, 일립티고 자전거, 트레드밀, 스노슈잉, 크로스컨트리 스키처럼 달리기와 가장 유사한 형태의 크로스 트레이닝을 선택하는 것이 좋습니다(9장의 사진으로 보는 워크아웃 참조).

> 흔히 발생하는 달리기 손상에 관해서는 351쪽의 '부상 예방' 표를 참조하세요. 각 부상에서의 증상과 징후가 무엇인지, 이러한 부상의 발생을 예방하려면 이 책의 어떤 워크아웃을 실시해야 하는지, 부상이 발생했다면 어떤 식으로 재활을 할 수 있는지, 의료진의 즉각적인 개입이 필요한 부상은 무엇인지에 관해 종합적으로 확인할 수 있습니다.

PART 4

식이로 바로잡는 달리기: 단백질, 탄수화물, 칼로리, 영양

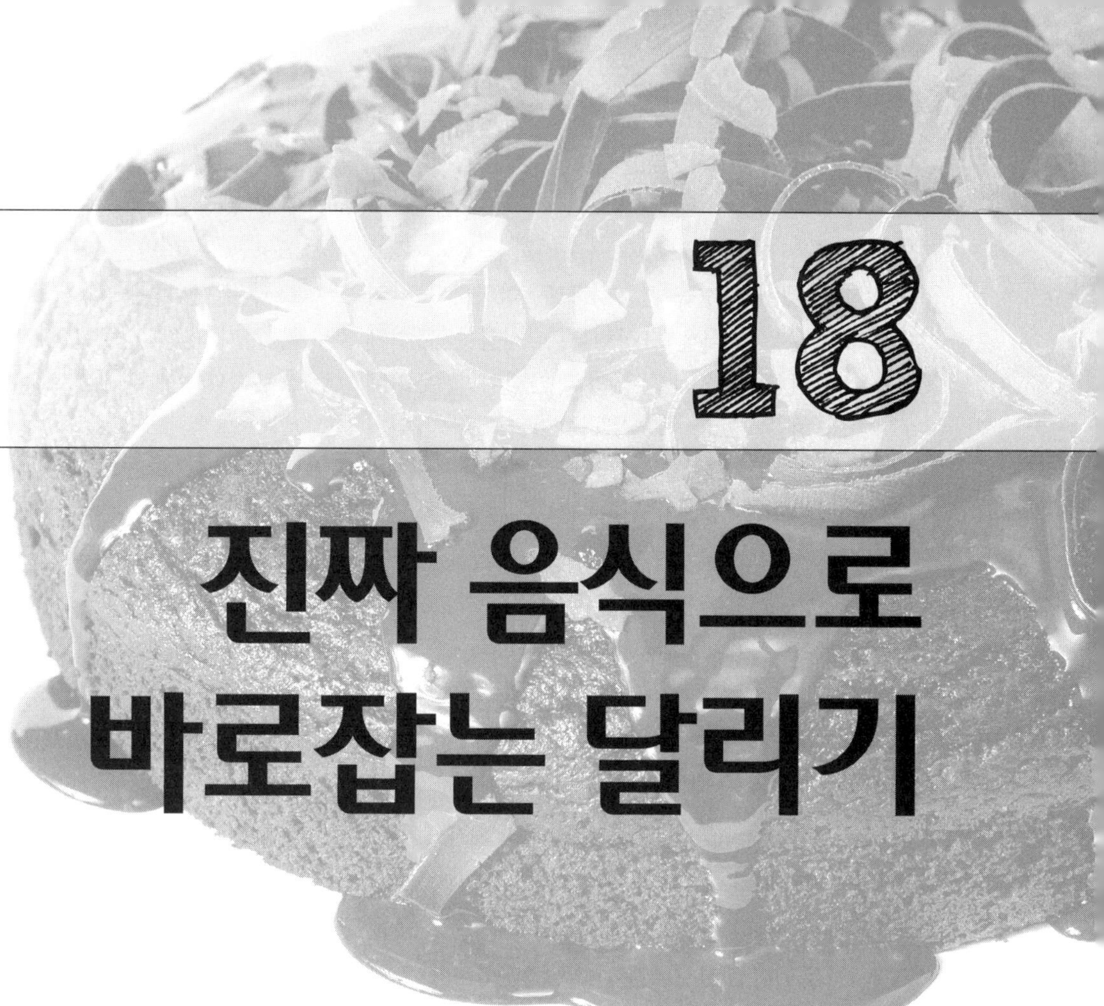

18

진짜 음식으로 바로잡는 달리기

슈퍼마켓 통로에 가지런히 진열된 가공식품에는 기묘한 SF적 아름다움이 서려 있습니다. 실험실에서 설계되어 공장에서 만들어지는 가공식품은 미래 지향적이고 편리한 인스턴트 식사를 박스 형태로 선사합니다. 말하자면 이들 가공식품은 음식, 적어도 '진짜 음식'이라고 불릴 권리가 없습니다. 그래요, 가공식품도 입에 넣어 씹고 소화할 수야 있겠지만, 햇빛과 흙으로 키워낸 음식과 같다고 볼 수는 없습니다. 여기 들어있는 영양소도 마찬가지고요.

가공식품processed food은 본래의 상태를 잃고 영양소가 제거되어 예전의 모습이 완전히 사라진 무언가로 변해버린 식품입니다. 사과(자연 상태), 사과소스(약간의 가공 상태), 애플 시나몬 팝 타르트(고도의 가공 상태)의 차이만 봐도 알 수 있습니다.

진짜 몸에는 진짜 음식이 필요합니다. 인공 성분, 방부제, 무지막지한 양의 지방과 설탕이 들어있는 식단은 몸에 좋지 않습니다. 치솟고 있는 비만과 당뇨와 심혈관 질환의 발병률을 보자고요.

진짜 음식이 러너에게 중요한 이유는 여럿입니다. 페인트와 이온음료와 베이비 오일을 제멋대로 섞은 것을 자동차에 연료로 쓰지 않듯, 가공식품에 들어있는 유독하고 헛된 성분을 몸의 연료로 쓰면 안 됩니다. 달리기 좋은 몸은 여러 가지 복잡한 생리적 과정을 거치면서 만들어지고, 이러한 과정은 진짜 음식에 들어있는 풍부한 영양소가 있어야 굴러갑니다.

진짜 음식이 뭔데?

진짜 음식은 대중의 기호와 유통기한 연장의 확보를 위해 설계된 과정을 거치며 모든 영양소가 날아가버리지 않은 음식을 가리킵니다. 식품 제조업체에게야 이러한 가공 과정이 의미 있겠지만, 우리에게는 아닙니다. 그 차이는, 말하자면 밀가루의 원자재인 통곡물 형태의 밀 열매와 흰 빵의 차이입니다. 150kcal의 밀 열매에는 단백질 6g과 식이섬유 6g과 일일 권장량의 8%에 해당하는 철분이 들어 있지만, 도정한 밀로 만든 동일한 150kcal 빵에는 식이섬유 1g과 절반의 단백질이 들어있고, 철분을 비롯한 서른 가지 영양소 또한 더 적게 들어있습니다. ("영양소 손실의 실제 사례" 박스를 통해 더 많은 예시를 확인해 보세요.)

영양 이야기

"영양소 손실의 실제 사례"

자연식품과 가공식품을 비교하면 설탕과 나트륨과 지방이 얼마나 들어갔는지, 얼마나 많은 영양소가 희생되었는지 알 수 있습니다.

통귀리죽*과 오트밀(150~160kcal당)

	섬유질	단백질	당류
통귀리죽	5g	6g	1g
인스턴트 오트밀	3g	4g	12g

현미와 백미(200kcal당)

	섬유질	칼륨	마그네슘	비타민 B_6
현미	3.5g	84mg	21%	15%
백미	0.06g	55mg	4%	4%

팝콘과 옥수수칩(160kcal당)

	섬유질	단백질	철	나트륨	지방
팝콘	6g	6g	7%	3mg	1.5g
옥수수칩	1g	2g	0%	170mg	10g

딸기와 딸기맛 캔디(130kcal당)

	섬유질	칼륨	마그네슘
딸기	7g	84mg	21%
딸기맛 캔디	0g	0mg	0%

(영양성분은 브랜드에 따라 달라질 수 있습니다. 퍼센트(%)는 2,000kcal 식사에 대한 일일 섭취량 기준입니다.)

*어감만 보면 웬 꿀꿀이죽 같겠지만, 맛있습니다. 레시피는 288쪽을 참조하세요.

슈퍼푸드?

법적인 정의가 있지는 않지만, 슈퍼푸드superfood는 대개 항산화 성분이나 비타민을 비롯한 여러 영양소의 함량이 예외적으로 높은 식물성 위주의 식품을 가리킬 때가 많습니다. 슈퍼푸드의 광고에는 질병 저항력이라는 수식어가 붙을 때가 많고, '놀랍다'거나 '기적의' 같은 단어가 붙기도 하죠. 이처럼 눈부시게 빛나는 이른바 '슈퍼푸드'는 건강한 식생활의 단골 메뉴로, 식품 제조업자와 광고주 모두 슈퍼푸드의 명성을 활용하는 데에 거리낌이 없습니다.

슈퍼푸드에서 가장 주목받는 성분은 바로 항산화 성분입니다. 미국 국립 보건원에 따르면 항산화 성분은 '자유 라디칼의 영향으로부터 세포를 보호할 수 있는 물질'이라고 합니다. 자유 라디칼free radical은 우리 몸이 음식을 분해하여 에너지를 만들어낼 때도 형성되고, 흡연이나 방사능 노출 같은 환경 오염에서도 생겨나는 분자입니다.

1990년대에 이르러 과학자들은 동맥을 막는 질환인 죽상동맥경화증의 초기 단계와 자유 라디칼에 의한 손상을 처음으로 연관지었습니다. 이들은 자유 라디칼이 여러 가지 질병과 만성 질환에 관여할 수 있다는 가설을 세웠죠. 항산화 성분이 풍부한 과일과 채소를 다량으로 섭취한 사람들이 몇 가지 만성 질환에 걸릴 위험이 줄었다는 것이 여러 연구를 통해 밝혀지면서, 이 가설은 입증되어 가는 것처럼 보였습니다.

그러나 후속 연구에서는 항산화제가 지닌 질병 저항력을 확인하는 데 실패했습니다. 그럼에도 하버드 대학 보건대학원에서는 '여러 증거에 따르면 항산화 물질과 그 보조분자가 풍부하게 함유되어 있는 과일, 채소, 통곡물 등을 섭취하면 노화와 함께 찾아오는 여러 가지 재앙을 예방할 수 있다'고 결론지었습니다.

슈퍼푸드가 세상의 관심을 독차지하는 시대이긴 하지만, 항산화 물질이 원래도 풍부하게 들어있는 다양한 과일과 채소를 섭취하는 것이 더 중요합니다. 블루베리와 파프리카를 식탁에 올릴 수 있는 상황에서, 지구 반대편에서 배를 타고 운송되는 데다 값도 꽤 비싼 아사이베리를 굳이 살 필요는 없습니다.

진짜 음식과 보충제

식단은 러너에게 중요합니다. 목표가 체중 감량이 됐건, 노화 방지가 됐건, 건강 증진이 됐건, 아니면 5K 시간 단축이 됐건 간에, 우리는 영양 걱정을 합니다. 우리 또한 안타깝게도 기적의 치료법이나 신화 속에나 나오는 젊음의 샘에 집착하고 있는 셈이죠. 영양소를 농축시켜 한 번에 손쉽게 먹으려는 욕망은 슈퍼푸드에 대한 갈망만큼 강합니다. 보충제 산업은 이러한 욕망을 행복하게 따르죠. 전체 미국인의 절반이 알약과 파우더와 물약에 탐닉하고 있는 지금, 보충제 산업은 매년 약 300억 달러의 매출을 올리며 행복에 겨워하고 있습니다.

보충제(건강보조식품)는 비타민, 미네랄, 허브 추출물, 아미노산 등 하나 이상의 영양 성분이 들어 있어서, 일상적인 식이에 추가로 먹는 제품을 가리킵니다. 유청단백질, 비타민제, 아사이베리즙이 이러한 보충제에 해당합니다. 보충제가 출시되기 전에 정부의 엄격한 검사를 통과했다고 오해하는 사람들이 많지만, 실상은 그렇지 않습니다. 사망을 포함한 수천 건의 부작용이 있는 마황만 해도 FDA가 금지하기까지 10년의 세월이 걸렸습니다.

보충제는 영양소가 모자란 식사를 하는 이들에게 도움이 될 수도 있지만, 균형 잡힌 진짜 음식을 대신할 수는 없습니다. 고용량의 항산화제, 미네랄, 섬유질을 비롯한 여러 물질이 들어있는 알약은 과일과 채소와 통곡물을 비롯해 진짜 음식만큼 건강 개선에 효과적이지 않습니다. 터놓고 말하자면, 건강한 식단을 원하는 러너는 약국에서 보내는 시간을 줄이고 농산물 직거래 장터에서 보내는 시간을 늘려야 합니다.

진짜 포장 식품

이상적인 세상에서라면 땅에서 직접 뽑아 햇볕의 온기가 아직 가시지도 않은 식재료를 동네 직판장에서 여유롭게 골라 식탁 위에 올려야 한다는 말에 누구나 고개를 끄덕일 겁니다.

이제 현실로 가보죠.

포장 식품과 가공식품이 인기 있는 데는 이유

영양 이야기

"러너를 위한 여덟 가지 간단한 슈퍼푸드"

열 손가락 깨물어 안 아픈 손가락이 있을까요. 러너에게 가장 건강한 음식을 고르는 일도 마찬가지입니다. 농작물은 대부분 건강에 유리한 특성을 지닙니다. 약간의 차이가 있을 뿐이죠. 여기 소개하는 녀석들은 효과와 구입 가능성과 섭취 편의성 면에서 러닝에 적합한 것들이에요. 슈퍼슈퍼하죠!

1. **아몬드:** 아몬드에는 칼슘, 마그네슘, 칼륨, 철, 단백질, 섬유질이 풍부하게 들어있습니다. 러너에게 중요한 영양소가 딱 알맞게 들어있죠. 러닝을 하다 보면 (자유 라디칼로 알려진 고반응성 분자로 인해 세포가 손상되는) 산화 스트레스가 생길 수 있는데, 아몬드에는 이러한 산화 스트레스를 훌륭히 방어하는 항산화 성분인 알파 토코페롤 비타민 E가 매우 풍부하게 들어있습니다.
2. **비트:** 비트와 비트 주스에는 항산화 물질, 엽산, 칼륨이 풍부하게 들어있습니다. 비트에는 무기질산inorganic nitrate 또한 풍부하게 들어있는데, 무기질산은 우리 몸 안에서 아질산nitrite을 거쳐 질산nitric acid으로 전환되며, 질산은 혈류과 근수축과 신경신호전달을 비롯한 여러 기능에 긍정적인 영향을 미칩니다. 2009년의 한 연구에 따르면 비트 주스를 6일간 섭취하자 중등도 운동과 고강도 운동에서 모두 혈압은 낮아지고 신체적 수행능력은 향상되었습니다. 영국의 2013년 연구에서는 비트 주스가 '혈장 아질산 농도를 높이고 혈압을 낮추며 운동에 대한 생리적 반응에 긍정적인 영향을 미칠 수 있다'고 결론짓기도 했습니다.
3. **블루베리:** 블루베리가 건강에 여러 가지 긍정적인 영향을 미친다는 결과를 낸 연구는 많습니다. 좋은 부분이 너무 많아서 여기 일일이 나열하기 힘들 정도로요. 하지만 러너가 특히 관심을 가질 만한 결과는 크게 두 가지 정도가 있습니다. 첫째, 매일 블루베리 한 컵을 먹은 러너는 먹지 않은 대조군보다 오래달리기 이후에 염증이 덜했고 면역계가 더 건강하게 유지되었습니다. 둘째, 엘리트 선수가 블루베리에서 추출한 폴리페놀을 섭취했을 때 운동 후 지방 연소가 더 오래 지속되었고 항산화 화합물의 흡수량 또한 증가되었습니다.
4. **그릭 요거트:** 요거트에는 칼슘도 많이 들어있고, 우리 배가 좋아하는 프로바이오틱스(내장을 평화롭고 건강하게 만들어 주는 '좋은 세균')를 몸 안으로 들여오기도 좋은 수단입니다. 수분이 적고 크림 같은 그릭 요거트는 일반 요거트와 같은 칼로리일 때 단백질은 2배, 설탕은 절반만 들어있습니다. 게다가 무지방 그릭 요거트는 (다른 무지방 유제품과 달리) 식감이 나쁘지도 않아요.
5. **렌틸콩:** 다른 콩과(科) 식물과 마찬가지로 칼륨, 칼슘, 아연, 니아신, 비타민 K가 많이 들어있는 렌틸콩에는 식이섬유, 단백질, 엽산, 철분이 특히 풍부합니다. 다른 콩과 식물과 달리 요리하기 전에 밤새 불리거나 할 필요도 없죠.
6. **빨간 파프리카:** 상식과 달리 비타민 C의 대표 과일은 오렌지가 아니라 빨간 파프리카입니다. 빨간 파프리카 반 개에는 비타민 C가 142mg 들어있는데, 이는 오렌지 1개에 들어있는 것보다 2배 많은 양이고, 칼로리는 20kcal밖에 안 됩니다. 연구에 따르면 비타민 C는 근육통을 완화하고 운동 중 심박수를 낮추어 고단함과 피로에 대한 인식을 감소시킵니다.
7. **연어:** 연어는 영양분 덩어리입니다. (100g당 30g의) 고급 단백질이 들어있고, (생선, 식물, 조류의 기름에 들어있는 필수지방산인) 오메가-3 지방이 가장 많이 들어있는 음식이기도 하죠. 오메가-3 지방은 신체의 염증 반응 조절에 도움이 되며, 인디애나 대학의 2006년 연구에 따르면 피시 오일 보충제를 3주

BUILD YOUR RUNNING BODY

간 섭취했을 때 운동 유발성 천식의 증상이 감소되는 것으로 나타났습니다.

8. **고구마:** 탄수화물 섭취 용도로 구운 감자를 좋아하는 분이라면 가끔은 고구마를 대용품으로 먹어보는 것도 좋습니다. 칼로리, 탄수화물, 단백질, 섬유질 측면에서는 감자나 고구마나 비슷하지만, 고구마에는 비타민 C가 거의 20% 더 많고, 비타민 A는 일일 권장량의 380%나 들어있습니다. 안에 들어있는 칼륨, 망간, 구리가 근육의 기능을 보조한다는 점에서, 고구마는 모든 러너의 식단에 꼭 들어가야 합니다.

가 있습니다. 요즘 세상은 빠르게 움직입니다. 우리 중 대다수는 하루 세 번 신선하고 영양가 있는 식사를 준비하기는커녕 멍하니 머리를 들고 있기도 버거울 겁니다. 훈련 프로그램까지 굴려야 하는 상황이라면 더더욱 그렇겠죠.

포장 식품은 그래서 필요합니다. 여기서 이야기하려는 것은 우리 손가락을 저세상 오렌지빛으로 물들이는 싸구려 간식거리 같은 쓰레기 가공식품이 아닙니다. 바쁜 일상 속에서도 온전한 식사를 가능케 하는 건강한 포장 식품이 세상에는 많아요. 하지만 그러려면 먼저 좋은 것과 나쁜 것과 건강에 해로운 것을 구별할 줄 알아야 합니다.

농산물 코너

농산물 코너에서는 잘못된 선택을 하기가 거의 불가능합니다. 미리 잘라서 포장해 놓은 농산물은 더 비싸지만 그 돈을 주고서라도 사 먹을 이유가 있습니다. 가령 양상추 한 포기를 고르는 대신 여러 종류의 잎채소가 섞여 있는 샐러드 채소를 고른다면, 각각의 잎채소마다 영양 조성이 다르므로 더욱 다채로운 식사를 즐길 수 있게 됩니다.

일반론으로 따지고 들자면 과일과 채소를 통째로 사는 것이 낫지만, 미리 잘라둔 농산물을 사서 더 많이 먹을 것 같으면 그게 차라리 낫습니다. (단, 절단 채소의 경우 영양소가 약간 줄어들고 대개 염소로 세척한다는 점을 기억하십시오. 안전하지만 생각해 볼 문제입니다.)

가능하면 국산이나 제철 농산물을 구입하세요. 농업이 활발한 온대 지방에 살고 있다면 일 년 내내 다양한 과일과 채소를 먹을 수 있을 거예요. 기후가 각박한 곳, 그러니까 추운 곳에 살고 있다면 냉동 과일과 냉동 채소를 대안으로 쓸 수 있습니다. 통조림 야채는 통조림 가공 과정에서 영양분을 잃지만(토마토와 호박 제외), 냉동 채소는 신선한 채소보다 영양 측면에서 훨씬 더 우수할 때도 있습니다. 냉동되는 시점의 농산물은 일반적으로 과일과 채소가 가장 잘 익어서 영양가가 풍부할 때 가공되기 때문입니다.

표기법의 함정

식품 포장지의 성분 표기에는 보통 성분이 많은 것에서 적은 것 순으로 나열되어 있습니다. 이를 통해 각 성분의 상대적 비율을 확인할 수 있죠. 그러나 여기에는 제조업체가 자주 사용하는 작고 교활한 트릭이 있습니다. 가령 옥수수시럽과 자당(蔗糖)과 맥아당은 그룹이 아니라 개별 성분으로 나열되어 있어서 목록의 맨 밑에 있는 것처럼 보일 수 있습니다. 그러나 이들을 '당류'로 묶으면 목록의 성분표 맨 위로 올라갑니다. 이를 '함정'이라고 말할 수 있을까요? 포장 식품을 고를 때는 눈썰미가 좋아야 하는 법입니다.

'통'곡물의 진실

통곡물에 관한 이야기는 19장에서 더 자세히 할 거예요. 지금은 진짜 음식이 무엇인가를 따질 때 정제된 곡물과 통곡물의 차이가 핵심이라는 정도만 알면 됩니다. 공장에서 과자나 빵을 만들기 전에 겨와 싹과 씨눈을 벗겨놓은 곡식은 진짜 음식에 가깝습니다. 슬프고 허망하게도, 지금은 이 음식이 '음식이었던 것'의 영역으로 넘어가고 말았습니다. 식품 산업은 기만적이지만 합법적인 문구로 이러한 변화를 은폐합니다. 예컨대 '밀가루로 만들었다'는 말은 '통밀로 만들었다'는 뜻이 아니죠. '통곡물 함유'는 통곡물이 1% 들어갔다는 뜻일 수 있습니다. '오곡 함유'는 '오백 가지 곡물 함유'가 될 수도 있지만 통곡물이 아니라면 어차피 차이는 없습니다. 포장지로 판단하지도 마세요. 포장지에 당밀 섞인 갈색 빵이나 귀리가 얹힌 빵 그림이 그려져 있어도 기존과 같은 평범한 흰 밀가루 빵일 수 있습니다.

포장에 현혹되지 않으려면 성분 분석표의 원재료명에 '통'이라는 단어가 들어가는지 잘 살펴보세요. 만일 첫 번째 원재료가 (종류가 무엇이든) 곡물인데 그 앞에 '통'이 들어가 있다면 제대로 고른 겁니다. 통밀이든 통귀리든 통현미든 간에, '통'이라는 단어만 있으면 상관없습니다. 섬유질 함량도 단서가 될 수 있어요. 곡물로 만든 제품에 섬유질이 최소 3g 이상 들어있다면 일반적으로 통곡물로 만들었을 가능성이 큽니다.

소금 거르기

소금은 맛도 좋고 올바른 식단에서 제몫의 역할을 합니다. 그러나 성인은 일반적으로 하루에 2,300mg 이상의 나트륨을 섭취하면 안 됩니다. 대부분의 미국인은 매일 거의 3,500mg(약 1.5 티스푼)에 해당하는 나트륨을 먹고 있어요.* 매일 소금 한 숟가락 반을 어떻게 먹고 있는 걸까요? 바로 가공식품입니다. 통조림, 조미료, 패스트푸드, 절임육, 짠 과자는 소금 섭취량의 75%를 차지합니다. 러너에게는 소금이 필요하지만, 고혈압이 필요하지는 않습니다. 그러니 소금을 더 먹지 마세요.

트랜스 지방 줄이기

미국 심장학회는 1957년 처음으로 (버터나 라드 등의) 포화지방이 심장에 무리를 준다는 경고를 제기

영양 이야기

"진짜 음식으로 만든 스포츠음료"

수분 · 탄수화물 섭취와 회복을 스포츠음료에 의존하는 선수는 많습니다. 그러나 인공 색소와 감미료 범벅인 브랜드 음료수 대신 마실 수 있는 건강한 대체재가 있다는 사실을 아는 사람은 드물죠. '진짜 음식'으로 만든 스포츠 음료를 경기 당일 처음으로 마시는 것은 권장되지 않지만, 정기적인 워크아웃 세션에서는 시도해 볼 가치가 있습니다.

- **코코넛 워터:** 2012년의 한 연구에 따르면 코코넛 워터는 수분 보충이나 운동 수행능력 측면에서 스포츠음료와 비슷한 효과를 내는 것으로 확인되었습니다. 여기에 보너스로 영양분도 가득하죠! 일부 러너에게서 복부 팽만감과 배탈이 있었다는 점만 주의하면 될 것 같아요.
- **수박 주스:** 2013년 스페인의 연구에 따르면 수박 주스를 마시고 고강도 실내 자전거 테스트를 실시한 남성은 테스트 다음날 다리 근육통이 없었다고 합니다. 하지만 플라시보를 마셨을 때는 근육통을 보고했다고 합니다. 아울러 수박 주스를 마신 피험자들의 심박수는 더 낮았는데, 이는 회복이 더 잘 이루어지고 있음을 나타내는 지표가 됩니다. 수박 주스를 만들 때는 씨를 빼지 않은 덩어리를 믹서기에 갈아 그대로 마십니다.
- **DIY 음료:** 맞아요. 직접 만들 수도 있습니다. 물 3컵 반에 과일 주스 1/4컵, 메이플 시럽이나 꿀 1/4컵, 소금 1/4티스푼을 넣어서 섞고, 마시고, 뛰어보세요.

* 역주: 한국인의 경우, 보건복지부에서 발간한 '2020 한국인 영양소 섭취 기준'에 따르면 2018년 기준 3,255mg의 나트륨을 섭취하고 있습니다.

했습니다. 1970년대에는 포화지방이 심장병에 미치는 영향이 확인되었고, 식품 제조업체들은 (식물성 기름에 수소를 첨가하여 고체 형태의 지방을 만드는) 수소화를 통해 식물성 기름으로 만든 트랜스 지방이 더 건강에 좋으리라 생각하며 트랜스 지방을 쓰기 시작합니다. 의도치 않게 괴물을 풀어놓은 셈이죠.

트랜스 지방은 구세주가 아니었습니다. 1990년대의 연구에 따르면 트랜스 지방은 오히려 심장에 이로운 좋은 콜레스테롤을 줄이고 동맥을 막는 나쁜 콜레스테롤을 늘렸습니다. 『Food Regulation: Law, Science, Policy, and Practice』라는 책에서 하버드 보건대학원의 월터 윌렛Walter Willet은 수소화된 기름이 심장병으로 연간 30,000명을 죽게 만든 원인이었다고 하며, '유사 이래 식품 가공의 최대 재앙'이라고까지 표현했습니다.

트랜스지방은 머핀이나 전자레인지 팝콘부터 '건강한' 마가린에 이르기까지 사방에 쓰이고 있습니다. 그러나 2006년 1월 1일부로 미국 FDA의 감독하에 있는 모든 포장 식품은 포장지에 트랜스 지방의 양을 표시해야 합니다. 식품 제조업체는 제품에서 트랜스 지방을 제거하기 시작했지만, 트랜스 지방이 들어있는 식품은 여전히 많습니다. 성분 분석표에 트랜스 지방이 있음을 의미하는 '수소화'나 '분별 정제'라는 말이 있는지 확인해 보세요. 포장지에 저런 말이 적혀 있다면 진열대에 다시 내려놓으시고요.

유기농 제품

유기농 농산물과 농약을 쓴 농산물에 어떤 장단점이 있는지 논하지 않는다면 진짜 음식에 대한 이야기를 제대로 했다고 할 수 없겠죠. 2012년 스탠포드 대학의 연구자들이 유기농 농산물, 육류, 유제품에 관한 237건의 연구를 분석해 내놓은 논문에서는 유기농 식품이 (농약을 쓴) 기존 농산물보다 영양학적으로 더 유리할 것이 없다는 결론을 내렸습니다. 반면에 생물을 죽이기 위해 고안된 화합물을 섭취하고 싶지 않다면 유기농을 고르는 게 맞을 거예요. 물론 유기농 농산물의 가격은 어마어마합니다. 지갑 사정이 여의치 않다면 재래식 농작물 중 잔류 농약이 있을 가능성이 가장 큰 작물에 대해서만 유기농 식품을 고르는 방법도 있어요. 미국의 소비자 협회인 'Environmental Working Group'은 소비자에게 농산물과 살충제에 대한 정보를 알리는 연간 가이드북인 『Shopper's Guide to Pesticides in Produce』을 편찬하는데, 여기에는 가장 오염된 12가지 과일과 채소를 뜻하는 '12 오염품목'과 함께 잔류 농약이 가장 낮은 농산물을 가리키는 '15 청정품목'이 나열되어 있습니다. 이 목록에서 사과와 오렌지는 종종 '12 오염품목'에 들어갈 때가 많고, 아보카도와 양배추는 '15 청정품목'에 들어갈 때가 많습니다.*

신뢰의 문제

몸에 필요한 영양을 공급하기 위해 먹는 음식을 신뢰하는 사람은 이제 많지 않습니다. 우리가 보충제를 사고 헛된 유행을 따르는 것은, 포장지에 속아서 건강을 약속하지만 실상 공허한 칼로리만 있는 식품을 사는 것은 그 때문입니다. 진짜 음식은 보충제와 과잉 칼로리가 줄 수 없는 것들을 선사할 거예요. 건강한 탄수화물, 건강한 단백질, 건강한 지방, 효소, 비타민, 미네랄을 비롯해 달리기 좋은 몸을 만들 때 필요한 모든 것을요.

* 역주: 한국의 경우 사정이 다르며, 한국의 유기농 제품과 잔류농약에 대해서는 식품의약품안전처와 한국소비자원에서 발간하는 자료를 참조할 수 있습니다.

이 책의 조리법에 관하여

지금부터 살펴볼 조리법은 누구라도 쉽게 만들 수 있는 것들로만 모았습니다. 베이킹은 한 치의 오차도 없는 과학에 가깝지만, 요리는 그렇지 않습니다. 소금과 후추의 양은 언제나 '기호에 맞게'라고 쓰여 있을 거예요. 소금을 싫어하거나 관리해야 하는 사람도 있지만 많이 먹고 싶은 사람도 있어서 그렇습니다. 같은 맥락에서 할라피뇨 같은 재료는 매운 정도가 다를 수 있으므로 넣기 전에 맛을 미리 보아야 합니다. 아울러 재료는 자유로이 바꾸어도 좋습니다. 조리법에 '고수'라고 되어 있으면 바질이나 민트나 파슬리를 넣어도 되고, 조리법에 '아몬드'라고 되어 있으면 헤이즐넛을 써도 됩니다. 여기 나온 조리법에는 두유나 코코넛 밀크가 자주 나오는데, 그 자리에 우유를 써도 괜찮습니다. 일반적으로 재료의 기본 전제는 정제가 가장 덜 된 것이지만, 가지고 있는 식재료를 써도 무방합니다(가령 '비정제 원당'을 쓰라고 되어 있는데 집에 백설탕밖에 없는 경우도 있으니까요). 다만, 영양분은 조리법에 나온 성분을 기준으로 계산됩니다(영양가는 브랜드에 따라 다를 수 있으며, 칼로리의 경우 불용성 식이섬유나 영양소 파괴를 반올림하는 관행 등으로 인해 탄수화물, 단백질, 지방 흡수량이 예측과 달라질 수 있습니다). 이 조리법은 기본 계획으로만 잡고, 구미와 취향에 따라 마음 가는 대로 요리해 보세요.

지상 최고의 오트밀

'통귀리'라는 말만 들어도 본능적으로 몸서리를 치는 분들이 있습니다. 하지만 두려워하지 마세요. 이름만 보면 껍질째 먹어야 할 것 같지만, 시중에 유통되는 통귀리는 대개 아침 시리얼로 쓰이게끔 도정된 녀석이니까요. 귀리의 가공 정도로 따졌을 때는 통귀리가 가장 덜 가공되어 있습니다. 스틸컷steel-cut 귀리(자른 귀리)는 통귀리를 작게 토막내 놓은 것입니다. 롤드 오트rolled oat는 더 편한 조리를 위해 찌고 압착해서 말려놓은 귀리입니다. 인스턴트 오트instant oat는 으깨서 거의 가루를 내 놓은 귀리이고요. 이어지는 조리법에서 우리는 통귀리와 스틸컷 귀리를 가지고 한 시간 동안 가스불 앞에 서서 저을 필요 없이 맛있는 요리를 만들어 볼 거예요!

슬로우쿠커 귀리죽

▶ 8인분

물 6~8컵
통귀리나 스틸컷 귀리 2컵
추가 가능: 과일, 감미료 ('추가재료' 항목 참조)

물은 8시간 미만 조리시 6컵, 8시간 이상 조리시 8컵을 씁니다(이 조리법에서는 6~8컵이 필요하다고 했으니 8시간 동안 7컵을 쓰거나 하는 식으로 자유로이 조리합니다). 물과 스틸컷 귀리를 넣고 기호에 따라 과일이나 감미료를 첨가한 다음, 뚜껑을 덮고 가장 낮은 온도로 슬로우쿠커를 밤새 켜둡니다. 아침에 일어나면 따끈한 오트밀이 만들어져 있을 거예요.

전기밥솥 속성 귀리죽

▶ 4인분

물 4컵
통귀리나 스틸컷 귀리 1컵
추가 가능: 과일, 감미료 ('추가재료' 항목 참조)

밥솥에 조리할 때는 소량만 넣어야 거품이 흘러넘치지 않습니다. 물과 스틸컷 귀리를 넣고 기호에 따라 과일이나 감미료를 첨가한 다음, 뚜껑을 덮고 조리 버튼을 누른 뒤 하루 일과를 준비합니다. 밥솥의 온도는 낮게 맞추고 스틸컷 귀리는 30분, 통귀리는 50분 조리합니다.

추가재료: 과일이 들어간 죽을 만들고 싶다면 (블루베리, 사과, 배 등의) 생과일이나 냉동 과일을 함께 넣고 조리해 보세요. 바나나를 넣으면 질감이 훨씬 크리미해집니다. 가을이라면 호박을 넣어도 좋지요. 체리, 크랜베리, 건포도, 대추, 무화과 등 말린 과일은 조리가 끝나면 통통하게 부풀어 오르는 데다 단

맛도 그럴싸하게 더해줍니다. 감미료를 쓰려면 (물을 조금 덜어내고) 꿀, 메이플 시럽, 아가베, 사과주스를 써볼 수 있습니다. 견과류는 처음부터 넣으면 눅눅해지니 가급적 조리 마지막 단계에 넣어주세요.

1인분 영양소(블루베리 1컵과 바나나 1개를 더 넣고 전기밥솥에 조리한 경우)

통귀리: 227kcal, 탄수화물 42g, 단백질 8g, 지방 3g.

스틸컷 귀리: 187kcal, 탄수화물 39g, 단백질 7g, 지방 3g.

고구마구이

▶ 4인분

고구마는 러너에게 훌륭한 음식이지만, 버터와 설탕을 섞어 마시멜로를 얹은 것이 보통 가장 잘 팔립니다. 이런 것 말고, 진짜 맛있게 건강하고 바삭하게 구워내는 초간단 조리법을 소개할게요.

잘 씻어서 껍질을 벗기지 않고 얇게 채썰어둔 고구마 5개
올리브유 1큰술
소금과 후추
추가 가능: 홍고추, 카레 가루, 파프리카

1. 오븐을 230℃로 예열합니다.
2. 고구마에 올리브유를 두르고 소금, 후추로 간을 합니다. 기호에 따라 풍미를 더할 수 있도록 홍고추를 넣어도 됩니다.
3. 베이킹 시트 위에 한 층으로 펼쳐 오븐에 넣고 20분간 굽습니다. 가끔 뒤집어 주면서 밝은 갈색이 될 때까지, 바삭하지만 부드러운 질감이 사라지지 않도록 구워냅니다.

1인분 영양소: 159kcal, 탄수화물 30g, 단백질 3g, 지방 4g.

생 진저에일

▶ 24인분

생강은 러너에게 마법 같은 효과를 냅니다. 2010년 《Journal of Pain》에 발표된 연구에 따르면 '생강을 매일 날로 먹거나 익혀 먹으면 운동 유발성 근육 손상 후의 근육통이 중간 이상으로 크게 줄어들어 [...] 진통제로서 생강이 지닌 효과를 입증한다'고 합니다. 시중의 탄산음료는 진짜 음식이라고 할 수 없지만, 지금부터 함께 만들 진저에일에서는 콜라로 얻을 수 없는 진통효과까지 덤으로 얻을 수 있습니다.

15cm짜리 신선한 생강 조각
꿀 1컵
물 3컵
탄산수나 온수 1컵
얼음
추가 가능: 라임 1개

얇게 썬 생강(잘 씻으면 껍질을 벗길 필요가 없음)을 꿀에 버무려 물과 함께 냄비에 넣고 약 1시간 동안 약한 불로 끓입니다. 끓인 내용물을 식힌 다음 망에 걸러 깨끗한 병에 넣습니다. 탄산수 1컵에 생강물을 2큰술 넣고 휘저은 다음 얼음을 넣어 드세요. 뜨거운 물 한 컵에 생강물과 라임즙을 섞으면 새콤달콤하고 알싸한 차로 즐길 수도 있습니다.

1인분 영양소: 45kcal, 탄수화물 12g.

초콜릿 비트 케이크

▶ 8인분

비트는 러너에게 알맞은 영양소가 한껏 들어있고, 비트에 들어있는 수분 덕분에 이 디저트에는 버터를 넣을 필요가 없어집니다. 맛에 아주 집중하면 비트의 맛도 느껴질 수 있지만, 대부분은 초콜릿의 깊은 풍미만 느껴질 거예요.

익힌 비트 1¾컵(비트 약 3개)
무표백 다용도 밀가루 2컵
원당 1¼컵
무가당 코코아 가루 ¼컵
베이킹소다 1½작은술
소금 ½작은술
쓴 초콜릿 칩 3온스
큰 계란 1개
물 ¾컵
올리브유 또는 식용유 ¼컵
바닐라 오일 1작은술

1. 농산물 섹션에 가보면 간편하게 사용할 수 있는 삶은 비트를 팔 때가 가끔 있지만, 삶아놓은 비트가 없는 경우 비트를 손질해 껍질을 벗기고 자른 다음 부드러워질 때까지 30분 정도 끓입니다. 그런 다음 믹서기에 비트를 넣고 부드러운 퓌레로 만듭니다(믹서기가 없다면 블렌더나 강판을 써도 됩니다).
2. 오븐을 175℃로 예열합니다. 9인치 원형 케이크 팬에 기름을 바르고 밀가루를 잘 뿌립니다(유산지가 있다면 기름 바른 팬 위에 밀가루 대신 유산지를 깔고 그 위에 다시 기름을 바릅니다).
3. 큰 볼에 남은 밀가루, 설탕, 코코아 가루, 베이킹소다, 소금을 넣고 저어줍니다. 초콜릿은 절반만 덜어서 녹인 다음, 계란, 물, 기름, 바닐라, 비트 퓌레와 함께 밀가루 반죽에 넣습니다. 그 위에 녹이지 않은 나머지 초콜릿을 넣고 저어주세요.
4. 팬에 반죽을 붓고 약 45분간 굽거나, 이쑤시개를 넣었다 뺐을 때 반죽이 묻어나오지 않을 때까지 굽습니다. 식힘망에 팬째로 올려놓고 20분간 식힌 다음, 케이크를 팬에서 빼내 완전히 식을 때까지 둡니다.

1인분 영양소: 345kcal, 탄수화물 57g, 단백질 5g, 지방 13g.

장식용 재료

- 초콜릿 글레이즈: 평범한 초콜릿 글레이즈에 건강을 입힌 버전이에요. 작은 팬에 코코넛 밀크 ½컵과 꿀 1작은술을 넣고 끓인 다음, 쓴 초콜릿 칩 3온스를 볼에 넣고 녹인 다음 섞습니다. 부드럽고 윤기가 날 때까지 저어주세요. 10분 동안 식힌 다음 케이크 위에 붓습니다.
- 비트 칩: 당절임 비트를 써도 좋고, 단 케이크에 짠맛을 얹고 싶다면 마트에서 비트 칩을 사서 올려도 좋습니다.
- 컬스 초콜릿: 두꺼운 초콜릿 바의 모서리를 감자칼(야채 필러)로 깎아 긴 컬스를 만들어보세요.

19

탄수화물로 바로잡는 달리기

벌새는 탄수화물을 몇 시간만 못 먹어도 굶어 죽을 정도로 에너지 요구량이 큽니다. 벌새들이 어느날 갑자기 저탄수화물/고단백 식단을 하기로 마음먹는 날이 온다면, 하늘에서 떨어지는 벌새를 피해야 할 거예요. 다행히 벌새가 그 정도로 멍청하지는 않습니다. 당신도 마찬가지예요. 러너에게 탄수화물은 매우 중요합니다.

탄수화물은 당류saccharide라고도 하며, (단백질, 지방과 함께) 우리 몸에 연료를 공급하는 삼대영양소 중 하나입니다. 모든 탄수화물의 중심에는 탄소와 수소와 산소가 결합된 당 분자가 있습니다('탄수화물'이라는 이름은 그래서 붙었죠). 탄수화물은 콩, 과일, 팝콘, 감자, 옥수수, 쿠키, 파스타, 파이를 비롯해 순수한 단백질이나 지방으로만 이루어지지 않은 거의 모든 식품에 있습니다. 탄수화물 음식의 모양과 형태는 가지각색이지만, 대부분은 당으로 이루어져 있습니다. 가장 흔한 탄수화물인 전분과 섬유질은 기본적으로 당 분자로 이루어진 사슬입니다(개중에는 수백 수천 개의 당 분자로 이루어진 사슬도 있습니다).

탄수화물은 우리가 달릴 때 쓰이는 주요 에너지원입니다. 당 떨어지면 못 움직인다는 말이 괜히 나온 게 아닙니다.

당류가 뭔데?

탄수화물이 무엇인지 알려면 먼저 탄수화물을 이루고 있는 당류의 네 가지 그룹이 무엇인지부터 알아두어야 합니다.

- **단당류**monosaccharide: 생물학적으로 중요한 탄수화물의 기본 단위로, 가장 단순한 형태의 당 분자입니다. 포도당glucose, (우유와 유제품에 들어있는) 갈락토스galactose, (대부분 야채와 과일에 들어있는) 과당fructose 등이 여기 들어갑니다. 단당류가 연결되면 다당류가 됩니다.
- **이당류**disaccharide: 두 개의 단당류 분자가 결합하면 이당류가 됩니다. 우유에 들어있는 락토스(유당)lactose(포도당+갈락토스), 야채와 맥주에도 들어있는 말토스(맥아당)maltose(포도당+포도당), 설탕에 들어있는 수크로스(자당)sucrose(포도당+과당)가 여기 들어갑니다.
- **올리고당**oligosaccharide: 3~10개의 단당류가 결합된 분자입니다. (여러 식물에 들어있는) 겐티아노스gentianose와 스타키노스stachynose, (콩, 양배추, 방울양배추, 브로콜리에 들어있는) 라피노스raffinose가 여기 들어갑니다. 우리 몸은 라피노스를 소화할 수 없기 때문에 가스가 발생합니다.
- **다당류**polysaccharide: 엄격한 의미에서 이당류와 올리고당은 둘 이상의 분자를 가지고 있으므로 다당류에 들어가지만, 이 용어는 일반적으로 10개 이상의 단당류로 이루어진 사슬을 가리키며, 다당류는 수십만 개의 단당류로 이루어지는 경우도 있습니다. 여기에는 녹말이나 글리코겐 같은 저장 다당류, 셀룰로스cellulose나 키틴chitin 같은 구조성 다당류가 들어갑니다.

이제 이 정보를 바탕으로 복합 탄수화물과 단순 탄수화물의 차이점을 알아보기로 해요.

복합 탄수화물과 단순 탄수화물

옛날에는 탄수화물을 복합 탄수화물과 단순 탄수화물이라는 두 가지 범주로 분류했습니다. 단순 탄수화물에는 단당류와 이당류가 들어갔고, 복합 탄수화물에는 모든 다당류가 들어갔죠.

콩, 녹말 채소, 통곡물에 들어있는 복합 탄수화물은 과일, 과자, 정제곡 제품에 들어있는 단순 탄수화물보다 더 건강한 음식으로 간주되었습니다. 사실 복합 탄수화물에는 더 많은 영양소와 섬유질이 들어 있고, 체내에서 분해되는 데 더 오랜 시간이 걸립니다. 단순 탄수화물은 칼로리만 제공할 때가 많고요. 그래서 단순 탄수화물의 칼로리를 '공허한 칼로리'라고 부른답니다.

그러나 이러한 단순 이분법이 전체를 대변하지는 못합니다. 소화기계digestive system의 목표는 모든 탄수화물을 분해해 신체의 주요 에너지원인 포도당 분자로 만드는 것입니다. 그로 인해 당지수라는 개념이 도입됩니다. 여기서부터는 이야기가 한층 복잡해져요.

당지수와 당부하

탄수화물은 우리 몸에서 포도당으로 바뀐 다음 혈류로 들어가 혈당(포도당) 수치를 높입니다. 혈당이 높아지면 췌장은 근육과 간의 세포가 당을 흡수(하여 글리코겐으로 저장)하게 만드는 호르몬인 인슐린을 분비합니다. 혈당이 낮아지면 인슐린 분비는 줄어들고, 혈당이 일정 수준 이하로 떨어지면 췌장은 간에 저장된 글리코겐을 다시 포도당으로 전환하여 혈류로 방출되게 하는 호르몬인 글루카곤을 분비합니다.

혈당 수치가 장기간에 걸쳐 급격한 변동을 거듭하면 여러 가지 문제가 생깁니다. 포도당, 인슐린, 글루카곤이 위아래로 춤추다 보면 비만, 제2형 당뇨병, 심장병을 비롯한 여러 가지 질병이 생길 수 있습니다. 현재 제2형 당뇨병을 앓고 있는 미국인은 1,700만 명에 달하며, 인슐린 저항성으로 당뇨병에 걸릴 위험에 놓인 사람은 수백만 명에 이릅니다.

혈당 관련 질환의 발병 위험을 낮추는 방법은

영양 이야기

"열 가지 회복용 간식"

제대로 운동했다면 제대로 회복해야 하고, 제대로 회복하려면 제대로 먹어야 합니다. 듣던 중 반가운 소식이죠! 이러한 회복용 식이에는 소모한 글리코겐을 보충할 수 있을 만큼의 탄수화물 섭취가 큰 부분을 차지합니다. 회복용 식사의 탄수화물:단백질 황금비는 4:1이지만, 이 비율은 운동의 특성에 맞게 조절할 수 있습니다. 워크아웃에 알맞은 칼로리와 삼대영양소에 대해 알아보려면 10장의 표를 참조한 다음, 아래의 목록에서 원하는 간식을 골라보세요.

1. **바나나 아몬드 스무디:** 운동이 끝난 뒤에는 씹는 것조차 힘든 날도 있는 법입니다. 그런 날에는 스무디가 제격이죠. 저지방 바닐라 요거트 ½컵, 바나나 1개, 아몬드 버터 1큰술, 저지방 우유 ½컵, 얼음 한 줌을 넣고 부드러워질 때까지 믹서기에 갈아서 드세요.
(1인분: 335kcal, 탄수화물 45g, 단백질 14g, 지방 11g.)

2. **클리프 바:** 러닝을 마치고 곧장 집에 가기 어려운 상황이라면 가방에 미리 주전부리를 챙겨 두어야겠죠. 클리프 바Clif Bar는 가공을 덜 한 유기농 재료를 많이 사용한 포장 스낵으로, 탄수화물:단백질 비가 4:1인 훌륭한 제품입니다.
(초코 브라우니맛 바 1개: 240kcal, 탄수화물 45g, 단백질 10g, 지방 4.5g.)

3. **계란 아보카도 샌드위치:** 회복에 단백질과 지방이 좀 더 필요하다면 이 샌드위치가 제격입니다. 토스트 빵 2장, 아보카도 ¼개, 삶은 계란 1개로 만든 다음, 소금과 후추로 간을 맞춥니다.
(1인분: 360kcal, 탄수화물 55g, 단백질 18g, 지방 16g.)

4. **바나나와 베이글:** 결승점에서 공짜로 주는 선물은 회복에도 좋습니다. 여기서 보실 영양가는 토마스Thomas 사(社)의 통밀 베이글을 기준으로 하고 있지만, 베이글은 회사와 베이커리에 따라 칼로리 편차가 크니 주의해야 합니다.
(바나나 1개와 베이글 1개: 355kcal, 탄수화물 76g, 단백질 13g, 지방 2g.)

5. **말린 무화과와 고트치즈:** 워크아웃을 마치고 나서 맛있는 간식이 간절해질 때도 있습니다. 그럴 때는 무화과와 톡 쏘는 고트치즈(염소젖 치즈)가 최고죠! 말린 무화과는 탄수화물 덩어리일 뿐만 아니라 칼슘, 칼륨, 섬유질, 철, 마그네슘이 풍부하게 들어있습니다.
(말린 무화과 6개, 염소 치즈 1작은술: 380kcal, 탄수화물 60g, 단백질 12g, 지방 12g.)

6. **초코 우유:** 러너들이 경험적으로 알고 있는 것들은 연구를 통해 확인될 때가 많죠. 그런 맥락에서 초코 우유는 정말 끝내줍니다! 오스틴 텍사스 대학교의 2011년 연구에 따르면 저지방 초코 우유는 '프로와 아마추어 선수 모두에게' 회복 효과를 낸다고 합니다. 높은 근육량과 낮은 지방량 등의 체성분 개선, 경기력 향상, 전반적인 체력 향상도 함께 얻을 수 있죠.
(유기농 초코 우유 1팩(237ml): 150kcal, 탄수화물 22g, 단백질 8g, 지방 2.5g.)

7. **식은 피자:** 운동이 끝나면 냉장고로 직행해 남긴 음식을 흡입한다는 말이 괜히 있는 게 아닙니다.
(야채 피자 1조각: 260kcal, 탄수화물 34g, 단백질 10g, 지방 9g.)

8. **사과와 치즈:** 달콤한 사과와 짭짤한 치즈는 찰떡궁합입니다. 탄수화물 함량이 매우 높지는 않지만, 회복에 단백질과 지방이 많이 필요할 때 좋은 간식이에요.
(큰 사과 1개, 치즈 30g: 224kcal, 탄수화물 22g, 단백질 7g, 지방 9g.)

9. **그릭 요거트와 그래놀라:** 무지방 유제품은 대부분 고문과도 같은 맛을 내지만, 그릭 요거트는 그렇지 않습니다. 플레인 그릭 요거트를 사면 구미에 맞게 맛을 낼 수도 있죠. 그래놀라와 꿀로 탄수화물을 얹어 보는 건 어떨까요?
(그릭 요거트 ½컵, 그래놀라 ½컵, 꿀 ½큰술: 335kcal, 탄수화물 57g, 단백질 20g, 지방 5g.)

10. **땅콩버터와 젤리를 넣은 샌드위치:** 한 입 베어물면 몸을 웅크리고 어린 시절로 돌아가고 싶게 하는 버터 젤리 샌드위치는, 아마도 러닝을 끝내고 먹을 수 있는 가장 완벽한 훈련용 음식일 겁니다. 물론 우리는 어른이니까 천연 땅콩버터와 무가당 과일 젤리를 먹어보는 것도 좋겠죠.
(빵 2장, 땅콩버터 1큰술, 젤리 1큰술: 378kcal, 탄수화물 42g, 단백질 12g, 지방 18g.)

몇 가지가 있습니다. 가령 (과일, 야채, 콩류, 통곡물 등에 들어있는) 천연 탄수화물은 가공식품에 들어있는 탄수화물에 비해 혈류에 더 천천히 들어가 인슐린과 혈당이 더 완만하게 올라갑니다.

여기서 당지수GI(glycemic index) 개념이 들어옵니다. 탄수화물은 저마다 다른 속도로 혈류에 들어옵니다. GI는 다양한 탄수화물의 혈당 상승 정도를 나타냅니다. 혈액에 빠르게 들어가는 탄수화물은 GI가 높습니다. 분해에 오랜 시간이 걸려 느리게 들어가는 탄수화물의 GI는 낮고요.

그러나 GI에는 식사량이라는 변수가 들어 있지 않은 탓에 오해의 소지가 있습니다. 예컨대 수박의 GI는 높지만, 실질적인 당부하(음식에 포함된 탄수화물의 양)는 상대적으로 낮습니다. 그런 관계로 GI보다는 당부하GL(glycemic load)가 혈당 수치에 대한 식품의 영향을 더 잘 측정할 수 있습니다. GL 1단위는 포도당 1g이 혈당에 미치는 영향과 거의 비슷합니다. 이를 염두에 두고 볼 때, GL이 20 이상이면 높음, 11~19이면 중간, 10 이하이면 낮음으로 간주할 수 있습니다.

다만 GL이 혈당에 미치는 탄수화물의 영향을 추정하는 데 있어서 더 나은 수단일 수 있다 해도 더 널리 쓰이는 기준은 GI이고, 건강한 탄수화물일수록 일반적으로 GI가 낮습니다. GI가 낮은 식품에는 우유, 요거트, 렌틸콩, 파스타, 견과류 등과 함께 사과나 오렌지 등의 북방 기후 과일이 들어갑니다. GI가 중간인 식품에는 청량음료, 귀리, (바나나나 망고 등의) 열대 과일이 들어갑니다. GI가 높은 식품에는 정제 곡물로 만든 빵, 감자, 아침식사용 가당 시리얼, 스포츠음료가 들어갑니다. 스포츠음료는 지구력 경기 중의 빠른 연료 공급원으로는 유용하지만, TV를 보는 동안 마실 음료로는 좋지 않습니다.

GI가 달리기에 미치는 영향이 궁금한 러너는 다음과 같은 사항을 고려해야 합니다.

- **러닝 전에는 낮은 GI 식품을:** 연구에 따르면 훈련 전에 높은 GI 식품을 섭취하는 것보다 낮은 GI 식품을 섭취하는 것이 혈당 수치 유지에 더 좋습니다. 러닝 15분 전에 낮은 GI 간식을 섭취하면 탈진까지 걸리는 시간이 23% 길어진다는 결론을 낸 연구도 있어요.
- **러닝 중에는 중간~높은 GI 식품을:** 빠르게 소화되는 스포츠음료, 스포츠 겔, 에너지 바의 탄수화물은 운동 중에 빠른 연료 공급원 역할을 합니다.
- **러닝 후에는 높은 GI 식품을:** 높은 GI 식품은 글리코겐을 빠르게 보충해줍니다. 높은 GI 식품을 통한 워크아웃 이후의 글리코겐 보충 속도는 낮은 GI 식품의 2배인 것으로 밝혀져 있습니다.
- **그 밖의 시간에는:** 거의 모든 연구에서 낮은 GI 식품이 건강 유지에 더 좋다는 결론을 냈습니다.

영양 이야기

"당부하를 낮추는 방법"

중간~높은 GL 식품도 러너의 식단에서 제몫의 할 일이 있겠지만, 일반적으로는 낮은 GL 식품이 더 좋습니다. 당부하를 낮게 유지하는 방법은 아래와 같습니다.

- 아침식사로는 귀리나 보리나 현미를 드세요. 도정하거나 갈아놓은 곡식은 당부하를 극단적으로 높일 수 있으니, 가급적 자연 상태에 가까운 곡식을 드세요.
- 되도록이면 통곡물빵을 드세요.
- 신선한 과일과 채소를 많이 드세요.
- 과일 주스보다는 통과일을 드세요. 주스를 마셔야겠다면 과육이 같이 들어있는 음료를 고르세요.
- 되도록이면 현미밥을 드세요.
- 되도록이면 통밀 파스타를 드세요.
- 정크푸드, 가공식품, 패스트푸드 등 첨가물이 너무 많은 식품은 자제하세요.

건강한 탄수화물 섭취는 가장 필요한 순간의 건강한 에너지 생산으로 이어질 거예요.

탄수화물은 얼마나 필요할까?

미국 국립 과학원에서는 일일 칼로리 섭취량 중 탄수화물, 단백질, 지방에서 오는 칼로리의 퍼센티지를 정해두었는데, 이 권고안에 따르면 칼로리의 45~65%는 탄수화물, 10~35%는 단백질, 20~35%는 지방에서 오는 것이 좋습니다. 2,000kcal를 기준으로 보면 매일 225~325g의 탄수화물을 섭취해야 한다는 뜻이죠.

운동을 매일같이 하는 선수는 활동량이 낮은 사람들보다 탄수화물과 단백질 요구량이 높습니다. 다양한 워크아웃에서의 탄수화물 · 지방 사용량은 10장에 차트로 정리해 두었습니다. 미국 영양사협회의 권고안에 따르면 지구력 종목의 선수는 일반적으로 체중 1kg당 5~12g의 탄수화물을 섭취해야 합니다. 보시는 것처럼 범위가 넓죠. 같은 맥락에서, 일주일에 20km씩 달리는 러너와 일주일에 150km씩 달리는 러너의 탄수화물 연소량은 차이가 날 수밖에 없습니다.

탄수화물의 배반

세상만사가 다 그렇듯, 탄수화물 또한 모든 사람에게 다 좋지만은 않습니다. 탄수화물이 무조건 좋다는 선수도 있지만, 아니라는 사람도 있거든요.

- **체중 증가:** 1g당 칼로리를 따졌을 때 탄수화물은 단백질의 칼로리와 같고 지방의 칼로리에는 절반도 못 미치지만, 탄수화물이 흡수될 때는 물이 따라와야 합니다. 사실 우리 몸은 저장된 글리코겐 1g당 약 3g의 물을 빨아들이거든요. 따라서 글리코겐이 완전히 충전된 러너는 글리코겐이 거의 고갈됐을 때보다 2kg 이상 몸무게가 늘어날 수 있습니다. 또한 포장식품이나 가공식품으로 나오는 탄수화물에 들어있는 소금은 물의 무게를 늘릴 수 있습니다. 5K 경주를 앞두고 탄수화물 로딩을 하기 전에 생각해 보아야 할 문제입니다.
- **소화 장애:** 우리가 최고로 치는 탄수화물 중에는 섬유질이 두 배 더 들어있는 녀석들이

더러 있습니다. 콩, 현미, 브로콜리가 그렇죠. 섬유질의 증가는 가스, 복통, 복부 팽만감, 설사를 유발할 수 있습니다. 뱃속이 시끄럽다 싶으면 섬유질 때문은 아닌지 확인해 보아야 합니다.

- **혈당 변화:** 탄수화물 로딩은 혈당에 영향을 줄 수 있습니다. 혈당에 문제가 있는 러너는 탄수화물 섭취량을 늘리기 전에 병원에 먼저 가 보아야 합니다.

탄수화물을 먹지 말라는 것은 아니지만, 울트라 러너 중에는 탄수화물보다 지방이 많은 식단을 선호하는 분도 더러 있습니다. 지방은 에너지의 양이 더 많을 뿐만 아니라, 장거리 경주와 훈련 페이스 유지에 쓰이는 에너지는 지방을 연료로 쓰는 유산소 에너지 생산으로 거의 전부 충족할 수 있기 때문이죠.

탄수화물 로딩

운동선수들은 탄수화물이 경기력에 도움이 된다는 것을 오랫동안 알고 있었지만, 스웨덴의 연구자들이 그 기전을 알아낸 것은 1960년대가 되어서였습니다. 연구진은 고탄수화물 식이가 근 글리코겐 저장량을 높여 5K에서는 80~90%, 하프 마라톤과 마라톤에서는 60~70%의 에너지를 제공한다는 결론을 냈습니다. 후속 연구에 따르면 고탄수화물 식이는 반복적인 고부하 훈련을 감당하는 러너의 능력 또한 높였습니다. 러너와 따끈한 파스타가 아주 끈끈한 관계라는 것이 증명된 셈이죠. 탄수화물 로딩에 대해 더 알고 싶다면 10장 171쪽 박스의 "탄수화물 로딩과 지방 로딩이 효과가 있나요?"를 참조해 주세요.

섬유질에 관하여

섬유질은 다른 탄수화물처럼 몸속에서 당 분자로 분해되거나 소화되지 않고 바로 통과합니다. 영양소를 제공하지 않는 섬유질은, 그러나 건강에 필수적입니다. 섬유질은 우리 몸의 당 사용 조절에 도움이 되며, 소화 과정을 느리게 하여 영양소를 더 안정적으로 공급하고 포만감을 오래 지속시킵니다. 이상적인 상황이라면 성인은 하루에 20~30g의 섬유질을 섭취해야 하지만(1,000kcal 섭취시 14g), 대부분의 미국인은 약 15g의 섬유질만 섭취합니다.*

당연한 말일 테지만, 섬유질에는 좋은 점이 있는 만큼 나쁜 점도 있습니다. 즉, 러너의 경우 (워크아웃 중의 불쾌감이나 경주 중의 악몽 같은) 일시적 위장 장애로 이어질 수 있다는 뜻이에요. 따라서 러너는 섬유질을 현명하게 섭취할 수 있어야 합니다. 섬유질이 몸을 통과하는 데에는 약 2시간이 걸리므로, 섬유질이 풍부한 음식은 러닝 전이 아닌 러닝 후에 드세요. 아울러 식탁에 섬유질을 늘릴 때는 조금씩 천천히 늘리세요. 그래야 몸이 적응할 수 있습니다. 고기 대신 통밀 제품, 과일과 채소, 콩을 조금씩 더 먹는 식으로 시작해 보세요.

러너와 탄수화물의 특별한 관계

러닝에는 탄수화물이 필요합니다. 간단한 논리죠. 탄수화물을 줄이면 느린 속도, 낮은 힘, 혼탁한 생각이 따라오게 마련입니다. 고강도 훈련은 예외 없이 탄수화물을 연료로 쓴다는 사실을 기억하세요. 1마일 페이스 이상의 속도로 달리는 러닝, 저항 훈련, 플라이오메트릭, 드릴. 이 책에 있는 대다수의 결합조직 운동은 오로지 탄수화물만 연료로 씁니다. 그러니 이 장에 나온 팁을 활용해 탄수화물을 현명하게 고르고 현명하게 드세요.

* 역주: 한국인의 경우, 2013~2017년 자료를 바탕으로 2020년 발간된 한국영양학회 학술지에 따르면 평균 24.1g의 섬유질을 섭취하고 있습니다. 보건복지부에서 발간한 '2020 한국인 영양소 섭취 기준'에 따르면 식이섬유의 충분섭취량은 유아 15~20g, 아동청소년 20~30, 성인 여성 20g, 성인 남성 30g, 65세 이상 노인 20~25g이며, 임산부와 수유부는 5g씩을 더 섭취해야 합니다.

건강에 좋은 비법 팬케이크

▶ 3인치 팬케이크 약 15장

고탄수 음식 중에 맛난 팬케이크보다 흡족한 음식도 없습니다. 골판지 튀김 같은 맛이 안 나도록 건강하게 만드는 게 요령일 테죠. '비법'이 뭘까요? 바로 백밀white wheat 통밀가루입니다. 적밀red wheat로 만드는 전통적인 밀가루와 달리, 이 밀가루는 백밀로 만들어지기 때문에 통밀 특유의 맛이나 색깔이 덜합니다(마트에 없다면 온라인으로 사세요). 신선한 버터밀크가 마침 냉장고에 있는 분은 거의 없을 테니, 이 조리법에서는 버터밀크 대신 요거트와 우유를 씁니다. 하지만 언제든 자유로이 바꿔서 넣어도 됩니다.

백밀 통밀가루 1컵
베이킹파우더 ½작은술
베이킹 소다 ½작은술
원당 ¼ 컵
저지방 플레인 요거트 1컵
2% 저지방 우유 ½ 컵
계란 1개
녹인 버터 1큰술
팬용 버터

1. 마른 재료를 큰 볼에 넣고 섞어줍니다. 축축한 재료는 다른 볼에 넣고 섞은 다음 마른 재료 반죽에 넣습니다
2. 덩어리가 약간 지게끔 가볍게 저어줍니다. 팬케이크 반죽은 너무 많이 저어 봐야 좋을 게 없습니다.
3. 프라이팬을 중불에 올리고 버터를 바릅니다. 반죽을 프라이팬에 붓고 팬케이크에 작은 기포가 생길 때까지 익힙니다. 뒤집어서 익힌 다음 따뜻한 접시에 올립니다. 반죽이 다 떨어질 때까지 전부 구워냅니다.

팬케이크 1개당: 53kcal, 탄수화물 8g, 단백질 2g, 지방 1g.

앤초비 소스와 각종 재료를 넣은 링귀니

▶ 4인분

통밀 파스타는 풍미가 강한 재료와 잘 어울리는데, 이 음식이 바로 그런 녀석이에요. 토마토를 비롯한 풍미 넘치는 재료로 만든 이 속성 조리법에는 짠 재료도 들어가 있습니다. 따라서 나트륨 섭취를 줄여야 하는 분이나 앤초비를 구하기 어려운 분은 앤초비와 올리브 대신 참치 통조림과 볶은 고추를 써도 됩니다. 그러나 짠 음식을 찾는 분이나(22장 참조) 짭짤한 앤초비를 좋아하는 분이라면 그대로 조리해서 즐기세요.

통밀 링귀니 1파운드
올리브유 2큰술
굵게 썬 마늘 2쪽
잘게 썬 토마토 3개
2온스짜리 앤초비 통조림 1개
다진 칼라마타 올리브 ⅓컵
케이퍼 2큰술
소금과 후추
추가재료: 할라피뇨, 사워도우 크루통, 신선한 바질, 장식용 파마산 치즈

1. 파스타를 봉지에 적힌 대로 삶아주세요.
2. 파스타가 익는 동안 큰 소테 팬sauté pan에 올리브유와 마늘(취향에 따라 할라피뇨까지)을 넣고 중불에서 한소끔 끓을 때까지 가열합니다. 토마토와 올리브를 넣고 이따금 저어줍니다. 토마토가 물러져 즙이 나올 때까지 익힙니다. 맛이 입에 맞을 때까지 앤초비와 케이퍼를 넣고 저어주세요(앤초비는 입맛에 따라 개수를 조절합니다). 다 익을 때까지 조리합니다.
3. 파스타를 체에 받쳐 물을 뺀 다음 소스와 버무려 후추로 간을 하고, 필요한 경우 올리브유를 더 뿌립니다. 마무리로는 바삭한 식감을 낼 수 있도록 크루통을 얹어도 되고, 신선한 바질이나 파마산 치즈를 얹어도 됩니다.

1인분 영양소: 514kcal, 탄수화물 84g, 단백질 17g, 지방 14g.

페타 치즈와 옥수수와 검은콩을 넣은 또띠아 칠레스

▶ 4인분

이 음식은 칠레스 레예노스의 건강한 버전에서 출발해 지금은 완전히 다른 요리로 진화했습니다. 환상 속의 끈적하고 화려한 멕시코 요리는 아닐지 몰라도, 탄수화물과 단백질이 한껏 들어있는 이 요리는 신선하고 밝고 매콤한 맛을 내며 멕시코 음식에 대한 갈망을 모조리 만족시킵니다.

큰 칠리 페퍼 4개
네모지게 썰어둔 양파 1개
옥수수 낟알 1컵
검은콩 1캔
으깬 페타 치즈 1컵
통밀 또띠야 4개
무지방 그릭 요거트 1컵
살사 1컵
강판에 간 체다 치즈 ¼컵 (장식용)

1. 가스레인지를 켜고 그릴에 칠리 페퍼를 얹어 불에 고추를 바로 굽습니다. 집게로 뒤집어가며 검은색이 고르게 입혀질 때까지 전체적으로 굽습니다. 잡을 수 있을 만큼 식힌 다음, 검게 탄 부분을 문질러 벗겨냅니다. 이 단계를 거치면 불맛을 입힐 수 있지만, 건너뛰어도 좋습니다.
2. 오븐을 175℃로 예열합니다. 큰 볼에 양파, 옥수수, 콩, 페타 치즈를 넣고 섞습니다.
3. 칠리 페퍼에 칼집을 내어 씨를 뺀 다음, 옥수수 콩 반죽을 넣어 속을 채웁니다. 칠리 페퍼의 절단면은 위로, 또띠야의 접힌 면은 아래로 가도록 칠리 페퍼를 하나하나 또띠야로 감쌉니다. 이렇게 감싼 칠리 페퍼를 베이킹용 접시나 캐서롤용 접시에 올려놓고, 살사와 요거트를 섞어 만든 소스를 그 위에 붓습니다. 이제 그 위에 체다 치즈를 뿌린 다음 표면에 거품이 생기며 금빛으로 바뀔 때까지 오븐에서 30분간 굽습니다. 다 구웠다면 오븐에서 빼내 5분간 두었다가 식탁에 올립니다.

잠깐! 밥과 함께 내면 탄수화물 섭취를 더 늘릴 수 있습니다.

1인분 영양소: 445kcal, 탄수화물 67g, 단백질 26g, 지방 12g.

시나몬 메이플 핫초코

▶ 1인분

춥거나 비 오는 아침에 러닝을 마치고 난 다음이라면 (지상 최강의 러닝 후 회복음료인) 초코우유과 같은 양의 탄수화물과 단백질이 들어있는 핫초코가 간절해지게 마련입니다. 이 조리법은 멕시코식 버전으로, 시나몬과 매운 맛을 양념으로 살짝 쳤습니다. 칼로리가 넉넉한 만큼, 식사 전에 속을 데우고 싶은 러너에게 딱입니다.

2% 저지방 우유 1컵
무가당 코코아 가루 2큰술
메이플 시럽 2큰술
바닐라 추출물 ½작은술
시나몬 ¼ 작은술
카옌 고춧가루 1꼬집(넉넉하게)
소금 1꼬집

냄비에 모든 재료를 넣은 다음 고르게 섞여 데워질 때까지 중불에서 젓습니다.

1인분 영양소: 267kcal, 탄수화물 47g, 단백질 10g, 지방 6g.

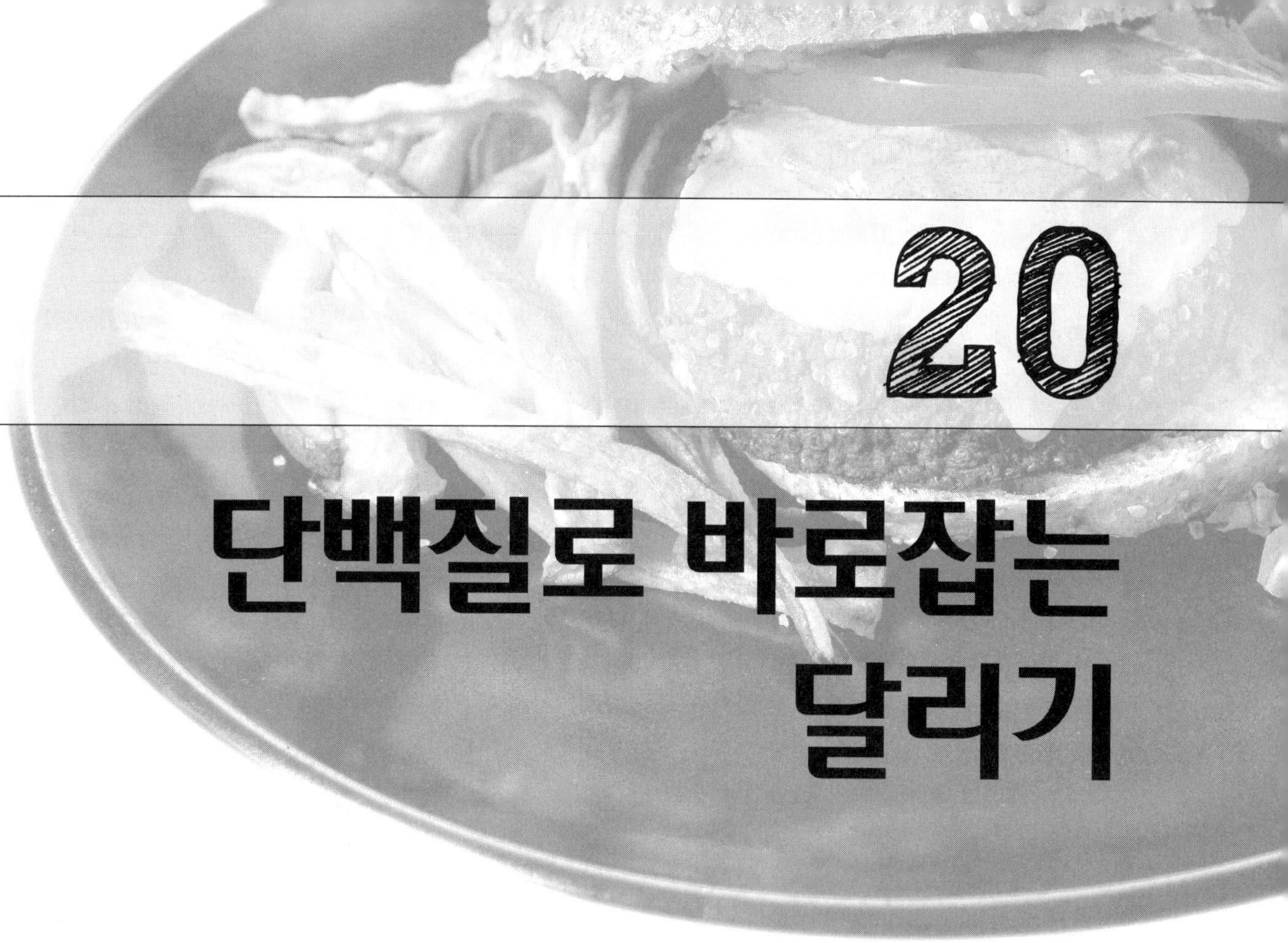

20

단백질로 바로잡는 달리기

단백질을 '생명체라는 건물의 벽돌'이라고 하는 데에는 그럴만한 이유가 있습니다. 단백질은 우리 몸을 이루는 모든 세포의 일부분으로, 근육, 피부, 내장, 분비샘의 핵심 구성 요소입니다. 성장, 소화, 조직 복구, 면역계 반응, 호르몬 분비를 비롯해 우리 몸에서 여러 가지 기능을 하기도 하죠. 러너에게 있어 단백질은 워크아웃 이후의 근육 복구와 회복에 필수입니다. 국제 스포츠 영양 학회에서는 단백질이 부족하면 훈련 중 부상 위험이 커진다고도 하죠. 효소로 쓰일 때는 유산소와 무산소 에너지 생산을 촉진합니다. MCT로 쓰일 때는 고강도 러닝 중에 젖산 이온과 수소 이온을 세포 밖으로 내보내는 역할을 합니다. 또한 헤모글로빈으로 쓰일 때는 생명이 이어지게 하는 산소를 운반합니다. 탄수화물과 지방은 연료로 쓰이지만, 그 엔진에 형태와 기능을 만들어주는 것은 단백질입니다.

아미노산이 뭔데?

아미노산은 '벽돌'로 비유되는데, 이는 아미노산이 단백질이라는 건물을 이루는 벽돌 역할을 하기 때문입니다. 말하자면 벽돌을 이루는 벽돌인 셈이죠. 학술적으로 아미노산은 염기성 아미노기와 산성 카복실기에 아미노산마다 다른 유기 R기(또는 곁사슬 side chain)가 붙어있는 유기 분자군입니다. 하지만 그냥 레고 블록이나 마찬가지라고 생각해도 돼요. 조각을 모아서 멋진 단백질 구조물을 만들 수 있으니까요.

미국 국립 의학 도서관에 따르면 인체가 단백질을 만들 때 쓰이는 아미노산은 총 21가지입니다. 우리 몸은 그중 12개를 합성할 수 있지만, 나머지 9개는 음식을 통해 공급되어야 합니다. 이 9가지를 '필수 아미노산'이라고 합니다. 음식을 통해 필수적으로 섭취해야 한다는 뜻이죠. 탄수화물이나 지방과 달리 우리 몸은 나중에 쓸 목적으로 아미노산을 저장하지 못하는 관계로, 우리가 매일 먹는 음식에는 필수 아미노산이 들어 있어야 합니다. 그러나 정상적인 식단에는 대개 이미 충분한 양의 필수 아미노산이 들어 있으니, 당황하지는 마세요.

아미노산은 다음과 같은 세 그룹으로 나뉩니다.

- **필수 아미노산:** 우리 몸에서 만들어지지 않는 아미노산으로, 히스티딘, 이소류신, 류신, 라이신, 메티오닌, 페닐알라닌, 트레오닌, 트립토판, 발린이 여기 해당합니다.
- **비필수 아미노산:** 우리 몸에서 만들어지는 아미노산으로, 알라닌, 아스파라긴, 아스파르트산, 글루탐산이 여기 해당합니다.
- **조건부 아미노산:** 이들 비필수 아미노산은 대개 질병이나 스트레스 중에 필수 아미노산으로 바뀔 수 있습니다. 아르기닌, 시스테인, 글루타민, 글리신, 오르니틴, 프롤린, 세린, 티로신이 여기 들어갑니다.

완전 단백질과 불완전 단백질

단백질 하면 대부분 동물성 식품을 떠올리지만, 단백질은 식물에도 풍부합니다. 다만 (전부는 아니고) 대부분의 식물에 있는 단백질이 불완전할 뿐입니다. 단백질은 필수 아미노산을 전부 포함하는가의 여부에 따라 간단히 분류할 수도 있어요.

완전 단백질은 고품질 단백질이라고도 합니다. 이러한 완전 단백질에는 인체의 생물학적 기능을 떠받들 수 있는 필수 아미노산이 최적의 비율로 들어있습니다. 육류, 가금류, 생선, 우유, 계란, 치즈 등의 동물성 식품은 완전 단백질의 원천이죠.

반면 불완전 단백질에는 모든 필수 아미노산이 충분하게 들어있지 않습니다. 하나 이상의 필수 아미노산이 빠져 있을 수도 있고, 모자라게 들어있을 수도 있습니다. 채소나 곡물 같은 대부분의 식물성 단백질은 불완전 단백질입니다.

다행히 우리 몸은 필수 아미노산이 하나의 재료에서만 오지 않아도 개의치 않습니다. 여러 재료에서 아미노산이 섞여 들어와도 좋다고 받아들이죠. 식물성 단백질에는 완전 단백질이 거의 없다는 점에서 채식주의자에게는 희소식일 테지만, 육식을 하는 사람들에게도 마찬가지로 좋은 소식입니다. 동물성 단백질에는 필수 아미노산이 풍부하지만 건강에 해로운 포화지방이 섞여 있을 때가 많습니다. 식물성 단백질은 지방이 거의 없으면서도 여러 가지 중요한 영양소를 제공하는 건강한 대안이 될 거예요.

보완 단백질

보완 단백질complimentary protein은 섞였을 때 온전한 필수 아미노산 세트가 이루어지는 둘 이상의 불완전(식물) 단백질을 가리킵니다. 가령 콩에는 메티오닌과 시스테인이 적고 라이신이 많지만 곡물에는 라이신이 적고 메티오닌과 시스테인이 많습니다. 수많은 문화권에서는 이들을 함께 먹어 왔는데, 이렇게 하면 식물성 완전 단백질이 짜잔 하고 탄생합니다.

고기가 없거나 적은 식단을 선호한다면 보완 단백질에 익숙해지는 편이 좋습니다. 예전에는 보완 단백질이 제대로 섞이려면 동시에 먹어야 한다고 믿던 전문가들이 많았습니다. 그러나 최근에는 하루 중에 다 섭취할 수만 있다면 같은 효과를 볼 수 있

영양 이야기

"단백질 파우더: 기적의 음료일까 마케팅의 산물일까?"

단백질 음료는 미국에서만 연간 약 30억 달러의 매출을 올리는 스포츠 영양 산업의 일부이자, 10대 선수들에게 가장 인기 있는 보충제이기도 합니다. 그러나 정말 효과가 있는 걸까요? 단백질 파우더는 편하기도 하고, 포장지의 그림만 보면 확실히 식스팩을 만들어줄 것도 같지만, 보충제 산업의 마케팅 자료와 상반되는 연구 또한 점차 늘어나고 있습니다. 보충제 업계는 우리가 단백질 보충제를 먹어야 보디빌더 같은 몸매를 가질 수 있다고 믿기를 바라고 있어요. (국제 올림픽 위원회의 2003년 보고서에 따르면 미국과 영국에 판매되는 보충제의 거의 20%에서 금지된 물질이 검출되었다는 사실을 감안하면 업계가 하는 말이 꼭 틀렸다고만은 볼 수 없을 겁니다.) 그러나 선수든 아니든 간에 사람들은 현실에서 이미 식사를 통해 적절한 양의 단백질을 섭취하고 있습니다. 일일 권장량의 몇 배를 넘는 고용량 섭취는 우리 몸이 처리할 수 있는 것보다 많은 단백질을 투입하는 행위에 지나지 않습니다.

앞서 12장에서 빠른 회복과 더 나은 적응으로 이어지는 지속적 동화 상태를 유발하려면 단백질 섭취를 어떻게 조율해야 하는지 설명했었죠. 그러나 단백질 파우더 속에 잠겨 챔피언이 되기만을 기다리라는 말은 하지 않았습니다.

대부분의 러너는 다음과 같은 사항을 염두에 두어야 합니다.

- 단백질 보충제는 비싸다.
- 보충제는 완전식품이 아니며, 모든 영양소를 갖추고 있지 않다.
- 보충제에는 인공 성분과 인공 감미료가 들어있을 때가 많다.
- 컨슈머 리포트의 2010년 연구에 따르면 검사 대상이었던 보충제의 20%에서 미국 약전 지침을 초과하는 중금속(비소, 카드뮴, 납, 수은)이 검출되었다.

단백질 보충제를 먹을 계획이라면 원하는 목표를 달성하는 데 필요한 양만 드세요. 얼마나 먹어야 할지 확실치 않다면, 일단 쉐이커를 내려놓고 이 장의 나머지 부분을 읽으시기 바랍니다.

다는 의견이 지배적입니다. 예외가 하나 있다면 워크아웃 후 회복 용도로 섭취하는 단백질입니다. 이때 먹는 단백질은 정해진 회복의 창(운동 후 15~30분 사이)에 꼭 들어와야 효과를 볼 수 있으므로, 이때만큼은 보완 단백질을 섞어서 먹어야 합니다.

보완 단백질을 만들 때는 조합 전략을 잘 짜야 합니다. 쌀과 콩은 고전적인 '완전 단백질'을 만드는 조합이지만, 그 밖에도 여러 가지 옵션이 있습니다. 콩류나 유제품을 곡물, 견과류, 씨앗류와 함께 섭취하는 식이죠. 아니면 유제품과 콩류를 함께 섭취하는 방식도 있습니다. 처음에는 아래와 같은 조합으로 시작해 보는 것도 좋습니다.

- 옥수수나 밀로 만든 또띠아와 콩
- 땅콩버터를 바른 토스트
- 통밀 마카로니와 치즈
- 빈 딥스 소스를 곁들인 프레첼이나 또띠아 칩
- 밥과 두부
- 통밀 피타 빵과 후무스
- 땅콩버터 밀크셰이크
- 구운 치즈 샌드위치
- 견과류나 그래놀라를 곁들인 요거트
- 팔라펠 샌드위치
- 쌀 · 옥수수 · 빵을 곁들인 렌틸콩이나 콩 수프

- 우유와 통곡물 시리얼
- 피자나 라자냐
- 페타 치즈와 검은콩을 넣은 파스타 샐러드

물론 진짜 재미는 자신만의 조합법을 만드는 데 있을 겁니다. 보완 단백질은 필요한 단백질을 채워야 하는 기나긴 여정에 오랜 동반자가 되어줄 거예요.

얼마나 많이 먹어야 할까?

미국인은 대부분 충분한 단백질을 섭취합니다.* 그러나 연구에 따르면 운동을 하는 사람은 활동량이 적은 사람보다 단백질을 더 많이 섭취해야 합니다. 2007년 국제 스포츠 영양 학회(ISSN)에서 발표한 '(USDA 권고량 정도의) 단백질 섭취는 운동을 하지 않는 사람에게는 적절할지 모르나, 운동 중에 발생하는 단백질/아미노산 산화의 상쇄나 [···] 근육량 증가, 운동 유발성 근손상의 수복 등에는 충분치 않을 수 있다.'는 논평은 이러한 믿음을 증명하는 주장이기도 하죠.

대체 USDA의 단백질 섭취 권장량이 어떻길래 이러는 걸까요? 선수를 기준으로 할 경우 하루에 섭취해야 할 단백질은 체중 1kg당 0.8g입니다. 이와 달리 ISSN은 신체적으로 활동적인 사람이 하루에 체중 1kg당 1~2g의 단백질을 섭취해야 한다고 강력히 주장합니다.

ISSN에 따르면 단백질 필요량은 활동량에 따라 달라집니다.

- **지구력 운동:** 매일 체중 1kg당 1.0~1.6g의 단백질이 필요합니다.
- **간헐적 운동:** 특성상 (축구, 농구, MMA 등) 강도가 높고 간헐적으로 이루어지는 활동을 하는 사람은 매일 체중 1kg당 1.4~1.7g의 단백질이 필요합니다. 강도가 높아짐에 따라 늘어나는 근육의 스트레스 때문에 단백질이 더 필요해지는 거예요.
- **근력/파워 운동:** 지구력 운동이나 간헐적 운동에서보다 훨씬 많은 단백질이 필요한데, 특히 훈련을 시작한 지 얼마 안 된 사람이나 볼륨을 갑자기 올려야 하는 상황이라면 더더욱 많은 양이 필요합니다. 매일 체중 1kg당 1.6~2.0g의 단백질을 섭취하는 것을 목표로 두어야 합니다.

다양한 식품에 들어있는 단백질의 양이 대강 얼마나 되는지 알고 싶다면 다음 목록을 훑어보세요. 그런 다음 건강에 좋은 단백질이 듬뿍 들어간 요리를 만들어 보세요.

영양 이야기

"퀴노아: 슈퍼스타 씨앗"

퀴노아는 비교적 최근에야 시장에 본격적으로 출시되기 시작했지만, 안데스 산맥에서 자라던 이 작은 씨앗은 수천 년 동안 식물성 단백질을 공급해 왔습니다. 곡물과 비슷한 퀴노아는 사실은 사탕무나 근대 같은 명아주속 식물로, 영양의 보고(寶庫)입니다. 맛도 좋고 준비하기도 편한 데다, 대다수의 곡물이나 식물과 달리 필수 아미노산이 들어 있기 때문이죠. 특히 조직 성장과 회복에 중요한 아미노산인 라이신, 근력 향상과 제2형 당뇨병 위험 감소에 관련된 미네랄인 마그네슘이 모두 풍부하므로 러너라면 특히나 관심을 두어야 합니다.

* 역주: 2021년 대한건강증진학회 연구에 따르면 한국인의 경우 중 · 장년층에서 남성 66.5%, 여성 58.2%만이 일일 단백질 권장섭취량을 충족하고 있으며, 65세 이상에서는 3명 중 1명 정도만이 이를 충족하는 등, 단백질 섭취량이 전반적으로 부족한 편입니다.

음식	단백질의 양(g)
계피 건포도 베이글 1개:	8.72
광어(익힌 것) 반 마리:	35.84
닭가슴살(껍질을 벗겨 구운 것) 반 개:	26.68
두부(단단한 것) ¼모:	6.63
렌틸콩(익힌 것) 1컵:	17.86
맥주 350ml:	1.63
바닐라 밀크셰이크 470ml:	11.22
병아리콩 1컵:	14.53
쇠고기(85% 살코기, 갈아서 구운 것) 85g:	22.04
시금치 수플레 1컵:	10.73
시금치(냉동) 1컵:	7.62
야채 버거 패티 1장:	13.86
연어(익힌 것) 반 마리:	39.37
완두콩 수프 1컵:	16.35

음식	단백질의 양(g)
조개(통조림) 85g:	20.61
참치 샐러드 1컵:	32.88
참치(익힌 것) 85g:	24.78
풋콩(익힌 것) 1컵:	22.23
초코우유 1컵:	8.59
칠면조 구이 85g:	18.13
코티지 치즈(유지방 1%) 1컵:	28.00
칠면조 버거 1개:	22.44
리프라이드 빈스(통조림) 1컵:	13.63
트레일 믹스 1컵:	20.73
프레첼(소금 친 딱딱한 것) 10개:	6.2
호박씨(구운 것) 30g:	8.46
강낭콩(통조림) 1컵:	19.02

(출처: USDA National Nutrient Database for Standard Reference)

땅콩버터 컵 스무디

▶ 1인분

워크아웃 후의 훌륭한 간식입니다. 완벽한 스무디를 만들 때는 얼음 대신 냉동 과일을 사용하는 것이 비결입니다. 얼음이 녹으면 맛과 질감이 떨어지지만, 냉동 과일은 그렇지 않습니다. 특히 냉동 바나나는 부드럽고 크리미한 맛을 오래 유지해 줍니다. 껍질을 벗긴 바나나를 잘게 썰어 얼려 두면 언제든 스무디를 만들 수 있답니다.

저지방 우유 1컵
무지방 바닐라 그릭 요거트 1컵
냉동 바나나 1개
땅콩버터 2큰술
코코아 가루 2큰술

믹서기에 재료를 넣고 부드러워질 때까지 갈아냅니다.

1인분 영양소: 343kcal, 탄수화물 44g, 단백질 22g, 지방 11g.

6가지 현대식 데빌드 에그

▶ 원하는 만큼 조리 가능

계란은 콜레스테롤 때문에 평판이 안 좋지만, 하버드 보건대학원에 따르면 콜레스테롤 수치에 더 큰 영향을 미치는 것은 콜레스테롤이 들어간 음식이 아니라 건강에 해로운 지방 섭취라고 합니다. 계란에는 또한 단백질, 비타민 B_{12} 비타민 D, 리보플라빈, 엽산 등 심장병 위험을 낮추는 데 도움이 되는 영양소가 들어있습니다. 게다가 계란은 과학자들이 다른 식품의 단백질 품질을 측정하는 기준이 될 정도로 그 단백질 품질이 높습니다. 그런 의미에서 데빌드 에그를 함께 만들어 볼 텐데, 마요네즈가 들어간 옛날식 버전은 아닙니다. 이 조리법에서는 마요네즈 대신 단백질을 더욱 강화하는 재료를 쓸 거예요.

6가지 조리법 모두에 해당하는 사항입니다. 먼저 냄비에 계란 6개를 넣고 찬물을 붓습니다. 물이 끓으면 1분(중간 사이즈 계란)에서 최대 2분(큰 계란) 정도 익힙니다. 다 익혔으면 불을 끄고 뚜껑을 덮은 채 15분간 그대로 둡니다. 이제 냄비에서 계란을 꺼내 껍질만 깨서 찬물에 담가 식힙니다. 껍질을 벗기고 반으로 잘라 노른자를 따로 준비한 그릇에 옮깁니다. 그런 다음 다음 조리법 중 하나를 따라갑니다.

와사비 참깨 계란

노른자 여섯 개를 무지방 플레인 그릭 요거트 ¼컵, 와사비 1½작은술, 참깨 1큰술, 간장 1큰술과 섞은 다음, 이 반죽을 계란 위에 올리고 그 위에 생강절임을 얹습니다.
계란 1개당: 82kcal, 탄수화물 1g, 단백질 8g, 지방 6g.

후무스 계란 6g

노른자 여섯 개를 후무스 ½컵, 올리브유 2작은술, 레몬, 핫소스, 소금과 섞은 다음, 이 반죽을 계란 위에 올리고 그 위에 카이엔 고춧가루를 뿌립니다.
계란 1개당: 117kcal, 탄수화물 3g, 단백질 8g, 지방 9g.

연어 홀스래디쉬 계란

노른자 여섯 개를 무지방 그릭 요거트 ¼컵, 홀스래디쉬 1작은술, 다진 훈제 연어 ¼컵, 신선한 딜dill, 소금, 후추와 섞은 다음, 이 반죽을 계란 위에 올리고 그 위에 신선한 딜을 올립니다.
계란 1개당: 87kcal, 탄수화물 0g, 단백질 9g, 지방 6g.

과카몰리 계란

노른자 여섯 개를 중간 사이즈 아보카도 1개, 살사 2큰술, 라임, 소금과 섞은 다음, 이 반죽을 계란 위에 올리고 그 위에 다진 고수를 얹습니다.
계란 1개당: 118kcal, 탄수화물 3g, 단백질 8g, 지방 9g.

계란 톤나토

노른자 여섯 개를 물을 짜낸 150g 참치캔 1개, 앤초비 6개, 케이퍼 1큰술, 올리브유 1큰술, 레몬, 소금, 후추와 섞은 다음, 이 반죽을 계란 위에 올리고 그 위에 케이퍼를 얹습니다.

계란 1개당: 112kcal, 탄수화물 0g, 단백질 11g, 지방 8g.

현대식 데빌드 에그

노른자 여섯 개를 저지방 코티지 치즈⅓컵, 디종 머스타드 1작은술, 소금과 섞은 다음, 이 반죽을 계란 위에 올리고 그 위에 훈제 파프리카나 고춧가루를 뿌립니다.

계란 1개당: 91kcal, 탄수화물 1g, 단백질 8g, 지방 7g.

검은콩 퀴노아 버거

▶ 4인분

큰 쇠고기 버거에는 이 버거보다 더 많은 단백질이 들어있겠지만, 칼로리 또한 더 많습니다. 칼로리당 들어있는 단백질은 실제로 비슷하죠. 고기가 들어있지 않은 이 버거에는 고기 버거에 없는 섬유질과 비타민 등의 영양소가 들어있습니다. 평범한 버거처럼 즐길 수 있을 거예요.

작은 양파 1개
마늘 2쪽
물기를 뺀 검은콩 1캔
계란 1개
네모지게 썰어 놓은 볶은 고추 ¼컵
훈제 파프리카 ½작은술
커민 ½작은술
익힌 퀴노아 ½컵
강판에 간 파마산 치즈 ¼컵
빵 크럼블 ¼컵
소금과 후추

1. 양파와 마늘을 믹서기에 넣고 곱게 다져질 때까지 갑니다. 검은콩 반 캔, 계란, 고추, 파프리카, 커민을 믹서기에 추가로 넣고 덩어리가 완전히 없어지지 않을 때까지만 갈아냅니다.
2. 큰 믹싱 볼에 반죽을 넣고, 남아있는 검은콩과 퀴노아와 파마산 치즈와 빵가루를 넣습니다. 소금과 후추로 간을 하고 기호에 따라 고춧가루 등의 시즈닝을 넣은 다음 골고루 섞습니다.
3. 반죽을 4등분하여 패티 모양으로 만듭니다.
4. 콩 버거는 다루기가 까다로운 편인데, 부서지지 않게 하려면 냉장고에 1시간 정도 재워두는 것이 좋습니다. 패티를 팬이나 그릴에 구울 요량이라면 우선은 냉장고에서 차게 만들어야 하고, 차게 만들 시간이 없다면 오븐에 구워야 합니다.
5. 오븐: 기름을 두른 베이킹 팬에 패티를 올려놓고 175℃에서 20분간 구운 다음, 뒤집에서 10분 더 굽습니다.
6. 팬: 기름을 두른 팬에 패티를 놓고 중~약불에서 양면을 각 6분씩 구워냅니다.

1인분 영양소: 206kcal, 탄수화물 31g, 단백질 12g, 지방 5g.

천일염을 곁들인 흰강낭콩 블론디

▶ 2인치 정사각 블론디 16개

콩을 타코와 칠리하고만 먹을 필요가 있나요. 아시아 문화권에서는 오랫동안 디저트에 콩과 식물을 사용해 왔습니다(팥 아이스크림처럼요). 콩은 과자에 단백질과 섬유질을 더해주는 훌륭한 수단이랍니다. 풍부한 맛과 꾸덕한 식감의 블론디가 이 조리법에서는 버터, 밀가루, 계란 대신 흰강낭콩을 쓴 덕에 겨우 200kcal밖에 나가지 않습니다.

흰강낭콩 1캔
무첨가 땅콩버터 ½컵
순 메이플 시럽 ¼컵
당밀 2큰술
황설탕 ⅓컵
바닐라 2작은술
소금 ½작은술
베이킹파우더 ¼작은술
베이킹소다 ¼작은술

호두 ½컵
세미스위트 초콜릿 칩 ½컵
천일염

1. 오븐을 175°C로 예열하고 8×8인치 베이킹 팬에 기름을 살짝 두릅니다.
2. 흰강낭콩은 깨끗이 씻어 물기를 뺀 후 다른 재료(초콜릿 칩, 호두, 소금 제외)와 함께 믹서기에 넣고 부드러워질 때까지 갈아냅니다.
3. 반죽에 초콜릿 칩과 호두를 한 줌씩 넣고 저어줍니다. 반죽을 준비된 팬에 붓고 평평하게 폅니다. 그 위에 남은 초콜릿 칩과 견과류를 뿌린 뒤, 천일염을 솔솔 뿌려 마무리합니다.
4. 윗면에 살짝 갈색빛이 돌고 바삭해지기 시작할 때까지 30분 내외로 굽습니다. 이때 이쑤시개를 꽂았다 빼면 반죽이 묻어나오지 않아야 합니다. 오븐에서 팬을 꺼내 천일염을 조금 더 뿌리고 식힙니다. 이제 블론디를 가로세로 2인치의 정사각형으로 자릅니다. 자르는 순간에는 약간 끈적일 텐데, 단단한 블론디를 원한다면 하루 정도 식혔다 드세요.

1인분 영양소: 200kcal, 탄수화물 24g, 단백질 5g, 지방 9g.

21

지방으로 바로잡는 달리기

호머 심슨처럼 도넛을 그리워할 때가 있나요? 탈지유가 꼭 분필 가루 섞은 물 같은가요? 살이 찌지 않는다면 삶은 케일이 아니라 감자칩을 드실 건가요? 이 질문 중 하나라도 '예'라고 답했다면, 축하합니다! 당신이 지방을 좋아하는 정상적인 인간이라는 뜻이니까요. 지방에 대한 인간의 선호는 우리 조상이 생존에 필요한 높은 에너지 밀도의 음식을 찾아 헤매게 한 진화적 특성입니다. 그러나 현대에는 작은 마트의 포장된 스낵으로 지방을 쉽게 구할 수 있기 때문에 진화적 본성을 억제하고 어떤 종류의 지방을 얼마나 많이 넣을지 신중히 고려하는 것이 중요합니다.

지방이 뭔데?

지방은 우리 몸에 연료를 공급하는 삼대영양소의 마지막 주인공입니다(나머지 둘은 탄수화물과 단백질입니다). 다른 지질도 소량 들어있지만, 지방은 주로 글리세리드로 이루어져 있으며, 물에 녹지 않는 지용성 화합물의 한 축을 차지합니다. 지방은 최근까지도 공공의 적 취급을 받아 왔지만, 이는 부당한 평가입니다. 지방은 에너지를 제공할 뿐만 아니라 우리 몸의 적절한 기능 유지에 필수적이니까요.

지방은 식이 에너지 공급원 가운데 가장 밀도가 높습니다. 1g당 4kcal인 단백질이나 탄수화물과 달리, 지방에는 1g당 9kcal가 들어있습니다. 지방은 또한 음식의 맛을 좋게 합니다. 지방의 맛이 좋다고 느끼는 것은 우리가 지방의 맛을 좋아하도록 진화했기 때문이에요. 지방에 대한 우리의 선호는 생존을 위해 에너지 밀도가 높은 음식을 선택하라는 진화적 압력 때문인 것으로 생각됩니다. 지방이 많은 음식은 에너지 밀도가 낮은 과일과 채소보다 본능적으로 더 행복하게 느껴지죠. 앤드류 듀노프스키Andrew Dewnowski와 에바 알미론-로이그Eva Almiron-Roig의 책 『Fat Detection: Taste, Texture, and Post Ingestive Effect』 11장을 보면 '지방에 대한 향락적 반응은 내인성 아편유사제 보상 시스템과 강하게 연결된 것으로 보인다'는 말이 있습니다. 즉, 우리가 지방을 고르면 뇌는 그 보상으로 작은 분수 같은 쾌락을 선사한다는 뜻이에요. 감자튀김이 갑자기 땡기는군요!

문제는 우리 몸이 지방이 모자라서 얻기 어려웠던 시절에 이러한 진화적 갈망을 발달시켜 왔다는 점입니다. 오늘날 우리는 기름진 음식을 경계해야 한다는 사실을 알고 있지만, 세상이 풍요로워진 덕분에 끊임없이 먹고 또 먹으려는 본능적 갈망을 자제하기란 무척 어렵습니다. 세계 보건 기구는 비만과 과체중을 전 세계 사망 원인의 5위로 지목했는데, 매년 최소 280만 명이 비만으로 사망합니다. 전 세계 성인의 15억 명이 과체중이며 그 중 5억 명은 비만이라는 말도 한 번쯤 들어본 적이 있을 거예요.

지방의 이로운 점은 무엇일까?

우리가 지방을 너무 사랑하는가 아닌가에 대한 논쟁은 있을 수 있겠지만, 인간에게 지방이 필요하다는 사실만큼은 논쟁의 여지가 없습니다. 지방은 에너지를 저장하고 중요한 장기를 보호하며 단백질이 제 역할을 하도록 돕습니다. 지방은 또한 피부와 모발의 탄력을 만들고, 중요한 지용성 비타민(A, D, E, K)의 흡수를 돕고, 성장과 면역 기능과 생식 기능과 대사의 조절에 도움이 되는 화학 반응을 촉진합니다.

지방에는 필수 지방산도 들어있습니다. 필수 지방산은 필수 아미노산과 마찬가지로 몸에서 합성할 수 없으므로 반드시 식단에 넣어야 합니다. 필수 지방산에는 리놀레산linoleic acid과 리놀렌산linolenic acid이 있으며, 이들은 뇌가 적절한 기능을 유지할 수 있게 하며, 염증을 억제하고 혈전 생성을 최소화하는 데 필요합니다.

지방은 대부분의 장거리 러닝에 해당되는 저강도~중강도 운동에서 최상의 연료가 되기도 합니다. (지방이 에너지로 변환되는 과정인 지방분해lipolysis에 대한 자세한 내용은 10장을 참조하세요.)

결론: 러너에게는 지방이 필요합니다. (러너를 포함한 모두에게요!) 그러나 세상에는 좋은 지방과 나쁜 지방, 그리고 정말 나쁜 지방이 있습니다. 이들을 구별하여 지방과 관련된 전략을 수립하는 일이야말로 건강한 지방을 섭취하는 열쇠일 거예요.

불포화지방

미국 소비자보호단체인 '공익 과학 센터'에 따르면, 미국인의 연간 지방 섭취량은 1970년대에 비해 9kg 더 늘었다고 합니다. 미국 농무부의 최근 보고서 또한 지방과 기름에서 오는 칼로리가 645kcal 더 늘었다고 밝혔습니다. 그마저도 음식에 자연적으로 들어있는 기름을 제외한 수치입니다. 엄청난 양의 지방이죠. 따라서 어떤 지방이 '좋은' 지방이고 '나쁜' 지방인지 아는 것은 그래서 중요합니다. 모든 지방은 1g당 똑같이 9kcal의 에너지를 내지만, 일부 지방은 우리를 더 건강하게 만드는 화학 구조를 가지고 있습니다.

영양 이야기

"다섯 가지 좋은 지방"

매일 지방 섭취로 할당된 칼로리를 최대한 활용하려면 LDL 콜레스테롤을 분해하는 건강한 지방을 섭취해 보는 건 어떨까요?

- **아보카도:** 아보카도에는 단일불포화지방이 30g이나 들어있습니다. 즉, 아보카도는 맛도 좋고 건강에도 좋다는 뜻이죠!
- **계란:** 한때 콜레스테롤 폭탄이라는 오명을 뒤집어썼던 계란은 이제 심장 건강을 향상시켜 주는 것으로 생각됩니다. 최근에는 식이 콜레스테롤이 아닌 포화지방이 LDL 콜레스테롤의 상승을 유발하는 것으로 보고 있는데, 계란의 포화지방은 고작 1.5g에 불과합니다. 훌륭한 고품질 단백질 공급원인 계란에는 뇌, 신경계, 심혈관계 조절에 도움이 되는 필수 미량 영양소인 콜린choline도 들어있답니다.
- **올리브유:** 올리브유가 풍부한 지중해 사람들이 왜 그렇게 오래 사는지 궁금한 적 없었나요? 수많은 연구에 따르면 올리브유가 심장병과 고혈압뿐만 아니라 특정 유형의 암 발생 위험을 줄일 수 있다고 합니다. 이제 매일 올리브유를 드세요. 그러면 아주 오래 살 수 있을 테니까요! (지중해 식단에 대한 자세한 내용은 23장을 참조하세요.)
- **견과류:** 견과류에는 오메가-3 지방산을 비롯한 불포화지방이 들어있기 때문에 견과류를 먹는 사람들은 일반적으로 날씬하고 제2형 당뇨병 발병률과 심장병의 위험이 줄어듭니다. 견과류 좋아요!
- **지방이 많은 생선:** 연어, 참치, 정어리, 고등어, 송어 같은 기름진 생선에는 오메가-3 지방산이 풍부하게 들어있습니다. 미국 심장학회는 지방이 많은 생선을 일주일에 적어도 두 번 먹을 것을 권고하고 있습니다.

불포화지방unsaturated fat은 지방산 사슬에 하나 이상의 이중 결합이 있으며, 좋은 지방으로 간주됩니다. 불포화지방의 이중 결합은 지방산 사슬에 '꺾임'(굽힘)을 만드는 탄소 사이의 결합으로, 수소 원자가 더 적게 들어있습니다(즉, 수소로 포화된 정도가 덜합니다). 이 때문에 불포화지방은 꺾임이 없는 포화지방보다 느슨하게 뭉쳐집니다. 일반적으로 불포화지방은 (올리브유처럼) 실온에서의 액체 상태를 유지합니다. 연구에 따르면 불포화지방은 유해한 저밀도 지질단백질LDL(low density lipoprotein) 콜레스테롤 수치를 낮추고, 유익한 고밀도 지질단백질HDL(high density lipoprotein) 콜레스테롤 수치를 높인다고 되어 있습니다. LDL 콜레스테롤 또는 '나쁜' 콜레스테롤은 동맥의 벽에 축적되어 플라크(죽상판)를 형성하는 지방 물질입니다. 이렇게 플라크가 축적되면 동맥이 좁아지고 심장마비나 뇌졸중을 비롯한 여러 가지 심각한 건강 문제의 위험을 높이는 질병인 죽상동맥경화증이 발생합니다. HDL 콜레스테롤 또는 '좋은' 콜레스테롤은 나쁜 콜레스테롤을 잡아서 간으로 보내 알맞게 처리하게끔 하는 것으로 알려져 있습니다.

불포화지방에는 두 가지 유형이 있습니다.

- **단일불포화지방**monounsaturated fat: 이들 지방에는 이중 결합이 하나만 있습니다. 단일불포화지방이 풍부한 음식은 혈중 콜레스테롤 개선, 인슐린 수치, 혈당 조절에 도움이 될 수 있습니다. 단일불포화지방이 많은 음식에는 올리브, 땅콩, 카놀라유, 아보카도, 아몬드와 헤이즐넛과 피칸 등의 견과류, 호박이나 참깨 등의 씨앗류가 있습니다.

- **다가불포화지방**polyunsaturated fat: 둘 이상의 이중 결합이 들어있는 이들 지방은 주로 식물성 식품이나 기름에서 찾을 수 있습니다. 다가불포화지방이 풍부한 음식을 섭취하면 혈중 콜레스테롤이 개선되어 심장병(과 제2형 당뇨병)의 위험이 감소합니다.

다가불포화지방은 다시 두 가지 유형으로 나눌 수 있습니다.

1. **오메가-3 지방산**: 이 필수 지방산은 염증을 줄이고 혈압을 낮추는 것으로 알려져 있습니다. 하버드 대학 보건대학원에 따르면 오메가-3는 관상동맥 질환과 뇌졸중의 위험을 감소시키고, 부정맥을 예방하며, 루푸스와 류마티스관절염의 조절에도 도움이 됩니다. 오메가-3는 기름진 생선(피시 오일)에 주로 들어있지만, 치아 시드, 호두, 잎채소, 아마씨유, 카놀라유, 대두유에도 들어있습니다.
2. **오메가-6 다가불포화지방산**: 이 필수 지방산(리놀레산 포함)은 뇌 기능, 대사, 생식, 뼈 · 피부 · 모발 성장에 중요한 역할을 합니다. 일부 오메가-6는 염증과 관련이 있지만, 리놀레산은 여러 단계의 분해를 통해 최종 산물(DLGA)로 바뀌며 실제로는 염증을 줄입니다. 오메가-6 지방이 풍부한 음식에는 대두유, 해바라기씨유, 대부분의 식물성 기름, 계란, 견과류, 시리얼, 코코넛 등이 있습니다.

포화지방

건강이나 다이어트와 관련된 기사나 뉴스를 보다보면 포화지방이 나쁘다는 말을 들어본 적이 있을 거예요. 포화지방이 들어있는 음식을 먹으면 '나쁜' LDL 콜레스테롤 수치가 높아집니다. 연구에 따르면 유제품이나 육류에 들어있는 팔미트산palmitic acid과 미리스트산myristic acid 등의 일부 포화지방이 염증을 유발하고 동맥을 손상시키는 것으로도 나타났죠. 포화지방은 (스테이크의 지방 마블링처럼) 일반적으로 실온에서 고체이며, 주로 동물성 음식에 들어있긴 하지만 팜유, 코코넛유, 코코아 버터 등의 식물성 재료에서도 발견됩니다.

그러나 모든 포화지방이 이러한 악평을 들어야 하는 것은 아닙니다. 다크 초콜릿(과 육류)에 들어있는 스테아르산stearic acid은 해가 없을 수 있습니다. 오랫동안 나쁜 지방으로 여겨져 온 코코넛유에는 실제로 좋은 HDL 콜레스테롤 수치를 높여 죽상동맥경화증의 위험을 줄이는 지방산인 라우르산lauric acid이 들어 있습니다.

영양 이야기

"열 가지 포화지방 덩어리"

치즈버거와 아이스크림에 포화지방이 많다는 사실 정도는 아마 알고 계실 테지만, 일상적으로 먹는 음식 중에 포화지방이 많다는 사실을 알면 아마 놀랄 겁니다. 다음은 포화지방이 많이 들어있는 음식의 목록으로, 미국 국립 암 연구소에서 작성했습니다. (전반적인 포화지방 함량 면에서) 이 음식들이야말로 최악의 음식일 거예요.

1. 치즈: 8.5%
2. 피자: 5.9%
3. 곡물 기반 디저트: 5.8%
4. 유제품 디저트: 5.6%
5. 치킨이나 치킨이 들어간 요리: 5.5%
6. 소시지, 햄, 베이컨, 립: 4.9%
7. 버거: 4.4%
8. 멕시코 요리: 4.1%
9. 쇠고기와 쇠고기가 들어간 요리: 4.1%
10. 저지방 우유: 3.9%

그럼에도 포화지방이 많이 들어있는 음식은 피하는 것이 좋습니다. 대강의 값이긴 하지만, 영양성분표에서 일일 권장량 기준 (0%가 가장 좋긴 하지만) 5%면 적은 것이고 20%면 많은 것입니다.

트랜스 지방

트랜스 지방(또는 트랜스 지방산)은 수소를 불포화지방산에 첨가하여 산패에 대한 저항성을 높이는 수소화hydrogenation 과정을 거쳐 탄생한 물건입니다. 트랜스 지방은 보존식 역할을 할 뿐만 아니라 발라서 먹기도 쉽고 불포화지방보다 발연점이 높아 요리하기도 쉽습니다. 1911년 크리스코 사(社)가 최초의 수소화 식물성 쇼트닝을 출시한 것을 기점으로, 20세기의 시작과 동시에 트랜스 지방은 가공식품 산업의 열광적인 환영과 함께 포장식품의 대열에 합류했습니다. 트랜스 지방이 심장병 발병률 증가와 관련이 있다는 주장은 1950년대부터 있어 왔지만, 실상은 그보다 참혹하다는 사실이 1990년대에 이르러 확인되었습니다. 트랜스 지방은 나쁜 LDL 콜레스테롤을 높이고 HDL 콜레스테롤을 낮추며 심장병과 뇌졸중의 위험을 높이고 제2형 당뇨병의 위험을 증가시키는 것으로 나타났습니다.

포장 수정, 원료 변경, 심지어 국가나 지역 단위의 금지령을 통해 소비를 줄이려는 노력에도 불구하고 트랜스 지방산은 튀긴 식품, 식물성 쇼트닝, 도넛, 쿠키, 크래커, 냉동 피자, 전자레인지 팝콘, 설탕 통조림, 스낵 식품, 마가린, 커피 크림을 포함한 여러 음식에 아직까지도 들어있습니다. 트랜스 지방 소비가 줄기는 했지만 미국인은 여전히 하루에 약 5.8g의 트랜스 지방을 섭취합니다. 미국 질병 통제 예방 센터에 따르면 트랜스지방 섭취를 줄일 경우 미국 기준 연간 심장마비 10,000~20,000건, 관상동맥 질환으로 인한 사망 3,000~7,000건을 예방할 수 있다고 합니다.

지방과 달리기

세상은 언제나 논쟁으로 뜨겁습니다. 롤링 스톤즈냐 비틀즈냐, 탕수육 소스를 부어서 먹느냐 찍어서 먹느냐 같은 논쟁요. 러너들 사이에서도 당연히, 아주 당연히 저탄수화물 식이와 고탄수화물 식이에 대한 논쟁이 있어 왔습니다.

러너들은 오랫동안 고탄수화물 저지방 식단을 선호해 왔습니다. 지방이 20%를 넘는 식단은 (워크아웃 후 글리코겐 보충을 비롯한) 달리기의 에너지 수요에 적당하지 않은 것으로 취급되어 왔죠. 그러나 지난 20년간의 연구 덕택에 수많은 지구력 종목의 선수들이 연료 공급에 관한 이 원리를 재평가하게 되었습니다. 저탄수화물 식단에 관한 새로운 관점은 이렇습니다. 달리기(를 비롯한 모든 운동) 중에 우리는 근 글리코겐(탄수화물)과 지방을 모두 활용합니다. 글리코겐은 제한되어 있고(마라톤에 참가한 사람이라면 누구나 알 테죠) 지방은 사실상 무제한이므로 몸이 지방을 태우도록 훈련하는 러너는 지구력 경기에서 더 오래 갈 겁니다.

버펄로 대학의 2000년 연구에서는 12명의 남성과 13명의 여성 러너를 대상으로 4주 동안 각각 지방 16% 식단과 지방 31% 식단을 섭취하게 했습니다. 이 연구에서 31% 지방 식단을 유지한 러너들은 16% 지방 식단을 유지한 러너들에 비해 탈진까지 이르는 테스트에서 14%의 수행능력 향상을 보였습니다. VO_2max는 식단의 영향을 받지 않았죠. 벤카트라만Venkatraman 연구팀의 2001년 연구에서도 거의 유사한 결과가 나왔습니다. 이 연구에서는 노련한 러너 14명을 대상으로 세 가지 식단을 각각 4주씩 유지시켰는데, 첫 4주는 15% 지방 식단, 다음 4주는 30% 지방 식단, 마지막 4주는 40% 지방 식단을 먹였습니다. 30% 지방 식단을 유지하는 동안 러너들은 (VO_2max의 80%에서) 저지방 식단 대비 탈진까지 이르는 시간이 19%(여성)에서 24%(남성)까지 늘어났습니다. 40% 지방 식단일 때의 시간은 30% 지방 다이어트의 시간과 비슷했고요.

2008년 버펄로 대학의 게를라흐Gerlach 연구팀에서 실시한 또 다른 연구에서는 여성 러너의 저지방 섭취와 부상 위험도 사이의 연관성이 확인되었습니다. 이 연구에서 지방 섭취는 미래의 부상을 64% 확률로 정확히 예측하는 것으로 나타났습니다. 가장 흔한 부상은 피로골절, 건염, 장경인대 증후군이었습니다. 지용성 비타민인 비타민 K와 비타민 E

의 결핍도 보고되었죠. 이 연구는 (30% 미만의) 저지방 다이어트를 하는 여성 러너들이 부상당할 가능성이 250% 더 높다는 결론을 내렸습니다. 이 연구에서는 러너들이 부상을 피하려면 36% 지방 식단을 섭취해야 한다는 제안이 나왔답니다.

하지만 지방의 품에 안기기 전에 세계 최고의 장거리 러너인 케냐의 엘리트 선수를 대상으로 한 2004년 연구도 살펴보아야 합니다. 이 연구에서는 케냐 선수들의 식단에 지방이 고작 13.4%밖에 없다는 사실이 확인됐어요. 아울러 (5K부터 마라톤에 이르는) 세계 최정상급 장거리 러너들의 식단은 케냐 선수들의 식단과 거의 같죠.

결론: 울트라 마라톤이나 트라이애슬론을 비롯해 4시간 이상의 장거리 경주에 출전하는 사람이라면 누구든 지방을 주요 에너지원으로 고려하는 것이 현명하지만(지방 로딩에 관해서는 10장 참조), 그렇지 않은 우리 대다수는 적당한 양의 지방 섭취를 목표로 삼는 것이 좋습니다. 지방을 연료로 쓰고 싶다면 소화 속도가 느리다는 것도 잊지 마세요. 지방을 쓸 수 있는 에너지로 전환하는 데까지는 최대 6시간이 소요될 수 있습니다. 그리고 (5K 이하의) 짧은 경주는 거의 전적으로 탄수화물에 의존한다는 것도 잊지 마세요.

얼마나 많이 먹어야 할까?

사실 정말 알고 싶었던 건 이거잖아요? 그렇죠? 가장 최근에 나온 미국인의 식이 권장량은 다음과 같습니다.*

- **총 지방:** 총 지방 섭취량은 일일 칼로리의 20~35%로 제한됩니다. 하루 2,000kcal 식단을 기준으로 하면 지방은 약 44~78g에 해당합니다.
- **단일불포화지방:** 별도의 권장량은 없으나 총 지방 섭취량의 허용범위 내에서 불포화지방이 풍부한 음식을 섭취합니다.
- **다가불포화지방 및 오메가-3 지방산:** 위와 같습니다.
- **포화지방:** 포화지방은 일일 총 칼로리의 10% 이하로 제한됩니다. 심장 질환의 위험을 낮추려면 7%로 제한해야 합니다. 하루 2,000kcal 식단을 기준으로 10%는 약 22g, 7%는 약 15g의 포화지방에 해당합니다. 포화지방 섭취량은 일일 총 지방량 허용범위 내에 있어야 합니다.
- **트랜스 지방:** 별도의 권장량은 없으나 낮을수록 좋습니다. 미국 심장학회에서는 트랜스 지방을 일일 총 칼로리의 1% 이하로 제한할 것을 권고합니다. 양으로 따지면 하루 2g 미만입니다.

물론 동네 5K가 됐든 마라톤이 됐든 대회를 목적으로 훈련하는 러너라면야 하루에 2,000kcal는 가뿐히 소비할 거예요. 따라서 이 섭취량은 개인의 칼로리 소비량에 맞게 조절해야 합니다. 부상을 당하기 쉬운 러너(또는 부상이 걱정되는 러너)는 권장 지방 섭취량의 상한치에 해당하는 식사를 하는 것이 좋습니다. 반면 마라톤 이하의 경주를 준비하는 러너는 탄수화물을 주 에너지원으로 쓰리라는 사실을 기억해야 합니다. 우리 몸은 훈련할 때 익숙해진 에너지원을 가장 효율적으로 쓴다는 사실도 함께요.

---

* 역주: 한국인의 경우, 2020 한국인 영양소 섭취기준에 따르면 다음과 같습니다.

- 총 지방: 3세 이상 15~30%, 1~2세 유아 20~35%
- 불포화지방: 권장량 없음
- 포화지방: 3~18세 8% 미만, 19세 이상 7% 미만
- 트랜스지방: 1% 미만

차가운 아보카도 수프

▶ 4인분

이 요리는 굳이 따지자면 과카몰리 스무디에 가깝지만, 어감이 좀 이상하니까 그냥 수프라고 부르겠습니다. 말만 바꿨는데도 이상한 음식에서 맛있는 음식으로 바뀌는 것 같네요! 이 수프는 완성까지 몇 분 걸리지도 않고, 단백질과 건강한 지방을 훌륭하게 선사한답니다.

씨를 빼고 껍질을 벗긴 익은 아보카도 3~4개(약 2컵)
채소 육수 2컵
무지방 그릭 요거트 1컵
고수 ½컵
소금
카이엔 고추 또는 핫소스
생 라임즙 2큰술

아보카도, 채소 육수, 요거트, 고수 반을 믹서기에 넣은 다음, 걸쭉하고 크리미해질 때까지 갈아냅니다. 기호에 따라 소금, 카이엔, 라임을 넣습니다. 냉장고에 2시간 차갑게 둔 다음, 다시 맛을 보고 간을 맞추고 고수를 얹어 차가운 상태로 먹습니다.

1인분 영양소: 225kcal, 탄수화물 14g, 단백질 8g, 지방 17g.

매콤달콤 견과류

▶ 16인분(1인분에 ¼컵)

견과류는 칼로리가 높기 때문에 자주 먹지 말라고들 하지만, 그 칼로리는 우리 몸에 필요한 건강한 지방에서 나옵니다. 핵심은 적당히 먹는 것이겠죠. 이 조리법에서처럼 매콤달콤하게 만드는 것은 축복이기도 하고 저주이기도 합니다. 매콤달콤한 맛 덕분에 너무 많이 먹지 않게 되기도 하지만, 매콤달콤한 맛 때문에 멈출 수 없을지도 모릅니다. 마음 단단히 드세요. 여기에 말린 체리 같은 과일까지 섞여 버리면, 진짜 마음 단단히 먹어야 해요!

계란 흰자 2개
먹고 싶은 무염 견과류 4컵(아몬드, 캐슈넛, 피스타치오, 피칸 등, 구운 것 또는 날것)
원당 또는 황설탕 ½컵
카이엔 고추 ¾작은술(기호에 따라 그 이상)
갈아놓은 생강 1작은술
천일염

1. 오븐을 120℃로 예열합니다.
2. 큰 볼에 계란 흰자를 넣고 물을 살짝 넣어서 저어줍니다. 거품이 나면 나머지 재료를 추가합니다. 유산지를 깐 베이킹 시트에 반죽을 붓습니다. (유산지가 없으면 베이킹 시트에 기름을 넉넉하게 바르세요).
3. 가끔 저어주면서 40분간 구운 다음 시트를 오븐에서 꺼냅니다. 오븐 온도를 95℃로 낮춘 다음 시트를 다시 넣어 바삭해질 때까지 20분간 굽습니다. 이제 오븐에서 시트를 꺼내 견과류가 서로 들러붙지 않도록 다시 저은 다음, 시트에 올려둔 채로 완전히 식힙니다.

1인분 영양소: 260kcal, 탄수화물 21g, 단백질 7g, 지방 19g.

아보카도와 연어를 곁들인 레몬 리조또

▶ 2인분

'리조또'라는 낱말을 보면 스토브 앞에서 노예처럼 젓고, 젓고, 또 젓는 이미지가 떠오르는 분도 있을 거예요. 네, 뭐 젓는 동작이 있기는 하지만 죽을 만큼 젓지는 않을 거예요. 리조또에는 보통 이탈리아산 아르보리오 쌀을 쓰지만 단립종 쌀을 써도 아주 맛있게 만들 수 있고, 본격적으로 만들기에 앞서 쌀을 20분 정도 데치기만 하면 리조또를 만드는 데는 20분밖에 걸리지 않는답니다. 리조또의 맛을 결정하는 것은 육수인 만큼, 어떤 채소 육수가 입맛에 맞는지 확실히 해 둘 필요가 있습니다. 지방 함량을 보면 숨이 턱 막힐 수 있겠지만, 일부러 그렇게 해 둔 겁니다. 여기 들어가는 지방은 건강에 좋은 단일불포화지방과 생선에서 나오니까요.

170g짜리 연어 2조각
단립종 현미 1컵
네모지게 잘라둔 큰 샬롯 2개 (또는 중간 크기의 양파 1개나 깨끗이 씻은 릭leek)
올리브유 2큰술
따뜻한 채소 육수 4컵
소금과 후추
레몬 1개
잎을 적당히 쳐낸 신선한 민트
하스 아보카도 1개
(냉동) 완두콩 ⅔컵

1. 쌀을 물에 넣고 20분 정도 삶은 다음 체에 밭쳐 물기를 뺍니다.
2. 연어를 다듬습니다. 씻어둔 연어 필레를 브로일러 팬에 올려놓고 굵은 천일염과 후추로 문지릅니다.
3. 올리브유에 샬롯을 넣고 부드러워질 때까지 중불에서 3~4분 정도 볶습니다. 여기에 데쳐둔 쌀을 넣고 몇 분 정도 끓입니다. 육수 ⅓컵을 넣고 졸아들 때까지 젓습니다. 육수를 넣고 졸이는 과정을 20분 정도에 걸쳐서 반복합니다. 그런 다음 소금과 후추를 넉넉히 넣고 완두콩과 다진 민트를 넣어 또 젓습니다.
4. 젓는 동안 연어 위에 천일염을 살짝 뿌립니다. 오븐의 위쪽 그릴에 브로일러 팬을 올려놓고 연어 표면이 갈색으로 완전히 익을 때까지 8~10분간 굽습니다.
5. 레몬을 세로로 반 가른 다음, 반은 리조또에 짜 넣습니다. 제스터나 필러를 사용하여 나머지 반쪽으로 장식용 제스트를 만듭니다.
6. 리조또를 접시에 담고 연어와 아보카도를 얹은 다음 그 위에 민트와 레몬 제스트를 뿌려서 식탁에 냅니다.

1인분 영양소: 575kcal, 탄수화물 36g, 단백질 43g, 지방 26g.

귤 아몬드 케이크

▶ 8~10인분

상큼하게 입에 짝짝 달라붙는 이 케이크는 튀니지 시트러스 아몬드 케이크와 나이젤라 로슨의 클레멘타인 케이크를 섞은 녀석입니다. 두 케이크 모두 밀가루 없이 아몬드로 구조를 지탱하고 있죠. 감귤향이 짙은 이 케이크는 찐 푸딩을 닮아있답니다. 만드는 것 자체는 쉽지만, 귤을 2시간 끓이는 게 관건입니다. 집안에 퍼지는 귤 냄새가 좋기는 하지만, 시간을 너무 많이 잡아먹어요. 이 조리법에서는 시간이 모자란 분들을 위한 꼼수도 준비해 두었습니다.

귤 5개 (또는 과육이 들어있는 오렌지 주스 1리터)
계란 6개
원당 1컵
꿀 2큰술
얇게 썬 아몬드 2⅔컵
베이킹파우더 1작은술

1. 냄비에 귤을 통째로 넣고 물을 부어 끓입니다. 약불에서 2시간 동안 끓인 다음 물을 빼고 식힙니다. 귤을 반으로 자르고 씨를 뺍니다. 과육이 들어있는 오렌지 주스를 체에 쳐서 주스와 과육을 분리하면 이 단계를 간소화할 수 있습니다. 이 경우 걸러낸 과육에 주스를 부어 500cc를 맞추면 끓이는 것과 대강 비슷해질 거예요.
2. 오븐을 190℃로 예열합니다. 8인치 케이크 팬에 기름을 살짝 바르고 유산지를 깔아둡니다.
3. 믹서기에 계란, 설탕, 꿀, 아몬드, 베이킹파우더를 넣고 아몬드가 보이지 않을 때까지 갈아냅니다. 이 반죽에 귤을 껍질째 전부 넣고 다시 곱게 갈아냅니다. 반죽이 평범한 케이크 반죽보다 묽겠지만, 괜찮습니다.
4. 반죽을 팬에 붓고 45분간 구운 다음, 오븐에서 꺼내어 윗면이 타지 않도록 알루미늄 호일을 덮고 15분간 더 굽습니다. 중심부에 이쑤시개를 꽂았다 뺐을 때 반죽이 묻어나오지 않으면 완성입니다. 식힌 다음 맛있게 드세요.

1인분 칼로리: 345kcal, 탄수화물 36g, 단백질 11g, 지방 19g.

22

영양소로 바로잡는 달리기

괴혈병은 수천 년 동안 선원, 탐험가, 기근과 전쟁으로 고통받는 지역에 사는 이들에게 재앙이었습니다. 인류에게 알려진 가장 오래된 질병 중 하나인 괴혈병은 특징적으로 이빨이 빠지고, 눈에서 피를 흘리고, 열이 나고, 경련을 하고, 뼈가 아프고, 끙끙 앓다가 결국 사망에 이르는 질병으로, 17~18세기에는 선원 백만 명의 목숨을 앗아갔고, 비교적 최근인 19세기의 캘리포니아 골드 러시 시절에는 10,000명의 목숨을 앗아갔습니다. 그러나 괴혈병은 치료가 가장 간단한 질병 중 하나이기도 합니다. 영양소, 그러니까 비타민 C 결핍이 원인인 괴혈병은 하루에 오렌지 한 알이면 예방할 수 있습니다.

오늘날 우리는 인류에게 알려진 모든 비타민과 미네랄의 세부적인 내용까지 자세히 설명하는 연구에 파묻혀 있습니다. 이러한 비타민과 미네랄의 구매를 강요하는 마케팅과 미디어 또한 주변에 넘쳐나죠. 퇴행성 관절염부터 암이나 노화처럼 우리를 괴롭히는 모든 질병에 대한 만병통치 보충제가 팔리는 시대입니다. 안 사고는 못 배길 겁니다. 우리에게 필요한 모든 영양소가 작은 알약 하나로 해결되는 미래를 누가 마다할까요? 하지만 현실은 미래가 아니고, 보충제와 가공식품이 가득한 슈퍼마켓 진열대 속에서 진짜 영양소를 찾는 일은 숨겨진 보물을 찾는 것이나 다름없을 때가 많습니다. 하지만 이제는 두려워하지 마세요! 이 장이 당신의 보물 지도가 되어줄 테니까요.

영양소가 뭔데?

영양소는 우리 몸에 영양을 공급하는 음식에 들어있는 모든 성분을 가리킵니다(물과 산소도 들어가요!) 단백질, 탄수화물, 지방에 대해서는 이미 앞에서 다루었으니, 이 장에서는 비타민과 미네랄을 중점적으로 다뤄볼 거예요.

비타민

비타민은 단백질, 탄수화물, 지방 대사를 조절하는 (식물성 · 동물성) 필수 유기 화합물이며, 성장, 조직 보전, 그리고 앞서 언급했듯이 질병 예방에 중요한 역할을 합니다. 우리는 에너지 생산 과정에서 비타민을 사용하지만, 비타민 자체는 에너지원이 아닙니다.

비타민은 지용성과 수용성으로 나뉩니다. 지용성 비타민(A, D, E, K)은 우리가 섭취한 식이 지방과 함께 흡수되어 우리 몸에 적당한 양으로 저장됩니다. 이들은 정상 대사와 생화학적 기능 유지에 필수적입니다. 반면에 수용성 비타민은 우리 몸에 흡수되기 전에 물에 녹아야 합니다. 수용성 비타민에는 비타민 C와 비타민 B군을 포함하여 9가지가 있으며, 몸에서 사용하지 않은 이들 수용성 비타민은 소변을 통해 배출됩니다.

미네랄

미네랄은 자연에 있는 무기질 원소입니다. 미네랄은 (물과 토양에서 미네랄을 흡수한) 식물, 동물, 유제품, 생선, 가금류, 견과류를 비롯한 여러 가지 식품에 있으며, 에너지 대사의 모든 영역에 영향을 미치기 때

달리기 이야기

"보충제의 그림자"

운동을 하는 사람들은 식단을 보강하려고 보충제를 쓸 때가 많습니다. 어쨌거나 먹어서 나쁠 건 없으리라 생각하니까요. 하지만 아래의 내용을 보면 그 생각이 잘못되었음을 알 수 있을 겁니다.

- **보충제 규제의 부재:** 음식이나 일반 · 전문의약품과 달리, 식이 보충제는 출시되기 전에 정부의 검토를 거치지 않습니다. 안전하지 않은 보충제에 대한 FDA의 조치는 출시된 다음에나 이루어지지만, 일단 시장에 풀리고 나면 전부 없애기가 굉장히 어렵습니다.
- **약품이 들어있는 보충제:** 일부 보충제 제조업자는 의약품을 넣어서 보충제의 효과를 뻥튀기합니다. 2008년 이후로 약 성분이 들어있는 제품에 대해 400건 이상의 리콜이 실시되었는데, 그중 대부분은 보디빌딩, 성기능 강화, 체중감량 용도로 판매되었습니다.
- **강한 효과의 보충제:** 보충제 중에는 우리 몸에 강력한 생물학적 영향을 미치는 활성 성분이 들어 있어 잠재적으로 유해하고 심지어는 생명을 위협할 수 있는 것들도 많습니다.
- **미네랄과 비타민의 과다 복용 유발:** 미네랄이나 비타민의 과도한 섭취는 심각한 불균형으로 이어질 수 있습니다. 예컨대 아연 보충제는 철, 마그네슘, 구리, 칼슘, 크롬의 흡수율을 낮출 수 있습니다. 또한 아침식사용 시리얼과 파워바 등의 강화 식품과 함께 미네랄 보충제를 먹으면 어떤 성분이 됐든 거의 100% 과잉섭취로 이어질 수 있습니다(과도한 칼슘이나 철분 때문에 부작용을 겪는 사람도 더러 있고요).
- **보충제와 민원:** 컨슈머 리포트에 따르면 2007년에서 2012년 사이에 FDA에 접수된 보충제 관련 민원은 10,300건 이상이었는데, 그중에는 사망 115건, 입원 2,100건 이상, 중증 손상이나 질병 1,000건, 응급실 방문 900건, 기타 의료적 상황 4,000건이 있었습니다. 그 와중에 FDA는 대다수의 문제가 접수조차 되지 않았으리라 추정하고 있습니다.

문에 중요합니다. 우리 몸은 건강의 유지를 위해 다량의 주요 미네랄(칼슘, 칼륨, 마그네슘 등)과 소량의 미량 미네랄(크롬, 철, 아연 등)을 필요로 합니다.

보충제

인류는 지난 몇 백만 년 동안 음식에 관한 임무를 꽤나 잘 수행해 왔습니다. 영양가 있는 것을 먹는 법을 배웠고, 독이 있는 것을 피하는 법을 배웠고, 랍스터와 아티초크를 어떻게든 요리하고 먹는 법을 알아냈죠. 인간이 이렇게 똑똑합니다.

그러나 20세기를 지나오며 식품 산업은 건강한 식생활에 관한 인류의 집단의식에 뛰어들어 곳곳에 혼란과 망각의 씨앗을 뿌렸습니다. 그 결과 현재 세계 식품 판매의 3/4은 가공식품과 엮이게 되었습니다. 우리는 과일 대신 합성 색소를 쓴 고과당 옥수수 시럽 혼합물을 먹고, 야채의 자리를 과자로 대신했고, 영양이 풍부한 곡식을 정제하여 공허한 칼로리만을 남겨 왔습니다. 이제는 지방, 설탕, 소금, 인공 첨가물이 가득하여 제작도 쉽고 배송도 편한 데다 무엇보다도 중독성이 넘치는 음식을 우리 뱃속으로 밀어 넣으려는 다국적 식품 회사들이 우리의 식탁을 주도하는 지경에 이르렀습니다. 세상에!

보충제 산업은 그래서 탄생했습니다. 우리는 영양소가 있었다가 없어진 음식을 사고, 그런 다음 알약 형태의 농축 영양소도 사죠. 그러면서 어떻게든 그 보충제에 건강한 무언가가 있다고 믿으려 듭니다. 좀 이상하지 않나요?

보충제가 가공 과정에서 제거된 모든 영양소를 보충해 주는 것도 아닙니다. 진짜 음식들은 보충제보다 영양이 더 풍부합니다. 이런 음식들에는 우리를 질병으로부터 보호해주는 피토케미컬(식물활성물질)이나 섬유질 같은 여러 물질이 들어있습니다.

러너라면 최고의 경기력이 보충제로만 달성될 수 있다는 확신을 주려는 마케팅 전략의 아주 좋은 표적이 됩니다. 이런 마케팅은 아주 잘 먹히죠. 연구에 따르면 지구력 종목 선수의 30~50%가 보충제를 사용합니다. 트라이애슬론 선수는 거의 100%가 쓰고요. 이 정도면 수십억 달러 규모의 보충제 산업에 큰 도움이 됩니다. 그러나 보충제가 정말 효과가 있는 걸까요? 미국 스포츠의학회(ACSM)에 따르면, 단언컨대 그렇지 않다고 하네요. '경기력 향상을 위한 비타민과 미네랄 보충제의 일반적 사용을 지지하는 과학적 증거는 없다. 특정 영양소 결핍이 있는 선수만이 결핍된 영양소를 보충했을 때 효과를 볼 수 있다'고 하니까요.

비타민과 미네랄

알약 대신 음식에서 영양소를 얻으려면 손이 조금 더 가기는 합니다. 하지만 걱정하지는 마세요. 먹는 일은 즐거운 일이니까요! 그러나 그 전에, 러너에게 특히 중요한 영양소가 무엇인지부터 알아야 합니다.

비타민 B_6

비타민 B_6는 적혈구 생성, 신경 기능 정상화, (근육량 증가에 필수적인) 단백질 대사에 중요한 역할을 합니다. B_6는 고강도 운동 후 관절통과 근육 피로를 감소시킨다는 주장도 있는데, 2003년 연구에 따르면 류마티스 관절염 환자는 B_6가 낮았습니다. B_6 결핍은 잘 일어나지 않지만, 피임약을 먹으면 B_6가 소모됩니다. 경구 피임약을 복용하는 여성은 이를 염두에 두어야 합니다. 보충제를 먹는 경우, B_6가 너무 많으면 신경 손상을 유발할 수 있습니다.

많이 들어있는 식품: 구운 감자, 바나나, 닭고기, 참치, 연어, 영양 첨가 시리얼.

비타민 B_{12}

비타민 B_{12}는 기운이 반짝 나게 해 주는 '에너지' 비타민으로 알려져 있지만, 주된 기능은 우리 몸의 뉴런과 적혈구를 건강하게 유지하는 것입니다. 에너지 비타민이라는 평판답게 에너지 대사에도 필수적이고, DNA 복제에도 중요한 역할을 하죠. 사람들 대부분은 음식을 통해 충분한 B_{12}를 섭취합니다. 그러나 B_{12}는 자연 상태에서 동물성 식품에 들어있기 때문에, 엄격한 채식주의자는 결핍을 일으킬 수 있습니다.

많이 들어있는 식품: 동물성 식품, 유제품, 계란. 비

건 제품의 경우 별도로 첨가되는 경우가 많습니다(포장지를 확인해 보세요).

비타민 C

아스코르브산으로도 알려진 비타민 C는 항산화(산화로 인한 손상으로부터의 세포 보호) 역할을 하고, 당연한 말이겠지만 괴혈병 예방에도 중요한 역할을 합니다. 러너에게는 관절을 지지하고 회복 시간을 줄이며 힘든 워크아웃 후 회복 속도를 높일 수 있습니다. 우리 몸이 콜라겐(결합조직)을 만들거나, 식물성 식품에서 철분 흡수율을 높이거나, 면역 체계를 강화할 때도 비타민 C가 필요합니다.
많이 들어있는 식품: 파프리카, 감귤류, 키위류, 브로콜리, 딸기, 칸탈루프, 구운 감자, 토마토.

비타민 D

비타민 D는 칼슘의 친구입니다. D가 없으면 칼슘 흡수율이 낮아져 뼈에 문제가 생깁니다. 비타민 D가 모자란 러너는 피로골절의 위험이 커집니다. 베이징 올림픽에서 발이 부러진 디나 캐스터Deena Kastor만 해도 칼슘 수치는 높았지만 비타민 D가 모자랐다는 사실이 밝혀졌지요. 비타민 D는 또한 근육의 움직임, 신경 흥분파 전달, 세균과 바이러스에 대한 면역계의 전투력에도 기여합니다. 비타민 D가 자연적으로 들어있는 식품은 거의 없다 보니, 많은 식품에는 비타민 D가 첨가되어 있습니다. 다만 비타민 D는 피부가 태양에 직접 노출되면 체내에서 생성됩니다. 미국 내과학회지에 실린 2009년 연구에 따르면, 미국의 청소년과 성인 중 건강 유지에 필요한 최저치 이상의 비타민 D 수치를 보인 인구는 전체의 23%에 불과했다고 합니다. 그리고 댈러스 쿠퍼 클리닉의 2008년 연구에 따르면 통계적으로 일주일에 평균 20마일(약 32km) 이상을 달리는 러너의 75%가 낮은 비타민 D 수치를 보였습니다. 비타민 D가 걱정된다면 우선은 병원에 가서 검사를 받으세요. 오전 10시에서 오후 3시 사이에 5~30분간 햇볕을 쪼이는 것도 좋습니다. 단, 자외선 차단제를 쓰면 비타민 D 생성 과정이 방해를 받는 만큼, 자외선 차단제를 쓰지 않고 햇볕을 쪼여야 합니다(관련된 위험 요인은 병원에서 상담을 받으세요!)

많이 들어있는 식품: 자연산 연어, 참치, 고등어, 정어리, 새우, 계란, 쇠간(소의 간), 자외선 처리한 버섯. 대부분의 우유 및 아침 시리얼과 일부 브랜드의 오렌지 주스에는 비타민 D가 첨가되어 있습니다.

비타민 K

비타민 K는 들어본 분이 많지는 않을 거예요. 비타민 K는 뼈와 관련된 또 다른 비타민입니다. 비타민 K 수치가 높은 사람은 골밀도가 더 높고, 낮은 비타민 K 수치는 골다공증과 연관되어 있습니다. 연구에 따르면 비타민 K는 특히 폐경기 여성의 뼈 건강을 개선하고 골절 위험을 낮춥니다. 비타민 K가 남성과 여성 선수 모두의 뼈 건강을 향상시킨다는 사실이 여러 연구를 통해 밝혀지기도 했는데, 이는 러너에게 중요한 내용일 겁니다. 또한, 미국 류마티스학회의 2006년 연구에 따르면 비타민 K의 낮은 혈중 농도는 손과 무릎의 골관절염 위험 증가와 관련이 있으며, 이를 통해 비타민 K가 '관절연골과 연골이 감싸고 있는 뼈에 여러 가지 잠재적 영향력이 있어서' 러너들을 더 이상 뛰지 못하게 만드는 관절염의 진행을 늦추는 효과가 있다는 이론이 나오게 되었죠. 비타민 K가 결핍되지 않게 하려면 케일이나 시금치 같은 잎채소를 많이 먹어야 합니다.
많이 들어있는 식품: 짙은 초록색 잎채소, 브로콜리, 방울양배추, 프룬, 아스파라거스, 아보카도, 참치, 블루베리.

칼슘

칼슘은 뼈를 튼튼하게 하는 필수 미네랄이기도 하지만, 근수축, 혈압 조절, 신경계 기능, 호르몬 분비, 효소 조절에도 쓰입니다. 선수의 경우 칼슘은 건강한 뼈를 유지하고 피로골절의 위험을 줄일 뿐만 아니라(칼슘을 충분히 섭취하지 못하면 몸이 뼈에서 칼슘을 빼냅니다), 제지방량lean body mass도 높일 수 있습니다. 폐경기 여성은 칼슘이 결핍될 때가 많지만 칼슘 보충제가 답이 아닐 수도 있습니다. 2012년 연구에서 약 24,000명의 성인을 평균 11년간 추적한 결과, 칼슘 보충제를 꾸준히 복용한 사람은 그렇지 않은 사람에 비해 심장마비 위험이 86% 증가했다는 결론을 내렸거든요.

많이 들어있는 식품: 우유, 요거트, 치즈가 가장 좋습니다. 케일, 브로콜리, 배추, (뼈째 들어있는) 정어리나 연어 통조림도 좋고, 칼슘이 첨가된 제품 중에는 오렌지 주스, 시리얼, 두유나 견과류 우유, 두부 같은 것도 좋습니다. (뼈 건강에 특히 좋은 음식은 6장의 "뼈가 좋아하는 열 가지 음식"을 참조하세요.)

철분

세계보건기구의 세계 영양 이상 장애 목록에서 1등을 차지한 것은 철분 결핍입니다. 산소를 운반하는 헤모글로빈에 들어 있으며 우리 피가 붉은색을 띠게 만드는 철분은 성장, 면역 기능, 대사, 빈혈 예방을 비롯해 생명 활동에 필수적인 기능에 중요한 역할을 합니다. 러너의 철분 결핍은 피로, 경기력 저하, 면역계 기능 저하로 이어질 수 있습니다. 반면에 철분 과잉은 독성이 있고, 경우에 따라서는 사망까지 이를 수 있습니다. 부유한 산업사회에서는 철분 결핍이 심각한 문제가 아니지만, 가끔 발생하기는 합니다(채식주의자나 활동량이 많은 여성에게 더 자주 발생하는데, 후자의 경우 월경을 할 뿐만 아니라 칼로리를 적게 섭취하는 경향이 있어서 음식을 통한 철분 섭취량이 적기 때문에 그 자체로 위험에 노출되어 있습니다). 설명이 안 되는 피로감이 지속된다면 병원에서 철분 수치 검사를 받아보세요.

많이 들어있는 식품: "철분이 풍부한 열다섯 가지 음식" 박스를 참조하세요.

영양 이야기

"철분이 풍부한 열다섯 가지 음식"

식품에 있는 철분에는 두 가지 종류가 있습니다. 바로 헴철heme iron과 비헴철non-heme iron이에요. 헴철은 헤모글로빈에서 온 철로, 동물성 식품 중 특히 육류와 연체동물에 많이 들어있습니다. 비헴철은 식물성 식품에 들어 있으며, 헴철만큼 쉽게 흡수되지 않습니다. 헴철의 흡수 효율은 비헴철보다 2~3배 높습니다. 철분 일일 권장섭취량을 보면 18세 이상 남성은 매일 8mg, 19~50세의 여성은 매일 18mg, 51세 이상의 여성은 매일 8mg을 섭취해야 합니다. 헴철과 비헴철이 많이 들어있는 식품은 다음과 같습니다.

1. 조개(통조림, 물기 제거) 85g:	23.8mg
2. 철분 강화 시리얼 30g:	18~21.1mg
3. 굴(익힌 것) 85g:	10.2mg
4. 고기 내장(익힌 것) 85g:	5.2~9.9mg
5. 철분 강화 오트밀 1팩:	4.9~8.1mg
6. 콩(익힌 것) 반 컵:	4.4mg
7. 호박씨(볶은 것) 25g:	4.2mg
8. 흰강낭콩(통조림) 반 컵:	3.9mg
9. 흑당밀 1큰술:	3.5mg
10. 렌틸콩(익힌 것) 반 컵:	3.3mg
11. 시금치(데친 것) 반 컵:	3.2mg
12. 쇠고기(부채살) 85g:	3.1mg
13. 쇠고기(우둔살) 85g:	2.8mg
14. 강낭콩(익힌 것) 반 컵:	2.6mg
15. 정어리(통조림) 85g:	2.5mg

칼륨

칼륨은 나트륨과 짝을 이루어 (신경과 근육 기능에 매우 중요한 나트륨-칼륨 펌프를 통해) 세포막 전위membrane potential를 조절하고 체액의 균형을 잡는 전해질입니다. 칼륨은 여러 식품에 풍부하게 들어있지만, 땀을 흘리면 소진됩니다. 칼륨 결핍은 피로, 근무력증, 경련을 유발할 수 있을 뿐만 아니라, 포도당 대사에 영향을 미쳐 혈당 상승을 유발할 수 있습니다. 대부분의 스포츠음료를 통해 칼륨 손실을 해결할 수 있습니다(가령 게토레이 인듀어런스 포뮬러 한 팩에는 칼륨이 140mg 들어 있습니다). 그러나 과도한 칼륨 섭취는 체액 균형을 깨뜨릴 수 있고, 위험한 비정상 심장 박동을 유발할 수 있습니다.

많이 들어있는 식품: 바나나, 구운 감자, 고구마, 겨울호박, 우유, 요거트, 멜론, 핀토빈, 연어, 콩 제품, 완두, 자두, 시금치.

나트륨

나트륨이 위험하다는 경고는 이미 온 세상에 퍼져 있습니다. 과도한 나트륨 섭취는 고혈압과 관련이 있으며, 대부분의 미국인은 나트륨을 너무 많이 섭취하죠. 하지만 나트륨은 신체의 체액 균형 조절에 필수적이며, 혈압과 혈액량의 조절에도 도움이 됩니다. 근육과 신경의 가동에도 필요하고요. 나트륨은 훈련할 때 흘리는 땀의 많은 부분을 차지하는 전해질로, 일일 권장섭취량이 2,300mg인데 땀이 아주 많이 나는 워크아웃을 할 때는 시간당 3,000mg를 잃는 사람도 있습니다. 더운 날씨에 러닝을 마치고 나서 피부나 옷에 소금이 과도하게 말라붙어 있다면, 러닝 전이나 도중에 짭짤한 간식을 먹는 것도 고려해 보아야 해요. 나트륨이 함유된 스포츠음료를 마시는 것도 좋고, 한 번에 5시간 이상 훈련하는 지구력 종목 선수는 훈련 도중에 짠 간식을 먹어야 할 수도 있습니다. 러닝 중 염분 손실은 경련을 유발할 수도 있지만, 수분 과다 섭취로 인해 혈중 나트륨 농도가 낮아지는 드물고도 치명적인 상태인 저나트륨혈증hyponatremia과도 관련이 있습니다. 수분 중독이라고도 하는 이 현상은 (장거리 경주에서처럼) 대개 땀을 많이 흘린 상태로 맹물을 과도하게 마실 때 발생합니다.

많이 들어있는 식품: 대부분의 미국식 음식에 많이 들어 있습니다. 하지만 올리브, 토마토 주스, 저지방 코티지 치즈, 프레첼, 소금 친 견과류처럼 건강한 음식을 주로 먹을 수 있도록 노력해야 합니다.

물

화초에는 물을 너무 많이 줘도 문제고 너무 적게 줘도 문제입니다. 우리 몸도 마찬가지예요. 물을 너무 적게 마시면 탈수가 발생합니다. 물을 너무 많이 마시면 저나트륨혈증이 생길 수 있죠(바로 위의 단락 참조). 다행히 수분 상태를 쉽게 측정하는 두 가지 방법이 있습니다.

- **소변의 색과 양:** 소변의 색이 맑고 양이 많으면 수분 상태가 좋다는 뜻입니다. 짙고 농축된 소변은 탈수 상태를 뜻하죠.
- **체중 변화:** 운동 전후의 체중 변화 비율을 확인합니다. 수분 섭취가 잘 되어 있다면 체중 변화 폭은 ±1%가 됩니다. 체중이 1~3% 줄었다면 경미한 탈수, 3~5% 줄었다면 확연한 탈수에 해당하고, 5% 이상 줄었다면 심각한 탈수에 해당합니다.

훈련과 경기 중에는 갈증이 일 때만 물을 먹어야 합니다. 경미한 탈수는 위험하지 않고, 훈련 자극과 적응을 극대화하는 데 도움이 됩니다. 그렇다고 일부러 탈수로 몸을 몰아가면 절대 안 되고, 운동이 끝나면 몇 시간 이내로 수분을 완전히 보충해야 합니다.

보충이 더 필요하다면

영양을 더 보충하고 싶다면 알약이나 가루나 물약 이외의 옵션을 선택할 수도 있습니다. 세 가지 방법을 알아볼게요.

1. **무화과:** 인기투표의 우승 후보는 바나나와 사과일 테지만, 무화과는 조용한 옆집 여자애가

알고 보니 공부도 잘 하고 춤도 잘 추더라 하는 이야기의 주인공일 거예요. 말린 무화과는 더더욱 뛰어나죠. 무화과는 섬유질이 엄청나게 많이 들어있고, 칼슘은 (같은 무게의) 다른 과일들보다 1,000배 더 많고, 칼륨은 바나나보다 80% 더 많으며, 철분은 대부분의 다른 과일들보다 더 많고, 마그네슘 또한 상당히 많이 들어있습니다. 이 모든 것이 들어있는 무화과 한 개의 열량은 약 30kcal에 불과하죠.

2. **영양 효모:** 맞아요. 이걸 꼭 먹어야 하나 싶은 분도 있을 겁니다. 그러나 당밀에서 키워내 불활성화시켜 가루로 만든 영양 효모는 수많은 채식 요리의 구원과도 같습니다. 견과류와 치즈의 고소한 풍미와 함께 (다섯 번째 맛인) 감칠맛까지 더해진 영양 효모는 파마산 치즈 대신 쓰기 아주 좋습니다. 채식주의자라면 영양 효모에 들어있는 고품질 단백질과 비타민 B군(특히 비타민 B_{12})을 누구나 사랑할 거예요. 게다가 맛까지 있죠! 팝콘과 피자와 페스토와 파스타 위에 치즈 대신 뿌려보세요.

3. **엡섬 소금 목욕:** 러너들 중에는 엡섬 소금Epsom salt을 물에 타 몸을 담그는 사람들이 많습니다. 이 소금은 영양가도 풍부해요! 엡섬 소금은 마그네슘과 황산으로 이루어져 있는데, 엡섬 소금물에 몸을 담그면 두 물질의 체내 수치를 안전하게 올릴 수 있습니다.(둘 다 피부로 쉽게 흡수되거든요). 대부분의 미국인은 마그네슘을 권장량에 못 미치게 섭취합니다. 마그네슘이 (단백질 합성, 근육과 신경 기능, 혈당 조절 등) 신체의 생화학 반응을 조절하는 300가지 이상의 효소 시스템에서 중요한 역할을 한다는 점에서 이는 안타까운 일입니다. 그러니 따뜻한 물에 엡섬 소금 두 컵을 넣고 일주일에 세 번, 최소 12분 동안 몸을 담그고 계세요. 단, 다른 보충제와 마찬가지로 우선은 의사와 상담해 보셔야 합니다.

아침용 바나나 치아 시드 푸딩

▶ 2인분

세상에, 아침으로 푸딩이라뇨! 물을 뿌리면 풀로 된 머리카락이 자라나는 '인형' 때문에 치아 시드chia seed를 알고 계셨던 분도 있겠지만, 슈퍼푸드의 세계에서 치아 시드는 슈퍼스타 영양식입니다. 치아 시드는 단백질과 오메가-3 지방산뿐만 아니라 피토케미컬, 인, 망간, 섬유질, 칼슘, 비타민 C도 풍부합니다. 치아 시드는 젖으면 부풀어서 젤라틴처럼 변해요. 기괴하게 들릴 수도 있겠지만, 주스나 우유를 타피오카 푸딩처럼 바꿔준다는 뜻이기도 합니다.

치아 시드 ¼컵
무가당 아몬드밀크(또는 원하는 우유) 1컵
순 바닐라 추출물 ½작은술
꿀 1큰술
얇게 썬 바나나 1개
(장식용) 생 베리 1컵

1리터짜리 병에 바나나와 치아 시드를 넣고 잘 흔들어 섞은 다음 밤새 냉장고에 넣어두고, 아침이 되면 그릇에 담고 베리를 얹어 먹습니다.

1인분 영양소: 260kcal, 탄수화물 43g, 단백질 5g, 지방 12g.

세 가지 케일 요리

건강에 매우 좋은 짙은 초록빛 케일은 한때 사람들의 외면을 받아왔지만, 식도락가들의 재발견이 이루어진 뒤로는 트렌디하게 사랑받는 채소로 바뀌었답니다. 맛도 좋아요! 식물에는 흔치 않은 칼슘도 많고 마그네슘이 특히나 풍부한(1컵당 RDA의 40% 함유) 케일에는 피토케미컬인 루테인과 제아크산틴과 비타민 A도 상당량 들어 있습니다. 지금부터 이 만능 채소를 요리하는 세 가지 방법을 알아볼게요.

1. 빠른 소테

올리브유 1작은술
다진 생마늘
씻어서 물기를 빼고 잎맥을 떼어낸 케일 1묶음
천일염과 후춧가루

큰 소테 팬에 올리브유를 두르고 마늘을 넣은 다음, 마늘이 지글지글 끓으며 금빛이 될 때까지 중불에서 볶습니다. 그런 다음, 케일 잎을 한 줌 넣고 숨이 죽을 때까지 휘휘 저어줍니다. 한 번에 한 줌씩 계속 넣으세요. 케일을 띄엄띄엄 넣으면 한 줌 새로 넣기 전에 물이 증발해 국물이 생기지 않게 할 수 있습니다. 케일이 다 익으면 천일염과 후춧가루를 뿌려서 드세요.

2. 느린 브레즈

올리브유 1작은술
다진 마늘 1쪽
씻어서 잘게 자른 케일 1묶음
채소 육수 1컵

케일은 오래 끓여야 맛이 납니다. 구조가 단단해서 뭉개지지도 않고, 오래 끓이면 스모키한 풍미가 부드럽고 풍부하게 나옵니다. 아래의 방법을 통해 케일의 맛을 최대한 뽑아볼게요. 먼저 올리브유에 마늘을 빠르게 볶은 다음 케일을 넣고 채소 육수를 넣습니다. 약한 중불에서 20분 동안 끓이면서 가끔 저어줍니다. 국물이 너무 졸아들면 육수를 더 넣습니다. 다 됐다 싶으면 육수를 따라내고 접시에 (뭉개지지 않고) 촉촉하고 부드럽고 맛있는 채소만 얹어서 식탁에 냅니다.

3. 오븐 구이

씻어서 물기를 빼고 줄기를 쳐낸 케일 1묶음
올리브유 1작은술
천일염

케일 칩은 진짜 좋은 음식이지만, 슬프게도 엄청나게 비쌉니다. 그러니 케일 칩 대신 오븐 구이를 만들어보는 건 어떨까요? 차이라면 영양 효모와 감미료와 반죽을 입히지 않았다는 것뿐이니까요. 최대한 간단하게 가 볼게요. 우선 케일의 줄기를 쳐내고 잎은 헹궈서 물기를 뺀 다음, 베이킹 시트에 펼쳐놓고 올리브유에 버무려 소금을 약간 친 다음 190℃ 오븐에 넣고 중간중간 타지 않는지 확인하면서 15분간 뒤집어가며 굽습니다. 가장자리에 살짝 갈색이 돌면서 바삭바삭하지만 아직 부드러울 때 조리를 끝내야 합니다.

1인분 칼로리: 48kcal, 탄수화물 1g, 단백질 3g, 지방 4g.

무화과와 페타 치즈를 곁들인 통밀알 샐러드

▶ 4인분

통밀알은 통밀의 알맹이를 가리킵니다. 통밀알에는 칼륨, 인, 섬유, 단백질, 철, 비타민 B가 풍부하며, 여기에 무화과를 얹으면 영양가가 훨씬 더 높아지죠. 통밀알은 견과류의 풍미를 내며, 부드러우면서도 쫄깃한 식감을 냅니다. 밤새 물에 불려두어야 한다는 사람도 많지만, 꼭 그럴 필요는 없습니다.

단단한 통밀알 1½컵
소금 ½작은술
다진 셀러리 줄기 2개
네모지게 조각낸 단단한 사과 1개
말린 체리 ⅓컵
다진 무화과 말랭이(또는 생 무화과) 5개
잣 ¼컵
페타 치즈 ¾컵
올리브유 1큰술
발사믹 식초
장식용 로즈마리
후춧가루

1. 소스 팬에 통밀알, 물 5컵, 소금 ½작은술을 넣고 섞습니다. 물이 한소끔 끓으면 불을 줄이고 뚜껑을 덮고 밀알이 부드러워질 때까지 50분간 뭉근히 끓입니다. 아니면 슬로우쿠커에 통밀알과 물과 소금을 넣고 온도를 낮게 세팅한 다음 뚜껑을 덮고 최소 8시간에서 최대 12시간 동안 조리하는 방법도 있습니다.
2. 통밀알을 건져 식힌 다음, 나머지 재료와 함께 버무립니다. 이 상태의 샐러드를 30분 동안 놔뒀다 먹으면 풍미도 올라오고 온도 또한 먹기 좋게 됩니다.

1인분 영양소: 430kcal, 탄수화물 70g, 단백질 15g, 지방 12g.

귀리로 만든 아몬드 체리 파이 바

▶ 12인분

좋아요, 솔직히 고백할게요. 이 요리는 체리 파이 맛이 아닙니다. 그렇지만 아몬드와 체리 향은 가득합니다. 건강에도 좋고 영양도 완벽한 과자를 원한다면 딱이에요.

롤드 오트 2컵
애플소스 ½컵
아몬드버터 2큰술
꿀 ¼컵
황설탕 ¼컵
체리 잼 2큰술
식용유 1큰술
천일염 1작은술
아몬드 추출물 2작은술
말린 체리 1컵
아몬드 절편 1컵
세미스위트 초콜릿 칩 ½컵

1. 오븐을 175℃로 예열합니다. 큰 믹싱볼에 모든 재료를 넣고 섞습니다.
2. 기름을 두른 8×9인치 베이킹 팬에 반죽을 펼쳐놓고 가볍게 두드립니다.
3. 윗면에 금빛이 돌고 가장자리가 갈색이 될 때까지 30분 동안 굽습니다.
4. 오븐에서 꺼내어 20분간 식힌 다음 12등분하여 완전히 식히고 밀폐용기에 보관합니다.

1인분 영양소: 65kcal, 탄수화물 41g, 단백질 5g, 지방 11g.

23

체중감량 프로그램으로 바로잡는 달리기

세상에는 살을 빼고 싶어서 달리는 사람도 있고, 더 잘 달리고 싶어서 살을 빼는 사람도 있고, 그저 더 많이 먹고 싶어서 달리는 사람도 있습니다. 동기가 무엇이든 달리기와 체중 관리는 뗄 수 없는 관계에 있습니다.

모든 러너를 만족시키는 완벽한 체중 따위는 없습니다. 알맞은 체중은 당신과 당신의 몸이 정한 체중일 테죠. 그러나 목표 몸무게가 몇 kg이든 간에 중요한 것은 그 몸무게를 달성하기 위한 합리적 전략을 선택하는 것이고, 나아가 이 무게를 넘어섰을 때 어떤 결과가 일어나는지를 이해하는 것입니다. 어쨌거나 옆구리와 엉덩이와 허벅지에 버터 스틱을 주렁주렁 매달고 경주를 뛰려는 사람은 없을 텐데, 체지방은 왜 달고 뛰는 걸까요? 건강한 체중 감소는 VO_2max를 높이고, 근육과 결합조직이 감내해야 할 충격력을 줄이고, 러닝 효율을 높입니다. 요컨대, 몸무게를 똑똑하게 줄이면 지구력은 좋아집니다.

건강체중이 뭔데?

건강체중 범위 내에서 가벼운 쪽에 가까울수록 러닝 수행능력은 좋아집니다. 몸무게가 건강체중 범위에 있는지 빠르게 확인하는 방법은 체질량지수(BMI)를 측정하는 것입니다. 단, BMI에는 근육량이 반영되지 않는 만큼, 근육이 아주 많은 사람은 BMI가 높게 나올 수 있습니다. BMI는 아래와 같이 계산합니다.

- 몸무게를 kg 단위로 확인합니다.
- 키를 m 단위로 확인한 다음 이를 제곱한 값을 구합니다. (174cm이면 1.74×1.74=3.0276)
- 몸무게를 키의 제곱으로 나눕니다. (174cm/70kg이면 70/3.0276=약 23)

이제 이 결과값이 아래의 건강체중에 해당하는지 확인해봅시다.

BMI	판정
18.5 미만	저체중
18.5~24.9	건강체중
25.0~29.9	과체중
30.0~39.9	비만
40 초과	고위험 비만

근육이 많으면 BMI가 높은 것처럼, 러닝에 최적화된 몸을 가진 러너의 BMI는 낮은 편일 때가 많습니다. 2012년 올림픽 2관왕(5,000m와 10,000m)인 모 패라Mo Farah의 BMI는 21.1이고 단거리 스타 우사인 볼트Usain Bolt의 BMI는 24.9입니다. 엘리트 마라토너와 울트라 마라토너 중에는 18.5 미만의 '저체중'에 속하는 분들도 더러 있지만, 최상위 마라토너 대다수의 BMI는 19~21 사이에 있습니다. 무슨 말이냐고요? 건강한 사람은 BMI가 18.5~ 24.9 사이 어디에 있어도 괜찮다는 뜻이고, 그보다 약간 높거나 낮아도 큰 문제가 안 될 거라는 뜻입니다.

체지방률은 건강체중을 결정하는 또 다른 방법입니다(수중 체중 측정용 특수 물탱크가 집에 있으면 그걸 써도 되고, 아니면 간편하게 스킨폴드 캘리퍼를 써도 됩니다). 아래의 표는 미국 운동협회(ACE)에서 제공한 것으로, 체지방 범위에 따른 분류를 나타냅니다('최소 지방'은 건강 유지에 필수적인 최소한의 체지방률을 뜻합니다).

판정	남성	여성
최소 지방	2~5%	10~13%
선수형	6~13%	14~20%
건강	14~17%	21~24%
평균	18~24%	25~31%
비만	25% 이상	32% 이상

대부분의 러너는 경험을 통해 경기력을 가장 높일 수 있는 체중 범위를 찾아냅니다. 이 범위보다 체중이 늘면 몸이 둔해지고, 이 범위보다 체중이 줄면 힘과 에너지가 줄어듭니다. 그러면 지금부터 어떻게 몸무게를 줄일 수 있는지 알아보도록 하죠.

주당 0.5kg 감량

러너가 '군살을 조금' 빼는 일은 디톡스 주스를 마시거나 베이컨만 먹거나 양배추 수프를 양껏 먹는 것처럼 쉬운 일이 아닙니다. 훈련을 하려면 칼로리가 필요하고, 워크아웃 중에 손실된 칼로리를 보충하려면 영양소가 필요합니다. 다이어트를 지나치게 하면 봉크bonk 상황에서와 마찬가지로 금세 지쳐버릴 뿐입니다. 체중을 너무 많이 줄이거나 너무 빨리 줄이는 것은 과체중으로 달리기를 하는 것보다 몸에 해로울 수 있습니다. 체중은 일주일에 0.5~1kg을 목표로 전략적으로 빼야 합니다.

주당 0.5kg을 빼는 원리는 간단합니다. 체지방 1kg의 칼로리는 7,800kcal입니다. 따라서 7,800kcal가 모자라면 몸무게가 1kg 빠질 거에요. 들어오는 칼로리를 줄이거나(다이어트) 나가는 칼로리를 늘리면(훈련) 이러한 칼로리 결핍을 만들 수 있습니다. 따라서 일주일에 0.5kg을 빼려면 더 적게 먹거나 더 많이 운동해서(둘 다 하는 것이 더 좋아요) 하루에 태우는 칼로리가 먹는 칼로리보다 약 550kcal 많게 하면 됩니다.

미리 빠져나갈 구멍을 하나 파 둘게요. 사실은

"8가지 건강한 과자"

과자만큼 다이어트를 빨리 망치는 것도 없습니다. 과자는 우리를 유혹하고 끌어당기며 우리도 모르는 사이에 우리를 지배합니다. 간식의 공격을 막으려면 과일과 채소를 많이 사 두라는 말이야 누구라도 할 수 있지만, 솔직해져 봅시다. 감자칩이 땡기는데 생 셀러리를 씹어먹을 사람이 어디 있겠어요? 생채소를 씹어먹기 싫은 분들을 위해, 지금부터 맛도 좋고 건강에도 좋은 간식을 함께 알아볼게요.

- **도리토스 대신 쌀 뻥튀기:** 쌀 뻥튀기는 영양학적으로 완벽하지 않지만, 통곡물 현미로 만든 뻥튀기는 풍미도 좋고, 과도하게 가공된 또띠야 칩보다 훌륭한 선택입니다.
- **케이크 과자 대신 시리얼 바:** 대다수의 시리얼 바에는 캐러멜, 땅콩버터, 초콜릿 칩이 들어있고 '건강식품'이라 하기에는 설탕이 너무 많이 들어 있지만, 케이크 과자보다는 영양소도 많고 단 것이 너무 끌릴 때 이를 만족시킬 수도 있습니다.
- **나쁜 쿠키 대신 좋은 쿠키:** 쿠키를 꼭 먹어야겠다면 말리지는 않겠습니다. 대신 오레오를 고르지는 마세요. 과일, 통곡물, 다크 초콜릿 칩 등 건강에 좋은 재료로 만든 쿠키를 찾으세요. 달큰한 오트밀 쿠키에 말린 체리와 다크 초콜릿을 곁들이면 쿠키에 대한 갈망과 건강에 대한 갈망을 동시에 채울 수 있을 거예요.
- **튀긴 과자 대신 구운 과자:** 구운 또띠야 칩은 쉽게 만들 수 있습니다. 옥수수 또띠야를 삼각형으로 자르고 베이킹 시트에 놓은 다음 너무 갈색이 되지 않는 선에서 175℃에서 약 10분간 굽습니다. 완전히 딱딱해질 때까지 구우면 안 돼요. 멕시코 식당 스타일의 짜고 기름진 칩은 아니지만 살사와 과카몰리만 있다면 차이를 거의 못 느낄 거예요.
- **치토스 대신 팝콘:** 팝콘은 통곡물이니 내키는 대로 드세요. 가스레인지나 에어팝퍼로 만드는 것이 가장 좋습니다(전자레인지용 팝콘에는 첨가물과 지방이 들어갑니다). 파마산 치즈나 훈제 파프리카를 더하면 퇴폐적인 맛을 더할 수 있죠. 올리브유나 버터를 살짝 넣으면 치토스보다 훨씬 낫다는 생각이 들 겁니다.
- **초코바 대신 다크 초콜릿:** 다크 초콜릿에 있는 항산화 물질은 몸에 좋습니다. 평범한 초코바는 비할 바가 못 되죠. 코코아가 최소 35%는 들어있는 초콜릿을 구하되, 40g 이상은 먹지 마세요. 간식의 즐거움을 더 만끽하고 싶다면, 다크 초콜릿에 말린 과일이나 땅콩이나 프레첼 같은 것을 곁들여 먹어보세요.
- **칩 대신 김 과자:** 어디서나 구할 수 있는 김 과자는 스낵 시장의 가장 놀라운 성공 사례 중 하나일 겁니다. 세상에 이렇게 맛있는 과자가 있을 줄은 몰랐네요. 칼로리 계산 때문에 고통받을 일 없이 바삭하고 짭짤하게 즐길 수 있습니다.
- **아이스크림 대신 프로즌 요거트:** 프로즌 요거트는 지방이 가득한 아이스크림만큼 크리미한 식감을 내지는 못하지만, 거의 비슷한 식감을 내기는 합니다. 일부 브랜드의 프로즌 요거트는 같은 양의 아이스크림과 비슷한 칼로리를 가지고 있지만, 다른 브랜드 제품의 칼로리는 그보다 낮습니다. 프로즌 요거트에는 칼슘이 풍부하고, 아이스크림보다 포화지방이 적고, 무엇보다도 건강에 유익한 프로바이오틱스가 들어 있습니다.

그렇게 간단하지가 않습니다. 우리 몸은 기계가 아니니까요. '설정점' 이론에 따르면 우리 몸은 원하는 체중을 가지고 있으며, 대사율을 높이거나 낮추어 경미한 칼로리 부족이나 과잉을 상쇄함으로써 이를 맞춘다고 합니다(기온에 관계없이 체온이 일정하게 유지되는 것을 생각해 보면 이해하기 쉬울 거예요). 설정점 자체가 바뀌려면 오랜 시간에 걸친 생활습관의 장기적 조정이 필요합니다. 물론 달리기는 그러한 변화에 도움이 될 수 있죠. 1장에서 언급했듯 달리기는 체중 감량과 뗄 수 없는 관계에 있는데, 운동을 통한 칼로리 소모량이 같을 때 달리기를 하는 사람이 걷기만 하는 사람보다 몸무게를 거의 2배 많이 뺄 수 있습니다. 즉 강도가 상대적으로 높은 달리기가 설정점에 더 직접적인 영향을 미치며, 칼로리 소비량에 비해 체중 감량 효과가 더 크다는 뜻입니다. 요컨대 달리기를 지속할 수 있는 건강한 식사를 유지하면서 일주일에 0.5kg을 빼려면 칼로리 섭취 감소와 활동량 증가가 동시에 이루어져야 합니다.

유행했던 비법들

주당 3,900칼로리 계획이 단순하기는 하지만, 칼로리 계산을 모두가 다 잘하지는 않습니다. 잘 짜인 다이어트 계획이 필요한 사람도 있어요. 하지만 어떤 다이어트 계획을 골라야 할까요? 아마존닷컴에 올라와 있는 다이어트 책만 해도 70,000권이 넘습니다. 대체 어디서 시작해야 할까요? 일단은 가장 인기 있는 다섯 가지 다이어트법에 대해 알아보고, 먼저 해본 사람들의 평가를 보면서 출발해보는 걸로 하죠.

앳킨스 다이어트

1972년 『Dr. Atkins' Diet Revolution』 출간과 함께 갑자기 온 세상 사람들이 스테이크와 계란과 베이컨을 먹는 것처럼 보였습니다. 앳킨스 다이어트와 그 유사 다이어트법은 탄수화물이 나쁘다는 개념을 바탕으로 하고 있습니다. 탄수화물을 극단적으로 줄이고 단백질과 지방을 더 많이 섭취하면 우리 몸이 탄수화물 대신 저장된 지방을 사용하여(케토시스) 체중이 줄어든다고 해요. 단백질만 먹으면 몸무게가 줄어들까요? 네, 맞아요. 건강한 다이어트인가요? 아뇨, 연구에 따르면 저탄수화물 식단은 심장마비의 위험을 높입니다. 러너에게 좋은 다이어트인가요? 답이 선뜻 나오지 않으면 19장을 다시 읽고 오세요.

존 다이어트

『Enter the Zone』은 MIT의 전 생명공학 연구원인 배리 시어즈Barry Sears가 쓴 책으로, 이 책은 (부제에 적힌 것처럼) '우리 몸을 완전한 균형으로 이끄는 혁명적인 삶의 계획'을 통해 건강과 몸매라는 두 마리 토끼를 동시에 잡을 수 있다는 약속을 내걸고 있습니다. 그걸 원하지 않는 사람이 대체 어디 있을까요? 존the Zone에서는 탄수화물 40%, 단백질 30%, 지방 30%의 식단으로 대사를 뜯어고칠 수 있다고 설파합니다. 존 다이어트에서는 다이어트를 하는 사람이 단순 탄수화물을 멀리하고 채소, 콩류, 통곡물, 과일을 가까이 하라는 것처럼 매우 좋은 요소도 들어있지만, 선수를 위한 다이어트법으로 알려진 것과 달리, 탄수화물 제한은 대부분의 러너에게 금기입니다.

대시 다이어트

미국 국립 심장 · 폐 · 혈액 연구소에서는 고혈압의 예방과 조절에 도움이 될 수 있도록 대시DASH(Dietary Approaches to Stop Hypertension) 다이어트를 만들었습니다. 이 다이어트법은 U.S. 뉴스 & 월드 리포트가 발표하는 연례 다이어트 순위에서 꾸준히 상위권을 차지해 왔고, 미국 농무부에서도 이상적인 식사 계획으로 권고하고 있습니다. 대시 다이어트에서는 과일, 채소, 무지방/저지방 유제품, 통곡물 제품, 생선, 가금류, 견과류 섭취를 권장하고, 기름기 없는 적색육, 단 음식, 당분 첨가제, 단 음료수를 멀리하라고 합니다. 칼륨, 마그네슘, 칼슘이 풍부한 식단을 권장한다는 점에서 러너라면 좋아할 수도 있습니다. 이 식단에서는 탄수화물 55%, 단백질 18%, 지방 27%를 권장 목표로 합니다(참고로 기존의 러닝 식단에서는 탄수화물 60%, 단백질 15%, 지방 25%를 권장 목표로 하고 있습니다).

사우스 비치 다이어트

1990년대 초반, 심장내과 전문의인 아서 애거스턴Arthur Agatston과 영양사 마리 알모Marie Almo는 당시 권장되고 있던 저지방 고탄수 다이어트를 통해 환자와 고객의 체중이 불어나는 것을 관찰한 뒤 사우스 비치 다이어트South Beach Diet를 만들었습니다. "우리는 다른 방식을 시도했어요." 애거스턴 박사는 이렇게 이야기합니다. "지방과 탄수화물의 상대적인 양보다는 질적인 측면을 중요하게 생각했죠. […] 사우스 비치 다이어트의 기본 원칙은 좋은 지방, 좋은 탄수화물, 기름기 없는 단백질, 풍부한 섬유질입니다." 사우스 비치 다이어트에서는 계획이 세 단계로 나뉩니다. 1단계에서는 설탕과 정제 식품에 대한 갈망의 근원인 '나쁜' 탄수화물을 없앱니다. 2단계에서는 '좋은' 탄수화물 섭취를 시작해 목표 체중을 달성할 때까지 다이어트를 지속합니다. 3단계는 건강한 음식을 고르는 것으로, 평생 지속됩니다. 러너는 1단계의 저탄수화물 과정에서 번민을 겪을 수 있지만, 3단계가 되면 먹어도 되는 음식들을 마음껏 선택하고 자신만의 탄수화물-단백질-지방 비율을 설정할 수 있습니다.

웨이트 워처스

웨이트 워처스Weight Watchers는 점수제로 돌아가는 다이어트 시스템이지만, 그 성과는 대부분 정기 미팅, 스태프와의 주간 체중 측정, 목표 체중을 달성하고 유지하는 사람들을 위한 평생 멤버십 같은 커뮤니티 측면에서 나옵니다. 또한 목표로 삼은 건강한 몸무게에서 2파운드 내외의 변동 폭만 유지하는 평생 멤버십 회원은 웨이트 워처스 미팅에 무료로 참석할 수 있는데, 이는 평생 멤버십 회원이 다이어트 커뮤니티와 평생 이어지게 하는 인센티브 역할을 합니다. 웨이트 워처스의 포인트플러스 플랜에서는 음식에 제한을 두는 것이 아니라, 음식의 성분을 기준으로 점수를 매깁니다. 지방과 단순 탄수화물이 많이 들어있어 칼로리 밀도가 높은 음식은 점수가 높고, 단백질과 섬유질이 풍부한 음식은 점수가 낮습니다. 세 끼 식사와 간식에 건강한 식품을 다양하게 섭취하게 하는 이 플랜은, 러너의 에너지 요구량을 채워줄 수 있을 만큼의 유연성을 지니고 있습니다. 아울러 이 다이어트에서는 미국 국립 과학원에서 설정한 삼대영양소 비율(탄수화물 45~65%, 단백질 10~35%, 지방 20~35%)을 채택하고 있습니다.

음식을 피하는 기술

우리는 음식을 피해야 하는 시대에 살고 있습니다. 글루텐과 적색육과 견과류를 피해야 한다는 말이 세상에 나돌고 있죠. 알레르기, 질병, 맛, 건강, 윤리, 신경증 같은 이유로요. 그러나 어떤 음식을 거부하는 이유가 무엇이든 간에 '빡빡한 식단 제한이 러너에게 불리한가?' 하는 의문은 남게 마련입니다. 스콧 주렉Scott Jurek, 에이미 요더 베글리Amy Yoder Begley, 팀 반오든Tim VanOrden의 사례를 통해 대답을 해 보겠습니다.

주렉은 세계 최고의 울트라 러너 중 한 명으로, 웨스턴 스테이트 100마일 러닝 7연패(1999~2005)를 비롯하여 수많은 엘리트 트레일/로드 경기에서 여러 차례 우승을 차지했습니다. 《울트라러닝》에서 선정하는 올해의 울트라 러너로 세 번이나 뽑힌 그는 열정 넘치는 비건(완전채식주의자)이기도 합니다. 요더 베글리는 10,000m에서 미국 챔피언을 2번이나 한 국가대표 선수이자 NCAA 미국 올스타에 16번이나 올라갔죠. 그녀는 셀리악병이 있어서 글루텐을 먹을 수 없습니다. 반오든은 올해의 미국 마스터스 마운틴 러너로 두 번이나 선정되었으며, 마스터스 트레일 러닝 대회에서 10K, 15K, 하프 마라톤, 마라톤, 50K 등 거리를 가리지 않고 우승을 거머쥐었습니다. 그는 37℃ 이상으로 가열하지 않은 식물성 음식만 먹는 로 비건raw vegan이기도 하죠(대부분의 로 비건은 음식을 47℃까지 가열하지만, 반오든은 '음식이 37℃ 이상의 온도에 노출되면 파괴되기 시작해 영양가를 잃는다'고 믿는답니다).

여기서 포인트는, 러너가 연료를 섭취하는 방법이 여러 가지라는 점이죠. 영양을 현명하게 고를 줄 알아야 성공할 수 있습니다. 삼대영양소의 비율을 올바르게 맞추고 칼로리와 여러 영양소를 충분히 섭취하고 있는 것이 확실하다면 그대로 쭉 밀고 나가면 됩니다.

영양 이야기

"설탕의 시치미"

식품 제조업체는 당이 없던 곳에 당을 몰래 넣는 짓을 자주 합니다(던킨도너츠의 밀싹 머핀에 설탕이 40g 들어있는 게 떠오르네요). 미국 심장학회의 당분 일일 칼로리 권장량은 여성 100kcal, 남성 150kcal 이하입니다. 영양성분표에는 첨가당과 (과일에 들어있는 당분 같은) 천연당의 구별이 없으므로, 첨가당을 찾아내려면 라벨을 샅샅이 훑어야 합니다. 시치미를 떼고 들어있는 당분에는 다음과 같은 것들이 있습니다.

- 고과당 옥수수 시럽
- 고형 포도당
- 과당
- 과즙
- 과즙 농축액
- 꿀
- 당밀
- 데메라라 슈가
- 덱스트란
- 만니톨
- 말토덱스트린
- 맥아 시럽
- 맥아당
- 메이플 시럽
- 무스코바도 설탕
- 사탕수수 시럽
- 사탕수수 증류액
- 사탕수수 추출물
- 설탕
- 소르비톨
- 시럽
- 쌀 시럽
- 아이싱 슈가
- 엿기름
- 옥수수시럽
- 원당
- 자당
- 전화당
- 정제 시럽
- 정제당
- 종려당
- 중백당
- 첨채당
- 캐러멜
- 캐롭 시럽
- 팜 설탕
- 포도당
- 황설탕
- 흑설탕

지중해식 식단의 장점

지중해의 삶에는 바닷가의 아름다움만 있는 것이 아닙니다. 음식도 아름답죠. 이런 음식 덕분에 이 지역 사람들은 심장병과 암으로 인한 사망 위험이 낮고 파킨슨병과 알츠하이머의 발병률도 낮습니다. 그래요, 지금부터 지중해식 식단을 함께 살펴볼 겁니다. 식사와 운동 계획이 아니라 이탈리아, 그리스, 스페인, 모로코의 전통적인 식단 패턴에서 힌트를 얻어 어떻게 먹을 것인가에 관한 이야기를 해볼 거예요.

지중해식 식단에는 야채, 과일, 콩류, 통곡물, 견과류, 올리브와 올리브유, 치즈, 요거트, 생선, 가금류, 계란이 들어있으며, 이들은 모두 미량영양소, 항산화 성분, 비타민, 미네랄, 섬유질이 풍부합니다. 이 식단에 포함된 식품은 대부분 신선한 비가공 제철 음식입니다. 육류, 설탕, 나트륨, 가공식품은 최소한으로만 들어갑니다. 건강에 좋은 지방에는 제한 섭취량이 없고(올리브유를 사랑한다면 마음껏 써도 됩니다), 와인은 적당히 섭취할 수 있습니다.

러너에게는 최고의 식단일 겁니다. 체중 감량을 원하는 분이 가공식품 대신 영양이 풍부한 식품을 섭취하면 주당 3,900kcal을 줄이는 데 도움이 됩니다. 또한 탄수화물-단백질-지방의 삼대영양소 비율을 자신에게 가장 잘 맞게 맞출 수 있죠. 공허한 칼로리가 거의 없는 지중해식 식단은 건강하고 관능적이며 맛도 좋고 모든 요소가 영양학적으로 좋은 효과를 제공하는 진짜 음식입니다. 앞서 5개 장에서 제시된 모든 영양학적 아이디어가 실제로 녹아들어 있는 지중해식 식단은, 어쩌면 달리기 좋은 몸을 만들어줄 최상의 방법일 거예요.

영양 이야기

“먹을 때는 그리스 할머니처럼, 달릴 때는 챔피언처럼”

지중해식 식단의 기본은 매우 간단합니다. 메이요 클리닉의 권고를 바탕으로 한 이 지침을 따르면 몸이 좋아할 거예요.

- 끼니때마다 채소와 과일(날것을 통째로 먹는 게 가장 좋습니다)을 드세요. 간식으로도 먹어야 합니다.
- 밥, 빵, 시리얼, 파스타는 통곡물로 된 것을 고르세요.
- 견과류를 피하지 말고 적당히 먹어보세요. 견과류는 칼로리가 높지만 건강한 지방과 단백질이 풍부하게 들어있습니다.
- 버터 대신 올리브유를 쓰세요. 올리브유를 더 많이 먹을수록 그 풍부한 맛을 더 많이 사랑하게 될 거예요(얼마나 쓰든 상관없기도 하고요!).
- 허브와 향신료를 자유로이 쓰세요. 풍미를 높일 뿐만 아니라 대부분은 건강에도 좋습니다.
- 생선은 최소한 일주일에 두 번 먹습니다. 건강에 좋은 생선으로는 참치, 연어, 송어, 고등어, 청어가 있습니다. 수은이 염려된다면 수은정보시스템(ncis.nier.go.kr)의 ‘어패류 섭취 권고 기준’ 페이지에서 자세한 정보를 확인하세요.
- 적색육은 보류합니다. 아예 먹지 말라는 소리는 아니에요. 그냥 한 달에 몇 번 정도로 제한을 두세요. 먹을 때는 살코기만 추려서 조금만 드세요. 소시지나 베이컨 같은 가공육은 멀리 해야 합니다.
- 저지방 유제품을 고르세요. 저지방 우유와 무지방 그릭 요거트를, 아이스크림 대신 셔벗을 먹어보세요.

수란을 곁들인 아스파라거스 구이

▶ 2인분

이만큼 쉬운 요리도 없습니다. 200kcal 이상의 만족감을 주기도 하죠. 아스파라거스는 채소 중에서도 엽산이 풍부한 녀석으로, 칼륨, 티아민, 비타민 B_6도 많이 들어있고, 모세혈관벽을 튼튼하게 만드는 루틴rutin이 가장 풍부한 식재료이기도 하죠. 계란에는 단백질, 콜린, 루테인, 제아크산틴이 풍부하게 들어있습니다.

아스파라거스 20개
올리브유 1작은술
계란 4개
소금과 후추
(추가재료) 트러플 오일, 파마산 치즈, 신선한 허브 등

1. 오븐을 200℃로 예열합니다.
2. 아스파라거스의 울퉁불퉁한 윗동을 잘라내고(수프용으로 쓸 수 있어요), 줄기를 올리브유에 버무린 다음 베이킹 시트에 펼쳐놓고 소금과 후추를 뿌립니다. 20분 동안 가끔 뒤집어가며 구워냅니다. 갈색이 살짝 돌고 숨이 약간 죽었지만 수분이 다 빠지지는 않을 정도까지 구워야 합니다.
3. 아스파라거스가 익는 동안 수란을 만듭니다. 수란을 만드는 방법은 여러 가지인데, 사람마다 취향이 있으니 마음에 드는 방식으로 만들면 됩니다. 만일 수란을 어떻게 만드는지 모른다면 자신에게 가장 맞는 방식을 찾아보세요. 여기서는 냄비에 최소 7cm 정도의 살살 끓는 물에서 만드는 방법을 알려드릴게요. 먼저 계란을 컵에 깬 다음, 컵째로 물에 넣고 3~4분간 끓입니다. 수란을 만드는 게 어렵다면 간단한 계란 후라이를 써도 괜찮습니다. 스크램블드 에그를 만들어도 돼요. 뭐가 문제겠어요.
4. 오븐에서 아스파라거스를 꺼내 접시 두 개에 나누고 그 위에 계란 2개씩을 얹습니다. 기호에 따라 소금과 후추를 넣고, 원하는 경우 트러플 오일, 파마산 치즈, 허브 등을 넣습니다.

1인분 영양소: 190kcal, 탄수화물 6g, 단백질 16g, 지방 12g.

맞춤형 수제 후무스

▶ 8인분

후무스는 디핑 소스 세계의 제왕입니다. 마트에만 가도 헤아릴 수 없을 만큼 많은 종류의 후무스가 있어요. 하지만 굳이 살 필요가 있을까요? 영양과 풍미가 넘치는 100kcal짜리 후무스를 마음 가는 대로 직접 만드는 게 더 재미있잖아요. 우선은 기본 조리법을 함께 알아보고, 여기에 몇 가지 추가할 수 있는 것들도 알아볼게요.

병아리콩 1캔
마늘 2쪽
타히니(참깨 가루) 3큰술
레몬 2개
올리브유 1큰술
소금

병아리콩 캔에서 국물을 따라내어 따로 담아둡니다. 병아리콩 건더기를 남은 재료와 함께 믹서기에 넣습니다. 부드럽고 걸쭉하게 잘 발릴 수 있는 농도가 될 수 있도록 따로 담아둔 캔의 국물을 끼얹어 가며 잘게 갈릴 때까지 믹서기를 돌립니다.

¼컵 영양소: 100kcal, 탄수화물 11g, 단백질 4g, 지방 6g.

추가재료
따로 담아둔 국물을 끼얹기 전에, 아래의 재료를 믹서기에 같이 넣어 보세요.

구운 홍고추와 할라피뇨에 생 고수 약간.
신선한 생강과 민트에 석류 약간.
된장과 와사비에 참깨 약간.
멸치와 건조 토마토에 생 오레가노 약간.
블랙 올리브와 케이퍼에 생 파슬리 약간.

버섯 라자냐

▶ 넉넉히 6인분

세상에, 체중 감량 섹션에 라자냐라뇨! 얼핏 보면 이상하게 보일 테지만, 실제로는 그렇지 않습니다. 통밀 파스타를 사용하면 시작부터 평범한 라자냐보다 더 건강하고 푸짐해집니다(게다가 통밀의 풍미는 버섯과 궁합이 좋아요!). 이 조리법에서는 모짜렐라와 리코타 치즈 대신 다른 저지방 재료를 쓸 거예요.

올리브유
340g짜리 통밀 라자냐 면 1봉지
큰 마늘 1쪽
올리브유 1큰술
(양송이, 포르타벨로, 표고 등) 혼합 버섯절편 1kg
소금과 후추
부분 탈지 리코타 1½컵
무지방 그릭 요거트 1½컵
으깬 염소유 치즈 1컵
강판에 간 파마산 치즈 1컵

1. 오븐을 190℃로 예열합니다.
2. 면을 봉지에 적힌 대로 삶아 둡니다.
3. 마늘을 다져 올리브유를 두른 소테 팬에 넣은 다음, 지글거릴 때까지 중불에 볶습니다. 여기에 버섯을 넣고(팬이 작으면 여러 번에 나누어서 볶습니다), 취향에 맞게 소금을 넣습니다. 버섯에서 우러난 국물이 졸아들 때까지 자주 저어가며 볶습니다.
4. 별도의 그릇에 리코타 치즈와 요거트를 함께 넣고 섞습니다.
5. 8×12인치 베이킹용 접시 바닥에 올리브유를 바릅니다. (집에 다른 사이즈의 접시만 있어도 당황하지는 마세요. 어느 그릇에 해도 상관없습니다.) 접시에 라자냐 면을 한 겹 올리고, 그 위에 리코타 요거트를 ⅓, 버섯을 ⅓, 염소유 치즈를 ⅓ 올립니다. 이런 식으로 모든 재료를 다 쓸 때까지 재료를 차곡차곡 쌓은 다음, 마지막에는 라자냐 면을 한 겹 덮고 그 위에 파마산 치즈를 얹습니다.
6. 표면이 갈색으로 바뀌고 거품이 생길 때까지 45분간 굽습니다. 15분 동안 뜸을 들인 다음, 구운 케일(322쪽)과 함께 식탁에 냅니다.

1인분 영양소: 393kcal, 탄수화물 33g, 단백질 26g, 지방 17g.

버터넛 스쿼시(땅콩호박) 푸딩

▶ 4인분

매년 가을이 되면 온갖 식품에 '호박'이라는 말이 붙기 시작합니다. 커피, 머핀, 맥주, 도넛, 케이크, 마티니까지도요. 진한 커스터드 푸딩이라고 '호박'이 안 붙을 이유가 없잖아요? 이 조리법에서는 (맛도 호박과 거의 똑같고) 조리하기 편한 버터넛 스쿼시를 재료로 쓰지만 원한다면 통조림 호박 퓌레를 써서 더 편하게 조리할 수도 있습니다. 호박과 버터넛 스쿼시에는 비타민 A, 비타민 C, 비타민 B_6, 칼륨, 엽산이 굉장히 많이 들어있습니다.

버터넛 스쿼시 퓌레 1¾컵(또는 440ml짜리 호박 퓌레 1캔)
코코넛밀크 1⅓컵
옥수수 전분 3큰술
메이플 시럽 2큰술
당밀 1큰술
원당 ¼컵
계피 ½작은술
육두구 ½작은술
소금 ½작은술

1. 버터넛을 쓰는 경우: 감자칼로 껍질을 벗기고 세로로 반 잘라 씨를 제거하고 주사위 모양으로 썹니다. 말랑말랑해질 때까지 15~20분 동안 끓인 다음, 블렌더나 믹서기에 넣고 부드러운 퓌레가 될 때까지 갈아냅니다. (이렇게 갈아낸 퓌레는 수프에 넣어서 먹어도 좋습니다.)
2. 모든 재료를 넣고 잘 섞일 때까지 휘핑합니다.
3. 중간 크기의 냄비에 넣고 중간 약불에서 약 8분

간 걸쭉해질 때까지 저어가며 끓입니다.

4. 서빙 볼이나 1인용 컵에 옮겨 담고 하룻밤, 최소 한 시간 반 동안 냉장고에 넣어 굳힙니다.

1인분 영양소: 248kcal, 탄수화물 35g, 단백질 3g, 지방 11g.

PART 5

경주로 완성하는 달리기

24

전략으로 완성하는 달리기

경주를 하기 전에 가장 먼저 받아들여야 할 사실이 있습니다. 바로 경주가 100%의 전력을 다하는 러닝에 불과하다는 점이죠. 트랙의 출발선에 홀로 서 있다가 누가 '출발!'이라고 외치면 전력질주를 할 수도 있어요. 운이 좋다면 아마도 트랙의 중간 지점, 그러니까 200m 정도 지점에서 고꾸라질 겁니다. 폐가 타오르는 느낌이 들고, 다리가 후들거리고, 무릎에 손을 얹은 채 비틀거리며(아니면 트랙 바닥에 엎어져서) '대체 난 경주에 왜 나가고 싶어 했던 거지' 하는 생각을 할 수도 있습니다. 하지만 당신은 해냈는걸요. 지금 한 게 바로 경주입니다.

경주 전략을 세운다는 것은 200m를 5K와 하프와 풀코스로 늘리는 방법을 몸에 가르치는 것에 불과합니다. 체력 증강에 맞춰져 있던 초점을 경주용 체력으로 옮기는 것이고, 경주에서 마주치게 될 시련에 맞서 정신적인 무장을 하는 것이죠. 무엇보다 중요한 것은, 적절한 경주 전략을 세우면 5K나 하프 마라톤을 끝냈을 때의 기분이 첫날 200m 경주를 했을 때의 기분보다 훨씬 좋을 거라는 점이에요.

경주 전략이 뭔데?

세상에는 경주를 목표로 훈련하는 러너도 있고, 훈련에 목표를 부여하고 이정표를 심기 위해 경주에 출전하는 러너도 있습니다. 하지만 경주에 나갈 생각조차 없는 사람이 더 많죠. 경주는 훈련의 필수적인 결과물이 아닙니다. 그저 선택일 뿐이죠. 그러나 당신의 목표가 특정 거리의 완주이든, PR이든, 연령 그룹에서의 입상이든, 아니면 그저 커뮤니티 경험을 공유하는 것이든 간에, 목표에는 계획이 있어야 합니다.

훈련 달리기와 경주의 차이점은 뭘까요? 경주에서는 좀 더 열심히, 좀 더 멀리 달릴 겁니다. 경주를 훈련과 본질적으로 다르게 취급하는 것은 실책입니다. 경주에서는 훈련에서보다 스스로를 더 밀어붙일 테지만, 훈련을 통해 이뤄낸 것 이상으로 몸을 쓸 수는 없습니다. 사실, 경주 전략을 적절히 활용하면 경주 현장은 단순한 도전이 아니라 평범한 훈련에서 할 수 없는 일, 즉 강력하게 재구성한 몸의 한계를 시험할 수 있는 기회라는 사실을 알게 될 겁니다.

훈련을 제대로 한 러너에게 진정으로 힘든 것은, 경주가 아니라 그 준비 과정입니다.

두 가지 경주 전략

이 책에 수록한 훈련 일정을 통해 모든 거리의 경주를 대비할 수 있지만, 경주 경험을 최상으로 이끌려면 다소간의 수정이 필요합니다. 1단계는 경주 목표 설정입니다. 대부분의 러너는 다음 두 가지 목표 중 하나를 염두에 두고 경주에 출전합니다.

- **완주:** (하프 마라톤 완주 등) 체력을 시험할 수 있는 거리를 끝까지 달리는 것.
- **경쟁:** 빠르게 달리며 다른 러너와 경쟁하는 것.

경주 목표가 다르면 훈련 전략도 조금씩 달라지게 마련입니다.

완주를 목표로 한 훈련

완주를 목표로 한 훈련은 달리기를 처음 하는 러너의 흔한 목표이기도 하고, (10K만 꾸준히 나가던 러너가 시험 삼아 마라톤에 출전하는 것처럼) 새로운 도전을 원하는 숙련된 러너의 목표가 되기도 합니다. 여기 해당한다면 명심해야 할 세 가지 원칙이 있습니다.

1. 경주 준비에 충분한 시간을 할애하세요. 5K 출전은 몇 주만 준비해도 충분할 수 있지만, 마라톤에 출전하려면 몇 달은 준비해야 합니다.
2. 경주 준비는 점진적으로 해야 합니다. 훈련을 할 때 시간과 강도를 점차 늘려나가면 경주는 그저 시간과 거리가 조금 늘어난 러닝이 될 테니까요.
3. 과도한 훈련은 금물입니다. 훈련을 너무 열심히 하면 부상, 질병, 탈진 상태에 빠질 수 있습니다.

이들 원칙을 마음에 새겼다면, 다음과 같이 훈련을 목표에 맞게 조율해야 합니다.

- **오래달리기 훈련:** 오래달리기는 점진적으로 목표 경주에 맞게 늘려야 합니다. 5K에 출전한다면 훈련에서는 한 번에 3~4.5km를 뛸 수 있을 때까지 거리를 늘려야 합니다. 마라

초보자 가이드

많은 러너가 저지르는 경주에서의 첫 번째 실수는 경주가 시작되기 훨씬 전에 발생합니다. 바로 워크아웃에서 100%의 전력을 다하는 것이죠. 그러지 마세요. 우리 몸은 훈련에서의 100%와 경주에서의 100%에 어떤 차이가 있는지 모릅니다. 100% 전력을 다하는 데에도 한계가 있어요. 워크아웃 때 모든 힘을 쏟아붓는 러너는 경기장 출발선에 발을 디디기 전부터 이미 전력을 다할 수 없는 상태가 됩니다.

톤 등 이보다 긴 거리의 경주에서는 거리가 아닌 시간을 척도로 활용해야 할 수 있습니다. 서브-3*가 목표라면 한 번에 32~35km을 뛸 수 있어야 하지만, 속도가 느린 러너가 부상 없이 (시간 관점에서) 그만큼의 거리를 달릴 수는 없습니다. 이런 러너들은 오래달리기를 최대 3.5시간까지만 해야 합니다(러닝이 처음이라면 최대 2.5시간). 이 정도면 시간상 안전합니다. 아울러 느린 러너는 마라톤의 막판 스퍼트 연습 차원에서 네거티브 스플릿 오래달리기를 추가할 수도 있습니다(아래 참조).

- **경주 강도에서의 연습:** 경주 페이스가 보통의 장거리 페이스보다 빠를 것 같다면, 빠른 페이스의 훈련에 시간을 더 들여야 합니다.
  - 짧은 경주: 경주 페이스로 뛰는 반복주를 몇 세션 추가합니다.
  - 장거리 경주: 네거티브 스플릿 오래달리기를 추가합니다. 오래달리기의 전반부는 평소와 같은 장거리 페이스로 달리고, 후반부는 이보다 좀 더 빠르게 달리는 거죠.
  - 마라톤: 마라톤 페이스의 1.5K 러닝을 몇 번씩 하는 방식으로 네거티브 스플릿 오래달리기에 변화를 줄 수 있습니다(30km 오래달리기를 12~18개 구간으로 쪼개는 식으로). 운동 과학자이자 코치인 그렉 맥밀런Greg McMillan은 이 과정을 한층 발전시켜 막바지 30~90분에 걸쳐 페이스를 점차 높이면서 마지막에 최대 강도로 마무리하는 '빠른 피니시 오래달리기'를 창안했습니다.
- **연습 경주**tune-up race: 이 장 뒷부분의 지침을 참조하세요.

2012년 미국에서만 (모든 거리를 통틀어) 1,500만 명이 넘는 완주자가 탄생했습니다. 당신이 못 할 이유가 없어요.

경쟁을 목표로 한 훈련

경쟁을 목표로 한 경주에는 경주에 맞는 대비가 필요합니다. 100% 전력을 다하려면 몸과 마음을 가다듬어야 해요. 경주에 특화된 훈련에는 다음과 같은 내용이 들어갑니다.

- **경주 시간에 근접한 훈련:** (하프 마라톤 이하의) 짧은 경주에 출전하기 전에는 최소한 목표 경주만큼 긴 장거리 달리기를 훈련에 넣어야 합니다. 마라톤의 경우 반드시 경주 거리에 맞출 필요는 없지만, 경주 시간(최대 3.5시간)에 맞는 러닝을 훈련에 넣어야 합니다.
- **경주 강도에 근접한 훈련:** 경주에서 뛸 것으로 예상되는 강도에서의 반복주(또는 템포 런)는 경주 거리와 상관없이 훈련에 넣어야 합니다.
- **목표 페이스에서의 훈련:** 대회 주간이 다가오면 반복주나 템포 런보다는 경주 페이스 러닝에 집중해야 합니다. 이를 통해 경주 페이스에서 러닝 효율을 높일 수 있고, 페이스 유지에 필요한 생리적, 감각적 신호도 익힐 수 있습니다.
- **스피드 워크:** (5K 훈련 중에 1500m 페이스로 뛰는 200미터 반복주처럼) 경주보다 빠른 페이스에서의 반복주는 무산소 효소를 증가시키고, 근섬유를 더 광범위하게 동원하며, 경주 페이스가 '느린' 느낌으로 다가오게 만들어 경주가 더 편해집니다.
- **웜업:** 이제는 표준 웜업 루틴을 개발해야 합니다. 자신만의 웜업 루틴을 (반복주, 언덕 반복주, 드릴 등의) 힘든 워크아웃 실시 전에 익숙해질 때까지 돌리다 보면, 경주 당일에 이를 활용하여 불안감을 해소하고 자신감을 높일 수 있습니다.
- **연습 경주:** 이 장 뒷부분의 지침을 참조하세요.

* 역주: Sub-three. 풀코스 마라톤을 3시간 이내에 달리는 것.

경쟁을 목표로 한 훈련은 머릿속으로만 하는 것이 아닙니다. 제대로 된 훈련으로 몸을 먼저 만들고, 그런 다음 경주에 맞는 워크아웃으로 세세한 부분을 조율해야 합니다. 경기장으로 향하기 전에 이 모든 것이 끝나 있어야 해요.

테이퍼링

어떤 대회를 앞두고 있건 간에, 경주 전 수일에서 수주는 테이퍼링tapering을 해야 합니다. 테이퍼링은 근육과 결합조직이 더 완전히 치유될 수 있도록 훈련을 줄이는 기간으로, 우리 몸이 근 글리코겐, 호르몬, 효소, 신경전달물질을 충전할 기회를 선사합니다. 5K 경기에는 테이퍼링 기간이 며칠에 불과하겠지만, 마라톤을 위한 테이퍼링에는 전통적으로 3주가 소요됩니다. 하지만 사람마다 알맞은 테이퍼링 기간은 다를 수밖에 없어요. 여기 몇 가지 테이퍼링 옵션을 나열해보겠습니다.

- **전통적인 5K 테이퍼링:** 경주 전 주말에는 오래달리기를 하지 않습니다(아니면 짧게 합니다). 경기 4~6일 전에는 반복주를 한 번만 실시하는데, 이때 강도는 평소와 같게 하되 반복주 볼륨은 ½~⅓ 정도 줄입니다. 경주 2~3일 전에는 마일리지를 줄이고 8~10회짜리 스트라이드를 한 세션 추가합니다. 경주 전날에는 편한 달리기를 하거나 아예 쉽니다.
- **전통적인 마라톤 테이퍼링:** 마라톤 테이퍼링은 경기 3주 전에 시작되는데, 테이퍼링 직전에 오래달리기를 마지막으로 (가장 길게) 실시합니다.
  - 3주 전: 마일리지와 고강도 운동(반복주나 빠른 템포 런 등)을 20~30% 줄입니다. 워크아웃 강도는 평소처럼 유지합니다. 주말은 이전 주 오래달리기 길이의 50%에 해당하는 러닝으로 마무리합니다.
  - 2주 전: 마일리지와 고강도 운동을 20~30% 더 줄입니다. 강도는 유지합니다. 고강도 워크아웃은 마라톤 10일 전을 끝으로 더 이상 하지 않습니다. 주말은 마지막 오래달리기 길이의 40%를 넘지 않는 러닝으로 마무리합니다.
  - 1주 전: 마일리지를 원래 볼륨의 25% 정도로 줄입니다. 월요일에는 마라톤 페이스로 3~7km 달려도 됩니다. 경주 1~2일 전에는 완전히 쉽니다. 경주 2~3일 전부터는 탄수화물이 식단의 70%가 되도록 섭취량을 늘립니다.
- **약식 테이퍼링:** 전통적인 40~60% 테이퍼링 과정에서 감기와 알레르기를 경험하는 러너도 있고, 경주 당일까지 지루해하는 러너도 있습니다. 이런 분들은 (5K는 2~3일 전부터, 마라톤은 2~3주 전부터 하는 식으로) 테이퍼링을 20~25%만큼 줄이면 더 나은 결과를 얻을 수 있습니다.

테이퍼링에서 알아두어야 할 것이 하나 있습니다. 러닝을 이제 막 시작해서 매주 체력이 좋아지고 있는 러너는 테이퍼링을 하기보다는 그냥 경주 전날 하루만 통째로 쉬는 편이 좋을 수도 있습니다.

주기화

노련한 주자들이 훈련의 주기화periodization of training에 대해 이야기하는 것을 들어본 적이 있을 거예요. 주기화에서 훈련은 여러 단계로 쪼개집니다. 대부분의 종목에서 주기화는 바탕 훈련base training 단계로 시작되는데, 이 단계에서는 유산소 컨디셔닝, 근육과 결합조직의 강화가 이루어집니다. 바탕 훈련이 끝나면 언덕 달리기, 드릴, 무산소 훈련에 중점을 둔 시즌 전 근력 강화strength-building 단계를 두는 선수도 있고, 그런 것 없이 곧바로 경쟁competition 단계로 들어가 경주 목표를 향해 나아가는 선수도 있습니다. 주기화의 마지막 단계는 회복recovery 단계로, 이 단계에서 러너는 힘든 훈련에서 벗어나 완전한 휴식을 취하거나 훈련 볼륨을 크게 줄입니다. 주기화는 시즌이 따로 있는 엘리트 선수에게 잘 먹히지만, 일 년 내내 대회가 있는 대다수의 러너에게는 시즌 개념이 덜한 일반적인 훈련 방식이 더 잘 먹힙니다.

BUILD YOUR RUNNING BODY

달리기 이야기

"경주와 불안"

경주를 앞두면 누구나 불안해지죠. 하지만 러너들을 사로잡는 비이성적 불안감은 그저 경주 당일에만 생기는 것이 아닙니다. 아래와 같은 불안감은 경주 대비 훈련의 마지막 몇 주를 잠식하여 훈련을 망치고 평균 이하의 경기력으로 이어질 수 있습니다.

- **환각 같은 부상:** 어느 날 갑자기 힘줄염과 요통과 활액낭염 같은 자잘한 부상이 몸에 덜컥 찾아옵니다. 그런 부상이 진짜 생긴다고요? 맞아요, 생깁니다. 고된 훈련을 하다 보면 이런 통증은 원래 정상적으로 따라옵니다. 보통은 무시했을 거예요. 경기를 앞두고 생긴 불안감 때문에 매번 무시하던 통증이 증폭되어 당신을 건강염려증 환자로 만드는 것뿐입니다. 진짜 부상이 아니니 걱정하지 마세요. 이러한 부상의 환각은 경주의 시작과 함께 사라질 겁니다.
- **훈련 계획 이탈:** 경주 날짜가 성큼 다가오면 체력에 대한 자신감을 잃고 컨디셔닝을 테스트하기 위해 타임 트라이얼이나 전력 인터벌 세션을 돌리고 싶을 수도 있습니다. 그러지 마세요. 하면 안 됩니다. 100% 전력은 훈련이 아니라 경주에서 다해야 합니다. 훈련에서 전력을 다해봐야 실제 경주에 필요한 자원을 몸에서 고갈시킬 뿐입니다.
- **'~할걸' 증후군:** 경주를 일주일 앞두고 준비를 제대로 못 했다는 생각이 들 수 있습니다. 템포를 더 할걸. 인터벌을 더 할걸. 드릴을 더 할걸. 경주 전에 이런 워크아웃을 돌려야 하는지 갑자기 궁금해질 테죠. 일단은 마음을 놓으세요. 일주일 갖고는 더 빨라질 도리가 없으니까요. 경주를 망칠 수 있는 일은 *훨씬* 많지만요. 뭔가 더 해야 할 것 같으면, 경주를 *끝내고* 하세요.
- **경주로 훈련하기:** 경주를 워크아웃 하듯이 해서 불안을 줄이는 분도 있습니다. 이런 분들은 테이퍼링도 안 하고, 적절한 휴식과 영양도 무시할 테고, 경주 다음날에도 쉬지 않습니다. *그러지 마세요.* 전후에 뭘 하든 간에 경주는 100% 전력을 다하는 이벤트여야 합니다. 적절한 테이퍼링과 회복 전략이 없다면 몸에 과부하가 걸릴 수도 있습니다.
- **최고의 모습이 될 때까지 기다리기:** 부끄러운 자신의 모습이 두려워서 '최고의 모습'이 되기 전에는 경주에 출전하지 않는 분도 있습니다. 이 생각에도 문제가 있으니, 바로 경주가 최고의 모습을 만드는 데 필수적인 부분이라는 점입니다. 경주는 우리의 뇌를 훈련시킵니다. 워크아웃으로는 얻을 수 없는 스트레스를 몸에 선사하죠. 그리고 대다수의 러너에게 '최고의 모습'은 어차피 결코 오지 않을 유토피아적 미래일 뿐입니다.
- **식단 변화:** 식단을 통해 경주 기록을 높이고 싶은 분도 있을 거예요. 장기적이고도 건강한 식습관을 유지한다는 뜻이라면 아주 똑똑한 분일 거예요. 하지만 경주를 일주일 앞두고 갑자기 식단을 바꾸겠다는 뜻이라면 차마 똑똑하다고는 못 하겠습니다. 음식이 바뀌면 위장의 반응도 마찬가지로 바뀝니다. 탄수화물 로딩도 마찬가지예요. 탄수화물 로딩 없이 뛰기 싫다면, 경주를 한참 앞두고 있을 때 테스트를 해야 합니다.
- **일상의 변화:** 휴식을 더 잘 하고 경기를 더 잘 대비할 요량으로 일상의 삶을 바꾸는 분들도 있습니다. 일을 쉬고, 집안일을 멈추고, 계단을 안 타고, 온종일 스트레칭만 하는 거죠. 잭 대니얼스 코치가 그랬죠, '가장 위대한 성취는 구태여 애쓰지 않을 때 나온다'고요. 맞는 말입니다. 일상에 충실하세요. 그리고 당신의 훈련과 스스로에 대한 믿음을 가지세요.

결국 불안이 찾아오기 전에 세운 계획을 충실히 이행하는 것이야말로 경주의 불안을 잠재우는 최선의 방법일 겁니다.

연습 경주

목표로 한 경주에서 최고의 경기력을 내려면 연습 경주tune-up race는 필수입니다. 경주에서 100%에 해당하는 전력을 다함으로써 훈련에서는 얻을 수 없는 생리적 자극을 얻을 수 있고, 우리 뇌가 곧 다가올 경주에 찾아올 시련을 받아들일 수 있게 합니다. 연습 경주는 그 밖에도 주차, 출발 시간 지연, 간이 화장실의 부재 등 경주의 온갖 자잘한 측면을 확인할 수 있는 총연습 역할을 합니다. 마지막으로 현재 몸 상태에 대한 피드백을 주어 훈련에서 자잘한 부분을 조정할 수 있게 해 줍니다. 경주 거리가 다르면 연습 경주 전략도 달라져야 합니다.

5K & 10K

두 종목 모두 연습 경주는 5K로 해야 할 거예요. 연습 경주의 길이는 목표 경주보다 짧으면 좋지만, 5K보다 짧은 경주는 거의 없습니다. 여러 사정으로 연습 경주를 하기 어려운 경우 1500미터 타임 트라이얼을 하거나, 목표 페이스의 1000미터 러닝과 400미터 회복주 조깅을 5세트 반복하거나, 5K 페이스의 1500미터 러닝과 400미터 회복 인터벌을 2세트 반복하는 등의 대안을 채택할 수 있습니다.

하프 마라톤

하프 마라톤용 연습 경주로는 8K와 10K가 적합합니다. 10K보다 긴 거리의 경주에서는 빠른 템포 런 정도로 연습 경주에 제한을 두는 방법도 있습니다. 그 밖에도 20~30분간의 빠른 템포 런을 하거나, 3200미터 러닝을 3~4분의 회복 시간을 두고 3세트 반복하거나, 5K~10K 타임 트라이얼을 하는 것도 대안이 될 수 있습니다.

마라톤

마라톤용 연습 경주로는 5K부터 하프 마라톤까지의 모든 거리가 다 좋습니다. 연습 경주용 하프 마라톤은 마라톤 대회 한참 전에(5~6주) 실시해야 합니다. 마라톤을 1주 앞두고 있을 때는 5K로 연습 경주를 할 수 있습니다. 그 밖에도 느린 템포 페이스로 60분간 달리거나, 마라톤 페이스로 20K를 달리거나, 5K~15K 타임 트라이얼을 하는 것도 대안이 될 수 있습니다.

적절한 경주 전략과 함께라면 몸과 마음의 대비를 경주 당일까지 마칠 수 있습니다. 이제 남은 것은 달리는 것뿐이에요.

25

출전으로 완성하는 달리기

이제 경주 당일이 되었습니다. 훈련도 마쳤고 테이퍼링도 끝냈죠. 식사도 잘 했고 물도 충분히 마셨습니다. 남은 것은 경주뿐입니다. 전세계에서 매년 수백만 명의 러너가 출발선 앞에 섭니다. 이제 당신도 그중 하나가 되었습니다. 목표를 달성하는 우수한 러너가 포기와 실패를 거듭하는 러너와 무슨 차이가 있는지 스스로에게 물어봅시다. 유전자일까요? 재능일까요? 둘 다 아닙니다. 첫째는 훈련이고, 둘째는 경주에서 어떻게 달려야 하는지 아는 것입니다. 첫째는 이미 정복했죠. 둘째는 쉽습니다. 무엇을 해야 하는지 아는 것, 나아가 무엇을 하지 말아야 하는지 아는 것뿐이니까요.

경주가 뭔데?

24장에서 설명했듯 100%의 전력을 다하는 것이 경주입니다. 경주에서 맞이하게 될 제가끔의 시련은 몸이 아니라 마음에서 옵니다. 지칠 때까지 달리는 건 누구나 할 수 있어요. 100%라는 전력을 경주 거리 전체에 고루 분산시키는 것이 핵심입니다. 쉬울 것 같죠? 추상적으로야 그럴 수도 있겠지만 실제 경주에서는 그렇지 않습니다. 당신은 혈관을 타고 흐르는 아드레날린을, 당신만큼 흥분한 동료 러너들이 구름처럼 모인 것을 몸으로 겪어낼 거예요. 출발선에서 한없이 기다리가다 총소리가 들리면(또는 경적이 울리면) 온몸이 전율할 거예요. 환호하는 사람들, 출발선을 넘어서는 러너들, 서로 밀치는 사람들 속에서 떼를 지어 가는 사람들과 발을 맞추려는 본능적 충동이 들 겁니다. 그런 순간에 대비해 계획을 세워 연습해야 하고, 연습한 것들을 실행할 자신감도 필요할 거예요.

경주 전략

달리기 경주는 아마 인간이 아는 운동 경기 중에 가장 단순한 경기일 거예요. 최고의 경주 전략도 단순하기는 매한가지입니다. 확실히 유지할 수 있는 페이스를 택하고, (수많은 오래달리기와 인터벌 세션을 통해 이미 해 왔던 것처럼) 달리는 동안 몸에서 오는 피드백을 받아 이를 조정하고, 그리고 결승점이 시야에 들어오면 남은 에너지를 모두 쥐어짜 100% 이상의 성과를 거두는 거예요.

그러나 현실에서 이 전략을 실행하는 것은 정말 어렵습니다.

아무리 바보라도 처음부터 끝까지 유지할 수 있는 최대 페이스에 한계가 있다는 것 정도는 알 거예요. 그러나 페이스를 유지하려면 다른 러너, 환호하는 관중, 내면의 목소리와 같은 방해 요소를 차단할 수 있는 훈련이 되어 있어야 합니다. 다음의 몇 가지 기본 지침을 통해 이 과정을 더 쉽게 만들어 봅시다.

- **스프린트 금지:** 출발선에서 속도를 붙여 예상 페이스로 빠르게 들어가되, 예상 페이스 이상으로 속도를 붙이거나 스프린트를 하지는 마세요. 처음 100m를 전력으로 질주했다가는 마지막 100m에서 거의 기어가야 합니다. 경주 도중에 페이스를 바꿔야겠다면 서서히 바꾸세요. 스프린트를 비롯해 과욕에서 비롯된 페이스는 에너지를 너무 많이 잡아먹습니다.
- **충돌 금지:** 다른 러너와 몸싸움을 하지 마세요. 시간만 낭비될 뿐입니다. 멍청한 짓이죠. 그리고 나중에 스포츠인답지 않은 행동을 저지른 것을 후회하게 될 거예요. 정말로요.
- **고른 강도 유지:** 잭 대니얼스 코치의 말처럼(막판 스퍼트는 빼고) 경주 내내 '고른 강도'를 유지하세요. 강도가 같다고 해서 경주 내내 같은 느낌이 들지는 않습니다. 같은 강도가 초반에는 쉽게 느껴질 테고, 후반에는 아닐 거예요. 그러나 당신의 자원을 일관된 속도로 소모하는 강도를 유지할 수 있어야 같은 페이스를 유지할 수 있습니다.
- **합법적인 지름길 선택:** 경주 중에는 최대한 짧은 길을 택하세요. 커브 길에서 안쪽을 타고, 다른 러너를 지그재그로 추월하지 마세

초보자 가이드

최고의 경주 전략은 최고의 경주가 아닌 '괜찮은' 경주를 목표로 하는 것입니다. 최고의 경주를 목표로 삼으면 재앙이 찾아올 뿐입니다. 너무 빨리 치고 나가면 몸이 주는 피드백을 무시할 수밖에 없으니까요. 하지만 괜찮은 경주를 하려 들면 자신감이 샘솟습니다. 준비해온 페이스로 달릴 테고, 중간 반환점에 다다랐을 때는 아직 힘이 많이 남아있다는 것도 느낄 테죠. *체력이 많이 남아 있을 때 경주가 후반에 접어들면 놀라운 성과를 낼 수 있습니다.*

요. 저 멀리 보이는 커브 길을 보고 도로의 이편에서 저편으로 넘어갈 때 직선으로 넘어가는 것이 가장 빠르다는 것도 기억해야 합니다.

- **드래프팅:** 다른 러너 바로 뒤나 옆에서 달리는 것은 두 가지 장점이 있습니다. 생리적으로는 1km당 2~5초를 절약할 수 있습니다(바람의 저항이 줄어서 같은 에너지로 더 빨리 달릴 수 있으니까요). 심리적으로는 페이스를 맞춰야 하는 스트레스를 다른 사람에게 떠넘길 수 있습니다.
- **몸 상태 확인:** 자신의 에너지와 피로 수준을 지속적으로 모니터링하세요. 스스로에게 '이 페이스를 결승점까지 유지할 수 있을까?' 하고 물어보세요. 될 것 같으면 페이스를 유지하고, 안 될 것 같으면 경주를 망치기 전에 페이스를 낮추세요.
- **고통 줄이기:** 알맞은 강도를 꾸준히 유지하면 심한 피로(에서 찾아오는 고통)의 시작을 늦출 수 있습니다. 괴로움을 겪는 시간을 줄이는 거죠. 반환점에서부터 고통받기 시작하면 완주는 어렵습니다.
- **막판 스퍼트는 늦게:** 결승선을 통과할 때까지 강도를 유지할 수 있다는 확신이 없다면 막판 스퍼트를 하지 마세요. 결승점이 너무 멀리 있을 때 스퍼트를 올리면 페이스를 올려서 벌어낸 시간보다 기어가느라 낭비하는 시간이 더 길어집니다.
- **자신만의 경주를 할 것:** 흔한 말에는 다 이유가 있는 법이죠. 경주에 출전하는 사람은 저마다 체력과 재능과 전략이 다릅니다. 다른 사람의 사정은 그 사람한테나 통하지, 당신에게까지 통하지는 않습니다.
- **그날에 충실한 경주를 할 것:** 경주에서 매번 PR을 경신할 수는 없습니다. 목표 스플릿도 못 달성하고 페이스도 못 높이겠다면, PR은 잊고 최대한 열심히 달리세요. 그 과정에서 훈련에 적용할 수 있는 귀중한 피드백을 얻게 될 겁니다.

이 지침을 따르면 괜찮은 경주를 할 수 있을 거예요. 그러다 보면 위대한 경주를 하는 날도 올 거고요.

강도와 페이스

이 장에서는 '강도'와 '페이스'에 대한 이야기를 많이 했는데, 이 둘이 다른 전략을 이야기하는 것인지, 동전의 양면인지, 아니면 아예 다른 개념이라서 경주 중에 동시에 활용할 수 있는 것인지 궁금한 분도 계실 거예요.

답부터 말하자면, 전부 맞는 말입니다.

먼저 전략 관점에서 어떤 차이가 있는지부터 살펴볼게요.

1. **페이스:** 목표 페이스를 예측하고, 해당 페이스로 훈련하고, 경주 중에 해당 페이스에 맞추려고 노력하는 것(5K, 10K, 하프 마라톤, 풀코스 마라톤에서의 페이스 표는 이 장 끝부분의 표 25.1을 참조하세요).
2. **강도:** 경주 거리마다 들이는 노력이 어떻게 다른지, 그 '느낌'이 어떻게 달라지는지 알기 위해 워크아웃을 활용한 다음, 이 경험을 바탕으로 경주 전반에 걸쳐 피로 수준과 그에 따른 자원 소비를 면밀히 모니터링하는 것.

경주 중에 둘 중 어느 쪽을 따르고 싶은지는 러너의 자유입니다. 하지만 한 가지만 짚고 넘어갈게요. 이건 무슨 남북전쟁 같은 게 아닙니다. 대다수의 러너가 한쪽 진영(주로 페이스 진영)에 속해 있다는 것은 사실이지만, 어떤 진영을 택했든 간에 두 가지 전략을 같이 사용한다는 것도 마찬가지로 사실입니다.

페이스 경주는 완주 시간을 예측한 다음 이 시간을 (5K에서 km당 예측 시간을 재는 것처럼) 고르게 쪼개는 전략을 가리킵니다. 가령 5K 기록이 18:38이라면 1마일당 페이스가 정확히 6분이므로 1마일째는 6:00, 2마일째는 12:00, 3마일째는 18:00를 목표로 합니다. 이 페이스를 훈련하려면 1마일 6분의 페이스로 (90초 안에 400미터를 12세트 뛰고 회복주로 편한 조깅을 200미터 실시하는 식의) 반복주를 뛰어야 합

달리기 이야기

"대회에서 할 수 있는 실수들"

경험상 처음부터 끝까지 완벽한 페이스로 완주하는 러너는 극소수입니다. 흥분과 불안이 엄습할 때 경주 계획을 포기하는 러너가 너무 많습니다. 계획을 포기하면 아래와 같은 실수가 생기게 마련이죠.

- **경주 당일 웜업 변경:** 올림픽 5,000m와 10,000m에서 2관왕을 차지한 모 패라가 미니 인터벌 세션을 웜업으로 한다고 해서 여러분이 똑같이 할 이유는 없습니다. 하지 마세요. 힘든 워크아웃을 앞두고 그동안 해 왔던 조깅과 스트라이드와 스트레칭을 똑같이 실시하면 놀라울 만큼 마음이 차분해집니다.
- **너무 빠른 속도:** 생리학의 법칙은 워크아웃에서나 경주에서나 똑같이 적용됩니다. 10K의 초반 1km를 1마일주 페이스로 달릴 사람은 없고, 그럴 수 있는 사람도 없습니다. 그 페이스로는 그저 1마일만 달리고 고꾸라질 겁니다.
- **고르지 않은 페이스:** 케냐의 엘리트 장거리 선수들은 경주 초반 페이스를 높게 잡고 맹렬히 뛰쳐나가 상대 선수들의 앞길을 가로막는 것으로 유명합니다. 본인이 케냐 출신 엘리트 장거리 선수라면 그만 읽어도 됩니다. 케냐 출신이 아니라고요? 그럼 엘리트 케냐 선수들처럼 뛰지 마세요! 경주의 결승선은 코스 중간에 여러 개 있는 게 아니라, 코스 끝에 딱 하나 있습니다. 가장 빨리 결승선에 다다르기 위한 최고의 전략은 바로 고른 강도로 달리는 것입니다.
- **경주 중의 경쟁:** 바로 앞에서 얘기했듯, *경주의 결승선은 코스 중간에 여러 개 있는 게 아니라 코스 끝에 딱 하나 있습니다.* 경주 중에 다른 사람과 앞서거니 뒤서거니 해봐야 또 다른 사람이 둘 모두를 앞지를 기회를 줄 뿐입니다.
- **과민한 생각:** 페이스 계산, 날씨, 코스 세부사항, 장비 체크리스트, 경쟁에 대한 걱정에 너무 집착한 나머지 경주 자체를 망치면 안 됩니다. 경주에 대한 생각을 과도하게 하면 역효과만 납니다. 경주에는 출발선에서 발이 걸려 넘어지거나, 신발이 풀리거나, 방향을 잘못 잡는 것처럼 예측할 수 없는 변수가 너무 많아요. 자신의 임기응변 능력에 자신감을 가지세요. 아울러 당신만의 100%를 다했다면 충분하다는 것도 기꺼이 받아들이세요. 그럴 능력이 안 되는 러너도 많으니까요.
- **나쁜 경기력에 대한 과대망상:** 경주에 나가면 항상 뭔가를 배울 겁니다. 하지만 그렇다고 해서 모든 경기가 훈련의 질을 그대로 반영하지는 않아요. 망한 경주는 그냥 망한 경주일 뿐인 경우가 더 많아요. 그러니 경주에서 배울 것은 배우고, 훈련에 알맞은 조정을 가한 다음, 계속 정진하면 됩니다.

완벽한 경주는 세상에 없습니다. 하지만 필요도 없고 대가도 크고 자기파괴적이기까지 한 실수를 피하는 것은 만족스러운 러닝의 첫 단추를 잘 꿰는 일일 겁니다.

니다. 경주 페이스에서 연습을 하면 해당 페이스에서의 러닝 효율이 높아지고 경주 중에 해당 페이스임을 인식하게 하는 감각 신호(특히 시각적 신호)에 의식적으로 익숙해집니다. 페이스 경주에는 두 가지 단점이 있습니다. 첫째, 경주 당일 정확한 페이스에 맞출 만한 몸 상태가 아닐 수 있습니다. 컨디션이 나쁜 날에는 페이스가 너무 빠르게 느껴질 테고, 컨디션이 좋은 날에는 답답하게 느껴질 거예요. 둘째, 경기 코스나 날씨나 경쟁자 등의 변수가 연습한 페이스를 흔들어놓을 수 있습니다. 오르막길이나 극심한 더위 속에서는 뛰기 좋은 평지에서보다 예상 페이스를 유지하기가 훨씬 더 힘들 거예요.

강도 경주는 출발선에서부터 에너지 자원을 꾸준한 속도로 소모하게 될 노력의 강도를 정하고 뛰는 것입니다. 필요에 따라 노력의 강도를 조정하기 위해 (신체의 피드백, 지형과 날씨에 대한 감각 평가 등) 몸 안팎의 신호를 모두 활용해야 합니다. 언덕을 오르면 페이스는 느려질 수 있지만 에너지 소비는 거의 일정하게 유지됩니다. 그렇다고 들이는 힘이 줄곧 일정하다는 뜻은 아닙니다. 초반이 후반보다 쉽게 느껴질 거예요. 강도 기반 경주는 훈련에서나 경주에서나 엄청난 경험이 필요하다는 단점이 있습니다. 러닝을 갓 시작한 사람은 경주 초반이 힘들지 않은 것을 강도 상승의 청신호로 잘못 이해할 때가 많습니다. 경험 많은 러너라면 피로 상태에 빠지고 싶지 않아서 느리게 뛸 때도 있고요.

현장의 러너들은 두 방식을 섞어서 쓸 때가 많습니다. 훈련을 할 때도 (도로/트레일 반복주, 파틀렉, 템포 등) 강도 기반 워크아웃과 (트랙 반복주, 타임 트라이얼, 연습 경주 등) 페이스 기반 워크아웃을 섞어서 쓰죠. 경주에서 힘을 얼마나 들여야 하는지를 판단하기 위해 강도를 활용하고, 그 강도가 맞는지를 평가하기 위해 스플릿을 활용하기도 합니다.

초보자나 미숙한 러너라면, 자신의 몸이 할 수 있는 것과 없는 것에 대해 익숙해질 때까지 페이스를 중심으로 경주를 해 나가야 합니다.

완벽한 경주

세상에 완벽한 경주는 없습니다. 완벽한 레이스 전략도 없고요. 이 책에서 추천하고자 하는 전략은 이 장에서 이야기한 것처럼 강도를 고르게 가져가고, 훈련에 대해 자신감을 갖고, 경주 계획을 지키고, 그날의 경주를 달리는 것뿐입니다. 다른 전략도 물론 있겠죠. 1975년 경력이 한창일 때 비극적인 교통사고로 사망한 미국 장거리의 전설 스티브 프리폰테인Steve Prefontaine만 해도 "사람들은 누가 제일 빠른지 알려고 경주에 출전하죠. 저는 누구 배짱이 제일 두둑한지 보려고 출전합니다. 누가 가장 혹독한 페이스로 달리는지, 그래서 끝내 자신을 벌할 사람이 누군지 확인하려고요."라는 말을 남겼으니까요. 스티브는 이렇게도 말했습니다. "누가 저를 이길 수도 있겠습니다만, 그 친구도 피를 보기는 할 겁니다."

하지만 그건 스티브니까 하는 소리죠. 전설에는 이유가 있는 법입니다.

우리에게 경주는 대부분 누가 가장 고통받는지를 따지는 대회가 아닙니다. 경주는 그저 훈련의 이정표일 뿐이고, 향상된 체력과 러닝 커뮤니티에의 합류를 축하하는 자리일 뿐입니다.

경주가 끝나면 우리는 경주에서 배운 것을 토대로 훈련을 좀 더 해서 다시 경주에 출전할 거예요.

그 과정에서 우리는 더 나은 러너로 다시 태어납니다.

완벽한 러너로 태어난 사람은 어디에도 없습니다. 완벽한 러너가 될 수 있는 사람도 없어요. 그러나 한 단계 한 단계 밟아 나가며 지금보다 더 나은 러너가 될 수는 있습니다. 그것이야말로 이 스포츠의 미학일 테죠. 여기에는 지름길도, 공짜로 주어지는 것도 없습니다. 우리 발로 뛰어서 벌어낸 값진 결과만이 있을 뿐입니다.

표 25.1 1마일(약 1.6km)당 페이스 차트

1마일	5K	10K	하프	풀
4:00	*12:26*	*24:51*	*52:26*	*1:44:53*
4:05	*12:41*	*25:22*	*53:32*	*1:47:04*
4:10	*12:57*	*25:53*	*54:37*	*1:49:15*
4:15	13:12	*26:24*	*55:43*	*1:51:26*
4:20	13:28	26:56	*56:48*	*1:53:37*
4:25	13:43	27:27	*57:54*	*1:55:48*
4:30	13:59	27:58	59:00	*1:57:59*
4:35	14:14	28:29	1:00:05	*2:00:10*
4:40	14:30	29:00	1:01:11	*2:02:21*
4:45	14:45	29:31	1:02:16	2:04:32
4:50	15:01	30:02	1:03:22	2:06:43
4:55	15:17	30:33	1:04:27	2:08:55
5:00	15:32	31:04	1:05:33	2:11:06
5:05	15:48	31:35	1:06:38	2:13:17
5:10	16:03	32:06	1:07:44	2:15:28
5:15	16:19	32:37	1:08:49	2:17:39
5:20	16:34	33:08	1:09:55	2:19:50
5:25	16:50	33:39	1:11:01	2:22:01
5:30	17:05	34:11	1:12:06	2:24:12
5:35	17:21	34:42	1:13:12	2:26:23
5:40	17:36	35:13	1:14:17	2:28:34
5:45	17:52	35:44	1:15:23	2:30:45
5:50	18:07	36:15	1:16:28	2:32:57
5:55	18:23	36:46	1:17:34	2:35:08
6:00	18:38	37:17	1:18:39	2:37:19
6:05	18:54	37:48	1:19:45	2:39:30
6:10	19:10	38:19	1:20:50	2:41:41
6:15	19:25	38:50	1:21:56	2:43:52
6:20	19:41	39:21	1:23:02	2:46:03
6:25	19:56	39:52	1:24:07	2:48:14
6:30	20:12	40:23	1:25:13	2:50:25
6:35	20:27	40:54	1:26:18	2:52:36
6:40	20:43	41:25	1:27:24	2:54:48
6:45	20:58	41:57	1:28:29	2:56:59
6:50	21:14	42:28	1:29:35	2:59:10
6:55	21:29	42:59	1:30:40	3:01:21
7:00	21:45	43:30	1:31:46	3:03:32
7:05	22:00	44:01	1:32:51	3:05:43
7:10	22:16	44:32	1:33:57	3:07:54
7:15	22:31	45:03	1:35:03	3:10:05
7:20	22:47	45:34	1:36:08	3:12:16
7:25	23:03	46:05	1:37:14	3:14:27
7:30	23:18	46:36	1:38:19	3:16:38
7:35	23:34	47:07	1:39:25	3:18:50
7:40	23:49	47:38	1:40:30	3:21:01
7:45	24:05	48:09	1:41:36	3:23:12
7:50	24:20	48:40	1:42:41	3:25:23
7:55	24:36	49:12	1:43:47	3:27:34
8:00	24:51	49:43	1:44:53	3:29:45
8:05	25:07	50:14	1:45:58	3:31:56
8:10	25:22	50:45	1:47:04	3:34:07
8:15	25:38	51:16	1:48:09	3:36:18
8:20	25:53	51:47	1:49:15	3:38:29
8:25	26:09	52:18	1:50:20	3:40:40
8:30	26:24	52:49	1:51:26	3:42:52
8:35	26:40	53:20	1:52:31	3:45:03
8:40	26:56	53:51	1:53:37	3:47:14
8:45	27:11	54:22	1:54:42	3:49:25
8:50	27:27	54:53	1:55:48	3:51:36
8:55	27:42	55:24	1:56:54	3:53:47
9:00	27:58	55:55	1:57:59	3:55:58
9:05	28:13	56:26	1:59:05	3:58:09
9:10	28:29	56:58	2:00:10	4:00:20
9:15	28:44	57:29	2:01:16	4:02:31
9:20	29:00	58:00	2:02:21	4:04:43
9:25	29:15	58:31	2:03:27	4:06:54
9:30	29:31	59:02	2:04:32	4:09:05
9:35	29:46	59:33	2:05:38	4:11:16
9:40	30:02	1:00:04	2:06:43	4:13:27
9:45	30:18	1:00:35	2:07:49	4:15:38
9:50	30:33	1:01:06	2:08:55	4:17:49
9:55	30:49	1:01:37	2:10:00	4:20:00
10:00	31:04	1:02:08	2:11:06	4:22:11
10:05	31:20	1:02:39	2:12:11	4:24:22
10:10	31:35	1:03:10	2:13:17	4:26:33
10:15	31:51	1:03:41	2:14:22	4:28:45

1마일	5K	10K	하프	풀
10:20	32:06	1:04:13	2:15:28	4:30:56
10:25	32:22	1:04:44	2:16:33	4:33:07
10:30	32:37	1:05:15	2:17:39	4:35:18
10:35	32:53	1:05:46	2:18:44	4:37:29
10:40	33:08	1:06:17	2:19:50	4:39:40
10:45	33:24	1:06:48	2:20:56	4:41:51
10:50	33:39	1:07:19	2:22:01	4:44:02
10:55	33:55	1:07:50	2:23:07	4:46:13
11:00	34:11	1:08:21	2:24:12	4:48:24
11:05	34:26	1:08:52	2:25:18	4:50:35
11:10	34:42	1:09:23	2:26:23	4:52:47
11:15	34:57	1:09:54	2:27:29	4:54:58
11:20	35:13	1:10:25	2:28:34	4:57:09
11:25	35:28	1:10:56	2:29:40	4:59:20
11:30	35:44	1:11:27	2:30:45	5:01:31
11:35	35:59	1:11:59	2:31:51	5:03:42
11:40	36:15	1:12:30	2:32:57	5:05:53
11:45	36:30	1:13:01	2:34:02	5:08:04
11:50	36:46	1:13:32	2:35:08	5:10:15
11:55	37:01	1:14:03	2:36:13	5:12:26
12:00	37:17	1:14:34	2:37:19	5:14:37
12:05	37:32	1:15:05	2:38:24	5:16:49
12:10	37:48	1:15:36	2:39:30	5:19:00
12:15	38:04	1:16:07	2:40:35	5:21:11
12:20	38:19	1:16:38	2:41:41	5:23:22
12:25	38:35	1:17:09	2:42:46	5:25:33
12:30	38:50	1:17:40	2:43:52	5:27:44
12:35	39:06	1:18:11	2:44:58	5:29:55
12:40	39:21	1:18:42	2:46:03	5:32:06
12:45	39:37	1:19:13	2:47:09	5:34:17
12:50	39:52	1:19:45	2:48:14	5:36:28
12:55	40:08	1:20:16	2:49:20	5:38:40
13:00	40:23	1:20:47	2:50:25	5:40:51
13:05	40:39	1:21:18	2:51:31	5:43:02
13:10	40:54	1:21:49	2:52:36	5:45:13

1마일	5K	10K	하프	풀
13:15	41:10	1:22:20	2:53:42	5:47:24
13:20	41:25	1:22:51	2:54:48	5:49:35
13:25	41:41	1:23:22	2:55:53	5:51:46
13:30	41:57	1:23:53	2:56:59	5:53:57
13:35	42:12	1:24:24	2:58:04	5:56:08
13:40	42:28	1:24:55	2:59:10	5:58:19
13:45	42:43	1:25:26	3:00:15	6:00:30
13:50	42:59	1:25:57	3:01:21	6:02:42
13:55	43:14	1:26:28	3:02:26	6:04:53
14:00	43:30	1:27:00	3:03:32	6:07:04
14:05	43:45	1:27:31	3:04:37	6:09:15
14:10	44:01	1:28:02	3:05:43	6:11:26
14:15	44:16	1:28:33	3:06:49	6:13:37
14:20	44:32	1:29:04	3:07:54	6:15:48
14:25	44:47	1:29:35	3:09:00	6:17:59
14:30	45:03	1:30:06	3:10:05	6:20:10
14:35	45:18	1:30:37	3:11:11	6:22:21
14:40	45:34	1:31:08	3:12:16	6:24:32
14:45	45:50	1:31:39	3:13:22	6:26:44
14:50	46:05	1:32:10	3:14:27	6:28:55
14:55	46:21	1:32:41	3:15:33	6:31:06
15:00	46:36	1:33:12	3:16:38	6:33:17
15:05	46:52	1:33:43	3:17:44	6:35:28
15:10	47:07	1:34:14	3:18:50	6:37:39
15:15	47:23	1:34:46	3:19:55	6:39:50
15:20	47:38	1:35:17	3:21:01	6:42:01
15:25	47:54	1:35:48	3:22:06	6:44:12
15:30	48:09	1:36:19	3:23:12	6:46:23
15:35	48:25	1:36:50	3:24:17	6:48:35
15:40	48:40	1:37:21	3:25:23	6:50:46
15:45	48:56	1:37:52	3:26:28	6:52:57
15:50	49:12	1:38:23	3:27:34	6:55:08
15:55	49:27	1:38:54	3:28:39	6:57:19
15:59	49:39	1:39:19	3:29:32	6:59:04

이 표를 사용할 때는 5K, 10K, 하프 마라톤, 풀코스 마라톤 기록을 먼저 표에서 찾은 다음, 표의 왼쪽 열에서 해당하는 1마일당 페이스를 찾습니다. 1마일은 약 1.6km으로, km당 페이스 계산에 참조하기 바랍니다.

* 기울인 글씨는 해당 거리에서의 세계기록보다 빠른 시간이라는 뜻입니다.

부상 예방

아래 표에는 달리기와 관련된 특정 부상의 예방과 재활을 목적으로 한 운동이 제시되어 있습니다(단, 재활 목적으로 이들 운동을 하려는 경우 의료 전문가의 허락을 먼저 받아야 합니다). 전신 강화 운동과 부상 예방 프로그램이 항상 첫 번째 옵션이어야 합니다. 갑작스러운 부상, 날카롭고 극심한 통증, 움직임의 제한, 고열 등의 심각한 경고 징후가 동반되면 즉시 의료 전문가와 상담하세요. 또한 예방이나 재활 루틴의 일환으로 진통소염제를 복용할 경우, 복용량과 복용 기간에 관해 의사와 상의해야 합니다.

부상	설명	운동	쪽수	비고
DOMS (지연성 근육통)	훈련의 강도나 기간의 변화 이후에 발생하는 근육통. 편심성 근수축으로 유발되는 것으로 추정됨.	편한 장거리 달리기	54	진통소염제, 냉찜질, 마사지 등으로 통증을 줄일 수 있지만 복구와 회복을 늦출 수 있음. DOMS가 좋아질 때까지 편한 장거리 달리기를 하거나, 완전히 쉴 것.
거위발 점액낭염	무릎 안쪽 아랫부분에 통증이 생기는 것.	햄스트링 AIS	108	냉찜질(10~15분)과 진통소염제로 초기 증상을 완화할 수 있음. 예방과 재활에는 (특히 햄스트링의) 스트레칭과 근력 강화 운동이 들어가야 함.
		PNF 고관절 내전근 스트레칭	78	
		스텝 다운	113	
		발목 배측굴곡	101	
		에어 스쿼트	70	
경부목(안쪽) – 경골피로증후군	정강이 안쪽을 따라 날카로운 통증이 발생하는 것.	발목 내번	102	냉찜질과 진통소염제가 일시적 증상 완화에 도움이 될 수 있음. 병원에서 거골하관절의 정렬을 평가해볼 것.
		발목 족저굴곡	101	
		풋워크	111	
경부목(앞쪽)	정강이 바깥쪽(앞쪽)을 따라 날카로운 통증이 발생하는 것.	발목 배측굴곡	101	냉찜질과 진통소염제가 일시적 증상 완화에 도움이 될 수 있음.
		앉아서 발가락 두드리기	112	
		풋워크	111	
고관절 점액낭염 (전자낭염)	고관절 바깥쪽에 있는 대퇴골의 튀어나온 뼈 쪽에 발생하는 통증과 염증.	레그 리프트	64	냉찜질과 진통소염제가 일시적 통증 경감에 도움이 됨. 예방과 재활에는 코어 및 안정성 훈련이 필요함.
		러시안 오블리크 트위스트	66	
		사이드 와인더 플랭크 위드 레그 리프트 (러너 360 동작)	60	
		와이퍼(러너 360 동작)	62	

부상	설명	운동	쪽수	비고
고관절 통증 & 불안정	고관절 주변으로 느껴지는 비특이적 통증.	러너 360	58	고관절 통증은 퍼지는 특성이 있어 시발점을 파악하기 어려우므로, 날카로운 통증이 없다면 냉찜질은 하지 않는 것이 좋음. 보편적인 근력 강화 훈련이 예방과 치료에 최선으로, 러너 360이나 웨이트 트레이닝을 시행할 것. 스트레칭 운동 또한 가동범위 향상과 긴장 감소에 도움을 줄 수 있음.
		스텝 업	68	
		스텝 다운	113	
		발목 배측굴곡	101	
		에어 스쿼트	70	
		데드리프트	74	
		사이드 스텝	97	
		몬스터 워킹	98	
		고관절 내전(저항밴드)	100	
		PNF 고관절 내전근 스트레칭	78	
		둔근 AIS	110	
		레그 스윙: 앞뒤로	80	
		레그 스윙: 옆으로	81	
골관절염	연골의 소실로 인해 관절에 통증, 부종, 가동 제한이 오는 것(러너의 경우 주로 무릎과 고관절).			골관절염은 대부분 유전적 소인에 따라 발생이 결정되며, 연령이나 외상 이력도 연관이 있긴 하나 러닝 때문에 생기지는 않음. 마스터스 러너의 경우 연골 두께 확인을 위해 X선 검사를 받는 것이 좋으며, 연골 두께가 얇아졌을 경우 훈련과 경주에서 이를 고려해야 육체적으로 활동적인 삶을 더 잘 유지할 수 있음.
구획증후군	운동하는 도중에 시작되어 줄곧 지속되는 하퇴의 통증으로, (뼈와 근막 등) 결합조직에 의해 팽창이 제한된 근육 내부의 압력이 상승하는 것.			병원에 갈 것. 구획증후군으로 확진된 경우 상황에 따라 그냥 쉬거나 수술해야 하는 경우도 있음.
근육 경련(쥐)	갑작스럽고 불수의적이고 지속적인 근육의 수축으로, 통증을 유발하며 이완이 되지 않음.	햄스트링(정적 스트레칭)	81	쥐가 나면 경련이 잦아들고 신장 반사가 일어나지 않을 때까지 정적 스트레칭을 실시하여 근육을 늘려줄 것. (서 있는 자세에서 발가락이나 발앞꿈치를 위로 당기는 것처럼) 체중을 실은 채로 배측굴곡을 하는 방법도 있음.
		종아리(정적 스트레칭)	83	
근육 당김	근육 좌상과 같음. 통증이나 당기는 느낌이 들고, 간혹 가동 제한이나 색조 변화(멍)가 동반되기도 함.	러너 360	58	냉찜질과 진통소염제가 초기 통증과 염증 감소에 도움이 될 수 있음. 예방 전략으로 꾸준한 저항 훈련과 스트레칭을 실시해야 함.
		웨이트 룸 루틴	64	
		폼 롤러 마사지	105~107	
		AIS 스트레칭	108	
		PNF 스트레칭	75	
냉기 유발 기관지염	극도로 추운 상황에서 달릴 때 폐에 통증이 느껴지는 것.			바라클라바나 넥 워머를 입 위까지 오게 덮어 흡입하는 공기를 따뜻하고 촉촉하게 유지할 것. 폐 자체는 (공기가 폐가 도달할 때쯤에는 충분히 따뜻해지므로) 얼지 않지만, 보호구 없이 극도로 차갑고 건조한 공기를 마시면 폐까지 가는 통로에 통증이 생길 수 있음.

부상	설명	운동	쪽수	비고
대퇴사두근 통증	(허벅지 앞쪽) 대퇴사두근의 통증은 특별한 사건과 관련된 경우가 많지 않음(DOMS는 이와 달리 오버트레이닝이라는 사건으로 발생함). 통증은 만성적일 수도 있고, 러닝을 못 할 만큼 강할 수도 있으며, 경우에 따라 계단을 오르내리는 것조차 힘들 만큼 심해질 수 있음.	내리막 달리기	57	냉찜질과 진통소염제가 증상 완화에 도움이 될 수 있음. 템포 런 강도의 내리막 달리기나 내리막 스프린트를 통해 이 상태를 예방하고 치유할 수 있음. 이 과정에서 발생하는 편심성 수축이 여러 가지 바람직한 적응을 촉발함.
		짧은 힐 스프린트(내리막)	212	
		PNF 대퇴사두근 스트레칭	79	
		대퇴사두근 AIS	109	
		대퇴사두근(폼 롤러)	106	
		엉덩이 차기–동적 유연성	200	
러너스 니 – 슬개대퇴 통증 증후군, 앞무릎 통증 증후군, 연골연화증	무릎뼈(슬개골) 아랫면의 연골 자극이나 약화로 발생하는 통증.	러너 360	58	냉찜질과 진통소염제가 초기 염증 완화에 도움이 될 수 있음. 슬개골 정렬의 개선을 위해 엉덩이와 허벅지 근력 강화 운동을 하는 것이 좋음.
		웨이트 룸 루틴	64	
		몬스터 워킹	98	
마찰	피부가 다른 피부나 의류에 쓸려 통증이 생기는 것.			쓸린 부위에 바셀린 등의 윤활제를 발라 마찰을 줄일 것. 옷에 얼룩이 지지 않게 하는 제품을 골라야 함. 유두에 일회용 반창고를 붙이면 통증이나 출혈을 줄일 수 있으며, 쓸린 부위에 빠르게 바를 수 있도록 입술용 보습제를 상비할 것.
'무거운' 다리	다리가 무겁고 움직이지 않음. 에너지도 없고 의지도 없음. 이런 상황은 보통 급성 또는 장기간의 오버트레이닝 때문에 발생함.	편한 장거리 달리기	54	다리가 무겁거나 안 움직이는 상황에서 최고의 처방은 편한 장거리 러닝이며, (아주 느린 페이스의) 오래달리기 또한 치료 효과가 좋음. 간혹 완전히 쉬어야 할 수도 있음. 수분을 보충하고 탄수화물 로딩을 하면 증상이 좋아지는 경우도 있음.
		오래달리기	133	
무기력증(의욕 상실)	워크아웃 시간이 다가오면 짜증이나 두려움이 샘솟는 것. 또는 훈련을 하고 싶은 욕망이 전혀 들지 않는 것.			정신적 번아웃은 육체적 번아웃의 초기 징후로, 그간 오버트레이닝을 해 왔을 가능성이 있음. 한 주 정도 운동을 편하게만 하고, 필요하다면 (적어도 며칠 동안은) 완전히 쉴 것. 수분을 보충하고 탄수화물 로딩을 하면 증상이 좋아지는 경우도 있음.
무릎 반월판 손상	무릎 중심부나 옆면에 부종과 함께 발생하는 통증으로, 대개 (발은 가만히 둔 상태로) 무릎을 비트는 동작으로 인해 발생함. 무릎 안의 쿠션 역할을 하는 섬유연골인 반월판에 손상이 오는 것.			반월판 손상이 의심될 경우 병원을 찾을 것. 부상 당시 퍽 소리가 났거나, 부종이 갈수록 심해지거나, 무릎이 걸리거나, 불안정한 느낌이 드는 경우 의심해 보아야 함.
무릎 추벽증후군	무릎 안쪽에 발생하는 통증으로, 염증과 걸리는 느낌이 동반되기도 함.	스텝 업	68	초기에는 냉찜질과 진통소염제가 염증 감소에 도움이 될 수 있음. 보행(자세) 문제와 연관된 경우가 있으므로, 엉덩이와 대퇴사두근 강화 운동이 권고됨.
		스텝 다운	113	
		사이드 스텝	97	
		사이드 레그 리프트(러닝 서킷 동작)	226	
		고관절 내전(저항밴드)	100	
		햄스트링 AIS	108	
		대퇴사두근 AIS	109	

<table>
<tr><th>부상</th><th>설명</th><th>운동</th><th>쪽수</th><th>비고</th></tr>
<tr><td rowspan="5">무릎 측부인대 손상</td><td rowspan="5">무릎 안쪽과 바깥쪽에 발생하는 통증과 부종으로, 불안정성이 동반될 때가 많음. 대개 무릎에 옆 방향으로 주어지는 강한 힘 때문에 발생함.</td><td>스텝 업</td><td>68</td><td rowspan="5">내측/외측 측부인대 염좌나 파열이 의심될 경우 병원을 찾을 것. 예방을 위해 주변 근육(특히 대퇴사두근)을 강화할 것.</td></tr>
<tr><td>맨몸 런지</td><td>69</td></tr>
<tr><td>에어 스쿼트</td><td>70</td></tr>
<tr><td>워블보드: 양옆으로</td><td>96</td></tr>
<tr><td>워블보드: 한 바퀴 돌리기</td><td>96</td></tr>
<tr><td rowspan="5">무릎 통증</td><td rowspan="5">자극이 될 만한 사건이나 구조적 손상(육안으로 관찰되는 부종이나 손상)이 명확하지 않은데 발생하는 무릎 앞쪽의 일반적이고 날카로운 통증</td><td>스텝 업</td><td>68</td><td rowspan="5">무릎 통증은 진단하기 까다로우며, 원인은 단순 손상에서부터 (나쁜 자세로 인한) 통각 신경 자체의 손상까지 다양할 수 있음. 예방과 재활에는 엉덩이 근육과 대퇴사두근의 근력 강화가 필요함.</td></tr>
<tr><td>스텝 다운</td><td>113</td></tr>
<tr><td>사이드 스텝</td><td>97</td></tr>
<tr><td>사이드 레그 리프트 (러닝 서킷 동작)</td><td>226</td></tr>
<tr><td>고관절 내전(저항밴드)</td><td>100</td></tr>
<tr><td>물집</td><td>마찰 등으로 인해 통증을 동반한 수포가 잡히는 것.</td><td></td><td></td><td>소독한 바늘이나 핀으로 물집 가장자리에 구멍을 내 물을 뺄 것. 러닝 중에 쓸리지 않도록 물집 주변에 쿠션이 될 만한 밴드 등을 대고, 거즈나 테이프를 덧댈 것.</td></tr>
<tr><td rowspan="7">발목 염좌</td><td rowspan="7">발목 인대의 (부분 또는 완전) 파열로 인한 통증, 염증, 색조 변화, 가동성 저하.</td><td>한 다리로 균형 잡기</td><td>210</td><td rowspan="7">발목 염좌가 의심되면 즉각 병원을 찾을 것.</td></tr>
<tr><td>밸런스 패드 위에서 균형 잡기</td><td>211</td></tr>
<tr><td>워블보드: 앞뒤로</td><td>95</td></tr>
<tr><td>워블보드: 양옆으로</td><td>96</td></tr>
<tr><td>워블보드: 한 바퀴 돌리기</td><td>96</td></tr>
<tr><td>발목 내번</td><td>102</td></tr>
<tr><td>발목 외번</td><td>102</td></tr>
<tr><td>발톱 변색</td><td>발톱의 색이 (검은색으로) 변하고 통증이 동반됨. 이 경우 발톱 밑에 물이나 피가 고이고, 대개는 발톱이 빠짐.</td><td></td><td></td><td>발적이 동반될 경우 감염 가능성이 있으므로 병원을 찾을 것. 그렇지 않을 경우 통증은 저절로 사그라듦. 예방 차원에서 신발 토박스에 여유를 둘 것.</td></tr>
<tr><td rowspan="7">서혜부 좌상</td><td rowspan="7">특히 무릎을 들어올릴 때 사타구니나 허벅지 안쪽에 느껴지는 통증으로, 갑자기 오거나 천천히 올 수 있음.</td><td>PNF 고관절 굴곡근 스트레칭</td><td>79</td><td rowspan="7">다섯 내전근 중 하나의 좌상 또는 그 주변 결합조직의 손상으로 통증이 생길 수 있음. 냉찜질과 진통소염제로 통증을 잠시 줄일 수 있음. 예방과 치료를 위해 스트레칭과 근력 강화 운동을 실시할 수 있음.</td></tr>
<tr><td>PNF 대퇴사두근 스트레칭</td><td>79</td></tr>
<tr><td>PNF 고관절 내전근 스트레칭</td><td>78</td></tr>
<tr><td>레그 스윙: 앞뒤로</td><td>80</td></tr>
<tr><td>몬스터 워킹</td><td>98</td></tr>
<tr><td>고관절 내전(저항밴드)</td><td>100</td></tr>
<tr><td>사이드 스텝(저항밴드)</td><td>97</td></tr>
</table>

부상	설명	운동	쪽수	비고
스포츠 탈장	코어 근육(복사근)이 손상된 것으로, 하복부와 사타구니와 (남성의 경우) 고환의 만성 통증으로 이어질 수 있음.	러시안 오블리크 트위스트	66	전통적인 탈장과 달리 불룩 튀어나온 부분이 만들어지지 않는 복벽의 손상/파열. 복사근(옆구리 근육) 강화로 예방할 수 있음. 복구하려면 수술이 필요할 수 있음.
		스콜피온 파이터 (러너 360 동작)	60	
		사이드 와인더 플랭크 위드 레그 리프트 (러너 360 동작)	60	
		레그 리프트	64	
아킬레스건병증	염증 없이 만성적 통증을 유발하는 아킬레스건의 퇴행성 손상.	힐 딥스	113	염증을 동반하지 않으므로 얼음찜질이나 소염제는 쓰지 말 것. 병원에서 거골하관절의 정렬을 체크해야 할 수 있음.
		종아리(비복근) AIS	109	
		워블보드: 앞뒤로	95	
아킬레스건염	아킬레스건의 과사용 손상으로 인한 통증성 염증.	종아리(비복근) AIS	109	얼음찜질과 거상이 도움이 될 수 있음. 발뒤꿈치 들기와 소염제로도 잠깐 호전될 수 있음. 병원에서 거골하관절의 정렬을 체크해야 할 수 있음.
		워블보드: 앞뒤로	95	
아킬레스 활액낭염	아킬레스건과 발뒤꿈치 뼈 사이에 있는 활액낭의 염증으로 발뒤꿈치 뒤쪽에 발생하는 통증.	종아리(비복근) AIS	109	러닝 후에 얼음찜질을 하면 만성 염증을 줄일 수 있음.
		힐 딥스(바닥에서)	113	
열사병	극도의 고온이나 고습도 환경에서 오래 운동하면서 발생하는 응급 상황. 발열(>40℃), 건조하고 뜨겁고 빨간 피부, 의식 혼미, 빠르고 얕은 호흡, 빠르고 약한 맥박, 경련, 의식불명 등을 증상으로 함. 열사병은 뇌를 포함한 여러 장기에 손상을 줄 수 있으며, 쇼크나 사망으로 이어지기도 함.			열사병이 의심되는 사람은 시원한 곳에 눕히고 발을 30cm 이상 높게 들어올린 다음, 차갑게 젖은 수건으로 몸을 닦아야 함. 의식이 명료한 환자의 경우 스포츠음료나 소금물(1리터당 소금 1작은술)을 마시게 할 것. 열사병의 징후가 보이면 119에 연락할 것.
열탈진	고온, 고습도, 과도한 훈련 등으로 몸이 과열되어 경련, 구역질, 두통, 무력감이 오는 것			열탈진은 생명을 위협할 수 있는 열사병으로 이어질 수 있으므로, 훈련을 중단하고 시원한 곳에 들어가 수분을 보충할 것.
옆구리 통증	갈비뼈 바로 아래쪽에 날카로운 통증이 느껴지는 것으로, 주로 오른쪽에서 발생하지만 왼쪽에서도 발생할 수 있음. 원인은 아직 완전히 밝혀지지 않았으나, 횡격막의 경련이 원인일 것으로 추정하고 있음.	레그 리프트	64	물을 충분히 마시고 체력을 미리 길러놓는 것이 최선의 방어이지만, 증상이 발생했다면 4단계 호흡으로 증상을 완화시킬 수 있음. 먼저 (발 디딤에 맞춰서) 두 번 공기를 들이마셔 폐를 완전히 채운 다음, 발 디딤에 맞춰 (초를 불어서 끄듯이) 입술을 내밀고 강하게 두 번 숨을 내뱉음. 이렇게 10~20회 반복할 것. 증상이 어떻게 해도 가라앉지 않는 경우, 경주 2시간 전에 진통소염제를 먹으면 도움이 될 수 있지만, 운동 중에 약을 먹는 것과 관련해서는 의사와 먼저 상의할 것.

부상	설명	운동	쪽수	비고
요통	등허리가 당기거나 통증이 느껴지는 것. 러닝 자세에 영향을 미치거나 일상 생활이 힘들게 만들기도 함.	마칭 브리지 (러너 360 동작)	63	등허리가 타이트한 경우 데이드리머 동작을 통해 빠른 교정이 가능함. 근력 강화와 이완과 유연성 유지에 필요한 모든 운동을 동원할 것.
		러시안 오블리크 트위스트	66	
		PNF 고관절 굴곡근 스트레칭	79	
		등허리(폼 롤러)	107	
		몸통 신근(등허리) AIS	110	
		데이드리머	114	
이상근 증후군	엉덩이 근육의 중간보다 살짝 위쪽에서 시작되는 날카로운 통증이나 저리고 쑤시는 느낌. 엉덩이를 타고 햄스트링까지 뻗치기도 함.	둔(폼 롤러)	107	이상근이 좌골신경을 압박하여 발생함. 초기에는 이상근의 염증을 줄이기 위해 냉찜질과 진통소염제를 쓸 수 있음. 예방과 재활에는 고관절 외전근 강화 운동, 고관절 굴곡근 가동범위 강화 운동, 고관절 내전근과 등허리의 이완이 필요함.
		등허리(폼 롤러)	107	
		PNF 둔근 스트레칭	77	
		PNF 고관절 내전근 스트레칭	78	
		대퇴사두근 (정적 스트레칭)	82	
		둔근 AIS	110	
		레그 스윙: 앞뒤로	80	
		레그 스윙: 옆으로	81	
		플랫풋 마칭	203	
		사이드 스텝	97	
		사이드 와인더 플랭크 위드 레그 리프트 (러너 360 동작)	60	
장경인대 증후군	타이트한 장경인대로 인해 무릎이나 고관절 바깥쪽에 통증이 생기는 것으로, 대개 약한 고관절 외전근이 원인인 경우가 많음.	장경인대 스트레칭	83	냉찜질과 진통소염제가 일시적 통증 경감에 도움이 될 수 있지만, 장기적으로 보면 예방과 회복 차원에서 장경인대를 느슨하게(스트레칭) 만들고 고관절 외전근을 강화하는 것이 필요함.
		장경인대(폼 롤러)	106	
		워블보드: 양옆으로	96	
		워블보드: 한 바퀴 돌리기	96	
		사이드 스텝	97	
		사이드 레그 리프트 (러닝 서킷 동작)	226	
전방십자인대 손상	대퇴골과 경골을 연결하는 무릎 중앙 인대의 염좌나 파열.	저항 걸고 걷기/뛰기	98	전방십자인대 손상이 의심되면 즉각 병원을 찾을 것.
		저항 걸고 뒤로 걷기/뛰기	99	
		저항 걸고 앞으로 점프하기	99	
		저항 걸고 옆으로 점프하기	100	

부상	설명	운동	쪽수	비고
족저근막염	발뒤꿈치에서 아치로 넘어가는 부분에 타박상처럼 느껴지는 통증으로, 발 아치 전체나 기타 발의 다른 부분까지 번질 수 있음.	발가락으로 수건 당기기	111	족저근막염은 한 번 생기면 몇 달 (또는 몇 년)까지도 갈 수 있음. 냉찜질과 진통소염제는 일시적 증상 완화에 도움이 될 수 있음. 증상은 특정 사건을 계기로 갑자기 생길 수도 있고, (몇 주에 걸쳐서) 서서히 진행될 수도 있음. 병원에서 거골하관절의 정렬을 평가해볼 것.
		엄지발가락 두드리기	106	
		풋워크	105	
		종아리(비복근) AIS	103	
		워블보드: 앞뒤로	89	
		워블보드: 양옆으로	90	
족지간 신경종	발바닥에서 3번째와 4번째 발가락 사이에 작열통이 느껴지는 것. 간혹 새끼발가락과 2번째 발가락까지 통증이 번지기도 함.			3~4번째 발가락 사이의 신경에 염증이 생겨서 발생하는 것으로, 냉찜질이나 진통소염제가 일시적 증상 완화에 도움이 될 수 있음. 토박스가 넉넉한 신발을 신으면 좋을 수 있음(작은 신발은 증상을 일으키기도 함). 통증 부위에 깔창을 덧대는 것을 권고함. 발가락 사이가 벌어질 수 있도록 특수한 양말을 신거나 발가락 사이에 천조각을 대면 증상이 완화될 수 있음. 수술이 필요한 경우도 있으므로 병원에 가볼 것.
종아리 당김 & 좌상	주로 (반복주, 언덕 달리기, 드릴 등의) 고강도 러닝 후에 찾아오는 종아리의 통증과 당기는 증상.	종아리(폼 롤러)	105	통증이 극심한 경우 10~15분간 얼음찜질을 시행할 것. 스트레칭은 AIS와 PNF 중 하나만 하고, 둘 다 하지는 말 것.
		힐레이즈(무릎 펴고)	71	
		종아리(비복근) AIS	109	
		PNF 종아리 스트레칭#1 : 비복근	76	
		PNF 종아리 스트레칭#2:가자미근	77	
좌골신경통	등허리, 엉덩이, 햄스트링으로 통증이나 쑤시고 저리는 느낌이 들지만 종아리나 발까지 뻗치지는 않음.	둔근(폼 롤러)	107	좌골신경의 자극으로 발생함('이상근 증후군' 참조). 도수치료나 카이로프랙틱으로 호전될 수 있음. 물리치료사가 설계한 코어 근육 강화 및 안정성 운동 프로그램을 시행하는 것이 바람직함. 염증과 긴장을 완화하면 도움이 됨. 완전히 쉬는 것이 늘 효과적이지는 않음.
		등허리(폼 롤러)	107	
		둔근 AIS	110	
		PNF 고관절 굴곡근 스트레칭	85	
피로골절(경골)	운동을 시작할 때부터 끝낼 때까지 (마치 심한 경부목을 앓는 것처럼) 정강이를 따라 날카로운 통증이 지속되는 것.	러너 360	58	피로골절이 의심될 경우 병원을 찾을 것. 전반적인 근력 강화 훈련, 마일리지와 강도의 점진적 증가, 하퇴 근육 강화를 위한 운동 실시 등으로 예방할 수 있음.
		발목 내번	102	
		발목 족저굴곡	101	
		앉아서 발가락 두드리기	112	
		풋워크	111	
피로골절(중족골)	발에 날카로운 통증이 생기는 것으로, 통증이 발 전체에 있는 것처럼 느껴질 수 있지만, 골절이 있는 부분을 누르면 통증이 더 선명하고 강해짐.			중족골 피로골절이 의심될 경우 병원을 찾을 것. 기브스나 보조기를 대야 할 수도 있음. (아치 서포트가 준수한) 알맞은 신발, 마일리지와 강도의 점진적 증가, 맨발 러닝(또는 베어풋 러닝화)으로의 급격한 전환 자제 등으로 예방할 수 있음. 중족골 피로골절이 확실한 경우 1~3개월간 훈련을 쉬어야 함.
피로골절(기타)	발, 비골, 대퇴골(특히 여성), 골반 등의 다른 영역에 날카로운 통증이 느껴지는 것.			피로골절이 의심될 경우 병원을 찾을 것. 특정 부위의 피로골절은 다른 부위보다 회복이 느릴 수 있으며, 일부 피로골절은 다른 기저질환을 시사하는 소견이 될 수도 있음.

<table>
<tr><th>부상</th><th>설명</th><th>운동</th><th>쪽수</th><th>비고</th></tr>
<tr><td rowspan="8">햄스트링 좌상 & 당김</td><td rowspan="8">햄스트링에 통증이 느껴지거나 당기는 느낌이 드는 경우. 동작의 제한이 동반되곤 함.</td><td>러너 360</td><td>58</td><td rowspan="8">햄스트링의 중증 부상에는 (최대 몇 주에 달하는) 휴식이 필요함. 진통소염제와 냉찜질이 통증 조절에 도움이 될 수 있음. 저항 훈련은 최고의 예방 수단이며, PNF나 AIS는 해도 좋으나 둘 다 하지는 말 것.</td></tr>
<tr><td>햄스트링(폼 롤러)</td><td>105</td></tr>
<tr><td>맨몸 런지</td><td>69</td></tr>
<tr><td>에어 스쿼트</td><td>70</td></tr>
<tr><td>힐레이즈(무릎 굽히고)</td><td>72</td></tr>
<tr><td>PNF 햄스트링 스트레칭</td><td>75</td></tr>
<tr><td>PNF 고관절 내전근 스트레칭</td><td>78</td></tr>
<tr><td>햄스트링 AIS</td><td>108</td></tr>
</table>

용어 해설

가공식품Processed food
원래의 상태에서 변형된 식품으로, 영양소를 비롯한 여러 가지 유익한 특성이 희생되는 경우가 많음.

가중Summation
근섬유에 수축을 지시하는 신경 자극의 증가로 인해 근육의 수축력이 증가하는 것.

간극연접Gap junction
신경에서 출발한 전기 자극이 시냅스 간극을 넘어 표적 조직까지 다다르게 만드는 작은 원통형 채널.

갑상선 호르몬 Thyroid hormone
갑상선에서 나오는 여러 가지 호르몬을 묶어서 부르는 용어로, 갑상선 호르몬 대체 요법은 일반적으로 T4만을 활용함. ('티록신' 참조.)

갑상선저하증Hypothyroidism
갑상선에서 갑상선 호르몬의 생산 부족으로 발생하는 호르몬 장애.

갑상선항진증Hyperthyroidism
갑상선에서 갑상선 호르몬의 과도한 생성으로 발생하는 호르몬 장애.

강축Tetanus
지속적인 근수축. 신경 자극 속도(빈도 코딩)가 증가하여 최대 가중(해당 근섬유가 낼 수 있는 최대 수축력)에 다다르면 해당 근육은 강축 상태가 됨.

개인 기록PR(Personal Record)
(연령대별) 특정 거리에서 러너가 지금까지 기록한 최고기록으로, 개인 최고기록PB(personal best)이라고도 함. 트랙 경주에서의 PR이 로드 경주에서의 PR의 두 배가 되지 않듯, 특정 유형의 경주에서 얻은 PR은 해당 유형에만 국한됨.

건(힘줄) Tendon
근육과 뼈를 연결하는 결합조직. 힘줄은 근육이 만들어낸 힘을 관절로 전달해 결과적으로 몸을 움직임.

결합조직Connective tissue
신체의 근육, 장기, 혈관, 신경을 비롯한 모든 조직을 하나로 묶어 이들을 둘러싸고, 지지하고, 강화하고, 완충하고, 보호하고, 에너지를 저장함.

경골Tibia
정강이뼈. 하퇴에서 체중을 받는 큰 뼈로, 무릎과 발목을 연결함.

고관절 굴곡근(굽힘근) Hip flexor
(무릎을 위로 들어올리는 것처럼) 허벅지와 몸통 사이의 각도를 줄이는 근육으로, 대요근, 장골근, 대퇴직근, 봉공근이 여기 포함됨.

고관절 내전근(모음근) Hip adductor
다리를 몸의 중심선 쪽으로 움직일 때 쓰이는 근육으로, 단내전근, 장내전근, 대내전근, 치골근, 박근이 여기 포함됨.

고관절 신전근(폄근) Hip extensor
(다리를 뒤로 휘두르는 것처럼) 허벅지와 몸통 사이의 각도를 높이는 근육으로, 대둔근과 햄스트링이 여기 포함됨.

고관절 외전근(벌림근) Hip abductor
다리를 몸에서 멀어지게 할 때 쓰이는 근육으로, 중둔근과 소둔근이 여기 포함됨.

고유감각Proprioception

외부 세계에 대해 공간에서 몸의 위치를 추적하고 알맞게 조정하는 신경계의 능력. 근육, 인대, 장기, 내이에 위치한 감각신경망으로 이루어져 있음.

고유수용성 신경근 촉진 스트레칭
PNF(Proprioceptive Neuromuscular Facilitation Stretching)

스트레칭 기법 중, 근육을 최대 가동범위까지 늘린 후 5~8초 억제된 상태로 수축한 다음 늘어난 스트레칭 위치로 움직이는 방식.

고지대 텐트 Altitude tent

해발 2,500~3,500미터 고지대의 저산소 대기를 시뮬레이션하는 텐트로, 상품화되어 있음.

골격근Skeletal muscle

인체를 움직이는 근육으로 체질량의 1/3분을 차지함. 이두근, 햄스트링, 복근, 종아리 근육이 여기 해당함.

골관절염Osteoarthritis

관절 사이 공간이 뼈와 뼈가 맞닿을 정도로 좁아져 관절에 염증과 통증을 유발하는 동시에 움직임을 줄이고 부분적으로 장애를 가져오는 퇴행성 관절 질환. 연골 손상, 연령, 유전과 관련 있음.

과학 느낌 Science-Y

과학에서 가져온 용어와 개념으로 일반 대중에게 낯설 뿐만 아니라, 해당 주제가 실제보다 더 복잡하다는 느낌을 주기도 함.

관절 사이 공간 Joint space

떨어진 뼈가 관절을 이루는 공간으로, 연골로 채워져 있음. 연골이 없어지면 관절 사이 공간이 좁아지고 골관절염으로 이어질 수 있음.

관절 연골 Articular cartilage

뼈 말단의 표면을 덮고 있는 부드러운 부분으로, 뼈가 다른 뼈 위를 잘 미끄러지게 하고 관절 안에서 탄력 있는 쿠션을 형성함.

교차 훈련 Cross education

한쪽 팔다리에 훈련을 받았을 때 훈련을 받지 않은 쪽의 팔다리에 생기는 근력 증가.

구심성 피드백 Afferent feedback

외부 자극에 대한 반응으로 감각 신경이 중추신경계로 보내는 메시지.

근건영역Musculotendinous zone

근육이 점차 힘줄에 자리를 내주면서 근섬유와 힘줄이 합쳐져 사실상 근육과 힘줄이 하나의 단위로 작동하는 영역.

근건접합부Myotendinous junction

개별 근섬유가 힘줄과 만나는 지점. 근육의 약한 고리(대부분의 근육 좌상이 발생하는 지점)로 여겨짐.

근막Fascia

우리 몸의 근육, 신경, 기관, 뼈, 구조물, 구멍, 조직을 둘러싸고 관통하는 결합조직. 콜라겐과 탄력섬유로 구성되어 있으며 막, 망, 끈, 연골의 형태로 나타남.

근방추Muscle spindle

근섬유와 평행하게 배열된 근육 내의 신장 수용기(감각 기관). 근방추는 근육의 길이 변화를 감지하며, 러너의 경우 과도한 길이 신장으로 인한 부상을 예방할 수 있도록 근육을 수축시키는 신장 반사를 통해 주폭의 길이를 제한함.

근비대Hypertrophy

근육의 크기가 증가하는 것. 근섬유의 근형질 부피 증가로 인해 발생할 수도 있고, 근섬유 내 근육미세섬유나 근원섬유의 증가로 인해 발생할 수도 있음.

근섬유 사다리 Muscle fiber ladder

이론적으로 인체의 근섬유가 동원되는 과정. 초반에는 지근 섬유가 동원되고, 힘 요구량이 늘어남에 따라 중간 섬유까지 동원되고, 최대 힘의 65%에 이르면 마지막으로 속근 섬유가 동원됨. 느린 섬유는 더 빠른 섬유가 동원될 때 활성 상태를 유지함.

근섬유 유형 Muscle fiber type

저마다 각각의 특징을 지니고 있는 지근 섬유, 중간 섬유, 속근 섬유과 같은 근섬유를 가리키는 말.

근섬유 전환 Fiber conversion

훈련을 하거나 활동량을 줄인 결과 한 유형의 근섬유가 다른 유형의 근섬유로 전환되는 것. 대부분의 '전환'은 한 섬유가 다른 섬유의 특성을 취하면서 발생하는 것으로 여겨짐(즉, 실제로는 해당 섬유와 완전히 똑같은 생리학적 특성을 가진 새로운 섬유 유형으로 전환되지 않음).

근속Fascicle

근섬유 여러 개가 묶인 다발로, 근속이 모여 골격근을 형성함.

근육 균형 Muscle balance

(햄스트링과 대퇴사두근처럼) 반대편에 있는 근육 사이에 근력, 유연성, 협응력 등이 상호보완적인(균형잡힌) 것.

근육Muscle

심근, 평활근, 골격근 항목 참조.

근육미세섬유Myofilament

근섬유 안의 단백질 필라멘트로 대개 액틴과 미오신을 가리키며, '필라멘트 활주 이론'에 따르면 이들의 상호작용이 근섬유의 수축으로 이어지므로 근육이 수축함.

근형질Sarcoplasm

근섬유를 채우고 있는 젤리 같은 물질(다른 세포의 세포질과 동일).

글루카곤Glucagon

혈당이 낮아질 때 간을 자극하여 글리코겐을 분해하고 포도당을 방출하는 호르몬. 지방 연소를 촉진하며, 긴 거리의 경주에서 가치를 빛냄.

급성 부상 Acute injury

대개 외상에 해당하는 단일 사건의 결과로 발생하는 부상으로, 즉각적인 치료가 필요함(예: 근육 좌상, 골절, 발목 염좌).

기질Substrate

에너지 시스템에서 각 에너지 경로에 쓰이는 연료. 가령 해당과정에서는 탄수화물, 특히 포도당과 글리코겐이 기질에 해당함.

내부공생이론Endosymbiotic theory

미토콘드리아가 10억 년 이상 전에 일어난 박테리아 침입의 진화된 잔재라는 이론으로, 이러한 침입이 인간의 생명을 가능하게 했음을 시사함.

내분비계Endocrine system

호르몬이라는 화학적 전달물질을 생산하는 계통. 내분비샘은 많은 조직에서 발견됨.

내분비샘Endocrine gland

호르몬을 내보내는 분비샘.

내측 측부 인대 Medial collateral ligament

무릎의 안쪽(내측 측부 인대)과 바깥쪽(외측 측부 인대)을 따라 수직으로 뻗어 있는 한 쌍의 인대 중 하나로 관절의 양측 움직임을 제어하며, 손상될 경우 무릎의 안정성이 와해됨.

노르에피네프린Norepinephrine

'노르아드레날린'이라고도 함. 호르몬인 동시에 신경전달물질로, 싸움-도망 반응을 통해 활성화되어 심박수를 높이고, 골격근으로의 혈류를 늘리고, 혈당을 올림.

뉴런Neuron

신경 세포.

느린 해당 Slow glycolysis

해당과정으로 생성된 피루브산 분자가 택하는 두 가지 경로 중 하나(다른 하나의 경로는 '빠른' 해당). 피루브산은 유산소 에너지 생산에 연료로 쓰이기 위해 미토콘드리아로 이동함.

능동 고립 스트레칭AIS(Active Isolated Stretching)

스트레칭 기법의 하나로, 반대편 근육을 수축하여 원하는 근육이 늘어나게 한 다음 스트레칭 정도를 약간 늘리기 위해 (끈으로 당기거나 하는) 보조를 요구하는 방식. 신장 반사를 회피할 수 있도록 AIS 동작은 가동범위 끝자락에서 2초 이상 유지(정지)하지 않음.

단백질Protein

(탄수화물, 지방과 함께) 3대 영양소 중 하나. 아미노산으로 구성되어 있으며, 인체 모든 세포의 일부로 피부와 근육과 내장과 분비샘을 이루는 주 요소.

당류Saccharide

탄수화물.

당부하GL(Glycemic Load)

탄수화물을 섭취한 뒤 혈당값이 얼마나 상승하는가에 대한 추정치로, GL 1단위는 포도당 1그램과 거의 동등한 효과를 나타냄.

당지수GI(Glycemic Index)

혈당 상승의 척도. 혈당값의 상승은 포도당이 혈류에 들어가는 속도에 비례하며, 포도당 자체의 GI는 100임.

대뇌피질Cerebral cortex

뇌의 '회백질'을 가리킴. 대뇌피질은 뇌의 가장 바깥쪽 층으로, 추론과 언어과 지각을 비롯한 뇌의 고위 기능과 연관되어 있음.

대동맥Aorta

신체에서 가장 큰 동맥으로, 산소가 공급된 혈액이 심장에서 뿜어져 나올 때 처음으로 거치는 곳.

대류Convection

러닝에서, 근육에서 혈액으로 전달된 열이 공기 중으로 확산되는 과정. 37℃ 이상의 기온에서 보통의 인체는 공기로부터 열을 흡수함.

대퇴골Femur

허벅지 뼈. 인체에서 가장 큰 뼈로, 몸무게의 최대 30배까지 떠받들 수 있음.

대퇴사두근Quadriceps

대퇴직근, 외측광근, 내측광근, 중간광근으로 구성된 허벅지 앞쪽의 큰 근육군.

대화 가능한 페이스 Conversational pace

달리는 동안 대화를 유지할 수 있는 페이스. 안전한 유산소 페이스로 간주되는 페이스로, 보통의 장거리나 편한 장거리 러닝 모두에서 선호됨.

도피질(섬피질) Insular cortex

대뇌피질의 주름 안쪽에 있는 뇌의 부분으로, 의식, 감정, 자기 신체 인식을 담당함. 몇몇 연구에서 피로 경험을 느끼게 하는 핵심 부위로 확인되기도 함.

동맥Artery

산소가 공급된 혈액을 심장에서부터 운반하는 큰 혈관(산소가 빠진 혈액을 심장에서 폐로 운반하는 폐동맥은 예외).

동방결절SAN(Sinoatrial Node)

특화된 세포의 무리로, 우심방에 위치함. 이들 세포는 전기 자극을 전달하여 먼저 두 심방을 수축시켜 혈액을 아래쪽 심실로 밀어 넣은 다음, 심실을 수축시켜 산소가 제거된 혈액을 폐로, 산소가 공급된 혈액을 대동맥으로 밀어냄. 동방결절의 발화율이 심박수를 결정함.

동원 패턴 Recruitment pattern

활동 중 근섬유가 어떻게 동원될지 정하는 신경 경로. 달리기에서 훈련은 신경 경로의 효율성을 높이고 모든 유형의 섬유가 더 잘 동원될 수 있게 함.

동원Recruitment

근섬유를 활성화하는 것.

동적 스트레칭 Dynamic stretching

통제된 움직임으로 근육을 (자연스러운 가동범위 이상으로 움직이거나 가동범위 이상으로 붙들지 않은 채) 전체 가동범위로 가져가는 동작. 근육의 동작과 스트레칭이 동시에 일어나는 레그 스윙, 하이 니즈 드릴, 엉덩이 차기 드릴 등이 여기에 속함. 동적 스트레칭은 수행능력을 지속적으로 향상시키는 것으로 확인되었으며, 운동이나 시합을 앞두고 할 수 있는 최고의 스트레칭임.

드래프팅Drafting

생리적 · 심리적 우위의 확보를 위해 다른 러너의 바로 뒤나 옆에서 달리는 행위.

러너스 니 Runner's knee

슬개골 밑 연골의 자극이나 퇴행으로 인해 발생하는 무릎의 통증으로, '슬개대퇴통증증후군'이나 '연골연화증'이라고도 함.

러닝 효율 Running economy

러너가 특정 달리기 속도에서 산소를 얼마나 효율적으로 사용하는지를 기반으로 한 체력 측정의 척도. 러닝 효율은 유전과 신경계 효율을 비롯한 여러 요인에 의해 결정되며, 특히 최대하 속도의 러닝에 중요함.

마라톤 벽 Hitting the wall
긴 경주에서 근 글리코겐이 고갈되어 에너지를 지방에 의존해야만 하는 순간. 필연적으로 속도를 늦춰야 하며, 결과적으로 피로가 증가함.

마스터스 선수 Masters competitors
육상 종목에서는 35세 이상, 미국 내 로드 레이싱과 크로스컨트리에서는 40세 이상의 선수를 가리키는 말. 국제적으로 35세 이상의 선수는 마스터스 로드 레이싱에 참가할 수 있음.

마일리지Mileage
보통은 일주일 단위로 러너가 기록하는 총 러닝 거리. 웜업, 쿨다운, 장거리 달리기, 스트라이드, 반복주, 반복주 중간의 조깅 인터벌 등을 포함하여 '마일리지'에 모든 달리기를 넣는 러너가 대부분이나, 일부 러너는 웜업, 웜다운, 조깅, 회복주 등을 뺀 '고품질의' 주행 거리만 넣기도 함.

만병통치약Magic bullet
잘 맞지 않거나 성가시거나 제한이 걸린 기존의 사항을 한 방에 다스리려는 해결책. 러닝에서 (맨발 러닝이나 주폭 조정과 같은) 만병통치약은 러닝과 관련되어 극도로 복잡하게 얽힌 생리적 · 심리적 요인을 무시한 채 체력이나 수행능력이나 부상 감소를 보장함.

만성 부상 Chronic injury
일반적으로 장기간에 걸친 과사용, 근육 불균형, 부적절한 신발, 부적절한 기법으로 발생하는 통증이나 염증, 또는 정상 기능의 상실. 장경인대 증후군, 아킬레스건병증, 급성이 아닌 족저근막염 등이 여기에 속함.

말초 피로 이론 Peripheral fatigue throey
활동 중 근육이 제 힘을 내지 못할 때 피로가 발생한다고 주장하는 이론. 이렇게 피로가 쌓일 경우 속도를 늦추거나 멈추게 하는 (산증이나 과열 등의) 생리학적 '재앙'이 발생함.

말초신경계PNS(Peripheral Nervous System)
중추 신경계 바깥의 모든 신경. 신체의 구석구석에서 온 감각 자극을 보고하는 메시지를 중추신경계로 전달하는 감각 뉴런도 여기에 해당함

맨발 러닝 Barefoot running
신발 없이 달리는 것. 보다 자연스러운 달리기 방식이라며 맨발 러닝이 더 건강하고 효율적이라 주장하는 지지자들이 있으나, 연구를 통해 이 가설에 대한 근거를 확보하는 데에는 실패함.

메타 분석 Meta-analysis
통계적으로 연관된 패턴과 결과를 확인하기 위해 유사한 주제에 대한 여러 가지 연구와 실험과 논문을 검토하는 것.

모노카복실산 수송 단백질
MCT(Monocarboxlate Transport Protein)
젖산(과 수소 이온) 이동에 특화된 수송 단백질. 젖산을 세포 내에서 미토콘드리아로 이동시키거나 세포 밖으로 밀어내며, 연료로 쓸 젖산을 세포 밖에서 들여오기도 함.

모세혈관Capillary
인체에서 가장 작은 혈관으로, (동맥에서 분지된) 세동맥에서 피를 받아, 정맥에 피를 보내는 세정맥으로 피를 보냄.

모세혈관계Capillary bed
산소, 이산화탄소, 영양소와 세포에서 나온 폐기물이 교환되는, 혈류와 세포 사이의 영역.

모세혈관화Capillarization
근섬유를 둘러싼 모세혈관의 증가.

'몸의 말을 듣자''Listen to your body'
우리가 의식적으로 인식하고 반응하려 하면 우리 몸은 체력과 피로와 부상 등 각종 피드백을 제공한다고 믿었던, 의사이자 철학자인 러너 조지 쉬언이 내세운 슬로건.

무기인산Inorganic phosphate
'Pi'라고도 하며, ATP 소비 산물 중 하나. 격렬한 운동 중에는 ATP의 생성량보다 소비량이

BUILD YOUR RUNNING BODY

많으므로 무기인산이 증가하는데, 이것이 피로의 원인으로 지목되기도 함.

무산소Anaerobic
산소를 요구하지 않는 과정.

무산소 에너지 Anaerobic energy
산소 사용 없이 해당과정과 인산화 시스템을 통해 생산되는 에너지. 근섬유에서 무산소 에너지 생성은 근형질에서 일어남.

무산소 효소 Anaerobic enzymes
해당과정의 연료로 쓰이는 탄수화물을 분해하는 효소. 이들 효소가 없으면 해당 작용이 일어나지 않음.

미네랄Mineral
효소의 보조 인자 역할을 하며 에너지 대사의 모든 측면에 영향을 미치는 무기 물질.

미니멀리즘Minimalism
신발 디자인과 훈련에 있어 보다 자연스러운 달리기로의 복귀를 표방한 접근법. 미니멀화는 발이 지면과 더 가깝고 발 앞뒤의 높이차가 적으며, 가볍고 유연하며 토 박스가 넓은 특징을 지님. (비브람 파이브핑거스 등의 일부 미니멀화는 맨발 러닝을 모방하는 특징을 지님.)

미오신Myosin
근섬유 안에서 섬유를 단축(수축)시키기 위해 함께 활동하는 두 개의 근육미세섬유 중 하나. 미오신은 이론적으로 근육이 수축하는 동안 ('가는' 미세섬유인) 액틴이 그 위로 미끄러지는 '굵은' 미세섬유를 가리킴.

미토콘드리아Mitochondria
기질과 산소를 사용하여 유산소 에너지를 생성하는, 세포 내의 미세한 구조.

미토콘드리아 생합성 Mitochondrial biogenesis
미토콘드리아의 총 개수와 개별 미토콘드리아의 크기를 포함하여 근섬유 내 미토콘드리아의 부피가 증가하는 과정. (템포 런 등의) 특정 훈련을 통해 미토콘드리아 생합성을 증가를 촉진할 수 있음.

바탕 훈련 Base training
유산소 컨디셔닝, 근육 강화, 결합조직 강화를 목표로 하는 훈련 기간.

반감기Half-life
(훈련을 통해 얻은 모세혈관의 개수처럼) 어떤 것이 원래의 개수나 부피의 절반으로 줄어드는 데 걸리는 시간.

반복주Repetition
정해진 거리를 반복하여 뛰는 것으로, 반복주나 인터벌 워크아웃에서는 목표 페이스까지 정해놓는 경우가 많음. 반복 구간은 150m에서 3km(간혹 그 이상)이며, 반복주와 반복주 사이에는 회복을 위해 서거나 걷거나 가볍게 뛰는 휴식 인터벌이 배치됨.

반월판Meniscus
무릎에 충격 흡수와 구조적 지지력을 제공하는 섬유연골 패드. 성인에서 반월판이 파열되었을 때는 치료로서 다친 연골을 수선하거나 제거하는 수술이 필요한 경우가 많음.

발목 염좌 Sprained ankle
(한 개 또는 여러 개의) 발목 인대가 과도하게 늘어나거나 찢어진 것. 관절 불안정성으로 이어지는 경우가 많음.

버퍼Buffer
근섬유 내 수소 이온(산성 pH)의 영향을 중화시키는 물질. 인산염, 중탄산염, 일부 단백질이 여기에 속함.

보완 단백질 Complementary protein
필수 아미노산을 채울 수 있도록 두 종류 이상의 불완전 (식물성) 단백질을 혼합한 것.

봉크Bonk
지구력 시합에서 에너지가 바닥나는 것. 대개 근육 글리코겐의 고갈, 과도한 피로, 심한 탈수, 극단적인 체온으로 발생함.

불완전 단백질 Incomplete protein
하나 이상의 필수 아미노산이 없거나 너무 낮은 단백질.

불포화지방Unsaturated fat

지방산 사슬에 한 개 이상의 이중 결합이 있는 지방. 불포화 지방은 유해한 LDL 콜레스테롤 수치를 낮추고 유익한 HDL 콜레스테롤 수치를 높이기 때문에 '좋은' 지방으로 여겨짐. 실온에서는 (올리브유처럼) 일반적으로 액체 상태임.

비브람 파이브핑거스 Vibram Fivefingers

발가락 공간이 나뉜 미니멀화. 연구에 따르면 이 신발로 갈아타는 과정에서 러너들의 뼈 손상이 증가했다고 나타남.

비타민Vitamin

대사 조절, 성장, 조직 보존, 질병 예방에 무엇보다도 중요한 역할을 하는 필수 유기 화합물. 비타민은 그 자체로 에너지원이 아니며 식단을 통해 섭취해야 함(비타민 D나 비오틴과 같이 체내에서 생성되기도 하는 극히 일부의 비필수 비타민은 예외).

비필수 아미노산 Nonessential amino acid

인체에서 합성할 수 있는 아미노산.

빈도 코딩 Rate coding

신경 자극이 운동 뉴런에서 근섬유로 전송되는 빈도. 빈도 코딩의 증가는 근수축의 힘과 지속 시간을 모두 높일 수 있음.

빠른 해당 Fast glycolysis

무산소 에너지 생산을 이야기할 때 대다수 사람이 떠올리는 무산소 에너지 경로. 빠른 해당에서는 해당과정에서 생성된 두 개의 피루브산 분자를 사용하여 젖산과 NAD+를 생성함으로써 해당과정이 다시 빠르게 순환하도록 하여 유산소 에너지 생산보다 최대 100배 더 빠르게 ATP를 생성함. 빠른 해당과정에서 최대치로 에너지를 생산할 수 있는 시간은 1분 정도에 지나지 않음.

뼈Bone

몸의 골격 구조를 형성하는 단단한 결합조직으로, 끊임없이 재생되는 살아있는 조직.

뼈 리모델링 Bone remodeling

뼈를 분해하고 교체하는 과정. 이 과정에서 파골세포는 낡고 손상된 조직을 제거하고 조골세포는 새로운 뼈를 생성하며, 한 주기는 3~4개월 정도가 걸릴 수 있음.

산소전달계Oxygen transport system

심혈관계. 폐에서 산소를 추출하여 이를 골격근과 심근 세포로 전달함. 심장, 혈액, 혈관이 여기 포함됨.

산증Acidosis

무산소 에너지 생산 중에 발생한 수소 이온의 축적으로 인해 근섬유 내 pH가 7.0 미만으로 낮아진 것. 산증은 이론적으로 고강도 러닝에서 피로와 통증을 유발하고, 나아가 움직임을 거의 불가능한 상태에까지 이르게 할 수 있음.

삼요오드티로닌T3(Triiodothyronine)

영향력이 강한 갑상선 호르몬. 혈류를 순환하는 T3의 양은 T4의 1/40으로, T3의 약 1/5만이 갑상선 안에서 생성되며, 나머지 대부분은 갑상선 외부에서 T4의 전환을 통해 생성됨.

섬유연골Fibrocartilage

(무릎의) 내측 · 외측 반월판을 형성하는 단단한 결합조직과 척추를 비롯해 수많은 관절에 쿠션을 제공하는 디스크가 여기 속함. 우리 몸은 손상받은 관절연골을 엄청난 인장 강도와 탄력을 가진 섬유 연골로 복구할 때가 종종 있음.

세정맥Venule

모세혈관에서 산소가 제거된 혈액을 받아 정맥으로 운반하는 작은 혈관. 이 과정을 거쳐 혈액은 다시 심장으로 운반됨.

세포소기관Organelle

인체의 장기처럼 세포 안에 있는 작은 부위.

세포외기질Extracellular matrix

섬유, 단백질, 탄수화물, 미네랄, 염, 체액 등 여러 요소가 뒤얽혀 결합조직 세포를 둘러싸고 구조적 지지를 제공하는 독특한 혼합 물질.

세포의 발전소 Powerhouse of the cell

미토콘드리아.

속근 섬유 Fast-twitch muscle fiber

인간의 세 가지 근섬유 중 하나로, 이들 큰 섬유는 지근 섬유나 중간 섬유보다 더 빠르고 강하게 수축함. 스프린트와 점프를 비롯해 짧은 순발력 방출이 필요한 여러 활동에 특히 유용함. 학술적으로는 IIx형 근섬유라고 함.

수소 이온 Hydrogen ion

무산소 에너지를 생성하는 동안 근섬유에 축적되어 산증을 유발하는 양성자. 전자전달계(유산소 에너지 생산)의 필수 구성 요소이기도 함.

수축 속도 Contraction velocity

근섬유가 최대 수축(짧아짐)에 도달하기까지 걸리는 시간.

슈퍼푸드Superfood

항산화제, 비타민 또는 기타 영양소가 많이 함유된 음식으로, 식물성 식품이 주를 차지함. 슈퍼푸드는 대개 질병 퇴치와 노화 방지를 마케팅 포인트로 삼고 있으나, 이러한 주장은 연구 데이터로 뒷받침되지 않은 경우가 많음.

스테로이드 호르몬 Steroid hormone

콜레스테롤에서 유래한 호르몬(테스토스테론, 코티솔 등).

스플릿Split

한 경기를 쪼개서 잰 시간. 가령 1500m 경기에서 400m 스플릿을 재거나 10K 경기에서 1마일 스플릿을 재는 경우가 여기 해당함. 이와 별개로 반복주/인터벌 워크아웃에서 한 번의 반복에 걸리는 시간을 가리키기도 함.

스피드 워크 Speed work

짧고 강도 높은 반복주를 가리키는 용어. 가령 800m 경주 페이스로 뛰는 200m 반복주, 1마일 경주 페이스로 뛰는 400m 반복주, 90~95% 강도로 뛰는 짧은 힐 스프린트가 여기 해당함.

시냅스(시냅스 연접) Synapse(synaptic cleft)

한 뉴런을 다른 뉴런이나 근육 세포와 분리하는 작은 공간으로, 뉴런은 이 공간을 통해 메시지를 전달 신호를 보냄.

신경 경로 Neural pathway

신경 자극이 흘러가는 경로. 반사 등 일부 간단한 경로는 고정되어 있으나, 그 밖에 러너의 보폭 등과 같은 여러 신경 경로는 훈련에 대한 반응으로 계발됨. 훈련의 목표 중 하나는 이러한 신경 경로의 효율성 향상에 있음.

신경계Nervous system

(내분비계와 더불어) 우리 몸의 두 가지 통신망 중 하나로, 중추신경계와 말초신경계로 구성되어 있음.

신경전달물질Neurotransmitter

뉴런에서 방출되어 시냅스를 통해 메시지를 전달할 때 쓰이는 화학 물질.

신장 반사 Stretch reflex

근육이 과도하게 늘어나거나, 또는 최대 가동 범위로 늘어난 채 2초 이상 유지되면 발생하는 불수의적 근수축.

심근Cardiac muscle

심장의 특화된 근육. 심장 근육은 평생 쉬지 않고 (수축과 이완을 하며) 박동할 수 있음.

심박수Heart rate

심장이 1분간 뛰는 횟수.

심박출량Cardiac output

심장이 1분 동안 뿜어낼 수 있는 혈액의 양으로, 일회박출량과 심박수의 곱으로 결정됨.

심방Atrium

심장의 위쪽에 있는 두 개의 방. 우심방은 몸으로부터 산소가 제거된 혈액을 받고, 좌심방은 폐로부터 산소가 공급된 혈액을 받음.

심실Ventricle

심장의 아래쪽에 있는 두 개의 방. 우심실은 산소가 제거된 혈액을 폐로 보내고, 좌심실은 좌심방에서 산소가 공급된 혈액을 받아 대동맥으로 보냄.

심혈관계Cardiovascular system

심장, 혈액, 혈관으로 구성된 혈액 분배망. 산소와 영양소와 호르몬과 노폐물 등을 전신으로 운반함.

싸움-도망 반응 Fight-or-flight response

위험을 감지했을 때 신경계와 내분비계의 즉각적인 반응을 유도하여 신체가 위험에 맞서 '싸우거나' 도망갈 수 있도록 준비하는 반응. 경기를 앞둔 선수에게는 이 반응으로 인해 증가한 힘과 속도가 유용하게 쓰임.

아데노신삼인산ATP(Adenosine triphosphate)

유산소 및 무산소 에너지 생산의 최종 산물로, 신체의 모든 움직임에 에너지를 제공함. ATP 한 분자는 우리 몸 속에서 하루에 약 500~750번 재활용됨.

아미노산Amino acid

단백질을 만드는 기본 단위로, 염기성 아미노기와 산성 카복시기 및 아미노산마다 고유한 유기 R기(곁사슬)로 구성된 유기 분자 그룹. 인체는 21개의 아미노산을 사용하며 그중 12개만 스스로 생산할 수 있음.

아킬레스건Achilles tendon

종아리 근육(비복근, 가자미근, 족저근)을 발뒤꿈치뼈(종골)에 연결하는 하퇴 뒤쪽의 힘줄.

아킬레스건 열상/파열 Achilles tendon tear/rupture

아킬레스건이 부분적으로 또는 완전히 찢어지며 발생하는 급성 부상. 파열의 경우 통증이 발꿈치 뒤쪽에 총을 맞은 것처럼 갑작스럽게 들이닥쳤다는 식으로 설명하는 사람이 많으며, 발생하는 즉시 다리를 절고 움직임이 다소간 불가능해지는 결과를 초래함.

아킬레스건병증Achilles tendinosis

염증 없이 만성 통증을 유발하는 세포 수준의 아킬레스 건의 퇴행성 손상. 아킬레스건 통증의 원인 중 대부분을 차지함.

아킬레스건염Achilles tendinitis

고통스러운 염증을 동반하는 아킬레스건의 과사용 부상.

악력계Dynamometer

악력을 측정하는데 쓰이는 도구. (피로도가 높아지면 악력이 낮아지므로) 신경계 피로 모니터링에 도움이 됨.

알칼리성Alkaline

7.0 이상의 pH. 산성의 반대말.

액틴Actin

근섬유 안에서 섬유를 단축(수축)시키기 위해 함께 활동하는 두 개의 근육미세섬유 중 하나. 액틴은 이론적으로 근육이 수축하는 동안 ('굵은' 미세섬유인) 미오신 위로 미끄러지는 '가는' 미세섬유를 가리킴.

양성자Proton

수소 이온.

억제 감쇠 Reduced inhibition

어떤 근육이 수축할 때 반대쪽 근육의 저항이 줄어드는 것. (이두와 삼두에서처럼) 근육이 수축할 때 반대쪽 근육은 이완되어야 하며, 반대쪽 근육이 아주 조금이라도 완전히 이완되지 않을 경우 수행능력의 저하로 이어질 수 있음.

에너지 경로 Energy pathway

음식(탄수화물, 지방, 단백질)에서 ATP를 생성하기 위한 유산소 또는 무산소 과정. 해당과정, 인원질, 유산소라는 세 가지 에너지 시스템은 각기 그 안에 다양한 단계가 있음.

에리트로포이에틴EPO(Erythropoietin)

골수를 자극하여 적혈구를 생성하게 하는 호르몬으로, 신경계와 인지 기능 향상 효과도 있음. 장거리 수행능력을 5~15% 향상시키는 합성 EPO는 널리 사용되었던 수행능력 향상 약물로, EPO는 WADA에 의해 금지되었으며 수많은 선수 사망과 연관되어 있음.

에스트로겐Estrogen

'여성호르몬'으로 알려져 있으며, 실제로는 남녀 모두에서 발견되지만 남성에서는 그 양이 적음. 러닝 중에는 저장된 지방이 연료로 분해되는 것을 촉진함.

에피네프린Epinephrine

'아드레날린'이라고도 하는 호르몬으로, 심박수를 높이고 기도를 이완시키며 피부의 혈관을 수축시키고 에너지 생산을 위해 근 글리코겐과 지방의 분해를 촉진함.

엔도르핀Endorphin
운동 중 뇌하수체와 시상하부에서 분비되는 호르몬. 지구력 훈련 중에 러너들이 때때로 경험하는 행복감인 '러너스 하이'와 연관되어 있음.

역 피라미드 훈련 Inverted pyramid training
경주에서 완주를 목표로 하는 러너의 훈련법. 처음에는 낮은 볼륨과 제한된 강도로 훈련을 시작하여 점차 예상되는 경주에 준하여 볼륨과 강도를 높여가는 방식.

연골Cartilage
단단한 결합조직. 모든 뼈는 자궁 속에서 연골 형태로 시작됨. 성인 연골은 귀, 코, 기관지, 갈비뼈, 관절 사이에 있음.

연령 등급 Age grading
각 러너의 완주 시간이 해당 러너의 연령에서 예상되는 최고 수행능력의 백분율로 기록되는 경주 채점 시스템으로, 예상 최고 점수를 100%로 함. 연령 등급에서는 경주 거리에 따른 전체 연령 그룹별 세계 기록 곡선을 통해 각 연령의 최고 수행능력을 정함.

열사병Heat stroke
생명을 위협하는 온열질환으로, 체온이 40~41℃를 초과하는 것으로 정의됨. 치료하지 않으면 뇌, 심장, 신장을 포함한 여러 장기의 손상으로 이어질 수 있음.

열탈진Heat exhaustion
러닝에서, 주로 (특히 높은 습도를 동반한) 고온에 노출되어 탈수나 염분 고갈을 초래하는 온열질환.

영양소Nutrient
물과 산소를 포함하여 음식에 들어 있는 모든 요소로, 우리 몸에 영양을 공급함.

오버트레이닝(과훈련) Overtraining
볼륨과 강도를 하나 또는 둘 다 너무 높인 훈련. 오버트레이닝은 통증, 만성 피로, 정신적 소진과 함께 달리기 수행능력의 급격한 저하로 이어짐. 심한 경우 완전한 회복에 이르기까지 6~12주의 휴식이 필요함.

완전 단백질 Complete protein
고품질 단백질이라고도 하며, 신체의 생물학적 기능을 보조하는 모든 필수 아미노산을 최적의 비율로 함유하고 있음.

외배엽형Ectomorph
엘리트 장거리 러너들 사이에서 흔히 볼 수 있는 체형. 길고 가는 팔다리, 평평한 가슴, 어깨너비와 같은 골반 너비, 낮은 체지방 등을 특징으로 함.

외측 측부 인대 Lateral collateral ligament
무릎의 안쪽(내측 측부 인대)과 바깥쪽(외측 측부 인대)을 따라 수직으로 뻗어 있는 한 쌍의 인대 중 하나로 관절의 양측 움직임을 제어하며, 손상될 경우 무릎의 안정성이 와해됨.

운동 뉴런 Motor neuron
근육을 제어하는 척수의 뉴런. 각각의 운동 뉴런은 한 근육 내의 특정 근섬유 그룹을 통제함.

운동 단위 Motor unit
하나의 운동 뉴런과 해당 뉴런이 통제하는 모든 근섬유를 가리킴. 운동 단위 내의 모든 근섬유는 같은 섬유 유형이며, 모두 동시에 발화함.

운동 사슬 Kinetic chain
근육, 신경, 결합조직을 비롯해 인체의 여러 구성 요소가 이루는 상호연결 사슬로, 관절을 움직이고 신체의 동작을 만드는 과정에서 함께 쓰임.

운동 에너지 Kinetic energy
움직임으로 인해 보유하게 된 에너지.

유산소Aerobic
산소를 요구하는 과정.

유산소 에너지 Aerobic energy
유산소 과정으로 생산되는 에너지. 유산소 에너지는 세포 안에서 미토콘드리아라고 하는 작은 소기관에 의해 생성됨.

유산소 효소 Aerobic enzyme
미토콘드리아 내에서 화학 반응의 효율을 높임으로써 미토콘드리아의 유산소 에너지 생성 능력을 향상시키는 단백질.

인간 성장 호르몬HGH[GH](Human growth hormone)
뇌하수체에서 분비되는 호르몬으로 단백질 합성, 근육 비대, 골밀도, 힘줄과 인대 강도의 향상 등을 촉진함. 운동 수행능력 향상과 연관된 약물로 널리 남용되었으며, WADA에서 금지됨.

인대Ligament
뼈와 뼈를 연결하여 관절을 안정화하는 결합 조직.

인대 이완증 Ligament laxity
대개 반복적인 인대 외상의 결과로 인대가 늘어난 것으로, 관절 불안정성을 유발할 수 있음. 간혹 '관절이 헐겁다'고 표현되기도 함.

인슐린Insulin
세포가 혈류에서 포도당을 받아들여 근육과 간에 글리코겐으로 저장하도록 지시하는 호르몬.

인원질 시스템 Phosphagen system
무산소 에너지 시스템으로, 크레아틴인산을 연료로 쓰며, 근섬유의 ATP가 떨어질 때 몸에서 가장 먼저 반응함. 최대 생산 속도로 최장 10초까지 작동하며, 매우 짧은 스프린트, 점프, 고중량 리프팅에 쓰이는 에너지 대부분을 제공함.

인터벌Interval
반복주나 인터벌 트레이닝에서, 한 차례의 반복이 끝난 다음에 이어지는 휴식 시간. '반복주'라는 용어 대신 쓰이기도 함.

인터벌 트레이닝 Interval training
휴식 인터벌을 둔 반복주. 페이스는 훈련 목표에 따라 달라짐.

일회박출량Stroke volume
심장이 한 번 뛸 때 우심실 또는 좌심실에서 뿜어져 나오는 혈액의 양. 러닝에서는 거의 항상 좌심실에서 뿜어져 나오는 혈액을 가리킴.

자유 라디칼 Free radical
짝 없는 홀전자를 지닌 원자 또는 분자로, 대개 산소가 대사 과정에서 다른 분자들과 상호작용할 때 형성됨. 자유 라디칼이 전자를 '빼앗으려' 하는 과정에서 분자가 손상되며, 종종 세포에 해를 끼치는 연쇄 반응이 촉발됨.

장거리Distance
'장거리 러닝'의 줄임말. 몇 킬로미터에서 수십 킬로미터에 걸쳐 '대화 가능한 페이스'라고 하는 최대하 강도의 꾸준한 페이스로 실시하는 워크아웃을 뜻함. 장거리는 지구력 러너의 훈련 프로그램에서 볼륨의 대부분을 차지함.

저나트륨혈증Hyponatremia
혈액 내 나트륨 농도가 위험할 정도로 낮아져 생명을 위협하는 상태. 러너의 저나트륨혈증은 일반적으로 경기 전후에 (물을 너무 많이 마시는 등) 과도한 수분 섭취로 인해 발생함.

적혈구RBC(Red blood cell)
적혈구는 신체가 사용하는 산소의 98%를 운반하고 이산화탄소를 폐로 운반하기도 함. 적혈구는 보통 120일을 살지만 훈련된 선수의 경우의 적혈구는 70일만 생존 가능.

적혈구용적률Hematocrit
혈장의 총 부피에서 적혈구가 차지하는 양의 백분율.

전문용어Jargon
특정 활동이나 집단에서만 쓰이는 용어나 문장. 가령 러닝에서 'PR'은 러너의 개인 최고기록을 뜻함.

전방십자인대Anterior cruciate ligament
무릎 중앙에 위치하여 대퇴골(허벅지뼈)과 경골(정강이뼈)을 잇는 두 개의 인대 중 하나. 십자인대는 경골의 전후방 움직임 안정화를 담당하며, 관절의 회전 안정화에도 도움을 줌.

전자전달계Electron transport chain
미토콘드리아 내 유산소 에너지 시스템의 일부. 크렙스 회로에서 생겨난 NADH와 FADH2로부터 전자를 받아 유산소 ATP의 대부분을 생성한 뒤 최종 전자 수용체 역할을 하는 산소에서 끝나는 일련의 연쇄 반응을 촉발함.

점성Viscosity
저항. 근육의 경우, 웜업을 수행하면 근육의 점성을 낮출 수 있음(웜업은 또한 신경이 근육으로 메시지를 원활히 전달케 하고, 근육의 온도와 탄력을 높이며, 관절에서 윤활액의 분비를 촉진하는 등의 효과를 지님). 혈액의 경우, 점도는 적혈구 수의 증가나 혈장 부피의 감소로 인해 혈액이 빽빽해졌음을 뜻하며, 이는 혈관 내의 저항을 높임. 이 현상은 탈수로 인해 자연스럽게 생길 수도 있고, EPO 등의 촉진제로 인해 부자연적으로 촉발될 수도 있음.

정맥Vein
산소가 제거된 혈액을 심장으로 운반하는 큰 혈관(산소가 함유된 혈액을 심장에서 폐로 운반하는 폐정맥은 예외).

정적 스트레칭 Static stretching
근육을 전체 가동범위 끝자락까지 움직인 다음 미리 정해둔 시간(보통 30~60초) 동안 그 위치를 사수하는 행위. 정적 스트레칭은 러닝 후 굳은 근육을 풀어줄 때 쓰이지만, 운동 전에 실시할 경우 파워를 낮추는 것으로 나타난 바 있음.

젖산Lactic acid
러닝에서 오랫동안 피로, 통증, 심지어 DOMS의 원인으로까지 지목되어 온 공포의 대상. 최근 생리학자들은 에너지 생산 과정에서 젖산이 이러한 역할을 한다고 인정하지 않음. 최신 이론에 따르면 젖산은 인간의 근섬유에서 절대로 생성되지 않으나, 젖산이 젖산 이온과 수소 이온으로 분해되기 전에 잠깐이나마 형성된다고 아직까지 주장하는 생리학자도 일부 존재함.

젖산 셔틀 Lactate shuttle
젖산 이온을 (세포 안) 미토콘드리아, 세포 밖, 세포 사이로 수송하는 과정. 세포 밖으로 나온 젖산은 인접한 근섬유로 들어갈 수도 있고, 혈류를 타고 멀리 떨어진 근육이나 (심장과 뇌 등의) 장기나 간으로 수송될 수도 있음.

젖산 이온 Lactate
빠른 무산소 해당과정의 최종 산물로, 가깝거나 먼 세포의 유산소 에너지 생산에 탄수화물 연료 역할로 쓰일 수 있음. 혈류로 방출된 젖산 이온은 간에서 코리 회로를 거쳐 포도당으로 전환되기도 함.

조건부 아미노산 Conditional amino acid
질병이나 스트레스 중에 필수가 될 수 있는 비필수 아미노산.

조골세포Osteoblast
파골세포가 남기고 간 구멍을 채우고 새 뼈를 채워넣음으로써 손상된 뼈를 수복하는 세포.

종아리Calf
하퇴 뒤쪽의 가장 큰 근육들로, 비복근과 가자미근으로 이루어져 있음.

좌심실Left ventricle
좌심방에서 산소가 공급된 혈액을 받아 이를 대동맥으로 뿜어내는, 심장 왼쪽 아래의 방.

주기화Periodization
훈련을 특징적인 구간으로 나누는 방식. 바탕 훈련 구간, 근력 강화 구간, 경기 구간, 회복 구간으로 나뉨.

중간섬유Intermediate fast-twitch muscle fiber
지근섬유보다 크고 속근섬유보다 작은 근섬유로, 두 가지 특성을 모두 보유함. 유산소와 무산소 기능을 모두 수행할 수 있으며 지구력과 속도를 모두 낼 수 있도록 훈련할 수 있어 중거리 달리기에 적합함. 학술적으로는 IIa형 근섬유라고 함.

중추 통제 이론 Central governor theory
피로의 원인에 대한 이론. 1997년 티모시 녹스 박사가 제안한 이 모델은 피로가 운동 중 신체를 보호하기 위한 수단으로 뇌에서 생성되는 감정이라는 가설을 바탕으로 하고 있으며, 중추 통제자는 신체 활동 중 과로로 인한 생리적 '파멸'(신체에 가해지는 손상)을 예상하고 근섬유 활성도를 낮춤으로써 운동을 제한함.

중추신경계CNS(Central nervous system)
뇌와 척수.

지근 섬유 Slow-twitch muscle fiber
중간 섬유나 속근 섬유보다 느리고 덜 강하게 수축하는 작은 근섬유. 모세혈관과 미토콘드리아가 빽빽하게 들어찬 이 섬유는 유산소 에너지 생산능이 높아 지구력 스포츠에 적합함. 학술적으로 I형 근섬유라고 함.

지방Fat

(탄수화물, 단백질과 함께) 3대 영양소 중 하나. 1g당 4kcal인 탄수화물과 단백질과 달리 1g당 9kcal로, 가장 밀도가 높은 식이 에너지원. 지방은 주로 글리세리드로 구성되어 있으며, 다른 지질은 소량만 들어있음.

지방 로딩 Fat-loading

4시간 이상 지속되는 지구력 경기에 대비하여 식단에서 지방 비율을 높이는 것. 경기 전 7~10일 동안 고지방 식단을 유지하면 지방 연소 비율을 50%까지 높일 수 있음.

지방분해Lipolysis

유산소 에너지 생산에 연료를 공급할 수 있도록 지방을 분해하는 과정. 탄수화물을 연료로 한 ATP 생산보다 느리지만 ATP 생산량은 더 크며, 팔미트산 분자 한 개로 ATP 분자를 129개 만들 수 있음.

진짜 음식 Real food

가공을 통해 영양소가 제거되지 않은 식품.

체열Body heat

ATP 생산의 부산물로 생성되는 에너지. ATP 생산을 위해 탄수화물, 지방, 단백질이 분해되며 에너지를 방출할 때나, 근육 수축에 연료를 공급하기 위해 ATP가 쓰일 때 체열이 생성됨. 생성된 에너지의 최대 75%는 붙잡히지 않고 열의 형태로 몸을 빠져나감.

최대산소섭취량VO_2max

우리 몸이 1분 동안 소비할 수 있는 최대 산소량.

최대심박수Maximum heart rate

심장이 1분 동안 뛸 수 있는 최대 횟수. 일반적으로 220에서 만 나이를 빼는 공식이 최대 심박수의 추정치를 계산하는 방식으로 쓰임. 최대 심박수는 유전적으로 결정되며 훈련으로 바뀌지 않음.

최대하 러닝 속도 Submaximal running speed

VO_2max의 100% 미만에 해당하는 러닝 속도를 모두 묶어 가리키는 말.

축삭Axon

신경 세포체에서 축삭 말단으로 메시지를 전달하는 긴 신경 섬유로, 이 메시지는 시냅스를 통해 다른 뉴런이나 근육이나 땀샘 등으로 전달됨.

카디오Cardio

'심혈관계 훈련'을 가리키는 용어로, 모든 종류의 지구력 훈련과 동의어로 쓰임.

코르티솔Cortisol

이화 작용과 항염증제 역할로 쓰이는 호르몬. 러닝에서 코르티솔은 약한 근육 조직을 분해하여 더 강한 조직이 그 자리를 대신할 수 있게 하고, 고강도 훈련 시 염증을 줄이며, 지방 사용을 가속화하여 글리코겐을 절약함.

코리 회로 Cori cycle

젖산이 간에서 포도당으로 전환되는 과정.

코어Core

운동 중 자세와 위치와 움직임을 강화하고 안정화하는, 복부와 사타구니와 엉덩이와 등 중앙과 등허리의 근육.

콜라겐 섬유 Collagen fiber

질기고 유연한 섬유로, 특히 힘줄과 인대의 주요 구성 요소가 되는 결합조직.

크기 원리 Size principle

신체 활동에서 동원하는 근섬유의 개수를 늘리고 더 큰(빠른) 근섬유를 동원함으로써 힘 생산을 높이는 과정

크레아틴 인산 Creatine phosphate

포스포크레아틴으로도 알려져 있으며, 인원질 시스템의 연료로 쓰임.

크렙스 회로 Krebs cycle

시트르산 회로라고도 하며, 미토콘드리아 안에서 유산소 에너지 생산의 일부를 담당함. 느린 해당으로 형성된 두 개의 피루브산 분자가 아세틸 CoA와 이산화탄소로 전환된 다음, 아세틸 CoA 분자가 크렙스 회로에 들어가 총 2개의 ATP 분자를 생성함.

크루즈 인터벌 Cruise interval

러너가 1시간 내내 뛰고 나서 진이 빠질 정도의 강도로 하는 (대개 400~2,000m의) 반복주. 템포런의 대안으로 쓰이는 경우가 많음.

킥(경기 용어) Kick(in a race)

경주에서의 최종 마무리 스프린트. 중추 피로 모델에서 쓰이는 것처럼 경주 마지막 10%에 걸쳐 속도(페이스)를 높이는 행위를 뜻하기도 함.

타바타 인터벌 Tabata interval

20초의 전력 반복과 10초의 휴식 간격으로 구성된 운동. 운동 생리학자 타바타 이즈미의 1996년 자전거 에르고미터 연구에 따르면 타바타 인터벌은 무산소 대사능을 향상시킴으로써 VO2max를 개선하는 것으로 나타났으나, 심혈관계 발달에는 미미한 영향력만 지니고 있음.

타임 트라이얼 Time trial

정해진 거리를 놓고 총력을 다하는 방식으로, 경주 거리 전체를 놓고 할 수도 있고 경주 거리의 일부만 놓고 할 수도 있음. 러너들의 경우 타임 트라이얼을 통해 체력 수준을 측정하는 동시에 경기를 대비할 수 있음.

탄력섬유Elastic fiber

본래 길이의 1.5배까지 늘어날 수 있는 엘라스틴 단백질로 구성된 섬유. 피부나 근막 등의 결합조직에 있으며, 힘줄과 인대에는 그보다 함량이 낮음.

탄성 반동 Elastic recoil

결합조직이 늘어날 때 에너지를 저장했다가 근수축과 결합조직 단축에 대한 반응으로 이 에너지를 방출하는 능력으로, 러닝에서 발을 떼며 생기는 추진력의 최대 50%를 공급할 수 있음.

탄수화물Carbohydrate

3대 영양소 중 하나. 당류라고도 함. 탄소, 수소, 산소를 포함하는 단당류 분자를 기반으로 함.

탄수화물 로딩 Carbo-loading

지구력 경기에 출전하기 전 탄수화물 소비를 늘리고 지방과 단백질 소비를 줄임으로써 근글리코겐 저장량을 늘리기 위한 노력. 현대에 이르러 스포츠 음료와 젤을 위시한 여러 가지 글리코겐 대체 전략 덕분에 탄수화물 로딩의 중요성은 낮아짐.

탈분극Depolarization

근섬유 내부와 외부 공간 사이의 전하 차이가 줄어드는 것. 피로에 관하여 탈분극이 근수축을 약화시킨다고 주장하는 이론도 있음.

테스토스테론Testosterone

근육량과 골밀도를 높이는 호르몬. '남성 호르몬'이라고도 하나, 여성 또한 남성의 약 10% 수준으로 지니고 있음. 수행능력 향상 약물로 광범위하게 남용되어 왔으며, WADA에서 금지됨.

테이퍼링Tapering

신체가 근육과 결합조직을 완전히 복구하게 하는 동시에 근육 글리코겐과 호르몬과 효소와 신경전달물질을 재충전할 수 있도록, 경기 전 수일에서 수 주 동안 훈련 볼륨을 줄이는 것.

템포Tempo

최소 1시간 동안 유지할 수 있는 페이스로 (10~40분 동안) 빠르게 달리는 것. 하프 마라톤이나 풀코스 마라톤의 페이스로 실시하는 경우가 많음.

특수성의 원칙 Specificity of training rule

선수가 특정 근섬유를 훈련할 때 경기에 쓰고자 하는 방식으로 해야 한다는 원칙. 가령 10K 경기를 뛰기 전에 장거리 러닝과 경기 페이스로의 반복주를 뛰는 것이 이 원칙에 부합함.

티록신T4(Thyroxin)

갑상선 호르몬의 한 가지 형태로, 개중 혈중 농도가 가장 높음. 티록신은 세포 내에서 T3로 전환되며 모든 세포의 대사에 필수적임. 관련된 장애에 대해서는 '갑상선항진증'과 '갑상선저하증' 참조.

파골세포Osteoclast

뼈에서 오래되고 손상된 조직을 파내어 작은 구멍을 남기는 세포.

팔미트산Palmitate

식이 지방 섭취량의 10~20%를 차지하는 흔한 지방산.

편심성 근수축 Eccentric muscle contraction

근육이 수축(짧아짐)과 신장(늘어남)을 동시에 해야 할 때 발생하는 근수축. 가령 대퇴사두근은 달리는 동안 발이 땅에 닿을 때 수축과 이완을 동시에 해야 함.

평활근Smooth muscle

인간의 세 가지 근육 유형 중 하나로, 소화와 혈압 등의 불수의적 기능을 조절하며, 위장과 혈관 등지에 있음.

폐포Alveolus

폐의 작은 공기주머니로, 산소와 이산화탄소가 교환되는 장소. 폐포는 기체 교환이 원활히 이루어질 수 있도록 모세혈관이라고 하는 작은 혈관으로 둘러싸여 있음.

포도당Glucose

인간이 에너지 생산을 위해 가장 자주 사용하는 형태의 탄수화물. 포도당은 해당과정의 기질로 쓰이며, 이 과정은 근섬유 내에서 유산소와 무산소 에너지 생성의 첫 단계 역할을 함.

포어풋/미드풋 착지 Forefoot & mid-foot strike

발을 땅에 디딜 때 발 앞쪽이나 중간 부위로 착지하는 것. 미니멀리스트와 맨발 달리기 지지자들은 충격력 감소를 통해 달리기에서 오는 부상을 줄일 수 있다고 믿음.

포즈 주법 Pose Method

달리기 자세를 바꾸는 지도법 중 하나로, 머리와 어깨와 고관절의 수직 정렬, 높은 케이던스, 짧고 빠른 주폭, 포어풋 착지, 살짝 앞으로 기울인 몸이 되도록 하여 러너가 '넘어지게' 함으로써 중력을 전방으로의 추진력으로 활용하게 함.

플라시보 효과 Placebo effect

약물이나 치료나 훈련 등에서 실질적이고 직접적으로 나온 것이 아니라 치료의 효능에 대한 믿음으로 건강과 수행능력과 행동 등에 개선이나 개선된 듯한 느낌이 찾아오는 것. 설탕으로 만든 알약을 처방받아 먹은 환자의 병이 낫는 것이 고전적인 사례에 해당함.

플라이오메트릭Plyometric

(박스에서의 뎁스 점프처럼) 편심성 수축을 강제하여 강력한 동심성 수축을 유발하는 폭발성 운동. 강도가 상대적으로 낮은 점프 운동과 드릴도 플라이오메트릭으로 간주되나, 착지에서 점프로의 전환이 빠를수록 유발되는 적응의 폭이 큼.

피로Fatigue

강도를 유지하거나 높이려 할 때 근육에서 힘을 생성하는 능력이 줄어드는 것. 산증에서 칼슘 유출에 이르는 여러 이론이 제안되었으나 명확한 원인은 아직 밝혀지지 않음.

피루브산Pyruvate

해당과정을 통해 생성된 분자로 '빠른' 해당과정을 통해 순환되어 젖산 이온과 NAD+를 생성할 수도 있고, '느린' 해당과정을 통해 미토콘드리아로 이동하여 유산소 에너지 생산을 위한 기질이 될 수도 있음.

필수 아미노산 Essential amino acid

신체가 스스로 생성할 수 없어서 음식을 통해 얻어야 하는 아미노산.

필수 지방산 Essential fatty acid

인체에서 합성되지 않아 반드시 식단에 포함시켜야 하는 지방산.

항산화물질Antioxidant

자유 라디칼에 전자를 안전하게 제공하여 세포를 손상시킬 수 있는 자유 라디칼 연쇄 반응을 멈춤으로써 그 영향을 상쇄할 수 있는 분자(예: 비타민 C와 비타민 E).

항상성Homeostasis

외부 조건에 무관하게 안정적이고 균형 잡힌 내부 환경을 유지하는 신체의 능력.

해당Glycolysis

세포 내의 다단계 화학 반응으로, 2~3개의 ATP 분자와 2개의 피루브산 분자를 생성함. 피루브산은 무산소 에너지 생성을 위해 재활용될 수도 있고, 미토콘드리아로 이동하여 유산소 에너지를 생성할 수도 있음.

해당 시스템 Glycolytic system
근형질에 존재하며 해당에 의존하는 무산소 에너지 시스템(경로). 해당과정은 2~3개의 ATP 분자를 산소 없이 생성하며, 이 시점에서 '빠른' 해당이 될 수도 있고 '느린' 해당이 될 수도 있음.

햄스트링Hamstring
일상적으로는 허벅지 뒤쪽의 큰 근육(대퇴이두근, 반막양근, 반건양근)을 가리킴. 기술적으로는 이들 근육을 경골과 비골에 연결하는 힘줄로, 무릎 뒤쪽에서 느껴지며 관찰도 가능함.

호르몬Hormone
생물학적 기능의 모든 측면을 관장하는 몸 속의 화학적 전달자.

호흡기계Respiratory system
혈액에 산소를 공급하고 이산화탄소를 배출하는 계통. 폐, 기도, 호흡근으로 이루어져 있음.

확산Diffusion
물질(액체, 기체, 고체)이 고농도 영역에서 저농도 영역으로 이동하는 과정.

회복Recovery
신체 활동과 짝을 이루는 낮은 강도의 여러 활동. 스트레칭, 달리기 후 운동, 글리코겐 충전, 수분 섭취, 회복주, 스트레스 해소 활동, 완전한 휴식과 수면 등이 회복 활동에 들어갈 수 있음. 훈련을 통한 적응이 일어나려면 회복이 필요함.

후방십자인대Posterior cruciate ligament
무릎 중앙에 위치하여 대퇴골(허벅지뼈)과 경골(정강이뼈)을 잇는 두 개의 인대 중 하나. 십자인대는 경골의 전후방 움직임 안정화를 담당하며, 관절의 회전 안정화에도 도움을 줌.

훈련 자극 Training stimulus
현 수준의 한계에 도전하는 운동이나 활동. 적절한 회복이 주어진다는 전제 하에, 훈련 스트레스가 일상적으로 맞닥뜨리는 것보다 크면 신체는 더 강해지는 방식으로 반응함.

훈련 적응 Training adaptation
훈련 자극(운동)에 대한 반응으로 발생하는 생리적 · 심리적 변화. 훈련 적응의 누적을 통해 체력이 향상됨.

흥분파Impulse
뉴런에서 보내는 전기화학적 메시지. 초당 0.5m에서 120m로 전달될 수 있음.

힐 딥스 Heel dips
두 발로 일어서서 한쪽 뒤꿈치를 바닥 높이나 그 아래로 천천히 내리는 편심성 종아리 운동. 일반적으로 플랫폼이나 계단 등에서 수행되며, 유일하게 신뢰할 수 있는 아킬레스건병증의 치료법으로 알려져 있음.

힐 스트라이크 Heel strike
러닝에서 발을 디딜 때마다 뒤꿈치로 착지하는 방식.

힘줄 경도 Tendon stiffness
힘줄을 늘리는 데 필요한 힘의 양을 재는 척도. 힘이 클수록 반동의 정도도 커지는 탄성 반동에 중요함. 4~6% 넘게 늘리면 위험함.

pH
생리학에서 신체의 수소 이온이 얼마나 있는가를 재는 척도. 수소 이온이 많으면 (7.0 미만의) 산성 pH가 되고, 수소 이온이 적으면 (7.0 초과의) 알칼리성 pH가 됨. 인체는 약알칼리성 pH(1~14에서 7.35~7.45)를 선호함.

WADAWorld Anti-Doping Agency
세계반도핑기구.

더 읽어볼 것들

이 책은 광범위한 기사, 논문, 책, 인터넷 연구를 바탕으로 쓰였습니다. 이 책의 저술 과정에서 끊임없는 참고가 된 책은 다음과 같습니다.

Daniels, J. (2005). *Daniels' Running Formula, Second Edition.* Champaign, IL: Human Kinetics.

Galloway, J. (2002). *Galloway's Book On Running, Second Edition.* Bolinas, CA: Shelter Publications.

Hutchinson, PhD, A. (2011). *Which Comes First, Cardio or Weights?: Fitness Myths, Training Truths, and Other Surprising Discoveries from the Science of Exercise.* New York, NY: Harper.

Martin, D. E., & Coe, P. N. (1997). *Better Training for Distance Runners, Second Edition.* Champaign, IL: Human Kinetics.

Noakes, T. D. (2002). *Lore of Running, Fourth Edition.* Champaign, IL: Human Kinetics.

Tucker, R., Dugas, J., & Fitzgerald, M. (2009). *Runner's World, The Runner's Body: How the Latest Exercise Science Can Help You Run Stronger, Longer, and Faster.* Emmaus, PA: Rodale.

훈련이나 운동 과학에 관한 통찰력 넘치는 최신지견의 확인에 관심이 있는 분들은 아래의 웹사이트를 방문해 보세요. 저 또한 이 책의 원고를 준비하는 과정에서 즐겨찾기를 해 두고 정기적으로 방문한 곳들입니다.

The Science of Sport, by Ross Tucker, PhD, and Jonathan Dugas, PhD
www.sportsscientists.com

Sweat Science, by Alex Hutchinson, PhD
www.runnersworld.com/sweat-science

The Science of Running, by Steve Magness
www.scienceofrunning.com

Runner's World
www.runnersworld.com

Running Times
www.runnersworld.com/running-times-home

마지막으로, 이 책에서는 수백 개의 논문과 기사가 활용되었습니다. 각 장별로 가장 흥미롭고 중요한 기사를 모아두었으니 더 알고 싶은 내용이 있다면 참고하기 바랍니다.

제1장. 동기로 시작하는 달리기

Chakravarty, E., Hubert, H., Lingala, V., & Fries, J. (2008). Reduced Disability and Mortality among Aging Runners: a 21-year Longitudinal Study. *Archives of Internal Medicine, 168*(15), 1638–1646.

Williams, P. (2013). Greater weight loss from running than walking during a 6.2-yr prospective follow-up. *Med Sci Sports Exerc, 45*(4), 706–713.

제2장. 역사로 시작하는 달리기

Bramble, D., & Lieberman, D. (2004, November 18). Endurance running and the evolution of Homo. *Nature, 432*, 345–352.

제3장. 장비로 시작하는 달리기

Dengate, J. (n.d.). *Jeff Dengate articles.* Retrieved from Runner's World: www.runnersworld.com/person/jeff-dengate

제5장. 근육으로 설계하는 달리기

Simic, L., Sarabon, N., & Markovic, G. (2013,

March). Does pre-exercise static stretching inhibit maximal muscular performance? A meta-analytical review. *Scand J Med Sci Sports, 23*(2), 131–148. doi:10.1111/j.1600-0838.2012.01444.x

제6장. 결합조직으로 설계하는 달리기

Williams, P. (2013, July). Effects of running and walking on osteoarthritis and hip replacement risk. *Med Sci Sports Exerc, 45*(7), 1292–1297. doi:10.1249/MSS.0b013e3182885f26

van der Plas, A., de Jonge, S., de Vos, R., van der Heide, H., Verhaar, J., Weir, A., & Tol, J. (2012, March 1). A 5-year follow-up study of Alfredson's heel-drop exercise programme in chronic midportion Achilles tendinopathy. *Br J Sports Med, 46*(3), 214–218. doi:10.1136/bjsports-2011-090035

Heinemeier, K., Schjerling, P., Heinemeier, J., Magnusson, S., & Kjaer, M. (2013, May). Lack of tissue renewal in human adult Achilles tendon is revealed by nuclear bomb 14C. *FASEB J, 27*(5), 2074–2079. doi:10.1096/fj.12-225599

Dhillon, M., Bali, K., & Prabhakar, S. (2011, Jul–Aug). Proprioception in anterior cruciate ligament deficient knees and its relevance in anterior cruciate ligament reconstruction. *Indian J Orthop, 45*(4), 294–300. doi:10.4103/0019-5413.80320

Lieberman, D., Venkadesan, M., Werbel, W., Daoud, A., D'Andrea, S., Davis, I., . . . Pitsiladis, Y. (2010, January 28). Foot strike patterns and collision forces in habitually barefoot versus shod runners. *Nature, 463*, 531–535. doi:10.1038/nature08723

Ridge, S., Johnson, A., Mitchell, U., Hunter, I., Robinson, E., Rich, B., & Brown, S. (2013, July). Foot bone marrow edema after a 10-wk transition to minimalist running shoes. *Med Sci Sports Exerc, 45*(7), 1363–1368. doi:10.1249/MSS.0b013e3182874769

Franz, J., Wierzbinski, C., & Kram, R. (2012, August). Metabolic cost of running barefoot versus shod: is lighter better? *Med Sci Sports Exerc, 44*(8), 1519–1525. doi:10.1249/MSS.0b013e3182514a88

제7장. 심혈관계로 설계하는 달리기

Kim, J., Malhotra, R., Chiampas, G., d'Hemecourt, P., Troyanos, C., Cianca, J., . . . Baggish, A. (2012). Cardiac Arrest during Long-Distance Running Races. *New England Journal of Medicine, 366*, 130–140. doi:10.1056/NEJMoa1106468

Williams, P., & Franklin, B. (2013, June 7). *Reduced Incidence of Cardiac Arrhythmias in Walkers and Runners.* (C. Earnest, Ed.) doi:10.1371/journal.pone.0065302

Deloukas, P., Kanoni, S., Willenborg, C., Farrall, M., Assimes, T., Thompson, J., . . . Weang, K. H. (2013). Large-scale association analysis identifies new risk loci for coronary artery disease. *Nature Genetics, 45*, 25–33. doi:10.1038/ng.2480

Garret, A., Creasy, R., Rehrer, N., Patterson, M., & Cotter, J. (2012, May). Effectiveness of short-term heat acclimation for highly trained athletes. *Eur J Appl Physiol, 112*(5), 1827–1837. doi:10.1007/s00421-011-2153-3

Gething, A., Williams, M., & Davies, B. (2004, December). Inspiratory resistive loading improves cycling capacity: a placebo controlled trial. *Br J Sports Med, 38*(6), 730–736. doi:10.136/bjsm.2003.007518

제8장. 미토콘드리아로 설계하는 달리기

Marguilis, L., & Sagan, D. (1997). *Microcosmos: Four Billion Years of Microbial Evolution.* Berkeley, CA: University of California Press.

Holloszy, J. (2008). Regulation by Exercises of Skeletal Muscle Content of Mitochondria and GLUT4. *Journal of Physiology and Pharmacology, 59*(Suppl 7), 5–18. Retrieved from http://www.jpp.krakow.pl/

Terjung, R. (1995). *SSE #54: Muscle Adaptations to Aerobic Training.* Retrieved from Sports Science Exchange: http://www.gssiweb.org/Article/sse-54-muscle-adaptations-to-aerobic-training

Gibala, M., Little, J., Macdonald, M., & Hawley, J. (2012, March 1). Physiological adaptations to low-volume, high-intensity interval training in health and disease. *J Physiol, 590*(Pt 5), 1077–1084. doi:10.1113/jphysiol.2011.224725

제9장. pH로 설계하는 달리기

Costill, D., Barnett, A., Sharp, R., Fink, W., & Katz, A. (1983). Leg muscle pH following sprint running. *Med Sci Sports Exerc, 15*(4), 325–329.

Knuth, S., Dave, H., Peters, J., & Fitts, R. (2006, September 15). Low cell pH depresses peak power in rat skeletal muscle fibres at both 30 degrees C and 15 degrees C: implications for muscle fatigue. *J Physiol, 575*(Pt 3), 887–899.

Maglischo, E. (2012). Does Lactic Acid Cause Muscular Fatigue? *Journal of the International Society of Swimming Coaching, 2*(2), 4–40.

Robergs, R., Ghiasvand, F., & Parker, D. (2004, September 1). Biochemistry of exercise-induced metabolic acidosis. *American Journal of Physiology – Regulatory, Integrative and Comparative Physiology, 287*(3), R502-R516. doi:10.1152/ajpregu.00114.2004

Brooks, G. (2009, December 1). Cell-cell and intracellular lactate shuttles. *The Journal of Physiology, 587*(23), 5591–5600. doi:10.1113/jphysiol.2009.178350

McKenna, M., & Hargreaves, M. (2008, January). Resolving fatigue mechanisms determining exercise performance: integrative physiology at its finest! *Journal of Applied Physiology, 104*(1), 286–287. doi:10.1152/japplphysiol.01139.2007

제10장. 에너지 시스템으로 설계하는 달리기

Buono, M., & Kolkhorst, F. (2001, June 1). Estimating ATP resynthesis during a marathon run: a method to introduce metabolism. *Adv Physiol Educ, 25*(2), 70–71.

Rauch, H., Hawley, J., Noakes, T., & Dennis, S. (1998, July). Fuel metabolism during ultra-endurance exercise. *Pflügers Archiv European Journal of Physiology, 436*(2), 211–219.

Ahlborg, G., & Felig, P. (1982, January). Lactate and Glucose Exchange across the Forearm, Legs, and Splanchnic Bed during and after Prolonged Leg Exercise. *J. Clin. Invest., 69*, 45–54.

Ahlborg, G., Wahren, J., & Felig, P. (1986, March). Splanchnic and Peripheral Glucose and Lactate Metabolism During and After Prolonged Arm Exercise. *J. Clin. Invest., 77*, 690–699.

Jansson, E., & Kaijser, L. (1987, March). Substrate utilization and enzymes in skeletal muscle of extremely endurance-trained men. *J Appl Physiol, 62*(3), 999–1005.

Duffield, R., Dawson, B., & Goodman, C. (2004, September). Energy system contribution to 100-m and 200-m track running events. *J Sci Med Sport, 7*(3), 302–313.

Duffield, R., Dawson, B., & Goodman, C. (2005, March). Energy system contribution to 400-metre and 800-metre track running. *J Sports Sci, 23*(3), 299–307.

제11장. 신경계로 설계하는 달리기

Farndon, J. (2009, September 16). *Nerve Signalling: Tracing the Wiring of Life.* Retrieved from Nobelprize.org: http://www.nobelprize.org/educational/medicine/nerve_signaling/overview/

Lee, M., & Carroll, T. (2007). Cross education: possible mechanisms for the contralateral effects of unilateral resistance training. *Sports Med, 37*(1), 1–14.

Hill, D. J. (2013, July 15). *Boston Dynamics' Humanoid Robot, ATLAS, In Latest Video.* Retrieved from Singularity HUB: http://singularityhub.com/2013/07/15/ready-boston-dynamics-humanoid-robot-atlas-in-latest-video/

Oliveira, A., Silva, P. L., Gizzi, L., Farina, D., & et al. (2013, March 18). *Effects of Perturbations to Balance on Neuromechanics of Fast Changes in Direction during Locomotion.* (A. Lucia, Ed.) doi:10.1371/journal.pone.0059029

McHugh, M., Tyler, T., Mirabella, M., Mullaney, M., & Nicholas, S. (2007, August). The Effectiveness of a Balance Training Intervention in Reducing the Incidence of Noncontact Ankle Sprains in High School Football Players. *Am J Sports Med, 35*(8), 1289–1294. doi:10.1177/0363546507300059

Saunders, P., Pyne, D., Telford, R., & Hawley, J. (2004). Factors Affecting Running Economy in Trained Distance Runners. *Sports Med, 34*(7), 465–485.

Dallam, G., Wilber, R., Jadelis, K., Fletcher, G., & Romanov, N. (2005, July). Effect of a global alteration of running technique on kinematics and economy. *J Sports Sci, 23*(7), 757–764.

Turner, A., Owings, M., & Schwane, J. (2003, February). Improvement in running economy after 6 weeks of plyometric training. *J Strength Cond Res*, *17*(1), 60–67.

Berryman, N., Maurel, D., & Bosquet, L. (2010, July). Effect of Plyometric vs. Dynamic Weight Training on the Energy Cost of Running. *Journal of Strength & Conditioning Research*, *24*(7), 1818–1825. doi:10.1519/JSC.0b013e3181def1f5

제12장. 호르몬으로 설계하는 달리기

Bhasin, S., Storer, T., Berman, N., Callegari, C., Clevenger, B., Phillips, J., . . . Casaburi, R. (1996, July 4). The Effects of Supraphysiologic Doses of Testosterone on Muscle Size and Strength in Normal Men. *N Engl J Med*, *335*, 1–7. doi:10.1056/NEJM199607043350101

Lundby, C., & Olsen, N. (2011, March 15). Effects of recombinant human erythropoietin in normal humans. *J Physiol*, *589*(Pt 6), 1265–1271. doi:10.1113/jphysiol.2010.195917

Thomsen, J., Rentsch, R., Robach, P., Calbet, J., Boushel, R., Rasmussen, P., . . . Lundby, C. (2007, November). Prolonged administration of recombinant human erythropoietin increases submaximal performance more than maximal aerobic capacity. *Eur J Appl Physiol*, *101*(4), 481–486.

제13장. 두뇌로 설계하는 달리기

Carter, J., Jeukendrup, A., & Jones, D. (2004, December). The effect of carbohydrate mouth rinse on 1-h cycle time trial performance. *Med Sci Sports Exerc*, *36*(12), 2107–2111. doi:10.1249/01.MSS.0000147585.65709.6F

Chambers, E., Bridge, M., & Jones, D. (2009, April 15). Carbohydrate sensing in the human mouth: effects on exercise performance and brain activity. *Journal of Physiology*, *587*, 1779–1794. doi:10.1113/jphysiol.2008.164285

Sinclair, J., Bottoms, L., Flynn, C., Bradley, E., Alexander, G., McCullagh, S., . . . Hurst, H. (2013, April 11). The effect of different durations of carbohydrate mouth rinse on cycling performance. *Eur J Sport Sci*, 259–64. doi:10.1080/17461391.2013.785599

Marcora, S. M. (2008, September 26). The end-spurt does not require a subconscious intelligent system. Retrieved from BMJGroup Blogs: http://blogs.bmj.com/bjsm/the-end-spurt-does-not-require-a-subconscious-intelligent-system/

Bellinger, A., Reiken, S., Dura, M., Murphy, P., Deng, S.-X., Landry, D., . . . Marks, A. (2008, February 12). Remodeling of ryanodine receptor complex causes "leaky" channels: A molecular mechanism for decreased exercise capacity. *Proc Natl Acad Sci USA*, *105*(6), 2198–2202. doi:10.1073/pnas.0711074105

de Paoli, F., Ørtenblad, N., Pedersen, T., Jørgensen, R., & Nielsen, O. (2010, December 1). Lactate per se improves the excitability of depolarized rat skeletal muscle by reducing the Cl- conductance. *J Physiol*, *588*(Pt 23), 4785–4794. doi:10.1113/jphysiol.2010.196568

Wilkinson, D., Smeeton, N., & Watt, P. (2010, July). Ammonia metabolism, the brain and fatigue; revisiting the link. *Prog Neurobiol*, *91*(3), 200–219. doi:10.1016/j.pneurobio.2010.01.012

Rauch, H., Gibson, A., Lambert, E., & Noakes, T. (2005). A signalling role for muscle glycogen in the regulation of pace during prolonged exercise. *Br J Sports Med*, *39*, 34–38. doi:10.1136/bjsm.2003.010645

Allen, D., & Trajanovska, S. (2012). The multiple roles of phosphate in muscle fatigue. *Front Physiol*, *3*, 463. doi:10.3389/fphys.2012.00463

Davis, J., Alderson, N., & Welsh, R. (2000, August). Serotonin and central nervous system fatigue: nutritional considerations. *Am J Clin Nutr*, *72*(2), 573s–578s.

Amann, M., Venturelli, M., Ives, S., McDaniel, J., Layec, G., Rossman, M., & Richardson, R. (2013). Peripheral fatigue limits endurance exercise via a sensory feedback-mediated reduction in spinal motoneuronal output. *J Appl Physiol*, *115*, 355–364. doi:10.1152/japplphysiol.00049.2013

Noakes, T. (2012). Fatigue is a Brain-Derived Emotion that Regulates the Exercise Behavior to Ensure the Protection of Whole Body Homeostasis. *Front Physiol*, *3*, 82. doi:10.3389/

fphys.2012.00082

Okano, A., Fontes, E., Montenegro, R., de Tarso Veras Farinatti, P., Cyrino, E. L., Bikson, M., & Noakes, T. (2013, February 27). Brain stimulation modulates the autonomic nervous system, rating of perceived exertion and performance during maximal exercise. *Br J Sports Med,* doi:10.1136/bjsports-2012-091658

Upson, S. (2012, July 24). A Single Brain Structure May Give Winners That Extra Physical Edge. Retrieved from *Scientific American*: http://www.scientificamerican.com/article/olympics-insula-gives-edge/

제14장. 계획으로 가다듬는 달리기

Magness, S. (2008). Training. Retrieved from The Science of Running: http://magstraining.tripod.com/training.html

제18장. 진짜 음식으로 바로잡는 달리기

Wylie, L., Kelly, J., Bailey, S., Blackwell, J., Skiba, P., Winyard, P., . . . Jones, A. (1985, August 1). Beetroot juice and exercise: pharmacodynamic and dose-response relationships. *J Apple Physiol, 115*(3), 325–336. doi:10.1152/japplphysiol.00372.2013

Mickleborough, T., Lindley, M., Ionescu, A., & Fly, A. (2006, January). Protective Effect of Fish Oil Supplementation on Exercise-Induced Bronchoconstriction in Asthma. *Chest Journal, 129*(1), 39–49.

Tarazona-Díaz, M., Alacid, F., Carrasco, M., Martinez, I., & Aguayo, E. (2013). Watermelon Juice: Potential Functional Drink for Sore Muscle Relief in Athletes. *J. Agric. Food Chem., 61*(31), 7522–7528. doi:10.1021/jf400964r

Smith-Spangler, C., Brandeau, M., Hunter, G., Bavinger, J., Pearson, M., Eschback, P., . . . Bravata, D. (2012). Are Organic Foods Safer or Healthier Than Conventional Alternatives?: A Systematic Review. *Ann Intern Med., 157*(5), 348–366. doi:10.7326/0003-4819-157-5-201209040-00007

제19장. 탄수화물로 바로잡는 달리기

Ferguson-Stegall, L., McCleave, E., Ding, Z., Doerner III, P., Liu, Y., Wang, B., . . . Ivy, J. (2011). Aerobic Exercise Training Adaptations Are Increased by Postexercise Carbohydrate-Protein Supplementation. *Journal of Nutrition and Metabolism, 2011.* doi:10.1155/2011/623182

제20장. 단백질로 바로잡는 달리기

Campbell, B., Kreider, R., Ziegenfuss, T., La Bounty, P., Roberts, M., Burke, D., . . . Antonio, J. (2007). International Society of Sports Nutrition position stand: protein and exercise. *Journal of the International Society of Sports Nutrition, 4*, 8. doi:10.1186/1550-2783-4-8

Consumer Reports. (2010, July). Alert: Protein Drinks: You Don't Need the Extra Protein or the Heavy Metals Our Tests Found. *Consumer Reports, 75*(7), 24–27. Retrieved from http://www.consumerreports.org/cro/2012/04/protein-drinks/index.htm

제21장. 지방으로 바로잡는 달리기

Horvath, P., Eagen, C., Fisher, N., Leddy, J., & Pendergast, D. (2000, February). The effects of varying dietary fat on performance and metabolism in trained male and female runners. *J Am Coll Nutr, 19*(1), 52–60.

Gerlach, K., Burton, H., Dorn, J., Leddy, J., & Horvath, P. (2008). Fat intake and injury in female runners. *Journal of the International Society of Sports Nutrition, 5*(1). doi:10.1186/1550-2783-5-1

Talbott, S. (2013, September 10). *Supplement Use Amongst Endurance Athletes.* Retrieved from Competitor: http://running.competitor.com/2013/09/nutrition/supplement-use-amongst-endurance-athletes_17360

제22장. 영양소로 바로잡는 달리기

Ginde, A., Liu, M., & Camargo, Jr., C. (2009, March 23). Demographic differences and trends of vitamin D insufficiency in the US population, 1988–2004. *Arch Intern Med, 169*(6), 626–632.

doi:10.1001/archinternmed.2008.604

Bolland, M., Grey, A., Avenell, A., Gamble, G., & Reid, I. (2011, April 19). Calcium supplements with or without vitamin D and risk of cardiovascular events: reanalysis of the Women's Health Initiative limited access dataset and meta-analysis. *BMJ*, *342*, d2040. doi:10.1136/bmj.d2040

제25장. 출전으로 완성하는 달리기

Rapoport, B. (2010). Metabolic Factors Limiting Performance in Marathon Runners. *PLoS Comput Biol*, *6*(10). doi:10.1371/journal.pcbi.1000960

찾아보기

BUILD YOUR RUNNING BODY

영문 찾아보기

BUILD YOUR RUNNING BODY

감사의 말

이 책을 만드는 데에는 말 그대로 수백 명의 코치, 선수, 과학자 등 너무나도 많은 분의 직간접적인 노력이 필요했다. 이름만 나열해도 책 한 권을 쓸 수 있을 이들에게 가장 먼저 깊은 감사의 뜻을 전하고 싶다.

다음으로 이 책에 처음부터 열의를 가지고 확실히 세상에 내 주신 매튜 로어Matthew Lore 대표님께 감사의 말씀을 전하고 싶다. 기술과 인내로 무장하고 우리를 인도해준 편집자인 니컬러스 시젝Nicholas Cizek에게도 감사를.

'처음부터 가지고 있었던 열의'와 관련해서, 이 책의 개요 원안에서 다른 곳에 없는 것을 발견하고 그 개요를 제안으로 굳히는 데 도움을 준 에이전트 데이비드 비글리아노David Vigliano에게 가슴 깊이 감사한 마음이다. 매튜 카를리니Matthew Carlini를 비롯한 관계자 여러분께도 감사의 말씀을 드린다.

이 책은 《러닝 타임스》에 처음 게재한 기사와 칼럼에 살을 붙이는 방식으로 쓰여졌다. 그런 관계로 아이디어, 경구, 설명, 인용문, 나아가 책의 제목까지 도맡아준 조너선 비벌리Jonathan Beverly 편집장에게도 감사의 인사를 드린다.

또한 원고의 모난 부분을 다듬어주고 마라톤만큼 긴 부록을 추가해준 편집자 스튜어트 캘더우드Stuart Calderwood에게도 큰 감사를 드린다.

너무나도 고마운 케빈 폴크Kevin Paulk와 비다 라비자드Vida Rabizadeh, 나이키의 열정과 후원이 없었다면 이 책의 '사진으로 보는 워크아웃' 코너는 없었을 것이다. 세라밴드의 크리시 포스터Chrissy Foster, 아쿠아조거의 스티브 베르그스트롬Steve Bergstrom, 캘리포니아 패서디나 클래식 킥복싱 체육관의 마우리치오 곤잘레스Mauricio Gonzales, 캘리포니아 라 카냐다의 애니타임 피트니스, 파워렁의 캐롤린 모스Carolyn Morse에게 특별히 고맙다는 말씀을 드리고 싶다.

여러 차례의 사진 촬영을 위해 창고와 부지를 빌려주고 우리가 일을 마칠 때까지 오랜 시간 조명과 배경 시트와 바닥 매트를 남겨두도록 허락해준 빌 그린Bill Greene과 스포츠 튜터에게도 감사의 말씀을 전한다.

부상 방지 루틴, 운동, 사진 촬영은 물리치료사인 마이클 P. 파킨슨Michael P. Parkinson, PT과 및 (모델로 시간을 기부해 준) 비앙카 구즈먼Bianca Guzman, MPT이 없었다면 불가능했을 것이다. 필 와튼Phil Wharton과 CB 리처즈CB Richards도 촬영과 운동을 도와주었다.

이 책은 스티브 매그니스Steve Magness, 제이 존슨Jay Johnson, 제프 덴게이트Jeff Dengate, 크리스토퍼 B. 스콧 박사Christopher B. Scott, Ph.D, 션 웨이드Sean Wade, 알렉스 허친슨 박사Alex Hutchinson, Ph.D, 로버트 몽고메리 박사Robert Montgomery, Ph.D, 톰 코트너 박사Tom Cotner, Ph.D, 제프 고데트Jeff Gaudette, 제프 스니드Jeff Sneed, 로저 세이어Roger Sayre 등과 나눈 인터뷰에 많은 부분을 기대고 있다.

피트 매길이 제프리 S. 브라운Jeffery S. Brown, 조너선 듀가스Jonathan Dugas, 조 루비오Joe Rubio, 스탠포드 대학의 제임스 프라이스James Fries, 리처드 L. 럽Richard L. Rupp등과 나눈 인터뷰를 포함하여, 그가 이전에 《러닝 타임스》에 기고한 글도 이 책에 다시 인용되었다.

'사진으로 보는 워크아웃'은 이 책의 주인공이나 다름없는데, 에디 안드레Eddie Andre, 션 브로즈넌Sean Brosnan, 크리스티안 쿠싱-머리Christian Cushing-murray, 제시카 쿠싱-머리Jessica Cushing-murray, 캐틀린 쿠싱-머리Kathleen Cushing-murray, 너새니얼 쿠싱-머리Nathaniel Cushing-murray, 리베카 쿠싱-머리Rebecca Cushing-murray, 재커리 쿠싱-머리Zachary Cushing-murray, 에미Emii, 캘리 그린Callie Greene, 션 매길Sean Magill, 맷 넬슨Matt Nelson, 제시카 응Jessica Ng, 그레이스 파딜라

Grace Padilla, 자크 솔버그Jacques Sallberg, 앤지 스튜어트Angie Stewart, 타냐 제퍼잰Tanya Zeferjahn가 시간을 할애해 멋진 모델이 되어 주지 않았다면 이 구상은 실현되지 않았을 것이다.

경주 페이스 표를 만들어준 에드 머피Ed Murphy와 캘 코스트 트랙 클럽에도 크나큰 감사의 인사를 드린다. 존 가디너John Gardiner, 롭 아르스노Rob Arsenault를 비롯한 캘 코스트 트랙 클럽의 여러 회원 덕에 이 책의 수많은 내용을 채울 수 있었다.

또한 근력 워크아웃에 대한 조언을 제공한 리즈 파머Liz Palmer, 사진 편집에 대한 조언을 제공한 프레드 레이몬디Fred Raimondi, 4부의 음식 사진을 촬영해준 존 펠John Fell, 이 책에 재인용을 허가해 준 ACSM과 ACE, 이 프로젝트의 초안에 대해 귀중한 피드백을 제공한 스콧 더글러스Scott Douglas에게도 감사드린다.

이 프로젝트에 참여한 아주 특별한 두 분께도 깊은 감사를 전하고 싶다. 먼저 이 책의 챕터 구성에 중요한 역할을 하고 프로젝트의 결실을 향해 쉼 없이 노력한 앤디 디콘티Andy DiConti에게 크게 감사드린다. 사진가 디아나 에르난데스Diana Hernandez에게도 엄청난 감사의 빚을 지고 있다. 처음에는 이틀만 촬영하자고 했는데, 준비와 촬영과 편집에 수천 시간이 걸려 버렸다(촬영은 두 번이 아니라 열두 번이 됐다). 추가 작업의 교정과 세심한 편집에도 정말 감사드린다.

저자 소개

피트 매길 Pete Magill 캘리포니아 사우스 패서디나에 거주 중인 《러닝 타임스》의 선임 작가이자 칼럼니스트. 50세 이상의 미국인 중 5K와 10K에서 가장 빠른 러너로, 2013년 올해의 미국 마스터스 크로스컨트리 러너로 꼽히기도 했다.

토머스 슈워츠 Thomas Schwartz 아이다호 메리디언에서 운동생리학자이자 코치로 활약하고 있으며, 유명 웹사이트 TheRunZone.com을 운영하고 있다. RunningPRs.com이라는 개인 훈련 웹사이트도 운영하고 있다.

멜리사 브라이어 Melissa Breyer 『True Food』의 공저자로, 뉴욕 브루클린에 거주하며 디스커버리채널의 Treehugger.com에 칼럼을 연재하고 있다.

역자 소개

박현진

의사, 작가, 번역가, 트레이너. 서울대학교 국어국문학과와 한양대학교 의학과를 졸업하였다. NSCA-CSCS, ACSM/ACS-CET, ACSM-CPT, FMS, SFMA등의 자격을 보유하고 있다. 에세이스트 신인상으로 등단하였으며, 클레사Klesa라는 필명으로 『이것은 살기 위한 최소한의 운동이다』, 『다시, 몸』, 『공포 다이어트』 등의 책을 썼다. 옮긴 책으로 『스타팅 스트렝스: 바벨 훈련의 첫걸음』, 『스타팅 스트렝스 실전 프로그램』, 『바벨로 쓴 처방전』, 『러닝 레볼루션』, 『근육 운동 따라하기』, 『코어 운동 따라하기』 등이 있다.

BUILD YOUR RUNNING BODY: A Total-Body Fitness Plan for All Distance Runners, from Milers to Ultramarathoners - Run Farther, Faster, and Injury-Free

Originally published in the U.S. in 2014 by The Experiment, LLC. This translated edition is published by arrangement with The Experiment, LLC through Shinwon Agency Co., Seoul.

올 어바웃 러닝

Build Your Running Body

1판 1쇄 펴냄: 2022년 8월 26일

지은이: 피트 매길, 토머스 슈워츠, 멜리사 브라이어
옮긴이: 박현진
펴낸이: 권오현
펴낸곳: 대성의학사

출판등록 2009년 6월 22일(제301-2013-095호)
서울특별시 중구 을지로 126-1 (을지로3가, 3층)
전화 02)2279-3444 / 팩스 02)2285-0108
Homepage www.medibook.co.kr

값 45,000원

ISBN 979-11-90868-26-6(13690)